中国建筑施工行业信息化发展报告

（2013）

《中国建筑施工行业信息化发展报告(2013)》编委会 编

中国城市出版社

·北 京·

图书在版编目(CIP)数据

中国建筑施工行业信息化发展报告．2013 / 《中国建筑施工行业信息化发展报告》编委会编．-- 北京 ：中国城市出版社，2013.9

ISBN 978-7-5074-2870-4

Ⅰ．①中… Ⅱ．①中… Ⅲ．①建筑业－信息化－研究报告－中国－2013 Ⅳ．①F426.9-39

中国版本图书馆CIP数据核字(2013)第210079号

策划编辑　赵雅民
责任编辑　孙湛波
封面设计　陈立武
责任技术编辑　张建军
出版发行　中国城市出版社
地　　址　北京市西城区广安门南街甲30号（邮编：100053）
网　　址　www.citypress.cn
发行部电话　（010）63454857　63289949
发行部传真　（010）63421417　63400635
总编室电话　（010）68171928
总编室信箱　citypress@sina.com
经　　销　新华书店
印　　刷　三河市祥达印装厂
字　　数　870千字　印张　39
开　　本　889×1194（毫米）1/16
版　　次　2013年9月第1版
印　　次　2013年9月第1次印刷
定　　价　320.00元

《中国建筑施工行业信息化发展报告（2013）》
编委会

《中国建筑施工行业信息化发展报告（2013）》
编写组

序　一

倪江波

《中国建筑施工行业信息化发展报告（2013）》是第一部深度论述我国建筑施工行业信息化发展的综合性报告。本书内容十分丰富，力图深度描述我国建筑施工行业信息化的发展现状和成效，分析出未来发展趋势和具体状态，提炼出发展经验和后来者可遵循的发展规律，并提供了30余个成功案例。对于已经在推行或者正准备推行信息化的单位和个人，可以获取发展路径、方法和步骤，建立道路自信，具有重大的实践指导意义。

对于尚未关注或者仍然不重视信息化的单位和个人，特别是单位的主要负责人，读该书如为单位发展寻路，将会豁然开朗、大有收获，颠覆之前很多关于单位发展及管理与发展信息化关系的认识，确立和深化许多重大正确认识和结论。例如，一是确立有重大关键作用认识。颠覆信息化就是企业科技进步中的一件事、就是按上级要求采用一点信息化技术的狭隘错误观念，确立信息化对单位发展及管理很有用，对提高企业核心竞争力和取得实际效益，促进企业当下发展和可持续发展，可以起关键性重大作用的新观念。二是确立应用牵头认识。转变信息化就是信息中心的事情，其他业务部门配合配合就行了的信息化推进方式的错误认识，确立信息化首先应作需求分析，应围绕业务（或管理）需求展开，应从业务（或管理）面临的问题切入，本质是以手段服务业务，信息化必须由单位综合性管理部门牵头的正确路径。三是从根本上确立必须是一把手工程的必然要求。改变过去着眼于单一业务的作业流程优化的信息化方法，认识到综合性全面进行顶层设计信息化应用的科学发展方式，必然带来相关管理形态及业务形态的变革或调整，权力会受到制约和监督，相互制衡，消除自由裁量权，因此确立掌握管理变革职权的单位负责人特别是主要负责人必须亲自抓信息化，深化对信息化是一把手工程的认识。

建筑业是我国国民经济支柱产业之一，对国家宏观经济影响举足轻重。中国建筑业20余年复合增长率超过GDP增长速度，整个建筑业在“十一五”期间保持了高速、稳定的发展势头，规模逐年扩大。建筑业支柱产业地位日益显著。建筑业增加值在GDP总量排序中，长期稳居于国民经济各产业部门的前六位。2007—2012年与建筑业密切相关的全社会固定资产投资（FAI）总额增速保持在22%以上的高位运行。建筑和安装工程固定资产投资总额基本与全社会固定资产投资总额走势相似，增速维持在24%。

为了确保我国建筑业市场的持续健康发展，住房和城乡建设部按照《建筑法》和《行政许可法》的规定，对从事建筑活动的企业个人执业资格管理制度进行了逐步完善。2005年以来，已经起草和修订完成了勘察设计、建筑施工、建设监理、招标代理机构，以及注册监理工程师、注册建造师等企业及个人执业资质（资格）管理规定。住房和城乡建设部通过对建筑市场招投标环节中违规问题的专项治理，规范建筑市场秩序，使招标投标制度得到普遍执行。招投标信息网几乎覆盖了所有省市，并在全国推行建设工程IC卡管理制度，在规范我国建筑市场管理上取得了突破性进展。2007年年初，住房和城乡建设部印发了《建筑市场诚信行为信息管理办法》，公布了175条《建筑市场各方主体不良行为记录认定标准》，全国建筑市场信用体系建设取得了突破性进展。

长期以来，我国建筑施工企业一直处于“高产值、低利润”的状态，国内建筑业总产值平均增长率虽在20%以上，但是平均利润率却一直维持在3.6%以内，处于较低的行业利润水平。与国外建筑施工企业相比，我国建筑施工企业存在现代管理理论和观念较少、管理思想与理念较为传统、产业组织结构不能很好地适应市场化要求和符合建筑产业的基本特征、管理手段落后等问题。虽然我国建筑施工企业劳动力和设备装备成本水平较低，具有一定的竞争能力，但行业普遍缺乏新技术、新材料和科技含量较高的成套专业化设备以及雄厚的资金实力。

实施“以信息化带动工业化”战略是改造和提升传统产业的突破口。据1999年英国Latham报告指出，英国建筑业在5年内，通过更好地运用信息技术、新的方法、加强培训等可节省约30%的建筑项目成本。随着建筑业的快速发展，建筑施工企业业务领域迅速扩张、工作地域大大延伸，企业管理跨度也不断加大。当企业进入高效运转状态时，传统管理方式难以实现企业精益化管理，领导决策缺少依据，管理效益和风险并存。住房和城乡建设部在《建筑业信息化发展规划纲要》中指出建筑业信息化要达到的总体目标是：运用信息技术全面提升建筑业管理水平和核心竞争力。建筑施工企业信息化势在必行。

建筑施工企业信息化要以价值链的核心业务为重点，结合企业发展战略，利用企业架构的科学方法，以诺兰模型为指导，理清需求，分析企业的成熟度和所处的发展阶段。围绕核心业务、整体规划、分步实施，遵循以专业为本、集成为纲、循序渐进、应用为王的原则，规划和构建建筑施工企业信息化应用架构和技术架构。使信息化既适应企业当前的管理环境，又能适合企业未来的发展。构建一个平台（技术架构平台）、两类支撑（专业工具、数据管理）、三层应用（战略决策层、运营管控层、项目管理层）、一批终端（PC桌面、移动终端、物联网等）的信息化蓝图规划。

建设领域应用的信息化技术是处于不断发展变化之中的，信息技术发展的长期性决定了信息化工作是一项长期的任务。经济和社会的发展对建设领域提供产品和服务的要求也是恒常变化、无止无尽的。信息化本身并不是短期内就能立竿见影的行为，也不仅仅是为了满足当前的需求，解决当前的问题。因而，从长远的角度审视，信息化发展离不开长远的战略指导思想。信息化是建筑业大势所趋，行业中的每一位成员都有义务、有责任去推动与践行中国建筑施工行业信息化建设。

序 二

刁志中

建筑行业是我国国民经济核心支柱产业之一。改革开放以来，整个行业保持了持续、高速、稳定的发展势头，产值屡创新高，规模逐年扩大，随着我国新型城镇化建设进程的加快，我国建筑行业将迎来长期良好发展的机会。

十八大以来，建筑行业进一步加快了转变发展方式的步伐，强调核心竞争力、重质量的发展，强调走集约、智能、绿色、高效的可持续发展之路，强调建立公平、规范、透明的市场和体制环境。行业的发展和环境的变化，既给建筑施工企业带来机遇，同时也提出了新的挑战。建筑施工企业以粗放经营、靠生产资源投入的外延式发展和以廉价劳动力成本为竞争优势的传统模式将难以为继。迫切需要提高企业核心竞争力，从追求“资源获取能力”向提高“资源配置能力”转型升级。运用信息化的先进手段改造和提升管理水平，打造科技型、效益型、集约型、精益型的现代化建筑施工企业，实现行业及企业的跨越式发展。

随着我国建筑行业信息化的持续推进，行业主管部门和建筑施工企业的信息化意识及建设水平普遍有了显著提高，对促进行业发展及施工企业的管理水平提升起到了有力的支撑作用。行业主管部门和施工企业切实感受到了信息化的作用和价值。与此同时，我们也看到了信息化建设过程中暴露的一些问题和遇到的一些困惑。一些单位和企业盲目上马信息化项目，试图一步进入信息化时代，但事与愿违，由于缺乏体系的保障、科学的方法和合理的手段，最终未能达到预期效果。因此，如何建设“适用、有效、可持续”的信息化，成了业内普遍关注的焦点。

这本由住房和城乡建设部信息中心主持编写的《中国建筑施工行业信息化发展报告（2013）》（以下简称“报告”），通过详尽的调研、科学的分析和系统化的归纳，客观、全面地分析了行业信息化现状，聚焦建筑施工企业热点，立足行业前沿，提炼和总结了信息化建设的方法和体系，指明了信息化建设的发展趋势和方向，并收集了部分行业主管部门和建筑施工企业的信息化最佳实践案例。可以说，这是一部适时、客观、权威和对行业及施工企业信息化建设具有指导意义的报告。

第一，报告在全面调研和实践总结的基础上，从信息化平台建设、行业监管部门信息化建设和建筑施工企业信息化建设三个方面对信息化现状进行了把脉，分析了当前我国建筑施工行业信息化建设的整体状况和应用水平，调研充分、内容翔实，并从实践的角度给出了建设性意见和指导。

第二，BIM、云计算、物联网、移动应用等信息技术在行业的推广应用，必将给建筑行业的管理和生产带来革命性的变革。报告结合新技术发展和行业特点，从信息化系统、信息化技术应用、信息化管理和信息化文化四个角度前瞻性地分析了我国建设施工行业信息化建设的发展趋势，提出了平台标准化、业务流程自动化、业务应用集成化、系统应用网络化的“四化”发展趋势。

第三，在我国宏观经济结构调整和行业发展转型的背景下，建筑施工企业正面临着发展方式和管理的转型升级。报告聚焦建筑施工企业的热点问题，从如何提升企业核心竞争力，如何可持续健康发展的角度，分析企业的内外部环境和问题，提出了“企业集约化经营、项目精益化管理”的转型升级方向。而利用信息化的先进手段来提效率、促效益，支撑战略落地，促进企业管理升级，无疑是最有效的手段。那么，如何规划好信息化架构，如何实施好信息化系统，如何做好信息化治理，就成了摆在施工企业面前的难题。众所周知，围绕项目开展生产经营和管理活动是施工企业业务形态的显著特点，因此，施工企业要聚焦价值链的核心业务需求，以PM（项目管理）业务为核心，以BIM和DM（数据服务）类的产品为支撑，利用企业架构的科学方法，理清需求，有方法、有步骤、有策略地进行信息化的规划和实施。施工企业要规划“适用的”信息化，实施“有效的”信息化，在满足企业当前需求的同时兼顾信息化与企业发展的匹配，建立有章可循、有法可依、有手段可用的信息化应变机制和治理体系，保证企业信息化的可持续发展。

总之，信息技术作为一种先进的生产力，是推动建筑行业发展转型升级的重要基础，是建筑施工企业提高核心竞争力和推动可持续健康发展的有效手段，是建立公平、公开、公正的建筑市场体系的有力保障。我们坚信，在国家政策的支持和促进下，在行业主管部门的推动下,在我们的共同努力下，中国建筑施工行业信息化必将迎来跨越式发展的未来。

目　录

发展篇

建设篇

应 用 篇

发展篇

第1章　建筑施工行业信息化概述

1.1　建筑施工行业在国民经济中的地位

自改革开放以来，受益于社会经济的不断发展、城市化进程的不断深入、固定资产投资的不断增加，建筑施工行业已成为国民经济一大支柱产业。近10年来，其占国内生产总值（GDP）的比重从2002年的15%开始一直保持逐年增加的趋势，如图1-1-1所示。至2012年，我国GDP总量约51.93万亿元，其中建筑施工行业总产值约13.53万亿元，占GDP总量的26%[1]。

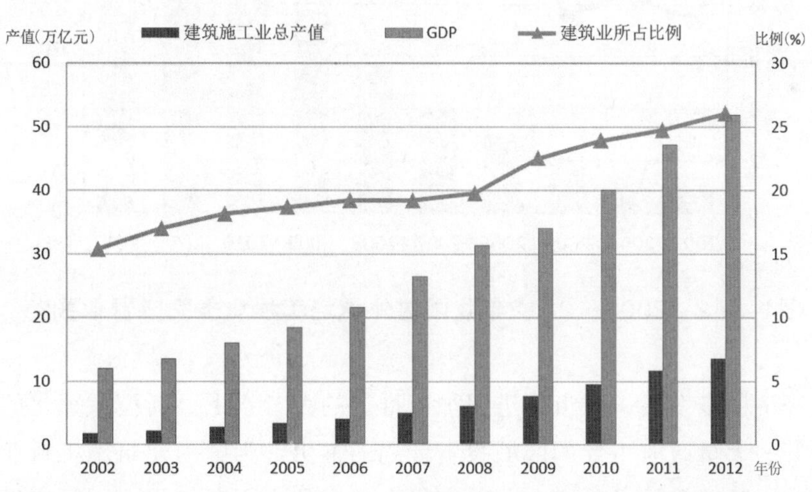

图1-1-1　2002—2012年建筑施工行业总产值与GDP

建筑施工行业对经济增长具有巨大的拉动作用。改革开放初期，建筑施工行业增加值占GDP比重约为4%，至2012年，该比重增加至近7% [1]。尤其是2008年金融危机以来，从2009年“4万亿”刺激政策的出台，到2010年的房地产限购，再到2012年中央“保增长”基调的确定，建筑施工行业已然成为经济发展的“晴雨表”与“压舱石”。

据统计，建筑施工行业需消耗钢材、水泥、五金等多达2000多个品种、30000多种规格的产品，涉及行业数目多达50余个。这为相关行业提供了巨大的市场空间，其对国民经济的带动作用毋庸置疑。近年来，我国建筑施工行业每1元的产出，需消耗其他部门的产出约2.5元，为社会贡献总产出约3.5元。以该比例计算，2012年，建筑施工行业产值约为13.53万亿元，带动其他部门的产出约33.8万亿元，向全社会直接或间接贡献的产值高达47.36万亿元[1]。

作为人力密集型产业，建筑施工行业创造了大量就业岗位。据统计，至2011年年底，我国的建筑施工行业内共有企业72280家，从业人员达3852.4万人[1]。其中，大量岗位属低端岗位，这对解决低收入人群的就业、生活问题，推动中央提出的“促就业，保民生”政策的实现作出了极大贡献。此外，建筑施工行业对其他行业巨大的带动作用，间接地向社会提供了更多的就业岗位。

随着我国国际影响力不断增强，同时由于国内建筑施工行业竞争的加剧，我国工程总承包企业正在不断加快迈出国门的步伐。近10年来，依靠低成本的优势，我国的承包商在国际市场中具有较强竞争力，并获得了快速发展，如图1-1-2所示。至2012年，我国对外承包工程业务完成营业额已达1166亿美元[1]。这对创收外汇，扩大就业市场，提升我国的国际影响力具有重大意义。

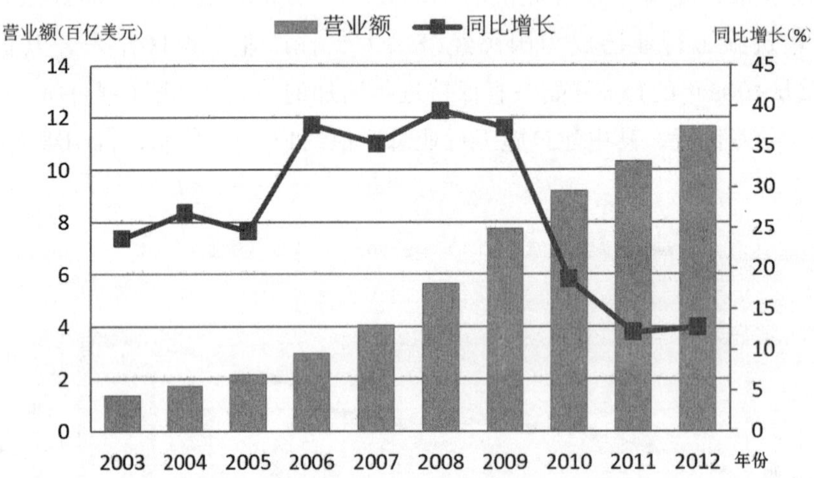

图1-1-2　2003—2012年我国对外承包工程业务完成营业额[1]

在我国社会经济稳步发展、城市化进程加速推进的大背景下，新型城镇化的兴起、大规模保障房建设的展开、大量政府主导的区域投资计划的推出，为国内建筑施工行业的发展带来了新的增长点。同时，随着我国承包商在国际市场中的竞争力不断加强，国际市场空间也将更加广阔。这些都预示着建筑施工行业未来一段时间内在总体上保持增长态势，并继续在我国的社会经济发展中保持支柱地位。

1.2　建筑施工行业信息化的影响

随着计算机技术、通信技术、网络技术的不断发展，信息技术已渗透到社会经济领域的各个方面，产生了巨大而深刻的影响。社会正在由工业化时代向信息化时代过渡，信息/知识将成为社会的主要财富，以开发和利用信息资源为目的的信息经济活动迅速扩大，逐渐取代工业生产活动成为国民经济活动的主要内容。

对于建筑施工行业，信息化主要包括两个方面的内容：以办公自动化（OA）系统、企业资源计划（ERP）系统为代表的企业、项目管理信息化和以计算机辅助设计（CAD）技术、建筑信息模型（BIM）等技术为代表的设计、施工信息化。对于建筑施工行业，从顶层的行业主管部门，到中间层的建筑施工企业，到最底层的工程项目，信息化将促使整个行业由粗放型向集约型转变。具体来讲，对于政府主管部门，信息化将带来如下影响：

1.2.1　提高监管服务水平

相对于检查、汇报、通知等传统的行政管理手段，利用信息化手段，行业主管部门能高效、准确地了解行业信息，监管企业行为，并能根据行业、企业信息，及时对行业政策进行调整。同时，信息化将大大提高行业主管部门的办事效率，为企业与行业主管部门打交道提供方便。

目前各地行业主管部门已普遍实施了OA系统，该类系统包含丰富的功能模块，例如：门户网站成为展示形象、宣传政策的窗口；网上报批功能允许企业足不出户完成文件报批工作；公文分发功能提高了公文的分发效率；视频会议功能突破了时空限制，实现沟通、协调指挥零距离；群众意见收集功能使主管部门了解民意，并及时做出政策调整。这对于提升主管部门服务水平，推动主管部门由“管理型政府”向“服务型政府”转变大有助益。

1.2.2　推动行政流程标准化、透明化

建筑施工行业涉及资金量大，相关利益方多且竞争激烈，相应的审批、检查等行政流程的不透明易导致违规甚至违法乱纪行为的产生。利用信息化手段，行业主管部门可实现政务处理过程标准化、透明化。

以招投标为例，各地主管部门大部分已实现了招投标工作的网络化。招标单位利用招投标信息平台，可进行招标公告发布、评标专家选择、中标结果公示等一系列工作。招投标流程对外公开，支持全社会对招投标过程的监督。在公开透明的环境下，招标方以市场竞争力为标准选择投标方，减少这一过程中腐败等违规行为的发生。这对于减少各企业间的恶性竞争，规范主管部门的行政行为具有重要意义。

1.2.3　提升公共信息资源的利用率

相对于企业，行业主管部门手中握有大量公共信息资源，这些资源对于企业的发展将大有助益。利用信息化手段，基于自身的社会资源与公信力，主管部门将这些公共信息资源以信息平台的形式发布。目前国内各地的信息发布平台已初具雏形，如价格信息平台、信用信息平台、土地信息平台等，这为建筑施工企业的发展提供了信息支撑。

1.2.4 规范建筑施工企业的内部管理工作

由于建筑施工行业粗放型的发展模式，相当数量的企业的管理水平与其他行业相比仍较为落后，而信息化建设将为企业管理方式带来新的变革：信息系统便于企业管理大量信息，并在需要时高效地查找获取；工作流引擎（如图1-2-1）将实际工作流程标准、固化为信息系统中的工作流，从而规范管理工作；信息录入的统一、规范性，避免了不同来源信息（如财务数据与库存数据）的不一致；信息传递的准确性，保证信息随管理链条层层传递时不会失真[2]。这对于规范企业内部管理工作，推动企业向现代企业转变具有重要意义。

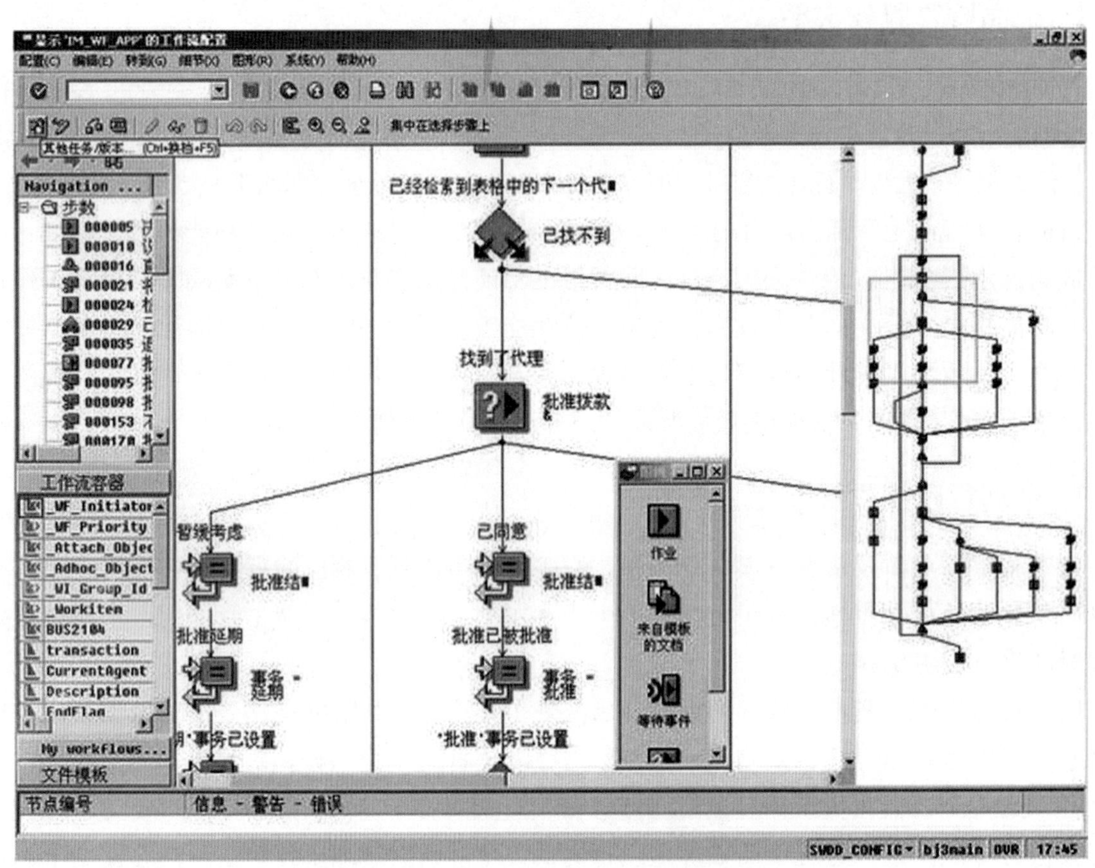

图1-2-1 某ERP系统工作流制定界面[3]

1.2.5 提高建筑施工企业对各类变化的反应速度

建筑施工企业经营受很多内外因素影响。从外部来说，建筑施工市场与金融市场、生产资料市场、土地市场等密切相关，相关市场的变化都将在建筑施工市场中体现，加之市场竞争激烈，导致市场环境瞬息万变；从内部来说，企业与项目的人事变化、资金流动、供应链变化等都会对企业生产经营产生重大影响。由于建筑施工企业总部与项目部地理上的分散性，这些变化的传递尚存在一定滞后，进而导致公司的决策落后于实际变化。因此，如何快速地把握内外部变化因素，并及时对其作出反应，是摆在每一个建筑施工企业尤其是大型建筑施工企业面前的难题。

利用信息化手段，企业外部信息（如物料价格信息、招标信息等）、企业内部信息（如资金流信息、物料库存信息等）能以更高效、准确的方式传递到企业领导层，同时信息处理工具能对这些信息进行高效处理并快速得到分析统计结果，为领导层决策提供有益的参考，使其及时针对内外部变化做出最优决策。

1.2.6　提高建筑施工企业对资源的调配能力

市场竞争归根到底是市场参与方资源的竞争，这些资源包括资金、供应链、人力、市场、技术、信息、知识等。如何对资源进行有效的调配将是企业能否获取市场竞争胜利的关键。利用信息化手段，企业能够对这些资源进行集中管理，并对其进行有效的整合与调配，将其分配到最能发挥其作用的方向，从而提升企业的市场竞争力。以对于建筑施工企业最重要的资源——资金为例，通过信息化，将原本分散于各项目部的资金集中统一管理，建立"蓄水池"，可以提高企业资金利用率，降低企业融资成本。

1.2.7　提高建筑施工企业的技术水平

作为市场竞争力的核心要素，一个建筑施工企业技术水平的高低主要体现在以下几个方面：进行复杂设计施工的能力，控制工期、成本的能力，保持供应链稳定的能力，保证产品质量的能力，保证施工过程绿色、安全的能力等。现已广泛使用的CAD技术、进度计划编制工具、算量计价工具、项目管理系统、施工现场监控系统等信息化手段已大大提高了企业的技术水平。未来，随着BIM技术、移动计算技术、物联网等新技术在施工行业的应用（如图1-2-2所示），必将在建筑施工行业掀起新一轮的技术升级热潮，进一步提升各施工企业的技术水平与市场竞争力。

综上所述，信息化给这个行业带来的并不仅仅是新的辅助工具，更是在思想上、组织上、管理上对该行业的深远影响，推动着整个行业产业结构的升级与改造。

1.3　建筑施工行业信息化发展历程

自20世纪80年代引入计算机以来，建筑施工企业信息化沿着两条发展路径并行进行：以OA、ERP系统为代表的企业、项目管理的信息化与以CAD等应用软件技术为代表的设计、施工信息化。随着技术的发展，这两条路径有不断融合的趋势。按照发展成熟度划分，可将我国建筑施工行业信息化发展历程分为以下几个阶段[7]：

(a) BIM技术应用于设计

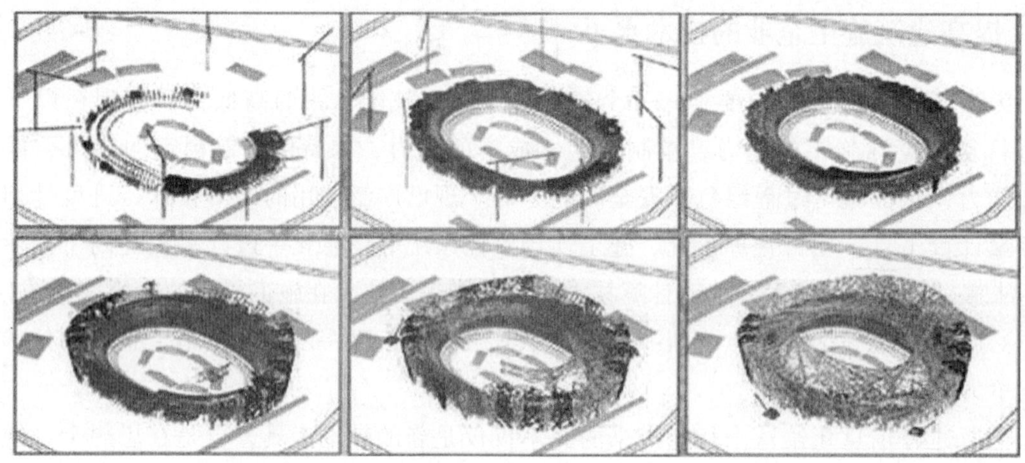

(b) BIM技术应用于虚拟施工[4]

(c) 增加现实技术应用于施工[5]

(d) 移动计算技术应用于物料管理[6]

图1-2-2　建筑施工行业新技术的应用

1.3.1 萌芽阶段

从20世纪80年代初开始，在这一阶段少数拥有计算机的企业基本把计算机作为打字和电算的工具，在此期间，计算机更多的是充当超级打字机的角色，这时候大家更多利用的是文字处理工具和表格处理工具。此时，CAD技术已经出现，并已应用于汽车、飞机制造行业。但对于建筑施工行业，尚未进入大规模实际应用。

1.3.2 初步发展阶段

自20世纪90年代初开始，在企业、项目管理信息化方面，随着信息技术的进步，适用于个别业务部门的应用软件（例如财务管理、人事管理、项目预算管理）逐步推出，推动了企业以解决局部业务为主的计算机应用。企业一些主要职能部门，如财务、人事、行政办公等部门率先以自己部门业务为目标，实现部门业务信息化，这不仅提高了局部业务处理的效率，而且打开了企业对内对外信息应用的门窗。在企业、项目管理信息化方面，部分大型国有建筑施工企业，如中建一局四公司等，初步认识到信息化的重要性，并开始在企业内部建立起局域网，利用信息系统来进行企业管理和项目管理。

在设计、施工信息化方面，CAD技术已经逐渐成熟并在建筑设计领域得到广泛应用。到2000年，各大设计院已甩掉图板，完全实现了基于CAD的设计。

1.3.3 提升控制阶段

进入21世纪以来，随着网络技术的发展，硬件设备价格的下降，企业信息化迎来快速发展期。特别是，随着北京奥运工程的开展，信息化管理系统、协同工作系统、4DCAD系统等先进技术开始得到应用[10][11]。但这期间多数为部门级及项目级的信息化工具的应用，例如，合同管理系统、物资管理系统、财务管理系统、项目管理系统等，这些工具大幅度提高了企业经营和项目管理水平。

在设计、施工信息化方面，基于CAD的设计出现了局部网络化的趋势，各企业开始搭建自己的图档数据库，初步实现了对设计成果的集中管理。此外，在这个时期，以PKPM、天正软件、广联达算量计价软件等为代表的各类电算、分析、辅助绘图软件大量出现，大大提高了设计人员的设计效率。

1.3.4 集成提高阶段

这个阶段自2008年北京奥运会后开始，此阶段的信息化建设在企业、项目管理方面主要体现为横向集成。从2008年左右开始，越来越多的建筑施工企业建立起自己的信息化管理系统，有的企业还引入了国际著名厂商开发的ERP系统，将原有分散的部门级应用横向整合起来，并融入了企业的管理思想，打通了原来各部门、项目间的信息障碍，实现了信息的集成与知识的积累。重要的体现就是企业有了自己的基础技术平台和主数据管理中心，实现了财务管理、资金管理、采购管理、合同管理、人力资源管理、预算管理、风险管理、知识管理等管理应用。

这阶段企业的信息化已经充分体现了企业级应用的特点。

特别是，由于政府主管部门对特级资质总承包企业提出了信息化强制性要求，各大型建筑施工企业投入大量资金进行企业信息化建设，264家特级资质企业几乎全部建立了企业信息系统，此外还有不少一级资质企业等也开始了信息化建设。其中，部分企业将信息化作为提高企业生产力的重要手段，真正地将信息化与企业管理结合起来，取得了良好的效果，并将持续进行大力投入。在这个过程中，也有不少企业尚未认识到信息化的巨大价值，信息化建设仅仅是进行软硬件堆砌以应付评估检查。但即使在这种“假”信息化过程中，这些企业也初步尝到了甜头，并在之后开始在“真”信息化方面作有益的探索。

同时，BIM、移动计算、物联网等新技术开始发展，并在上海世博会等重大工程中得到应用。需要指出的是，这些新技术尚在快速发展阶段，其在国内建筑施工企业的应用模式尚在摸索之中[9][12]。目前，国内各大建筑施工企业已对这一领域高度重视、大力投入，力求占领这一新技术制高点，形成新的核心竞争力。

在建筑施工企业信息化发展历程中，行业主管部门从政策指导、平台搭建两个方面对行业的信息化建设给予支持。

政策指导方面，住房和城乡建设部针对施工企业的信息化提出了相应的指导意见和规定，例如：《2003—2008年全国建筑业信息化发展规划纲要》、《2011—2015年全国建筑业信息化发展规划纲要》的颁布为行业内各类型企业信息化建设方向提供了指导；《施工总承包企业特级资质标准信息化指标考评办法》的强制性要求大大激发了各企业进行信息化建设的热情，极大地推动了行业信息化建设的发展；《建筑施工企业信息化评价标准》的发布则更促使建筑施工企业信息化建设向科学化发展[8]。此外，地方各级建筑行业主管部门也推行了多种措施，从政策上、物质上鼓励各建筑施工企业开展信息化建设。

平台搭建方面，各级主管部门建立了门户网站、OA系统，极大地提高了各类行政事务的处理效率。同时，通过打造交易平台、建材价格信息平台、信用平台、数字城市等公共信息平台，从行业整体层面为信息化建设打下了坚实基础。

回顾建筑施工行业近30年的信息化发展历程可以看到，伴随着信息技术的爆发式发展，建筑施工行业的信息化建设呈现加速增长趋势。但同时也应清醒地看到，相较于制造业、金融业等其他行业，建筑施工行业的信息化发展尚显落后。当前，建筑施工信息化研究与应用已成为热点，各类新技术层出不穷，这为行业带来了新机遇，同时也提出了新挑战。如何结合行业、企业实际将这些技术为我所用，探索出一条具有自身特色的信息化发展道路，是值得行业主管部门、企业深入思考的问题。

1.4 建筑施工行业实施信息化的必要性

投资是我国经济发展的最重要的驱动力之一，而建筑业作为投资拉动的最大受益者，从经济高速增长中获得了大量红利。但是，这种经济增长的方式是不可持续的。未来，随着国家货币政策的逐步收紧，房地产调控政策的日益严格，近几年来建筑施工行业发生的爆发式的粗放型增长将很难重现，相应的关系竞争力时代也将一去不返。过去依托于价格低廉的劳动力与巨大的市场，各建筑施工企业尚能在竞争激烈的市场中分一杯羹，但是伴随着社会经济环境的深刻变化，国家产业结构的调整，这种粗放型的发展方式将难以为继。建筑施工企业需从管理方法上、技术手段上进行变革，以提高自身市场竞争力，应对社会、市场环境变化带来的挑战。在这一过程中，企业信息化建设是这一变革过程的基础与助推剂。

1.4.1 从市场的角度来看

近两年来，我国的经济增长速度逐渐放缓。近期出现的银行“钱荒”也进一步表明，当前中央政府拟以适当的经济降速为代价推动国家的产业结构调整。受这一降速影响的首当其冲就是固定资产投资，这将压缩建筑施工行业的市场空间。目前，建筑施工行业企业众多，且行业利润率较低（3.56%），市场空间的压缩必然会淘汰一批竞争力差的企业。在这种情况下，企业需要利用信息化手段规范内部管理流程，集中资金、市场、供应链等有限的资源以提高自身竞争力，参与到日益激烈的市场竞争中去。

1.4.2 从成本的角度来看

随着CPI指数的不断增长，各类生产资料价格以及劳动力价格快速增长，这进一步蚕食了建筑施工企业本已可怜的利润空间。如何降低成本是摆在建筑施工企业面前的一道需迫切解决的问题。以ERP系统为代表的企业信息管理系统的建立实施，将带动企业管理方式的变革，实现企业管理的集约化，项目管理的精细化，降低运营成本；以BIM技术为代表的设计施工技术信息化，将有效地减少浪费，保证工期，从而降低工程的建设成本。从信息化建设较为成功的几家企业来看，虽然信息化建设需要一定的资金投入，但如果实施顺利，其得到的回报将远远大于前期投入。

1.4.3 从业主需求的角度来看

经济水平的提高使业主将注意力更多地由价格转到建筑产品质量上，“质优”正在取代“价廉”成为业主选择建筑施工企业的标准。同时，业主的需求也越来越高，各种复杂形式的建筑正在涌现。这些对建筑施工企业的设计施工能力、质量控制能力、成本控制能力提出了新的挑战。基于BIM技术，自动算量计价软件、碰撞检查软件、4D模拟施工软件等分析与模拟工具，支持建筑施工企业全过程对成本、进度、质量、安全等方面进行精细化管理，从而满足业主对建筑产品的高要求。

1.4.4 从社会需求的角度来看

伴随着“PM2.5”、温室效应、节能减排等热点话题的出现，环境保护正在成为政府、社会高度关注的问题。而作为能源消耗、环境污染的大户，建筑施工行业正在面临越来越大的环境压力。随着低碳概念的兴起，节能低碳建筑将越来越多，这也对建筑施工企业的设计施工能力提出了新的挑战。利用信息化手段辅助绿色施工，建筑施工企业可减少施工过程中的污染排放与资源消耗；以低碳环保为标准，基于BIM技术进行建筑设计、能耗分析，可减少建成后建筑运维过程中的消耗与排放。鉴于我国巨大的建设规模，这将为全社会正在进行的节能减排工作做出重要贡献。

为顺应信息化发展的趋势，行业主管部门应从政策上对企业的信息化建设予以支持，及时制定相关标准对企业的信息化建设予以规范，建立基础性的信息平台，为企业的信息化建设做好服务。

信息化是建筑施工行业进行产业结构升级，实现长远发展的必经之路，而当前面临的复杂市场环境加强了实施信息化的必要性与紧迫性。整个行业应化挑战为机遇，在行业主管部门的支持下，以信息化建设为契机，改变落后的管理模式、技术手段，打造与提高企业核心竞争力，实现自身产业结构升级。

参考文献

[1]中华人民共和国国家统计局. 中国统计年鉴2012[M/OL]. http://www.stats.gov.cn/tjsj/ndsj/2012/indexch.html.

[2]苑玉平. 大型建筑施工企业ERP系统的组建及实施[J]. 施工技术, 2009, 38(2): 100-104.

[3]SAP公司. SAP工作流介绍之ABAP Business Workflow介绍[R/OL]. http://scnblogs.techweb.com.cn/i052823/archives/14.html.

[4]张建平. 基于IFC的建筑工程4D施工管理系统的研究和应用[J]. 中国建设信息, 2010, (4): 52-57.

[5]Tobin Starr. Augmented Reality in Construction and Design. http://www.tobinstarr.com/blog-and-press/2013/04/03/augmented-reality-in-construction-and-design/.

[6]Blue link. Warehouse Inventory Software and Barcode Scanning - New Industry Trends: http://blog.bluelinkerp.com/2013/05/09/warehouse-inventory-software-and-barcode-scanning-new-industry-trends/.

[7]马智亮. 建筑业信息化的历史回顾及启示[J]. 中国建设信息, 2009, (9): 22-23.

[8]马智亮. 《建筑施工企业信息化价标准》要点解读[J]. 工程质量, 2012, 30(8): 1-6.

[9]马智亮. BIM技术及其在我国的应用问题和对策[J]. 中国建设信息, 2010, (4): 12-15.

[10]马智亮. 工程项目中的协同工作及信息系统[J]. 中国建设信息, 2009, (10下): 22-25.

[11]马智亮. 奥运场馆建设与信息技术的应用[J]. 数字城市, 2008, (12): 20-23.

[12]马智亮. 更新观念，实现房屋建筑和市政基础设施全生命期信息化管理[J]. 中国建设信息, 2009, (11): 12-13.

第2章 建筑施工行业信息化现状

为了全面、客观地反映建筑施工企业信息化现状，《中国建筑施工行业信息化发展报告（2013）》编写组对全国建筑施工企业进行了一次调查；而对于报告中所阐述的现状有调查不能覆盖的部分，编写组借鉴了其他来源的数据；对于无其他数据可借鉴的部分，编写组采取了根据感性认识进行定性描述的方法。

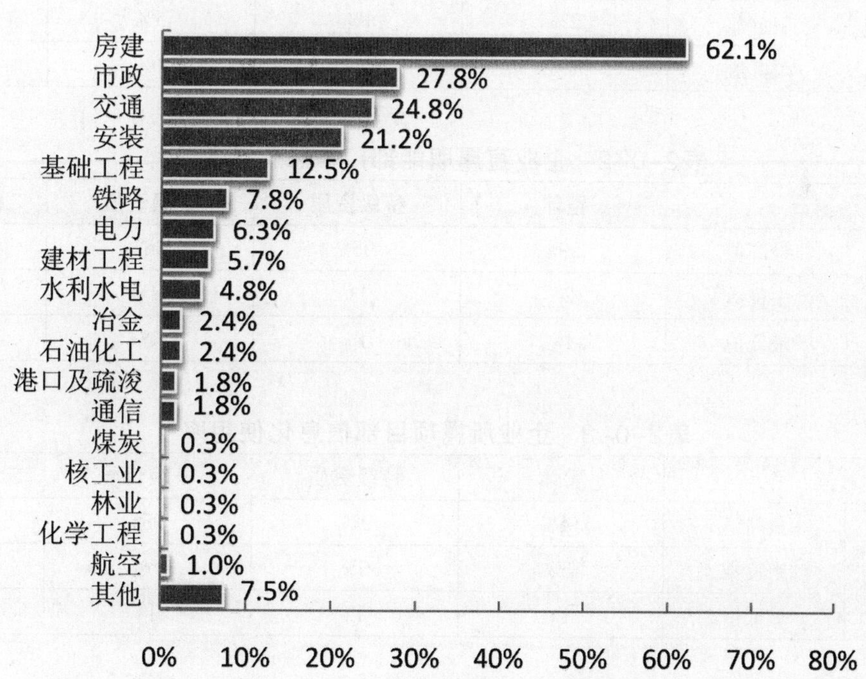

图2-0-1 企业承接项目主要领域

本次调查总计收回404份问卷，有效问卷335份。其中特级资质企业74家，占22.1%；一级资质企业88家，占26.2%；二级及以下资质企业173家，占51.7%。调查数据显示，在问卷回答者中，民营企业共167家，占49.9%；国有企业共85家，占26.0%；股份制企业占16.8%；外资

（含合资）企业占0.9%；其他类型企业占6.4%。335家企业承接项目的主要领域如图2-0-1所示，其中，第一大领域为房建领域，占62.1%；第二大领域为市政领域，占27.8%；第三大领域为交通领域，占24.8%。可见，被调查的企业的业务主要集中在房建领域。随着国家城镇化步伐的加快，市政领域以及基础设施建设也成为被调查的建筑施工企业的主导业务。

根据本次调查，各企业信息系统的使用率（本调研中信息系统使用率是指：如有100个企业上了100个财务系统，其中只有60个企业日常工作中还在使用，那么使用率即为60%）如表2-0-1至表2-0-3所示，各企业下属分公司、直属职能部门和所属部门的信息化系统使用率整体偏低，中位数均不到6%。特级资质企业信息化系统使用率中位数为1%。可见，建筑施工企业信息化整体使用率不高，特级企业尤其偏低。特级企业由于特级资质通过后，各分支机构对信息化热度降低，使用情况反而不如因为需求而实施信息化的其他资质企业。从整个应用来看，施工企业信息化应用率偏低，整体信息化水平还有待提高。（注：中位数是指被调查企业从高到低排列的中间者的数值。）

表2-0-1 企业下属分公司（事业部）信息化使用率

		整体	特级资质	一级资质	二级及以下资质
企业下属分公司（事业部）信息化使用率	最高值	98%	98%	95%	85%
	中位数	2%	1%	5%	5%
	最低值	1%	1%	1%	1%

表2-0-2 企业直属职能部门信息化使用率

		整体	特级资质	一级资质	二级及以下资质
企业直属职能部门信息化使用率	最高值	99%	95%	96%	99%
	中位数	2%	1%	4%	5%
	最低值	1%	1%	1%	1%

表2-0-3 企业所属项目部信息化使用率

		整体	特级资质	一级资质	二级及以下资质
企业所属项目部信息化使用率	最高值	98%	98%	95%	85%
	中位数	5%	1%	5%	5%
	最低值	1%	1%	1%	1%

各企业信息化得到企业领导、员工的认同和支持情况如图2-0-2所示。48.0%的企业85%以上领导及员工支持；44.4%的企业领导及员工基本支持；7.6%的企业领导及员工不太支持。可见，随着各建筑企业信息化建设的逐步深入，信息化建设工作被提升为企业的关键业务领域之一，信息化建设已经成为各大企业发展战略的一个重要组成部分。

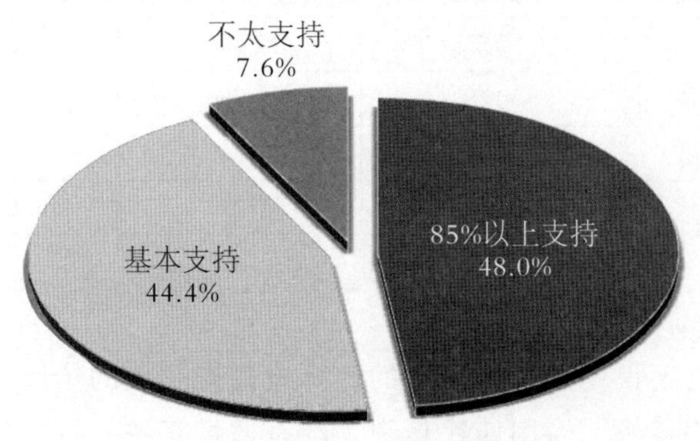

图2-0-2 信息化得到企业领导、员工的认同和支持情况

2.1 建筑施工行业信息化平台建设现状

信息化平台是企业开展信息化的基础，一般包括硬件系统、软件系统以及网络系统。本章节将主要从硬件系统、网络系统两方面，阐述建筑施工行业信息化平台建设现状。

2.1.1 硬件系统

硬件系统建设通常分为专用机房（恒温控制设施、UPS 电源、防火设施、电子显示屏）、服务器、存储备份及PC终端设备等。

从表2-1-1到表2-1-3可以看出，特级资质企业在2010年之前硬件投入较大，并呈现逐年递减的趋势，其中主要原因是企业在2010年前为通过特级资质考评建设企业信息化平台，开始搭建企业硬件系统。近两年，随着一级资质企业开始构建自身信息化系统，一级资质、二级资质企业硬件系统投入开始加大。

表2-1-1 特级资质企业信息化投入情况

		2010年以前	2010年	2011年	2012年
硬件投入（万元）	最高值	3837.1	1217.0	1673	717.9
	中位数	19	16.58	17	15
	最低值	1	1	1	1

表2-1-2 一级资质企业信息化投入情况

		2010年以前	2010年	2011年	2012年
硬件投入（万元）	最高值	371	483	852	873
	中位数	3	4.5	6	5
	最低值	1	1	0.2	0.2

表2-1-3　二级及以下资质企业信息化投入情况

		2010年以前	2010年	2011年	2012年
硬件投入（万元）	最高值	148	176	515	515
	中位数	3	3	3	3
	最低值	0.2	0.25	0.3	0.3

1）专用机房

现代化计算机机房已不仅仅是一个简单的计算机设备摆放的场所，整体的机房工程是由动力供配电系统、结构装饰系统、专用地线系统、综合监控系统、抗浪涌保护系统等十多个系统组成的综合系统工程，各系统相互关联，共同为机房的电子设备提供安全、稳定、可靠的运行环境。

图2-1-1是被调查的建筑施工企业信息化基础设施建设情况。其中，204家企业拥有专业机房，占61%；268家企业已建设数据备份设施，占80%；235家企业建设了UPS电源设施，占70%；208家企业建立了恒温控制设施，占62%；295家企业建立了防火设施，占88%；188家企业拥有电子显示幕，占56%。可见超过一半的企业都拥有专业机房，大多数企业拥有防火设施和数据备份设备。

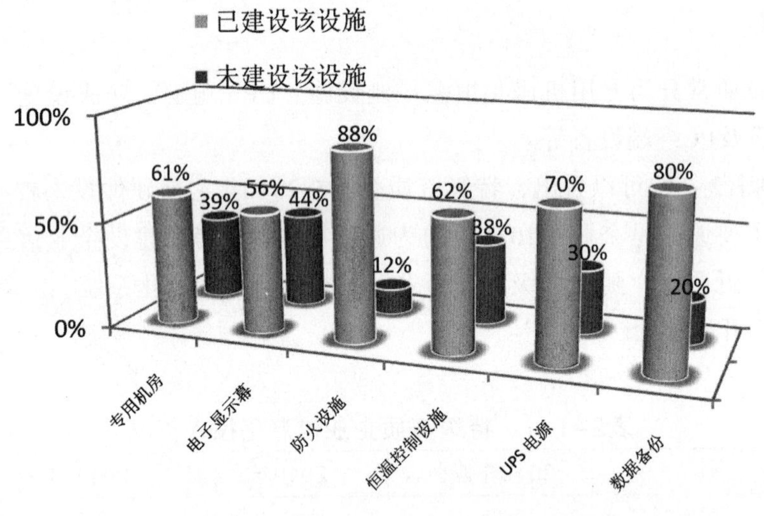

图2-1-1　企业信息化基础设施建设情况

2）服务器

服务器是网络环境中的高性能计算机，它侦听网络上的其他计算机（客户机）提交的服务请求，并提供相应的服务。服务器与一般微机在处理能力、稳定性、可靠性、安全性、可扩展性、可管理性等方面存在差异很大。目前大中型建筑施工企业应用服务器的主流品牌有IBM、HP，主流服务器的操作系统一般为Windows、Linux、AIX、Unix等。

表2-1-4　服务器数量

		整体	特级资质	一级资质	二级及以下资质
服务器（台）	最高值	76	76	32	22
	中位数	2	6	2	1
	最低值	1	1	1	1

表2-1-4主要针对不同资质企业拥有的服务器数量做统计。可以看出，总体而言，特级资质企业拥有更多的服务器，一级资质企业次之，二级的及以下资质企业更次之。

3）存储备份

存储系统为信息网络系统提供集中、大容量的存储空间。图2-1-2显示，在被调查的建筑施工企业中，有57%的企业已经建设存储系统。可见，建筑施工企业存储系统建设情况并不乐观，大多数企业对存储系统认识不够，对于利用存储系统来确保网络数据的安全性不够重视，从而忽略企业存储系统的建设。

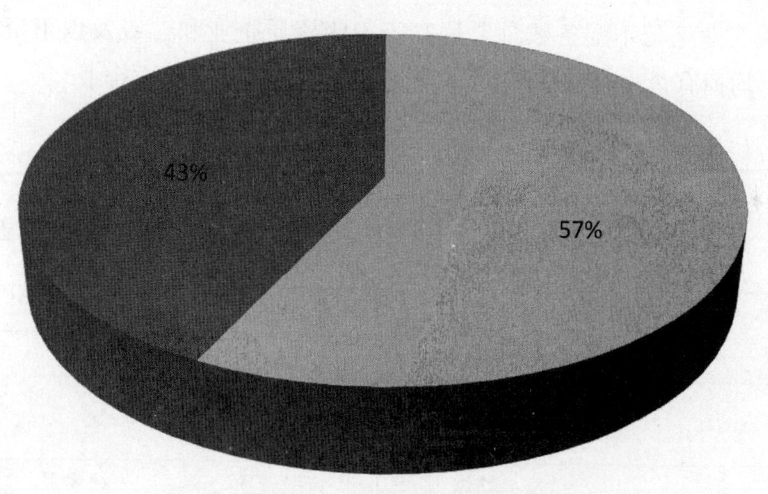

图2-1-2　企业存储系统建设情况

数据备份系统用于对重要系统和数据进行备份，一旦发生非正常的情况如出现系统崩溃、数据丢失，可以通过备份的介质将重要系统和数据快速、简单、可靠地恢复到已经进行备份的所有内容，以保证最小的损失。配置备份系统应该充分考虑各种应用对备份的实际需求。

图2-1-3是参与调研的企业数据备份系统建设情况，80%的建筑施工企业已经建设数据备份系统。这表明，数据备份系统作为企业信息安全的重要组成部分，大部分企业已经认识到信息安全对于企业信息化的重要性，并利用数据备份系统防范可能发生的数据故障。

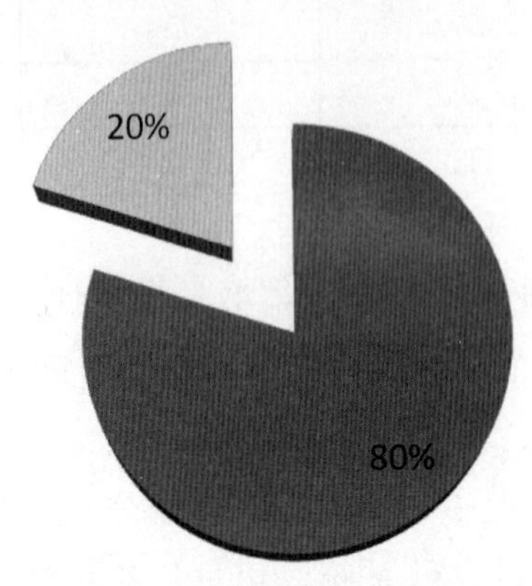

图2-1-3　企业数据备份系统建设情况

4）PC机

作为信息化落地的终端，参与调研的建筑施工企业大多配备了各种PC机（即微机）。表2-1-5是企业配备笔记本电脑数量统计，表2-1-6为企业配备台式PC机数量统计。从表2-1-5可以看出，特级资质企业笔记本配备数量要远高于一级资质企业和二级及以下资质企业，特级资质企业笔记本的平均拥有量也要优于一级资质企业和二级及以下资质企业。

表2-1-5　笔记本电脑数量

		整体	特级资质	一级资质	二级及以下资质
笔记本电脑	最高值	2583	2583	1522	95
	中位数	3	10	3	3
	最低值	1	1	1	1

表2-1-6　台式PC机数量

		整体	特级资质	一级资质	二级及以下资质
台式PC机（台）	最高值	8189	8189	2000	168
	中位数	5	14	3	4
	最低值	1	1	1	1

表2-1-6显示，受建筑施工企业规划影响，特级资质企业所配备的PC机数量远远高于其他企业；一级资质企业随着信息化建设的不断完善，也配备了一定数量的台式PC机，而二级及以下资质企业由于整体信息化水平不高导致企业PC机配备并不理想。

2.1.2　网络系统

网络系统是各应用系统开发、实施、管理、维护所必需的基础平台，也是各信息系统之间信息共享、集成、整合的应用集成平台。网络系统、计算机系统、软件平台三个层次中的每一个层次都为上一个层次提供必要的支持和服务。网络系统为信息传输平台，包括：传输业务数据、进行数据路由选择。网络系统通常由网络交换机、路由器等组成。

图2-1-4针对参与调研的建筑施工企业接入因特网方式做了统计，结果显示：82.9%的企业采用光纤接入；13.6%的企业采用ADSL接入；2.2%的企业采用DDN专线接入；1.3%的企业未接入因特网。

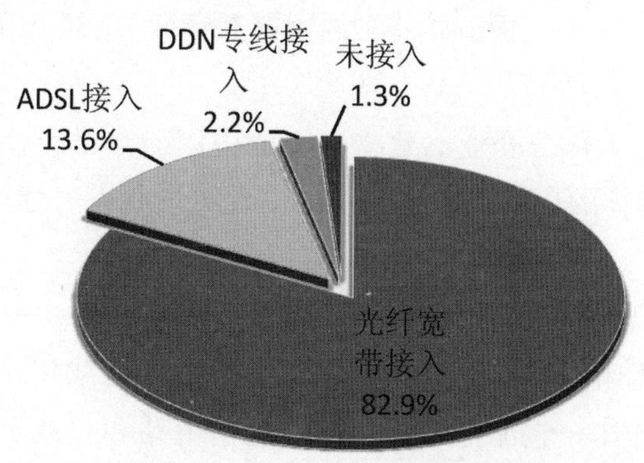

图2-1-4　接入因特网方式

可见大部分建筑施工企业的宽带接入方式已达到先进水平；小部分企业已经利用数字信道提供永久性连接电路，即利用DDN专线接入网络，在调研企业中处于领先水平；还没有接入因特网的企业所占比例很小。

在因特网接入宽带方面，表2-1-7显示，特级资质企业接入宽带最高值为45Mbps；一级资质企业接入宽带最高值为75Mbps；二级及以下资质企业接入宽带最高值为12Mbps。

表2-1-7　因特网接入宽带

		整体	特级资质	一级资质	二级及以下资质
因特网接入宽带（Mbps）	最高值	75	45	75	12
	中位数	2	2	2	3
	最低值	1	1	1	1

可见一级资质企业因特网接入宽带最高值超过特级资质企业因特网接入宽带最高值，二级及以下资质企业因特网接入宽带最高值与一级资质、特级资质企业相差较大；二级及以下资质企业因特网接入宽带平均数要优于一级资质企业和特级资质企业。

图2-1-5为企业内网覆盖情况，其中64.4%的企业内网覆盖所有部门（含项目部）；18.4%的企业内网覆盖部分部门（含项目部）；17.1%的企业尚未建立内网。

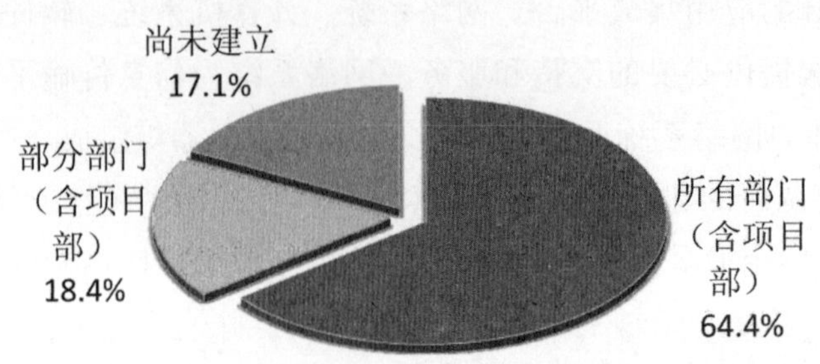

图2-1-5　内网覆盖情况

可见被调查的企业中，大部分企业已建立了企业内网。在已经建立内网的企业中，只有少部分企业内网没有覆盖到具体的项目部，企业内网呈现分散状态，建设仍不完善。

1）交换机、路由器

支持企业接入因特网以及内网建设的网络系统硬件支持主要由核心路由器、备份路由器和核心交换机以及备份交换机组成。交换机是网络节点上话务承载装置、交换级、控制和信令设备以及其他功能单元的集合体，它能把用户线路、电信电路和（或）其他要互连的功能单元根据单个用户的请求连接起来。

表2-1-8是参与调研的建筑施工企业交换机设置情况，特级资质企业交换机数量最高值达到298台，一级资质企业最高值为200台，二级及以下资质企业最高值与特级、一级资质企业相比差距很大，只有8台。

表2-1-8　交换机数量

		整体	特级资质	一级资质	二级及以下资质
交换机（台）	最高值	298	298	200	8
	中位数	3	6	3	2
	最低值	1	1	1	1

可见，特级资质企业对内外网建设投入比较大，部分一级资质企业也在积极开展企业网络建设，而二级及以下资质企业的内外网建设还处于落后状态。

路由器作为为信息流或数据分组选择路由的设备，它是连接因特网和各局域网、广域网的设备，是互联网络的枢纽。表2-1-9显示，一级资质企业路由器数量虽然高于二级及以下资质企业，但二者与特级资质企业相比，路由器数量最高值相差甚远。可见特级资质企业网络规模远远大于一级资质企业和二级及以下资质企业，同时在网络稳定性、快速性等方面也要优于二者。

表2-1-9　路由器数量

		整体	特级资质	一级资质	二级及以下资质
路由器（台）	最高值	226	226	22	8
	中位数	2	3	2	1
	最低值	1	1	1	1

2）信息安全

网络系统需要网络管理体系、信息安全体系提供管理和安全保障，信息安全体系贯穿在网络系统的各个层次，维护和确保各个层次正常有序地工作。信息安全体系包括网络和系统的安全控制、应用及信息的加密、用户的身份验证等。由于非法入侵时常发生，篡改破坏数据、非法访问、不经授权的网络接入、窃取办公信息以及病毒爆发引起的数据丢失、网络瘫痪等使得网络系统的建设必须考虑评估网络信息安全。

图2-1-6针对网络防火墙、网络防病毒系统、漏洞扫描系统、入侵检测（防御）系统、安全认证系统等企业网络安全保障情况做了调研。在参与调研的建筑施工企业中，79.5%的企业有网络防火墙，63.7%的企业有网络防病毒系统，43.5%的企业拥有漏洞扫描系统，37.0%的企业拥有入侵检测（防御）系统，31.4%的企业拥有安全认证系统，12.7%的企业拥有安全审计系统，2.5%的企业拥有其他网络安全设施。

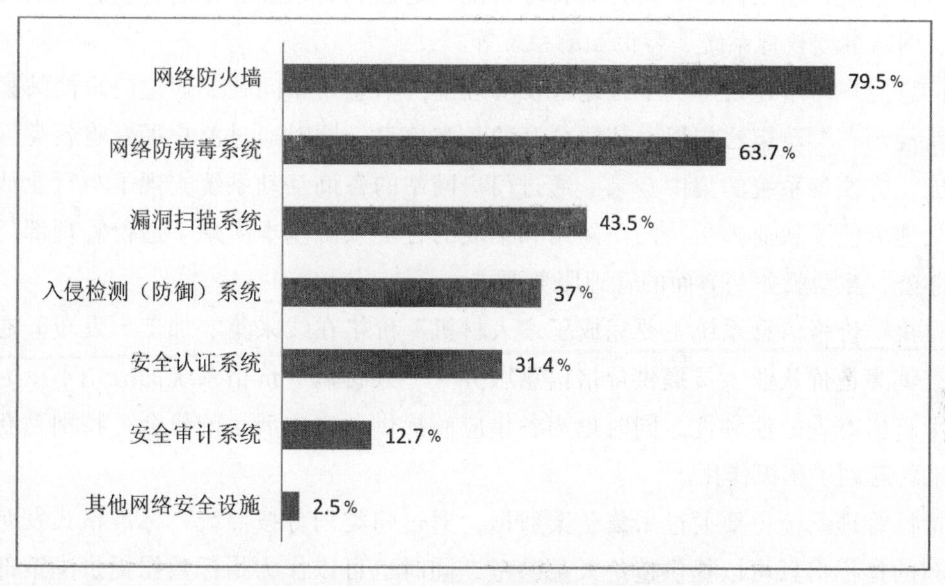

图2-1-6　企业网络安全保障情况

可见，企业对于网络防火墙、网络防病毒系统等网络安全基础保障系统建设完善，对于安全认证、安全审计等更高级别的网络安全保障系统建设仍需进一步完善。总体来说，企业对于网络安全已经达成共识，并将网络安全放到一个很高的位置。

2.2　建筑施工行业监管部门信息化系统建设与应用现状

随着我国建筑市场的快速发展，全国各级建设行政主管部门高度重视建筑市场的监督和管理，不断加大监管力度。近些年来，各省、市在建筑市场监管信息化方面都做了大量的工作，在人力、物力、财力上均有较大投入，尤其是针对建筑市场的几个关键环节分别建设了工程造价管理系统、招标投标管理系统、基础数据资源信息化系统、建筑市场信用管理平台等信息化系统，其中部分系统软件已比较成熟和普及。通过各类信息化系统的建设应用，在提升办事效率的同时规范了市场行为，减少了人为干预，提升了服务质量，同时有效地降低了政务成本，这些信息化技术的应用也进一步带动了行业信息化建设，促进了建筑行业的健康发展。

2.2.1 工程造价管理系统建设与应用

“十二五”期间，全国各地造价管理部门进一步加强了造价管理信息化建设工作。造价管理信息化建设均被纳入了年度重点工作。各地造价管理部门通过行业会议相互交流，进一步推动了造价管理信息化发展。目前，信息系统的建设基本覆盖了造价管理工作的需要，各地按照自身的管理职能构建了不同的工程造价管理系统。

目前各地建设的系统主要有：造价信息门户网站、“人材机”价格信息系统、造价指标管理系统、造价备案管理系统、规费计取管理系统、定额编制系统、咨询企业管理系统、造价员管理系统、网络继续教育系统、咨询互动系统等。

造价信息门户网站建设解决了各地造价管理部门信息发布问题，通过门户网站集中发布造价行业的新闻动态、政策法规以及依法公开的各类信息，同时通过门户平台将各类管理系统进行统一集成，方便各系统的集中登录。通过门户网站的咨询互动系统实现了与行业从业人员的互动，极大地方便了从业人员。门户网站和集成的各类系统基本实现了造价管理部门在信息公开、网上办公、互动服务三方面的管理服务要求。

“人材机”价格信息系统主要完成了“人材机”价格在线采集、加工、发布。通过数据接口和在线查询为造价从业人员提供价格信息服务。“人材机”价格系统的应用不仅为造价从业人员提供了价格查询的便利性，同时也为各供应商提供了集中展示的机会，特别是新材料和环保材料的推广起到了积极作用。

造价指标管理系统主要通过采集备案数据，通过归类划分按照统一标准格式发布各类指标信息，发布的指标信息可以提供造价人员参考，同时也可以作为指标数据提供决策部门作为决策参考依据，也可以提供造价审核部门作为各类工程的审核参考数据。

造价备案管理系统主要完成依规备案项目的在线报送、审核，系统应用极大地方便了备案企业，通过网络平台就可以完成备案数据的提交，同时造价管理部门也可以将电子数据进行加工分析，为指标系统积累数据。

规费计取管理系统主要是通过对从业企业的实际项目开展情况打分，通过对划定的部门考核内容评分以后，系统自动计算出该企业下一年度的规费计取费率，通过规费计取系统的应用，促使了企业在各规费项目上的投入，加强了企业在安全、文明、环保方面的投入力度，促进了建筑市场的良性发展。

定额编制系统在各地造价管理机构编制本地定额工作时已经得到普遍应用。定额编制系统主要有“人材机”管理系统、定额编制系统、定额排版系统组成。系统的应用不仅仅提高了定额编制的效率，同时对定额编制质量也有巨大的提升，特别是在“人材机”编码统一、定额校对方面贡献较大。

咨询企业管理系统主要包括企业档案信息管理、人员信息管理、业绩信息管理，通过该系统实现了对咨询企业的动态化管理，对咨询企业的资格评定起到重要作用。

造价员管理系统主要是对造价员资格考试、日常信息的管理，通过系统实现对从业人员从资格申报到获取资格以后的变更、业绩管理、诚信管理，实现对造价员的动态管理和全过程管理。

网络继续教育系统目前逐渐在造价从业人员的继续教育中开始普及，特别是中价协建立的造价员网络继续教育平台全国已经有50%以上的省份采用，也有部分省市建立了自己的继续教育系统，使造价员可以在线学习、在线考试和成绩查询。继续教育系统的应用解决了造价员继续教育过程中空间、时间的问题，使得造价人员可以随时、随地进行学习，完成学时以后通过考试。在方便了造价人员的同时，也提供了更多的学习内容，对学习的深度和广度都有提升，对提升行业从业人员素质具有积极作用。

咨询互动系统主要包括提问系统、审核系统和答复管理系统，通过咨询互动系统的应用，极大地方便了从业人员与造价管理机构的互动，同时，对相同的问题在答复发布以后，其他从业人员可以及时查询到，提升了答复的效率，对提升造价管理部门的社会形象有积极作用。

上述系统的建设应用解决了行业造价监管工作中长期存在的一些问题，促进了行业监管水平的提高，并在造价管理核心工作系统建设中有了长足的发展。过去各地造价站只有门户网站完成信息公示，而现在已经可以实现网上办公和互动交流。通过备案管理系统的建设提升了办事效率，降低了备案企业的成本。同时对收集行业数据，积累价格、造价指标信息打下了基础，也使得备案工作更加规范。“人材机”价格信息系统建设和造价指标系统建设，对于政府部门宏观管理、业主投资决策、设计及招投标时估算工程造价等方面都有重要作用，使得建设工程经济领域的这项基础性管理技术工作取得质的变化。咨询企业和造价员管理系统的建设，解决了动态管理、全过程管理的问题，对企业和从业人员的业绩管理进一步规范，也使得这部分的信息公开有了保障。定额编制系统的应用解决了定额编制体量大、耗时费力的问题，使得专家能够集中精力去解决核心专业问题，不用在定额基础数据统一、定额校对、定额排版等问题上花费过多精力，使定额编制工作有了较大提升，系统的应用对定额数据的积累和继承、借鉴提供了技术保障。

据调研，全国约有29个省、自治区、直辖市的造价管理部门在信息化建设方面取得了可观的进展和显著的成效。其中华南地区、华东地区和西北地区，信息化建设的省市比较集中。从各地造价管理业务信息系统建设的节奏上看，各地造价管理机构也不尽相同。

目前，市一级造价管理机构90%都建有门户信息平台，或依托省一级造价管理部门建设了子网站。能够解决政务公开、新闻信息、通知公告、政策法规信息的发布工作，但在在线办公和交流互动方面还需要加强。

“人材机”价格信息系统和造价指标系统全国约有15个省级造价管理机构建设了信息化系统。定额编制系统已经普及，2008年以后各省市在新定额编制过程中基本都采用该系统来辅助完成。备案管理系统作为网上办公信息化全国约有50%以上地区都已经建立，但各地备案的内容不尽相同，目前主要集中在控制价备案、合同备案和结算备案三个方面。咨询企业管理系统和造价员管理系统各地的管理范围和职责划分不同，约有20个以上的省级造价管理部门基本都已经建设有信息化系统。

各地还在根据新时期造价管理工作的需要，不断地完善各类工程造价管理系统及服务平台，在造价管理信息化建设方面，目前各地造价管理部门都非常重视，今后主要围绕“人材机”价格信息、造价指标系统、备案管理系统等深入应用和提升数据挖掘及数据再利用方面不断完善。

2.2.2 招投标管理系统建设与应用

2013年《电子招标投标办法》（以下简称《办法》）的颁布和执行，极大地促进了房屋建筑与市政工程项目交易有形建筑市场的规范和发展，促进和带动了行业市场化进程。在这一发展过程中，行业主管部门和各级有形建筑市场纷纷建立了各类涉及招投标的管理系统，为招标和投标交易活动及其相关市场主体、监督管理机构、从业人员和社会公众，提供了市场信息一体化和全方位的服务。这些系统主要有：

1）专家管理及抽取通知系统

系统实现了专家分类管理，统一编码，从专家资格获取、专家日常管理、专家绩效评价、专家培训考核、专家抽取应用、数据统计分析等方面全方位管理。

系统与自动抽取和语音通知系统集合为一体，实现专家的自动抽取和语音通知。实现评标专家电脑自动抽取、电脑自动拨号语音通知、短信确认通知管理要求。系统实现评委回避、抽取评委名单屏蔽等业务要求。评标专家的抽取、通知确认全过程都无需人工介入，确保评标工作公正、合理。

2）备案审批系统

作为房屋建筑与市政工程招投标行政监管部门，各地住建系统均设置了招投标管理办公室等机构负责对本地招投标业务开展的监管，制定各类管理制度。使用备案审批系统与交易服务系统在业务过程中实现信息共享、互联互通。对于招投标的关键环节，如项目备案、招标文件审核、招标公告审核、过程答疑审核、中标公示审核、中标通知书备案等均在系统里设置监管点予以监督管理。

3）辅助评标系统

自我国推行清单以来，工程评标的工作量大幅度增加，评标复杂性提升，评标的细度增加。电子辅助评标系统的应用，辅助专家完成了对投标文件的数据计算和分析，快速查找问题。辅助评标系统提供了电子开标、自动清标和电子辅助评标的功能，并且通过标书雷同性分析和识别码等技术进一步预防围标、串标的现象。

4）综合诚信系统

诚信系统的建设主要是解决招投标参与各方的合法身份问题，并进一步通过诚信信息的积累，促进行业优胜劣汰，使得行业发展环境持续向好。诚信系统的主要功能是围绕招投标过程进行的，对在招投标过程中出现的各类不良行为予以记录，同时行业监管部门进行处罚并进行信息记录，对招投标从业企业和人员实现动态管理。

5）监督管理系统

监督管理系统的建设实现了实时监控和电子监察，保障了招投标业务顺利地开展，确保了过程符合法律法规要求。目前有的省市建设了一体化监控系统，实现了全省范围的无缝覆盖，可以将招投标交易场所内的监控信息共享到全省监控平台，这也为远程异地评标奠定了基础。系统中的数字见证服务，使得进入交易场所的各主体在规划区域内活动，其各种权益在双方不接触的情况下利用数字监控技术实现信息共享，避免了招标人、投标人、专家评委和管理人员的直接接触，大大提升了场内交易规范性。在视频监控技术应用的同时，部分地区已经实现对专家评委计算机桌面监控，专家独立视频监控，对各类系统进行日志管理，监管系统的操作使用情况。在电子监察方面，检察系统和交易服务系统关联，在交易服务系统中产生不符合法律法规规定事项，并自动预警，并可以通过检察系统查看交易过程的每一个环节，对其作业文件实现随时检查。通过本系统的建设，完成了对交易全过程的企业库、项目库、人员库的动态管理。实现了入场登记、发包初步方案、招标文件备案、招标发包、投标、确定入围单位、开标、评标、定标、中标、中标通知书、合同备案全过程的网络化运营。

6）数据标准化建设

在招投标系统建设过程中，各类数据信息需要高度交互，这就对数据标准化提出了要求，按照《办法》要求，数据标准需要公布，并能够实现对市场各类软件系统的兼容，目前，全国在数据标准建设方面有部分省市非常重视，在发布标准数据交换标准以后，各类系统的推广应用进展也相对较容易，有部分地区采用封闭接口，对市场影响较大，系统推广难度也较大。全国目前约有7个省标准接口完全开放，有5个省标准接口开放达到50%，剩余地区标准接口开放不足50%。

7）数据统计及综合分析

各类系统的建设为招投标行业信息化发展奠定了良好基础，也为招投标行业下一步按照《办法》要求升级改造系统打下了基础，各类系统的应用使得各种数据不断汇集，但受系统互联互通的限制，目前在数据深度挖掘上各类系统发展均有不足，只能实现统计信息和初步的数据分析，不能达到行业基础数据的分析要求。今后在系统建设过程中需要考虑数据加工的问题，有可能需要单独建立一个以数据分析和加工为核心功能的系统，提升对数据的加工分析能力，使招投标过程中产生的各类数据得到有效应用。

8）综合信息平台

各地在信息化建设过程中，首先完成的是信息发布平台的建设，各类交易信息发布在本地建设的信息平台上，随着各类系统的建设，平台还集成各类系统的入口，避免用户需要多点登录，找各个系统的地址。信息平台的综合性越来越强，但目前还缺乏全国性房屋建筑与市政工程综合信息发布平台。

上述系统全部或者部分在各地被作为电子招投标平台建设的整体或组成部分予以开发和上线运营，进一步优化了招投标管理方式，扩大了监管范围和深化了监管深度，提升了招投标业务操作和行政监管的效率。

传统的招标方式招投标过程不够严谨，招标代理和投标人存在诸多接触面，增大了其围标、串标的风险。实现电子招投标以后极大程度规避了围标、串标的风险，大幅提高了数据处理的效率，使得评委点几个按钮就可以完成复杂的数据计算，可以从繁杂的计算中解脱出来转而专注于专业性的评审，使评标结果更加准确客观。

在监控和监管过程中，传统方式的管理对于纸质资料的流转和存档很难做到及时性、可追溯性。经常存在投诉取证难、问题责任分辨不清等问题。实现电子招投标管理以后，各种管理动作全程受控、全程留痕，提升了监管工作的可追溯性。

传统的操作模式下，市场主体单位的信用监管缺少数据累积，核查困难，对下属相关人员的监管无法在开标前核实清楚。招投标涉及的部门、人员、工程种类及统计需求等众多因素存在统计汇报各类管理数据、经济指标数据等准确性不高、周期长等问题。电子信息系统的建设，使得数据积累、跨部门协作和专业共享轻松实现，提高了管理效率。

2.2.3 基础数据资源信息化系统建设与应用

近年来，住房和城乡建设部加快建筑施工行业注册企业、人员、工程项目三大数据库的建设步伐，组织起草了基础数据库的相关数据标准。目前初步完成了中央数据库与企业资质证书管理系统、诚信平台以及注册人员等子系统数据库的实时联通，为强化建筑市场动态监管初步奠定了基础。

基础数据资源信息化系统建设包括施工企业资质管理信息系统、行政审批系统、建筑市场监管平台、质量安全监管平台、标准定额监管平台、房地产市场监管平台、住房保障监管平台、公积金监管平台、建设项目信息公开平台、建筑施工行业从业企业和从业人员数据库、市场行为数据库、公共资源数据库等方面。

我国多个地区的建筑施工行业监管部门相继开展了建筑业企业基础数据库录入工作，建成基础数据资源信息化系统，使建筑施工行业监管部门信息化建设由应用型向管理型转变，由数据采集向数据分析处理转变，并逐步实现信息化系统建设升级转型。

建筑施工行业监管部门通过基础数据资源信息化系统建设，加强了各地建筑市场监管能力，提升了政府宏观调节能力、决策分析能力、社会管理能力和公共服务能力，大大提升了建筑施工行业监管部门工作效率，实现管理效益、社会效益的最大化，并将建筑施工行业监管部门信息化水平推向一个新高度。基础数据资源信息化系统在审查阶段可以实现并联审批，为不同部门和相关专业专家提供协同办公功能。系统将不同专业的专家信息进行汇总、录入，同时生成与相关类型企业的对应关系。

部分地区现已经建成基础数据资源信息化系统，而该地区建筑施工企业，可以利用基础数据资源信息化系统快速查询针对本企业资质类型、资质等级相关的业务办理流程、需要的材料、需要具备的条件等信息。当企业填写完申报信息后，系统自动根据企业资质类型、资质等级和标准库进行对比，帮助企业提前发现不足。

目前，一些省市的基础数据库建设工作取得了很好的进展，已走到了行业的前面。部分省市建筑施工行业监管部门通过建设行政主管部门资源数据交换平台采集各单位的信用数据，汇入建设行政主管部门资源数据中心库，形成建设系统信用数据，再通过数据交换平台提供给上级部门。建立了一套完整的信息采集、存储、管理、发布系统，实现建筑施工行业相关管理部门联动和信息共享，为管理部门和企业、从业人员之间，企业之间，企业和从业人员之间提供交流平台，为管理部门对建设行业规划和宏观调控提供科学依据，促进政府职能转变，提升事务、业务处理效率和管理水平，更好地为公众服务。

同时，一些省市充分应用信息技术手段提高系统的数据智能分析和辅助决策，加强对数据统计、信用档案和动态考核等功能的完善，为政府监管机构对建设施工企业、注册人员市场准入和清出提供全面、准确、动态的基础数据，进一步提升相关部门的监管力度。

大多数地区的建筑施工行业监管部门已经认识到基础数据资源信息化系统对建筑市场监管工作的重要性，逐步推进基础数据库建设。通过建立和完善建设工程企业、执业注册人员、工程项目和行业信用档案基础数据库以及健全数据采集、报送、发布制度，统一数据标准，实现注册人员、企业、工程项目和信用档案数据库之间的动态关联，实现数据化决策、科学化管理，提升行业管理和决策水平。各地建筑施工行业监管部门不断重视基础数据资源信息化系统建设，从建设本地区基础数据库出发，逐步实现与中央数据库的互联互通和信息共享。

2.2.4 建筑市场信用管理平台建设与应用

建筑市场信用体系是社会诚信体系的重要组成部分，是完善社会主义市场经济体制的重要环节，是关系到我国建筑行业持续健康发展的一项重要任务。当前，建筑市场中各方主体信用缺失的情况还比较普遍。垫资承包、肢解发包、明招暗定、偷工减料等问题仍有发生。这些问题不但是造成工程质量问题、质量事故、安全生产事故发生的重要原因，而且容易产生腐败问题。因此，加强整顿建筑市场非常重要。而建筑市场存在较多不规范行为的原因很多，其中一个重要原因是建筑市场各方主体的诚信意识比较薄弱，建筑市场各管理环节没有建立信用信息共享机制，市场管理和现场管理缺乏联动，市场各方主体违法违规行为不能得到及时有效处理，违法违规的失信成本比较低。因此，加快推进建筑市场信用体系与信息化平台的建设显得十分迫切和必要。

2007年《建筑市场诚信行为信息管理办法》出台，对规范建筑市场秩序，健全建筑市场诚信体系，加强对建筑市场各方主体的动态监管，营造诚实守信的市场环境有了法规支撑。同年全国建筑市场诚信信息平台正式上线运行，各省、自治区、直辖市也分别建设了符合自身发展需要的建筑市场诚信信息平台，这对整个行业的发展起到积极作用。建筑市场信用管理平台的主要功能和子系统有：

建筑市场诚信行为归集功能。主要是对建筑市场各方主体的良好行为、不良行为等信用信息行为归集，便于各级建设行政主管部门、其委托的执法监督机构和建筑市场信用评价机构对工程建设企业、工程建设执业人员的良好行为和不良行为记录、上报和审核。

建筑市场信用信息评价功能。主要包括对工程建设企业和执业人员的信用信息等各项指标进行评价、量化、评分。建筑市场信用评价机构依据信用评价指标体系和评分标准对数据进行处理，发布分类信用评价结果，展示市场各方主体的信用状况。

建筑市场信用信息提取功能。主要包括企业综合信息、企业良好信息、企业不良信息、企业工程业绩、企业技术信息、人员良好信息、人员不良信息等信息提取。

公共查询功能。主要包括信用信息、企业基本信息、执业人员信息、备案信息、分市场监察信息等信息查询子系统，公众可以按各种需要对工程建设项目信息以及工程建设企业、工程建设执业人员的市场信用行为进行查询。

建筑市场信用管理平台的建设对规范市场行为，促进行业公平竞争，提升行业透明度都起到积极作用。通过信用平台及时采集从业企业人员的各类业绩信息，解决了以往行业中存在的诸多问题，例如：解决了建造师跨地域造假证问题，解决了企业投标过程中业绩造假问题，解决了跨地域以后不良行为查证困难的问题。通过信用平台查询系统可以对人员信息、企业信息、业绩信息、不良行为等各类信息及时查证。

目前，各省市建设主管部门都已经建设了建筑市场信用平台，这在一定程度上对建筑市场的规范发展起到了积极作用。特别在与招投标系统关联应用，在促进公开、公平、公正的三公原则上起到了推动作用，诚信平台也已经成为其他系统的基础信息平台。但是在实际应用中还存在一些问题：

a）互联互通不够。各信用平台之间不能互联互通，信息不能有效交互，在某一地企业出现不良行为，在变换地方以后，管理部门无法对其过往情况核实，其核实成本巨大，有部分需要被动投诉受理以后才能发现，特别是在业绩造假、人员信息造假等方面。

b）信用评价体系不完善。目前，具备可操作的有具体实施细则的统一指导性信用评价体系比较缺乏，各地在建设信用评价体系时，均依照本地“特色”，评价鉴定标准的差异，对于各地信用平台数据共享又构成了另一份障碍，同时，也使得被评价企业对各类评价制度和标准不理解，实际操作有一定难度。

c）信用平台建设缺乏顶层设计。信用平台建设应该作为行业基础信息建设的一个重点，平台需要从行业各类系统中获取数据，同时要将信用结果推送到各类应用系统中，在建设过程中，往往只考虑平台本身，只考虑其自身功能，在平台建设完成以后，平台维护，特别是各类数据维护工作量巨大，与其他系统的兼容性较差，导致平台应用效果不强。

d）制度支持不足。信用平台建设是一项系统工程，在信用管理方式发生变化的时候，传统的管理制度也需要更新，需要配合新的信用平台建设及推广应用，在这个阶段没有完善的制度保障，会导致平台应用受到各种阻力，最终会使信用平台推广难度加大。

在国家大力推进社会诚信体系建设的过程中，行业诚信建设是其非常重要的组成部分，目前各地在平台建设方面已经取得较大成绩，今后需要在法规制度、评价体系和信息共享三个方面努力，早日建立符合行业发展需要的建筑市场信用管理体系。实现各地互联互通，实现诚信数据的动态交互，实现全国一网通，这将对行业的发展起到巨大促进作用。

2.3 建筑施工企业信息化系统建设与应用现状

随着信息技术（IT）的快速发展和广泛应用，信息化不光成为当今世界经济和社会发展的大趋势，而且也是衡量企业核心竞争力的一个重要标识。而在国民经济三大支柱产业之一的建筑业行业当中，管理信息化的过程在经历了三次大的飞跃后，现在已经进入一个全新的阶段。特别是在2007年3月13日颁布了《施工总承包企业特级资质标准》以后，行业内的企业信息化工作快速的展开。国内的建筑施工企业也纷纷根据自己的业务情况，分别建设了各式各样的信息系统。其中有些是采购了市场上标准的商业软件产品；有些则结合自己的业务需求，委托软件厂商或自行开发了一些管理系统。这些系统也涉及了建筑施工企业中的方方面面的业务内容。

从本次调查数据的分析中可以看出，不同的建筑施工企业在信息系统建设方面差异还是比较大的，综合项目管理系统整体的应用开发情况相对优于企业管理类系统，得到了更多建筑企业的认可；专用工具系统的应用程度整体低于综合项目管理系统和企业管理系统。

但是，无论是综合项目管理系统、企业管理系统，还是专用工具系统，在已应用的建筑企业中均得到了很高的满意度评价，满意与基本满意的企业用户比例均能达到总样本的90%以上。

在企业已集成的系统当中，仍以常用度最高的财务管理系统和办公管理系统的集成比例最高，这一现象与企业的实际管理需求是分不开的。

由于涉及的内容非常多，为了简单起见，下面我们分别从企业经营管理系统、综合项目管理系统、决策支持系统、专业工具软件四个方面来分别阐述。

2.3.1　企业经营管理系统

企业经营管理系统是面向管理层的重要管理工具，它也是建筑施工企业信息化过程中的重点内容。企业经营管理系统建设的好坏会直接影响企业经营管控与决策的效率。从本次调查的企业信息化领域内容来看，目前建筑施工企业的企业经营管理系统主要包括了企业门户网站、协同办公系统、营销关系管理系统、财务管理系统、资金管理系统、人力资源管理系统、集中采购管理系统、预算管理系统、档案管理系统等子系统。

相比过去，建筑施工企业的信息化水平在最近几年有了大幅度的提高，特别是在资金管理、人力资源管理、集中采购、工程项目管理四个方面的信息化水平有了明显的提升。从调查数据来看，目前在建筑施工企业中，应用最好、最广泛的经营管理系统还是财务管理系统。但财务管理系统的功能内涵与前些年已经有了很大的变化，特别是在集团型的企业中，集约化财务平台正在被大力的推广应用，这与过去存在着很大的差异。

在被调查的企业中，财务管理系统和办公管理系统，已应用的企业总数均已超过了50%的比例，如图2-3-1所示，财务管理系统已应用的比例更是高达72.6%。应用比例占据第二梯队的是人力资源管理系统和档案管理系统，应用企业数量占比达到了40%以上。

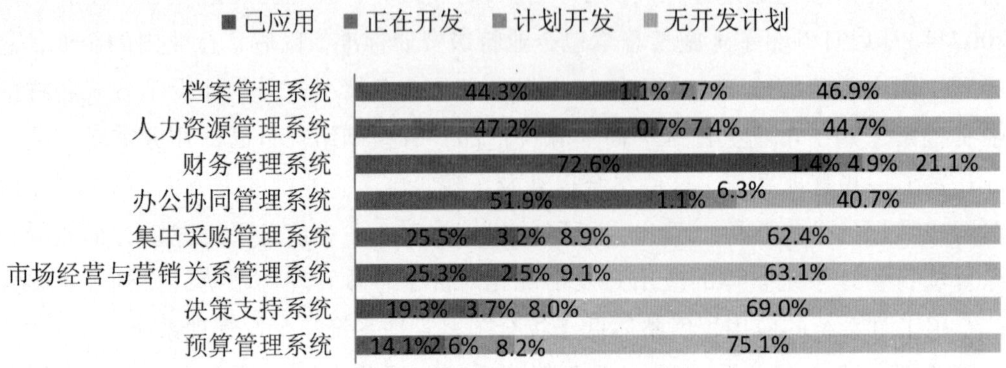

	已应用	正在开发	计划开发	无开发计划
档案管理系统	44.3%	1.1%	7.7%	46.9%
人力资源管理系统	47.2%	0.7%	7.4%	44.7%
财务管理系统	72.6%	1.4%	4.9%	21.1%
办公协同管理系统	51.9%	1.1%	6.3%	40.7%
集中采购管理系统	25.5%	3.2%	8.9%	62.4%
市场经营与营销关系管理系统	25.3%	2.5%	9.1%	63.1%
决策支持系统	19.3%	3.7%	8.0%	69.0%
预算管理系统	14.1%	2.6%	8.2%	75.1%

图2-3-1 企业管理系统应用情况

在已应用相应企业管理系统的企业当中，大部分系统的日常使用率都很高，普遍达到了75%以上，如图2-3-2所示。特别是办公协同管理系统和财务管理系统，“经常用”的比例都在93%以上。所有的管理系统中，决策支持系统和预算管理系统的使用程度最低，分别为56.5%和61.8%。这也说明决策支持系统和预算管理系统的应用还是存在不少提升的空间。

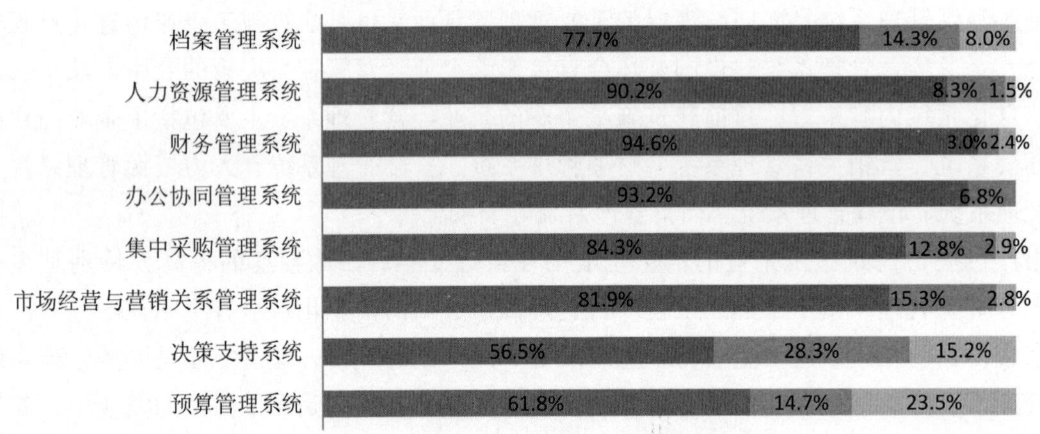

图2-3-2 企业管理系统日常使用情况

在对企业已实施系统的满意度调查时发现，决策支持系统和财务管理系统的满意程度达到100%（满意与基本满意的企业之和均在92%以上，说明整体满意程度较高），如图2-3-3所示。其中，对预算管理系统不满意的企业达到了7%，是所有系统中不满意程度最高的。

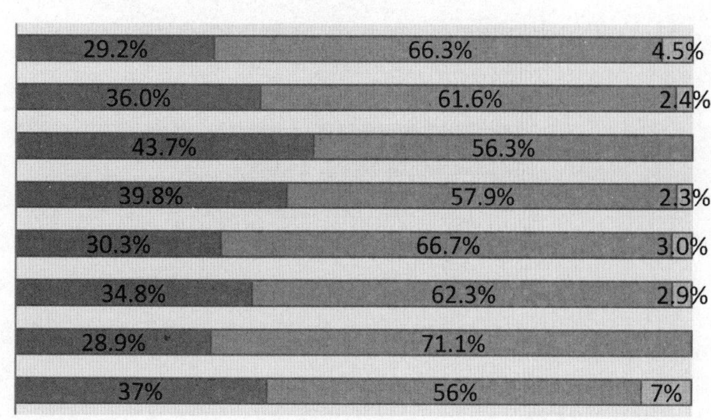

图2-3-3　企业管理系统满意度情况

下面将针对上述的几个主要的经营管理系统分别进行应用现状的描述：

1）企业门户网站

随着互联网技术的不断深入应用，很多企业都在互联网上建设了网站，以帮助企业进行形象宣传，企业网站不但对企业的形象是一个良好的宣传，同时可以辅助企业的客户服务、营销、资讯发布、招聘人员等等。而且随着企业应用的不断深入，企业内部、外部的应用系统越来越多，这些应用系统之间需要进行信息共享、数据互联与统一管理，实现统一的访问与登录，此外，企业门户网站的另一个功能需求——“应用的整合”也日趋强烈。

从本次调查的数据样本企业来看，48.6%的企业已建立门户网站；51.4%的企业未建立门户网站。已建网站的企业有55.3%的企业网站主要内容为企业信息发布；52.9%的企业网站主要内容为企业文化传播；47.6%的企业网站主要内容为产品展示；40.2%的企业网站主要内容为人才招聘。如图2-3-4与图2-3-5所示。

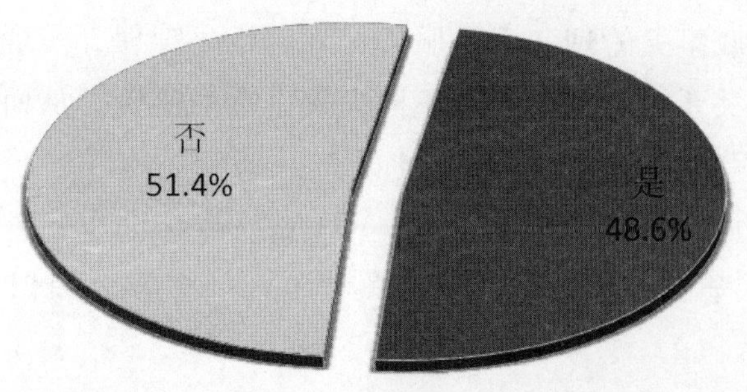

图2-3-4　企业建立门户网站情况

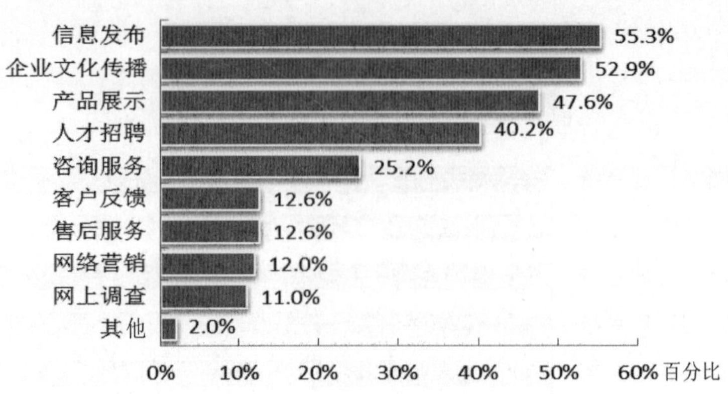

图2-3-5 建筑施工企业门户网站主要功能与占比情况

2）协同办公系统

协同办公平台将现代化办公思想和计算机、网络、通信等现代化工作进行整合，以“沟通、协作、控制”为设计理念，以工作流和信息流技术为核心，以软件为载体和实现手段，实现办公事务处理、信息管理与资源共享、辅助领导决策、即时提醒等方面的工作内容平台。

根据调查数据，建筑施工企业的协同办公平台应用相对比较成熟，且应用的功能内容也比较丰富，主要包括：

（1）事务管理

提高工作人员日常工作效率，提供个性化服务功能。通过该功能，工作人员可以及时了解需要办理的各项事务，进行自己的工作日程安排，管理个人文件，收发电子邮件，修改个人的登录口令等。

（2）公文管理

实现公文“收、发、办、管”一体化管理，为领导阅示批示、签发文件、部门阅办文件、会签文件提供快速方便的电子办公手段。按可自定义的工作流，自动完成公文在各步骤（起草、审核、签发、分发、归档等）流转，并记录相关文件内容、拟稿人、审稿人、批准人以及审批意见、审批时间等信息。

（3）行政管理

利用系统辅助实现行政事务管理和后勤服务保障网络化管理，实现“人、财、物”统一管理。理顺各功能之间相互关系，实现信息在不同模块中顺畅流转，从而做到“一次输入，多处使用”，实现了行政事务审批的网络化、流程化处理。

（4）知识管理

以知识管理为核心，全面地收集、整理游离在各部门多方面知识，最大程度发挥知识的价值。

（5）协同工作

为用户构筑一个安全、高效、实用的协作式工作平台，实现与各个业务系统之间的协同集成，同时还能够实现与电子邮件系统、RTX及时通信系统、手机短信平台、移动OA平台等无缝集成，拓展信息交流渠道，提高信息传输速度。

从调查数据来看，协同办公系统在建筑施工企业中的普及率比较高，整体占比达到了58.2%。并且还有6.3%的企业计划在近期建设协同办公系统。而且协同办公系统的应用情况也比较好，在企业员工的日常工作中，应用比率可以高达93.2%，满意度也可以达到97.7%。而且该系统应用人员范围也是众多运营管理系统中最广泛的。

关于多系统间的应用集成协同的情况，在本次调查过程中，被调查企业未能给出定量的数据，但结合笔者在建筑施工企业中的信息化工作经验，以及调查过程与企业信息部门的沟通结果来看，建筑施工企业近几年所关注的协同应用主要集中在如下三个方面：

（1）供应链的协同

重点帮助建筑施工企业，建立与材料供应商之间的协同关系，通过协同平台的应用，实现材料采购、仓储、运输等环节的高效管理。

（2）大项目的协同

重点解决项目的相关数据信息如何在多个管理部门之间的协同流转，帮助这些部门有效地利用项目有关数据。

（3）项目管理与财务的协同

重点解决项目收付款、成本与财务之间的协同应用，通过协同既满足财务部门对成本核算、收付款流程管控的要求，又满足项目部对项目成本及时控制的需要。

3）市场经营与营销关系管理系统

建筑施工行业的营销关系管理系统主要用于帮助建筑施工企业改进与业主、供销商、竞争者、政府机构和社会组织的关系，通过目标销售分析、市场营销活动管理、客户服务流程管理以及应用支持等流程的软件系统，有效地缩减销售周期和销售成本、增加收入、寻找扩展业务所需的新的市场和渠道以及提高客户的价值、满意度、赢利性和忠实度。最终帮助企业与之建立、发展、保持长期良好的关系，实现利润目标。

营销关系管理系统在建筑施工企业的应用是近几年才逐步开始，目前尚处于起步阶段。从建筑施工企业的营销管理需求来看，营销关系管理系统应包括如下几个方面的功能内容：

（1）客户关系管理

建筑施工企业投标阶段的客户关系主要由区域分支机构管理，项目实施阶段的客户关系由具体项目部进行管理，而随着项目的交付、项目部的解散，建筑施工企业的客户关系极易中断和流失。借助客户关系管理功能，可以帮助企业与客户建立持久的信任关系，将所有与客户的活动过程精准地记录在案，帮助有效还原客户合作历史，并进行综合利用与分析。

（2）公共关系管理

建筑施工企业通过建立公共关系管理功能，将公司重大事项新闻发布、企业业绩媒介宣传、政府关系协调、大型活动策划等公关活动有效地管理起来，提高企业的知名度和美誉度。

（3）服务关系管理

建筑产品是在业主、设计单位、监理单位、政府监督部门等各方主体的参与下共同完成的，在招投标阶段、建造以及使用过程中，各方都会从各自的角度出发，提出许多要求、建议和意见。建筑施工企业通过建立服务关系管理功能，建立与这些单位、机构的沟通、记录、反馈信息化平台，提高服务关系的水平。

市场经营与营销关系管理系统在建筑施工企业中的应用还基本上处于起步状态，从被调查的335家企业数据来看，虽然也有25.3%的企业应用了营销关系管理系统，但这个比重在整个行业中并不高，而且相对于其他行业来说，明显偏低。

从市场经营与营销关系管理系统的应用情况来看，情况并不理想，虽然在日常使用情况方面，调查数据显示，经常使用的比例可以达到81.9%，而且系统的使用满意度也可以达到97.2%，但系统的应用质量不高，从企业的应用功能来看，主要还是用于客户档案的管理、业务机会的记录等基本的功能。而营销活动的过程管理、后期的营销数据分析等功能的应用比例则很小。这相对于其他一些行业来说，差距还是比较大的。

从被调查企业一些反馈来看，还是有非常多的企业有意向引入营销关系管理系统。在调查的样本中，有2.5%的企业正在进行该系统的建设，还有9.1%的企业有计划在未来建设该系统。并且，特别是随着近几年建筑施工行业的市场竞争越来越激烈，如何有效地维护老客户关系，降低新客户、新合同签约成本，是多数企业非常关心的信息化话题。

4）财务管理系统

财务管理系统主要用于满足建筑施工企业进行常规的会计数据核算与成本管理需要，通过财务管理系统，可以有效地记录和反映企业日常运营过程中的所有经济活动。但对建筑施工企业而言，除了满足日常会计的稽核、记录功能，建筑施工企业的财务管理系统相对于一般工业企业和商品流通企业而言，还有四个显著的特点：①核算主要围绕着项目、合同为对象展开；②资金流量的控制尤为重要；③应收账款的管理非常重要；④成本与收入的确认比较复杂。

从近几年建筑施工企业的应用情况来看，建筑施工企业的财务系统功能内容范围较前几年有了比较大的变化，特别是在项目成本管理、财务分析、集团管理功能方面，有了较大的突破。从功能内容上看，主要包括：

①会计核算：主要包括了总账处理、固定资产核算、应收应付账款核算、材料核算、工资核算等功能。

②会计报表：主要包括了会计报表的制作、分发、填报、汇总、合并等功能。

③ 项目成本管理：主要包括了成本归集、成本计算、成本分析等功能。

④合同管理：主要包括了合同台账、预计总收入、预计总成本、合同成本台账等内容，本功能需要与成本、核算等模块集成应用。

⑤财务分析：财务分析功能主要基于一些商务智能工具来完成，其主要功能根据各企业的需求差异比较大。

从本次调查的结果来看，建筑施工企业的财务信息化相对其他管理系统明显基础要好很多。从财务管理系统已应用比例（72.6%）、日常使用率（94.6%）、系统满足度（100%）三个数据可以明显看出这个差异。这三个数据在本次调查的所有系统中，排名均为第一。

依据调查数据来看，建筑施工企业在财务信息化方面主要集中在深化财务核算、成本管理等方面，而其中财务核算与财务报表的应用范围最为广泛，也是应用比重最大的。这也可以看出，目前国内建筑施工企业的整体财务信息化还主要是为了满足解决会计核算的效率工具问题，离全面地实现财务监督、财务服务、管理决策支持还存在一定的差距。

对于大中型集团而言，近几年集团管控型财务系统的建设重点则是在于集约化财务核算平台的建设。通过集约化核算平台实现全集团的财务核算统一化、集中化，为进行集团的决策支持、财务分析提供数据支持。但从目前的应用效果来看，离目标还存在一定的距离。很多企业的最基本的账、表还没有实现一体化应用。这也导致在后续核算数据利用上的质量大大降低。而且大部分企业的财务信息利用还主要是以满足当期财务报告输出为主，极少有企业做到了将历年的财务数据都利用起来，特别是从集团管控层面进行深入地挖掘分析，从而为全集团管理的决策与预测提供帮助。

5）资金管理系统

资金管理系统主要用于实现对资金流、资金调度、资金结算和运作管理的信息系统。通过对所管理的资金结算单位实行集中统一的资金管理，提高付款和结算、清算以及资金的使用效率，降低资金使用成本，防范资金使用风险。

结合本次调查的情况来看，目前在国内建筑施工企业中应用的资金系统主要功能包括：

（1）资金结算

通过结算单位在结算中心开设内部账户，通过柜台业务、网上业务和银行业务记录内部账户上的资金变化，完成内部转账，对外收款，对外付款，资金上收、下拨和调拨等业务。

（2）网上银行

将银行的企业网上银行系统与资金管理系统相连接，企业可通过资金管理系统的界面实现银行账户信息的查询、下载、网上转账支付等功能，可满足企业要求的账户信息银企同步、网上支付个性化的要求。

（3）资金计息

资金计息包含两部分内容：其一是解决结算资金的活期存款计息；其二是解决定期存款的管理和计息。

（4）远程结算

结算单位通过远程结算系统向结算中心提交收、付款指令，填报支付计划和查询账户的基本情况、余额以及交易明细，并可以打印对账单和交易回单。

（5）资金计划

定义资金计划类型、定义计划周期和资金计划表；下发资金计划表，填报、审批和追加资金计划表；查询和分析资金计划的执行情况。

（6）信贷管理

通过申请、合同管理内外部借贷业务、委托借贷业务、资金拆借业务、担保业务，进行借贷资金的计息和转账处理。

（7）综合授信

通过对授信额度的管理，完成对信贷资金规模的控制，以降低信贷风险。可实现对每笔银行贷款进行控制；还可以对集团下属企业进行信用等级评价，根据信用等级授予内部信用额度，根据额度控制每笔内部贷款，及时查询授信额度的使用情况，以便于更合理地安排贷款业务。

从本次调查结果来看，资金管理系统目前主要还是在一些大中型建筑施工企业中应用，这也符合该业务的规模化应用特点。而从目前的应用情况来看：资金监控、资金结算、网上银行、综合信贷管理四大功能是近几年应用最普遍，效果最好。

由于资金管理系统本身的特点，目前建筑施工企业采用资金管理系统的企业比例非常小，占总体数量不到5%。

通过本次调查，我们还发现，由于资金管理信息化的内容较多，因此在建筑施工企业的资金管理信息化过程中一般采用如下步骤：

①首先实现对下属企业的资金账户监控，通过系统可以实时监控整个企业的资金收支情况。

②然后实现对结算账户统一归口管理，项目的一切资金收付活动都必须集中在同一账户，项目预收款、工程进度款、工程尾款等都必须汇入该结算中心账户。各项目或下属企业用款时，要按资金支出计划由结算中心统一代付。

③最后，在一些资金集中管理系统应用比较深入的企业，他们在引入资金管理系统后，对资金统一调度。因对项目资金的收支都相当明了，在此基础上建立了项目工程款预警机制。通过建立预警机制，加强工程款及时收取，控制工程分包款、材料款等支出，从源头上解决工程款拖欠问题。

6）人力资源管理系统

人力资源管理系统以企业的核心资源“人”为管理对象，帮助搭建全价值链的人力资源管理体系。以现代人力资源管理理念为指导，帮助成长型企业构建人力资源“选、用、育、留”管理循环，理顺、优化企业里的人力资源，进而发掘、提升人员的能动性，有效达成企业经营目标，并在此基础上，落实、固化先进人力资源体系、业务流程。

近几年随着人力资源系统的不断深化应用，建筑施工企业的信息化内容也从原来单纯的事务性管理转向人员的绩效管理。就近几年建筑施工企业的人力资源系统应用情况来看，主要包括如下功能：

（1）组织管理

对企业的组织结构进行管理，提供包括集团公司在内的整个企业的完整框架，并管理整个企业组织演变的过程；清晰地定义出企业组织结构，包括设置下级企业、部门和岗位、岗位和部门的隶属关系、岗位与岗位之间的汇报结构、岗位的数量、岗位的性质级别、岗位的职责和要求，有效地管理企业的空缺职位。

（2）人员信息管理

对全系统从业人员的信息进行管理。提供对在岗人员、保留劳动关系人员、离退休人员、外聘人员、内退人员、返聘人员等不同类别的档案管理。

（3）人员合同管理

对员工劳动合同的签订、变更直至合同终止的全过程进行严格管控。

（4）薪酬管理

自动进行员工出缺勤工资的计算、个人所得税计算、福利保险的扣减、各种特殊工资项目的处理，自动完成纠错功能，以及各种工资报表的打印。既提高工作效率，又减少人工工作量。同时，根据各工资要素和成本要素的对应关系，薪资核算结果可以即时反映到相应的会计科目中。

（5）培训管理

协助企业完成培训预算、培训计划、培训课程的制订等工作。可对培训进程进行监控，完成对培训效果的评估和成本核算。

（6）社会保障

社会保障模块计算各种保险项目及各种缴费：①养老保险中的累计缴费；②失业保险中的企业基数、比例、个人缴费；③大病统筹中的企业基数、比例、个人缴费；④住房公积金；⑤医疗保险；⑥工伤保险，等等。

（7）绩效考核

根据员工的职位、任职资格及发展情况进行考评和记录，并根据不同情况设计相应的考核内容与方法，系统根据相关的数据自动计算员工的绩效考核结果。

过去几年，人力资源管理系统应用范围在快速的扩大，已经从过去主要集中在大中型企业中应用，变为全行业都在推广的状态。从本次调查数据来看，在样本中，人力资源管理系统应用率达47.2%，这表明接近一半的企业都在应用该系统。而且在未来，还有7.4%的企业计划引入人力资源管理系统，而且从已经引入人力资源管理系统的企业来看，日常使用人力资源管理系统的比重达到90.2%，对系统的满意程度也达到了97.6%。

7）集中采购管理系统

集中采购管理系统主要用于帮助大中型建筑企业进行有效的集中采购管理，实现对供应商进行统一规范、准确评估，充分发挥集中采购规模优势，降低采购成本，获得合理采购价格，有效控制采购成本，并可以随时随地掌控集团全局库存，合理控制库存，降低资金占用。系统有效地规范和控制集中采购业务流程，及时、准确地掌控集团采购业务执行情况。

从系统的主要应用功能内容来看，建筑施工企业的集中采购管理系统主要包括了以下内容：

（1）采购管理

实现从需求计划→采购申请→…… →检验入库→付款结算的全部采购过程管控管理。有效地监控采购计划的执行、比价招标采购以及供应商交货履约情况，帮助采购部门选择最佳的供应商和订货策略。

（2）库存管理

库存管理功能主要用于对企业内仓库库存进行集中管理。处理各种库存事务，如各种收货、各种发货、库存转移、物资转移等。

（3）周转材料管理

周转材料是指在施工过程中可以多次使用，并不改变其原有的实物形态，其价值逐渐转移到工程成本中去的材料。建筑施工类企业对周转材料的管理一直是企业管理的难点与重点，物资管理系统中的周转材料管理为企业提供了从周转材料的取得、结算、领用、退回到摊销、报废处置、转销等业务的全过程管控。

（4）材料成本计算

库材料成本计算功能主要用于对出入库材料的成本进行计价，完成物资的入出库成本核算。

（5）电子采购平台

建立内外部的信息发布与交互平台，通过标准数据库完成对材料档案、供应商、价格、模板、专家等基础数据的管理，建立物资采购业务管理平台，对采购计划、战略协议、采购合同、配送计划、采购结算等一系列采购过程控制。结合物资采购电子商务平台，实现企业与供应商的业务互动，达到材料采购的协同管理目的。

从本次调查的数据来看，集中采购系统的普及率并不高，在所有的样本中只有25.5%的企业建设了集中采购系统。但这一数据甚至高过了整个调查样表中的集团型企业24.4%的占比总数。考虑到集中采购系统一般主要在集团型企业中应用，实际上集中采购系统在集团型建筑施工企业中应用比例还是比较高的。这主要是从建筑施工项目的成本来看，一个建筑工程项目材料费用一般占到整个工程建安成本的65%左右。当前，人工费不断上涨，工程总体利润率低下，如何在日益激烈的市场竞争中生存下来，获取最大效益，降低材料采购成本已经是一项相当重要的工作。在其他条件一定时，材料采购交易价格已成为施工企业关注的焦点。材料采购价格降低1%，一个业绩良好的一级建筑施工企业一年就能节约成本3000万元以上，这个数字是非常庞大的。而集团型企业又恰恰具备实施集中采购规模化的条件。

此外，从系统的应用情况来看，84.3%的企业经常应用集中采购系统，这个比例对集中采购系统而言，是一个不错的效果。而且从系统的满意度来看，也达到了97%。

8）预算管理系统

预算管理系统用于帮助建筑施工企业提高由下而上和由上而下的预算编制工作的可靠性、效率和速度，精简复杂的、分散的预算编制、计划和预测流程，缩短预算编制周期，实现预算编制过程透明化，提高预算数据的准确程度。有效地帮助贯彻落实企业的预算政策，加强企业对各预算责任单元的预算管控能力，保障数据快速通畅的传递，实现企业内部预算数据的共享。满足企业对业务的实时监控、动态预警、多层次多维度分析的需求，确保各级领导能对预算进行实时跟踪查询，实现提前预警和风险防范的目标，为考核提供相关的依据。

根据调查数据，国内的建筑施工企业在预算系统的建设上，还主要是集中在预算编制与预算的事后分析上，因此，应用到的主要功能包括：

（1）预算编制

实现预算报表数据的编报管理。

（2）预算平衡

实现预算管理委员会对预算数据的平衡、调整，并为审批、调整提供有效的数据依据。

（3）执行分析

通过预算执行分析，及时发现预算差异和风险信息，增强预算工作分析判断能力和快速反应能力；通过预算数据和战略目标的匹配度分析，推动企业战略规划的落地工作。

（4）预算调整

根据市场环境、企业环境的变化，及本年度内截至当前的预算执行情况，对年度内预算报表及报表内指标进行系统内调整。

（5）预警与监控

用于对实际完成的业务数据的自动与实时的监控。能够在系统内设定预警阈值，并通过设定的预警阈值对当实际完成的业务数据超过阈值的情况发送预警信息。

（6）评价分析

按不同的时间段对预算数据进行综合的分析，帮助企业及时揭示预算执行过程中存在的问题，发现偏差，从而采取有效措施，进行纠正与控制，同时也为正确编制下期预算打好基础。

从被调查的企业看，预算管理系统的应用情况并不乐观。在调查样本中，仅有14.1%的企业引入了全面预算管理系统，2.6%的企业正在进行预算管理系统的建设，8.2%的企业有计划引入全面预算管理系统，而将近75%的企业并不打算建设全面预算系统。

而且，在仅有的14.1%的企业中，能够通过系统做好企业自身预算管理的数量并不多，很多企业引入了预算管理系统，但并没有坚持应用下去。纵观建筑施工企业在预算管理的预算编制、预算控制、预算绩效分析三大子系统应用中，预算编制功能的应用情况最好，其次是预算绩效分析功能，情况最不理想的是预算控制功能，这主要是很少企业能够上线完整的ERP系统，或是即便上线了ERP系统，也没有和预算系统集成，实现基于预算的业务控制。

从应用的经验来看，很多企业把预算系统的建设当作一个一次性项目来建设，这是导致很多预算系统实施失败的重要原因。预算系统本身的战略管理特性就导致它必须是一个循序渐进、逐步建设成熟的系统。而且由于预算系统是上层系统，所以在建设过程中，企业的财务、物资采购、人力等系统都需要按照预算管理的要求进行相应的调整，这也为预算系统的应用与推广带来很大的难度。

9）档案管理系统

档案管理系统用于帮助企业构建完整的档案资源信息共享服务平台，支持档案管理全过程的信息化处理，包括采集、移交接收、归档、存储管理、借阅利用和编研发布等，同时逐步将业务管理模式转换为服务化管理模式，以服务模型为业务管理基础，业务流和数据流建立在以服务为模型的系统平台。

档案管理系统为建筑施工企业提供了档案资料现代化管理工具，目前来看，在本行业中应用的主要功能包括：

（1）文档一体化管理

档案管理系统与OA、MIS、门户等业务系统无缝链接，通过有效的前端控制，使大量有价值的电子文件按照档案管理要求自动、完整、规范地采集到电子档案管理系统中。

（2）档案采集

档案采集系统主要完成对纸质档案材料的数字化采集处理。并利用网络技术，实现多人多客户端。

（3）档案流水化采集

实现多人多客户端对多本档案同时进行扫描采集，并按操作角色进行分工及权限管理。

（4）网上查阅系统

实现文档的本地及远程查档、阅档功能。并采用多种安全加密处理方式，确保系统运行安全可靠。

（5）档案业务处理

完成日常档案业务处理功能，主要包括档案案卷管理、档案材料管理、档案零散材料收集、档案信息审核等功能。

（6）查询处理、统计分析

根据不同的需求实现对档案信息的综合查询及统计分析功能，条件设置灵活，结果以二维表、柱状图、花名册等形式显示。

从本次调查数据来看，只有44.3%的企业引入了档案管理系统，说明档案管理系统作为一个重要的基础应用系统在建筑施工企业中并没有广泛应用。在许多企业中，甚至将档案管理系统与知识管理系统混为一谈，将两者视为一个内容。而且该系统的日常使用情况也只有77.7%，也仅仅算合格。数据充分说明了广大的建筑施工企业对档案管理系统的价值认识还不够。

从某种角度来讲，档案管理系统真实反映了建筑企业的经营活动。不管是建筑企业用工机制的改革、安全劳动竞赛、考核绩效工资，还是项目建设的目标管理、建筑工程项目招、投标，都能够借助建筑企业的档案管理系统得到真实反映。通过对存档的档案资料进行整理、研究、分析对比，档案管理人员能够从中找到目前企业内部所隐藏的问题，然后采取相应措施解决问题。

档案管理系统是建筑业开发与应用新工艺、新技术、新材料的主要依据。自从我国加入WTO世贸组织以来，欧美国家的先进技术正源源不断地涌进国内。在这种条件下，建筑业应用推广的一些新工艺、新技术、新材料正在不断加快更新的步伐，这就需要我们不断收集各种资料与数据，并进行分析研究，努力掌握技术特点，从而为以后建筑施工技术的应用推广打下坚实基础。如果不进行深入地研究，在以后的建筑行业发展道路上会走得更加艰难。

2.3.2 综合项目管理系统

综合项目管理系统就是通过计算机技术和网络技术结合项目管理理论和管理方法辅助项目进行综合管理。在利用综合项目管理系统管理工程项目的实践中，紧紧围绕如何实现成本目标、工程总进度目标、质量、安全目标来展开，通常是以成本管理为重心，以合同和进度、质量达成为目标，综合应用各种管理方法和手段，构建一个全方位多维度的规范、动态、高效管理体系。

项目管理系统从项目层面，以项目整个生命周期为基础，完成项目各个具体业务的管理，对项目成本、合同、进度、质量、安全、技术、信息、资源等项目要素进行有效管理，最终使项目管理人员更好地完成项目从面到点的管理和控制。在公司层面，可以对每个项目的施工状况进行监管，把握每个项目相关的业务情况，通过对所有项目业务数据的汇总统计，全面掌握公司范围内人、财、物以及经营管理方面的资源状况，进而做出对各种资源的集中管理和合理调配。公司通过对企业各种管理数据的积累，达到公司对所有项目的事前规划、事中控制、事后分析等全方位决策管理。

对于建筑施工企业而言，招投标管理、合同管理、进度管理、成本管理、物资管理、设备管理、质量管理、安全管理、竣工管理和风险管理，是其对相关建筑项目进行综合管理的重要系统工具。通过调查数据可以看出，这些系统在建筑企业内的应用开发进程上差距不大，各系统只有约10%的企业处于正在开发和计划开发阶段，其余企业或者已应用该系统，或者无开发计划。其中，合同管理系统已应用和无开发计划的企业比例持平；安全管理系统、合同管理系统、成本管理系统和招投标管理系统，已应用的企业数量均大于无开发计划的企业数量；其余系统则是无开发计划的企业居多，如图2-3-6所示。

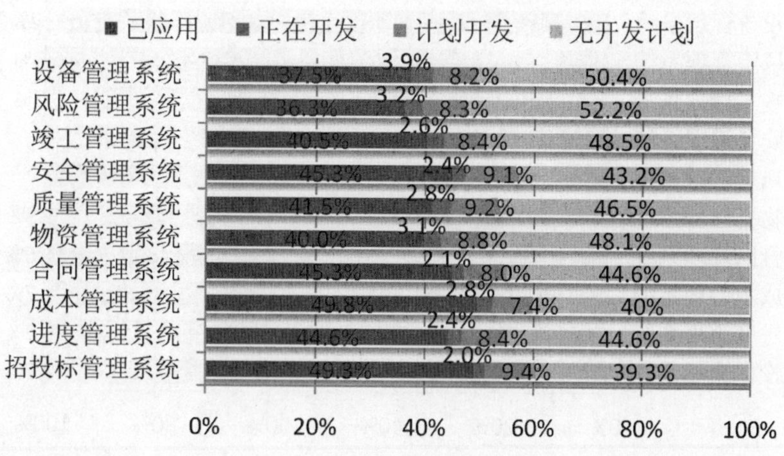

图2-3-6 综合项目管理系统开发情况

综合项目管理系统建筑施工企业最核心的管理系统之一，对建筑企业是否经常使用该系统中的10个分系统发现，47.6%的企业表示这些系统需要“经常用”，26.6%的企业使用程度为“不经常用”，另有25.8%的企业则基本不使用这些综合项目管理系统。这说明目前行业内真正应用综合项目管理系统来办公的企业仅一半左右，如图2-3-7所示。

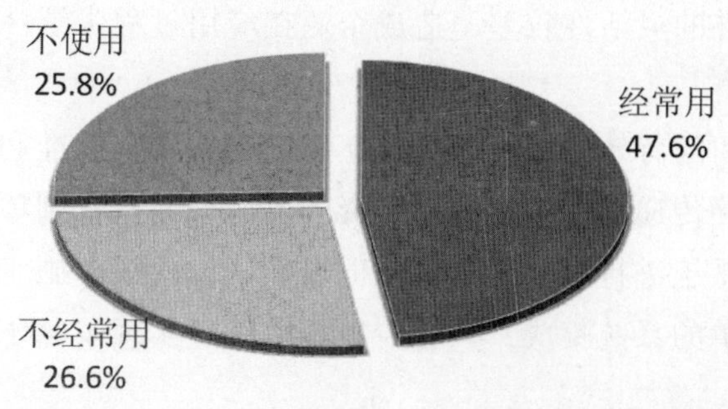

图2-3-7 综合项目管理日常使用情况

从建筑施工企业应用综合项目管理系统的满意度上来看，调研结果显示建筑企业对综合项目管理系统的满意程度普遍较高，对每个系统满意与基本满意的企业均能达到90%以上，其中，安全管理系统和质量管理系统的满意与基本满意占比达到了100%。10个分系统中，风险管理系统和竣工管理系统的不满意程度最高，均为6.3%，这可能也与目前软件企业还不能提供真正贴切项目管理实际的系统解决方案有关。

同时，我们从满意度调查上可以看到，各个系统处于“基本满意”评价的均超过50%，这说明大部分建筑施工企业都对系统应用有更高的期望。

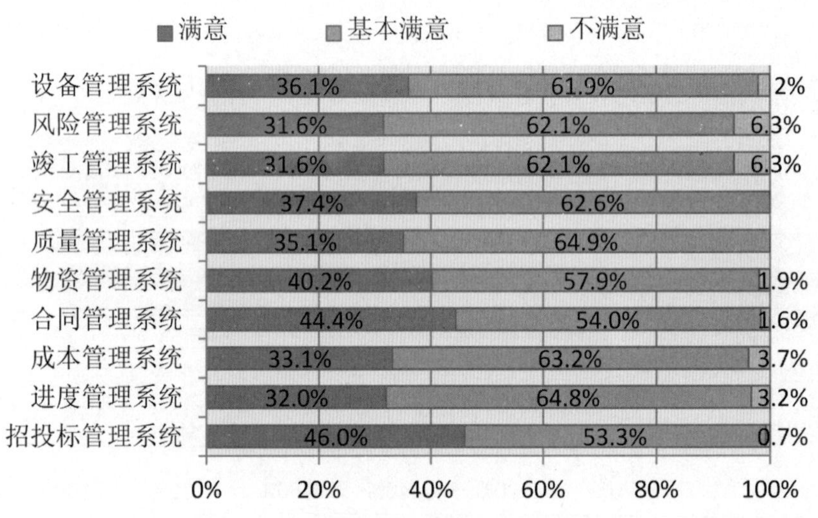

图2-3-8　综合项目管理系统满意度情况

从整体应用和系统建设上来看，目前国内大部分施工企业的综合项目管理系统还存在以下不足：

①为了保证整个项目的管理要素能够按照企业和项目的标准流程完成，需要企业首先对公司的整体项目管理流程进行一定的梳理、优化，形成标准化的项目管理流程体系，然后在信息系统中进行固化。目前国内大部分施工企业由于项目类型众多，没有形成企业的一套标准化体系，加之一些管理软件的灵活性较差，造成企业在应用过程中统一的标准化体系在系统中表现僵化，造成执行困难。

②为了保证系统间的有效集成，需要建立系统间的集成标准和交互体系，例如，物资供应与消耗的数据如何直接传递到成本，人员工资的发放如何核算到项目，项目业务结算的信息如何传递到财务与资金系统进行款项的支付。但目前国内的很多施工企业的信息化应用还基本处于孤立应用阶段和简单的系统集成，只有少数企业已经实现了基于门户、业务流程、统一主数据管理的集成体系。

③为了充分地体现组织体系内的资源统筹与优化，需要综合项目管理系统支持项目群的管理，并支持跨项目跨组织间的资源汇总与资源统筹、调度协调，例如，可以进行多个项目的物

资库存和耗用情况的分析，并实现向上分类物资的汇总和集中采购与分发，并可以实时动态分析整体物资流动、库存和耗用情况，这需要管理系统对多组织模型的有效支持。目前国内大部分企业还没有实现此部分功能，只有少数的先进信息化企业在应用。

④当前的项目管理，已经不是施工企业一个管理个体所能完成的工作，它需要多方的协同，因此综合项目管理系统的相关功能也应向外部进行功能扩展，例如，和电子采购系统的整合，和第三方价格管理系统的交互，但该项外延应用目前在国内还是凤毛麟角。

⑤综合项目管理系统的应用，一定要可以实现对一些关键管理事项设定临界触发点，从而及时地预警相关人员，实现所谓的事找人，也就是企业的相关风险控制，这种控制又分单点控制和联动控制等多种控制预警机制。目前在国内，大部分施工企业可以实现一定的单点控制功能，但联动预警控制较弱，并且风险预警机制大部分还无法在系统中实现动态的设定。

1）招投标管理

投标管理主要是针对项目前期运作的管理，建筑施工企业按照业主招标要求提出报价和相应的施工组织设计等，以争取获得承包工程的工作。整个管理过程包括发现项目并跟踪、制订投标计划、投标实施、到最后中标（或未中标）的整个阶段。投标经营工作的好坏，将直接影响企业的中标项目和最终产值。

投标管理系统一般包括两个核心业务：市场管理和投标报价。市场管理是根据企业的经营发展战略，对项目进行跟踪运作，收集将要招标的项目信息，为投标报价确定目标，并在投标结束后总结投标经验，以便将来更好地跟踪项目。投标报价是对确定的项目，按照招标文件的要求制定经济、技术标书。具体的内容一般包括投标立项、资格预审、文件评审、投标书评审、开标记录、中标项目信息等。投标管理系统的一些内容一般需要和客户关系管理、合约管理等系统共享信息和流转，例如，投标过程中要调用客户关系中的相关数据，投标成功的项目转到合同模块作为待签合同项目等。

对于建筑施工企业，在项目实施的过程中，仅凭自身无法完成一个全建筑产品的交付，还需要运用竞争机制寻找劳务队伍、物资供应商等下游厂商，这就涉及相应的招标管理工作。作为招标方，建筑施工企业一般通过发布招标公告或者向一定数量的认定供应商、分包商发出招标采购的信息，说明所需采购的标的物（物资、设备或者分包服务）的数量、质量、技术要求、时间要求等，通过一定规则的投标竞争，最终选定中标者并与其签订合同。

招标管理系统一般包括供方档案管理、招标计划管理、招标流程管理、招标公告、入围管理、发标管理、评标管理、专家管理、保证金管理、结果审核、中标发布等内容。

通过调查得知，大部分建筑施工企业通过系统对于供应商的评价、认定等内容管理较好。应用招投标管理系统的企业虽然达到接近半数，由于招投标管理涉及企业的许多外联工作和企业核心机密，大部分企业对信息安全依然有所担心，导致招投标系统的应用较浅或者没有全过程的有效应用。

2）合同管理

合同管理是指企业或者项目对以自身为当事人的合同依法进行订立、履行、变更、解除、转让、终止以及审查、监督、控制等一系列行为的总称。其中订立、履行、变更、解除、转让、终止是合同管理的内容；审查、监督、控制是合同管理的手段。合同管理作为项目管理的起点，它控制并制约着计划管理、成本管理、质量管理等，是项目建设的关键和保障企业利益的重要环节。对合同进行科学的管理可以维护项目发包方和承包方各自的权益，提高企业经济和社会效益，提高管理水平。

对于合同管理，不仅要重视签订前的管理，更要重视签订后的管理，国内的大部分建筑施工企业过去都非常注重合同的条款和法律等实务的管理，近几年人们开始更多从项目管理的角度研究合同管理问题。

合同管理系统的内容一般包括：合同的评审、合同的签订和履行、合同预算与内容管理、合同的变更与索赔、合同纠纷管理、合同款项管理。建筑施工企业的这些管理内容由于涉及业主承包合同、材料采购合同、材料租赁合同、设备采购合同、设备租赁合同、专业分包合同、劳务合同等不同类型，在管理的过程中需要支持实行分类管理，并按照企业不同的管控流程进行差别化管理。

目前国内大部分已经实施了信息化的施工企业一般都包含了合同管理，合同管理的应用比例达到45.3%，但各个企业对合同管理的深度各不相同，根据本次调查得知，分别有以下几种类型：

①很多企业仅仅实现了对合同台账的管理，台账中记录了合同的主要条款。

②一部分企业实现了对合同收支情况的记录，并且实现了合同与物资、分包等的联动。

③少部分企业实现了围绕合同全生命周期的精细化管理，实现了依据合同与内置的企业管理流程，对物资控制、成本分析、款项支付等的一体化应用。

3）成本管理

成本管理是指项目部在保证工程质量、工期等方面满足公司要求的前提下，在项目成本的形成过程中，按一定的管理标准对项目实际发生的各种费用进行事前成本预测计划，实施过程管理和监督，并及时采用有效措施消除不正常的消耗，纠正各种偏差，使各种费用的实际支出控制在预定的目标范围内，达到预期的效果。很显然，施工项目成本管理对于项目管理有着举足轻重的作用。

成本管理系统的内容一般包括公司目标成本管理（也可称为责任成本管理）、项目预控成本管理、项目实际成本管理、项目收入管理、成本分析管理等功能。成本管理系统最好能与全面预算管理、财务会计、招投标管理、计划进度管理、物资管理、设备管理等系统横向打通，实现整合和共享数据，构建全成本的管控体系。通过标准化的成本科目、核算部位（WBS）、相关单位、核算期间等主数据，形成多维度的核算分析体系，实现项目、分公司、本部、集团的多级管理以及数据汇总。

从本次调查来看，成本管理系统的应用比例是所有系统中最高的，应用的企业达到49.8%，并且2.4%的企业在开发过程中，是唯一使用率接近一半的应用系统。作为建筑施工企业的核心业务系统，成本管理系统由于其自身的复杂性，当前国内大部分施工企业对该系统的应用情况都不是特别理想，应用模式与深度也存在较大差异：

① 许多企业依然对成本进行台账式和报表式的管理，但大家对成本精细管控的需求和意愿也越来越高。

②有些企业已经实现了对成本的两算或三算对比，但多数只能管理到总体目标成本和实际成本的阶段性归集。

③部分企业实现了成本管理和物资管理、分包管理、设备管理等的联动，实现了实际成本的动态归集。

④极少数企业已经实现综合项目管理系统和其他系统的集成，从而实现了成本管理和财务管理、人力资源管理等的数据交互，使成本信息更加准确。

⑤国内大部分施工企业依然没有形成自己的企业定额，因此对于目标成本的制定往往缺少依据，并且无法支撑精细化考核。

4）物资管理

物资管理主要是消耗材料和周转材料的管理，物资成本一般占据工程项目总成本的比重非常大，加强项目的物资管理，对于降低工程成本能起到积极的作用，物资管理的成败直接关系项目成本管理的成功与否。

物资管理不仅仅是现场出入库的单据汇总管理，物资管理的核心是全业务线的过程管理。物资管理系统一般需要对物资编码、需求计划、采购计划、采购合同、入库、出库、退库、盘点、结算、支付等信息进行管理，最好能够提供限额控制管理，可以根据行业属性支持甲供物资、自采物资、劳务队代购物资等不同类型物资的差异化流程管控。

从本次调查来看，物资管理系统在施工企业的应用情况如下：

①一些企业通过独立的物资系统实现了物资在项目的进销存的管理，并且部分实现了计划管理。

②部分企业已经应用了一体化物资系统，他们可以基于综合项目管理系统中的物资管理系统实现公司、项目、供应商数据的互动。在系统中实现项目资源总库、供应商库共享，实现计划管理、供应商管理、合同管理、价格信息管理、报表管理等功能。

③少数企业实现了对物资的集中采购管理，可以实现上下级之间，尤其是公司与项目之间的采购协同，但集中采购的物资基本局限于少数大宗主材。

④极少数施工企业实现了电子采购的应用，可以在网上进行招投标。

⑤真正实现电子采购和项目管理系统集成的企业还几乎没有，但一些企业已经做出了实施计划。

5）设备管理

设备是建筑施工企业开展建造过程的主要工具，对于市政项目、道路项目、工业项目等，机械设备的数量及成本均较大。在设备管理的过程中，涉及合同的签订、设备的进场和出场的记录、现场的维修和非实体性消耗等。

建筑施工企业的设备管理系统除了对设备编码、设备档案等基本信息的管理以外，一般根据设备的资产属性分成自有设备和租赁设备两类管理内容。

自有机械设备管理主要包括设备购置计划及审批管理、设备购置、设备采购管理、设备验收管理、设备使用、调拨、保养、维修管理、设备报废管理、设备配件管理、固定资产折旧等内容。

租赁设备管理的管理对象一般指项目部租赁外部单位的设备或者企业内部以租金形式进行结算的设备，管理的内容包括租赁计划管理、外租合同管理、进退场管理、维护维修与费用管理、设备结算管理等内容。

从本次调查来看，设备管理系统在国内的应用情况差异性非常大：

①一些装饰类企业和施工总承包企业，由于设备基本外包给合作伙伴，所以对于设备基本不进行管理。

②使用了设备管理系统的企业，基本侧重于对设备的台账管理。

③少数企业实现了对设备的全过程管理，包括租入租出、设备日常维护、内部成本核算、单机设备核算等的管理。

④少数企业通过设备管理系统和企业资产管理系统、财务固定资产管理系统的结合，实现了对设备的内部全成本核算和上下级分层核算管理。

6）进度管理

进度管理是指在项目实施过程中，对各阶段的任务安排、进展情况、任务相互之间的影响关系和最终完成的时间所进行的管理。

进度管理系统一般包括日历管理、计划编制、关键线路计算、实际进度维护等管理内容，进度内容可以以横道图、网络图等多种形式进行展现，并能随时做进度跟踪，实现实际执行时间与基准计划时间的差异对比。

从本次调查来看，国内的大部分施工企业都使用了单机版的进度管理软件并通过进度管理系统对进度数据进行了存储，少部分企业实现了通过综合项目管理系统对进度的版本管理、审批管理，极少的企业实现了进度管理和成本管理、物资管理、设备管理等的联动。

7）质量管理

质量管理系统的内容包括质量计划、质量检查、质量奖罚、评优活动等。一般应可以实现对现场质量目标的下达、质量计划的审批和各个质量控制点的监控。

通过本次调查了解到，由于行业和地方均有相应的强制性质量验收标准，并且形成了相关的工具类软件，大部分企业都应用了这部分工具类软件。在企业级和项目级质量管理系统上，目前大部分施工企业在信息系统中完成的都是事务性的内容，并且基本围绕企业质量贯标体系进行设计，其中大部分应用了质量管理的企业侧重于内部检查的管理。

8）安全管理

安全管理也是施工项目管理过程中一个重要的管理对象，贯穿了项目过程中所有的日常工作。系统以OHSAS18001职业健康安全管理和国家行业的安全规范为基础，建立一套知识体系作为日常管理中的依据。系统帮助企业规范安全管理过程，使安全文档能够及时科学地被整理、归档，并且通过网络提供给各级领导及工程人员随时查询，从而更有效地监控工程安全。系统同时有效帮助企业积累安全管理知识，促使企业工程安全工作质量能够稳步提高，进而形成企业工程安全管理方面独特的优势。

安全管理系统通过工程安全文件、安全目标的有效设置及追踪管理、危险源控制点的技术交底以及全面、详细记录分部分项出现的安全事件、事故，全面帮助工程师有效管理工程安全，科学而快速地整理项目安全文档。在积累企业各类型工程分部分项安全管理数据的基础上，使企业安全管理工作形成有企业自身特点的管理策略。

同质量管理一样，由于行业和地方均有相应的强制性安全检查标准，目前大部分施工企业在信息系统中完成的都是事务性的内容，并且基本围绕企业贯标体系进行设计，其中大部分应用了安全管理的企业侧重于内部检查的管理。

9）风险管理

风险管理是针对项目全生命周期对项目管理的各个职能范畴进行风险管理和控制。风险管理系统的管理内容主要围绕项目管理的计划、预算、合同、进度、成本、质量、安全、劳务队伍、物资供应、设备维护、图纸、档案、竣工、质保维修等各个管理职能建立一整套完整的风险源，并通过整合软件系统各个相关管理模块的实时数据设置预警，为项目管理提供直接的量化的风险控制机制。系统还可以根据一系列的风险源，为职能部门提供从管理责任规划、管理组织授权、风险识别、风险预警、风险评价到风险应对的管理过程，实现对各个风险源的严格监控。整个系统要实现对关键控制点设置风险参数和通过业务数据产生自动预警。

通过本次调查了解到，国内的大部分已经使用综合项目管理系统的企业都基本实现了项目风险管理的相应功能，这些功能更多的是以各个点的方式分布在相应的子系统中，部分企业对它们进行了集约应用，这些应用点包括投标里程、项目进度管理风险预警、项目合同收入及变更风险预警、合同支付提前预警、成本执行风险预警等。同时我们也了解到，大部分企业还没有实现系统化的风险管理体系。

10）竣工管理

竣工管理是承包人或发包人针对合同的执行情况，组织竣工验收的过程。

竣工管理系统的内容包括基于项目分解工程编制竣工验收计划，记录相应的验收和移交信息，管理竣工结算、缺陷及保修服务等。

从本次调查来看，目前国内只有40.5%的建筑施工企业使用了竣工管理，但使用单位中大多数在竣工管理系统中只是对竣工备案登记和简单的电子图纸管理、竣工结算管理等，并且由于目前的很多软件无法实现和项目管理实际的有效结合，被调查客户也是对这个系统的使用满意度最低的，仅达到31.6%。

11）其他项目管理系统

项目管理绝不仅仅限于以上的管理内容，还包括对劳务人员的管理、工程资料的管理、现场布置的管理、远程现场监控等，这些内容目前一些企业也进行了应用。

劳务管理系统是对现场工人的劳务合同、出入场、工作统计、培训考核、工资发放等进行计算机化管理。由于国内大部分建筑施工企业的劳务都是进行分包，本系统的应用数量在建筑施工企业中不是太多，应用的也大部分是根据自己企业的特点以自行开发为主。

工程资料是施工过程管理的重要管理内容，由于相关的行业政府管理部门和档案管理部门一般都对工程资料的标准和电子化有相关的要求，大部分建筑施工企业都应用了工程资料工具类软件，工程资料的电子化和远程资料检查已经在大部分施工企业得到常态化应用。

远程监控系统和项目管理系统结合，可以实现项目主要管理人员和总部对项目的实时监控，也可以把对过程风险信息实时摄录作为过程管理的依据。目前国内多数企业已经安装了远程监控系统，可以随时在安装有专用解压缩软件的计算机、PDA、手机上观看浏览、控制远程实时视频图像，少部分企业建设了自己的电视墙、大屏幕系统，可以实时录像、报警联动、数据传输、语音对讲等。但实现远程监控系统和项目管理系统结合应用的企业则凤毛麟角。

2.3.3 决策支持系统

决策支持系统，是以管理科学、运筹学、控制论和行为科学为基础，以计算机技术、仿真技术和信息技术为手段，针对半结构化的决策问题，为支持决策活动提供的具有智能作用的人机系统。通过系统能够为决策者提供所需的数据、信息和背景资料，帮助明确决策目标和进行问题的识别，建立或修改决策模型，提供各种备选方案，并且对各种方案进行评价和优选，通过人机交互功能进行分析、比较和判断，为正确的决策提供必要的支持。

从目前的建筑施工企业决策分析系统的实际应用情况来看，目前决策支持系统普遍包括的功能内容有：

（1）综合决策分析

主要面向企业决策领导层，其内容涵盖了企业及各级下属单位的综合运营情况，包括如下板块：竞争环境、综合人力资源分析、综合财务管理分析、资金总体情况分析、预算管理总体情况分析、工程项目总体分析、国际业务分析、市场经营分析。

（2）资金业务分析

重点对企业的资金收支情况、信贷的变动情况进行分析。

（3）市场经营情况分析

新签合同完成情况分析、项目分布情况分析、合同存量分析、经营计划完成情况分析、主要业务预算分析、营业额结构分析、分包商排名分析、劳动生产率分析、利润分析、工程量分析、各子公司经营指标分析等等内容。

（4）项目经营主题

工程项目概况分析、项目进度分析、项目成本分析、项目合同分析。

（5）财务分析主题

分析财务指标的变化情况，包括基本的财务指标分析、收入的分析、销售毛利的分析、利润的分析、成本分析、费用情况分析。

本次调查数据显示仅有19.3%的企业建设了决策支持系统，3.7%的企业正在建设决策支持系统。总体来说，这个占比在众多企业经营管理系统中，明显偏低。而且决策支持系统的使用情况也不理想，从本次调查的数据结果来看，其日常使用率指标仅仅为56.5%，是本次调查的企业经营管理系统中，排名最低的系统。

但从未来的趋势来看，决策支持系统的预计建设情况还是有一个比较乐观的态势，有8%的企业计划在未来几年建设决策支持系统，而且这些企业中，有80%的企业都已经完成的业务流程的梳理，20%的企业已完成了相关制度的建设。

透过众多已完成决策支持系统建设企业的经验来看，建筑施工企业可以信赖的决策支持数据源，往往主要只有财务与报表系统。这主要是目前建筑施工企业普遍存在的一个现象，就是业务经营系统往往不能完整的满足企业管理决策的数据需要，而且数据往往分散在多个系统中，有些数据还不在经营管理系统中反映。所以，只能通过报表系统手工采集后，再用于分析使用。特别是在集团型企业中，由于无法做到全集团使用的系统一致、内容一致、口径一致，这个应用特点尤为突出。再加上在大部分建筑施工企业中，“信息孤岛”问题还比较突出，很多业务部门的数据不能与财务系统集成，没有经财务部门的最后确认与计量，往往还不能作为正式数据。例如应收账款的确认、收入的确认、完工量的确认等，都需要经财务最终确认后才有效。

此外，目前建筑施工企业的决策支持系统的建设，还主要以企业的内部的管理系统数据为主，个别企业尝试通过外部数据进行决策分析，例如竞争对手数据、行业发展情况、政府相关的统计数据等。但从应用效果来看，并不理想，这主要是外部的数据采集成本相对较高，而且缺乏有效的系统工具支持，往往只能采用手工方式处理，在采集过程中，找到数据的过程就比较困难。再加上还需要将数据转换成企业决策分析所需要的内部格式，这又造成一定的工作量，最后很难坚持下来。

在决策信息的移动应用方面，目前只有几家有限的建筑施工企业尝试了应用，而且相对比较简单，主要满足领导层实时掌握企业的资金变动、新签合同、工程进度等情况。而预警、智能分析等内容则鲜有涉及。

2.3.4　专业工具软件应用

专业工具类软件是指为解决某一专业性业务问题和提高生产效率而开发的软件系统，应用形式一般是单人单机使用。随着近年来信息技术的迅猛发展，专业工具软件在建筑施工企业中应用逐渐普及。目前，按照施工项目管理业务管线划分的不同，施工专业工具类软件大致可以分为三大类：施工经济类软件、施工技术类软件和施工生产类软件，如图2-3-9所示。

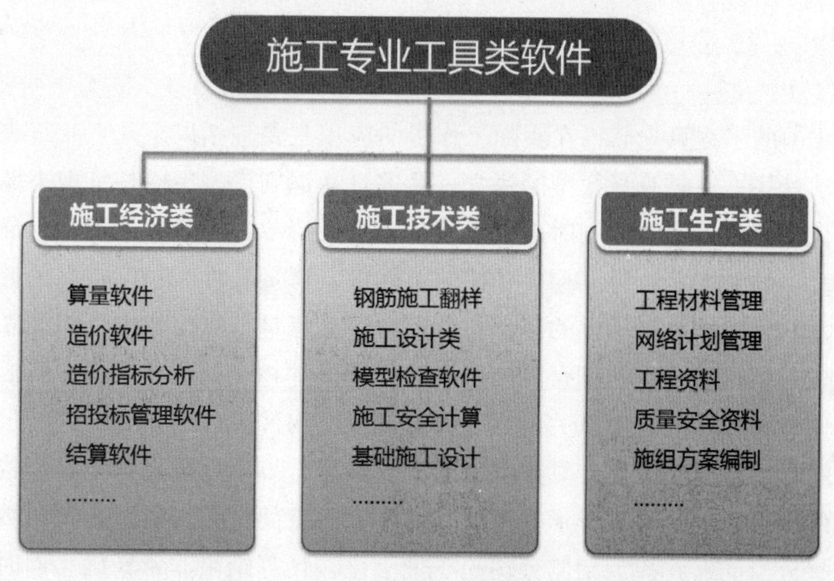

图2-3-9　施工专业工具软件

1）工程算量软件

工程预算工作分为工程量计算和工程计价两个子工作。其中，工程量计算耗时最多，也是一个基础性工作。它不仅是工程预算编制的前提，也是施工造价管理的基础。只有准确的工程量的统计，才能保证投标、合同、变更、结算等造价管理工作有效进行，提高造价工作的效率。进入21世纪，随着计算机应用的普及和应用软件研发水平不断提升，建筑行业工程造价信息化也飞速发展。为解决造价工作中花费时间最多、工作量最大的工程量计算效率问题，开始大量应用工程量计算软件，我国建筑工程工程量计算软件一般按照不同的专业进行划分，目前主要包括钢筋算量、土建算量、安装算量、装修算量等，如图2-3-10所示。

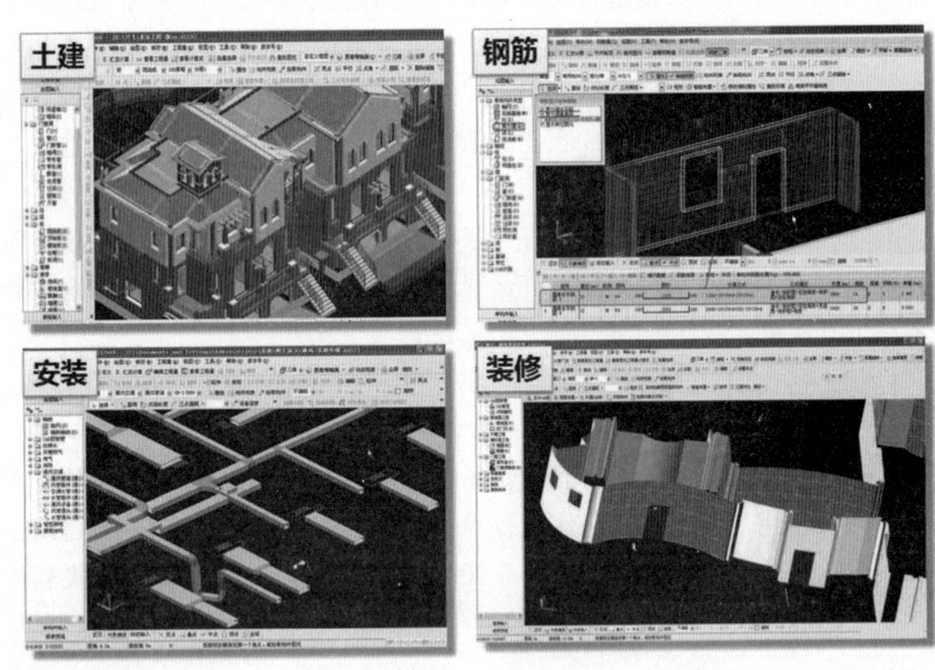

图2-3-10 工程算量软件

目前，我国的工程算量软件在实际工作中的应用主要包括以下几点：首先，算量软件实现了工程量自动计算。通过算量模型的建立，软件自动识别模型中的柱、剪力墙、梁、墙、门窗洞口、梁、板、钢筋等内容。同时内置全国各地现行清单、定额计算规则，通过内置的计算规则，自动计算、分类汇总，得到构件实体的工程量，算量软件大幅度提高了计算效率，节省了时间。其次，软件提供关联构件的自动扣减计算，工程量计算工作中，相关联构件工程量扣减计算一直是耗时烦琐的工作。算量软件可以通过各构件相交的完整数据，集成计算规则库，规则库描述构件与构件之间的扣减关系，软件可以根据构件关联或相交部分的尺寸和空间关系数据智能化匹配计算规则，准确计算扣减工程量。最后，算量软件提高了异型构件工程量计算精度。算量软件模型详细记录了异形构件的几何尺寸和空间信息，通过内置的数学方法，例如布尔计算和微积分，能够将模型切割分块趋于最小化，计算结果非常精确。同时，算量软件不会遗漏掉任何细小的交叉部位的工程量，并根据扣减规则精确计算重叠部分的工程量，保证了总工程量的准确。

目前，算量软件已经在工程造价领域被普遍应用，据资料统计，算量软件在建筑施工企业的使用率达到60%~70%[①]，并取得了巨大的社会效益和经济效益。算量软件在大幅提高造价人员生产效率的同时，也存在一些问题：首先，目前的算量软件无论是基于自主开发的二维图形平台，还是基于AutoCAD的三维图形平台，都存在两个明显缺陷，一是三维渲染粗糙，二是图纸需要手工二次输入。概预算人员往往需要重新绘制工程图纸来进行工程量的软件计算。所以，概预算人员的工作强度仍然很大。其次，工程量计算精度普遍不高。由于在利用工程量辅助计算软件时，工程图纸数据输入及工程量输出时，手工操作所占比例仍然过大，同时对于较复杂的建筑构件描述困难，而且缺乏严谨的数学空间模型，计算复杂建筑物时容易出现误差，所以工程量精度无法达到恒定水准。但是，随着三维图形技术的日趋完善，基于三维模型的工程量计算软件也应运而生，并逐渐成为一种趋势。可以预见，下一代建筑工程算量软件将会以BIM技术为基本特征。它必将为企业和全行业带来更大的经济效益。

2) 工程计价软件

自新中国成立以来，我国经历了不同的经济发展时期，工程建设管理体制和建筑产品交换方式也经历了从计划经济时代进入市场经济时代的演变，同时，建筑产品的计价方式也从基于量价合一的定额计价发展到现在的以量价分离的清单计价为主的阶段。随着计算机信息技术的发展，相应的工程计价工作也从手工计算逐步发展到主要依靠计价软件完成。

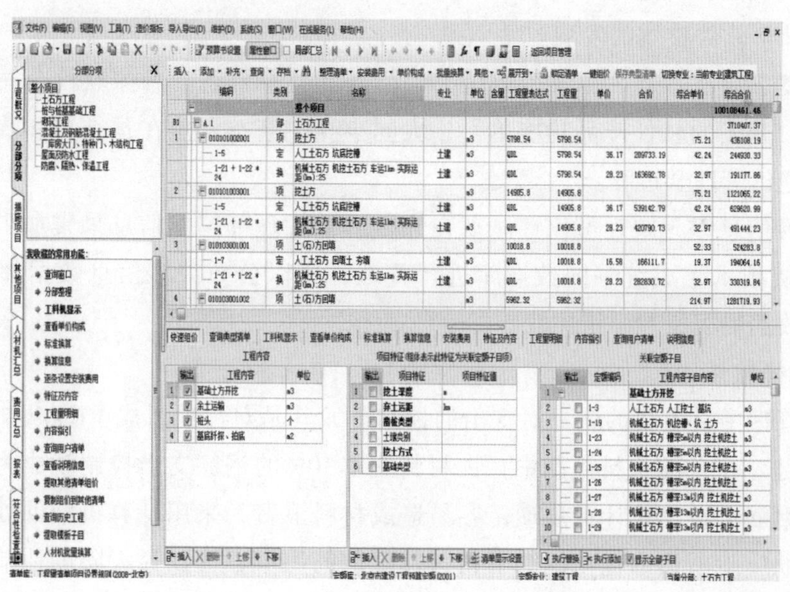

图2-3-11　造价软件界面

目前，工程计价软件已经在建筑施工企业中被普遍应用。传统手工计算的诸多环节已经交由计算机自动完成，造价人员从烦琐的手工计算中解脱出来，将注意力集中到那些影响造价的

① 广联达软件股份有限公司著.建筑施工企业信息化白皮书(2012)[R].北京。

关键环节，计价软件为计价工作带来了极大的价值，如图2-3-11所示。

首先，计价软件提升了计价工作的效率。计价软件与算量软件集成使用，提高了清单列项的工作效率；计价软件集成了清单和定额库，提高了组价工作效率；同时，图纸修改或设计变更发生工程量数据变化时，软件将根据设置的组价规则自动关联计算，方便快捷。其次，计价软件提高了计价数据的准确性。计价软件内置计算规则，自动关联清单、定额和资源的量价信息，保证了结果的准确性。最后，计价软件提高了造价数据管理效率。软件一方面提供方便快捷的数据统计汇总和报表功能，并能够自动形成招标和投标文件；另一方面有利于造价数据的积累和共享。电子化的计价文件可以形成知识库，供以后的工程复用和共享。

目前的工程计价软件普遍采用基于定额计价模式建立起来的工程量清单计价模式，因此最基本的计价依据仍然是各种地方定额资料。工程计价软件在我国的工程企业使用已经非常普遍，并且应用深度也不断增加，据资料统计，计价软件在施工企业的使用率已达到90%[①]以上。同时，计价软件供应商也非常多，主要包括广联达、神机、品茗、清华斯维尔等。这些软件一般支持清单计价和定额计价两种模式，在招投标和工程预算阶段快速、准确地帮助企业完成计价工作。在享受计价软件提供给我们便利的同时，随着科技的发展和要求的不断提高，对工程计价工具的期望值也不断提升。目前我国的计价软件或计价管理与国外相比暴露出一些共性问题：

①缺少全国统一标准。工程造价管理信息系统缺乏一个全国的统一标准，导致各个地区各家软件公司“军阀混战，各据一方”。现有积累的工程分类、材料分类、材料编码等都是根据各地标准或习惯制定，只适用于当地，不能在全国推广。数据公用接口也带有浓重的地方保护色彩，不利于计价软件整体的发展。

②重复开发、层次不高。由于没有统一的标准和共享资源，各家软件公司各自为战，重复开发问题严重。开发的软件产品功能单一，大同小异，基本聚焦在预结算和快速投标报价上，不能涵盖工程造价管理全过程。

③缺少造价信息库，缺乏可比性。现在许多造价管理部门的信息采集加工还是人工操作，还没利用计算机技术生成统一的数据库进行整理，所以公布许多信息数据都是一种平面型数据，缺少历史数据的积累和分析比较。

3）钢筋翻样软件

施工成本管理中最重要的就是对支出的控制，尤其是对占项目成本60%~70%的材料支出的控制就成为关键。在全部材料控制中，占材料成本30%的钢筋支出控制就成为关键中的关键。工程施工中的钢筋下料工作计算烦琐，容易造成材料浪费，采用计算机辅助处理，通过钢筋翻样软件可以帮助施工项目部优化钢筋下料、控制钢筋用量，可以最大限度地节省材料，提高工作精度和工作效率，如图2-3-12所示。

钢筋翻样软件在实际工作中的应用主要包括：首先，提供钢筋优化断料功能。翻样软件可以按照图纸要求，在模型基础上二次计算实际需要的钢筋长度和形状，软件智能自动进行断料，解决手工下料工作强度高的问题。并综合考虑原材料长度和余料情况，结合断料的结果，进行优化组合，形成钢筋加工料单。其次，软件自动绘制钢筋排布图，钢筋翻样软件通过模型

① 广联达软件股份有限公司著.建筑施工企业信息化白皮书(2012)[R].北京。

记录每个构件的每根钢筋的位置、形状及接头的方式，提供钢筋排布图自动生成功能，指导复杂部位的钢筋绑扎。最后，提供钢筋统计汇总功能。软件可以根据下料单，自动统计钢筋实际用量，并能够自动生成钢筋需求量，及时与预算量进行对比，分析偏差，及时纠正。需求量同时可以指导材料人员编制材料需求计划。

目前，随着工程体量不断增加，工程复杂度也在不断增加，现场往往存在时间紧、变更多、异型构件多、优化难和钢筋统计烦琐等问题。钢筋翻样软件的大量使用在一定程度上缓解了这些问题，提高了钢筋施工人员的工作效率和准确度，减少了钢筋浪费，节约了成本。据统计，钢筋翻样软件的应用已达到70%①左右。

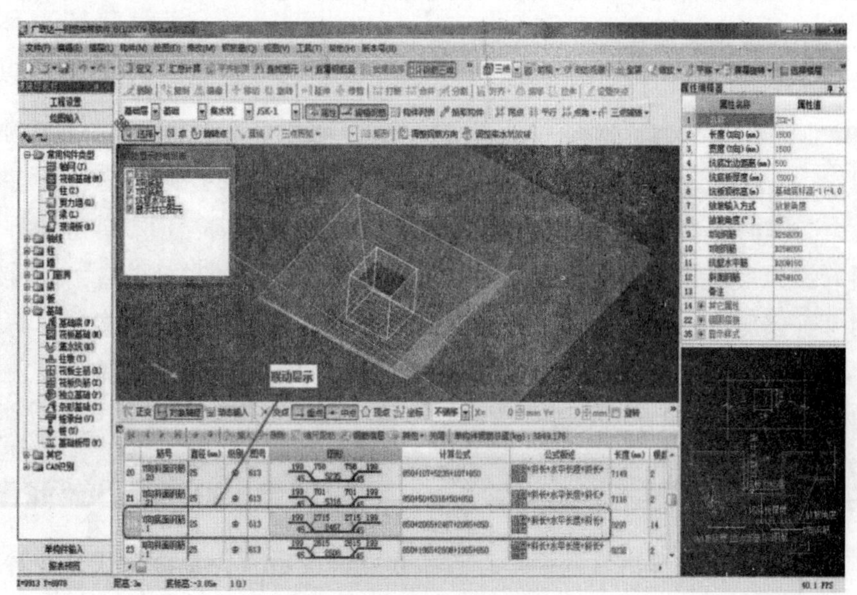

图2-3-12　钢筋翻样软件

4）MEP管线综合软件

目前国内95%以上的项目还是二维设计，二维设计时平、立、剖、节点等需要分别绘制，且图中要表示代表构件的CAD线、尺寸、标高等大量的信息，很容易产生错误、遗漏及平、立、剖不一致等问题。同时，建筑、结构、水、暖、电等都是由不同专业的工程师设计的，有些甚至是不同的设计单位设计的，导致各专业之间的冲突很多。

MEP管线综合软件一般是以三维模型为基础，用计算机代替人工，替代传统的二维人工审图方式，在施工前快速、全面、准确地检查出设计图纸中的错、漏、碰、缺问题，从而减少施工中的返工，提高建筑质量、节约成本、缩短工期、降低风险，如图2-3-12所示。

模型软件一般包括建模和检查两个部分，模型一般是基于三维模型，在三维模型基础之上，使用模型检查软件多专业综合检查。一方面是完成审图工作，检查包括7个专业的所有构件，如楼梯碰头这种净高检查、风管穿梁这种结构打架情况，还有门的空间轨迹检查，以及保

① 广联达软件股份有限公司著.建筑施工企业信息化白皮书(2012)[R].北京。

温厚度的检查等。解决了传统审图中发现问题难、效率低、审图不全面等问题。另一方面是进行碰撞检查，见图2-3-13。通过直观、立体、三维可视化方式发现问题，让不同单位、不同专业、不同岗位的人沟通更高效。促进各方快速了解对方意图并达成一致，解决了原来审图各方沟通困难，无法快速达成一致等问题。

目前的MEP管线综合软件依然存在一些问题，软件涉及的专业较多，有土建、结构和机电等，这些专业都有自己的设计软件，不同软件之间的集成依然存在问题，某一家的管线综合软件都不可能将这些软件格式全部兼容或集成，重新建模将会带来额外的工作量。随着BIM技术的快速发展，碰撞检查和图纸审核等成为设计和施工阶段BIM技术的核心应用，基于IFC标准的三维设计模型将有助于打通不同软件之间的兼容问题，这将大大降低管线综合软件的使用难度。可以预见，MEP管线综合软件将会更加普遍的应用和推广。

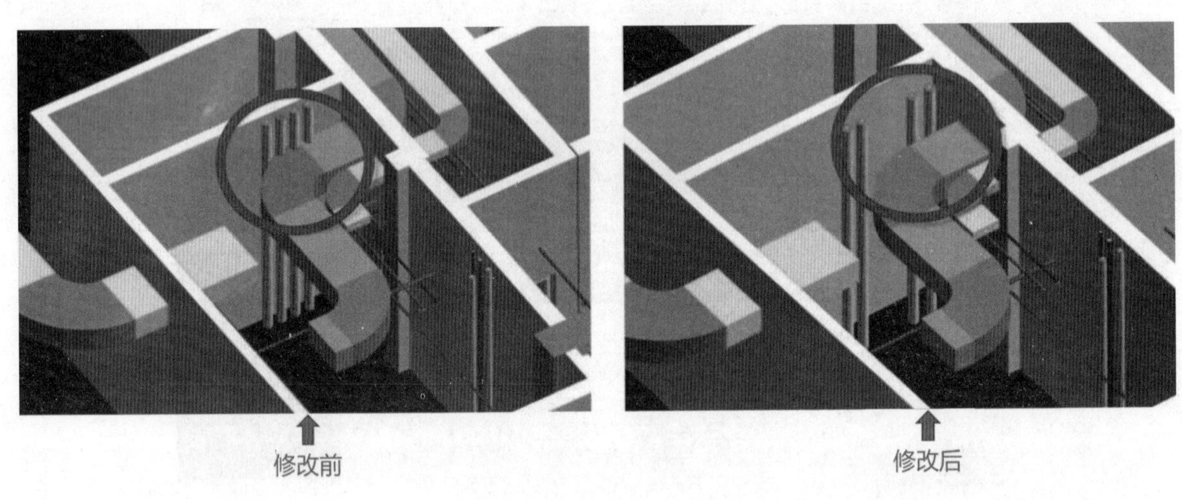

图2-3-13 碰撞检查

5）安全设施计算软件

随着高层建筑日益增多，建筑结构日趋复杂，项目在生产过程中的安全要求越来越高。住房和城乡建设部也颁布了《危险性较大工程安全专项施工方案编制及专家论证审查办法》（建质[2004]213号），要求施工单位强制执行。监管部门对项目的安全专项施工方案编制的科学性、规范性提出了更高的要求。

施工安全设施计算软件可以通过建立科学统一而规范的设计计算模式，改变当前工程施工现场技术人员按各自的理解和参照不同的计算公式进行如脚手架、模板、塔吊等各类专项施工设计的混乱状况，从而减少施工现场的安全隐患，并提高施工质量和管理水平。这类软件主要依据国家相关技术规范、行业标准和计算手册，采用图形化、参数化的方式进行施工安全设施计算方案编制，如图2-3-14所示。

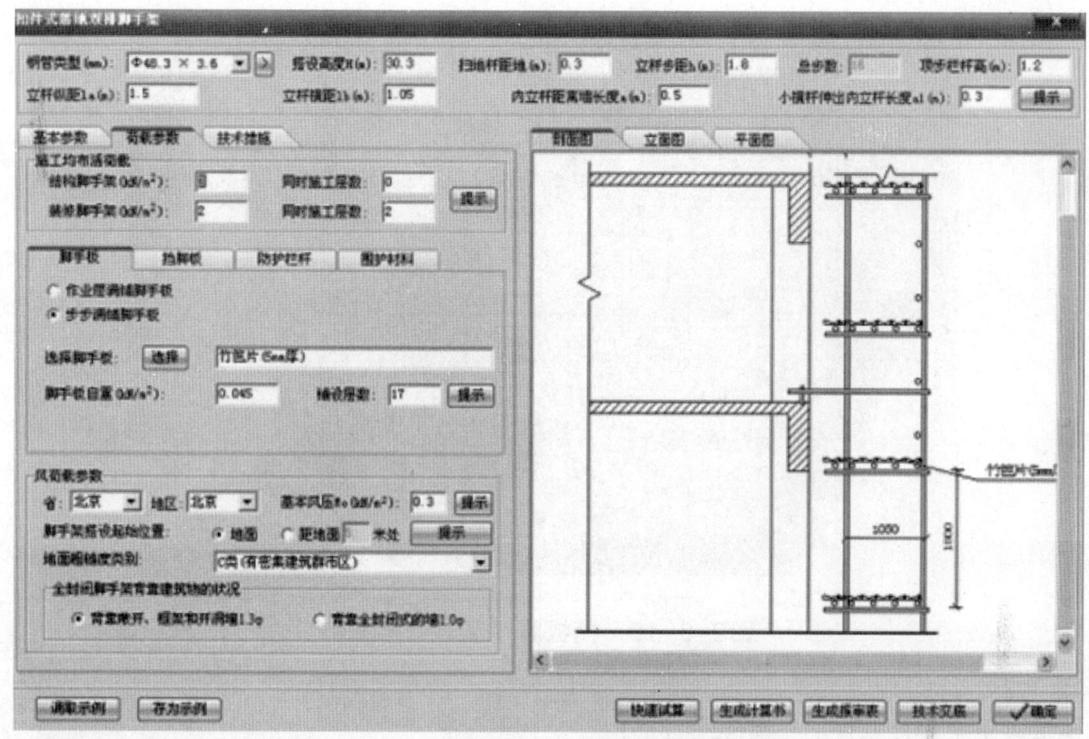

图2-3-14　安全设施计算软件

施工安全设施计算软件以相关施工及结构规范为依据，内部提供大量的计算参数用表，供使用者参考，自动进行计算，方便准确，并能够自动生成计算书。软件的核心功能是提供了模板工程(包括梁、柱、墙、楼板模板）、脚手架工程(包括落地脚手架、悬挑脚手架、门式钢管架、悬挑式卸料平台、各种支设形式梁和楼板模板承重架等)、塔吊基础(包括天然基础、四桩三桩单桩基础、十字梁基础、梁板式基础)、结构吊装、大体积混凝土、降排水以及基坑等结构的稳定计算，并通过模型和图形技术，实现建模、计算、绘图一体化，并且可以将计算书和绘制的详图直接插入到方案中，形成完整Word格式的施工专项方案。

6）模板脚手架设计软件

模板脚手架支撑系统设计是施工组织专项设计方案中的重要组成部分，其中支撑设计计算和施工图绘制是比较烦琐的内容。由于模板支撑及脚手架计算涉及的影响因素较多，例如规范较多，初始缺陷多，受力工况差，地区差异等，同时，保证架子结构的整体稳定和局部稳定的不确定因素也很多，虽然在理论上、结构分析上规范、手册提出了一些具体的计算公式方法，但从总体上计算依据没有建筑结构设计严谨，还是很简略的。模板脚手架设计软件将施工现场安全技术和计算机软件技术有机地结合起来，简化和规范了施工技术人员的方案设计，如图2-3-15所示。

图2-3-15 模板脚手架设计软件

模板脚手架设计软件的主要应用包括：

第一是脚手架设计软件，软件以《建筑施工扣件式钢管脚手架技术规范》(JGJ130—2001)和《建筑施工门式脚手架技术规范》（JGJ128—2000）为依据，对门式脚手架、落地钢管脚手架、高层建筑悬挑脚手架等进行设计计算。并结合碗扣脚手架的特点，提供以一榀框架计算为基础的碗扣钢管脚手架支撑计算和特殊模板支撑桁架的计算。通过计算，可以迅速绘制脚手架空间立面图、平面施工图和统计各种规格的钢管扣件用量。

第二是大模板设计，软件参照《建筑工程大模板技术规程》（JGJ74—2003）编制，主要用于剪力墙结构或框架剪力墙结构中的剪力墙，按照规范进行大模板设计，主要包括大模板布置、圆弧模板布置、大模板的辅助计算、施工图的配板详图和大模板的单件加工图等。

第三是组合钢模板和胶合模板的设计，本部分是参照《组合钢模板技术规范》（GB50214—2001）编制，主要用于一般的现浇混凝土结构工程，主要的功能包括墙、梁、柱、楼板模板的组合钢模板（小钢模）配板设计、钢管支撑或钢脚手架支撑的计算、小钢模的用量统计和墙、楼板胶合板的支撑计算等。

随着BIM技术的应用推广，基于三维BIM模型的二次深化设计软件逐渐开始推广普及，模板脚手架设计软件将逐步结合BIM三维模型进行设计工作。例如，在脚手架设计过程中，通过简单的脚手架参数的设置，迅速完成各种形式脚手架空间搭设图，并提供实时漫游功能生成漂亮的效果图，自动统计钢管扣件用量表。完成扣件式落地、悬挑脚手架、模板支架、板高支撑、梁高支撑、落地平台、门架、悬挂吊篮、扶墙脚手架、钢管井架的计算及确定楼板拆除天数确定的计算。自动生成脚手架平面图、立面图在内的施工图及施工方案。

7）进度计划软件

在20世纪60年代初期，我国引进和推广了网络计划技术，并逐步有软件厂商研制以进度管理为主线的项目管理及网络计划软件。随着项目管理知识体系的发展和网络技术的进步，项目管理软件发展迅速，到20世纪90年代后，不断有功能强大、使用方便的软件推出，知名软件主要有Oracle Primavera P6、Microsoft Project、Vico Control 2008、Harvard Total Project Management、Harvard Project Manager等。国内知名的进度计划软件产品有：广联达公司的“广联达GEPS项目管理系统”、清华斯维尔公司的“智能项目管理软件”，中国建筑科学研究院的“PKPT项目管理软件”、清华大学的“4D施工管理”。这些软件被广泛地应用到项目全生命周期中，如图2-3-16所示。

国内软件一般按照《工程网络计划技术规程》进行编制，可快捷、方便的直接绘制双代号网络图、横道图和单代号网络图，同时还提供了多种自动生成工程进度计划的方法，并能进行任意修改。软件提供三种视图之间真正的自由切换，能够快速生成投标、施工阶段所需的各种进度计划图、进度计划对比图和各种资源图、统计表。图形输出灵活多样，能够满足施工单位投标的严格需求。软件通过前锋线功能动态跟踪实际进度情况，方便及时发现进度偏差，并采取纠偏措施，是施工单位非常实用、有效的施工管理工具。软件普遍可以挂接资源、成本信息，形成资源计划，并进行资源平衡优化等工作。

传统的进度计划软件实现资源优化、平衡和过程成本管理等工作，需要对计划进行资源绑定，工作量巨大，修改调整麻烦。随着BIM技术的普及，部分进度计划软件开始结合BIM技术，在3D模型的基础上，使用施工流水段切割模型构件，达到施工协同管理的目的。并将进度计划与流水段、模型绑定，将模型的形成过程以动态的3D方式表现出来，形成4D模型。4D信息模型可以对结合进度计划和相关资源进行进度优化和控制，并可支持工程项目施工过程可视化动态模拟和施工管理控制。在4D模型的基础上，结合工程造价信息形成5D模型。利用BIM5D进行工程量完成情况、资源计划和实际消耗等多方面的统计分析，并能够在施工过程中进行施工资源动态管理和成本实时监控，如图2-3-17所示。

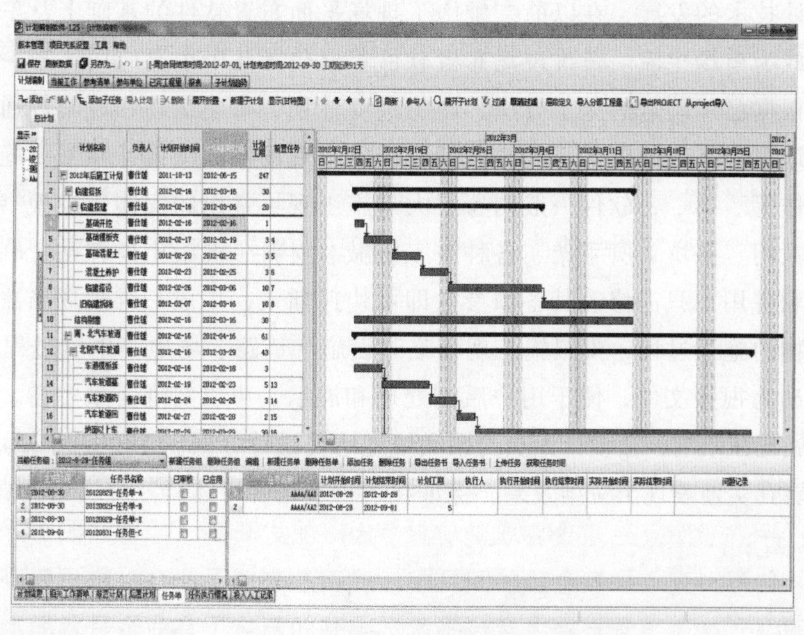

图2-3-16 网络计划管理软件

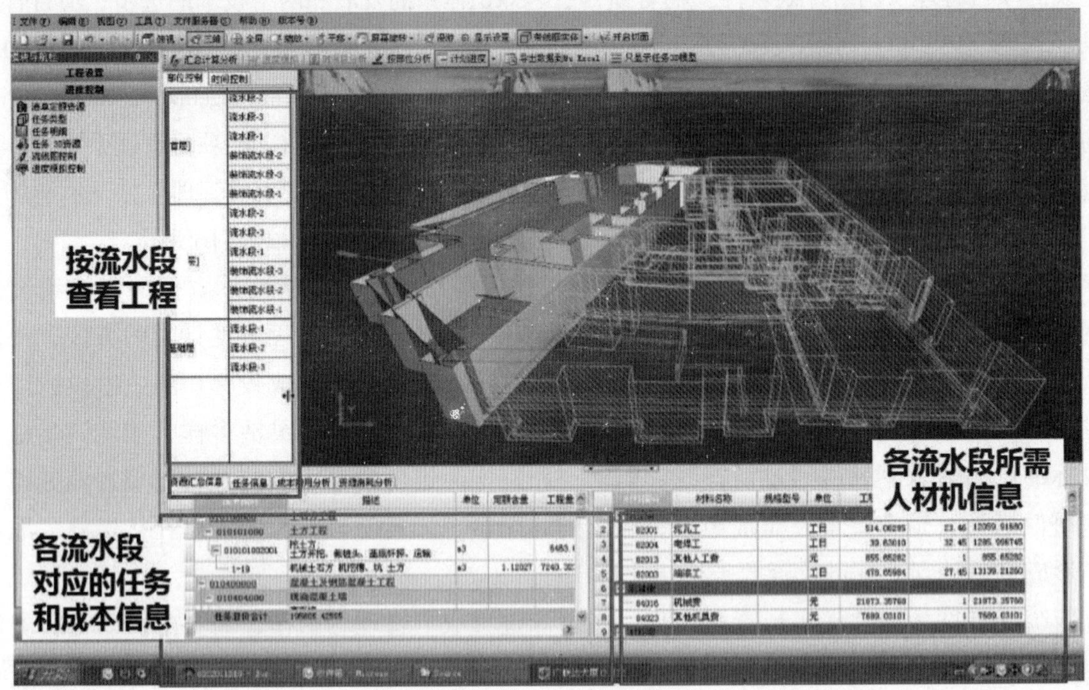

图2-3-17 BIM5D软件

8）施工现场布置软件

在项目施工组织设计中，现场施工布置是重要的组成部分，需要结合不同施工阶段对现场所需的各种临时设施进行多次合理的规划和布置，包括混凝土搅拌站、材料堆场及仓库、塔吊、消防道路等，以确保现场施工科学、有序、安全。

随着三维设计技术的发展，在以前二维施工现场平面布置软件的基础上，三维施工现场平面设计软件逐渐成为市场主流。三维现场布置软件主要包括几个主要应用：第一，支持三维施工平面图，软件根据已经确定的施工方法、施工进度计划，将建筑物和设施等通过三维实体的形式形象而逼真地布置在场地图上。内容包括三维施工现场平面图设计和主要施工过程、施工工艺三维动画制作等。第二，软件一般内置了大量施工现场常用的实体三维模型，包括施工现场道路、围墙、大门、基坑、脚手架、各种施工机械、材料、混凝土搅拌站、临时建筑、加工棚、变压器等，软件用户只需修改其各项参数即可快速插入，生成三维现场布置图。第三，软件能够模拟建筑物的施工过程，模拟施工现场临时设施、道路、场地等生成过程,可以将以上的动画过程采集输出为视频文件，便于用户后期处理和展示。可以实现实景漫游，使设计场景以任意方位真实地展现在眼前，让设计人员身临其境地感受设计方案。无论是树木、道路、建筑、机械、场地，都能真实地表现出三维效果，保证在各种视角都可体验三维实景的真实感觉，如图2-3-18所示。

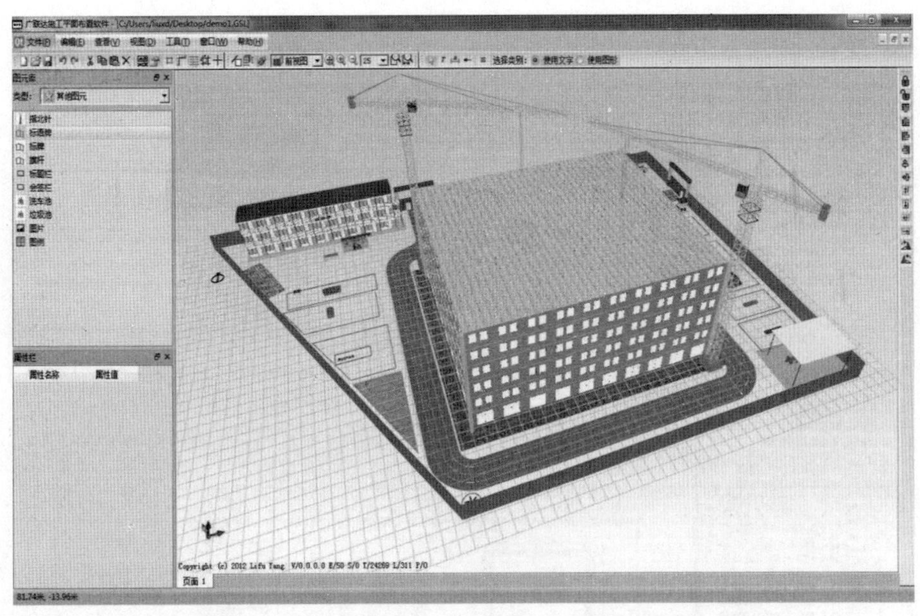

图2-3-18　三维可视化施工现场布置软件

三维可视化现场布置软件在施工各阶段得到普遍应用。首先，在建筑施工项目招投标过程中，施工单位通过三维现场布置软件可以逼真地模拟建设过程和建成后项目是否与周围环境匹配，以优化规划方案，并检验建筑设计的可施工性等。其次，在建筑施工阶段，软件通过虚拟仿真对施工全过程或关键过程进行模拟施工，以验证施工方案的可行性或优化施工方案。最后，可以模拟局部施工过程，合理地选择施工方案。例如，施工过程中结构吊装模拟、施工现场的碰撞检测等。这些应用都将大大提高建设项目的实施效果和管理效率，更提高了现场施工的安全性。

9）工程资料软件

施工现场的资料涵盖了技术、经济、生产、质量和安全等各个方面，资料文件繁多，容易造成遗失，特别是在进行归档时，工作量巨大。工程资料软件是用来对工程中的质量、安全、监理、验收等资料进行统一填写、保存和归档的管理系统，目前软件的主要用途除了对资料本身的管理之外，还有就是为了满足各级行政主管部门对工程资料监管要求，如图2-3-19所示。

目前的工程资料管理软件主要包括三个方面的应用：第一是建筑工程资料管理，这部分管理是依据各地区《建筑工程技术资料管理规程》的要求；第二是工程施工质量验收资料管理系统，这部分依据《建筑工程施工质量验收统一标准GB50300-2001》以及与其配套的各专业验收规范编制；第三是安全资料管理软件，这部分一般会依据国家和地方的安全检查标准或安全生产评价标准编写。软件通过内置了各类标准的工程资料模板、质量验收资料模板和安全检查资料模板，以及各地区规范模板库，实现施工技术、质量和安全资料数据统计及管理功能，满足从原始数据录入到信息检索、汇总、维护一体化管理，并在竣工后自动形成符合归档要求的电子资料文件。部分地区工程监督主管部门还提供统一的软件平台，供施工单位上传工程资料，实现电子监管。

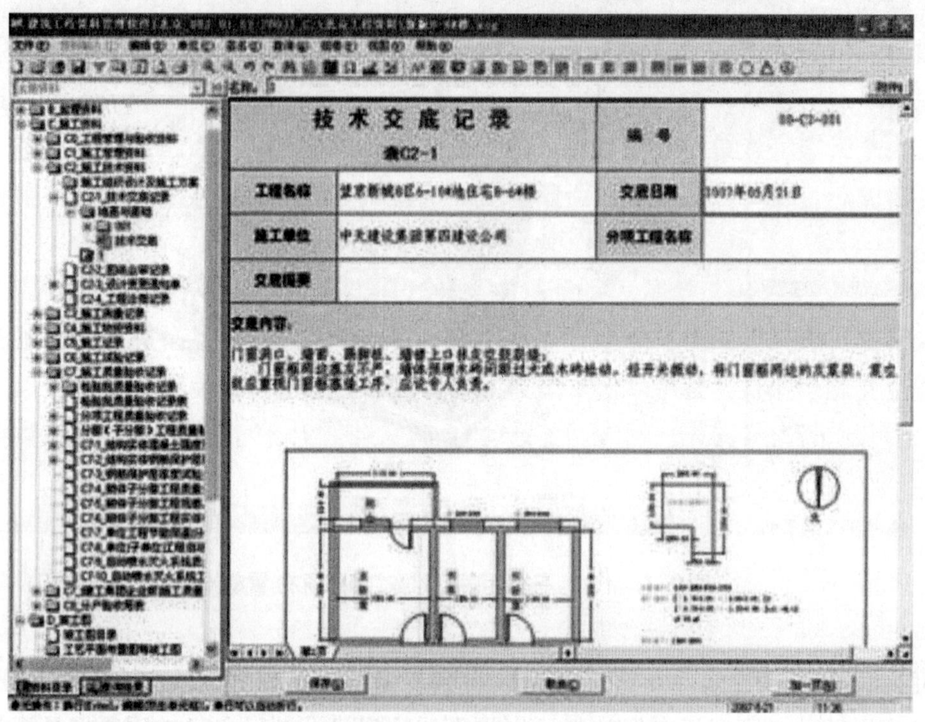

图2-3-19　工程资料管理软件

2.4　建筑施工行业信息化的保障体系现状

信息化保障体系一般包含组织体系、人才培养、制度建设和激励机制四个方面。无论是企业还是政府，在构建信息化工程时，拥有一套完整的保障体系，是保障信息化实施成功的前提条件。

2.4.1　组织体系

信息化组织保障体系一般由信息化领导小组、信息化分管领导、信息化常设机构以及专项工作领导小组、专项工作小组构成。此次被调查企业中，各企业信息化工作部门设置情况如图2-4-1所示，41.5%的企业未设置信息化工作部门；38.8%的企业设置了专门的信息化工作部门；19.7%的企业暂由其他部门代理其职能。可见，越来越多的企业加强了对信息化的认识，并设立专职机构开展信息化工作。一些没有设立信息化专职部门的企业也正在加强信息化工作，并由其他部门暂时代理其职能。

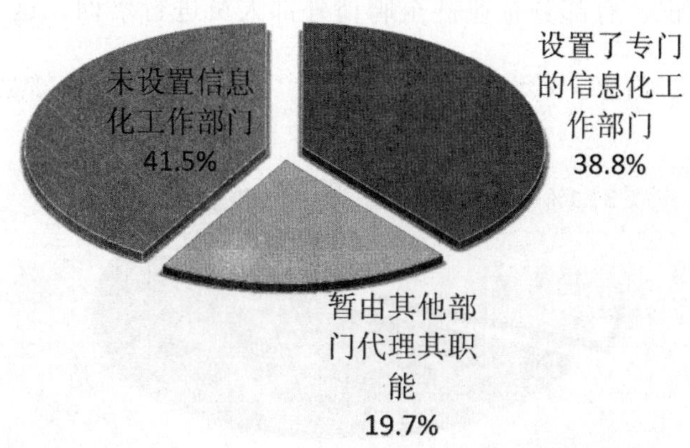

图2-4-1 信息化工作部门设置情况

大部分企业信息化工作部门职能包括信息系统的日常维护，占71.0%；信息化项目管理的企业占65.6%；信息化规划（计划）的企业占61.6%；软件采购权的企业占47.1%；组织落实信息化资金的占42.4%；硬件采购权的占41.7%；有6.2%的企业信息工作部门还包括其他职能，如图2-4-2所示。可见，信息系统的日常维护工作占信息部门的大部分工作，并有超过半数的信息化管理部门承担了企业信息化规划（计划）制订工作，表明企业信息化部门的权责在逐渐加大，信息化正在与企业战略接轨。

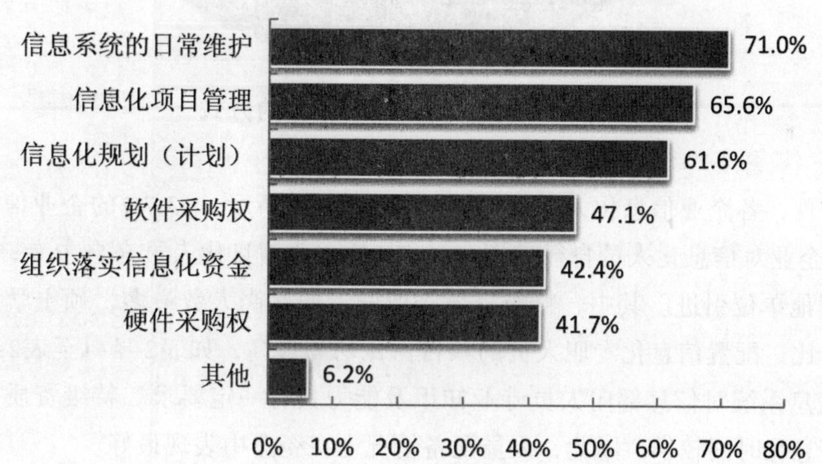

图2-4-2 企业信息化工作部门的职能

2.4.2 人才培养

在信息化建设中，人才匮乏现象严重，尤其是复合型人才，懂技术、重规范、思路清晰、沟通能力强、事业心和责任心突出的人才比较缺乏。大部分企业针对信息化人才缺乏问题也在展开人才培养。据调研统计，大多数企业有计划地对员工进行信息化培训，占68.9%，其中85.7%的企业采用内部培训的方式，其余14.3%企业采用外部培训方式，如图2-4-3和图2-4-4所示。可见，随着信息化的普及，企业也逐渐意识到人员培训的重要性，大多数企业通过内部培训的方式普及信息化知识，有部分企业甚至聘请外部人员进行培训，这与信息化在企业中地位的不断提高是分不开的。

图2-4-3　是否有计划对员工进行信息化培训

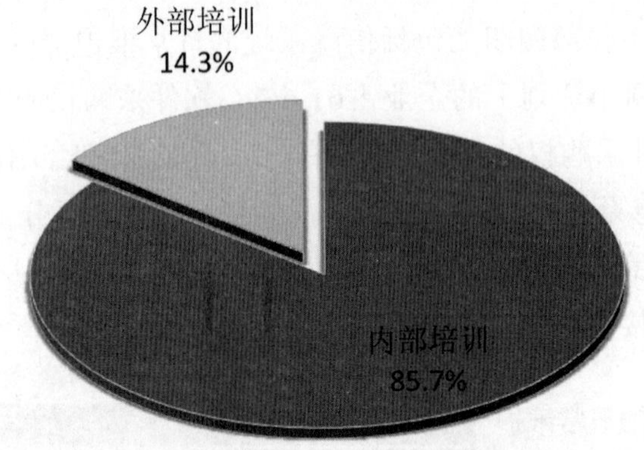

图2-4-4　企业培训员工的方式

通过调研发现，各企业信息化人员来源情况如图2-4-5所示，63.7%的企业信息化人员来自高校；50.0%的企业对信息化人员自行培训；13.7%的企业信息化人员来自中专；21.0%的企业信息化人员由其他单位引进。其中，特级资质企业的专职在岗人数最多，硕士学历职工占比、本科学历职工占比、配置信息化专职人员的项目占比均为最高，如表2-4-1至表2-4-6所示。可见，企业实施信息系统对信息部门人员专业知识及能力具有一定要求。特级资质企业信息化进程较快，开展信息化时间较早，因此，人员配备情况也在企业中表现最好。

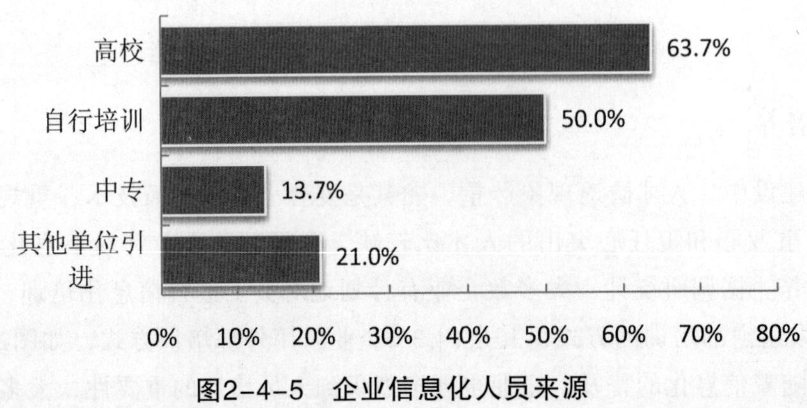

图2-4-5　企业信息化人员来源

表2-4-1　专职岗位人数

		整体	特级资质	一级资质	二级及以下资质
专职岗位人数（人）	最高值	354	354	155	55
	中位数	3	5	3	2
	最低值	1	1	1	1

表2-4-2　硕士占比

		整体	特级资质	一级资质	二级及以下资质
硕士占比（%）	最高值	75%	75%	25%	22%
	中位数	3%	5%	2%	4%
	最低值	0.1%	0.8%	0.1%	1%

表2-4-3　本科占比

		整体	特级资质	一级资质	二级及以下资质
本科占比（%）	最高值	100%	100%	98.5%	22%
	中位数	2%	5%	1%	2%
	最低值	0.7%	0.7%	1%	1%

表2-4-4　暂由其他岗位代替

		整体	特级资质	一级资质	二级及以下资质
暂由其他岗位代理（人）	最高值	128	128	15	22
	中位数	2	4	4	2
	最低值	1	1	1	1

表2-4-5　年平均在岗时间

		整体	特级资质	一级资质	二级及以下资质
年平均在岗时间（天）	最高值	365	365	85	98
	中位数	5	4	5	3
	最低值	1	1	1	1

表2-4-6　配置信息化专职人员的项目占比

		整体	特级资质	一级资质	二级及以下资质
配置信息化专职人员的项目占比（%）	最高值	100	100	95	85
	中位数	5	3.5	5	5
	最低值	1	1	1	1

2.4.3 制度建设

施工企业信息化管理需要以制度化和标准化管理为保障，构筑信息化管理的牢固基础。据调研显示，各企业已建立的信息化制度如图2-4-6所示，66.3%的企业建立了信息系统安全管理制度；62.3%的企业建立了运行维护管理制度；59.5%的企业建立了机房及设备管理制度；49.6%的企业建立了信息化组织管理制度；44.4%的企业建立了信息化采购管理制度；42.9%的企业建立了信息化建设管理制度；38.1%的企业建立了信息化培训管理制度；33.7%的企业建立了信息化相关技术资料管理制度；30.2%的企业建立了数据采集管理制度；29.0%的企业建立了应用与绩效管理制度；1.6%的企业建立了其他信息化管理制度。可见，绝大部分企业对信息系统安全管理制度、运行维护管理制度一级机房及设备管理制度比较重视，约半数企业对信息化组织管理制度、采购制度、建设制度比较完善，具备较好的信息化管理体制。数据采集管理一级应用与绩效管理制度被重视的程度还不够，企业在下一步进行信息化制度制定时应加以关注。

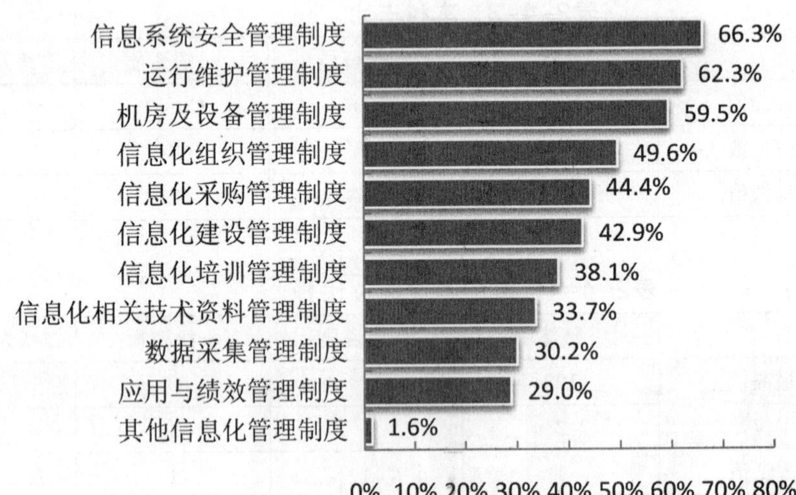

图2-4-6 企业建立信息化制度的情况

2.4.4 激励机制

信息化最终得到推广应用，各单位还需具备一定的激励机制，激励机制一般分两种，即精神激励和物质激励，激励方式包括强制以及自愿。企业在建设激励机制时，要充分考虑员工的个体差异，实行差别激励，这样才能更大限度地完成信息化推广应用工作，并调动全员对信息化工作的积极性和创造性。目前，大多数行业信息化推广过程中采用的是规定强制使用，也有部分平台未要求强制使用，以其为各企业提供便利的优势，促进对系统的使用，例如，招标系统中的异地评标、直接备案的功能。企业在推广信息化过程中，大多数企业在涉及企业管理方面的系统采用从上至下推进，而一些为业务带来方便的应用系统，业务部门自主使用度较高，而个别系统如知识管理等，采用评分制对员工给予物质激励。

第3章　建筑施工行业信息化发展趋势分析

建筑施工行业信息化经过了近30年的发展历程，有成功的经验，也有失败的教训，更有进一步发展的巨大空间。本章将从建筑施工行业信息系统应用、信息技术应用、建筑施工企业信息化管理和企业信息文化等方面阐述建筑施工行业信息化发展的趋势。

3.1　建筑施工行业信息系统发展趋势分析

从20世纪80年代初，我国建筑施工行业与其他行业一样，随着计算机的广泛应用，行业内各个建筑施工企业纷纷组织学习编程、开发软件，纷纷推广实施MIS（管理信息系统），经过多年的发展，企业信息化已具有一定的基础。传统的MIS是根据企业的管理组织结构形成的一种树状结构体系，它基本上与企业的管理体系结构相符合，各部门将其生产经营的各种数据通过不同的方式录入计算机的数据库，通过一定处理，供各类人员查询和统计。把一些手工的工作转移到计算机上，一定程度上提高了生产力和生产效率。但传统意义上的企业MIS只能起到比较单纯的数据收集、统计和报表打印的作用，存在如下问题：

①由于计算机技术和管理理念的局限性，传统的MIS多处于单项应用或局部集成应用阶段，包括人力资源管理系统、概预算管理系统、进度管理系统等涉及企业生产和经营的各个方面的多种独立系统，因此形成了“信息孤岛”，缺乏总体数据规划、数据应用整合，这些相对独立的系统很难为领导的决策和数据挖掘提供服务。

②缺乏接口技术和手段，子系统移植性较差，局部之间的数据接口并不能实现业务整体集成，信息的利用率和整合程度不高，不能充分利用企业的整体资源。

随着因特网的广泛应用，MIS在企业中的应用缺陷越来越明显，企业信息管理的深度和广度在不断扩展，相继出现了企业资源计划（ERP）、决策支持系统（DSS）、电子商务、协同办公管理等信息系统。这些信息系统在建筑施工行业不同程度地都有所应用，虽然应用效果参差不齐，但都在发展当中。最近一些年来，不少建筑施工企业在推广实施财务管理、人力资源管理、协同办公管理等系统的同时，在积极推广实施综合项目管理信息系统，并逐步考虑解决这些系统的整合应用问题。

3.1.1 信息系统在广度方面向集成化发展

20世纪90年代出现了一套统筹管理企业内部所有部门以及企业外部相关企业的集成化信息系统ERP，这一系统已经在我国大多数中央企业得到广泛应用 。建筑施工企业这些年来在推广实施信息系统方面，虽然在信息系统的名称上直接称呼ERP的并不多，但其管理理念不同程度地吸收了ERP的管理原理，即在信息系统应用方面向全企业集成化平台发展。

ERP是企业资源计划（Enterprise Resource Planning）的英文缩写，也有人将其翻译为“企业资源管理”。它是西方发达国家一种先进的企业管理理念、管理方法和技术，它将企业各个方面的资源统一调配和使用，其目的是加速企业信息流程、提高反应速度、增强竞争能力、提高企业效益。ERP是20世纪90年代初由美国加特纳（Gartner）公司首先提出，它是在物料需求计划（MRP）和制造资源计划（MRPⅡ）的基础上，随着Internet的发展而发展起来的又一更高层次的管理模式。ERP在国际大多数500强企业，特别在国内外生产性企业得到广泛应用，在我国建筑施工企业的应用效果一直存在争议，但ERP的管理理念是先进的，需要在我国建筑施工行业信息化过程中引进吸收。

ERP的管理理念，要求企业将信息、业务、资金、设备和人等全局资源进行有机集成，通过集成，使得流程得以疏通，效率得以提高，内部的各项管理控制程序得以真正贯彻，从而借助集成化平台软件实现企业内部和外部各方面资源的全面管理及其信息完全共享的集成化管理。随着建筑施工行业环境的变化，管理理念、信息技术的发展以及建筑施工行业新需求的提出，信息系统在广度方面向集成化发展：

①基础业务平台：应该使系统基于一个统一的业务基础平台，能够将具体业务功能与系统底层的系统服务功能（包括安全、权限、工作流等）分离，在此基础上实现基于业务流程的功能集成。

②组件化：采用基于业务基础平台的组件化技术，实现业务功能的“封装”，建成组件库和企业业务模型库，以业务基础平台为基础，保证系统应用时可针对企业特点按需构建，真正实现个性化的服务。

③标准化：采用标准的接口技术、编码规范和数据指标体系等，保证不同开发商之间的不同应用系统能够实现数据和功能集成。

④实现纵向和横向集成：一方面，要实现系统内部各功能模块之间的集成；另一方面，通过对异构系统集成机制的研究，实现综合项目管理集成化平台与其他应用系统之间的横向集成，从而提升系统输入输出数据的吞吐能力和系统的协同能力，提高系统与外界纵向协作系统、横向协作系统的协同工作和应用互动，实现信息完全共享和灵活应用。

近年来部分建筑施工企业已经成功实施了综合项目管理集成化平台系统，在企业信息化管理的广度方面，实现了从单项应用向全企业集成化应用平台的发展。

3.1.2 信息系统在深度方面向支持决策发展

近年来，部分建筑施工企业通过实施信息系统，已经形成了大量准确、及时和完整的管理决策基础数据，可供查询。然而各建筑施工企业管理决策中所面临的通常是半结构化的决策问题，其中包括目标含糊不清，多目标相互冲突，方案的比较和选择没有固定的规则或程序可循，所需的信息不全或比较模糊等，同时不同的决策者的行为风格也是完全不一样的，对于这一类问题，传统的MIS等信息系统难以解决。DSS（决策支持系统）通过人机交互接口可为决策者提供多种方案，以解决半结构化的决策问题。因此，建筑施工企业在信息系统深度方面从单纯的MIS向具有DSS功能的信息系统发展，以满足决策者的需求。DSS与MIS相比，信息系统的深度更加突出，主要表现在以下几个方面：

①MIS解决结构化问题，而DSS解决半结构化或非结构化问题。

②MIS是日常的信息处理，而DSS面向中、高层领导决策问题。

③MIS追求问题求解过程最优化，而DSS追求切实可行的方案。

④MIS强调系统性、客观性、科学性，而DSS强调发挥人的经验、判断力、创造力，强调艺术性。

⑤MIS是数据驱动的，而DSS是模型驱动和用户驱动的。

⑥MIS强调全局整体的信息需求，而DSS强调决策者个人的需求。

总之，在企业信息系统的深度方面，决策支持系统将会成为发展的重点。随着数据的日益积累，在数据的加工方面，将更加广泛运用到模型库、知识库等专家系统的有关知识。建筑施工企业在推广实施财务管理、人力资源管理、协同办公管理、综合项目管理等信息系统的同时，纳入决策支持的功能，更方便辅助中高层领导决策，可以预测未来的信息系统将逐步纳入更多DSS的功能，甚至纳入更多智能化DSS的功能，向智能化信息系统发展。

3.1.3 智能化和移动化的信息系统将会不断出现

随着云计算、物联网、移动互联网和社交网络技术的蓬勃发展，正在推动一个新的企业信息化发展大潮，使企业信息系统向智能化和移动化的方向发展，表现为如下特征：

1）物联网技术和商业智能在信息系统中的整合应用，使企业信息系统 更加智能化

“物联网技术”的核心和基础仍然是“互联网技术”，是在互联网技术基础上的延伸和扩展的一种网络技术；其用户端延伸和扩展到了任何物品和物品之间，进行信息交换和通信。因此，物联网技术的定义是：通过射频识别（RFID）、红外感应器、全球定位系统（GPS）、激光扫描器等信息传感设备，按约定的协议，将任何物品与互联网相连接，进行信息交换和通信，以实现智能化识别、定位、追踪、监控和管理的一种网络技术叫做物联网技术。

RFID、GPS、电子支付等技术在信息系统中的广泛应用，使信息采集更为方便，将这些信息有效整合在企业信息系统中，使其集成化程度更高。在物流环节通过RFID、GPS等技术的使用，自动化地采集这些信息，使物料在各个环节更容易跟踪，实现对供应链整个环节物流的即时、动态监控，避免过去人工扫描信息的种种弊端（效率低、易出错、即时性差等）。

商业智能（BI）技术包括数据仓库、联机分析处理、数据挖掘等，用于统计和分析企业生产经营数据，反映现实状态，揭示事务规律，预测业务趋势。商业智能技术促进建筑施工企业的战略、经营、生产作业从传统的事务型应用走向分析型应用，在企业绩效管理、风险定量分析、供应商评估、客户关系管理、设备状态监控、运行计划优化等诸多领域起着创新性作用。Gartner最新发布的报告显示，商业智能市场正在以每年9%的速度增长，到2014年市场价值将高达810亿美元，2020年将增长至1360亿美元。Gartner认为，商业智能市场已经进入爆发期。

在集成化程度提高的同时，通过商业智能（BI）软件进一步辅助商业决策，提高其智能化程度。将物联网技术和商业智能在信息系统中整合应用，使企业信息系统更加智能化。

2）借助移动互联网技术与智能终端设备的完美结合，实现移动信息化

在企业信息化领域，借助于移动信息化模块，实现通过手机等智能终端对诸多业务的移动管理，正成为一个显著趋势。云计算和移动信息化的结合，使管理者突破过去办公场所、上网条件等限制，让管理随时随地触手可及。目前企业移动信息化在流程审批、报表查询、库存查阅等领域应用最多。而且，基于不同行业差异化细分的移动商务模块也越来越多。

3）电子商务正在向移动商务发展

建筑施工企业集团公司、不同分（子）公司、项目部之间存在着广泛的信息流与资金流；建筑施工企业与供应商、分包商、政府、客户等同样存在着频繁的信息流与资金流。因此，建筑施工企业信息化的发展要全面推广实施电子商务，实现企业内部资金的集中使用、远程记账、远程查账、网上支付，企业内部与企业外部之间实现无纸化交易等活动。企业之间将彻底改革传统的商务活动模式，取而代之的是新生的网络化电子商务、移动商务工作模式。

电子商务向移动商务发展的趋势已经非常明显，包括建筑施工企业在内的许多企业，电子商务最大的一个增长机会来自电子商务与移动通信的结合。然而，移动电话成为电子商务的关键环节还存在相当大的挑战，不仅因为屏幕小以及键盘的限制，用户通过手机能够使用的内容本身存在相当大的局限。

未来的电子商务发展将朝着社会化、移动化、本地化方向发展。在社会化电子商务中，使用团购网的方式来提供简单易且而高性能的本地化服务；使用移动手机来准确定位用户周围的商家和优惠信息等。然而目前手机对于大多数人来说通话仍是主要功能，转变成为电子商务工具需要文化与习惯上的转移，尤其是目前移动运营商在网络推进方面相当勉强，并且从桌面机得到的商务体验是很难通过手机获得的，目前的技术还不足。至少在近期，网站建设与设计方面的提高仍胜过移动商务领域的突破。Google的地图服务正在为人们开发新的更简单的信息访问与交互能力。无论如何，电子商务与移动通信的结合将成为新的增长机会，最有价值的服务可能是移动支付，将向人们提供随时随地对任何类型的商品与服务提供支付的能力。

3.1.4 建筑施工企业信息系统向“四化”发展

互联网络和信息技术的高速发展，改变了企业经营管理模式、做事的方法和人们的生活方式。全球经济环境不断发展和变化，竞争环境复杂多变，企业的管理理念、管理方法不断创新，计算机网络技术快速发展，促成企业信息系统（如综合项目管理信息系统）的不断发展和变化。从企业信息化总体发展状态来看，企业信息系统总的发展趋势是开发平台标准化、业务流程自动化、业务应用集成化、系统应用网络化这样一个“四化”发展过程，如图3-1-1所示。

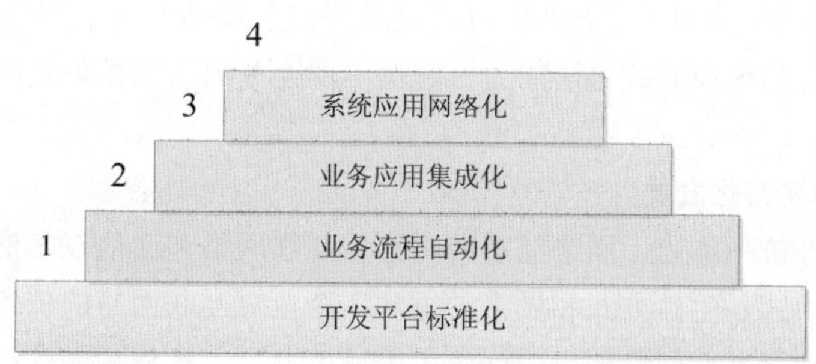

图3-1-1 企业信息系统的“四化”发展过程

1）开发平台向标准化发展

计算机技术发展到今天，那种封闭的专用系统已经走向消亡。基于浏览器/服务器的体系结构、支持标准网络通信协议、支持标准的数据库访问、支持XML的异构系统互联；实现应用系统独立于硬件平台、操作系统和数据库；实现系统的开放性、集成性、可扩展性、互操作性。这些已成为企业信息系统必须遵守的标准。

在标准的开发平台基础之上，建筑施工企业信息系统的建设需要建立以数据管控为核心，以架构为基础，强健敏捷、融会贯通的数据中心，实现数据治理规范化，主要包括：实现稳健、灵活的结构化数据管理；实现高效、集成的非结构化数据管理。实现全业务的数据管控以及健全权责清晰的数据管理团队。

2）业务流程向自动化发展

传统MIS是一个面向功能的事务处理系统，它为业务人员提供了丰富的业务处理功能，但是每个业务处理都不是孤立的，它一定与其他部门、其他人、其他事务有关，这就构成了一个业务流程。传统MIS对这个业务流程缺乏有效的控制和管理。一些业务流程被写死在程序里，非此即彼，必须按其执行，否则就要修改程序。许多流程是由人工离线完成的。工作流管理技术是解决业务过程集成的重要手段，它与综合项目管理、ERP或其他信息系统的集成，将实现业务流程的管理、控制和过程的自动化，使企业领导与业务系统真正集成，实现企业业务流程的重构。因此，工作流管理技术受到人们的高度重视并得到快速的发展。

3）业务应用向集成化发展

根据业务发展需要建设新业务应用、巩固深化已建和在建的业务应用，推进实用化水平的提高；加强各业务条线之间横向、总部与项目部纵向的应用集成和流程集成，支撑业务的全面融合，重点包含：

①业务应用：以提升各项业务的关键业务能力为引领，深化应用和完善已建和在建业务应用，推进建设新业务应用，提高业务应用的实用化水平，同时加强智能化与信息化的融合，实现建筑施工企业的网络化和信息化。

②业务应用集成：以成本、合同全过程管理，物资、设备全寿命管理，质量、安全全方位

管理等主线开展多业务集成建设，提升多业务应用的横向集成水平，推动核心业务流程和核心资源的有机融合。

业务应用集成化的建筑施工企业应彻底消除“信息孤岛”，加强项目部业务系统深化应用，增强上下级单位的纵向业务协同能力，解决不同业务间的数据集成问题，从而实现全方位的业务应用融合。

4）系统应用向网络化发展

现在处在全球经济一体化、网络经济的时代，互联网络和通信技术的高速发展，彻底改变了我们的经营管理模式、生活方式和做事的方法。企业对互联网络的依赖将像今天企业对电话的依赖一样重要。离开互联网络的应用就谈不上网上办公、远程视频监控、精益生产、客户关系管理、供应商关系管理、电子商务等。只有采用基于互联网络的系统才能方便地实现集团管理、异地管理、移动办公，实现环球供应链管理。

在网络化发展阶段，建筑施工企业根据业务发展，急需完成业务的应用融合，将新业务应用、已建和在建的业务应用实现网络化结合互动，推进业务实用化水平的提高；加强项目部业务系统深化应用，增强与总部的纵向业务协同能力。

3.2 建筑施工行业先进信息技术应用方面的发展趋势分析

建筑施工行业的管理创新与信息系统的应用密不可分，信息系统的发展与技术创新离不开信息技术的支撑。下面针对建筑施工行业信息化过程中将广泛应用的信息技术进行阐述。

3.2.1 智能检索和智能代理技术的应用

近年来，智能检索和智能代理技术在建筑施工行业的信息化过程中得到了不同程度的应用，可以推测，这两种技术的应用空间越来越大。

1）智能检索技术应用

检索者输入任一关键词均可实现该关键词所对应的主题词或分类号的检索，检索者不需要知晓该关键词所对应的主题词和分类号的具体词名和类号。例如，在建筑施工企业综合项目管理信息系统的综合查询子系统中，就已经使用了关键词检索的方式，用户输入诸如“合同”关键词，与合同有关的信息全部检索出来。

2）智能代理技术应用

智能代理是人工智能研究的新成果，它是在用户没有明确具体要求的情况下，根据用户需要，代替用户进行各种复杂的工作，是具有智能性并可进行高级、复杂自动处理的代理软件。智能代理软件具有如下特点：

①智能性：具有丰富的知识和一定的推理能力，能揣测用户的意图，并能处理复杂的高难度任务，对用户的需求能分析地接收，自动拒绝一些不合理或可能给用户带来危害的要求，而且具有从经验中不断学习的能力，适当地进行自我调节，提高处理问题能力。

②代理性：在功能上是用户的某种代理，它可以代替用户完成一些任务，并将结果主动反馈给用户。

③移动性：可以在网络上漫游到任何目标主机，并在目标主机上进行信息处理操作，最后将结果集中返回到起点，而且能随计算机用户的移动而移动。

④主动性：能根据用户的需求和环境的变化，主动向用户报告并提供服务。

⑤协作性：能通过各种通信协议和其他智能体进行信息交流，并可以相互协调共同完成复杂的任务。

智能检索技术与智能代理技术有着各自的优势与不足，因此，将搜索引擎与智能代理技术结合起来是建立新的检索模式的必然趋势，为开发新一代功能更强大的网上信息搜索系统提供广阔的天地。智能代理主要集成客户端特殊的环境，配合用户兴趣完成搜索。它对用户信息需求、偏好进行甄别、归纳、总结，分析用户的兴趣爱好，并借助学习好的规则，自动、独立地代理用户查找其感兴趣的信息。

3.2.2　自动提醒或自动报警技术的应用

企业信息化的发展趋势之一是向多媒体的用户界面发展，使其软件的界面美观、操作使用具有人性化，同时，大量提供自动提醒功能，通过自动提醒功能辅助操作人员下一步该做什么，怎么做。

自动提醒能准确、及时地将预设的提醒事件自动显示出来，如网上收文提醒、网上批文提醒、合同生效提醒、合同到期提醒、车辆年审提醒、保险到期提醒等。整个提醒过程分为三个步骤，如图3-2-1所示。

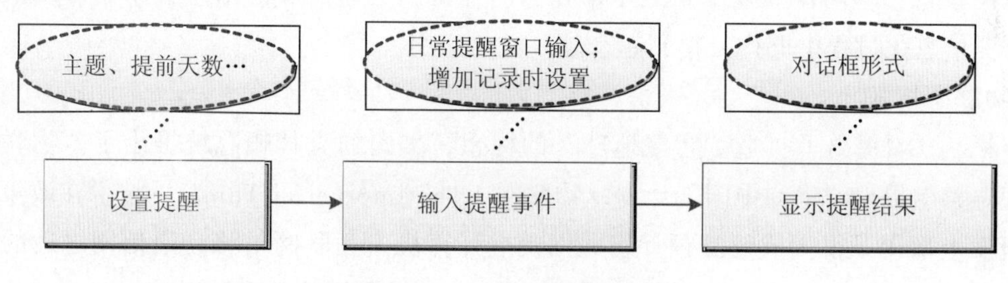

图3-2-1　自动提醒流程

①设置提醒：包括设置提醒主题、提醒提前天数，“自动提醒”话框设置等。

②输入提醒事件：可以在“日常提醒”窗口集中输入，也可以在增加记录时顺便设置自动提醒。例如，起草合同的同时，即可设置是否提醒、提前多少天提醒等提醒内容。

③显示提醒结果：往往采用弹出“自动提醒”对话框的方式。提醒窗口的弹出，可以在开机后自动弹出，也可以在启动相应子系统后弹出。根据提醒重要程度和提醒内容的不同，可以选择前者，也可以选择后者，甚至两种方式均提醒。目前信息系统更多与手机、电话等终端系统相联系，特别重要的事情需要及时处理，可以采用手机提醒或驱动电话声音提醒等方式，可以做到及时掌握、迅速决策。

从发展的趋势看，自动提醒的驱动因素更多来自智能化、自动化的信息系统内部，例如，自动统计的数量达到某一临界值时触发自动提醒；自动化识别或监测系统，获取了超过临界值的数据后实施自动报警功能。

3.2.3 云计算技术的应用

云计算是一个新兴的商业计算模型，其利用高速互联网的传输能力，将数据的处理过程从个人计算机或服务器移到互联网上的计算机集群中。这些计算机都是很普通的工业标准服务器，由一个大型的数据处理中心管理着，数据中心按客户的需要分配计算资源，达到与超级计算机同样的效果。同时，可以弥补小公司规模不足的成本劣势，从而与大公司同台竞技。自2006年由Google提出云计算至今，云计算已经开始慢慢地融到企业的运作中。现在一些公司开始部署云存储SVN服务器，实现云计算、云备份功能，主要作用其实就是存储一些工作中的重要文档，可以实时更新，防止工作中文档的流失，以及员工离职以后能够承接到该项目的主要文档。随着企业移动信息化和电子商务的应用推广，云计算和移动信息化的结合，使管理者突破过去办公场所、上网条件等限制，让管理随时随地触手可及。

可以预见，将来足够长的一段时间里，云计算技术将会成为绝对的主流，企业的信息化将会成为一个比拼云计算技术运用的进程。云计算将会掀起一场信息技术革命，将对计算机的硬件、软件、应用和商业模式带来重要变革，同时，还将彻底改变计算机、互联网、电信和传媒的现有格局。云计算在建筑施工行业也必将得到广泛应用。

3.2.4 物联网和移动作业技术的应用

物联网技术和移动作业技术是近年来在国内外得到迅速发展的信息技术，可以推测，在建筑施工企业信息化过程中同样会得到越来越广泛的应用。

1）物联网技术

近年来，IBM提出了打造“智慧地球”的构想，美国的克林顿总统推出了“物联网”，中国前总理温家宝提出“感知中国”计划，物联网（The Internet of Things）技术在政策的支持和技术的研发上取得了很大成效。预计物联网是继计算机、互联网与移动通信网之后的又一次信息产业浪潮。物联网技术中的关键支持技术，如RFID、无线传感网络技术、MEMS技术、智能技术等的广泛应用，使信息采集更为方便，将这些信息有效整合在企业信息系统中，使企业信息化的集成化程度、自动化程度更高。

2）移动作业技术

移动作业将掌上电脑与自动识别技术，全球卫星定位系统等多种技术手段相结合，完成移动中的设备定位和数据采集。近年来，开始逐步采用红外技术、无线通信或有线通信等手段将后台企业信息发布到掌上电脑，与现场工作人员实施协同工作。

3.2.5 多媒体、地理信息系统等技术的应用

多媒体、地理信息系统等技术经过多年的发展，虽相对成熟，但仍有很大发展空间，可以

推测，在建筑施工行业的信息化过程中仍然会得到越来越广泛的应用。

1）多媒体技术的应用

从20世纪90年代中期开始，以Windows视窗操作系统作为操作平台，逐步开始应用多媒体技术。主要表现在如下几个方面：

①信息系统离不开信息的输入和输出，信息的输入/输出设备（亦称访问设备）逐步向智能设备或多媒体设备发展。

②用户接口从目前常用的图形用户接口（GUI）部分地向多媒体用户接口（MUI）或多用户空间（MUD）发展。

③企业信息系统所拥有的信息量将大量增加，信息的表达采用数字、文字、图形、图像、声音等多种方式、多种媒体。

④电话、电视、传真、电影、摄像、照相等从模拟信号媒体向数字信号媒体转变，现在基本转变完毕，真正实现以计算机、计算机网络为中心的多媒体信息管理。

⑤逐步实现计算机网、电话网、通信网的三网合一，在信息系统中，将通过多功能的网络传输系统方便地传输多媒体信息。

2）地理信息系统的应用

地理信息系统（GIS）是由计算机硬件、软件平台、地理信息数据、使用人员和使用规则共同构成的有机整体。建立完善的GIS系统，有助于提升建筑施工信息的直观性和可理解性，实现建筑施工的可视化管理。数据是整个GIS系统最重要的组成部分，并可以通过可视化技术进行多维展现，帮助企业直观地掌握企业资产信息，进行统一管理和战略规划。

3.2.6　建筑信息模型（BIM）的应用

建筑信息模型（Building Information Modeling，简称BIM）是以建筑工程项目的各项相关信息数据作为模型的基础，进行建筑模型的建立，通过数字信息仿真模拟建筑物所具有的真实信息。BIM是一个设施（建设项目）物理和功能特性的数字表达；BIM是一个共享的知识资源，是一个分享有关这个设施的信息，为该设施从概念到拆除的全生命周期中的所有决策提供可靠依据的过程；在项目的不同阶段，不同利益相关方通过在BIM中插入、提取、更新和修改信息，以支持和反映其各自职责的协同作业。BIM具有可视化、协调性、模拟性、优化性和可出图性五大特点。

1）BIM在建筑施工项目管理中的应用

在建筑施工项目管理中，推广实施以BIM应用为载体的项目管理信息化，必将提升项目管理水平、提高建筑施工质量、缩短施工工期、降低建造成本。具体体现在：

①三维展示，形象直观。通过三维动画，给人以真实感和直接的视觉冲击，大大提高了三维渲染效果的精度与效率，给业主更为直观的宣传介绍，提升中标概率。

②快速算量，精度提升。BIM数据库的创建，通过建立6D关联数据库，可以自动、准确和快速计算工程实物量，提升施工预算的精度与效率。由于BIM数据库的数据粒度达到构件级，可以快速提供支撑项目各条线管理所需的数据信息，有效提升施工管理效率。

③精确计划，减少浪费。施工企业精细化管理很难实现的根本原因在于海量的工程数据，无法快速准确获取以支持资源计划，致使经验主义盛行。而BIM的出现可以让相关管理条线快速准确地获得工程基础数据，为施工企业制定精确人才计划提供有效支撑，大大减少了资源、物流和仓储环节的浪费，为实现限额领料、消耗控制提供技术支撑。

④多算对比，有效管控。管理的支撑是数据，项目管理的基础就是工程基础数据的管理，及时、准确地获取相关工程数据就是项目管理的核心竞争力。BIM数据库可以实现任一时点上工程基础信息的快速获取，通过合同、计划与实际施工的消耗量、分项单价、分项合价等数据的多算对比，可以有效了解项目运营是盈是亏，消耗量有无超标，进货分包单价有无失控等问题，实现对项目成本风险的有效管控。

⑤虚拟施工，有效协同。三维可视化功能再加上时间维度，可以进行虚拟施工。随时随地直观快速地将施工计划与实际进展进行对比，同时进行有效协同，施工方、监理方、业主方借助BIM可对工程项目的各种问题和情况了如指掌。通过BIM技术结合施工方案、施工模拟和现场视频监测，可以大大减少建筑质量问题、安全问题。

⑥碰撞检查，减少返工。BIM最直观的特点在于三维可视化，利用BIM的三维技术在前期可以进行碰撞检查，优化工程设计，减少在建筑施工阶段可能存在的错误损失和返工的可能性，而且优化净空，优化管线排布方案。最后施工人员可以利用碰撞优化后的三维管线方案，进行施工交底、施工模拟，提高施工质量，同时也提高了与业主沟通的能力。

⑦冲突调用，决策支持。BIM数据库中的数据具有可计量的特点，大量工程相关的信息可以为工程提供数据后台的巨大支撑。BIM中的项目基础数据可以在各管理部门进行协同和共享，工程量信息可以根据时空维度、构件类型等进行汇总、拆分、对比分析等，保证工程基础数据及时、准确地提供，为决策者制订工程造价项目群管理、进度款管理等方面的决策提供依据。

2）BIM在建筑施工项目成本控制中的应用

在建筑施工项目成本控制中应用BIM技术，是当前需要进一步研究解决的热点和重点问题，需要加大推广应用力度。

（1）传统方式难以核算实际成本

一是数据量大，每一个施工阶段都牵涉大量材料、机械、工种、消耗和各种财务费用，每一种人、材、机和资金消耗都统计清楚，数据量十分巨大；二是牵涉部门和岗位众多，实际成本核算，需要预算、材料、仓库、施工、财务多部门多岗位协同分析汇总提供数据，才能汇总出完整的某时点实际成本，往往某个或某几个部门不能实行，整个工程成本汇总就难以做出；三是对应分解困难，一种材料、人工、机械甚至一笔款项往往用于多个成本项目，拆分分解对应好专业要求相当高，难度非常高；四是消耗量和资金支付情况复杂：材料方面，有的进了库未付款，有的先预付款未进货，用了未出库，出了库未用掉的；人工方面，有的先干未付，预付未干，干了未确定工价；机械周转材料租赁也有类似情况；专业分包，有的项目甚至未签约先干，事后再谈判确定费用；情况如此复杂，成本项目和数据归集在没有一个强大的平台支撑情况下，不漏项做好三个维度（时间、空间、工序）的对应很困难。

（2）BIM技术在处理实际成本核算中的巨大潜力

基于BIM建立的工程5D（3D实体、时间、WBS）关系数据库，可以建立与成本相关数据的时间、空间、工序维度关系，数据粒度处理能力达到了构件级，使实际成本数据高效处理分析有了可能，并有着巨大的潜力：

①创建基于BIM的实际成本数据库。建立成本的5D（3D实体、时间、工序）关系数据库，让实际成本数据及时进入5D关系数据库，成本汇总、统计、拆分对应瞬间可得。以各WBS单位工程量人材机单价为主要数据进入实际成本BIM中。未有合同确定单价的项目，按预算价先进入。有实际成本数据后，及时按实际数据替换掉。

②实际成本数据及时进入数据库。一开始实际成本BIM中成本数据以采取合同价和企业定额消耗量为依据。随着进度进展，实际消耗量与定额消耗量会有差异，要及时调整。每月对实际消耗进行盘点，调整实际成本数据。化整为零，动态维护实际成本BIM，大幅减少一次性工作量，并有利于保证数据准确性。a)材料实际成本：要以实际消耗为最终调整数据，而不能以财务付款为标准。仓库应每月盘点一次，将入库材料的消耗情况详细列出清单向成本经济师提交，成本经济师按时调整每个WBS材料实际消耗。b)人工费实际成本：与材料实际成本类同，按合同实际完成项目和签证工作量调整实际成本数据，一个劳务队可能对应多个WBS，要按合同和用工情况进行分解落实到各个WBS。c)机械周转材料实际成本：同材料实际成本，要注意各WBS分摊，有的可按措施费单独立项。d)管理费实际成本：由财务部门每月盘点，提供给成本经济师，调整预算成本为实际成本，实际成本不确定的项目仍按预算成本进入实际成本。做好基础数据工作后，借助BIM技术，各种成本分析报表瞬间可得。

③快速实行多维度（时间、空间、WBS）成本分析。建立实际成本BIM模型，周期性（月、季）按时调整维护好该模型，统计分析工作就很轻松，软件强大的统计分析能力可轻松满足我们各种成本分析需求。基于BIM的实际成本核算方法，较传统方法具有极大优势：a)快速：由于建立基于BIM的5D实际成本数据库，汇总分析能力大大加强，速度快，短周期成本分析不再困难，工作量小、效率高。b)准确：因成本数据动态维护，准确性大为提高；消耗量方面仍会存在误差，但已能满足分析需求；通过总量统计的方法，消除累积误差，成本数据随进度进展准确度越来越高；通过实际成本BIM模型，很容易检查出哪些项目还没有实际成本数据，监督各成本条线实时盘点，提供实际数据。c)分析能力强：可以多维度（时间、空间、WBS）汇总分析更多种类、更多统计分析条件的成本报表。d)总部成本控制能力大为提升：将实际成本BIM模型通过互联网集中在企业总部服务器，总部成本部门、财务部门就可共享每个工程项目的实际成本数据，数据粒度也可掌握到构件级；实行了总部与项目部的信息对称，总部成本管控能力大能加强。

3.2.7　社交网络服务（SNS）平台的应用

社交网络即社交网络服务，源自英文SNS（Social Network Service）的翻译，中文直译为社会性网络服务或社会化网络服务，意译为社交网络服务。社交网络含义包括硬件、软件、服务及应用，由于四字构成的词组更符合中国人的构词习惯，因此人们习惯上用社交网络来代指

SNS（Social Network Service）。

目前流行的企业应用软件侧重对于“财和物”的资源管理，涉及的数据具有结构化的特征。现在企业中更多是非结构化的数据，如报表、账单、影像、发票、合同等。企业现在更多强调的是企业内人与人之间的关系为主线，充分发挥“人”的主观能动性，重视其在业务操作和价值实现过程中的关键作用，关注企业不同部门和不同组织的协同需求，增加信息分享的速度，提高企业的综合生产力。企业社交网络作为企业私密的社交平台，其信息流通实现了从“一点到多点”向“多点对多点”传播方式的转变，打破了传统的传播瓶颈，可以为企业提供信息交互的竞争优势，使需要协作的员工更方便、有效地进行交流与分享，降低企业沟通成本，提高工作效率。

3.3 建筑施工企业信息化管理发展趋势分析

随着信息技术的发展，建筑施工企业的信息化步伐一直很快，在信息化管理方面呈现出良好发展的势头，主要表现在如下几个方面：

3.3.1 建筑施工企业管理理念走向现代化

社会和科学技术总是在不断发展，适应知识经济的新的管理模式和管理方法不断涌现，需要不断创新管理和管理理念。在目前条件下，建筑施工行业在大力推广实施信息化的同时，需要不断引入创新管理理念，例如：企业信息化和企业管理有机结合、全员参与、PDCA持续改善、精益化管理、追求“零”目标等管理理念；除此以外，还应注重企业管控、敏捷制造、虚拟制造、客户关系管理、大规模定制、商业智能、绩效管理等管理理念。企业信息化过程中必须不断增加这些新理念、新思想、新方法以适应企业的管理变革和发展要求。

1）企业信息化和企业管理有机结合的管理理念

企业信息化和企业管理的关系是信息化建设的永久性话题，有些企业认为企业信息化是企业管理的一个手段，对企业运营管理有带动作用。更有许多企业往往会把信息化当成提升、改进管理的救命草，把信息化说成是“雪中送炭”，也有些人把信息化说成是“锦上添花”，认为信息化是管理规范化的后端产物。笔者认为，企业信息化与企业管理是一个相辅相成、共同促进、不可分割的关系。只有管理理念而没有信息化手段支撑，管理理念的设想很难实现。企业的管理理念好比是思维，是大脑的意识，企业的硬件网络是躯体，没有思维和意识的躯体是废物，不能完全体现思维的躯体是不健全的。

总之，任何信息系统在建筑施工企业的推广实施，都要紧密结合管理（管理理念、管理流程和管理制度等），离开了信息化的管理是粗放的、效率低下的；离开了管理的信息化是不实用的、浪费的，其推广实施是难以成功的。

2）全员参与的管理理念

“全员参与”是质量管理ISO9001:2008所涉及的八项原则之一，各级人员是组织之本，只有他们的充分参与，才能够使他们的才干为组织带来收益。人是组织活动的主体，也是管理活动的客体，组织管理有效性的实现是通过组织内各职能各层次人员参与过程和支持过程来实施的，过程的有效性取决于各级人员的意识、能力和主动精神。全员参与的核心是调动人的积极性，当每个人的才干得到充分的发挥并能实现创新和持续改善时，组织将会获得最大收益。组织应当识别其人员在得到承认、工作满意和个人发展等方面的需求和期望，对他们的这种关心有助于确保最大限度地调动其人员的参与意识和能动性。组织越是关注员工，员工越能积极参与。积极参与的结果就是：组织获益，员工满意。具体到企业信息化过程中，主要应从以下几个方面着手：

①信息化建设要以“我”为主。很多人把信息化当成是软件公司的事，这是一个很明显的错误。这个错误的观念来源于人们固有的消费思想，认为信息化是一件消费品，企业掏了钱，软件公司就应该提供产品，所以就会出现双方合作分工的问题，认为软件公司就应该提供所有的产品、技术，甚至包括管理，这就会给信息化建设造成很大难度。信息化作为产品比较特殊，企业要认识到，信息化不是在“买”，而是在“建设”。信息化建设固然需要双方充分合作，但要以“我”为主，如前所说，以“我”为主不是说要让软件厂商完全满足我的需要，而是说要建立以“我”为主的观念，我关心、我参与、我管理、我配合。

②正确认识“一把手”工程。很多专家和企业实施信息化的人员都深刻体会到信息化建设是“一把手”工程，非常希望得到企业“一把手”的支持，因为信息化推进的过程中会遇到很多阻力。特别在企业管理创新、管理改革方面，是信息化最难、最核心的方面，离不开“一把手”的支持，如同近些年来在企业管理中流行的“流程再造”，实施过“流程再造”的企业都有推进的体会，其中更多的是辛酸的体会。同样道理，信息化也是要“变革”，因为很多时候，并不知道怎样“变革”才是正确的，此时最需要“一把手”的正确决策，同样也需要“一把手”的执行力。

总之，建筑施工企业管理信息化过程是一个全员过程，只有充分调动广大员工积极参与、不断创新、持续实践，让信息化管理融入企业管理的各个环节中去，才能实现真正意义上的信息化，才能实现企业的持续、稳定发展。

3）“PDCA持续改善”的管理理念

企业管理信息化过程中，信息系统的建立与应用是一个不断创新、不断完善的动态管理过程。随着信息技术的发展，企业总体战略目标的变化，信息系统需要持续改善。为满足行业进步、企业发展的需求，使信息系统持续发挥效用，在信息化建设及实施过程中需要运用PDCA持续改善的管理理念。

①P是计划（Plan）：提出建筑施工企业的构想或规划，制订建设方案及实施计划。

②D是实施（Do）：编制信息系统标准流程，在全企业范围内推广使用信息系统。

③C是检查（Check）：通过实践来检验信息系统的成效，并检查信息系统流程是否正确、完善。

④A是处理（Action）：针对实际应用中信息系统流程的不足，及时收集反馈信息，并组织软件开发人员进行改进。然后继续进入下一轮PDCA循环中，以达到持续改善的目标。

对“PDCA”持续改进可以简单地总结为：确定要解决的问题→计划应采取的措施→正确地实施这些措施→检查措施实施的效果→找出存在的问题再改进。

PDCA通过计划、实施、检查、处理四个步骤，确立目标，寻找并选择解决办法，实施解决办法，测量、验证、评价实施的结果，处理不足和缺陷，达到持续改善。对这次循环中尚未解决的问题转入下一次循环去解决，并为下一个PDCA循环制订计划提供依据，其持续改善或循环运作过程如图3-3-1所示。这样不断地循环往复，周而复始，使管理工作不断完善，使管理水平螺旋上升，使事物持续发展，由此达到企业的信息管理目标。PDCA循环法不但应用于信息管理，还应将PDCA循环法运用于基建管理、质量管理、安监管理、成本管理、服务管理等方面，不断提升管理水平。

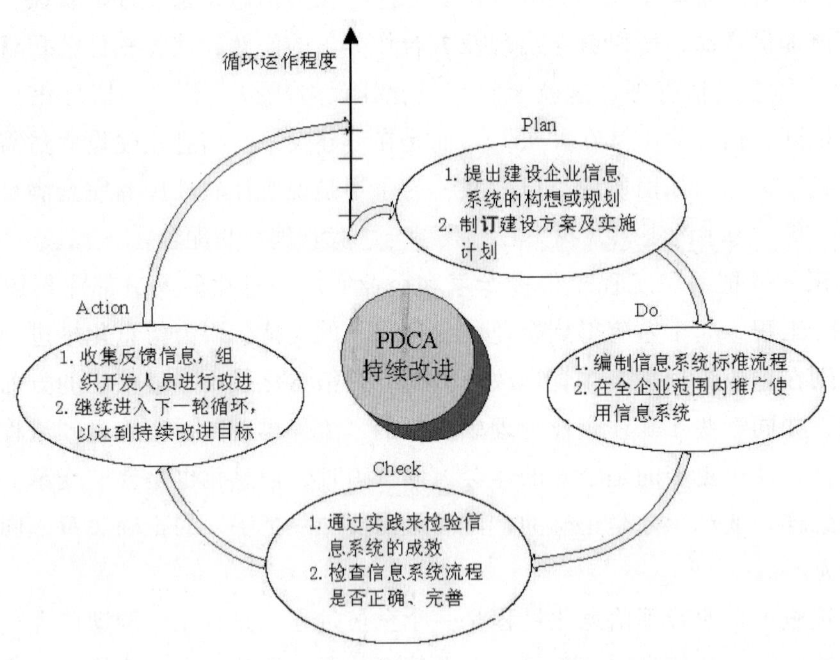

图3-3-1　PDCA持续改善或循环运作过程示意图

4）精益化管理理念

美国研究人员通过对日本丰田生产方式（TPS）以及一些有代表性的西方生产方式的对比分析，在大量实地考察与研究的基础上，于1990年提出了“精益化管理”。所谓精益化管理，就是摒弃传统的粗放型管理方式，通过减少资源浪费、缩减闲置用工、精简作业流程等，实现企业更高的效率、更好的质量、更多的效益、更大的市场份额和更明显的竞争优势。

（1）精益化与精细化的关系

从字面上看，精益注重利益、效益；精细注重细节、详细。精细化管理就是摒弃传统的粗放式管理模式，将具体、明确的量化标准渗透到管理的各个环节，精细化管理最基本的特征就是注重每一件事、每一个细节。而精益化管理把焦点更多地放在“抓大放小”上，而不是所有细节上，注重以最合适的投入，取得最大的产出效益。精益化管理以最低的成本、合理的价格，全面、灵活、优质、高效地为用户提供满意的服务，把最终成果落实到效益上。用一句话概括：即努力消除产品开发设计、生产、管理过程中的无效劳动以及浪费的思想和技术，以最优品质、最低成本和最高效率对市场需求做出最迅速的反应，从而达到企业效益的最大化。这里的效益不只是经济效益，更包括社会效益；不只是眼前利益，更包括长远利益。精益化管理强调的是结果，即所做的每一分钱的投入最后都能够得到相应的收益；而精细化强调每一分钱的投入，都在掌控之中，不发生失控。精益化管理是精细化管理更高层次的延伸，精益化管理就是在精细化管理发展的基础上，向企业要效益，实现“细”到“益”的跨越。

（2）精益化管理的构成

精益化管理由“一个主体、两个支柱”构成。

①“减少浪费，不断改善”是精益化管理永恒不变的“主体”。精益化管理中提出的浪费，和我们日常生活中提到的浪费含义不尽相同。精益化管理方式认为，只有能增加价值的生产和管理才是有效的，不能增加价值的是无效的生产和管理、是一种浪费。TPS将浪费归为七种，分别是：等待的浪费，搬运的浪费，不良品的浪费，动作的浪费，加工的浪费，库存的浪费，制造过多（或过早）的浪费。引申到建筑施工企业，我们可以归纳为以下几种浪费：a)等待的浪费：主要包括等待上级的指示，等待外部的回复，等待下级的汇报，等待生产现场的联系。b)协调不力的浪费：主要包括工作进程的协调不力，领导指示的贯彻协调不力，信息传递的协调不力，业务流程的协调不力。c)闲置的浪费：主要包括固定资产的闲置，职能的闲置或重叠，工作程序复杂化形成的闲置，人员的闲置，信息的闲置。d)无序的浪费：主要包括职责不清造成的无序，业务能力低下造成的无序，有章不循造成的无序，业务流程的无序。e)失职的浪费：主要包括不认真完成日常基础工作，做表面文章应付检查，工作没有计划缺乏主动，做不好甚至不会做本岗位工作。f)低效的浪费：主要包括工程进程缓慢，人员占用过多，工程交付拖期等。g)管理成本的浪费：主要包括计划编制无依据，计划执行不严肃，计划查核不认真，计划处置完善不到位，费用投入与收入（收益）不匹配。

②准时化和自动化（即人员的自觉化）是精益化管理的“两大支柱”。两大支柱支撑着精准化管理中的不断改善、减少浪费、最大化地创造价值。a)准时化（JIT，Just-in-Time）：准时化管理源自准时化生产，有人将其形容为“在正确的时刻、正确的地方，得到精确数量的材料和产品”。准时化管理方式以准时为出发点，首先暴露出工作流程方面的浪费，然后对设备、人员等进行淘汰、调整，对原料、存料进行精确定量需求分析，达到降低成本、简化计划和提高控制的目的。这是一种“拉式”计划管理模式，确保设备在需要的时候才进入施工现场，完成任务后及时撤出，但保证在需要的时候，能够及时得到各种资源，避免闲置、杜绝无效支出浪费。它力求将生产过程中供应链上下游的每一个环节的浪费包括人员过剩、等待时间、交工延时、质量欠缺等减小到最小程度。准时地不断地寻求并消除生产管理活动中的各种浪费，然而，准时化是一种极限理想状态，我们可以无限接近，但永远不可能达到，但是它提供了一个不断改善的途径，即“寻找浪费——发现问题——解决问题——寻找浪费”，给精益化管理以有力的支撑。b)自动化（即人员的自觉化）：员工是各项管理工作正常运转的执行者，对管理理念的有效施行起着至关重要的作用，能否最大限度地调用员工的积极性是精益

化管理取得成功的关键。人是生产力三要素中最积极、最活跃、最关键的因素，精益化管理的实质就在于不断地激励人、培养人，极大地提高员工的积极性和创造力，改传统的“以物为中心”成为“以人为中心”。精益化管理中的“以人为中心”体现在两个方面：一是以顾客为中心，以顾客需求为拉动力，不断地追求顾客满意；二是以员工为中心，完善激励机制、健全奖励制度，使员工置身于一个企业主人而非被雇佣者的位置，使员工自觉、自愿、自动地参与到精益管理中去，充满归属感、责任感与参与意识，充分发挥其主体作用，为工作的不断改善做出贡献。

精益化管理是从精益生产中衍生提炼出来的一种全新的管理理念，它是精益生产理论的扩展，是精益思想在各种企业、企业的各个层面的深入应用。作为一种新的管理方式和企业文化，精益化管理正在迅速地得到全世界的认可与推崇。

5）追求“零”目标管理理念

“零”目标管理是近几年来兴起的一种管理理念，它试图通过企业全员的努力，改变传统的管理模式，以“零”为目标，向“零”进军，最终实现目标为“零”的理想境界和极限状态。当然“零”是相对的而不是绝对的，这些管理目标的制定运用了代数学里的“向零点无限逼近的极限定理”，是一种追求完美的管理理念。我们比较熟悉的“质量管理零缺陷”、“安全生产零事故”等，都是“零”目标管理的具体体现。建筑施工企业具有多种职能，工作内容、性质相差很大，总结建筑施工企业共性，提出如下八种“零”目标：

①信息管理“零”距离。由于建筑施工企业的特殊性决定了人员、机构的布局是分散的，这就给信息传递提出了问题，怎样能在分散的人员、机构之间实现信息的实时传递、“零”距离传递、“零”延误，这就是向信息系统要效益的关键。如何将它们有机地联系起来，实现信息的实时共享、远程数据录入、远程数据查询、远程报表打印，必须利用现代信息技术，如企业内部网或因特网，实现诸如公司总部、分（子）公司、项目部之间在信息传递方面的“零”距离管理。

②人力资源管理“零”待岗。人力资源管理的目标是实施人才战略、发挥人的潜能、实现人尽其用，从企业角度出发实现人力资源整体价值的最大化，具体而言，将不同个性的人配置在合适的岗位上，实现人力资源管理“零”待岗的目标（其操作过程示意图如图3-3-2所示）。在实现人力资源“零”待岗的同时，借助信息化平台软件要实现全企业人力资源的管控。

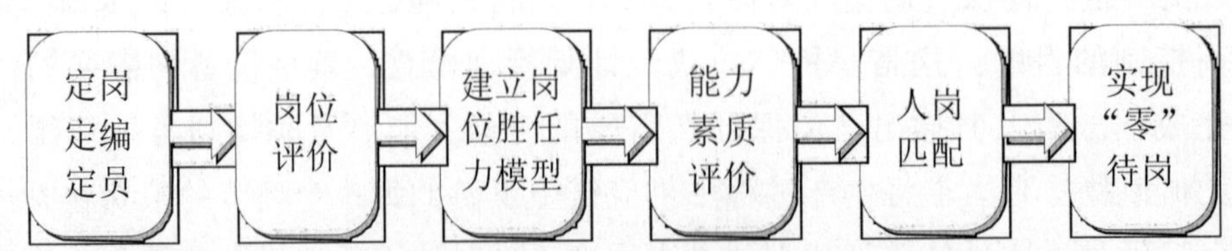

图3-3-2 人力资源管理“零”待岗操作过程示意图

③安全管理“零”事故。安全是一个企业的重中之重，由于建筑施工行业的特殊危险性，安全管理显得尤其重要。建筑施工企业在安全工作上要强化安全意识、加强日常管理，固本强

基，深化安全隐患排查治理。安全管理工作涉及企业管理的方方面面、渗透到企业管理的全过程。通过强化培训学习，提高安全意识和技能，夯实安全管理基础，形成公司上下重安全、保安全的企业文化；通过加强安全计划管控，实施安全风险预警机制；加强应急体系建设，提高应急管理水平；通过借助安全管理等信息系统来加强各工作环节的安全管理、加强工作过程中安全的监控，达到提高管理水平、实现安全管理“零”事故的目标。

④物资管理“零”浪费。物资成本在企业成本中占有很大的比重，如建筑施工企业项目管理中存在着物资采购价格偏高、采购数量超额、采购期提前过多、库存量大、库存管理丢失等浪费现象；一些建筑施工企业在信息化建设方面投入巨大，但成效不佳，存在着一定程度的浪费现象。这些浪费无一不给建筑施工企业的效益带来了巨大的冲击影响。做好物资管理一个很重要的部分就是要加强管控，减免浪费，借助信息化手段实施物资管理的统一采购、统一调配、统一监督、统一激励，实现物资管理的“零”浪费。

⑤质量管理“零”缺陷。质量是企业的生命，加强质量管理是提高企业生存能力的有效措施。建筑施工企业的质量是关系到国计民生的大事，借助信息技术和自动检测技术，加强施工过程的远程监控，实现设备管理的“零”缺陷；借助信息化手段，在充分发挥监理公司作用的同时，加强工程施工质量的管理，实现工程质量的“零”缺陷。

⑥工期管理“零”拖延。在施工项目中，总会或多或少地碰到一些工期拖延的情况，工期拖延有客观和主观等原因，大多是由于施工图纸变更多、施工方案不恰当、施工计划不周详、建筑资金不到位、地方老百姓不支持、解决问题不及时等引起的，工期拖延会导致后续一系列工作的顺延，往往会造成很大的损失。工期管理应该借助于综合项目管理信息系统软件，加强施工过程中各个环节的管理，确保出现问题及时沟通、及时解决，做到工程进度实时跟踪、实时管控，达到工期管理“零”拖延的目标。

⑦服务管理“零”投诉。建筑施工企业在推广信息系统的同时，通过加强管理，逐步实现安全管理“零事故”、质量管理“零缺陷”、信息管理“零距离”。建筑施工企业与业主之间的矛盾虽然难以避免，但通过与业主建立实时的信息交流机制，许多问题和矛盾可以消除在萌芽当中，实现服务管理“零投诉”。

⑧制度规范“零”虚设。这些年来建筑施工企业各方面管理也越来越规范化，规范化的体现在于名目繁多的、系统化的各种制度的制定。有些建筑施工企业的规章制度不可谓不多，可是执行起来却往往偏差较大，有章不循、以批代管、以言代“法”的现象非常普遍。规范化管理有其名而无其实，许多行为规范、管理制度形同虚设，给企业领导和员工带来了很大的困扰。制度的设定固然重要，但是，更加重要的在于执行，假如不去执行，让制度形同虚设，不仅使制度本身失去了意义，还使制度失去了严肃性，制度规范“零”虚设对企业长远发展意义深远。

上述实现“八零”的目标，各个企业的进展情况不同。有的目标一些企业已经实现，例如，实现了信息管理“零”距离的目标；有的目标可能永远是“向零点无限逼近”的理想值，难以真正实现，例如，物资管理“零”浪费。“八零”的实现难度不同、实现程度不同，如图3-3-3所示。

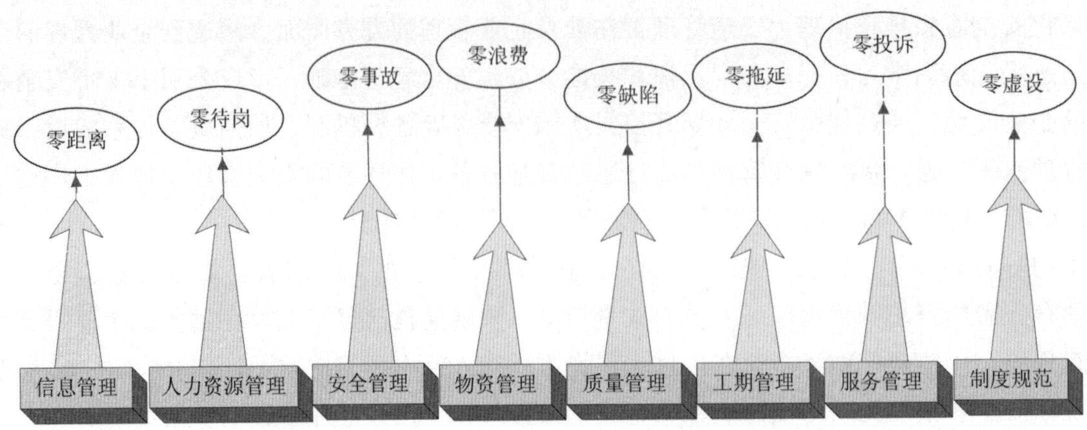

图3-3-3 实现“八零”目标的难度和程度示意图

6）“事先计划、事中控制和事后评价”的项目管理理念

项目就是在人、财、物等一定资源约束条件下完成既定目标的一次性活动。“21世纪的社会，一切都是项目，一切也必将成为项目”，这是美国项目管理认证委员会主席Paul Grace的断言。的确，项目的应用范围越来越广，在建筑施工企业同样如此，广义上讲，许多工作可以纳入项目管理的范畴。

针对建筑施工企业，项目管理理念具有如下特定的含义：

①事先计划：主要是通过计划管理系统来体现的，计划管理主要包括：人力资源需求计划、设备需求计划、物料需求计划、采购计划、成本计划、进度计划等。计划是下一步控制和评价的基础，将计划、控制、评价完全集成到整个项目管理过程。不同的项目其计划编制的内容、计划的目标体系是不同的，计划一旦制定，将上下沟通，保存起来，将来作为事中控制、事后评价的主要依据。

②事中控制：是在项目实施过程中，项目方案实施预控、项目目标实施严控、项目过程实施监控。通过实时对比分析实际值与计划值的偏差，加强过程化管理，以便调整和有效配置人、材、物等资源，实现项目目标、避免浪费、提高效益。

③事后评价：设置安全、质量、成本、进度、资源利用等方面的评价指标，对项目实施事后评价。主要是指在项目结束后，依据原先的计划数据、依据实施过程中的实际数据，对项目进行综合的、全面的考核与评价，评价的结果，将直接与项目人员的收入分配挂钩。

7）分析决策走向智能化的理念

建设覆盖企业全业务的智能决策体系，提高企业各业务条线和企业级的分析和辅助决策支撑能力，重点包含：

①增强战略辅助决策应用，提高企业绩效管理、风险管理、决策支持方面的决策分析能力。

②增强计划业务辅助决策应用，提高企业计划业务的数据分析能力。

③增强项目管理辅助决策应用，提高企业项目管理的数据分析能力。

④增强施工辅助决策应用，实现施工风险管理、施工方案预控模拟和优化、质量缺陷定级

和消缺方案模拟、安全事故预想及外损预警等高级辅助决策分析应用。

⑤增强人力资源决策分析应用，通过数据分析决策系统的建设，支持人力资源发展趋势分析、人力成本规划决策、人员配置分析和用工策略分析，帮助建立与企业战略相匹配的、全面性的、系统性的人力资源战略和规划。

⑥增强财务决策分析应用，提高资产绩效评估、工程和运维的标准成本体系分析、工程收支情况分析、财务风险识别与预警的辅助决策与分析能力。

⑦增强物资决策分析应用，完善物资计划、物资与服务采购合同、库存、质量、销售等分析模型，实现供应链管理全流程的智能决策支持，提升物资集约化管理水平。

3.3.2　建筑施工企业信息化管理的“五大转变”

在建筑施工企业信息化管理方面，这些年来的发展很快，其中的“五大转变”如下：

①信息化观念由重视生产自动化向重视管理信息化转变，表现为由“硬件”到“软件”的转变。硬件是信息系统的躯体，硬件的投入和增加看得见、摸得着，过去的企业领导更喜欢在硬件方面投入。而现在的企业领导逐步认识到，信息系统光有躯体是不够的，必须要有支撑躯体良好工作的大脑和神经系统，即必须要有先进的思想、管理制度、组织体系和软件。这些年来，在“软件”方面的投入越来越大，意味着我国建筑施工企业的领导对信息化的认识更加深化，其结果也必将带来更大辉煌的信息化成效。

②应用架构由分散应用向整合应用转变，即从部门级单项应用到向企业级集团公司涵盖生产、营销、财务、人力资源人事、综合项目管理、设备协同办公等环节的整体应用发展。

③数据管理一方面由分散管理向集中管理转变，形成信息共享、增值的机制；另一方面由关系型二维结构数据管理为主，向综合关系型、空间型、网络型、多媒体等非结构化数据管理发展。

④系统模式由C/S为主的架构向B/S为主的架构转变，适应企业业务处理和经营运作快捷化、实时化的要求。企业信息系统软件从功能型的子系统向流程化的、配置功能很强的集成化平台发展。

⑤企业信息化实施模式由“用户-软件供应商”模式向“用户-信息化咨询/监理商-软件供应商”模式转变，保证企业信息化切实从用户需求出发，控制信息化建设的质量和风险。

3.3.3　建筑施工企业信息化从数据管理走向知识管理

建筑施工企业信息化从数据管理到信息管理，再从信息管理到知识管理，这是一个持续达半个多世纪的漫长过程，至今该过程仍在发展中，可以说是不会终止的。

1）企业从数据管理到知识管理阶段划分

企业信息化既具有连续性又具有阶段性，它是从低到高，逐阶段地往前演变推进的。其中从数据管理到知识管理的发展过程如图3-3-4所示。

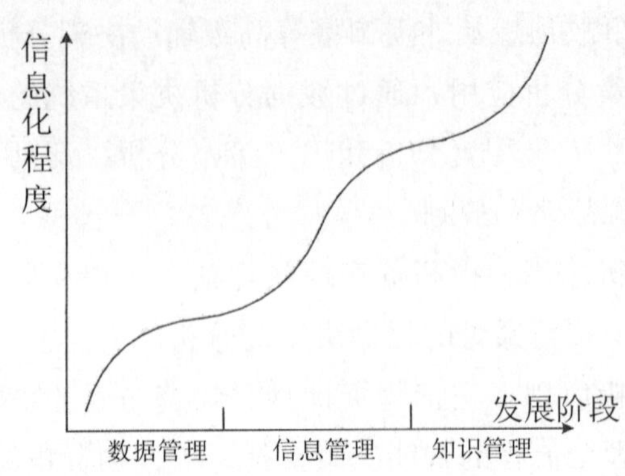

图3-3-4　从数据管理到知识管理发展阶段划分

对企业信息化发展过程的认识，人们往往存在一种误解，以为它是高级阶段逐一取代低级阶段的过程。从数据管理、信息管理、知识管理三者的关系看，并不是简单地由后续阶段顺序取代前行阶段的过程，而是逐步累积发展的过程。具体说明如下：

①后一个阶段是在前一个阶段的基础上发展起来的。

②后一个阶段包括了前一个阶段的全部或部分内容。

③各个阶段可同时并行存在，但其相对重要的地位逐一转让给后一个阶段。

应当看到：在企业信息化过程中，同时存在着数据管理、信息管理、知识管理的内容，如图3-3-5所示，它们各有其重要性，并互有联系，为后续发展的管理阶段服务；但随着企业的发展，它们各自的比重在发生变化，后续发展管理阶段的重要性相对地在提高。

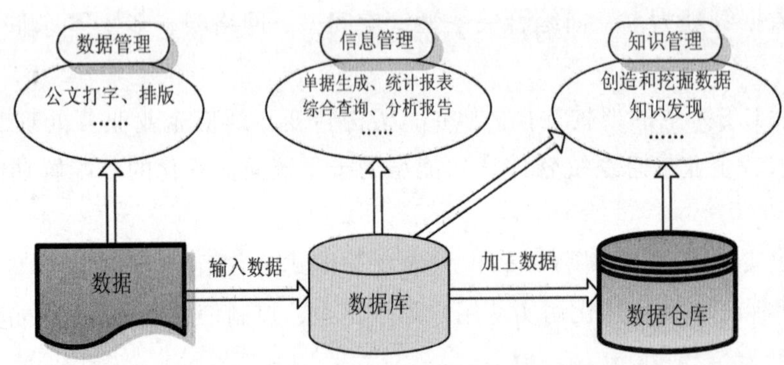

图3-3-5　数据管理、信息管理和知识管理三者关系图

2）知识管理内容

知识管理的内容很丰富，包括知识的获取、传播共享、应用、运营、创新等。其中，要点是解决知识悖论、经营知识资产、实现知识共享、促进知识转换、引导知识创新。

①解决知识悖论。创新研究会产生知识，这种创造知识的成本往往很高，而共享知识的成本往往很低。为激励知识生产者的创新研究，需保护其知识产权以促进知识供给，但为发挥知识的社会效用又需扩大知识传播实现知识共享，这是一个悖论。对知识产权保护过度，会造成

对知识的垄断；片面强调知识共享却会纵容侵权、盗版等行为。在两难选择中，应寻找合适的均衡点，妥善处理好保护知识产权与实现知识共享的矛盾。

②经营知识资产。知识可转化为专利、品牌、商誉等无形资产，它往往比有形资产更有价值，并与其他资产一样需要通过经营来增值。知识还可构成智力资本，它在企业发展中比物质资本或货币资本还有意义，也需要通过运作使它发挥更大的作用。

③实现知识共享。知识对拥有者来说没有竞争性，对使用者来说没有排他性，它的作用伴随着交流和共享程序的提高而提高。在企业知识管理中，必须促进员工个人知识、职能部分知识以及整个组织知识的交流和共享。为实现知识共享，需建立信息关系、改进激励机制、培植企业文化，并把企业变成学习型组织。

知识可按不同标准进行各种分类。奥地利哲学家波兰尼（M.Polany）按知识能否通过编码进行传递这个标准，把知识分为编码型的显性知识和意会型的隐性知识。在这种认知下，知识管理可被视为是一个学习的过程，主要包括如图3-3-6所示的四个阶段。

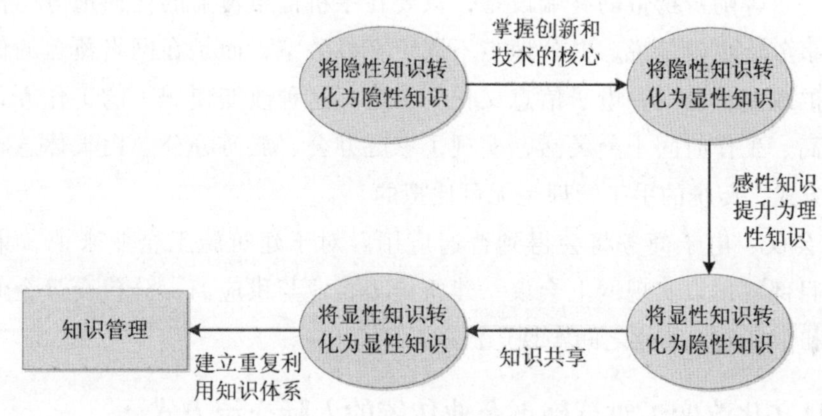

图3-3-6 知识管理的学习过程

第一阶段：将隐性知识转化为隐性知识。这是人类知识传播最古老也是最有效率的模式，信息获取者即使不使用语言的沟通也能从信息携带者那里获得隐性知识，这一学习阶段可以掌握创新和技术的核心。

第二阶段：将隐性知识转化为显性知识。这是一个典型的知识创新阶段，在这一阶段中，人们将自己的经验、直觉和想象等转化为可以用语言表达和描述的内容，这是一个将感性知识提升为理性知识的阶段。

第三阶段：将显性知识转化为隐性知识，这一阶段是知识共享的过程。

第四阶段：将显性知识转化为显性知识。这是一个建立重复利用知识体系的阶段。

从上述内容可以看出：知识管理离不开技术，特别是包括数字技术、网络技术、智能技术在内的信息技术及其智能化的信息系统，但主要依靠的不是技术而是人，首先是人才；知识管理不是目的而是手段，它要为企业提高员工的素质和创新能力服务，为企业增强对环境的适应能力、保持竞争优势、获得可持续发展服务。

3.4 建筑施工行业信息文化发展趋势分析

人类文化的发展经历了过去的三个阶段：即语言的产生和形成、文字的产生和形成、活字印刷的发明，现在逐步进入第四个阶段，即电子信息文化阶段，在这样的大背景下，建筑施工企业文化向电子信息文化发展。

3.4.1 电子信息文化改变了建筑施工企业传统的工作方式

建筑施工企业电子信息文化的到来，冲破了传统的时空限制，改变了传统的工作方式。主要表现在如下几个方面：

①通过协同办公等软件可以实现网上办公或移动办公。借助于无线上网的笔记本电脑、掌上电脑、大屏幕手机等随身携带的终端设备，只要在手机信号覆盖的任何地方、任何时间均可上网办公、处理事务。也就是说，办公地点不固定在办公室，而是在网络覆盖的任何地方，这是一种工作方式的改变，是一种电子信息文化的渗透，这种改变使职工的工作方式更为方便、工作效率极大提高、工作时间十分灵活，实现了家庭办公、旅游办公、白天休息晚上办公等。这种崭新的工作方式，传统的手工管理是无可比拟的。

②远程视频会议、电子商务将会得到普遍应用。对于建筑施工企业来说，集团公司、分（子）公司、项目部等可以实现网上会议；建筑施工企业与供应商、分包商等企业实现基于电子商务的资金流和信息流，彼此之间实现广泛的互动。

3.4.2 电子信息文化改变了建筑施工企业传统的人际交流方式

建筑施工企业电子信息文化的到来，改变了人们传统的人际交流方式，主要表现在：

①企业内员工通过Email、QQ、协同办公管理系统等方式进行交流更加方便，不用考虑对方是否休息、不用考虑对方是否远近。新的交流方式拉近了人与人之间的时空距离，使企业员工更方便协同工作，大大降低了交流成本。

②大屏幕的无线手机将会得到极大的发展，将来会成为人际交流的另一主要方式。利用手机进行多媒体信息交流、利用手机查询信息、利用手机实现自动提醒等多种功能已经得到越来越普遍的应用，更加方便实现移动办公和网上办公。

总之，电子信息文化将彻底改变人们的工作、学习、生活和人际交流的方式，使人们身居家庭，可漫游世界，可网上办公；使人们感觉生活在地球村，没有远近之分、没有昼夜之分；使人们工作效率更加快捷、人际交流更加方便、生活质量更加提高。

参考文献

[1]李存斌著.中国施工企业信息化[M].北京：中国水利水电出版社，2006.

建设篇

第4章 建筑施工企业管理现状及发展方向

建筑工程具有建设周期长、资金投入大、项目地点分散、多专业、多干系方、流动性强的特点，以建筑工程为基础的建筑行业具有项目驱动的特征。与制造业相比较，建筑行业的不同点就在于，建筑行业项目地点分散，建筑产品具有不重复性，因而导致“分散的市场、分散的生产、分散的管理”，每一个项目都存在生产现场的变化、人力资源的不同、气候条件、管理层的变化、政府管制、社会环境、市场环境、业主方等方面的影响。这就大大增加了建筑施工企业运营和管理的难度。

作为建筑行业的主体之一，建筑施工企业存在发展水平不同、管理能力不同、企业环境不同等因素。同样是从事建筑施工的企业，也存在管理模式的不统一；即使是同一个企业内部，也存在不同项目采用不同的项目管理模式，内部多模式并存的现状；而项目部人员在生产活动中体现“走动式管理”的特点，即很少在办公室和办公桌前，基本都在现场进行管理协调和作业。事实上，建筑行业施工企业的管理水平参差不齐，总体上管理水平有待提高。

在我国近30年经济高速发展的过程中，投资从来都是我国经济三驾马车中最有力的一辆。建筑行业作为投资拉动的最大受益者，享受了经济高速增长带来的政策红利，迄今为止，其发展的方式主要以片面增加低成本的人、材、机投入和追求项目数量扩张的粗放式发展为主，近年来建筑行业发展迅猛，产业规模持续扩大，产值屡创历史新高。但是，随着我国经济呈现降速发展的趋势，建筑行业持续健康发展动力显现不足。“十二五”明确提出“以科学发展为主题，以加快转变经济发展方式为主线”的指导思想。可以预见，依靠投资拉动经济增长的方式将不可持续。因此，建筑行业的发展方式面临转型。在这样的背景下，建筑施工企业有必要实现发展方式转型升级。

4.1 建筑施工企业管理现状

为了确定建筑施工企业管理升级重点，有必要把握建筑施工企业管理现状。建筑施工企业需要在一定的经营环境中实现自己的使命，为了更好地实现自己的使命，必须制订一定的战略，强化内部管理，并且随着经营环境的变化，有必要调整自己的战略，并对内部管理进行改进。因此，从经营环境、企业战略和内部管理三方面对建筑施工企业的管理现状进行分析。

4.1.1 经营环境

从建筑施工企业经营的市场环境看，国内市场秩序不规范，建筑市场竞争激烈，建筑施工企业发展粗放、盈利水平低，业主服务模式需求多样化，建筑施工企业对供应商的议价能力偏低。这都对建筑施工企业经营发展带来严峻的挑战。

1）行业市场秩序不规范[8]

我国当前正处于快速发展和建设高峰时期，建筑市场发育尚不完善，体制和机制还未完全理顺，市场秩序较为混乱，企业诚信建设任重道远。建筑市场主体行为不规范，各类市场违规问题仍然存在，虚假招投标、违法发包、围标串标、低价竞标、转包、挂靠等现象普遍存在。压级压价、垫资施工、拖欠工程款、偷工减料等都是市场无序与过度竞争的表现。尽管国家对上述诸多问题都进行了大力地防治，但一个统一的、开放的、体系完备的、竞争有序的建筑市场在我国尚未建立，在短期之内，建筑行业还将处于市场规范程度较低的局面。

这些状况抑制了企业发展壮大和真正竞争实力的提高，造成不能优胜劣汰，制约行业的健康发展。建筑市场法规对市场主体违法行为界定不清、定性不够准、执法效力偏弱，缺乏有效的制约和处罚机制。

2）市场竞争激烈

中国建筑行业的市场竞争非常激烈,市场整体处于过度竞争状态，而局部市场则表现出竞争不足的现象。从工程类型领域看[8]，普通房屋工程、安装、装饰工程，市场集中度低，竞争激烈。对于超高层及公共建筑领域市场集中度适中，竞争相对适度。矿山、机场、港口、能源领域市场集中度高，基本存在垄断情况，竞争度低。铁路、隧道领域市场集中度高，竞争度低，存在部门和寡头垄断情况。公路、桥梁领域市场集中度相对较高，竞争度也偏低。在竞争最激烈的普通房屋工程领域，建筑施工企业数量也最多，由此产生了行业内规模相当、业务类似的企业的同类同质竞争。

建筑行业激烈竞争的主要原因之一在于行业进入壁垒较低。而行业集中度较低的一个重要表现就是生产能力相对过剩和产品的同质化。由于大多数以相似的业务和经营管理模式竞争，为了释放自身生产能力，各建筑企业竞相压价、恶性让利，其结果必然导致行业整体利润率过低，竞争趋于白热化。

3）建筑施工企业发展粗放、盈利水平低

由于建筑施工企业的业绩增长主要源于国家宏观政策和固定资产投资的拉动，发展方式多呈现出依靠人力资源、生产资源的不断投入的规模扩张模式，毛利率较低，盈利能力偏弱。企业发展规模不断扩大，但缺乏综合能力的质变提高。大部分建筑施工企业仍然表现出劳务密集型、科技能力不足、发展粗放的特点。如图4-1-1[5] 所示，2011年全国建筑业企业的产值利润率为3.6%[5]，而同期，同为第二产业的工业产值利润率为7.27%；企业负担重，同年平均负债率67.8%[5]，人均生产效率低，同年人均产值为38.39万元[10]左右。对比工业行业则发现建筑行业仍然处于较低的利润水平。产值高、盈利能力低、运营效率低的“一高两低”，一直是建筑施工企业的普遍问题。

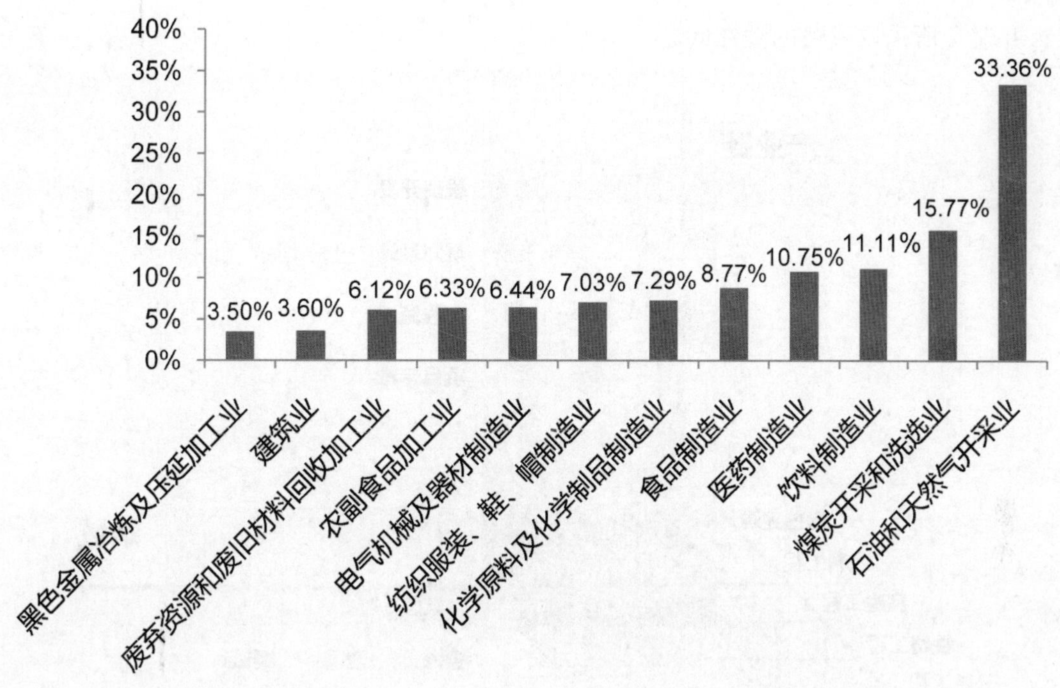

图4-1-1　2011年建筑业产值利润率与同期部分工业子行业的对比

4）业主服务模式需求多样化

固定资产的投资越来越向规模大、结构复杂、技术含量高的趋势发展，对建筑施工企业的承包能力和施工水平提出更高要求。城市及区域的综合体开发、保障房建设、超高层地标建筑等要求承包企业能够有效控制成本和风险。业主在选择承包商时，也会要求具备更多的服务模式能力，如开发建设一体化、BT、DB、工程总承包等，传统建筑施工企业必须面对新的产品需求结构，满足业主新的服务模式要求。

5）建筑施工企业对供应商的议价能力偏低

由于施工企业管理分散，项目或分（子）公司各自为政，采购权下放，造成分公司或项目采购规模较小，银行信贷额度低，采购形成短期行为，没有进行资源有效整合，没有发挥企业规模品牌效应，没有与供应商形成长期战略合作，造成施工企业在谈判上处于弱势方，导致议价能力偏低。若甲方存在拖欠款和施工方垫资施工的情况，施工企业的资金压力自然也会转嫁到供应商企业，这也造成了合作上的诚信危机。

4.1.2　企业战略

企业战略是企业面对激烈变化的经营环境，为取得长期的生存和发展而确定的企业发展方向。企业必须基于战略，充分分析企业和市场环境的关系，确定了企业的经营范围和竞争对策，使企业能充分利用现实中存在的各种机会，从而在竞争中始终处于领先地位。

如图4-1-2所示，施工企业常见的三类基本战略是：做强、做大、做长。尽管每类战略都已有大量成功案例，但也存在各自的问题，而成功的关键因素是：企业结合自身实际，选择适合的路线，并避免所采取战略的潜在问题。

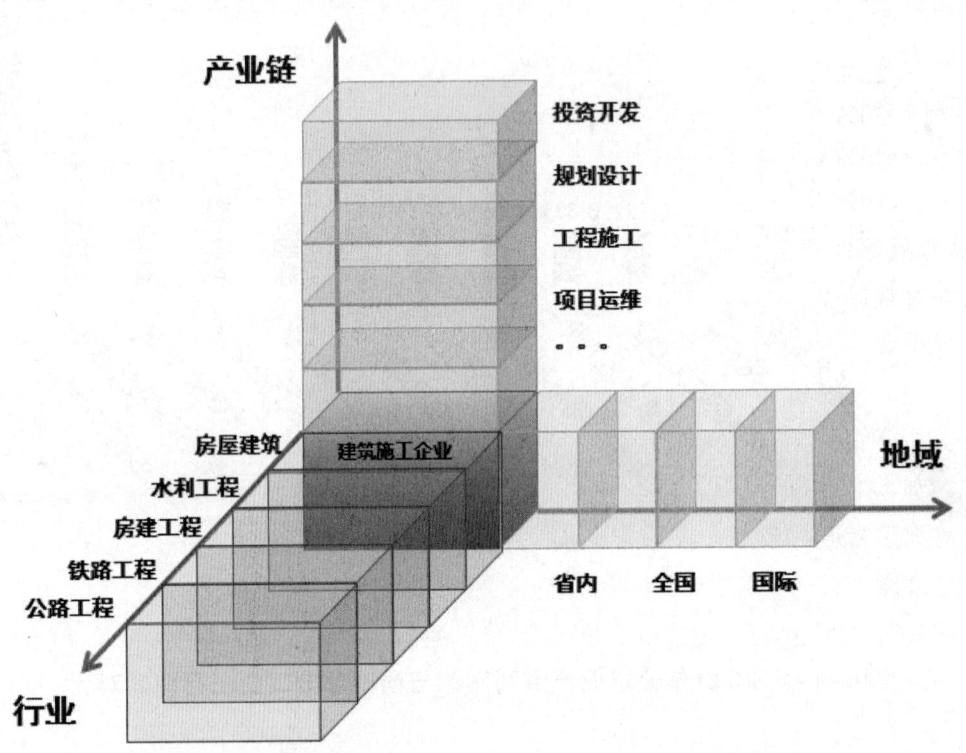

图4-1-2 建筑市场空间与施工企业经营战略指向示意图

1）做强战略：缺失差异化

做强战略是指坚持主业或聚焦某一细分市场，强化企业核心能力。追求的目标不是在较大的市场上占有较小的市场份额，而是在一个或几个市场上有较大的甚至是领先的市场份额。然而，从建筑行业这些年的发展来看，很多施工企业的战略规划近似度很高，主业经营领域类似、竞争格局类似，这样导致行业的过度竞争和差异化的缺失。

我国建筑行业处于迅速发展阶段，市场空间大，行业集中度低。目前国内建筑施工企业大部分从事单一的施工总承包业务，经济活动局限于建筑施工阶段，获利能力较低，缺少建筑行业价值链的延伸。对于工程总承包（EPC）、项目管理总承包（PMC）、设计施工一体化管理（DB）、建造运营交付一体化（BOT）等业务涉足不多，缺少高端市场竞争力。施工企业应专注于主业，优化产业结构，纵向一体化发展，做强企业。

2）做大战略：粗放规模化

做大战略是指通过扩大生产规模增加同一产品的产量，实现单位成本的下降。目前大部分建筑企业还处在通过地域扩张或收购等方式，增加项目数量来实现单位成本的下降。在项目利润率水平越来越低的今天，没有规模，就难以获得保障企业正常发展的利润总额。但是规模扩张像一把“双刃剑”，一旦管控不到位就会产生很大的风险。而且建筑行业具有投资拉动型的特点，一味地依赖资金、物资、劳动力等生产要素的投入，片面追求数量、速度和规模的扩张。这种“外延式、粗放式”的增长方式，企业持续发展能力难以保障。一旦市场萎缩，掩盖的问题都将暴露出来。企业发展规模不断扩大，但缺乏综合能力的质变提高。企业管理能力和自主创新能力等未得到相对快速的提升，对企业发展的贡献率相对较低，企业大而不强，未能从本质上提高企业的核心竞争力。

施工企业在规模发展的时候，更需要将战略聚焦，从粗放管理向精益化、集约化转型，通过内敛式发展，提升管理内功，拓展发展空间。

3）做长战略：缺少专业化

在当前宏观调控和国家经济结构调整的背景下，施工企业的资金压力越来越大，利润越来越低。施工企业为了规避当前的建筑主业亏损风险，盲目跟从市场热点，房地产开发利润高，就纷纷投资房地产，发现其他领域赚钱就纷纷多元化。以为建筑行业薄利或亏损换用其他产业板块来补，多条腿走路，这样对于施工企业来说无论在管理能力上还是资金要求上都提出了更高的要求，风险往往更大。上下游产业链整合或多元化发展，在企业一定阶段是一种优势战略，只是对大多数国内建筑施工企业来讲时机尚未成熟。若将焦点聚焦在外部暴利机会的抓取上是有一定机会主义的，与企业的可持续性无关，与企业的竞争力无关。

企业的发展需要战略，但无论是什么战略，都需要构建企业核心竞争能力来进行战略落地，找出自身在市场上的专业化优势。施工企业需要提升品牌能力、项目管理能力、成本竞争力，融资与财务能力、资源整合能力、科技创新能力。在具备多元化条件时，采用相关多元化，让产业板块间有所衔接，需要从战略上注重主业发展，建立核心能力。最终实现品牌的提升，使企业价值最大化。

4.1.3　内部管理

总体而言，当前建筑施工企业普遍存在经营和管理相对粗放、盈利水平低、可持续健康发展能力不足的问题。

从建筑施工企业管理水平和发展模式来看，较多施工企业依靠生产要素和资源的片面投入，表现为“外延式、粗放式”的发展特点，业务结构不合理、生产效率低、成本管理粗放、盈利能力偏弱。企业规模不断扩大，但缺乏综合能力的质变提高。企业管理能力和创新能力等未得到相对快速的提升，科技对企业发展的贡献率相对较低，未能从本质上提高企业的核心竞争力。行业集中度低，与发达国家发展差距明显。“活难揽”、“事难干”、“钱难赚”，已成为施工企业普遍遇到的问题，建筑行业快速发展的现状与其相对落后的管理水平矛盾日益突出。具体体现在以下几个方面：

1）管控模式方面

目前我国建筑施工企业的管控模式具有如下特点和问题：

（1）企业多种管理模式并存

建筑施工企业经历了计划经济到市场经济的变迁，随着企业规模的扩张，管理的复杂度越来越大，企业的组织也形成了多级架构。管理模式也是五花八门，存在企业中多种模式并存的现象。从承包人的劳动关系看，可分为自营项目和联营挂靠项目。从项目管理层级看，可分为直管项目和承包项目。从经济分配关系看，可以分为责任制和承包制。这种多模式并存给施工企业的管理带来了更大的难度。目前国内建筑施工企业项目管理模式可以归纳为：法人管项目（职能型、项目经理责任制）、承包人管项目(项目经济承包、联合经营)的项目管理模式，如表4-1-1所示。

表4-1-1　建筑施工企业项目管理模式

类型		特征	优势	弊端
法人管项目	职能型	企业对项目的经营、投标、合同、物资、资金、成本、进度、质量安全等进行全面的管理，项目部重在执行	优势是执行力强，便于管控。企业介入项目管理业务程度全面。一般用于直营直管项目。风险可控，有利于建立企业品牌	对企业管理能力要求高，人员管理水平要求高，资源占用大
	责任承包	企业是市场行为的主体，对项目经理部部分授权（责任承包），利益与责任挂钩。对项目进行独立核算与绩效考核。企业与项目部是管理与执行的关系。法人关注目标、过程和结果	优势是执行力强，便于管控，企业直接控制成本，风险较小。易于培养人才、锻炼队伍、积累经验；质量安全技术管理比较到位，利于创造品牌，在既得情况下，企业收益较高	由于管理层级多，管理成本比较高，项目经理的积极性和从企业得到的资源支持，直接影响了项目管理的水平
承包人管项目	经济承包	企业以中标价按百分比抽取管理费、风险抵押金。授权项目经理经营。法人介入项目过程管理有限，更关注结果	优势是有利于培养经营人才。部分管理权下放简化，有利于提高效率；责权利比较清晰透明，易于调动积极性，利润锁定	由于“弱职能强项目”的组织特点，导致公司组织结构过于简单，没有能力对项目进行有效控制和管理。由于效益归属明确，容易产生权利博弈
	联营挂靠	联营合作的项目承包人属于社会自然人，与企业没有劳动关系或者是低资质的社会法人。项目承包人拥有实际经营权，人财物方面由其自行组织，企业与项目部是经济合作关系，主要通过合同进行管理。法人对项目是松散约束，关注结果多于关注过程	优势是经营成本低、开拓市场快、有利于充分利用社会资源达到规模经营。 企业要素投入少，有利于企业精减人员、减轻资金压力	企业不再是市场的主体，对项目部的管理更加弱化。项目部成为独立的施工生产组织机构。不利于企业积累经营关系，项目承包人追求利润最大化，质量安全和品牌信誉难以保证，企业经营风险较高

（2）“重包轻管”现象普遍

从建筑施工企业内部管理现状看，国内很多施工企业多采用项目承包管理模式，可以概括为“项目经理管项目”即项目承包人管项目模式。其中以项目经济承包模式居多。项目获得后，公司收取一定比例的管理费和风险抵押金，然后承包给项目经理。这种模式实现了管理与劳务的分离，企业和项目部的两层分离。有利于提升项目管理人员的积极性，但是却造成了企业内部利益主体和管理主体多元化，而且一些企业习惯于这种管理模式而忽略了企业层面对项目的管理，对企业发展带来一些不利影响：

①项目利润分割，项目利润被内部利益主体分割，降低了企业利润率。就某一个项目而言，上缴到企业层面的往往是利润的一小部分，也就是说，施工形成的利润表现在企业层面的仅是一部分，并非是企业应获的实际利润。企业层面集约经营被弱化，利润收益微少。这种管理体制弱化了公司的法人地位，影响了企业的整体利益。

②造成企业和项目经理之间的责权利失衡，项目经理具有项目实施的很大权力却不承担相应的风险和责任，企业失去了对项目的实际控制权，却承担了项目进度、质量、安全、信贷、成本等可能风险和法律责任。即如果项目出了问题业主找的是企业法人而不是项目经理。

③ 管理和责任主体多元化，使资源几乎全部沉淀、固化在项目部层面，企业层面失去了控制和调配资源的能力，企业的职能无法实现，经营目标分散，企业的经营战略、科技进步、人才培养等目标很难落实。低效率的资源配置，造成各个环节的浪费，加大了企业和项目的交易成本，企业制度和标准难以执行，降低了企业运营和管理效率，影响企业品牌形象，内部信息沟通不畅。

（3）“以包代管”企业“空心化”

施工企业“空心化”，是指以出借企业资质为基础，以承接工程任务而非完成工程任务为手段，以赚取工程建设分包或挂靠利润为目标的经营方式。以包代管的工程建设模式逐渐形成气候，不少施工企业呈现只揽活、不经营的空心状态。可以说挂靠是建筑施工企业空心化的原因之一。企业只看重在分包过程中可能抽取的利润，并且为节约成本，少参与或不参与分包人的现场管理。忽略了企业自身能力建设，而热衷于赚取“快钱”。

在这种模式下，企业不再是市场的主体，对项目部的管理更加弱化。项目部成为独立的施工生产组织机构，完全实现自揽任务、自筹资金、自我发展，实际成为企业中的“企业”。信息屏蔽和不对称，难以进行过程监管，造成项目承包人的道德风险很大。企业不能积累经营关系，进而丧失企业直接经营能力。项目承包人追求利润最大化，容易排斥成本较高的新材料、新设备、新工艺和信息化推广，不利于技术创新提高企业竞争力。承包的一次性，使他们对企业忠诚度较低，承包人追求短期效应，不愿意加强管理方面的投入，质量安全和品牌信誉难以保证，一旦出现事故，企业承受很大损失，不利于企业稳定持续发展。项目承包的封闭化，弱化了企业对项目的管控，难以落实人才培养目标和凝聚高素质人才的参与，不利于人才队伍的培养锻炼。

2）管理体系方面

目前一些建筑施工企业普遍存在各部门间权责不清、各业务口径不统　，企业的集成性管理能力不强、资源不能有效整合，分（子）公司各自为战，很难发挥企业整体作战的效应的现象。项目管理责任无法明确界定，管理机构相互推诿责任。公司与项目部门设置重叠，管理效率低。对管理模式和相关政策的认识和理解不同，现场管理五花八门。本位主义严重，办事从自身利益出发，无大局观念。

以上现象主要原因是企业缺乏制度、流程、标准等管理体系的建立和完善。管理体系的制定与战略目标不统一，不能围绕战略目标制定适合支撑企业发展的管理体系。虽然有管理体系，但是内容上没有有效覆盖企业及下属单位管理的基本面，不太符合业务发展与管理运营的要求，制度和流程僵化没有形成有效的管理体系，制约了企业的快速发展。

有了制度和流程但是执行力不强，没有落地。缺乏有效保障机制、考核机制，没有适合的信息化管理手段等原因，造成体系与管理两张皮，没有有效发挥管理作用。项目执行好坏程度不一，起伏较大。项目执行依赖项目经理个人能力，缺乏完整项目管理体系的落地。企业领导人忙于“近忧”无暇“远虑”，充当指挥员和救火员。企业经营的起落随市场环境变化而变化。

3）生产要素方面

目前我国建筑施工企业的生产要素方面呈现出如下特点：

（1）信息不对称、协同低效

由于建筑行业项目分散的特点，普遍存在信息不畅的问题。企业管理者无法迅速在短时间内了解工程项目情况，获得想要的信息，从而不能及时发现管理过程中存在的问题，就更谈不上解决问题了。再加上信息传递过程中的失误和有意隐瞒真实情况的现象，使管理者要想得到真实的第一手资料更加困难。

在企业内部及企业与项目之间还普遍存在信息不对称问题，项目上报信息不实与企业政令不畅并存。信息在逐级上报过程中滞后和失真，信息收集手段落后，效率低。信息统计分析口径各异，数据之间缺乏必要的钩稽核对关系。例如，经营部门对企业成本数据无法及时准确掌握，对企业成本水平心中无底，导致标前和标后不一致的现象。集团与项目供需信息不对称，导致集团与项目资源配置偏离最优状态。

信息不对称使企业的技术资源、市场资源、材料设备资源很难能够以一种最有效率的方式来配置，以至很难为项目提供充分有效的支持。

非对称信息还可能导致产生“灰色地带”。由于信息不对称而导致不当获利机会的存在。这种信息不对称的现象在极度分散的工程项目管理中大量存在，于是造成大量不该有的经济后果，即企业效率及效益的极大损失。

（2）劳动力资源紧张、成本上升

近两年，随着物价水平的上涨，带动人力成本的整体上涨，使得建安成本也大幅提升。根据国家统计局的数据显示，自2010年以来，建安工程人工费年增长率一直在10%[6]以上。各地最低工资标准的提高，均使劳务成本大幅攀升。再加上国家对农业的政策性支持加强，吸引了农民工回归农业生产，更使本来紧张的农民工资源越加稀缺，劳动力市场供需不平衡加剧。人口红利拐点在逐渐显现。靠廉价劳动力资源盈利已经成为过去。

（3）高素质人员缺乏、人才结构不合理

随着行业的发展，我国建筑施工技术人员队伍整体素质和产业技术水平在逐步提高，但整体而言，建筑施工企业队伍素质仍然偏低，并且结构层次也不尽合理。首先，高等教育以上的以上学历人员不多。其次，建筑企业人员比例结构较为失调，高级工程技术人员、高素质管理人员、项目经理比较缺乏。

建筑行业的劳务密集型的特征比较突出表现在技术人员比例低，据统计，2011年建筑行业的从业人员中技术人员比例为4.6%[10]，仅高于农林牧渔业、居民服务业、批发零售和餐饮业四个行业，排名倒数第五。远远低于发达国家的40%[10]，人才结构不合理，高级人才短缺，为施工企业规模进一步扩大、业务领域进一步扩展带来了较大的压力。

一线的工人技能水平较低，特别是农民工的素质亟待提高，这已成为工程质量上不去的一个主要因素。因为建筑工程的现场施工任务主要由农民工承担，其中相当一部分人是刚刚放下锄头就上了工地的农民，文化程度很低、培训不足。这不仅影响到工程质量，而且容易出现安全事故。

（4）科技投入不足、创新能力有待提高

我国建筑施工企业科技含量普遍较低，普遍缺乏国际先进水平的工艺技术和工程技术。不够重视技术开发和科研成果的应用，自己的专利技术和专有技术较少。依靠专有技术和企业标准领先市场的意识还不强，技术创新机制不够完善。与企业未来转变发展方式、实现可持续发展的要求存在差距。

国内建筑施工企业的科研投入远低于国外优秀建筑企业的投入比重。如下图4-1-3[4]，2007年建筑行业研发投入只占建筑行业国内总产值的1.4%，而发达国家则为2%~3.5%，世界500强企业一般为5%~10%以上，医药、电信、IT等行业甚至达到20%。我国建筑行业在技术研发方面的不足，对行业的长远发展将是一个制约因素，也限制了企业进入全球领域的竞争力。

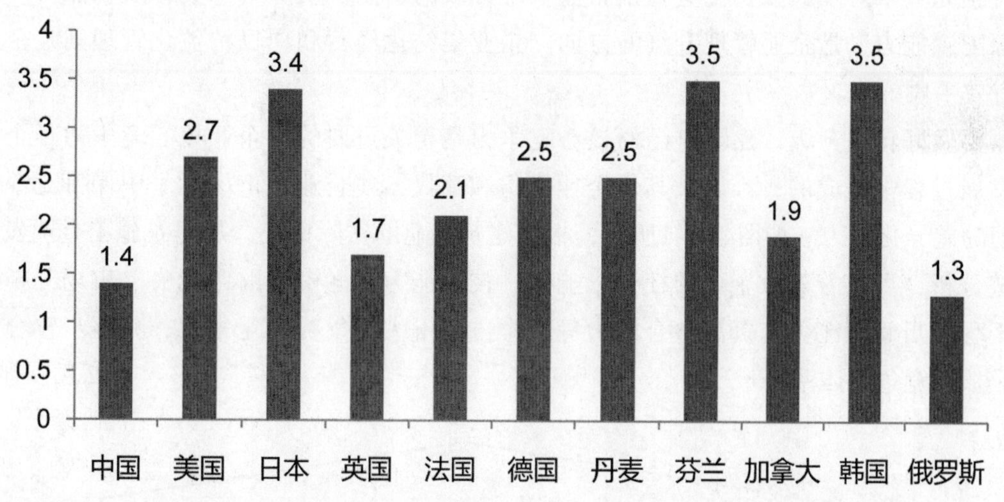

图4-1-3 2007年不同国家建筑行业研发经费支出占GDP比重（R&D支出/GDP（%））

毋庸讳言，上述种种问题，在一定程度上制约了我国建筑施工企业的发展，并造成了许多从业企业的生存困境。能够有效地规避和解决这些问题，体现着企业和行业的自我认知、自我发展能力。企业要提高盈利能力，持续健康发展，还需要在核心能力提升，在管理上创新。

4.2 建筑施工企业管理升级重点

十八大后，我国进一步加快了转变经济发展方式的步伐，加快产业结构调整，强调核心竞争力，走资源节约型、环境友好型的可持续发展之路，从过去单纯追求数量扩张转变为注重发展的质量和效益上来。还要建立公平、规范、透明的市场和体制环境。这些大环境的变化进一步促进了建筑施工企业发展方式的转变。可以说建筑施工企业以粗放经营、靠生产资源投入的外延式发展和以廉价劳动力成本为竞争优势的传统模式将难以为继。

建筑施工企业要持续健康发展，迫切需要围绕主业，聚焦核心价值链，从经营模式、管理方式上转型升级，从依靠关系竞争力向加强企业核心竞争力转变，从追求"资源获取能力"向提高"资源配置能力"转型升级。通过信息化的应用来推动企业管理手段的升级，打造科技型、效益型、集约型、精益型的现代化建筑施工企业。这也是转型升级的本质内涵。尽管不同的企业可以有不同的方式，但都无法脱离这个基本框架。

4.2.1 建筑施工企业管理升级方向

企业管理升级的目的是企业持续健康发展和效益的显著提升。构建企业的核心竞争力，让企业拥有领先竞争对手的独特优势，是企业管理升级的重点。从追求"资源获取能力"转向提高"资源配置能力"是企业管理升级的方向。企业集约化经营和项目精益化管理则是企业管理升级的有效手段。

企业要做好转型升级，建立自己的核心竞争力是至关重要的。企业核心竞争力是企业在长期生存发展过程中形成的，难以被其他企业模仿和替代，使企业在市场竞争中保持竞争优势并取得主动的差异化能力。如图4-2-1所示，根据建筑行业的实际情况，从建筑施工企业发展战略和价值链分析，可以着重从企业的社会影响力、技术能力、融资与财务能力、市场开拓与营销能力、工程项目管理能力和资源整合能力等六个方面下大力气提高竞争力，并逐步整合成建筑施工企业核心竞争力体系。

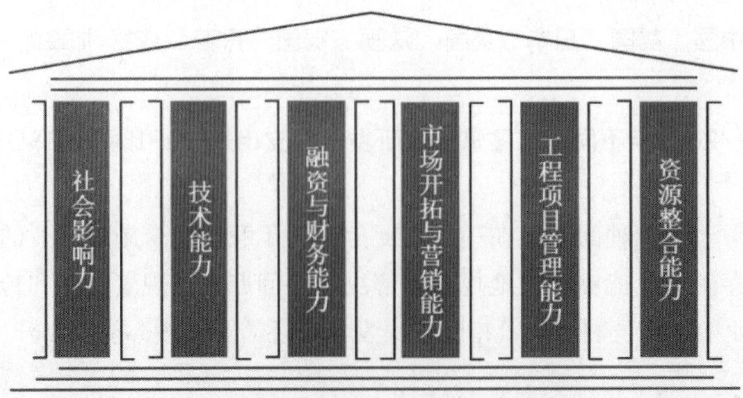

图4-2-1　建筑施工企业核心竞争力模型

企业之间竞争力的差异，源于企业所掌握的竞争所需资源和能力的差异。企业的资源水平与配置能力不仅是企业核心竞争力的直接体现，也是企业持续发展的决定性因素。

企业在本质上是一定资源的集合体，企业竞争力主要取决于相互密切联系的两个方面：一是企业所拥有的资源的数量与质量，二是企业对资源的整合与运用能力即配置能力。在快速发展的市场环境下，建筑施工企业要获得和拥有一定数量和质量的相关资源并非难事，难的是如何有效运用这些资源。换言之，当今建筑施工企业缺乏的不是资源本身，而是资源配置能力。多接项目而不能做好项目，只能增大建筑施工企业的运营风险。企业资源数量再多，质量再好，若缺乏足够的资源运用能力，也不能转化为有效的生产力和企业竞争力。社会资源是有限的，企业资源也是有限的，合理运用资源才能让资源发挥价值最大化，建筑施工企业才能有质量、有效益、可持续的发展。因此，建筑施工企业需要从追求“资源获取能力”向提高“资源配置能力”方向转型升级，如图4-2-2所示。

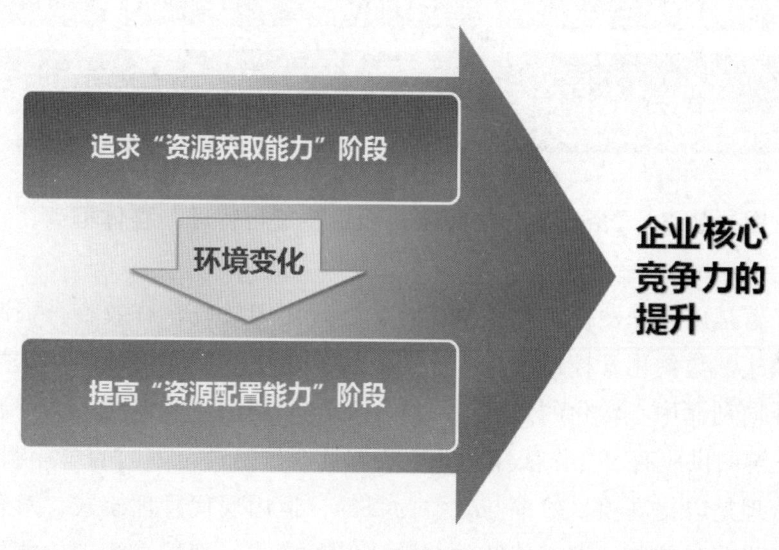

图4-2-2 建筑施工企业管理转型升级的方向

建筑施工企业如何实现资源配置能力的提高？从优化项目管理入手是建筑施工企业实现资源配置能力提高的必然途径。以提高综合效益为目标，结合企业战略发展，统揽全局，在统一、规范、科学的管理体系下，集成地管理项目。建立在企业法人治理结构下的“企业集约化经营”与“项目精益化管理”相结合的管理框架机制，促进资源效用最大化，全面提升工程项目履约能力，切实降低工程项目成本，提高盈利水平，实现建筑施工企业降本增效，转型升级。如图4-2-3[1]所示。

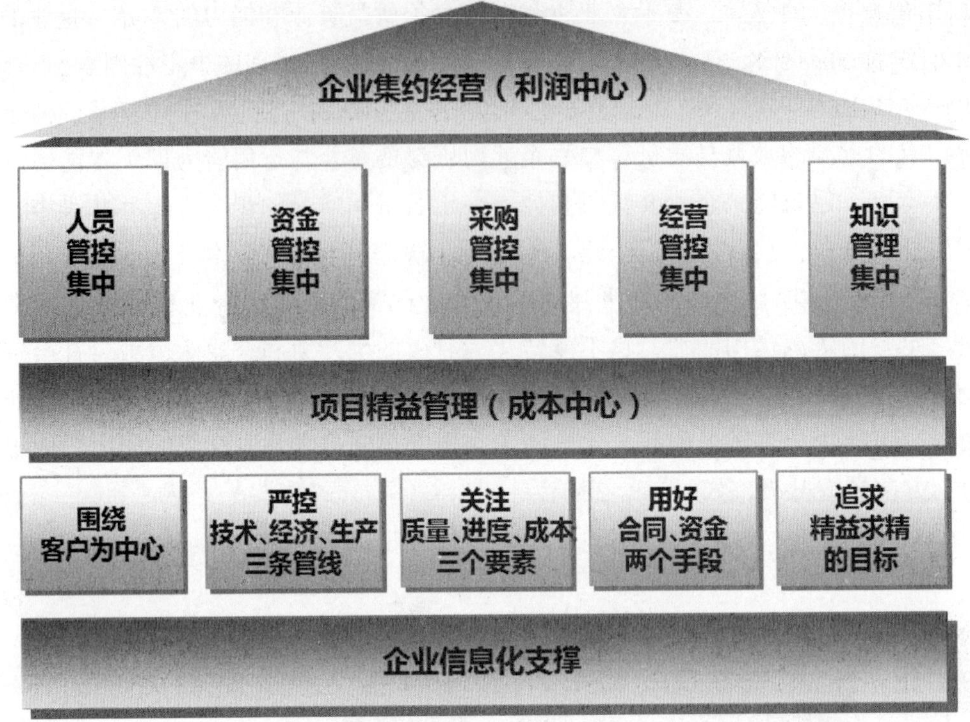

图4-2-3 “企业集约化经营、项目精益化管理”整体框架

企业集约化经营是以充分发挥企业整体优势，体现协同效应，有效整合资源，增强核心竞争力的集团管控模式。集约化管控通过对人、财、物的集中管控和资源的优化配置。实现项目向成本中心、企业向利润中心转化的发展。其中资源统一调配主要包括人力资源、财务资源、供应链资源和上下游的供应商、合作伙伴和业主资源的全价值链范围内的统一调配。

项目精益化管理是以提高项目效率与效益为目的，运用现代管理模式，对管理对象实施精细、准确、快捷的规范与控制。摒弃传统的粗放式管理模式，把提高管理效能作为管理创新的基本目标，用具体、明确的量化标准，取代笼统、模糊的管理要求，改变经验式的管理。以精细化的管理手段结合精益的思想，标准化业务流程，优化生产要素，减少浪费，提高效率，实现项目价值的最大化。

从企业集约化经营和项目精益化管理两者的关系来看，实现项目精益化管理是企业集约化经营的基础，而企业集约化经营又是精益管理的保障。两者相辅相成，相互促进。精益化管理要求管理向下延伸，要精细化的管理施工整个过程。集约化经营要求向上集中，优化资源配置，避免各自为政和各自为战。只有实现项目精益化管理，才能够实现最低成本、最高效率，企业才能够加快发展速度，提高盈利能力，从而有利于建筑施工企业扩大规模。通过集约化管理才能获得规模经济效益，才能够进一步降低成本，提高企业效益，进而促进企业提升精益化的管理水平。

企业集约化经营和项目精益化管理得以实施的前提是实现信息化支撑。只有实现信息化才能让先进的管理手段和方法落地成为可能。信息化基本的特性就是“集成、共享、协同、标准”，利用信息化的有效手段可以克服空间的距离，可以把企业和项目的各种管理要素的状态和信息实时呈现到企业各级管理者面前，实现信息共享，实现上下左右的贯通。通过信息化的过程，规范和固化了流程，标准化了管理，有效实现了企业管理集成化，让企业真正实现企业战略的统一、资源统筹的统一、管理制度和管理规则的统一。

4.2.2 建筑施工企业集约化经营

随着建筑施工企业规模不断扩大，业务领域持续扩展，企业日益形成跨领域、跨区域经营的态势，这直接导致企业资源分散、供应链冗长、组织层级多、管理难度大的问题。企业集约化经营是施工企业管理升级的重点之一，也是提高企业资源配置能力的重要手段。以下我们从集约化的概念与内涵、集约化的内容、集约化的层级、集约化的过程四个方面进行分析与总结。

1）企业集约化经营的概念及内涵

企业集约化经营是指企业以节约高效为原则，通过对资源的集中管理和多项目的统筹配置，优化生产要素，降低成本，减少管理层级，提高企业运行效率；优化业务流程，加强企业管控职能；发挥企业规模优势，降本增效。

传统的集约化概念主要是从效率角度来看的，通过集中资源统一配置以降低成本，提高效率。目前，企业集约化又演化出新的、更丰富的、适合时代背景的内涵，更加强调要形成核心竞争力，获得可持续的发展，如图4-2-4所示。

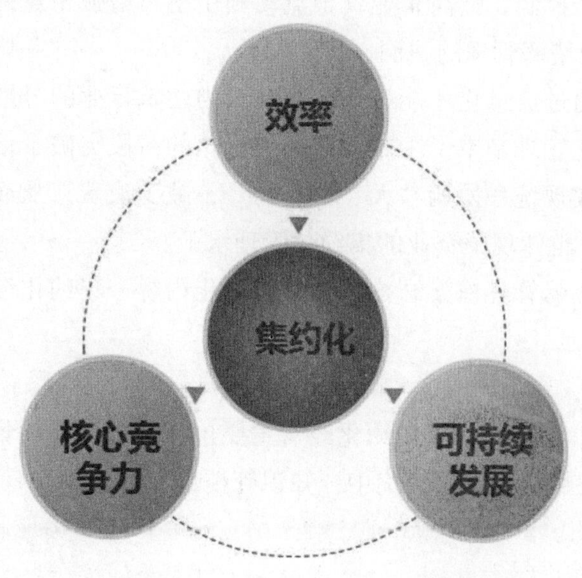

图4-2-4 集约化内涵

效率：强调每个经营单位投入与产出关系，实现以最小成本获得最大投资回报。

核心竞争力：集中优势资源有重点的发展，实现有限资源的最大化利用。聚焦资源，推动核心业务转型升级。扬长避短，实施精优专业化策略。形成难以复制的差异化竞争优势，从而获得更好的回报。

可持续发展：从外部来看，必须与环境协同发展，资源瓶颈、环境挑战都应成为企业战略中前瞻性的考虑因素。从内部看，在保持市场开拓的基础上，兼顾企业整体均衡的发展。追求与资源水平相匹配的规模。实现发展中的数量和质量的统一、效益和资源的统一、核心技术与生产能力的统一、创精品和守底线的统一。在做大做强的过程中，完善自身、建立健康机制与规范的体系。

简而言之，集约化在新的发展背景下是效率、核心竞争力和可持续发展三者的有机结合。有了可持续的发展方向，还要依靠核心竞争力和效率才能达到可持续的结果，目标和手段都要集约化。

对于建筑施工企业的集约经营就是要发挥企业整体优势，体现协同效应，有效降低成本，增强核心竞争力，是实现企业管理转型升级的有效途径。集约化经营通过对企业的资源，特别是人、财、物的集中管控，优化资源配置，解决传统项目承包人管项目的弊端。

通过加强集约化经营能力，可以有效地优化生产要素，降低企业战略成本；减少管理层级，提高企业运行效率；优化业务流程，加强企业管控能力，提升盈利水平。企业通过对多项目实施有效的过程管理控制，在整个企业范围内实现资源的有效配置和整合，有助于实现企业利润的最大化以及企业权利和义务的统一，能有效地保障工程项目的实施进度和质量。企业法人通过对多项目的集中资金控制，提高企业资金流动利用率，增强企业的银行诚信度。通过对人员的集中管理，能有效地堵塞管理的漏洞，预防腐败。

企业集约化经营只有通过信息化才能有效实施。因为建筑行业的分散性、非标准性、工人的流动性，给规范的现代化管理带来了困难。通过信息化的手段突破了传统经营模式中的时间和空间屏障，让企业真正实现统一协调“人、财、物”，减少浪费，从而实现集约化管理。可以说，企业信息化应用水平也体现了企业的集约化管理水平。

建筑施工企业集约化经营管理框架结构主要从集约化内容、集约化层级、集约化过程三个维度来构建，如图4-2-5所示。

2）集约化内容

从内容层面，如图4-2-6所示,企业集约化经营主要包括五个方面的集中：经营管控集中、采购管控集中、资金管控集中、人员管控集中、知识管控集中。

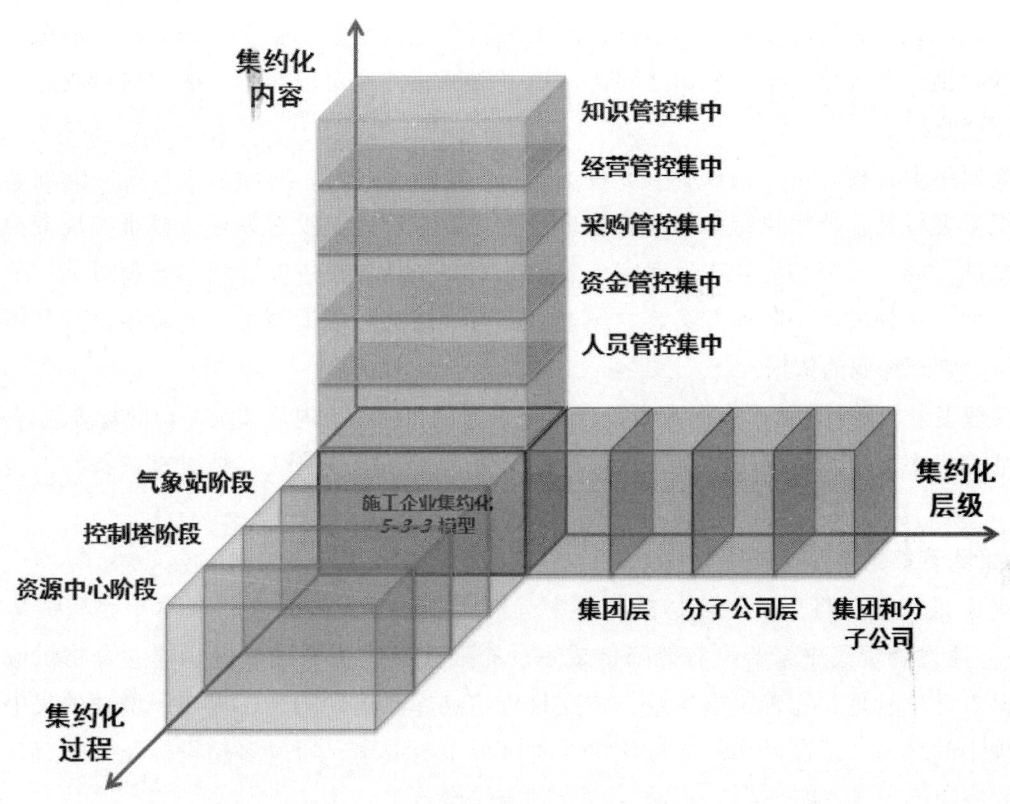

图4-2-5　建筑施工企业集约化经营整体框架

图4-2-6　集约化五集中

（1）经营管控集中

市场资源集中：主要包括客户关系的集中管理，例如业主、政府等重要客户关系由企业市场经营部门统一维护和管理。还有市场商机的集中管理，就是企业基于有利竞争、避免冲突、资源最优的原则，在各分（子）公司之间协调市场资源，并对市场商机获取、项目跟踪、投标过程进行管理监控。

项目策划集中：核心是“先算后干、技术先行、全员参与”，对项目进行统一的前期策划和施工组织方案设计，严格执行内部预算管理及责任成本管理。没有策划，很难实现资源的集中。公司总部指导、监督和配合项目部完成具体策划，包括项目进度计划、管理目标、劳务计划、分包计划、计划成本、各种方案等。通过总部审核最终形成策划书。明确项目的各项指标和预算。作为管理控制的依据。

合约管理集中主要包括统一合同范本、合同统一评审和会签，规范和统一合同管理流程等。

合同结算集中主要包括统一结算流程，规范结算审批和现场确认，结果审核备案，验证合规等。

（2）采购管控集中

物资集中采购就是将项目主要材料的集中采购管理。据统计，项目成本中物资成本占了60%~70%，通过物资集中采购可有效降低成本。企业建立物资管理制度、建立合格供应商名录，统一供方评估管理，完善价格信息，建立材价信息库。建立阳光、提效、增益的集中采购体系，减少中间环节，提高效率。通过比价竞价降低采购成本，通过多轮投标及背靠背评标，提高采购的透明度和规范度。

分包及劳务集中管理就是在有效的分包及劳务管理制度下，实现分包和劳务集中组织招标。由企业建立统一的供方名录，从项目层面到企业层面统一分包管理流程，建立资格审查、现场准入、过程评价与考核体系。建立分包及劳务合同订立及结算付款的流程制度。完善分包模式，杜绝整体转包，减少切块分包，积极推广专业分包、扩大劳务分包模式。全面推行分包商招标选择制度，加强分包商的资质、能力、信誉审查，确保基本履约能力，用市场化的手段，用合约管理分包队伍，逐步杜绝以包代管、以罚代管、以检查代替管理的现象。培育战略型合作伙伴，建设“合格、诚信、风险共担、利益分享、共同发展”的社会化、市场化的专业分包和劳务分包。

设备管理集中是指实现企业的设备资产集中管理、机械设备的运营集中管理、购置审批与信息备案管理和机械设备及周材的集中采购与租赁管理。按照需求计划在多项目之间实现大型机械设备、周材的统一租赁、统一调拨，充分提高设备的利用率，降低租赁成本。

（3）资金管控集中

资金集中管理主要本着“收支两条线，集中管理，以收定支，有偿使用”的原则，由企业法人通过集中的项目资金财务控制，提高企业资金流动利用率，盘活存量资金，降低财务成本，增加企业银行诚信度，促进资金优化配置。

资金集中管理模式下，项目工程款的收入支出集中到企业总部账户。项目资金由企业统一管理，项目财务人员由企业派遣，项目不设立独立账号，即使有账号也只作为备用金使用，工程款的收入支出管理集中到企业财务部门。在资金支付管理上，可以采取层级审核的流程，确保资金支付的安全。在资金回收管理上，一方面企业内部各单位之间可以实现资金借贷，双向计息，以更好敦促企业各单位及时回收工程款，另一方面建立相应激励措施，加强各单位第一责任人资金回收工作的考核，强化催收清欠的意识。

（4）人员管控集中

项目经理及项目部的关键岗位人员的引进、调配、任免、薪酬、考核、奖励等权利统一集中在企业总部。项目经理具有组建项目经理部的人员推荐选择权，但重要岗位的主要人员必须经企业统一安排，对不同类型和要求的项目指定具体的人员配置标准，建立胜任力模型和岗位说明书。企业建立风险分担、奖惩分明的项目绩效考核管理制度。签订统一的项目目标管理责任书。对项目进行整体运营的考核。

实现人力资源集中管理的基础是企业建立有健康的人力资源管理机制、能留住人才的人力资源管理措施、可以应对企业经营需求的人力资源数据库和管理信息系统等。

（5）知识管理集中

知识管理集中是指：数据、信息及知识的集中管理和利用。主要包括标准规范、工艺工法、专利技术、新技术应用、优质工程经验以及企业长期积累的知识库、企业定额库、指标库、材价信息、模板库、企业标准等。通过知识的集中管理解决建筑施工企业战线长、项目分散、项目部水平参差不齐以及推广现代化技术困难的问题。

在企业层面通过知识的集中管理实现各项目之间的知识共享，有利于施工企业生产力和生产效率的提高，实现企业新技术、新标准和新工艺的推广。

建筑施工企业需要将知识管理和知识运营列入发展战略，以知识服务为导向，充分发挥企业集中资源优势，注重科技创新，技术研发。通过知识服务、创新研发，实现学习与科技型企业的转型。

3）集约化层级

企业集约化经营并不等于集权化，目的不是为了收权，而是以达到节约和高效的目的，优化资源配置。集约化有三个层级：第一种是统一集约化到企业总部层级，第二种为集约化到分（子）公司层面，第三种为部分集约化到企业总部层级，部分集约化到分（子）公司层级。如图4-2-7所示。

集约化的程度要根据企业的管理能力和自身的环境而定。如果企业总部层面调配资源的能力不足，盲目集中反而会影响项目正常的生产和管理秩序，造成企业与项目实际生产需求脱节，产生责权利关系在企业和项目部之间的另一种失衡。典型现象："一抓就死，一放就乱"。因此，集约化必须和企业的管理能力和水平相互匹配。

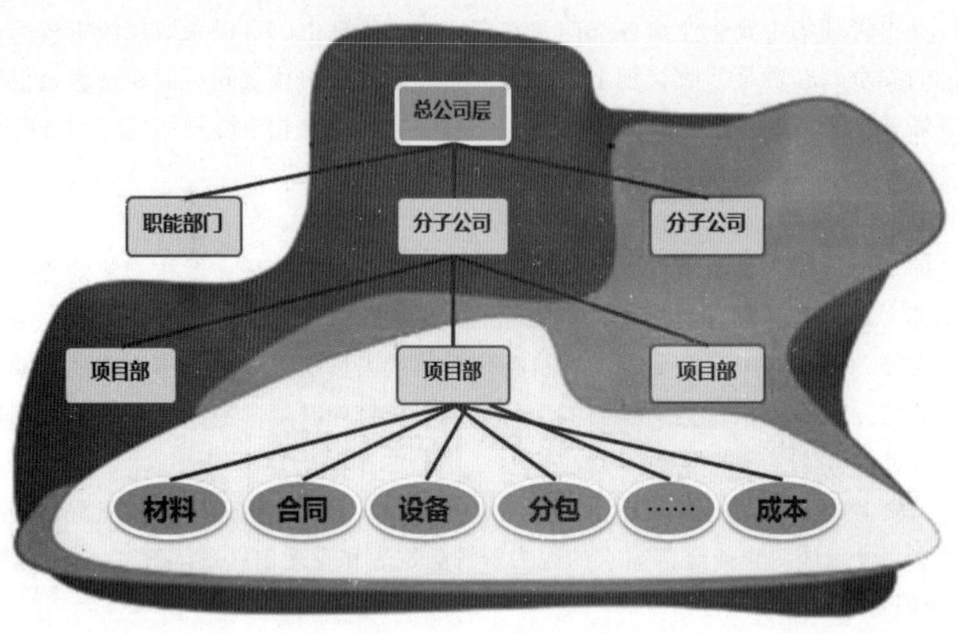

图4-2-7 集约化的层级

4）集约化过程

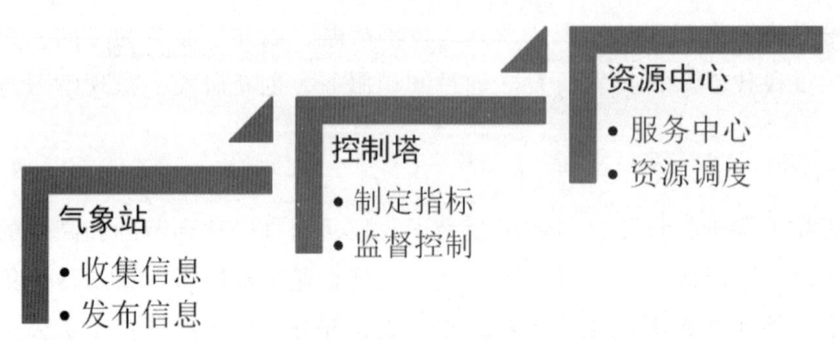

图4-2-8 集约化过程

集约化的过程是分阶段的，不是一蹴而就的。如图4-2-8所示，共分三个阶段：阶段一为“气象站阶段”，它是收集信息、发布信息。阶段二为“控制塔阶段”，它是制定指标、监督控制。阶段三为“资源中心阶段”，它是服务中心、资源调度。我们以建筑施工企业集中采购管理的集约化为例说明如下：

（1）气象站阶段

企业总部为信息共享中心、信息发布中心。掌握企业整体的集采管理及业务操作实情，即采购结果集团备案，为分（子）公司开展集采业务提供及时、准确、全面的参考信息服务。例如:发布材料价格及供应商信息。

（2）控制塔阶段

企业总部为管控中心，通过统一制度、统一标准、统一规范来对采购过程进行监督。通过管控指标发布及执行实情的及时反馈、控制，提升各级采购单位的集采效益。例如：价格指数控制发布、合格供应商及黑名单发布、采购过程规范要求、合同规范模板控制等。

（3）资源中心阶段

企业总部定位为资源调度中心、服务中心。即采购由企业总部统一集中采购。通过对采购业务核心资源及能力控制，如采购人员、供应商资源等，替代各级采购单位分别开展采购业务管理及操作。建立企业统一价格信息库、供应商资源库及评级体系。大宗物资统谈统定。统一供应商投标端口，标准化采购流程。

4.2.3　建筑施工项目精益化管理

建筑行业一直被认为是能耗高、利润低、管理粗放的行业。建筑产业浪费量非常大，而且一直被忽视。常见建筑工程项目浪费如下图4-2-9所示：

图4-2-9　建筑工程项目常见的8种浪费

这些都是工程项目建造增加成本，减少利润的根源。可以说“最危险的浪费就是我们根本没有意识到的浪费”，对于建筑施工企业面临的挑战是要增强意识，并去寻找方法来优化改进整个项目交付过程，减少浪费。

在如火如荼的建筑工程市场中，建筑施工企业做好一个工程不难，难的是每个工程都做好。这需要系统化的采用精益化管理手段，需要精益的思想，需要追求精益求精的意识。

精益的思想源自于制造业的精益生产（Lean Production），起源于日本丰田汽车公司。美国的精益建造协会（LCI）将这种精益思想引入到了建筑行业，并推出了精益建造的理论体系[9]。

项目精益化管理是借鉴了“精益建造”的理论体系和思想，结合我国建筑施工企业的特点和实践的总结。从内涵上讲就是以精细化为手段结合精益思想，追求实现项目精益求精的目标。以下我们将从项目精益管理的概念和内涵、精益化的内容、精益化的层级、精益化的过程四个方面进行阐述。旨在建筑施工企业能有方法有步骤地利用项目精益化管理的手段提高管理水平，促进管理升级。

1) 精益化概念及内涵

项目精益化管理是指：以客户为中心，围绕项目精益求精的目标，通过减少浪费、降低成本、提高质量、优化流程、提高效率和改善资源配置等精细化手段，以达到项目利润最大化和浪费的最小化，提升客户满意度，实现价值最大化。

从项目精益化管理的内涵来说，"精"是精细化，是手段。"益"是聚焦收益，取得效益，是目的。精细化管理手段着眼于管理过程，重在质量，也就是做好每一件事情。而精益化管理在着眼于过程的同时更强调目标，注重结果和成效，使做的每一件事情都对项目及参建各方有价值，而且力求价值最大化。从精细化到精益化，既是一种方法的调整，更是一种理念的提升。是需要建筑施工企业实现从"正确的做事"到"做正确的事"的理念转变。

在项目精益化管理的要求下，建筑施工企业要控制成本，实现效益的提升，这就需要从"价值工程"的角度对整个过程进行检视，围绕目的和目标对过程进一步的优化，消除建造中的浪费，强化精简组织结构，发挥人的主观能动性，杜绝一切消耗资源但不创造价值的活动，不断改善工程项目的质量、成本和进度，以实现项目价值最大化和各方的共赢。这也是倡导精益思想的意义和目的。

项目精益化管理是企业集约化经营的基础。实现项目精益化管理需要以信息化手段为支撑，通过业务流、工作流和控制流三流结合，实现项目管理全过程从标准化、精细化到精益化的升级。

项目精益化管理应抓住"1-3-3-2-7"几个关键环节，即以客户为中心，严控三条管线，关注进度、成本、质量三个核心要素，用好合同、资金管理两个手段，追求精益求精的七个零目标。遵循精益化过程的客观规律，从企业层级和项目部层级实现精益化管理。如图4-2-10所示。

（1）围绕客户为中心

一个中心指以客户为中心最大化兼顾和满足项目相关方包括业主和政府监管部门等外部干系方，以及企业、项目部等内部各方的需求。主要包括三方面：

满足业主需求：满足合同履约要求。通过有效的生产组织和项目管理，使项目在工期要求内，满足质量标准交付。这是业主的主要要求。

满足政府相关方需求：项目按照政府监管部门的要求进行生产和组织，达到质量、安全和环保要求，不出现安全事故和质量问题是政府监管部门的要求和期望。

满足企业需求：首先要实现项目考核目标，取得项目利润，不发生安全、质量等问题是企业关注的主要目标，项目按时顺利交付，达到成本目标、兑现项目奖励是项目经理最关注的目标。其次项目管理过程中受控于公司，在公司的管控体系下执行，满足公司对项目的监督和管理要求。

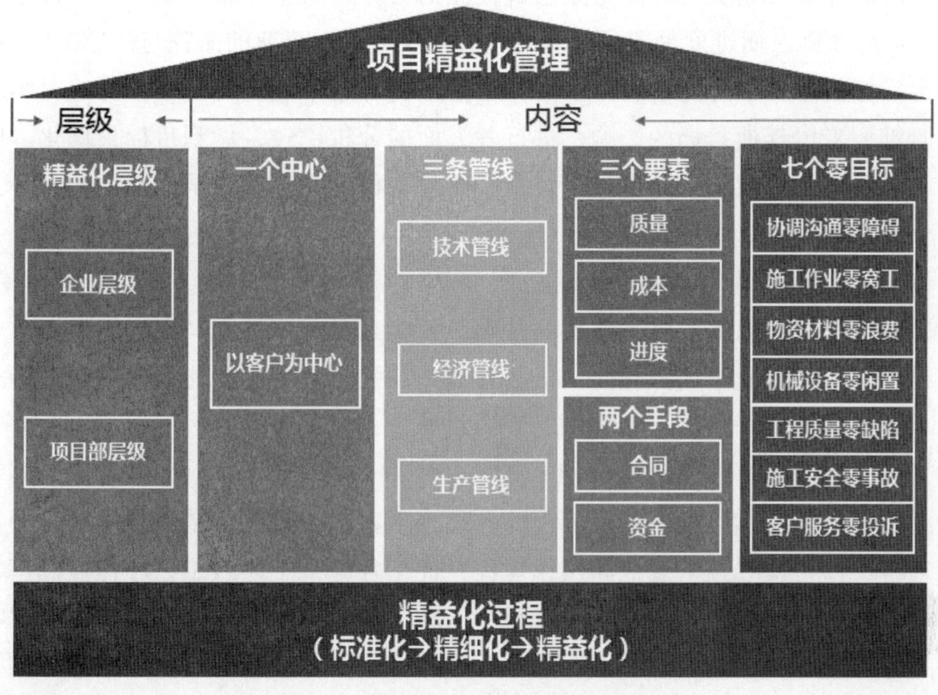

图4-2-10 项目精益化管理整体框架

（2）严控“技术、经济、生产”三条管线

项目管理主要管线可以分为技术、经济、生产三条。项目精益化管理应清楚定义企业和项目部在两条管线上的职能定位、流程和权限，制定相应的管理方法、措施和制度，方能使项目顺畅运行、有效管控。

①技术管线

在企业层面和项目层面，技术管线主要包括以下主要工作：

企业层面：工程策划、工艺技术管理、安全质量管理、科研管理等。

项目层面：编制施工方案、作业指导、计划任务、质量控制、检验与试验、安全监督等。

②经济管线

在企业层面和项目层面，经济管线主要包括以下主要工作；

企业层面：客户关系、招投标、合同管理、分包管理、采购管理等。

项目层面：合同管理、工料分析、工程造价、成本管理、分包结算、材料采购等。

③生产管线

在企业层面和项目层面，生产管线主要包括以下主要工作：

企业层面：施工生产管理、资源保障等。

项目层面：施工现场管理、现场资源调用、生产组织、现场质量安全管理等。

（3）关注质量、进度、成本三个要素

施工生产的目标是质量好、进度快、成本低。而这三者之间既是相互关联、相互制约的，又是统一的，不可分割的。

首先，按时保证质量交付产品是业主最关注的目标，成本是获取利润的关键，是建筑施工企业生存发展的基础，而进度是项目管理的核心主线，影响企业的品牌与信誉。

在确定目标值时，不可能达到三个目标都是最优，也不能使每个目标都绝对满意。在确定每个目标时都要考虑其他目标的影响，进行各方面的分析比较，做到目标最优化。应当注意的是，工程安全可靠性和使用功能目标以及施工质量合格是必须优先予以保证的，并力争在此基础上使整个目标系最优。

（4）用好合同和资金管理两个手段

合同是施工企业与业主、供方关系的基础，资金是最重要的生产要素之一，也是项目相关各方最关切的资源，因此，加强合同、资金管理是加强企业管理职能，对项目进行有效管控的重要手段。

（5）追求七个零极限目标

按照系统论的观点，通过对涉及工程的各种因素实施全过程、精细化的管理，形成一环扣一环的管理链，严格遵守技术规范和操作规程，优化各施工工序、工艺和作业流程，无限趋近于“零”极限目标。即：协调沟通“零障碍”、施工作业“零窝工”、物资材料“零浪费”、机械设备“零闲置”、工程质量“零缺陷”、施工安全“零事故”、客户服务“零投诉”这七个目标。

①协调沟通“零障碍”

通过提升组织运行的效率达到协调沟通“零障碍”，减少“组织管理的浪费”，实现“节约”。主要指：减少互相不配合、不协调的浪费，减少各自为政、造成内耗、扯皮和拖拉的浪费，减少管理讲形式、不解决实际问题的浪费。

② 施工作业“零窝工”

通过计划编制、执行、检查、纠偏的计划管理主线，实现施工生产组织高效化、科学化。让所有人清晰地知道何人（who）、何时（when）、何地(where)、做什么（what）。通过网络计划技术进行进度控制、流水段的科学划分、工期的优化，达到施工作业的“零窝工”。

③物资材料 “零浪费”

物资材料实现“零浪费”的管理重点在清楚预算量、制定计划量、控制领用量、总结消耗量。加强对物资的计划、采购、使用、库存这几个关键环节的管理，保证物资消耗的可控。随着项目精细化管理程度的提高，实现限额领料的控制。尽量减少物资在运输过程中的消耗，并且坚持余料回收，降低消耗水平，降低堆放、仓储的消耗。同时积极推广施工新技术、新工艺的应用，达到物资的节约利用、综合利用。

④机械设备“零闲置”

建立生产资源管理体系，结合项目生产计划，对机械设备等生产资源的租赁计划、进场计划、设备租金计算等进行统一管理，避免设备闲置带来的租金损失、人员浪费。

器具和设备统一采购与调配，大型机械统一由企业总部对外租赁（如塔吊、外挂电梯等），临时设施、周转材、行政办公用品等（如电脑复印机空调等）剩余物资由企业总部统一协调调配、调拨，从而实现生产资源的统一调度和管理，实现“零闲置”。

⑤工程质量“零缺陷”

结合规范标准，企业围绕工程创优目标和质量目标下达项目质量责任书，通过对项目各个质量控制点的监控、检查、质量奖罚等措施以监督项目质量目标的达标。对项目进行不定期的质量检查，落实反馈，及时收集、反馈项目的质量管理信息，使企业层和项目层均能快捷掌握项目的质量动态，及时有效地对质量生产做出符合现场实际情况的工作安排及部署。在保证施工质量合格的前提下，还应当注重与前后工序的协调，本道施工完毕是否能够给下道工序提供方便施工的条件，下道工序是否能够直接在本工序完毕的基础上直接施工，是否需要修整。从而杜绝一切安全和质量隐患，达到工程质量“零缺陷”的目标。

⑥ 施工安全“零事故”

安全管理以预防为主、加强培训、全员参与、持续改进的科学管理思想。建立安全管理体系，及时收集、反馈项目的安全管理信息，使企业层和项目层均能快捷掌握项目的安全动态，及时、准确地对安全生产做出符合现场实际的工作安排及部署。从安全措施上保证安全，从生产环境上保障安全，从人员意识上强化安全，从作业流程上加强安全，从而实现施工安全“零事故”。

⑦客户服务“零投诉”

通过建筑产品的高质量、高品质和服务的及时高效，满足客户需求，提高客户满意度。通过建立实时的服务机制，将问题和矛盾消除在萌芽当中，实现售后服务 “零投诉”。

2）精益化过程

项目管理的精益化是需要过程的，不是一蹴而就。结合项目管理成熟度模型等级划分原理，可将项目精益化过程总结为三个阶段过程，如图4-2-11所示，即标准化阶段、精细化阶段、精益化阶段。

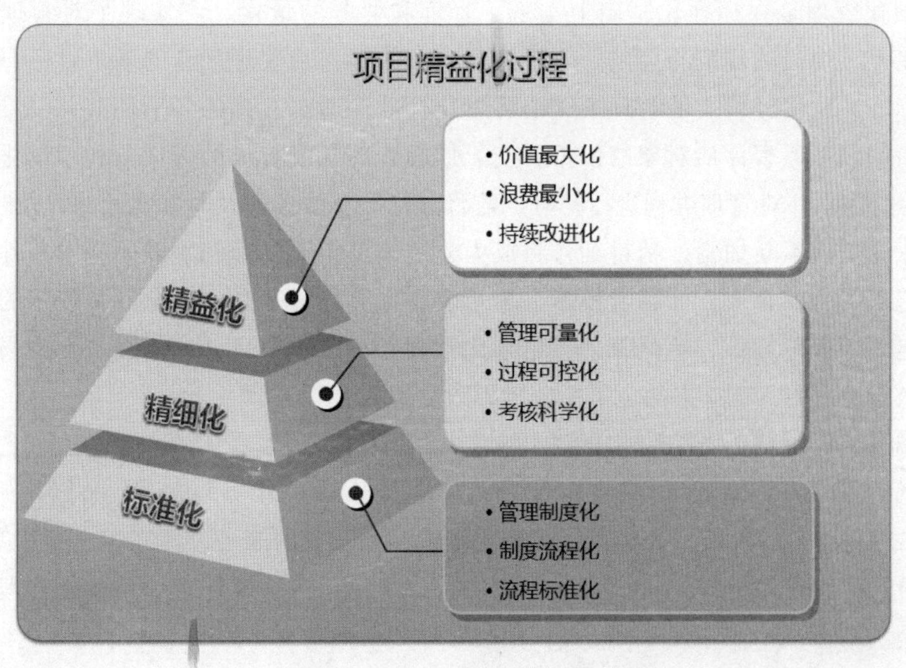

图4-2-11 项目精益化过程

（1）标准化阶段

标准化是指为了在企业生产、经营、管理范围内获得最佳秩序，对实际的或潜在的问题制定统一的和可复用的规则和活动。

标准化阶段的主要特征是：管理制度化、制度流程化、流程标准化。推行项目精益化管理要从标准化做起，标准化是精细化和精益化的基础。该阶段核心工作就是建制度、建流程、建标准。先完成流程固化，再逐步优化。各级组织权责清晰。

建筑施工企业项目管理标准化主要包括工程技术标准、管理标准、工作标准在内的项目管理标准化体系。工程技术标准主要包括有关工程的技术规范、规程、标准等。管理标准主要包括各项管理工作有关的标准、规定、规范。工作标准包括各职能机构及岗位工作流程、标准、岗位描述等。

推动项目标准化管理，需要企业和项目的整体协调管理。随着项目的数量和规模的增加，需要建立统一的、规范的标准体系来优化资源配置，提高工作效率，增强竞争力。建筑施工企业项目管理标准化是规范工程项目组织行为、提高组织效益的重要手段，是把项目管理中的成功经验和最佳实践进行归纳总结，通过制定标准并付诸实施和推广复制，实现从人为管理到制度管理的转化。避免项目管理的成败和水平受项目经理的水平和能力的影响，实现成功项目的管理复制和知识复用，促进施工企业的持续发展。

（2）精细化阶段

精细化管理就是以标准化为前提，以提高效率与效益为目的，通过规则的系统化和细化，运用程序化、标准化和数据化的手段，使各项管理工作都能够精确、高效、协同和持续运行。

精细化阶段可以说是项目管理已经步入较成熟的进程。该阶段的主要特征是：管理可量化、过程可控化、考核科学化。实现了项目全过程的精确定位、合理分工、细化目标、量化考核。

项目精细化管理是在标准化基础上实现了管理和业务的量化，它实现了对管理对象的精细、准确、完整、快捷的规范与控制。它把提高管理效能作为管理创新的基本目标，用具体、明确的量化标准，取代经验式的管理模式。将量化标准渗透到管理的各个环节，以量化的数据作为分析判断问题、考察评估对象的依据，使无形的管理变成有形的管理。利用量化的数据来规范管理者的行为，并对管理进程进行检查、监督、指导、服务，及时发现问题，及时矫正。

随着行业竞争的不断加剧，精耕细作将成为建筑施工企业生存和发展的基本条件，尤其是以从事建筑施工为主的企业，面临着技术人才短缺、作业环境复杂、安全威胁较多的情况，只有通过合理定位、规范运作、量化管理，精细化管理好每一个项目，才能逐步解决当前面临的问题，健康稳定地发展，在未来的竞争中立于不败之地。

（3）精益化阶段

精益化管理就是要求企业以最小资源投入（包括人力、设备、资金、材料、时间和空间），创造出尽可能多的价值，为客户提供高质量产品和及时的服务，提高客户满意度。

精益化阶段的主要特征是：价值最大化、浪费最小化、持续改进化。精益化管理的目的就是在为客户提供满意的产品与服务的同时，把浪费降到最低程度。

项目精益化管理的内容在前面的章节已经有了详细描述，这里不做累述。实施项目精益化管理是一个动态的过程，是需要不断优化改进的。这主要从两个方面来看：第一个是项目管理精益化的深度上，针对某项业务，要随着企业战略、管理水平、技术先进性的变化，而要不断进行调整，也是精益管理的深度不断加强的过程，以满足项目管理的不断深化要求。第二个是项目管理精益化的广度上，随着项目管理核心业务的精益化实施，对于一些辅助性业务也需要进行精益管理，以达到项目管理的整体精益化。

3）精益化层级

项目管理从组织层级上可以分为：企业管项目、项目部管项目两种类型。如图4-2-12[1]所示，对于建筑施工企业的项目管理重点应包括企业和项目部两个组织层级的管理。项目部自身的项目管理需要精益化，企业对项目的管理也需要精益化。

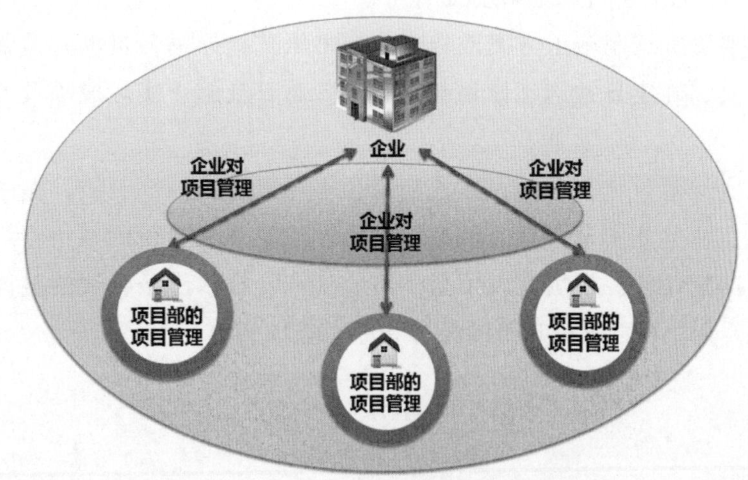

图4-2-12　两个层级的项目管理

（1）企业层级

企业对项目的管理应包含企业对项目监管和企业对项目管理两层含义。

企业对项目监管主要是指设定项目目标，在项目过程中对项目目标和主要管控点进行管理和控制。

要达到企业对项目管理的精益化，仅实现对项目的监管是不够的，企业须加强各职能部门对项目管理能力，参与项目过程管理。首先，企业层面要为项目搭建工程建设后台保障体系，以标准化为基础，优化生产机制，建立完善的项目管理制度、流程、基础信息，在此基础上，按照项目的经济、技术和生产三条管线进行企业职能划分，对口部门对各自负责管线履行全过程管理职能，这包括项目启动时的项目策划、项目责任制和施工组织设计和实施计划的管理控制，项目进行过程中的项目综合生产月报、经济月报和每日情况报告等综合管理。同时，在企业层面上实现对项目的统筹和管理，方能有效地集中资源、减少浪费，保证企业职能在项目上的实现。

在企业层级实施项目精益化管理时，在实施路径上可以本着循序渐进的原则。企业可以先从单个项目的精益化做起，即实现具备试点条件的某个项目部的项目精益管理。然后再向其他项目推广，实现企业部分项目的精益管理，即实现部分项目的企业管项目的精益化和项目部管项目的精益化。最后实现企业所有项目的精益管理。

（2）项目部层级

项目部管项目是建筑施工企业执行层面的管理单元。需要按照与业主的合同要求和企业对项目的管控要求，做好施工全过程的管理。交付相关方均满意的建筑产品。项目部需要从经济、生产和技术三条管线做好职能定位和流程梳理。

经济管线：负责承揽项目，客户关系、合同管理，法律事务管理，工程报量及工程款结算，核算工程成本管理，负责生产要素的采购与组织，项目后勤保障机制建立与管理。

生产管线：负责现场施工生产，执行施工组织及施工工艺要求，合理使用生产要素，保证施工安全及工程质量，按计划完成各项施工任务。

技术管线：主要负责编制施工方案或作业指导书工艺指导书，贯彻并监督施工组织设计及项目实施计划的落实，确定日常施工计划与任务，并对日常施工实际成果及安全生产、质量控制进行监督。

在项目部层级实施精益化管理时，在实施路径上可以先从局部突破，循序渐进。可以围绕项目管理的局部重点业务先实现“点”的精益化。然后实现从项目的某条管线或重点业务管线抓起，实现“线”的精益化。最后实现项目经济、生产、技术三条管线的整体精益化，实现项目“面”的精益化。企业可以根据自身的条件和能力选择实施。

参考文献

[1]广联达软件股份有限公司.建筑施工企业信息化白皮书(2012)[R].北京.

[2]于海澜.企业架构：价值网络时代企业成功的运营模式（2009）[M].北京：东方出版社,2009.

[3]IBM商业价值研究院，由大到强——新集约化管理助力国有企业转型（2011）[Z].北京.

[4]中国建筑业协会.中国建筑行业发展战略与产业政策研究报告（2011）[M].北京：中国建筑工业出版社,2011.

[5]中华人民共和国国家统计局. 中国统计年鉴2012[M].北京：中国统计出版社,2012.

[6]中华人民共和国国家统计局.中国统计年鉴2011 [M].北京：中国统计出版社,2011.

[7]顾勇新,胡建东,徐镭.建筑行业可持续发展思考2010—2013中国建筑企业标杆解析（2011）[M].北京：中国建筑工业出版社,2011.

[8]住建部建筑市场监管司,政策研究中心.中国建筑行业改革与发展研究报告(2011)[M].北京：中国建筑工业出版社,2011.

[9]张何之.中国建筑行业企业实现精益管理之路——推行精益建造管理模式（2012）[Z].上海.

[10]国家统计局固定资产投资统计司.中国建筑业统计年鉴（2011）[M].北京：中国统计出版社,2012.

第5章 建筑施工企业信息化规划方法

企业信息化规划是指基于企业发展目标与经营战略制定的企业信息化建设与发展的整体思路与指导体系。它是企业信息化建设的纲领和指导，是各类信息系统设计和实施的前提和依据。它对企业长远目标和经营战略的实现，具有十分重要的意义，对实现企业建立体系清晰、管控有责、流程有序、执行有效的企业管理目标具有很好的支撑作用。

信息技术代表一种先进的生产力，信息技术的有效应用关系到企业的长远发展，也是使企业在新一轮竞争格局中取胜的关键。企业信息化规划要怎么做才能既满足企业当前的管理需求，又能适应企业未来的发展需要呢？企业在进行信息化建设的时候，往往不能认清信息化规划的实质，容易从“结果”出发，而非从“原因”出发。一旦这样，信息化建设就会出现很多问题，企业不知道自己到底需要什么，也不知道要解决什么，甚至不知道最终要实现什么样的目标，结果只能以失败而告终。

信息化规划不需要是“大而全”，而应是“准而精”；不需要是“热点组合”，而应是“聚焦需求”；不需要是“盲目跟风”，而应是“为我所用”。哪些对提高企业竞争力和管理水平是有用的，哪些的作用是有限的，这既是企业决策者在战略上需要思索的问题，也是在制定企业信息化规划时需要考虑的。

对于建筑施工企业而言，信息化规划要结合自身现状和特点，从企业的战略出发，以业务与需求为基础，聚焦施工企业的核心价值链，找出信息化的支撑点和切入点。同时结合建筑行业信息化实践和对信息技术的发展趋势的掌握，在与企业战略一致的前提下制定信息化规划。明确建筑施工企业的管控目标和经营模式，分析和抽取企业业务架构。确定业务架构的热点组件，规划信息化应用架构、数据架构、技术架构，形成适合建筑施工企业自身的信息化蓝图规划，并选择适用的信息化关键技术支撑。从而达到全面系统的指导企业的信息化建设，全面满足企业业务发展的需要。

5.1 建筑施工企业信息化的方向

建筑施工企业信息化经过十几年的建设，信息化意识及建设水平有了显著提高，缩小了施工企业与其他先进行业的信息化差距。施工企业也切身感受到了信息化的作用和价值。随着全国施工企业特级资质就位信息化考评的阶段里程，建筑施工企业信息化建设进入了“后特级”时代。施工企业经过总结与反思，未来信息化建设需要更加理性务实，局部突破，需要朝着适用、有效、可持续的方向发展，如图5-1-1所示。

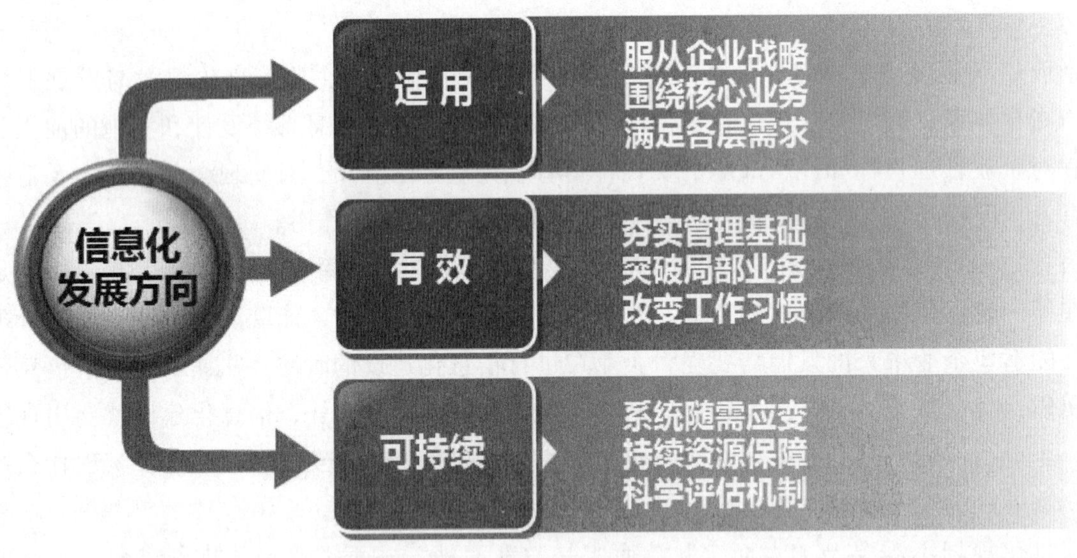

图5-1-1 建筑施工企业信息化方向

5.1.1 建设“适用”的信息化

信息化建设不是形象工程，而是要做适用于本企业的信息化。适用的信息化除了能够满足企业自身需求并解决自身实际问题之外，还能够通过落实企业管理的标准化与规范化，真正服务企业管理运营，推动企业的发展。

首先，适用的信息化是服从企业战略的信息化。要制定与企业战略目标相一致的信息化规划，这样信息化建设才能支撑和推动企业战略目标的实现，确保信息化建设目标的合理。

其次，适用的信息化是围绕核心业务的信息化。企业要紧抓项目管理这一企业核心业务，匹配企业管控模式，理清企业业务流程，通过信息化手段固化流程，满足企业管理需求，确保信息化建设内容适用。

最后，适用的信息化是要满足不同管理层级的业务需求。企业信息化建设需要满足作业层、管理层、决策层等各层的关键需求，在建设过程中不仅要关注公司管理业务流程，制度如何落地的管理信息化，还要考虑作业层人员如何利用信息化工具提高个人工作效率和效能，要关注决策层如何能获得真实准确的数据以支持决策，确保企业每个人都觉得系统有用。

5.1.2　建设“有效”的信息化

信息化建设不仅仅是购买或搭建信息化系统，而是如何让建设的信息化系统用起来，在企业的经营管理中发挥作用，产生价值，给企业带来效益。

首先，建设有效的信息化需要有扎实的信息化基础，从企业自身管理基础上加强管理流程的标准化、规范化，建立信息化建设的保障制度，制定企业内部的信息标准，搭建系统技术架构平台、硬件网络平台，支撑企业信息化有效运行。

其次，有效的信息化要突出体现在能够尽快产生效益的点。信息化建设要理性务实，量力而行，不贪大求全，面面俱到，找出重点局部突破的点，以最小的投入产生最大的效益。从一横一纵两个维度找出“局部”。一横指在各业务领域寻找核心业务领域，如项目管理、采购管理等最能体现价值链中最增值的重点领域。一纵指总公司、分公司、项目部等各组织层级，寻找最容易应用及推广的部门或项目。

5.1.3　建设“可持续”的信息化

随着企业发展、管理变化，信息化也应随需而变，信息化建设不是一个短期行为，要想不断发挥信息化的功效，不仅需要对信息化系统进行持续优化改进，还需要建立信息化持续应用的长效机制。要建设可持续发展的信息化，保障和促进企业管理的持续、健康、稳定发展。

首先，可持续发展的信息化是随需应变的。企业业务模式在转变，管理能力在提升，企业自身在发展，都需要信息化系统随之配套和支撑。信息化系统将长期伴随企业的发展，为不断深化的管理需要提供源源不断的支持。

其次，可持续发展的信息化需要有可持续的配套保障，企业要在信息化组织、制度、资金投入等方面给予充分的保障。设备的可持续更新，包括它的维修维护、系统的不断优化和更新换代。队伍的可持续发展，包括各级员工的培训、专业技术人员的培训和队伍建设。资金投入的可持续发展，包括建立资金的投入机制、投入比例、投入步骤、保障机制等。

最后，可持续发展的信息化是对信息化应用效果的持续评估并改进的过程，在信息化建设过程中不断地总结经验，科学评估信息化所取得的效益，促进信息化建设与企业发展的深度融合。

5.2　建筑施工企业业务架构的梳理

企业处于市场环境之中，外部环境的变化必然对企业内部带来影响。可以说企业经营就是一个管理内外变化的动态过程。企业应对变化是主动还是被动，关键是要有一个良好的总体架构来支撑变革的意图，能够以良性的内部改变应对外部环境的变化。随着企业业务模式的改变和迅猛的发展，传统的竖井和孤岛式信息化建设方法，已不能有效地满足企业今天的信息化环境以及业务持续发展的需要。

企业架构是一种对企业多角度的综合描述，它反映了企业的人、流程、技术的组织和安排。对于企业的不同参与者，企业架构提供了不同的视图来反映企业的状态。企业架构可以帮助企业执行业务战略规划及信息化战略规划。在业务战略方面，利用企业架构的方法论来定义企业愿景（使命）、目标（目的、驱动力）、组织架构、职能及角色。企业架构是承接企业业务战略与信息化战略之间的桥梁，是企业信息化规划的核心。

大多数建筑施工企业在进行信息化建设时往往忽略企业架构这个环节而直接进入了信息化项目的建设，这样就会导致信息孤岛、系统割裂、重复投资等现象的出现。

5.2.1 构建企业架构

信息化系统应构建于业务体系之上，企业架构是进行信息化规划的科学的、系统化的方法。架构是一个很早就出现并被广泛应用的概念。早在古罗马时期，马克·维特鲁威的《建筑十书》就论述了关于建筑架构设计的理论。现今，如果没有架构图就进行建筑物的建设和施工的话，是不可思议的事情。然而，在企业管理方面，这种情况却普遍存在。由于缺乏系统化的企业架构和蓝图，从而导致很多企业运营中的问题。局部的流程改进和系统改造对企业管理的改进也是局部的，它无法在企业内部达到最优和共享的目标，进而导致业务部门之间的割裂或职能重叠。没有企业架构的情况下进行信息化系统设计，容易使信息化系统与业务脱节，容易导致设计者单纯依靠经验设计系统，不能体现业务驱动信息化的原则。

企业架构是一个涵盖业务和信息化的全面的企业蓝图设计方法，可以帮助企业管理者了解企业的构成，发现问题并不断改进。它更是帮助企业高层管理者实现战略目标的重要工具。企业架构由业务架构和信息化架构（即IT架构）两大部分组成，如图5-2-1[2]所示。

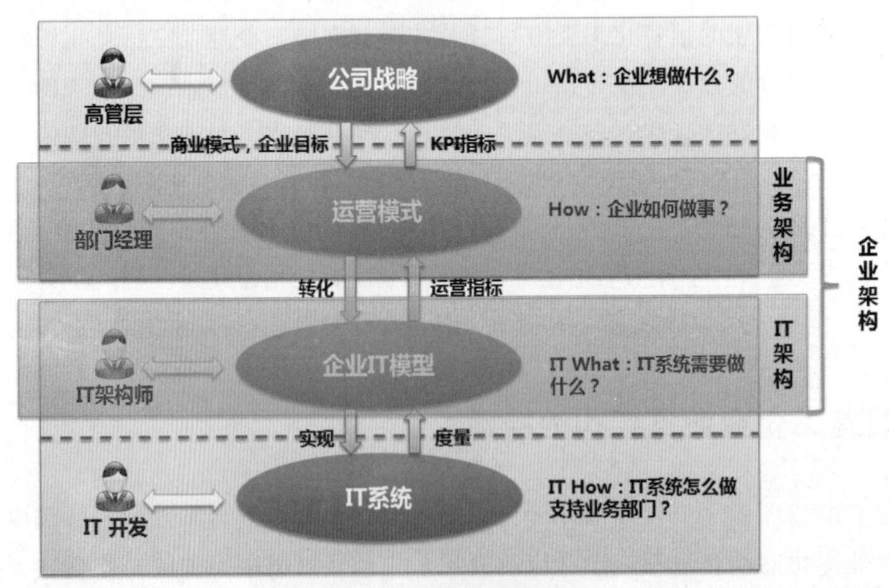

图5-2-1 企业架构组成

业务架构又称为企业运营模式，业务架构定义了企业如何创造价值以及企业内外部的协作关系，描述了企业如何满足客户需求、进行市场竞争、与合作伙伴合作、建立运营体系、考核体系等，是把企业的业务战略转化为日常运作的渠道，明确了企业资源如何部署和分配。业务战略决定业务架构，它包括业务组件、业务流程、组织结构、属地分布、内外部模型等内容。业务架构就像一个基础平台，是企业相对稳定的核心，企业在业务架构上建立的流程和业务功能可以满足市场、客户不断变化的需求，做到差异化竞争，如图5-2-2[2]所示。

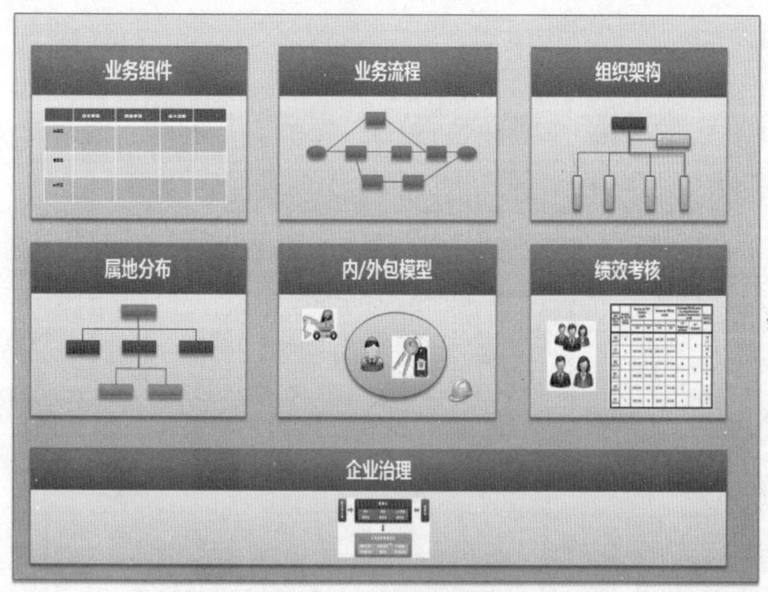

图5-2-2　业务架构内容

信息化架构（IT架构）是指导信息化投资和设计的框架，是建立企业信息化的综合蓝图。信息化架构确定了企业运营模式如何转换为企业信息化模型，是建设信息化的基础。信息化架构包括数据架构、应用架构、技术架构三部分内容。如图5-2-3[2]所示。

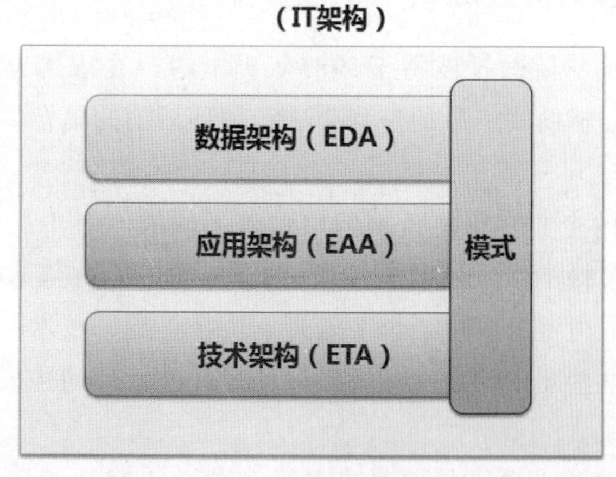

图5-2-3　信息化架构组成

其中，数据架构（EDA）建立了企业数据和信息资源的存储模型。施工企业数据架构应包含企业数据和项目数据两层，企业数据包括企业层管理所需的各类数据库和数据仓库，在项目层则应建立以BIM为载体的项目数据库。企业数据架构能够帮助企业消除信息孤岛，建立一个共享、通用、一致和广泛的企业数据基础平台。

应用架构（EAA）建立了企业的业务架构和数据架构与具体的信息化应用系统之间的关联，定义了企业向业务部门提供的整体的信息化应用系统和功能，如图5-2-4[1]所示。

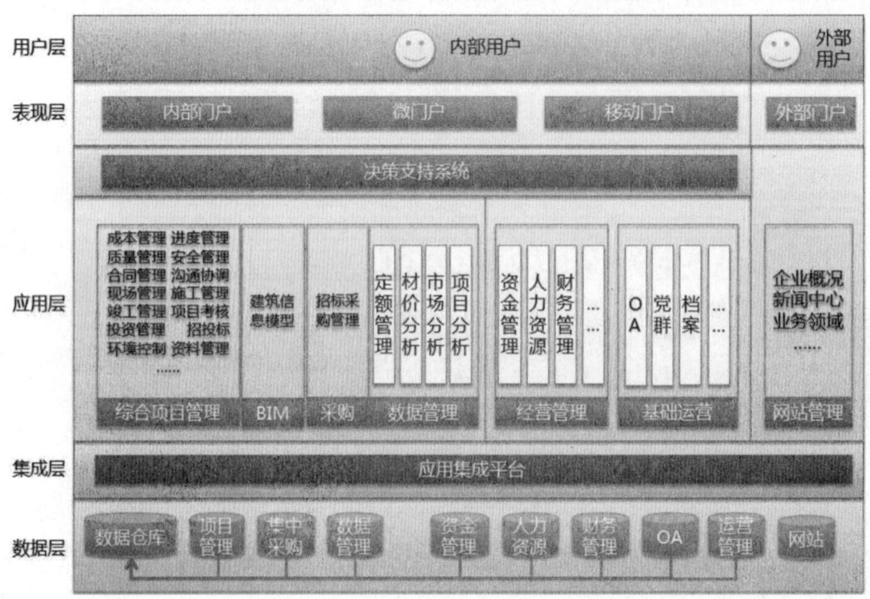

图5-2-4 施工企业信息化应用架构

技术架构（ETA）是信息化架构中比较底层的架构，它定义了如何建立一个信息化系统运行环境来支持数据和应用架构，以保证业务的正常开展。可以说是一个信息化技术平台。

5.2.2 清晰施工企业核心价值链

价值链是哈佛大学商学院教授波特于1985年提出的。波特认为：“每一个企业都是在设计、生产、销售、发送和辅助其产品的过程中进行种种活动的集合体。所有这些活动可以用一个价值链来表明。”

不同的行业、不同的企业其价值链上的活动是不同的。对于一个典型的施工企业来说，其价值链上的核心业务包括了项目从市场经营、采购、施工、竣工交付、保修服务的项目全过程。支持业务则包括了人力资源管理、财务管理、资金管理、技术科研管理、行政管理、品牌文化管理等诸多方面。这些互不相同又相互关联的生产经营活动构成了企业创造价值的过程，即价值链。

企业之间的竞争就是企业价值链条的竞争，价值链之间的差异是获得竞争优势的关键来源。每家企业不同活动的优势决定了企业的竞争优势。无论是“支持性业务活动”还是“核心业务活动”，都是企业管理的重要内容，每一项活动的开展都离不开资源的保障，包括信息化的支撑。其中项目管理作为企业“核心业务活动”的重要组成，毋庸置疑，项目管理业务的成功决定了建筑企业的成败。同样，项目管理信息化是建筑企业信息化的重中之重，是决定建筑企业信息化成败的关键要素。只有核心价值链上的信息化，以及改进核心价值链的支持业务的信息化，才能带来最大的价值。如图5-2-5[1]所示。

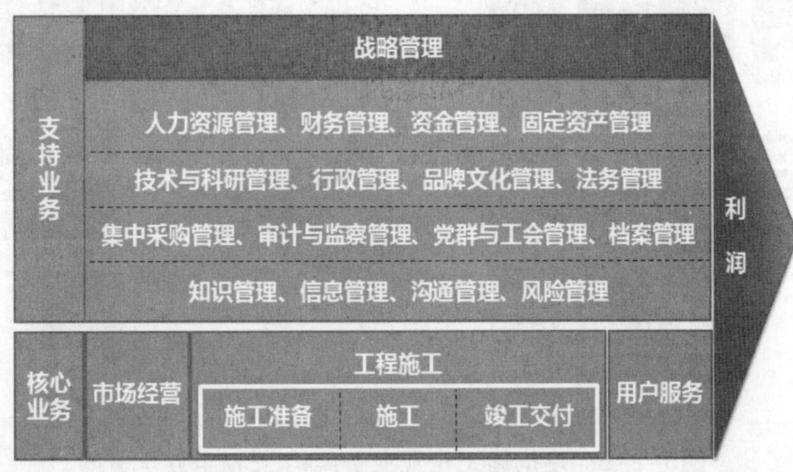

图5-2-5 建筑施工企业价值链

5.2.3 确定施工企业热点组件

企业管理需要灵活和随需而变。通过建立组件化的业务架构，可以用稳定、有限的组件，搭建多样化的企业。从建筑施工企业业务的组件化分析，建立以价值链为横轴，管理层级为纵轴，对每个层级的价值活动进行分析和抽提，形成了建筑施工企业的业务架构，即生产经营和管理活动的全貌。在业务架构图中，根据建筑施工企业管理价值点和关注点，可以分析企业的核心热点组件，确定需要实现信息化的重点。如图5-2-6[1]所示。

5.2.4 根据价值链明确施工企业信息化重点

信息化建设是一个持续投入、持续建设的过程，企业应该根据自身的需要分阶段、有选择地进行信息化建设。选择哪些信息化系统进行重点建设，又是摆在决策者面前的一道难题。

针对这个问题，还是需要回到企业价值链上。价值链上每一项价值活动对企业最终能实现多大价值的影响是不同的，核心价值链上的活动，即核心业务活动的改善对企业创造价值的影响是最大的。此外，影响核心价值链的辅助活动的改善也会对企业创造价值产生影响。因此，信息化蓝图规划的重点应围绕核心业务上的活动，通过管理改进和信息化落地，帮助企业创造更大价值。具体来说，建筑施工信息化蓝图规划的重点应该满足核心价值主张：以项目管理为核心，运营管控为支撑，实现企业集约经营、项目精益管理，提高生产效率，提升管理效益。

管理层次	业务能力：市场经营	工程施工	用户服务	人力资源	财务管理	采购管理	技术科研	基础职能
战略规划	市场经营战略	生产管理规划	客户服务规划	人力资源规划	财务管理规划 财务报告分析	采购管理规划	技术科研规划	业务战略 品牌战略 知识管理规划 风险管理规划 IT规划
管理控制	市场研究 客户关系管理 商机评审 投标决策策划 承包合同签约	项目策划 项目组织管理 项目实施计划 进度计划 进度控制 生产计划统计 质量计划 质量控制 成本计划 成本控制 物资统筹调配 机械统筹调配 劳务统筹调配 危险源管理 安全事故管理 环境因素控制 项目决算 项目考核评价	项目回访 投诉管理	组织管理 绩效管理 薪酬与激励	筹资管理 资金管理 投资管理	价格管理 分供方管理 采购分包策划 采购分包签约	标准体系建设 技术科研计划 技术创新创优 科研管理	全面预算管理 品牌文化管理 法务管理 审计与监察 党群工会管理 知识管理 信息管理 风险管理
操作执行	信息搜集跟踪 项目投标	承包合同履约 支出合同履约 施工现场管理 质量验收 成本核算 物资计划 物资供应管理 物资汇存管理 物资使用管理 物资处置管理 半成品管理 机械计划 机械供应管理 机械使用管理 机械动力配件 机械维修保养 机械安全管理 机械档案管理 分包现场管理 劳动力计划 劳务现场管理 现场安全管理 现场环境管理 竣工验收交付	工程保修服务	人员管理 招聘管理 劳动合同管理 培训职业发展 考勤管理	会计核算 现金管理 固定资产管理	采购实施	施工方案管理 图纸资料管理 测量管理 试验管理 计量器具管理 现场技术管理	行政办公 档案管理 沟通管理

图5-2-6　建筑施工企业业务架构CBM组件全景图

5.3 建筑施工企业信息化应用架构规划

建筑施工企业信息化建设需要整体规划、紧抓施工企业核心业务，结合IT架构方法，科学分析、合理架构，形成可随需应变的灵活的、扩展性强的良好架构，既适应企业当前的管理模式，又能适应企业管理模式的改变和发展。

建筑施工企业信息化规划应有先进的管理理念，充分体现施工企业项目管理的业务和管理特点，适应决策层、管理层、执行操作层的不同需求，实现"随需应变、管理提升、科学决策"的目标。建筑施工企业的信息化，不是单纯管理业务和管理流程的信息化，是需要满足生产作业层的应用需求，需要工具软件的支撑。这样才能让信息化不再是无源之水，无本之木。可以说，建筑施工企业信息化=企业管理信息化+生产过程信息化。

综合建筑行业的业务特点和企业发展需求，建筑施工企业信息化蓝图整体规划为：一个平台、两类支撑、三层应用、一批终端，如图5-3-1[1]所示。

一大平台侧重于系统集成平台，完成各业务系统集成的工作，满足企业"随需应变"和可持续发展问题。

两类支撑是从生产作业层角度来讲，包括"专业工具软件支撑（BIM）"和"数据服务产品支撑（DM①）"，是解决建筑施工企业生产效率提高的问题。

三层应用是指分布和应用于战略决策层、运营管控层、项目管理层三个层面的管理信息系

① DM: 即Data Management的缩写。定义为数据管理及服务。

统，是给施工企业带来管理效益的提升。

一批终端是指基于PC终端、互联网、物联网、移动终端等面向前端或用户的展示层，是解决信息化在施工现场应用落地的问题，让信息化不再是“办公室”的信息化。

图5-3-1 建筑施工企业信息化应用架构规划

5.3.1 一个平台

“一个平台”指技术架构平台，是各应用系统开发、实施、管理、维护所必须的基础平台，也是各信息化系统之间信息共享、集成、整合的应用集成平台。平台提升了信息化的集成性和技术无关性，促进各类业务系统的紧密配合，帮助企业成为高效协作的整体，提高管理和运营的效率。

平台为企业信息系统提供了强大的、可扩展的业务运行环境。基于平台，可以构建施工企业的整体信息系统，使不同类型、不同业务的应用系统能够真正集成在一起，实现高效的协同工作和流程控制，消除信息系统的孤岛现象。从管理的整体性出发，对团队协作、业务处理、流程优化、决策分析、业务重组提供全面的体系化支持，全面提升信息化系统的能力和价值。

技术平台应具备基础管理能力、开发实施能力、灵活部署能力、系统集成能力，从而适应企业管理信息系统专业化、个性化、一体化的要求。

各个信息化系统集成在统一的技术平台基础上，通过数据流、工作流、控制流的有机结合，实现企业与项目之间、职能与职能之间的信息共享、业务互动。

平台要采用业界领先的SOA① 设计理念，按照基于标准化服务的方式建立企业操作系统，提供信息系统开发和整合所必需的基础服务，如统一身份认证、统一权限管理、统一系统审计、统一门户、互信机制、工作流引擎、文件传输、即时通信等。平台提供大量二次开发标准接口和应用实例，为企业建立统一整合、安全可靠、随需而变的信息系统提供基础环境。集成平台的架构如图5-3-2[1] 所示。

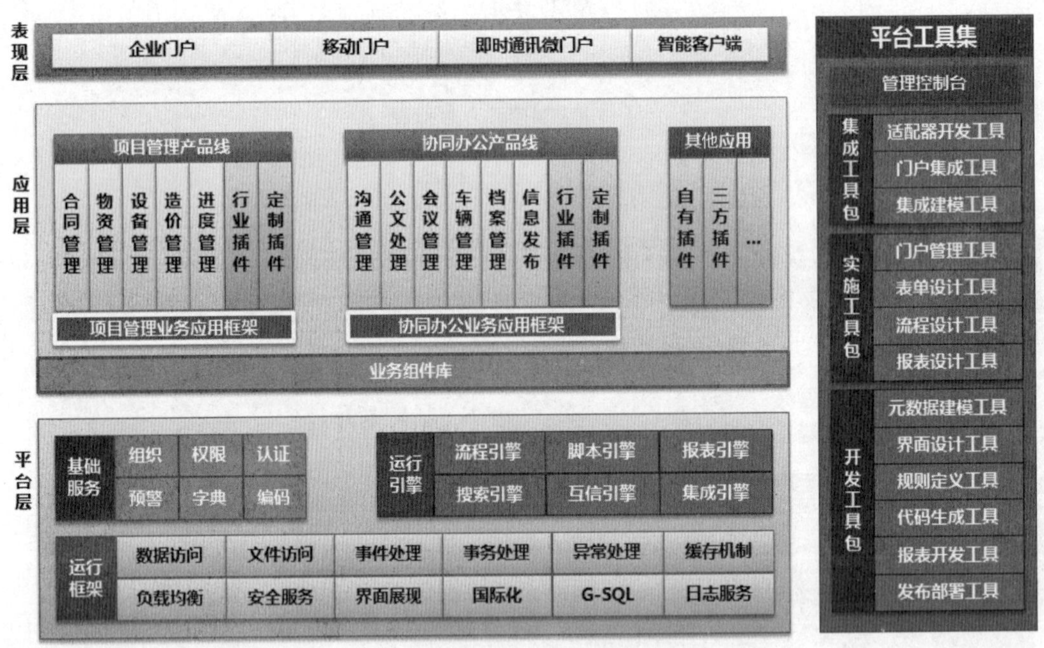

图5-3-2 平台技术架构

1）平台层

平台层为业务系统提供服务和接口。平台将应用系统所共同需要的功能或数据进行归纳抽取，通过API② 或者Web Service③ 方式开放出来，供应用模块调用，既可以避免重复性开发造成的资源浪费，又能够保证不同应用之间业务逻辑的一致性。

平台提供工具集，以满足信息化建设的扩展性、适应性和灵活性。提供平台管理工具，满足企业组织权限管理需求。提供业务开发工具，支持大规模业务应用开发。提供业务实施工具，可快速满足多数个性化配置需求。客户也可以利用开发工具和实施工具进行业务定制，增强具体业务的可维护性。系统集成工具，具备门户集成和简单数据集成能力，实现多系统单点

---

① SOA：面向服务的体系结构（Service-Oriented Architecture，SOA）是一个组件模型，它将应用程序的不同功能单元（称为服务）通过这些服务之间定义良好的接口和契约联系起来。接口是采用中立的方式进行定义的，它应该独立于实现服务的硬件平台、操作系统和编程语言。这使得构建在各种各样的系统中的服务可以使用一种统一和通用的方式进行交互。

② API（Application Programming Interface，应用程序编程接口）是一些预先定义的函数，目的是提供应用程序与开发人员基于某软件或硬件的以访问一组例程的能力，而又无需访问源码，或理解内部工作机制的细节。

③ Web service是一个平台独立的、松耦合的、自包含的、基于可编程的web的应用程序，可使用开放的XML标准来描述、发布、发现、协调和配置这些应用程序，用于开发分布式的互操作的应用程序。

登录和统一门户的效果。基础协同应用，如即时通信、日程、信息发布等可以提供客户协同工作和沟通交流的功能。结合施工企业的业务特点，平台需要支持多种部署模式，包括集中式、分布式、SaaS①模式。针对有海外工程的企业，平台需要提供国际化支持，包括多国语言支持、时区自动处理等。

2）应用层

应用层的各种业务应用以插件的方式整合到平台中，使整个系统具备良好的扩展能力和升级能力。系统建立在统一身份认证和统一授权的基础之上，通过统一的基础服务完成业务处理过程，因此能够在基础数据和处理逻辑上保持一致性和完整性。

平台为各个应用系统提供统一的安全服务，包括用户认证、权限认证、组织机构、用户信息等基础数据维护和统一的3A（认证、授权、审计）管理。

3）表现层

表现层是用户与信息系统的人机交互层，是业务逻辑层的最终展现。表现层包括对企业门户、移动门户、即时通信微门户、智能客户端的应用程序。

平台提供可扩展的门户网站，业务模块只要遵循门户标准，即可接入门户网站，实现业务系统的统一入口。对于C/S②程序，平台提供相应的接入方案，通过即时通信客户端的软件频道为C/S应用提供入口。

平台的网站登录和即时通登录使用的是统一的身份认证服务，因此无论是B/S③应用，还是C/S程序，都可以通过表现层实现单点登录。

5.3.2　两类支撑

当前，各种专业工具软件已经在建筑施工企业广泛应用，这些软件融合了专业数据库、专业模型，利用了计算机强大的计算能力，大大提高了专业人员的工作效率。管理信息系统应充分利用这些专业工具软件的计算结果，实现管理软件与专业工具软件的系统集成和数据融合，方能使信息化系统的数据来源便捷、高效，提高信息化系统应用程度，减轻执行层的工作量，提高工作效率。如图5-3-3[1]所示，主要包括两大类软件：一类是以支撑建筑施工企业技术类工作为主的专业工具类软件产品；第二类是以为企业提供知识、数据和信息的DM数据服务类产品为支撑。二者共同支撑管理信息系统运行，提高企业生产效率，提供管理层基础作业数据。

---

① SaaS：软件即服务，是英文Software-as-a-service的意译。国外称为SaaS，国内通常叫作软件运营服务模式，简称为软营模式。它是一种通过Internet提供软件的模式，厂商将应用软件统一部署在自己的服务器上，客户可以根据自己实际需求，通过互联网向厂商订购所需的应用软件服务，按定购的服务多少和时间长短向厂商支付费用，并通过互联网获得厂商提供的服务。

② C/S：即客户机和服务器结构(Client/Server或客户/服务器模式)。它是软件系统体系结构，通过它可以充分利用两端硬件环境的优势，将任务合理分配到Client端和Server端来实现，降低了系统的通信开销。

③ B/S：B/S结构（Browser/Server，浏览器/服务器模式），是WEB兴起后的一种网络结构模式，WEB浏览器是客户端最主要的应用软件。这种模式统一了客户端，将系统功能实现的核心部分集中到服务器上，简化了系统的开发、维护和使用。客户机上只要安装一个浏览器（Browser），就可通过Web Server 同数据库进行数据交互。

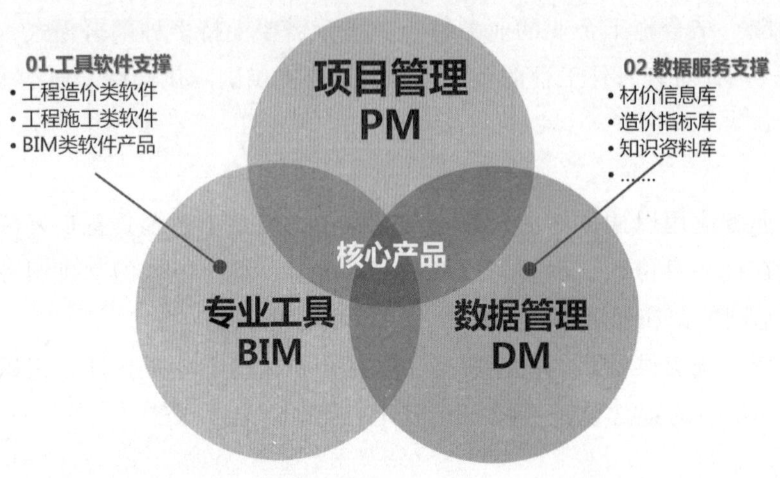

图5-3-3 两类支撑

施工企业的核心业务系统PM[①]与DM和BIM之间构成了相互支撑的三角形。PM是综合项目管理系统，是建筑施工企业的核心业务系统，关注施工过程的管理控制，BIM是项目精益化管理的很好手段，提供了基于建筑信息模型的集成管理环境，DM是企业知识积累和获取数据服务的有效手段，为企业可持续发展奠定基础。BIM和DM二者共同支撑核心业务系统的运行，提高企业生产效率，提供管理信息系统基础作业数据。

（1）专业工具类软件支撑

施工企业的生产作业离不开专业工具软件的支撑。工具软件也是企业在日常生产和管理活动中必备的软件。其不但提高了生产效率，也产生了作业层的基础数据，这对于管理信息系统的有效运行是强有力的支撑。如图5-3-4所示，专业工具软件主要分为三大类：以造价为核心的施工经济类工具软件、以BIM技术为核心的施工技术类软件、以进度计划为核心的生产类软件。

专业工具软件与管理系统的有效集成和对接，对施工企业信息化的应用效果起到至关重要的作用。例如，预算造价类软件形成的预算信息是项目收入、成本计划、成本分析等模块的重要数据来源，预算的专业性和复杂性决定了管理信息化系统与预算工具软件的集成、融合是项目成本管理能否实用的关键。进度计划类软件形成的进度和计划信息是项目收入计划、成本计划、采购计划、资源投入计划、质量计划等其他计划的重要输入，管理信息化系统与进度计划工具软件的集成、融合是项目进度计划有效管理的关键。

随着BIM技术的发展，专业工具软件已经渐渐向BIM技术和平台上迁移，基于BIM的工具软件和产品逐步覆盖了项目全生命周期，BIM技术的可视化、协调性、模拟、优化性和可出图性等特点，提供了施工企业可视化的集成交付和管理手段。

① PM：这里指项目管理信息系统（Project Management Information System）的PM简写。

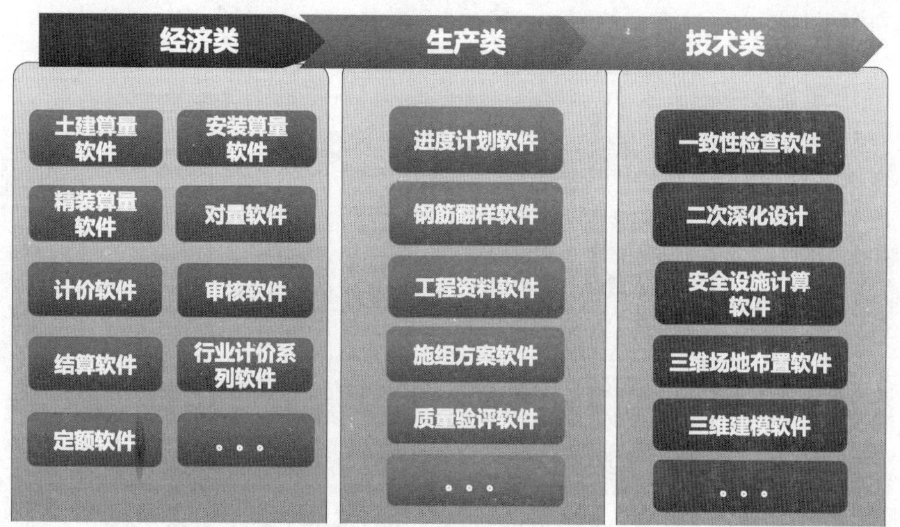

图5-3-4　专业工具类软件

（2）数据服务类软件支撑

施工企业的业务开展过程中产生的大量历史数据因为缺乏标准化，很难得到广泛持续的应用，如材料价格数据、清单综合单价数据、工程指标数据等。同时在业务管理过程中，也需要获取及时有效的数据信息服务，来支撑工作的开展。例如：建设项目的决策信息、单项工程结算信息、清单的组价构成、综合单价、建设项目的人工价格、机械的租赁价格、材料价格、设备价格、工具器具及周转材料的租赁价格、劳务价格等。

数据服务类软件主要包括工程造价指标库、材价信息库、知识资料库等。通过数据服务类软件的应用，及时获得询价服务和材价信息等服务，为采购部门、预算部门、材料部门等部门提供有效的数据支撑。通过多工程造价指标库应用，为施工企业历史数据的指标积累和共享应用提供了手段，为施工企业成本控制与分析决策提供依据。

总体来说，通过数据服务类软件的应用使施工企业更加便捷和有效地进行知识的获取和知识的积累，为施工企业的可持续发展提供了有力支撑。

5.3.3　三层应用

应用层是各信息化系统的有机结合，直接承载了施工企业管理制度、流程的落地，承载“企业集约化经营，项目精益化管理”管理思想的落地。如图5-3-5[1] 所示，分别从战略决策层、运营管控层、项目管理层三个层面对企业信息管理系统进行分层和分布。施工企业也可根据自身的管理模式和特点，进行相应地调整，以适应核心业务管理的需要。

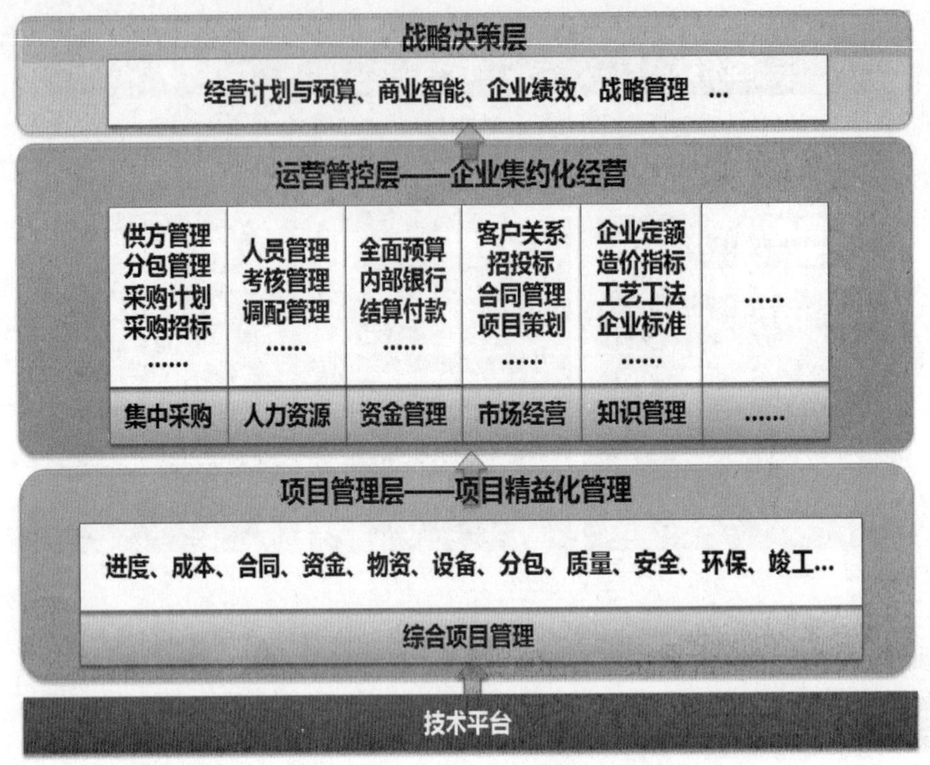

图5-3-5　三层应用

1）战略决策层

战略决策层主要包括经营计划与预算管理、商业智能、战略管理、组织绩效管理等系统。制定战略目标并进行分解，按照经营计划与预算管理下达经营指标。通过商业智能抽取各个业务系统数据，建立战略分析、经营分析、项目分析、财务分析、企业KPI、竞争力分析等分析主题，分析战略层面、运营层面、项目层面的数据，应用数据挖掘、钻取、追溯等技术手段，并通过友好的图形、报表将分析结果展现给管理决策层，以支持科学决策与组织绩效的管理，实现战略目标。

2）运营管控层

运营管控层为建筑施工企业的核心业务支持层，按照管理职能分工，从经营、采购、人员、资金、知识等方面对项目进行过程及对口管控。它是体现企业集约经营内容的主要业务层，支撑企业核心业务有序、可控、健康的发展。主要包括如下信息系统:

（1）OA办公系统

OA系统是施工企业的协同工作、信息交流和沟通协调的平台。协同办公系统从信息传递、流程执行、知识积累三点出发，实现企业和组织内的协同办公，从而提高工作效率，驱动企业和组织按流程和制度规范工作和行为，提高企业行政执行力，支持战略目标落地。

协同办公系统是一个全员使用的基础管理信息系统，也是业务管理信息化的基础。主要内容包括即时通信系统、文档处理系统、信息发布系统、行政管理系统、工作管理系统五个子系统，每个子系统又由若干应用模块组成。

（2）市场经营管理系统

企业利润的前提是投标并成功签约项目。通过经营管理系统的应用，对市场商机、项目跟踪、投标过程、客户关系和竞争分析进行综合管理，用户能够对业主、合作方以及竞争对手动态进行信息维护，能够进行项目备案跟踪以及跟踪信息维护更新，对投标进行综合分析并进行决策评审，对投标过程进行动态跟踪管理，支持对标书资料库的调用和标书文件的评审，合同策略制定以及标后总结等，建立公司的市场营销库，为以后类似项目的投标工作提供参考。

(3)招标采购系统

为了充分利用市场和社会资源，引进竞争机制，降低建设成本，保证采购产品的质量，施工企业在项目管理过程中正在逐步加强对工程分包、劳务分包和材料及设备的集中采购管理。这是企业供应链管理中的重要环节。通过集中采购模式，搭建网络采购平台系统，适应各种采购招标组织管理模式，实现公告、资审、发标、答疑及回标、开标、澄清及评标等采购活动的全程网络化、规范化和专业化操作。结合企业的管控模式，实现灵活的各级组织监控及统计权限配置、供应商资源及价格信息分级管理。从而充分发挥集团企业的集约化优势，构建强有力的集约化、精益化的集中采购体系，持续提升盈利水平。如图5-3-6[1] 所示。

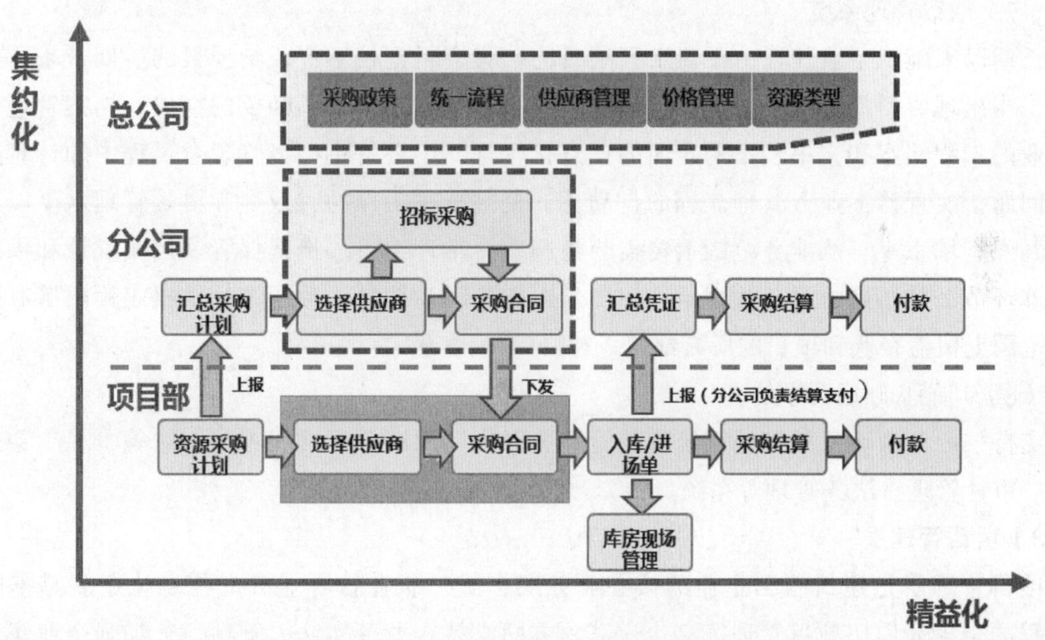

图5-3-6　采购管理系统流程示意

(4）预算与资金管理系统

按照“收支两条线，以收定支”的基本原则，采用以项目全面预算为资金管理控制基准，以月度资金计划为控制手段，以项目的实际支付为控制单位，采用资金集中管控制度为主、信息化管理系统为辅的手段，实现集团内资金业务的集中管理。

通过预算与资金管理系统的建立，建立项目的全面预算管理、滚动预算、月度资金计划、结算控制、实际支付控制、成本核算一条龙的资金控制体系，有效地控制项目资金的使用。

（5）财务管理系统

实现企业财务数据的集中，保障企业统一的财务内控体系、会计制度、核算流程、基础档案，实现对下属单位财务数据和信息的实时监控，支持企业财务基本核算、固定资产、存货、应收、应付成本、资金等业务的管理。建立统一的报表管理平台，实现实时、准确、灵活的数据统计。通过构建基于指标体系的报表、统计分析、数据发布等综合信息统计平台，实现报表体系内任意期间、多级单位、多类型的数据统计、查询分析。在系统构建时需要考虑的关键问题是财务系统与其他业务系统的接口问题，尤其是要考虑与成本管理的接口问题。

（6）人力资源管理系统

以人为本是企业可持续发展的原动力，选人、用人、育人、发挥人的积极性至关重要。企业需要掌握人员动态情况，为项目经营管理提供人力支持，以保障生产运营的正常进行。人力资源管理系统的基本功能模块包括招聘管理、人员管理、培训管理、薪酬管理、绩效管理等模块。建立全集团人员基本信息库，为人才规划、配置服务。建立绩效考核体系，尤其是法人管项目模式，更是强化企业对人员管理的统筹。通过信息化提高企业人力资源管理效率，规范人力资源管理流程。

（7）档案管理系统

长期以来施工企业往往由于对工程项目的档案资料把控不严，给项目的后期带来了相关的风险，当出现资料缺乏情况时，又无法追溯源头，造成了很多不必要的损失。档案管理系统是对企业的工程档案和文书档案的全面的信息化管理，主要解决档案管理全过程中的计算机辅助应用问题，实现档案业务管理流程的自动化，提高档案工作的时效性和科学管理水平以及档案资源开发利用水平。从业务范围上覆盖收集归档、整理编目、档案保管、档案统计和借阅利用等全部环节，从用途上涵盖数据录入、归卷组卷、案卷调整、数据统计、报表输出等方面，从应用范围上覆盖企业和项目的所有部门。

（8）其他基础运营系统

支持核心业务运营的其他系统科技管理（科研、课题、标准、工艺工法等）、工会及党务管理、审计管理、法务管理等系统。

3）项目管理层

项目管理层是建筑施工企业的核心业务层，施工企业核心业务的信息化主要是基于作业全过程的全生命周期项目管理信息化。其一方面支持企业落实法人管项目，加强企业集约化管控能力，优化企业流程，提升企业经营效益。同时为最佳管理模式的快速复制提供一个运转平台，帮助企业整合资源、快速发展、提升核心竞争力。另一方面实现项目的精益化管理，规范项目管理流程，使项目各职能管理部门的各业务环节职责更清晰，衔接更顺畅，流程更透明，工作更高效。

综合项目管理系统是以成本为核心，计划为基准，覆盖作业全过程的项目全生命周期信息化管理。通过用好两个管控手段，即加强合同和资金管理，打通三条管线即实现技术管理、经济管理、施工生产管理三条管线职能的精益化和信息化，实现进度、成本、质量、安全、环保等管理目标达成，保障项目的有序进行和顺利交付，保障项目整体目标的有效实现，促进项目降本增效、风险可控、持续提高。

如图5-3-7[1]所示，综合项目管理系统从内容上常见以下功能模块，可供施工企业参考，主要包括：投标管理、项目策划、合同管理、物资管理、机械设备管理、成本管理、生产与工期管理、资金管理、分包管理、技术管理、质量管理、HSE管理、风险管理、竣工管理等模块。综合项目管理系统构架了一个全过程、跨地域、跨层级、跨部门的项目管控平台，标准化了业务流程、规范化了过程管理，为企业战略决策和经营管控提供了有效支撑。

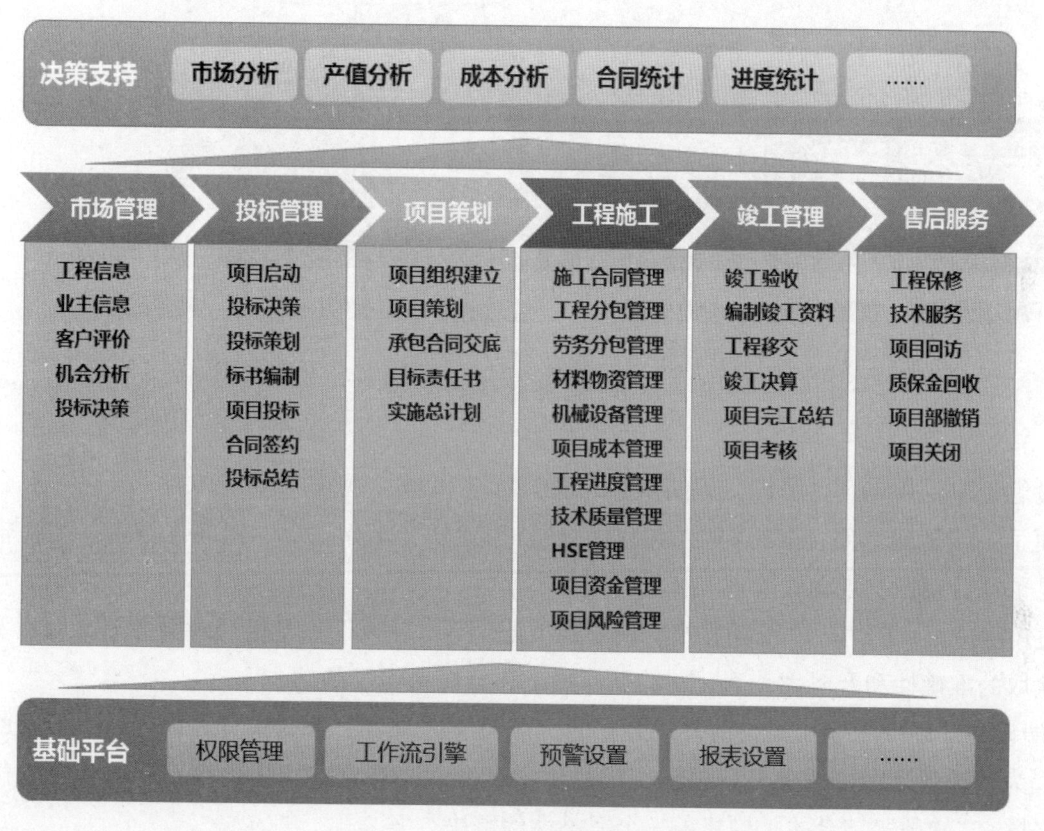

图5-3-7 综合项目管理系统框架

5.3.4 一批终端

建筑施工企业要实现全面的信息化建设，必须关注施工现场的应用问题，切实解决现场人员与IT系统的信息交互问题，才能保障数据来源及时、准确。解决好信息化最后“几十米”的问题。如图5-3-8[1]所示。

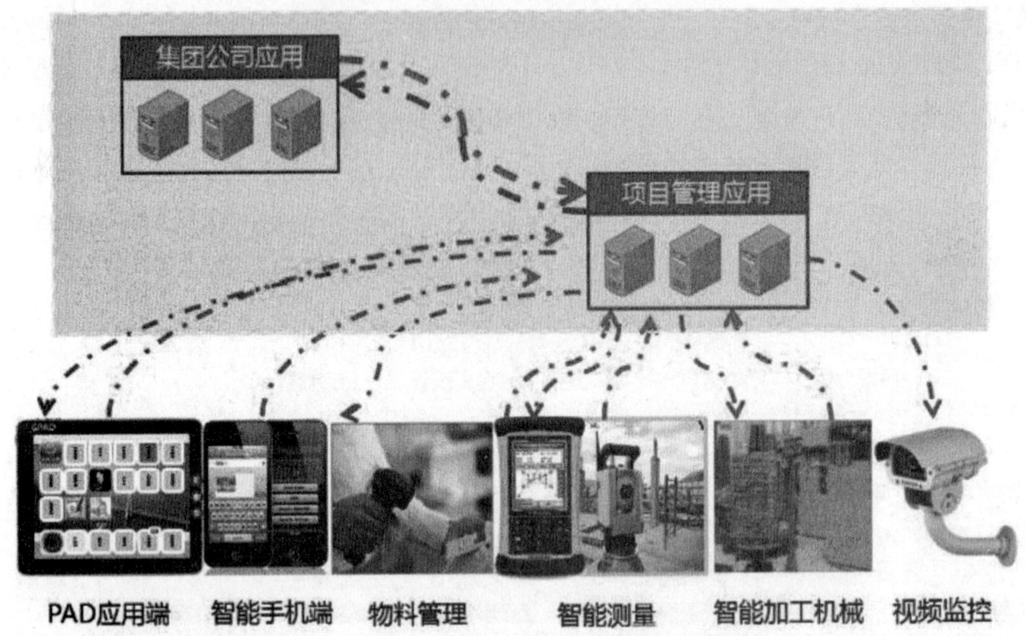

图5-3-8　信息化各类终端

通过笔记本、PAD①、手机、智能测量、智能加工机械、视频监控等终端“接收”后台信息，方便了一线管理者便捷获得需要的信息，如公司通知、工作指令、钢筋下料表、工程轴线等，满足了项目现场“走动式管理”特性。

通过PAD应用、RFID②、视频监控、现场施工记录等“输入”信息给后台服务器，保障了一线数据获取的准确性和及时性，为后期数据深加工和分析奠定了基础。

终端设备“硬件”应用满足的是感性化的“体验”需求、友好的人机界面、触手可及的应用体会，为快捷管理、即时业务、便捷工作提供了可能。当然它的应用也离不开后台“软件”系统的支撑，“软硬”结合才是构建了一个完整性的解决方案。

5.4　建筑施工企业信息化关键技术应用

建筑施工企业信息化的应用架构是在对施工企业业务进行正确分析之后总结的企业信息化整体框架蓝图，它是施工企业的信息化全貌，也是施工企业信息化具体建设的“设计图纸”。如何实现这张图纸，可以有很多信息化技术去支撑。结合建筑行业的特点和建筑施工企业核心业务需求，我们认为施工企业信息化关键技术是以“4MC”为核心，即

① PAD：即平板电脑。

② RFID：射频识别即RFID（Radio Frequency IDentification）技术，又称电子标签、无线射频识别，是一种通信技术，可通过无线电讯号识别特定目标并读写相关数据，而无须识别系统与特定目标之间建立机械或光学接触。

PM+DM+BIM+Mobile+Cloud。从施工企业信息化应用架构来说，平台层可基于云计算技术（Cloud）实现传统平台向云服务平台转化。工具软件层可实现传统工具软件向BIM应用转化。数据服务层（DM）可实现向标准化和知识中心转化。三层应用层始终围绕以提升项目管理（PM）这一关键业务为核心。终端层可实现从传统终端向移动终端（Mobile）和物联网应用拓展。

我们总结一下常见的信息化关键技术，并做应用分析。

5.4.1 行业关键技术

1) BIM技术应用

BIM（Building Information Modeling）建筑信息模型，是以三维数字技术为基础，集成了建筑工程项目各种相关信息的工程数据模型。BIM 是对工程项目设施实体与功能特性的数字化表达。一个完善的信息模型，能够连接建筑项目生命期不同阶段的数据、过程和资源，是对工程对象的完整描述，可被建设项目各参与方普遍使用。

住房和城乡建设部发布的《2011—2015建筑业信息化发展纲要》中指出将BIM作为设计和施工企业信息化发展的核心技术，并要求施工企业将“在施工阶段开展BIM技术的研究与应用”作为首要的战略目标。建筑施工企业一直以来的粗放式管理、能耗高、劳务密集、利润低等问题随着行业的发展迫切需要新的转型突破。BIM技术为企业集约经营、项目精益管理的管理理念的落地提供了手段。BIM技术对产业链参建各方具有非常多的价值，如图5-4-1所示，是建筑施工企业的BIM应用核心流程。这里主要针对建筑施工企业在工程施工过程中的常见应用、关键技术和核心价值做一一描述。

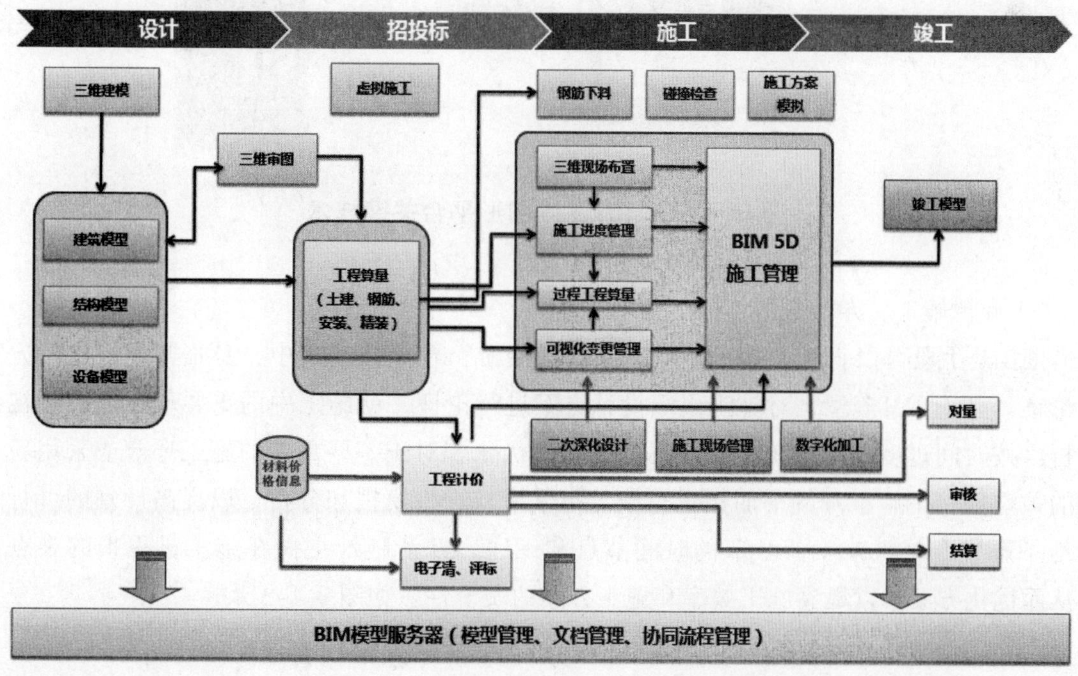

图5-4-1　建筑施工企业BIM核心应用流程

（1）三维图形平台

三维图形支撑平台是支撑BIM建模和BIM相关产品沟通协调的底层支撑平台。在数据容量、显示速度、模型建造和编辑效率、渲染速度和质量等方面满足BIM应用。核心关键技术主要包括：图形数据库技术（几何数据与空间索引支持、模型数据协同编辑支持、数据缓存与动态加载支持）、实体布尔运算技术、参数化模型描述技术（基于约束的参数化模型模板实例化建模技术）、大模型数据显示技术、大场景数据高效组织与渲染技术。如图5-4-2所示。

由于BIM建模软件也有很多不同厂家的产品，平台也需要支撑基于IFC的数据标准，实现不同专业的业务模型之间和不同建模软件产品间的数据交换。

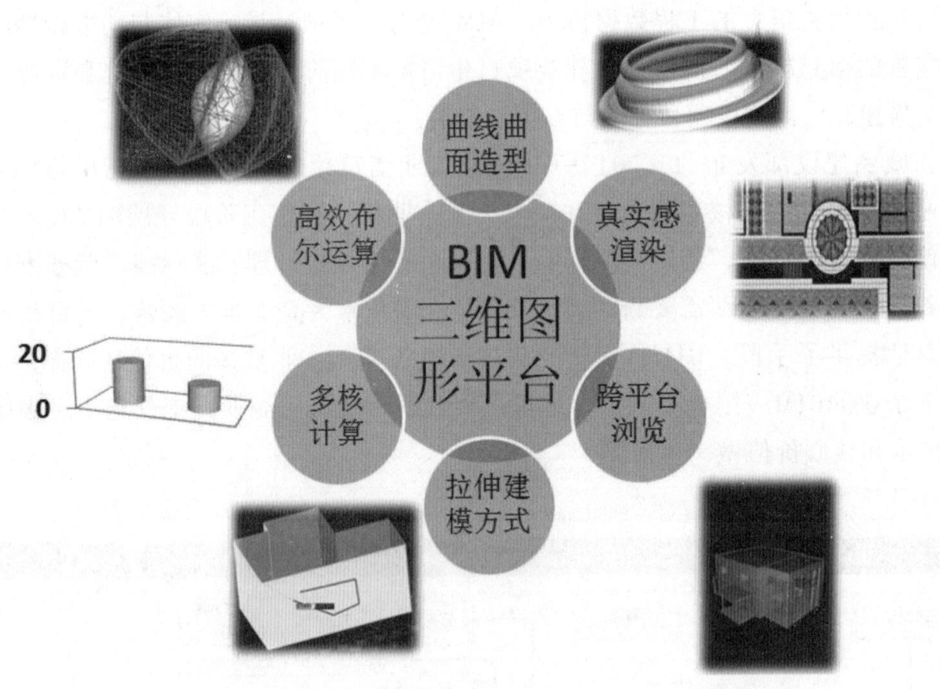

图5-4-2　BIM三维图形平台关键技术

（2）虚拟施工、方案论证

借助BIM手段可以直观地进行项目虚拟场景漫游。在虚拟现实中，身临其境般进行方案体验和论证。基于BIM模型，对施工组织设计方案进行论证，就施工中的重要环节进行可视化模拟分析。按时间进度进行施工安装方案的模拟和优化。对于一些重要的施工环节或采用新施工工艺的关键部位、施工现场平面布置等施工指导措施进行模拟和分析，以提高计划的可行性。直观地了解整个施工或安装环节的时间节点和工序，并清晰地把握在施工过程中的难点和要点，从而优化方案，以提高施工效率和施工方案的安全性。如图5-4-3所示。

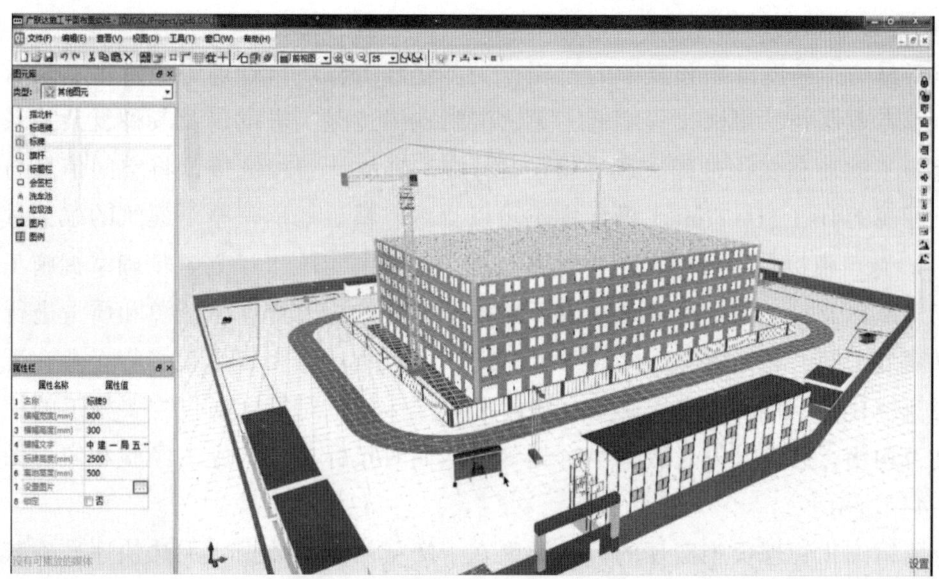

图5-4-3　虚拟施工

（3）碰撞检查、减少返工

在传统施工中建筑工程专业、结构专业、设备及水暖电专业等各个专业分开设计，导致图纸中平立剖之间、建筑图和结构图之间、安装与土建之间及安装与安装之间的冲突问题数不胜数，随着建筑越来越复杂，这些问题会带来很多严重的后果。

BIM最直观的特点在于三维可视化，利用BIM的三维技术在前期可以快速、全面、准确地检查出设计图纸中的错误、遗漏及各专业间的碰撞等问题，处理冲突，优化工程设计，减少在建筑施工阶段可能存在的错误损失和返工的可能性，减少由此产生的设计变更和工程洽商，而且优化净空、管线排布方案。施工人员可以利用碰撞优化后的三维管线方案，进行施工交底、施工模拟，提高施工质量，同时也提高了与业主沟通的能力。同时，大大提高了施工现场的生产效率，从而减少施工中的返工，提高建筑质量，节约成本，缩短工期，降低风险。如图5-4-4所示。

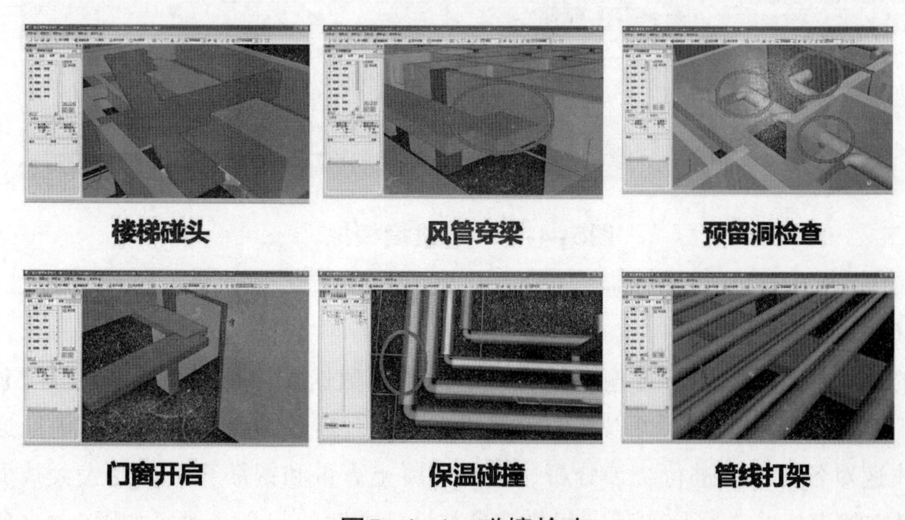

图5-4-4　碰撞检查

（4）4D虚拟、精确计划

建筑施工是一个高度动态和复杂的过程，当前建筑工程项目管理中经常用于表示进度的网络计划，由于专业性强，可视化程度低，无法清晰地描述施工进度以及各种复杂关系，难以形象表达工程施工的动态变化过程。通过将BIM与施工进度计划相链接，将空间信息与时间信息整合在一个可视的4D（3D+Time）模型中，可以直观、精确地反映整个建筑的施工过程和虚拟形象进度。4D施工模拟技术可以在项目建造过程中合理制定施工计划、精确掌握施工进度、优化使用施工资源以及科学地进行场地布置，对整个工程的施工进度、资源和质量进行统一管理和控制，以缩短工期、降低成本、提高质量。此外，借助4D模型，承包工程企业在工程项目投标中将获得竞标优势，BIM可以让业主直观的了解投标单位对投标项目主要施工的控制方法、施工安排是否均衡、总体计划是否基本合理等，从而对投标单位的施工经验和实力做出有效评估。如图5-4-5所示。

施工企业精细化管理很难实现的根本原因在于海量的工程数据，无法快速准确获取以支持资源计划，致使经验主义盛行。而BIM的出现可以让相关管线快速准确地获得工程基础数据，为施工企业制定精确人才计划提供有效支撑，大大减少了资源、物流和仓储环节的浪费，为实现限额领料、消耗控制提供技术支撑。

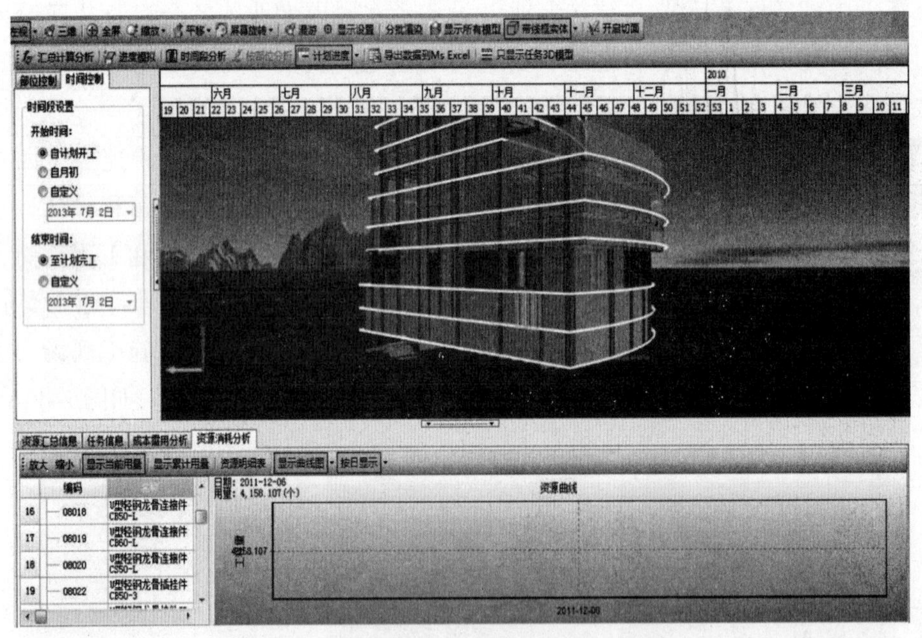

图5-4-5　4D进度模拟

（5）精确算量、成本控制

施工中的预算超支现象十分普遍，缺乏可靠的基础数据支撑是造成超支的重要原因。BIM是一个富含工程信息的数据库，可以真实地提供造价管理需要的工程量信息。借助这些信息，计算机可以快速对各种构件进行统计分析，进行混凝土算量和钢筋算量。这大大减少了繁琐的人工操作和潜在错误，非常容易实现工程量信息与设计方案的完全一致。如图5-4-6所示。

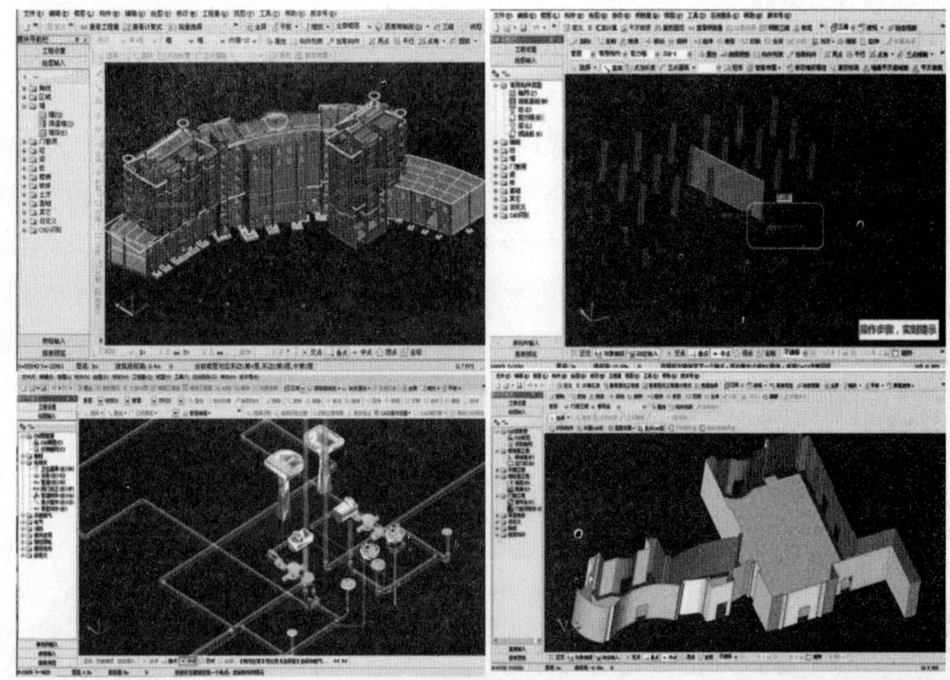

图5-4-6 基于BIM的精确算量

工程量统计结合4D的进度控制，可以理解为BIM在施工中的5D应用。通过BIM获得的准确的工程量统计可以用于成本测算，在预算范围内进行不同设计方案的经济指标分析，不同设计方案工程造价的比较，以及进行施工开始前的工程预算和施工过程中的结算。如图5-4-7所示。

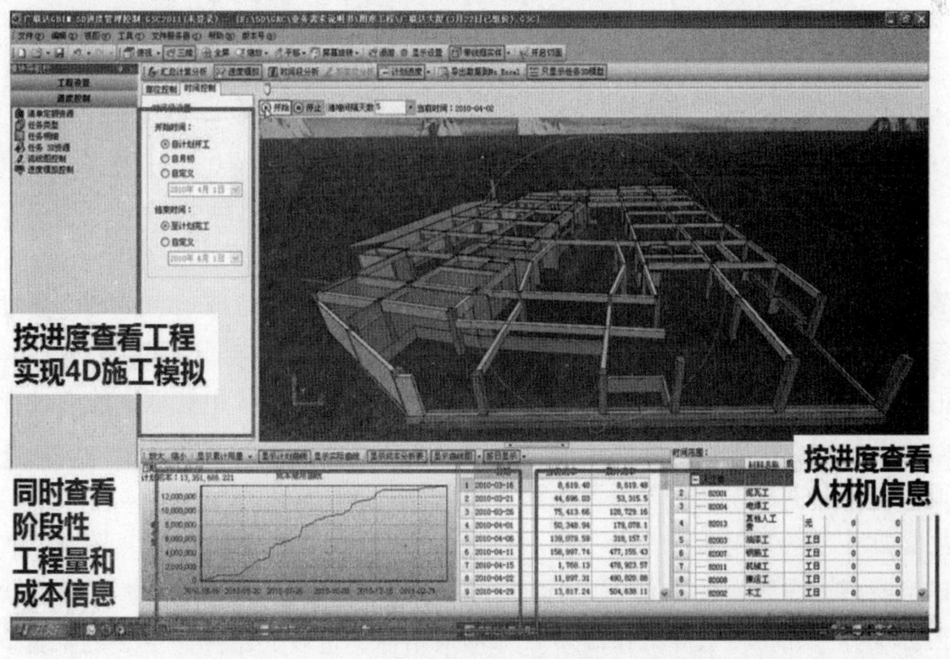

图5-4-7 基于BIM的“5D”施工管理

（6）现场整合、协同工作

BIM不仅集成了建筑物的完整信息，同时还提供了一个基于三维模型的协同工作环境。与传统模式下项目各方人员在现场从图纸堆中找到有效信息后再进行交流相比，效率大大提高。如图5-4-8所示，BIM逐渐成为一个便于项目参建各方协同工作的平台，参建各方将BIM模型统一通过BIM服务器平台进行数据存储和数据交换。项目各方人员通过平台获取和浏览BIM模型，为施工现场人员提供三维模型、施工方案模拟、施工工艺工法、节点大样图浏览、钢筋料表、相关的进度、成本等信息，从而帮助现场人员更好地理解项目，方便洽商、达成共识，减少由此产生的变更，缩短施工时间，降低由于设计变更、工程洽商等造成的成本增加，提高施工现场生产效率。

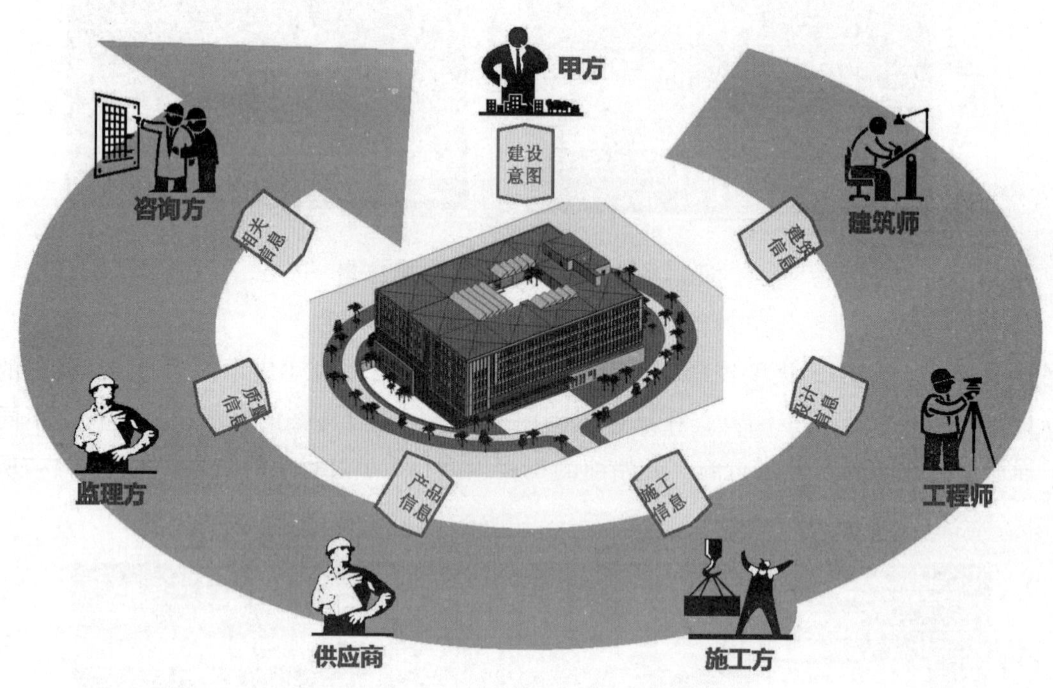

图5-4-8　基于BIM模型服务器的协同管理

为了满足协同建设的需求，提高工作效率，需要建立统一的集成信息平台。通过统一的平台，使各参建方或各部门间的数据交互直接通过系统进行，减少沟通时间和环节，解决各个参建方之间的信息传递与数据共享问题，实现系统集中部署、数据集中管理，能够进行海量数据的获取、归纳与分析，协助项目管理决策。形成沟通项目成员协同作业的平台，使各参建方能够进行沟通、决策、审批、渠道、项目跟踪、通信等。如图5-4-9显示了集成BIM与PM协同建造的信息化框架。

基于BIM模型，在统一的平台下强化项目运营管控。围绕BIM模型进行分析、算量、造价，形成预算文件，并将模型导入系统平台，形成招标、进度、结算、变更的依据。BIM模型集成进度计划，将进度管理的甘特图绑定BIM模型，按照进度计划，形成下期资金、招标、采购等的计划。按照实际进度填报，自动形成实际工程量的申报。在分包和采购招标阶段，围绕BIM模型，进行造价预算分析，基于辅助评标系统，形成标书文件，同时可以对投标文件进行分析、对比、指标抽取、造价知识存储等。按照招标签订合同，基于进度BIM模型申报资金计划，进行设计变更、工程变更、工程结算和项目成本管理。

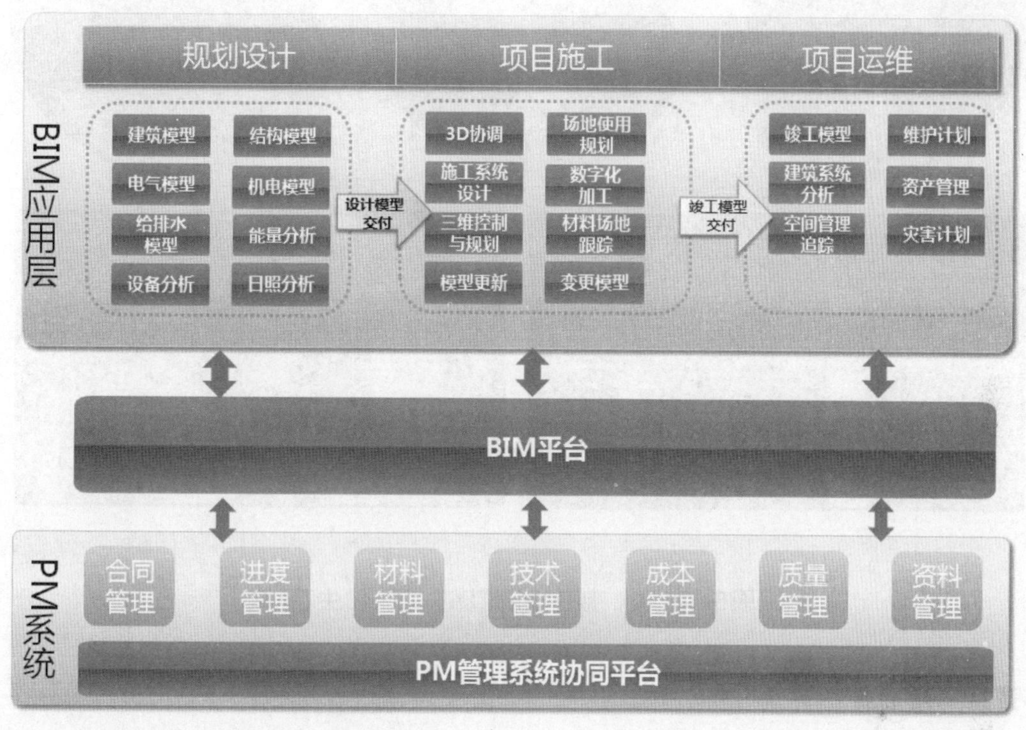

图5-4-9　基于BIM的协同管理系统框架

（7）数字化加工、工厂化生产

建筑工业化是工厂预制和现场施工相结合的建造方式，这将是未来建筑产业发展的方向。BIM结合数字化制造能够提高承包工程行业的生产效率。实现建筑施工流程的自动化。建筑中的许多构件可以异地加工，然后运到建筑施工现场，装配到建筑中（例如门窗、预制混凝土结构和钢结构等构件）。如图5-4-10所示，通过数字化加工，可以准确完成建筑物构件的预制，这些通过工厂精密机械技术制造出来的构件不仅降低了建造误差，并且大幅度提高构件制造的生产率，这样一种综合项目交付方式可以大幅度地降低建造成本，提高施工质量，缩短项目周期，同时减少资源浪费，并体现先进的施工管理。对于没有建模条件的建筑部位还可以借助先进的三维激光扫描技术，快速获取原始建筑物或构件模型信息。

图5-4-10　数字化加工、工厂化生产

2) 信息编码标准

统一信息编码标准是实现企业信息化的基础。首先，从企业管理层面来讲，信息编码标准是企业进行信息交换和实现信息资源共享的重要前提，传统的方式是通过人工来识别、判断不同的项目、物资、供应商等信息，同种信息的不同名称还是可以通过人工来进行分辨，但是信息量一旦增加，工作量和重复工作非常繁重，甚至会发生识别错误。因此，统一企业资源及相关编码有利于避免企业的各个业务部门的重复工作和信息不对称问题，提高工作效率。

其次，从项目管理层面来讲，统一的基础信息规范分类和编码技术是有效实施工程项目管理信息化及集成应用的基础。工程项目管理信息化的实施从过去的单项业务处理过程应用发展到管理信息系统应用或集成应用，必须首先实现工程基础信息的规范，才能使工程项目管理信息化和集成化处理有据可依。

建筑企业信息编码标准分类常见有八大类。如图5-4-11所示，即：行政管理类、人力资源类、工程类、技术类、设计类、财务资金类、资产类、物资材料类。以“代码标识符+时间+流水号”为代码结构，并与属性代码有机结合。

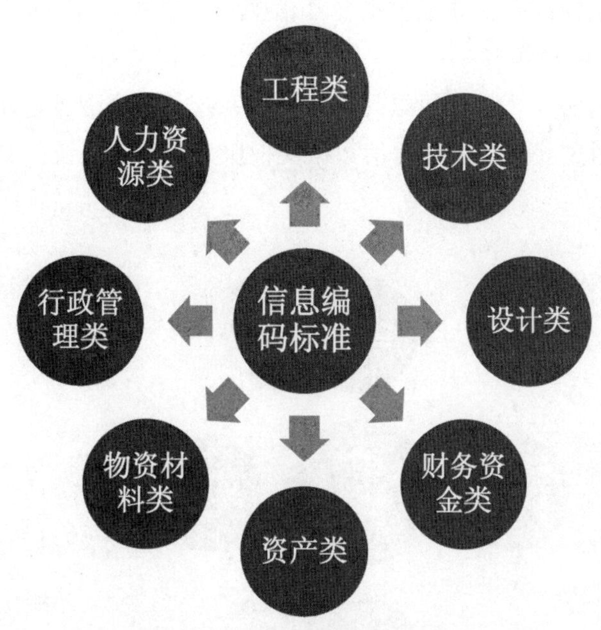

图5-4-11　信息编码分类

在企业信息化建设中实施信息分类编码标准化，通过信息化手段，计算机根据不同的编码来采集、识别和归类不同的信息，使相关人员能对信息的收集、理解、存储、处理、传输和显示实施自动化处理，使之既符合系统整体的要求，保证系统信息平台的总体一致性和数据存贮、交换格式的统一，同时满足各信息系统信息处理的需要，减少对信息的重复采集、加工和存储，最大限度地避免因对信息的命名、描述、分类和编码的不一致所造成的误解和歧义。杜绝诸如一名多物、一物多名等混乱现象，做到使事物（或概念）名称和术语含义统一化、规范化，并确立与事物（或概念）之间的一一对应关系，以保证信息的可靠性、可比性和适用性，使之真正成为各部门网络互通、信息资源共享、连接各信息系统的纽带。通过对建筑企业信息编码标准的实施，加速推动建筑企业公共信息透明化、公开化和制度化。

3) 分布式技术

针对施工企业的项目分散性、人员的移动性、项目的临时性等特点，需要结合企业的管理模式选择适合的应用系统部署方案。常见的部署方式有两种，一种是集中式部署，系统完全部署在企业总部，各分（子）公司或者项目登录使用；一种方式是分布式部署，各分（子）公司或项目独立部署，独立应用，数据存在各自的服务器上。有些施工企业的分（子）公司业务独立或有海外项目以及网络条件不好的一些地区，多采用分布式部署。

但是，分（子）公司或项目之间如果不实现互通互联，就仍然是一个一个的信息孤岛。因此，我们可以考虑分布集中式，即通过互信技术使得企业用户可以根据需要，在若干个系统之间建立互信关系，允许用户相互跨平台访问，从而将各个企业的信息系统联结起来，形成真正互通互联的大系统。这种机制将企业内部信息的独立性和企业之间信息的关联性有效地结合在一起。这样既实现了各分（子）公司或项目的独立应用、独立部署的需求，又能实现组织之间的互通互联。常见的互信模式有独立系统平台互信模式和主从平台互信模式。

（1）独立系统平台互信模式

如图5-4-12所示，各分（子）公司之间独立建设系统，各个业务应用主要在各个分（子）公司内部系统独立运行，通过互信链接和互信数据交换服务，实现系统间和各组织之间的沟通和数据交换。

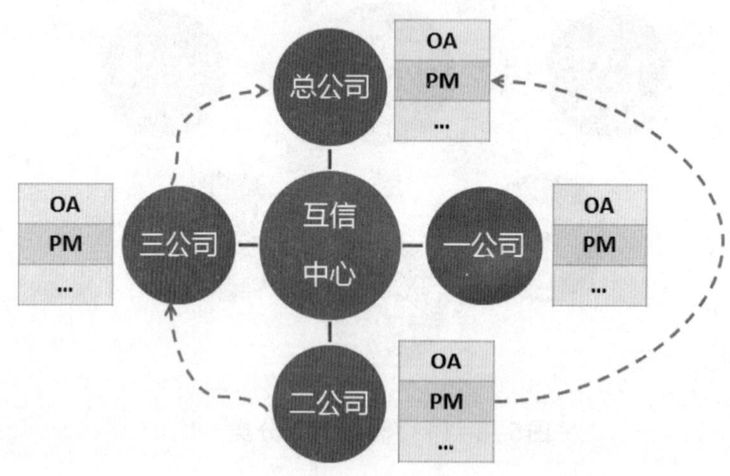

图5-4-12　独立系统平台互信模式

（2）主从平台互信模式

总公司与各分（子）公司之间独立部署系统，各组织之间存在沟通需求。部分业务在各个组织内部的系统中独立运行，部分业务应用需要通过互信体系由所有组织的成员共同参与（全局业务），全局业务通过主平台实现跨组织处理，各组织间的数据交换均通过主平台实现。如图5-4-13所示。

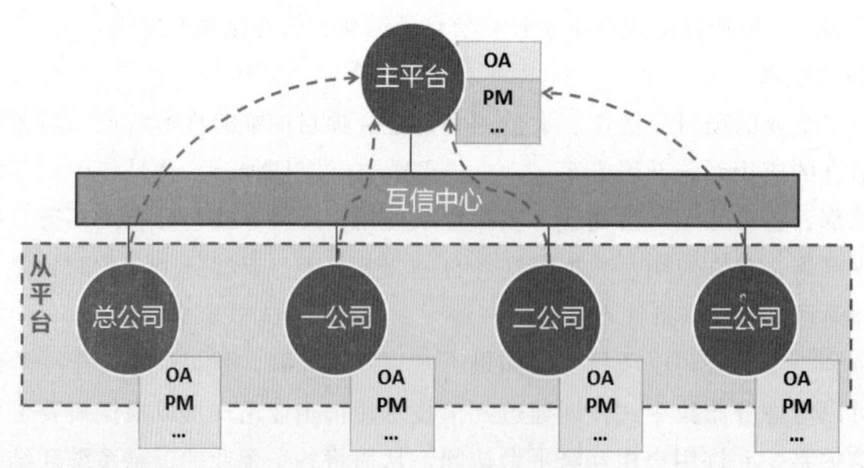

图5-4-13　主从平台互信模式

5.4.2　通用关键技术

1) 云技术应用

云技术的兴起，不仅为软件行业发展带来了信息的机遇，同时给建筑施工企业的信息化应用带来了新的模式。云技术是分布式处理、并行处理、网格计算、网络存储和大型数据中心的进一步发展和商业实现。云技术就是通过网络把信息技术当作服务来使用。用户使用云服务就像使用水和电一样，只需要一个终端完成输入输出，所有的业务和数据处理都由网络完成，而用户不必考虑这些数据和服务在什么地方。因此，云技术为建筑施工企业信息化的发展提供了新的建设模式和应用模式。如图5-4-14显示了支撑建筑施工企业信息化蓝图规划的基于云服务平台框架。

图5-4-14　云服务平台框架

随着网络宽带提速和3G移动互联网的快速发展，对服务器端提供高效的计算能力和低成本的海量数据存储能力产生了巨大需求。通过云计算对IT支撑系统平台进行整合，提升资源利用率，满足对快速部署业务的响应，实现对各种增值业务的支撑。基于“云”的服务平台、服务模式等给施工企业信息化建设带来的优势主要体现在以下几个方面：

①拥有低成本投入。目前大部分的建筑施工企业都已经采购了大量的基础IT设备与产品，信息化建设应该必须充分考虑保护和复用现有IT投资，将这些IT设施和产品利用云技术和云管理工具，搭建“企业私有云”，使其成为云平台的一部分，并通过云的均衡负载和高效使用，减少在硬件上的投入。除此之外，也可以采用“共有云”方式，租用应用程序服务和基础设施

服务，企业不用直接购买软硬件，而只需要通过网络与“云中心”连接即可。统一的“云中心”减少了IT投入和维护成本，也实现了IT设施的集中管理与维护，这样，日常的维护就变得相对简单，并且能缓解专业人员不足的问题。原来存在的信息化建设成本高、开发周期长、维护难等问题可迎刃而解。

②拥有高速度。通过自助式访问可用的计算资源池，在几分钟内（而非数周或数月）用户就可以使用和运行所需的资源。还可以自由地对“云空间”中属于自己使用的计算容量做出调整，这些都要归功于灵活的可伸缩网格体系结构。另外，因为云计算是按使用付费、以高度伸缩方式运营并且是高度自动化的，因此云计算的效率也是非常令人信服的。

③可扩展性强。通常建筑施工企业在建立信息化系统后，随着项目数量不断增加，数据的增长量会非常迅速。如果按照传统的信息化建设方式进行部署，软硬件的扩展都会比较复杂繁琐。采用云的方式，从初始设计阶段就把实现高处理能力和高性能作为生产部署云的核心要求，采用易于扩展的架构，并将扩展的成本和风险降到最低。

④易管理与维护。与传统的信息系统的运维方式不同，随着系统规模的扩张，云的规模也会不断地壮大，但是，相应的管理人员并不需要大量的增长，对管理人员的技术要求和精力花费的要求也比传统方式低，有利于降低信息系统的运营维护成本和风险。

⑤促进施工现场的信息化应用。通过云服务的方式，解决项目部现场不适合搭建信息化服务器这个矛盾，支持项目部现场信息化协同建设。特别是通过云技术与BIM结合，结合云服务和云存储的特点，实现BIM模型数据的存储、数据交换、共享、协同，使BIM能真正发挥产业链协同的价值。云技术与其他应用的结合可以为建筑业提供很多管理模式和商业模式的创新和进步。

作为一种新的企业信息化建设模式和运行模式，在给建筑施工企业信息化带来价值的同时，也必将遇到新的问题。一般情况下，“云中心”提供并支撑的信息化系统比较适用于标准化程度高的业务。但是，建筑施工企业的经营模式多样化、管理的不规范，以及项目建设的复杂性，使得企业信息化系统难以做到绝对标准化。这会给云技术的推行带来很大障碍，相对来说标准化程度高的工具软件“入云”倒是非常合适。

另外，对于使用云技术的建筑施工企业用户来说，安全问题始终是企业比较关心的问题，公司的机密资料会不会被泄露，服务提供商的诚信成为最大的问题，其次就是网络安全的问题。同时，从目前云计算产业的环境来看，我国政府尽管对云计算投入了大量的资金和政策支持，但还没有出台云技术运营相关的法律法规。

总的来看，“云”的核心价值在于解决了当前技术模式不能解决的服务问题，使提供更灵活的消费（各种服务及多租用户应用服务）和信息集成能力成为可能。由于有了云计算，未来的数据中心可以向极度的水平扩展演变，从成百上千节点扩展到上万个节点。

2) 信息集成技术应用

随着建筑行业的信息化发展，很多企业都建设了企业级或项目级的信息化系统，并取得了可观的成效。随着系统越来越多，企业各业务之间信息孤岛、项目和企业应用之间信息孤岛、标准化程度不高、资源计划无法统一和项目协同工作能力等问题依然存在。这些问题是信息化发展到一定阶段的必然现象，是符合信息化规律的。诺兰模型指出：集成阶段是信息化发展的关键阶段，实现集成需要信息化平台来支撑。通过信息化集成应用技术对系统进行集成，有助于提升企业管理系统的应用效率和水平。

根据建筑施工行业特点，企业信息系统实施集成应用技术包含两个层面的集成。首先，在项目管理层面，信息化工作包括两方面的内容：第一是通过信息技术解决了项目生产效率问题，例如，通过造价软件提高工程预算效率。第二是通过信息系统提高项目管理效率，例如成本管理软件提高项目成本管控水平。从诺兰模型发展规律可以看出，当信息化水平发展到一定阶段，就需要进入信息化集成阶段，针对这两个方面的应用，我们可以看出，无论从工具软件还是信息系统，它们都存在信息交流和交换的要求，信息系统需要工具软件的数据，工具软件之间和信息系统之间也需要数据交流。由此可以看出，进一步通过系统集成的方法将项目管理的各业务处理与管理信息系统模块进行应用流程梳理整合或数据交换整合，形成覆盖项目管理主要业务的集成管理信息系统，实现项目管理过程的信息化处理和业务模块间的有效信息沟通。

其次，在企业业务部门之间以及企业和项目之间这个层面，随着信息化的深入、广泛应用，也存在着诸多问题，例如，业务系统越上越多，部门之间信息孤岛正在形成。同时，由于业务系统间的联系日益复杂，整个系统牵一发而动全身。系统之间要进行数据交换，系统之间接口的标准化存在瓶颈。当前，企业普遍采用软件公司提供的通用产品，但是通用产品仅为了满足各自业务范围内的业务需求，没有考虑软件之间的数据交换要求，造成数据重复、不一致现象严重，不同软件之间进行集成定制开发费用高且升级困难。

面向服务的体系结构（Service Oriented Architecture，SOA）是一个组件模型，它将应用程序的不同功能单元（称为服务）通过这些服务之间定义良好的接口和契约联系起来。接口是采用中立的方式进行定义的，独立于实现服务的硬件平台、操作系统和编程语言。这使得构建在各种这样的系统中的服务可以用一种统一和通用的方式进行交互。我们将集成分为三个方面的集成：界面层集成（门户集成）、应用集成、数据集成，如图5-4-15[1]所示。

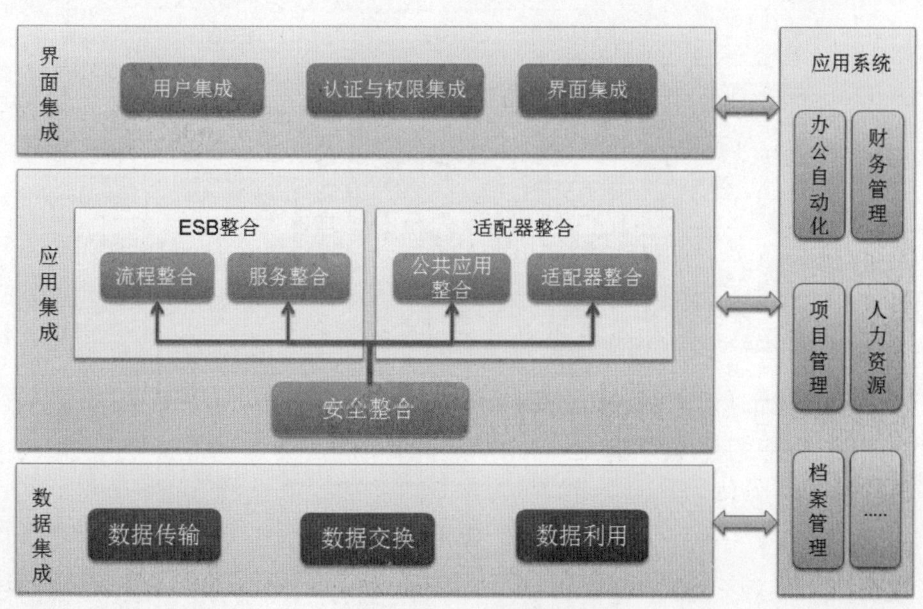

图5-4-15　集成框架

（1）门户集成

门户集成也称界面集成，是将业务逻辑封装后的界面层进行整合，实现单点登录、界面整合。典型情况下，集成的结果是形成统一的显示界面，新的界面看起来好像是单一系统，业务从多个系统调用，如图5-4-16[1]所示。

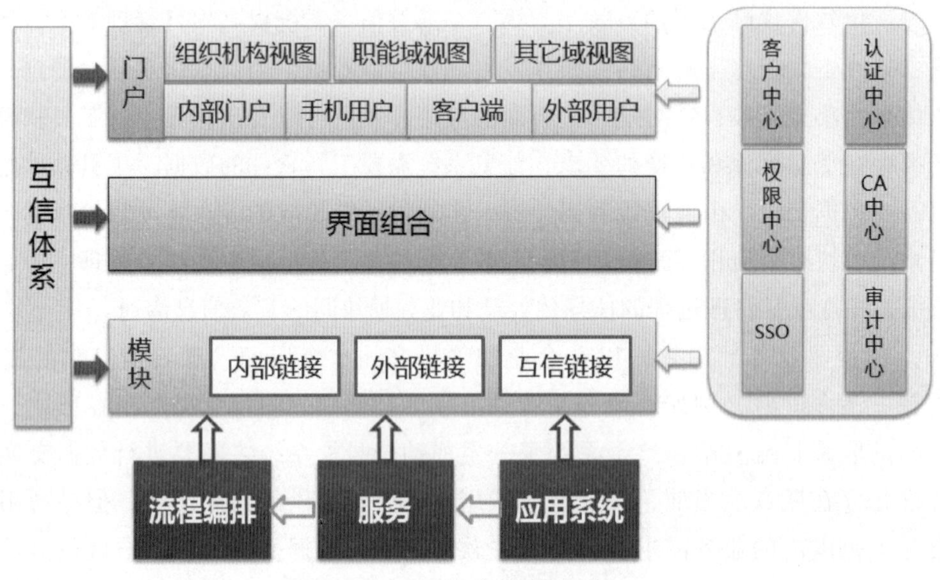

图5-4-16 门户集成框架

（2）应用集成

应用集成是指在应用系统业务逻辑层面的整合。对于应用集成，应在安全整合基础上，采用两种集成整合路径，实现应用系统之间的集成主要包括ESB①企业服务总线方式、适配器整合方式。如图5-4-17[1]所示。

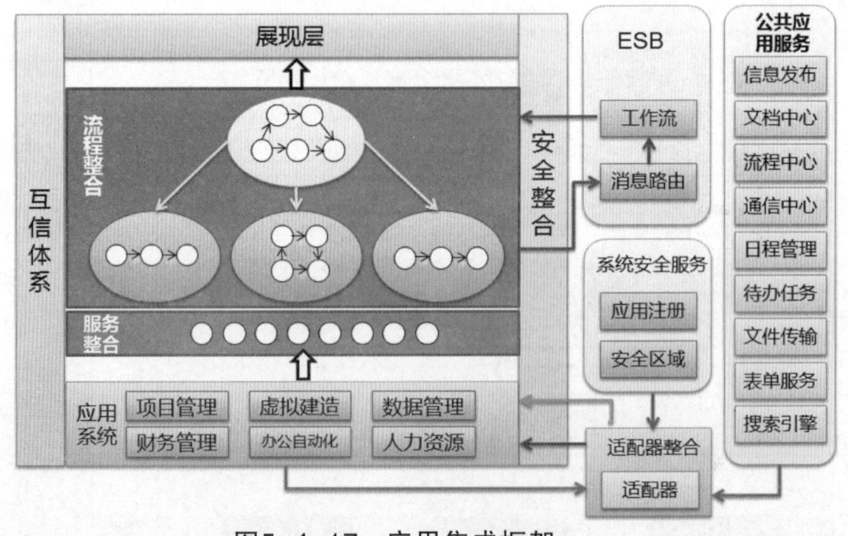

图5-4-17 应用集成框架

① ESB：全称为Enterprise Service Bus，即企业服务总线。它是传统中间件技术与XML、Web服务等技术结合的产物。ESB提供了网络中最基本的连接中枢，是构筑企业神经系统的必要元素。

ESB 整合是采用SOA 架构，具体包含两大步：

第一步是“服务整合”，从应用系统发现服务，进行服务提取。提取的服务通过EOS 的消息路由组件进行服务注册。

第二步是“流程整合”，根据业务流程的要求，通过集成平台的工作流组件对服务进行流程编排，以满足业务处理逻辑的需要。ESB 整合后的系统是一个SOA 架构的系统，应用执行时，先到工作流中查找相关的服务，然后到消息路由上根据服务注册信息查找服务所在的物理位置和逻辑位置，以调用该服务，执行业务逻辑。这种方式适用于已有定制开发系统的整合、新定制开发系统的整合、跨系统复杂工作流的处理。

适配器方式集成主要为应用系统提供标准接口的方式，并实现标准接口与别的应用系统的转换接口。适配器的优点是可以针对特定软件厂商的产品预先定义，接口简单、易于实现。缺点是需保障产品接口的标准化和稳定性。这种方式适合于成熟产品之间的整合。

（3）数据集成

数据集成就是在数据层面进行集成。从集成的需求层面可以分为应用系统之间的集成、上下级组织之间的集成、数据仓库之间的集成三方面，如图5-4-18[1]所示。

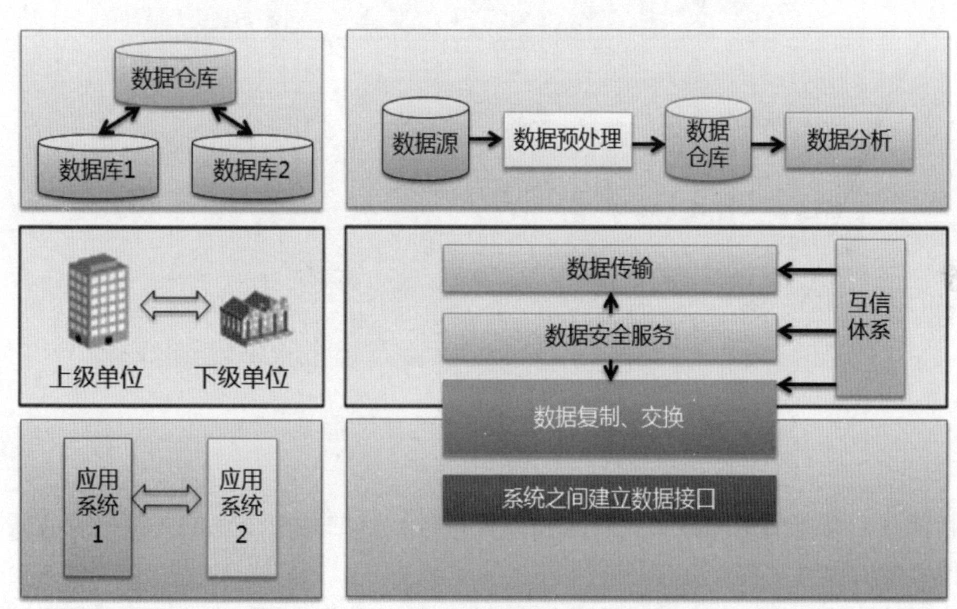

图5-4-18　数据集成框架

①应用系统之间集成的方式

数据接口方式：利用数据库技术，采用视图、存储过程、触发器等方式在数据库层面进行数据集成。

数据复制、交换：利用数据库技术，进行数据的复制或者导入、导出。

②在上下级组织间集成的方式

数据传输：在信息集成平台互信体系和系统安全服务的保障之下，调用数据传输接口，进行数据传输。

数据复制、交换：利用数据库技术，进行数据的复制或者导入、导出。

③数据仓库方式的集成

从应用系统数据库抽取数据，预处理后进入数据仓库，然后利用BI 技术进行数据分析。

3) 商业智能

没有经过过滤和分析的数据对于决策是没有价值的。数据需要加工和处理才能成为有用的信息，为了将数据转化为知识，需要利用数据仓库、联机分析处理（OLAP）工具和数据挖掘等技术。因此，从技术层面上讲，商业智能是数据仓库、OLAP、数据挖掘、数据备份和恢复等技术的综合运用。如图5-4-19[1]所示。

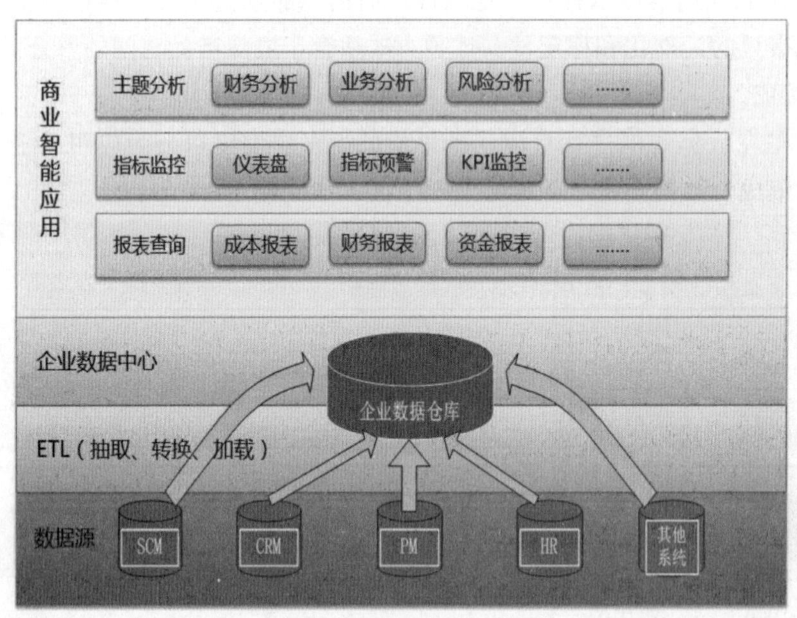

图5-4-19 商业智能技术框架

商业智能是对商业信息的搜集、管理和分析过程，目的是使企业的各级决策者获得知识或洞察力，促使他们做出对企业更有利的决策。

商业智能的关键是从许多来自不同的企业运作系统的数据中提取出有用的数据并进行清理，以保证数据的正确性，然后经过抽取（Extraction）、转换（Transformation）和装载（Load），即ETL过程，合并到一个企业级的数据仓库里，从而得到企业数据的一个全局视图，在此基础上利用合适的查询和分析工具、数据挖掘工具、OLAP工具等对其进行分析和处理（这时信息变为辅助决策的知识），最后将知识呈现给管理者，为管理者的决策过程提供支持。

商业智能不但可以动态反应实际状况，还可以将实际指标与计划目标相比较，当差距过大时，管理者需采取适当对策，利用分析模型提供的算法进行某些指标的趋势分析，更加有助于决策者在海量数据中分析决策。结合施工企业的业务特征，建立分析主题，主要从战略地图、企业利润、项目利润、成本状况、资金状况、产值状况、资源状况、风险分析、合同状况、招标采购状况等维度进行数据挖掘。通过友好的图表、报表、记分卡和仪表板、分析报告、OLAP分析、钻取、追溯等技术手段展现给管理决策层。

4) 移动终端技术

建筑行业的项目分散性、人员的工作移动性强、现场环境复杂是制约信息化推广应用的主要原因之一。随着信息技术和通信技术的发展，例如3G网络的普及，PAD平板电脑、智能手机等终端设备的技术成熟与普及，企业或个人利用移动终端设备进行日常工作和生产作业成为可能。应用信息化不再受时间空间限制，施工企业信息化系统通过移动平台建设，将信息化管理系统延展到移动终端上，将传统的“办公室信息化”扩展到任意地点。建筑施工企业70%左右的业务工作都发生在现场，这种特点正与移动信息化相匹配，实现了工作的时效性需求和空间性需求，可以在业务发生之时立即应用信息化解决，决策层可以随时随地移动审批、运筹帷幄，大大提高企业的运作效率和运作质量。

移动化应用逐渐渗透到企业原有的信息化系统中，实现随时随地处理业务逐步成为趋势。施工企业结合自身的特点和行业的特性，可以利用移动终端的巨大优势实现以下三大应用：

（1）移动办公应用

各种业务和办公的工作都可以通过手机和PAD进行及时的处理。典型的应用就是：流程审批、公文流转、通知公告、日程提醒、会议通知、通信录、手机硬盘、消息预警、邮件、任务待办等信息及文档查阅均可以在手机上进行处理。在任何地点，利用宝贵的“零碎”时间都可以处理工作，提高了效率。如图5-4-20所示。

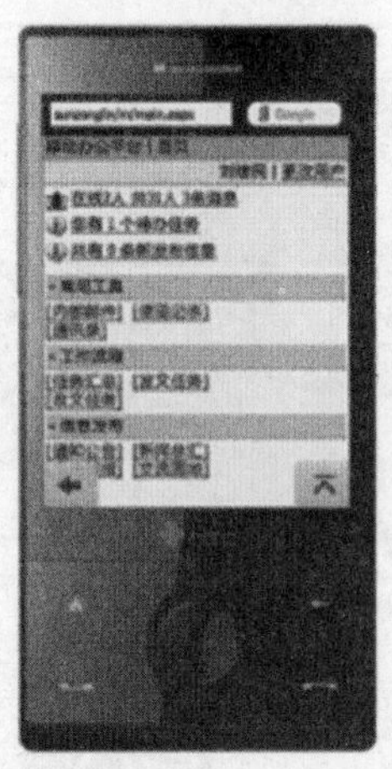
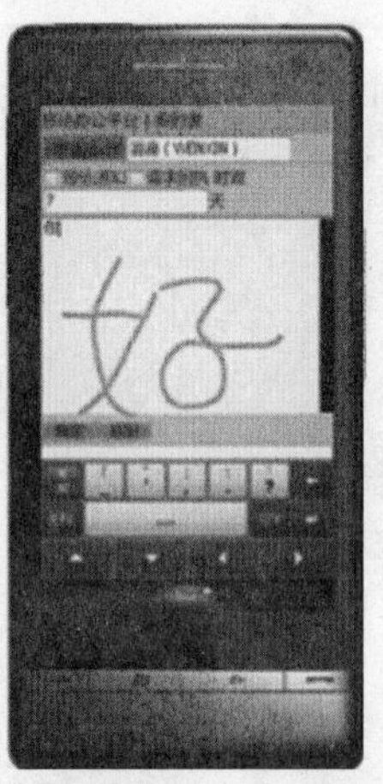

图5-4-20　移动办公

（2）移动商业智能应用

决策层领导在办公室的时间也是非常有限，但是对于企业的运营状况的了解，是需要随时掌握的。企业上了信息化系统后，通过手机移动终端的接入，利用商业智能的手段对业务系统的数据进行分析和数据挖掘，并以图表和报表的方式在手机或PAD的终端展示，非常直观和方便地让领导运筹帷幄。而且目前移动终端设备的技术发展、操作的人性化，极大地缩短了适应过程，提高了操作效率。如图5-4-21[1] 所示。

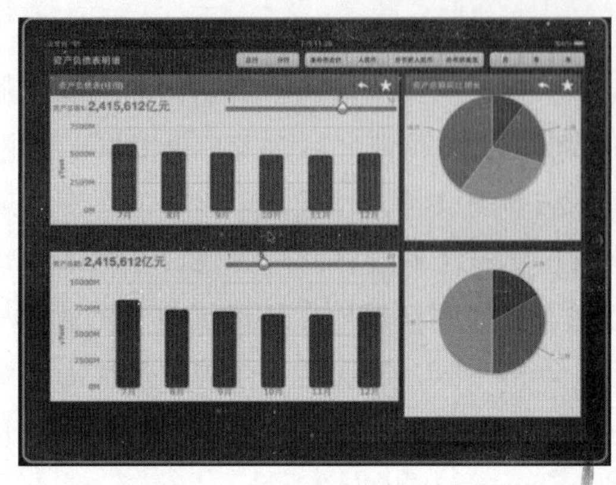

图5-4-21　基于PAD或手机的信息查询与统计

（3）现场移动应用

施工企业的分散性、人员的移动性、项目的临时性等特点，对信息化的应用造成了很多障碍。尤其是工地现场的环境非常复杂，项目管理人员多是在现场作业和管理，抱着笔记本电脑下工地是不方便的。通过PAD或手机终端设备，结合BIM技术手段，在PAD上进行建筑模型和图纸浏览，进行变更洽商、设计交底、施工指导、质量检查、虚拟施工、沟通管理非常高效。如图5-4-22[1] 所示。

图5-4-22　基于PAD的现场管理

5) 物联网技术应用

物联网（IOT，Internet of Things），简单的说，就是“物物相连的互联网”。指的是将各种信息传感设备，如射频识别（RFID）装置、红外感应器、全球定位系统、激光扫描器等种种装置与互联网结合起来而形成的一个巨大网络。其中RFID电子标签技术是核心的关键技术之一。通过装置在各类物体上的电子标签（RFID）、传感器、二维码等经过接口与无线网络相连，从而给物体赋予“智能”。

目前工程建设规模不断扩大，工艺流程复杂，如何搞好现场施工现场管理，减少事故发生，一直是施工企业、政府管理部门关注焦点。在工程施工现场条件下，利用物联网技术推进施工现场管理、物资管理、地下空间施工等方面的信息化应用，针对建筑的重点部位和施工关键工序、危险性较大的分部分项工程，实现对工程施工各阶段、各部位的安全、质量的实施监控和施工现场能耗、人员、设备、材料的有效监控，实现信息化与工业化的有效融合，提高工程施工的质量、安全监控能力，推进建筑施工企业科技水平提高。以下列举了物联网技术在施工现场的典型应用，可供施工企业参考。

（1）HSE（安全健康环境）管理应用

在施工过程中，施工安全的隐患、危害健康的危险源等无处不在，通过物联网技术对安全施工进行监测主要包括：建筑工地环境监测、大体积混凝土浇筑监测、钢结构应力应变、地基监测、预应力梁的监测、基坑支护监测等。而工地有些区域比较危险，也不宜经常走动。采用物联网技术将各类监测点的信息汇集到统一的监控平台，实现各个监测点的信息共享、实现对建筑工地现场的统一管理。

（2）现场人员管理应用

对现场施工人员安全帽、安全带、身份识别牌进行相应的无线射频识别，可以实现人员在施工现场的定位和跟踪。结合在BIM系统中精确定位，例如操作作业未符合相关规定，身份识别牌与BIM系统中相关定位同时报警，使管理人员精准定位隐患位置，从而采取措施以避免安全事故的发生。

（3）工程现场视频监控应用

工程现场视频监控的应用常见有以下几种：

①进度监控。针对工程的施工进度情况，可以通过视频监控的手段远程进行了解，远程指挥、远程调度。

②质量检查监控。针对工程施工过程中需要巡检和预检的部位，对施工人员操作的规范性、设备安装的过程等通过视频监控手段及时进行远程监控和监督。

③安全施工监控。针对高层作业的特点，可以设置多项监控重点，如建筑物的安全网设置、施工人员作业面临边防护、施工人员安全帽佩戴、外脚手架及落地竹脚手架的架设、缆风绳固定及使用、吊篮安装及使用、吊盘进料口和楼层卸料平台防护、塔吊和卷扬机安装及操作等。

④文明施工监控。监控系统目前还可以针对性地设置工地文明施工的重点监控，主要有工地围挡、建筑材料堆放、工地临时用房、防火、防盗、施工标牌设置等内容的监控，目的均在于加强安全管理工作。

⑤现场安防监控。工地上的钢筋、钢管、零星材料到处堆放，由于工地进出人员复杂、管理难度大，一个项目下来，被盗损失不小。通过现场安防监控可以有效避免盗窃事件发生，而

且使得工地上的安全生产、质量控制、文明施工管理，以至于职工考勤、现场劳动力分布等情况都一目了然。

（4）物料跟踪应用

对施工过程中的物料运输、进场、出入库、盘点、领料都可以采用RFID电子标签，通过物联网进行跟踪和监控。

（5）地下空间施工监控应用

在地下工程施工中，对于复杂的地质条件，施工过程控制尚无系统性、可靠性和及时性的方法。通过物联网技术应用，温度、应力、加速度等传感器和无线传感器网络（Wireless Sensor Network，WSN），对地下空间施工的碰撞预警、施工环境监测、保障施工质量、人员安全和国家设施财产等方面都有显著效果。

（6）塔机运行状态监控应用

大型塔吊及设备在施工运行过程，通过物联网技术将运行状态进行监控和记录。塔机作业安全监控可以极大降低安全生产事故，减少因各种塔吊违规操作而引起的安全事故，也为事故处理提供有效证据。

（7）电梯运行安全监测应用

施工工地的运输电梯经常由于超载或超负荷运行导致安全隐患，尤其是在超高层建筑工程中更是需要关注。通过物联网技术对电梯进行监测，及时进行安全报警，事前控制。

参考文献

[1]广联达软件股份有限公司.建筑施工企业信息化白皮书(2012)[R].北京.

[2]于海澜.企业架构：价值网络时代企业成功的运营模式（2009）[M].北京：东方出版社,2009.

第6章 建筑施工企业信息化实施方法

建筑施工企业信息化建设是一项系统工程，需要有一套科学的实施方法论作为指导。一方面，信息化涉及企业生产经营的方方面面，为了成功地实施信息化，需要对各方面进行管理上的变革；另一方面，这种变革必须结合企业的实际，扎扎实实地进行，不能简单化、一刀切。一些企业对信息化存在认识上的误区，认为选择一家软件供应商，安装一套软件系统就可以实现信息化。为此，这些企业在实施信息化时，出现信息化建设与管理模式脱节的情况，违背了信息化建设的客观规律，导致信息化的失败。这些从反面印证了信息化实施需要遵循科学的方法论。

科学的建筑施工企业信息化实施方法是一个完整的体系，包含实施原则、配套支撑、实施步骤三个方面的内容，归集起来是6个原则、4项支撑、3个组织、2个规律、4个步骤、N次迭代，如图6-0-1所示。

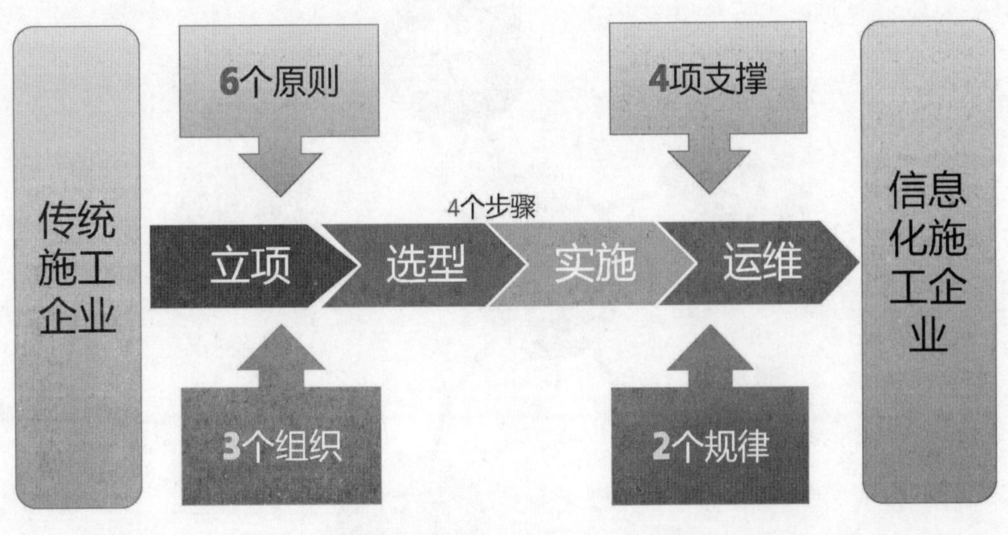

图6-0-1 信息化建设方法模型

1) 实施原则。建筑施工企业信息化实施需要坚持6个原则，那就是围绕核心、战略先行、专业为本、集成为纲、循序推进、应用为王。

2) 配套支撑。在实施原则指导下，建立信息化实施保证体系。第一，建立4方面举措来支撑：人员、绩效、制度和资金，即4个支撑。第二，建立3位一体的实施团队形成合力来共同推动信息化建设，即3个组织。第三，实施过程要有正确的理论体系作为保障和指引，需要遵循项目管理的思想和变更原理，即2个规律。

3) 实施步骤。在信息化建设过程中，需要结合软件工程的思想和流程去实施，一般要经过四大步骤：信息化项目立项、信息化产品选型、新系统实施、信息化运行维护。每一次的信息化实施阶段之间与每一阶段的实施步骤之间都要经过反复的N次迭代。

以下对这三方面的内容展开说明。

6.1 企业信息化实施原则

在信息化建设过程中，从宏观上来讲，建筑施工企业需要正确定位企业信息化现状和能力，并制定切实可行的信息化建设路线；在微观上，需要以企业自身的管理流程、组织机构、技术水平为出发点，通过流程再造实现管理创新和升级。同时，信息化建设是一场有计划的组织变革，意味着企业要以新的工作方式运作，这必然会影响到企业的方方面面，建设过程中一定会遇到这样那样的问题。因此，信息化建设不是一蹴而就的，而是一个长期的迭代发展、螺旋上升的过程。要想保证这个过程顺利进行，就需要遵循一定的原则，概括起来就是：围绕核心、战略先行、专业为本、集成为纲、循序推进、应用为王，如图6-1-1所示。

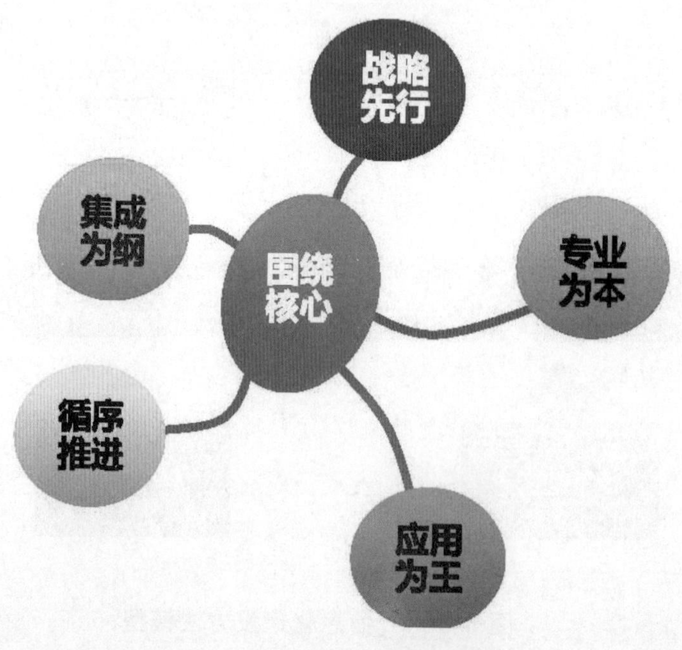

图6-1-1 信息化建设原则

6.1.1 围绕企业核心业务

建筑施工企业信息化建设应该以企业管理为根本驱动力，同时应紧扣企业的核心价值链展开，重点围绕企业核心业务上的活动，通过管理改进和信息化落地，帮助企业创造更大价值。这主要包括两方面的内容：

a）管理驱动信息化建设。信息化建设是企业提升管理的重要手段，那么信息化建设就应该以企业管理为根本驱动力。信息化建设过程也是企业进行内部管理流程的梳理、优化和重组过程。信息化建设的内动力是企业管理模式和流程，所以信息化建设要符合企业业务本身，需求合理，并与企业管理模式、流程紧密结合，加深信息化与企业管理切合度。

b）信息化建设要重点围绕核心业务展开。信息化建设是一个持续投入、持续建设的过程，建筑施工企业应该根据自身的需要分阶段、有选择地进行信息化建设。选择哪些信息系统进行重点建设，又是摆在决策者面前的一道难题。信息化建设应紧扣企业核心价值链，重点围绕企业核心业务上的活动实施信息化，帮助企业创造更大价值。具体来说，建设企业信息化重点应包括企业集约化经营、项目精细化管理所必需的综合项目管理、集中采购管理、劳务分包管理、资金管理、数据管理等。

6.1.2 保证战略的一致性

企业信息化建设要在统一的规划下，结合企业自身的信息化成熟度，分阶段、分步骤按照具体的实施计划逐步展开。所以，信息化战略规划非常重要，而合理的信息化战略规划来源于企业战略，它必须切合企业战略的思想和目标，要服务于企业战略的实现。同时，信息化战略的制定和实施都要兼顾可行性、可扩展性、全面性和阶段性，如图6-1-2所示。

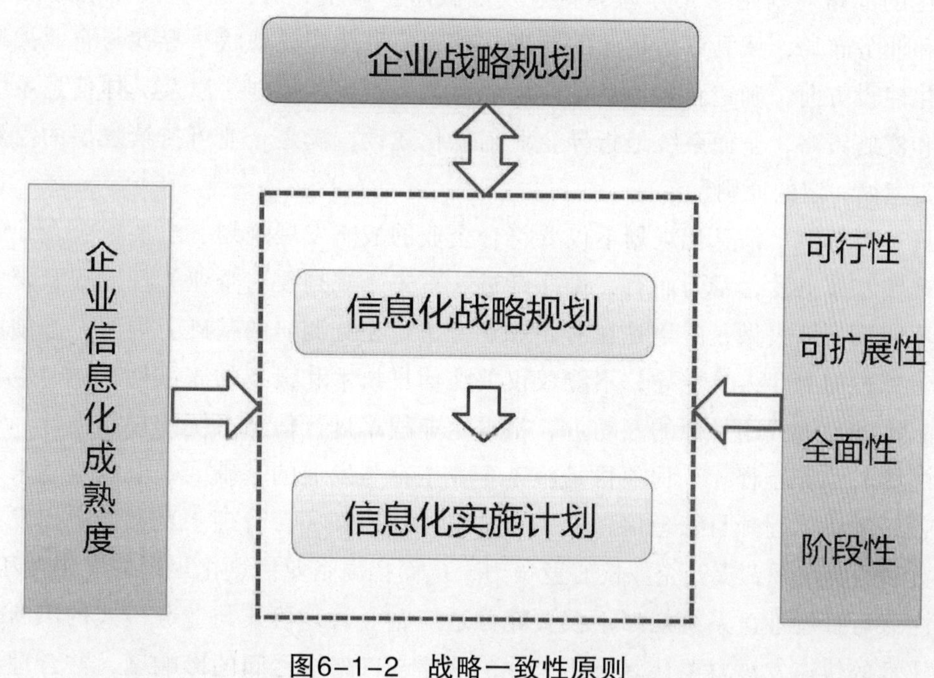

图6-1-2 战略一致性原则

1) 明确企业信息化成熟度

在信息化建设之前，需要结合企业自身管理水平和已有信息系统建设情况，对企业信息化成熟度进行分析和评估，确定企业信息化建设的能力。一般需要从两个层面对企业信息化的能力进行评估。

一是确定企业整体信息化水平。这需要从信息系统的建设目的、信息系统应用范围、信息化关键技术、信息的管理与控制程度、企业用户的信息参与程度5个方面对企业信息化成熟度进行分析和评估，确定企业信息化建设所处的阶段。不同的阶段具有不同的信息化建设诉求，从企业实际出发，明确企业当前信息化建设主要目的和建设内容，以及未来信息化建设的发展方向。这有助于指导我们选择适合于企业的信息化软件供应商和产品。

二是对企业具体的管理能力和现状进行诊断和评估，主要包括：发展战略分析、企业管理现状、项目管控能力、IT现状评估及企业战略（IT战略）匹配。管理现状评估是通过收集企业的年度报告、运营流程、财务报告、各项规章制度，以及与信息化相关的各种材料，从企业管理角度出发，得到企业目前管理现状，以及迫切需要解决的管理问题和对信息化提出的诉求。

2) 明确企业整体战略规划

首先，企业战略发展规划是企业实施信息化的出发点，企业需要制定中长期战略规划，形成战略目标、企业愿景、发展思路和业务布局。并以此确定企业业务发展方向和重点，形成企业业务发展的阶段目标和最终目标。其次，通过战略目标的分解，了解企业为实现战略规划目标所需要完成的工作。分解制定各业务管线的具体目标、指标和计划，这主要包括资源配置要求、对组织机构的调整和改进、业务流程的重组和再造。最后，需要梳理业务流程。分析目前的业务管理流程现状是否满足战略发展需要，找出差距，确定业务流程调整的目标和方向。

3) 制定合理信息化战略规划

信息化的战略规划是在充分理解企业发展战略基础上，按照企业战略规划的发展阶段、管理重点和业务布局，认真评估企业的管理基础和信息化建设现状，寻找与企业战略目标相适应的信息化建设方向，确定企业信息化建设的愿景、目标和规划，以及具体信息系统的架构设计、选型和实施策略，全面系统地指导企业信息化建设，满足企业可持续发展的需要。信息化战略规划要遵循一定的原则。

①要具有可行性。信息化规划不仅要符合企业的战略发展规划，也要符合企业管理现状。从自身的现实基础出发，量力而行，循序渐进。首先，规划要与企业管理流程紧密结合。信息化规划是不能孤立地去做，应该是在对企业业务进行充分调研的基础上展开，必须由熟悉软件开发和经营管理的专业人员主导，不能仅仅关注信息技术和设备的先进性，同时应将重点集中在信息化战略和组织战略目标的互动上，根据企业战略进行信息系统的规划设计。其次，紧密围绕项目的核心业务流程。工程项目是施工企业生存与发展的基础，企业的效益来源于工程项目。因此，必须以工程项目管理信息化为突破口，从提高项目管理水平和能力出发，提高企业的经济效益和经营水平，提升企业核心竞争力，从而提高企业信息化规划的实用性和可行性。

②要注意可扩展性。系统规划不仅要充分适应企业管理模式与业务模式的不断变化，还要能适应IT技术的快速发展。要认真分析企业的战略与IT架构之间的影响度，并合理预测环境变

化可能给企业战略带来的偏移，在规划时留有适当余地。扩展性要求信息化规划要坚持分层规划原则，将企业管理按照决策、管理、执行进行分层业务构建；信息化规划还要注意业务系统的松耦合性。针对各业务功能的需求，提供具有独立性、完整性的应用系统功能。各个应用系统功能之间不能有功能的重叠，系统之间的数据交流通过接口实现。

③要注意全面性。信息化规划要细致完全，要充分考虑企业不同部门，以及决策层、管理层、执行层不同管理层级的需求。

④要有阶段性。信息化建设不是一蹴而就的，信息化规划要适应信息化的普遍规律，要根据企业特点，体现阶段性建设的原则，同时要协调发展企业不同的业务能力，形成各业务领域信息化协调发展、相互促进的良好局面。

⑤ 明确企业信息化实施计划

有了明确的信息化建设规划和目标，就需要将目标进行分解，结合企业战略，确定短期和长期的信息化目标和计划，主要包括信息化系统建设阶段目标、实施计划、考核指标、资金保证计划。根据计划，确定每一阶段需要完成的信息化建设内容或具体的系统。信息化实施计划也需要遵循可行性、可扩展性、全面性和阶段性的原则。

6.1.3 提高信息化专业性

建筑施工企业业务特殊性决定了实施信息化涉及的业务、系统、人员众多，无论哪个参与方都会在其自身领域范围内对信息化系统提出不同的需求或产生不同的影响，他们的专业能力决定了信息化系统的专业水平。因此，信息化建设对企业管理者、软件系统本身、各业务部门、信息化部门、软件商、相关人员等也提出了专业性的要求，专业性成为信息化建设的根本。

1) 专业的企业管理

管理驱动信息化建设。信息化的过程也是企业进行内部管理流程重组和再造的过程。信息化建设的需求来源是企业管理模式和流程，信息化建设要符合企业业务本身需求，反之，企业自身管理水平也决定了信息化建设的专业性。因此，信息化建设对企业的管理模式、管理流程和管理理念都提出了专业化的要求。

2) 专业的业务部门

信息化的建设不仅会涉及企业各条业务管线，同时也会引发对业务管理深层次的探讨。这就要求各业务部门对施工企业的核心业务从现实到理想、从普遍到特殊、从宽泛到精细都要有充分理解。这是对业务部门的要求。

3) 专业的软件供应商

施工企业管理业务众多，不同的业务系统，如项目管理、经营预算、财务管理、人力资源、视频监控等，都会对信息化系统建设提出明确的专业性需求。没有一家软件企业能够做到全部业务精通，因为对专业业务的理解和认知需要积累和沉淀。专业的事情由专业的人来做，产生的是更大的投入产出比。这就需要选择合适的专业软件供应商来完成专业化的系统。这是对系统选型的要求。

4) 专业的人员

专业是一种要求，是工作原则。企业信息化过程每个环节都需要专业的人，这样才能做出够专业的事情，也就是说企业搞信息化建设要用专业的人去做专业的事情，企业信息化建设需要懂信息化的人去参与、去主导。这是对信息化人员的要求。

6.1.4 推动信息集成工作

多数施工企业在进行信息化整体建设之前，可能已经存在很多的业务系统。同时，随着企业业务管控的深入和未来信息化建设的不断开展，信息系统的数量会越来越多。不同的系统存在厂家不一样、数据格式不一样等问题，这导致各个业务系统之间信息无法实现互通，继而形成“信息孤岛”。这个问题只能通过集成的办法来解决。由此可以看出，系统之间的集成问题将会越来越突出。

专业为本，集成为纲。施工企业的整体信息化正是通过集成才把需要连接的专业系统关联起来，才能把企业信息化大网编制起来。集成也是一个专业，它充当了企业各个系统之间连接的绳索。同时，如何发挥既有的IT资产价值，如何发挥各个信息化系统的整合效益，集成是关键。企业信息化建设需要总包服务，总包方管理的核心就是系统集成。

针对目前的施工企业信息化现状，信息化集成主要包括三方面的内容：第一是应用系统集成，提供应用系统之间的灵活的数据交换解决方案，满足各部门不断增长的业务和管理需要。第二是信息集成，减少业务系统中各业务数据的不一致性，通过数据同步、数据整合、数据清理，为综合数据分析和数据挖掘做准备。第三是流程的集成，支持多部门、跨系统的业务流程应用，实现流程定义、编排、执行、监控的标准化和规范化。

在信息化集成过程中，也需要遵循一定的原则。第一是统一规划，建立一体化的集成平台，各分系统按照标准与集成平台进行对接。集成平台是系统建设开放性、扩展性的要求。集成平台采用开放式体系结构，将系统业务与基础应用分离，当企业管理模式的变化带来流程变化、组织机构变化、管理模式变化以及外部接口开放要求时，系统能够在不影响目前业务运行的情况下平滑过渡。第二是统一接口标准，主要是统一应用系统数据接口标准，既满足不同业务系统之间数据流转，也满足跨系统的业务流程整合。第三是规范管理，应用系统服务接口开发按照“统一管理、归口建设”的原则，以业务发展推动服务接口开发建设，规范各应用系统接入集成服务平台的过程。

6.1.5 遵循循序渐进原则

企业信息化建设要结合企业战略，围绕施工企业核心业务价值链（项目管理业务）建设，本着“整体规划、分步实施、效益驱动、重点突破”的原则推进。

1) 整体规划、分步实施

企业信息化建设要本着“整体规划、分步实施”的原则进行。整体规划是指信息化建设要根据企业战略制定整体的蓝图规划，蓝图规划应该涵盖企业管理业务和管理层级。分步实施是指在具体建设信息化过程中，应该依据信息化整体规划，结合企业管理现状，分阶段、分步骤、分层次、分业务领域来实施信息化。

2) 效益驱动、重点突破

信息化建设是一个逐步提升的螺旋式上升过程，循序渐进、逐步提高是符合事物发展客观规律的。施工企业信息化建设需要确定系统建设先后顺序，要遵循“五先五后”原则，如图6-1-3所示。第一是先热点后冷点，遵循了价值大小决定先后的原则。信息化应围绕核心业务开展，方能为企业创造最大价值。在取得一定效果后逐步拓展到外围业务和辅助管理内容。第二是先现实后理想，先易后难、由浅到深、由粗到细、小步快跑，每一个步骤都有成效，可以让企业对信息化保持持久的激情和动力。第三是先结果后过程，先做能够快速见到管理效果和效益的业务。第四是先纵向后横向，先推进纵向管理的信息化，纵向管理是常态，相对好推进。之后再推进横向业务之间的信息化建设。第五是先标杆后推广，应在企业内选择管理基础和信息化基础都比较好的单位进行试点，起到标杆示范作用，带动企业整体信息化水平全面提升。

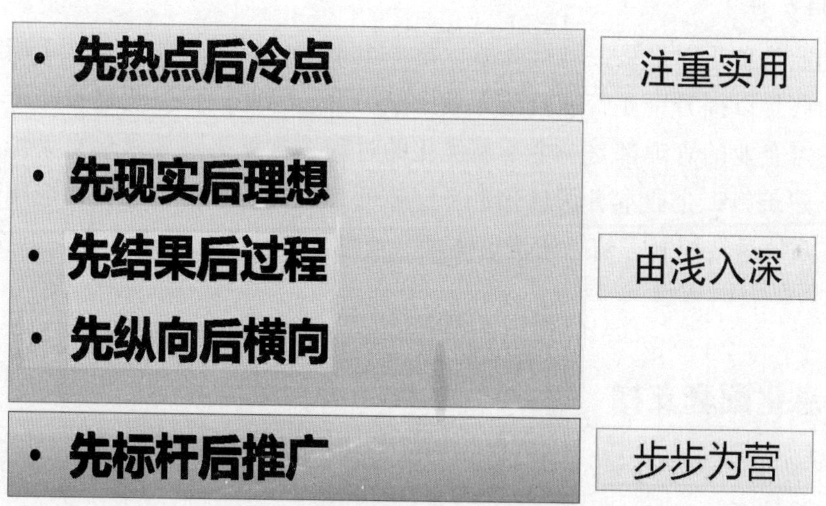

图6-1-3 循序推进的信息化建设

6.1.6 加强系统应用推广

信息化建设无论采用什么指导原则、建设方法和软件系统，最终都离不开在企业实际业务中践行，只有真正在业务和管理中应用了信息化系统，信息化系统的价值才能体现，系统才能不断改进，管理才能不断提升。因此，信息化建设应该坚持“应用为王”，在不断应用中做到可持续的信息化。

1）应用是价值体现

价值是用出来的，只有系统用起来了，用好了，发挥出价值才是信息化建设的最终目标，信息化建设前期的需求分析、系统选型等都是过程或手段，最终用起来才是根本。所以，施工企业信息化建设应该关注信息化系统在企业各业务线条上的使用效能，始终追求应用的效果，关注信息化能带来的实际作用，而不是片面的追求信息化技术或者一些华而不实的界面。

2）应用是选型之道

信息系统选型之目的在于应用，对于客户而言，选择最先进的还是最成熟的技术？选择价格高的还是适中的？选择国内的还是国际的软件厂商等因素长期来看都无关紧要，最核心的考量是选择的系统将来能否适合于企业，能够用起来，应用才为王。

3）应用是核心利益

应用才是信息化核心利益，通过信息化实现企业资质达标、形象提升等需求都是必要的，但不是最重要的，只有为本企业战略服务、为企业管理思想落地、提高执行力才是信息化建设的终极目的，如何让信息化物有所值，应用才能行。

4）应用要遵循客观规律

成功的应用是有挑战的，管理信息系统不是拿来就能用，需要经过规范系统的实施和一系列配套保障才能实现，实施过程中就涉及项目管理、变革管理、知识转移等要素的支撑。

5）应用是持久战

建筑施工企业信息化建设是一场持久战，是一个不断优化、不断完善、不断进步的过程。首先，信息化始终是以提升企业管理效益为最大驱动力。因此，信息化建设与企业管理过程紧密联系，任何一家企业的管理都是一个不断优化的过程，这就必然要求信息系统建设不断完善和优化。其次，建筑施工企业本身信息化水平比较低，这必然导致信息化的应用要经历组织建设、业务融合、系统运转控制、信息化价值体现、信息化持续优化改进这样一个长期的过程。

6.2 企业信息化配套支撑

6.2.1 实施支撑体系

信息化实施不是上一套信息系统就完成了，最终的目的是要让系统真正发挥效益，提升企业管理水平。要保证系统正常运转、支持业务工作、持续优化改进等，必须建立起一整套的实施保障体系。这主要包括部门人员、制度建设、绩效考核和资金保证。

1）部门、人员支撑

信息化建设是一个多层次、多部门、多业务的系统工程，它不仅涉及具体的业务操作部门和人员，还包括各层管理者，同时还需要信息化部门负责正常运转。对信息化支持的三类角色如图6-2-1所示。

信息化能够正常实施需要各方面的部门和人员的支持。这种支持包含两层含义：

①要规范各部门职责和岗位，制定相关人员明确的角色分工和职责定位，彻底解决部门职责不清、工作时相互推诿等问题。只有这样，信息化系统所涉及的业务模块和工作流程才能找

到正确的主要负责和具体操作部门和人员，信息化系统所依托的业务数据才能够正确无误的传递上来。没有及时、准确和一致的数据支撑的信息系统只能是空架子。

②要求各业务部门、人员要全员参与信息化建设，积极转变思想和工作方式，主动使用信息化系统完成工作。信息化原则中强调“应用为王”，系统重在使用。各级部门和人员要抛弃一些抵触情绪，将信息化系统的工作作为日常工作的一部分，主动的使用。只有这样，才能了解系统，并结合实际业务工作，提出改进意见，促进信息化的持续进步。

图6-2-1　组织及人员支持

2) 企业标准化的支撑

建筑施工企业信息化建设需要企业管理标准化作为支撑，信息化系统也需要企业标准化的数据。标准化工作主要包括企业管理标准化和企业信息标准化。

①企业管理标准化

企业管理标准化的基础是管理制度标准化和管理流程标准化。从管理制度标准化上来讲包括两个方面：一是企业自身管理制度的标准化，建立完善的现代企业管理制度，明确管理流程、岗位职责，做到有法可依。二是信息化制度标准化。信息化系统的运行和推广，也需要标准的制度和体系的保障，才能保证企业信息化的各类业务应用系统的可靠、高效、持续、安全地运行。同时，为保证信息化系统的运维，建立信息化培训和考核制度，既要普及信息化知识，又要将各部门人员对系统的应用情况纳入考核体系。

关于管理流程标准化主要包括两个层面：一个是业务流程标准化，一个是工作流程标准化。业务流程表示企业一个完整业务过程，包括前后部门之间的协同，不同信息之间的流转。业务流程标准化是对企业管理层面的规范。而工作流程是具体工作的办理顺序，体现在系统中就是一些审批流程。

②企业信息标准化

信息化归根到底就是对数据的处理，信息化的意义就在于能将离散的数据通过采集、保存、传递、共享、分析转化为有意义的信息，从而进一步转化为企业知识，而作为知识资源又可以指导和提升我们的管理水平，为决策服务。而目前企业的信息的标准化程度低，数据格式根本不统一，数据之间缺乏必要的钩稽核对关系，部分信息归口管理部门不明确，造成数据重复、冗余、不一致，严重时可能导出决策层做出错误的判断。所以，企业建设信息化，首先基础是要对企业相关的信息进行整理。

信息标准化需要首先建立信息标准体系，体系包含一系列的信息标准文件，例如：数据分类标准、数据定义字典、数据标准名称和数据编码标准等，这些数据标准首先统一了不同的业务数据模型，是信息管理的基石。信息标准体系内容涉及企业管理所有业务领域，包括组织机构、人员、工程、合同、客商、材料设备等。针对具体业务应用的数据元，标准体系要求统一分类、统一名称、统一定义、统一编码、统一属性、统一值域。

规范企业信息标准化需要遵循科学的原则。第一是兼容性，信息的标准化工作要充分考虑企业业务中原有数据标准，保持信息化数据标准和业务标准的一致性。第二是标准性，保持编码唯一性和“无二义性”，符合数据元标准体系中数据定义和属性定义的原则。第三是扩展性，充分考虑未来业务发展和信息膨胀，在设计编码的时候给予充分扩展空间。第四是可操作性，数据编码与将来的系统实施紧密结合，充分考虑信息系统实施的需要，编码的具体工作可以提前于系统实施。第五是统一性，整个企业信息化建设需要按照统一的编码规则体系进行。第六就是建立信息标准化管理体系，包括技术人员配备，以及信息采集、数据处理、数据标准发布、更新等制度建设。

3) 绩效及评估体系支撑

建立全员参与的信息化考核与激励体系。对项目、部门、人员使用系统的情况进行统计，形成量化的指标参数，基于指标进行考核，并将信息化考核纳入企业的绩效管理体系。

4) 信息化资金支撑

将信息化投资费用纳入企业整体预算，并按照信息化整体规划和阶段计划，专款专用，以保证信息化建设资金投入的需要。软件、硬件、网络、培训等方面都需要保证必要的专项资金投入。

6.2.2 实施组织配套

在实施过程中，具体指导、操作和建设信息化的组织非常重要。完整的信息化实施组织应包括三位一体的信息化实施梯队：企业信息化部门+信息化咨询单位+专业化软件供应商。同时为保证组织之间顺利工作，需要建立一套有效的沟通机制。

1) 企业信息化部门

企业信息化部门是企业内部结合落实信息化战略，牵头执行信息化规划并提供信息化服务的重要部门。主要负责信息化规划、信息化建设和协调、运行维护、信息化制度及考评、企业人员信息化技能培训。信息化部门在企业中的重要度以及CIO[①]的信息化高管岗位的设立，也在一定层面体现了企业信息化建设的程度。

2) 信息化咨询单位

信息化是“管理+IT”的综合体系。需要重视企业管理信息化咨询工作，信息化咨询对信息化成功很重要。全面完整的信息化建设应该有一套科学、有效的第三方咨询作保证。这是因为：一方面，很少有施工企业具有正确评估信息化成熟度的能力，也很少主动性的进行管理流程梳理和优化，一般都是直接上马信息化项目，这将面临信息化的巨大风险，陷入“信息化黑洞”。另一方面，很多施工企业没有信息化系统实施经验，无法在实施过程中处于主导地位。再加上软件系统供应商在实施过程中对甲方的需求分析和项目规划、实施的广度、深度、力度都不到位，这有可能导致项目失败率高，造成施工企业在信息化项目中难以自拔，陷入“信息化泥潭”。在这种情况下，企业可以借助“外脑”，进行信息化咨询，少走弯路。信息化咨询的范围主要包括企业信息化规划、流程梳理、信息标准化、信息化治理规划等内容。

3) 专业的软件供应商

最终信息化建设的落地还需要有专业的软件供应商，结合企业自身的需求和目标合理选型。选择专业强的、综合实力强的、技术能力强的、产品链长的、服务有保障的软件供应商建立长期合作伙伴关系。

4) 建立有效的沟通协调机制

信息化是一个系统工程，不仅涉及软件供应商和信息化部门，更多涉及所有的业务部门、子分公司和项目部，建立有效的沟通协调机制至关重要，它可以协调企业信息化过程中产生的各种矛盾，提高业务战略和信息化战略的一致性，提高业务和系统的一致性，提高管理层和执行层的一致性。在高度统一的思想和行动下，不断提高资源的合理化分配与使用效率。

6.2.3 实施理论保障

企业信息化实施过程中，除了实际的保障体系和组织保证之外，实施过程还要有一些客观规律和理论的保障，这主要包括变革管理理论和项目管理理论。

1) 企业要遵循变革管理

企业信息化实施的过程就是企业变革管理的过程，信息化建设的过程就是一个理念、行为重大变革的过程。信息化的实施过程势必牵扯到一些管理流程、岗位职责以及组织机构的调整和优化。因此，信息化建设是企业在管理流程、运行方式、沟通方式等各方面持续变革的过程，是企业管理习惯、员工行为习惯重大调整和变革的过程。在这场变革中，无论是管理者还是一般员工，都要适应新的工作方式，要不断地学习，提高素质，以适应企业信息化建设的需要，同时要遵循变革理论所要求的变化过程做事，如图6-2-2所示。

① CIO：Chief Information Officer，首席信息官。

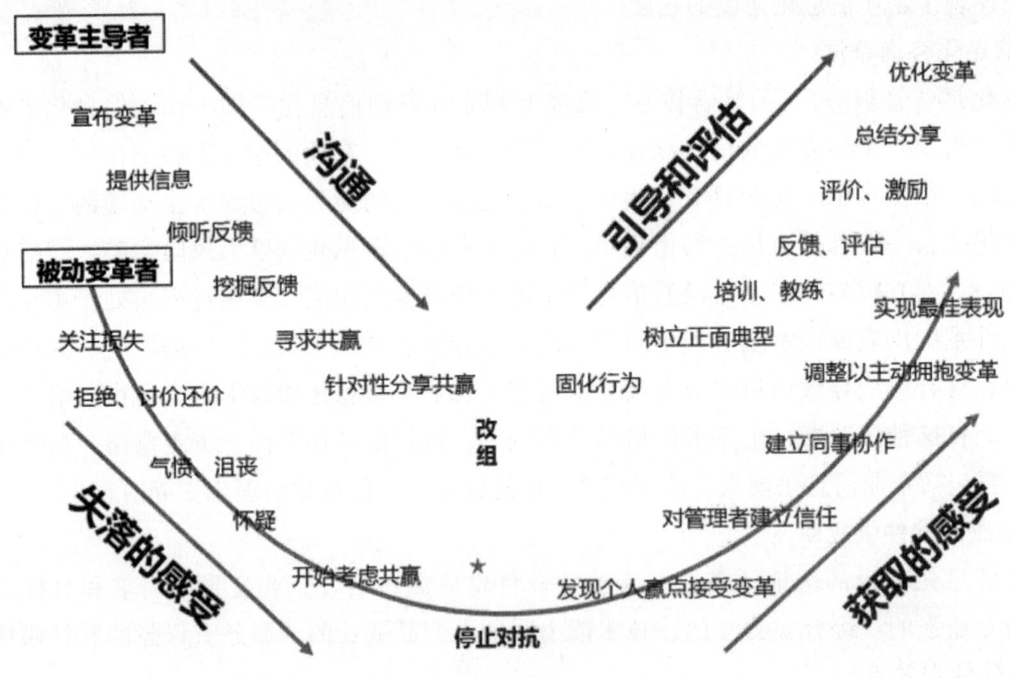

图 6-2-2 变革曲线

企业信息化会造成组织团队的重新整合，新技能的有效传递，一些管理者、员工利益的重新分配，也可能使一些管理者失去某些权力或权威。在企业信息化建设初期，肯定会遇到各种各样的问题和困难，有的会抱怨，甚至发牢骚。各部门间的分工协作以及利益相关方的新的管理要求等都对变革管理提出了需求。在这个时候，作为企业高层的态度尤为重要，第一要遵循变革规律，规划变革路线，需要关注变革中的人、识别变革难度、识别变革中的阻力及对策、掌握变革成功的关键要素等。可以说，变革管理是企业最终能成功应用信息化系统的一个重要保障。第二是不能被这些现象所迷惑，要克服困难，应及时组织力量解决问题，鼓励信息化的直接建设者，增强信心，尽快渡过企业信息化建设的阵痛期。除此之外，还应该注意以下几个方面的观念问题：

① 转变观念和思路。信息化建设是一项长期的过程，领导层要树立长期奋斗的准备；信息化建设不仅是对企业管理模式的变革，也是对员工的工作方式改变，这就要求所有参与者要转变工作思路，适应变革；信息化不是万能的，信息化是手段，是执行技术之一，是为企业战略和管理服务的，它不能解决管理本身的问题。

② “一把手”原则。企业应实行信息化建设的“一把手责任制”，企业的最高领导者要充分重视，建立相应的领导机构和实施机构，广泛推行信息主管制度。

③ “系统工程”原则。信息系统的建设过程是一个复杂的运作过程，建设过程一般会涉及管理、业务、组织、技术等不同领域、不同元素之间的沟通交互和利益冲突，应树立系统工程思想，统筹考虑、协调推进。

④避免“唯技术论”。信息化主要是管理问题，三分技术七分管理。IT技术的快速发展使得许多人产生了一种错误的思维定式：如果采用了最新的技术，就能够或容易取得信息系统的成功。换言之，如果信息系统建设不成功，多半是因为没有采用最新的技术。但是，我们不断地看到这样的案例：一些企业尽管不断地试图采用最新开发技术，然而它们的信息系统仍然没有逃脱失败的命运。

⑤ 信息化不是IT一个部门的事。信息化是一把手工程，各个业务部门、分（子）公司和项目部是应用推广部门，信息化部门是技术执行部门。从我国建筑施工企业信息系统建设的情况来看，信息系统建设时没有建立起有力的组织结构，是一种普遍的现象。有的虽然由一把手亲自主管，但却没有一个实际的组织者。因此，企业应当成立一个信息化小组，它主要起到协调各个部门之间的利益关系，同时为企业最高决策者提供信息化的方案。

2) 实施过程要遵循项目管理理论

信息化项目的实施过程也是一个典型的项目管理过程，符合项目管理的全部特征，都具备项目的独特性、临时性和渐进明晰性，企业应该使用项目管理的理念和方法来管理信息化项目。

首先，每一次信息化建设都具有明确的目的性，企业导入信息系统必然要解决具体的问题，或实现某种管理需求。其次，每个信息化实施过程都是一次性的工作，具有当时的特性（如环境特征、技术特征等），一个系统即使重复做，其实施环境也会发生变化，甚至客户需求、开发技术、参与人员都有可能改变。还有，所有信息化实施都会有其开始和终结的生命周期，没有哪一个系统的部署上线是无止境的。最后，应用系统的过程受众多约束条件的影响(如经济条件、人员意识约束等)，实施人员需要在有限条件下应对各种约束，最终实现系统的交付。

企业信息化项目采用项目管理方法实施，将有效保障甲乙双方在认知和行动上的一致性，以确保项目的成功。

6.3 企业信息化实施步骤

企业信息化建设是一项持续建设的工程，在短期内全部实现是不可能的，需要有一个循序渐进、从基础到高端的过程。应该遵循“整体规划、分步实施”的原则进行，遵循信息化战略规划，依据信息化蓝图规划，分期分系统进行信息化建设。每一期的信息化建设都会经历四大步骤，同时各阶段和各实施步骤（立项、选型、实施、运维）不断迭代促使信息化建设和信息系统不断优化升级，如图6-3-1所示。

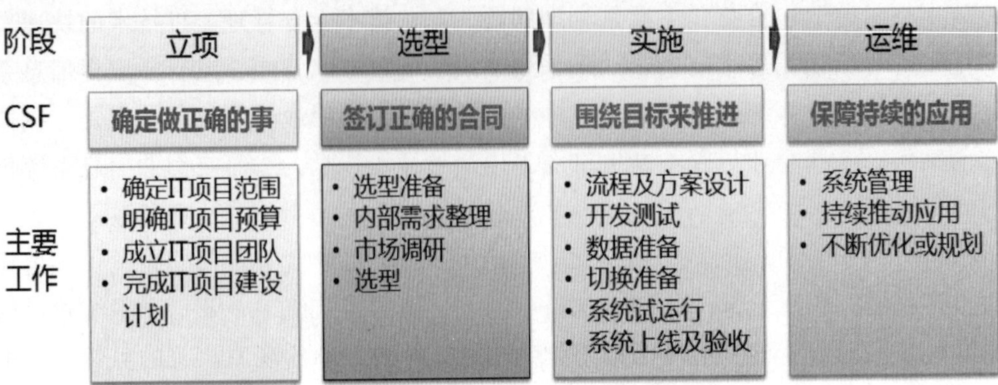

图6-3-1 实施步骤

6.3.1 信息化项目立项

信息化项目的立项需要确定信息化项目的范围、明确信息化项目的预算。成立项目的团队，编制项目建设的计划。必要的时候需要开项目启动会来更明确各部门针对信息化项目的权责和分工，以及包括软件商在内的信息化实施团队内部沟通机制的建立。

6.3.2 信息化产品选型

选择合适软件供应商和软件系统是信息化实施成功的关键步骤。选型主要包括三个方面的选择：选伙伴、选产品、选服务，如图6-3-2所示。

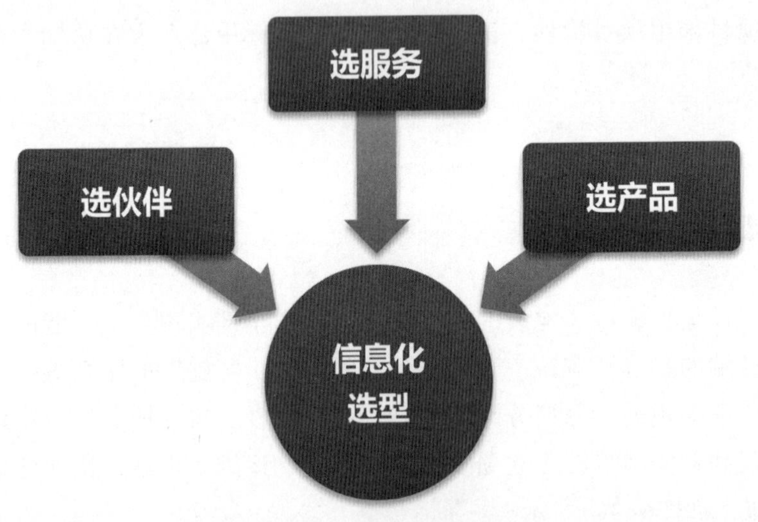

图6-3-2 信息化系统选型

1) 选伙伴

本着“专业为本、集成为纲”的原则进行选择。需要从三个维度去考虑：第一是企业的专业性。施工企业信息化涉及不同的业务领域和专业分工，任何一家软件公司都不可能精通所有专业，这就需要不同的业务系统由专业性强的软件公司承担。同时系统集成也是一种专业，也需要有专业的软件集成供应商完成。这也是专业为本的要求。第二是企业的长期性，长期性包括三层含义：一层是软件企业应具有一定的实力，长期存在；二层是软件供应商应长期从事专业系统的研发，应该在所从事的专业领域内有一定的积累，这主要包括业务积累、产品积累、实施积累和专业人员的积累；三层是软件企业应该与施工企业建立长期的合作关系，风险共担。第三是样板用户，软件供应商不仅能提供专业的系统，同时应该有信息化成功实施案例带来的最佳实践作保证，这样才能真正体现出软件产品的实用性和效果。

2) 选产品

在选择信息化软件产品的时候，要关注产品的五个重点："理念先进、专业实用、随需而变、开放集成、产品成熟"。具体需要从三个维度去考虑：首先是产品的专业性，不仅是企业具有专业性，相应的软件产品也能够充分体现业务的专业性要求。同时又能够融合较为先进的管理理念。其次是产品的适应性，要能够适应不同硬件环境、不同业务模式、不同业务流程的变化要求。最后是产品的集成性，产品应该具有统一的集成平台，不同的业务系统可能在统一平台下集成。

3) 选服务

服务是软性条件，包括三个方面的要求：第一是实施服务的能力，企业信息化系统不是单机版的系统，成功的信息化实施不仅仅是选择一套系统就可以了，还包括供应商提供的系统需求、系统配置、系统上线、系统推广优化等一系列的实施活动来保证。第二是信息化咨询能力，信息化系统的实施过程对于施工企业来讲，也是业务梳理、流程重构、组织调整的过程，这就要求供应商能够提供专业化的信息化咨询服务来指导和保证。第三是持续改进的服务，依据应用为王的原则，信息化系统需要根据管理需要不断改进，这就要求供应商能够提供对信息化系统持续调整和优化服务能力，保证信息化的可持续性。

6.3.3 信息系统实施

无论是信息化规划做得多好，最终都需要将信息化系统在企业中实际地运用起来，这就要求科学规范的信息系统实施作为保障。信息系统实施是针对某次具体的信息化软件系统在企业内部进行需求分析、开发配置、培训上线和优化推广的过程。

1) 需求分析

在需求调研和系统设计阶段，企业信息化小组，包括业务人员应该全程参与，特别是软件公司实施团队对业务部门的需求调研，企业一定要主动配合。需求调研不仅是软件公司进行二次开发或系统配置的依据，更是企业各业务部门重新梳理流程、确定部门岗位职责、标准化数据的最好时机。调研内容主要包括企业战略、组织机构、业务流程、规章制度、管理需求、安全保密需求、企业信息化现状等，调研方式有访谈、填写调研表、座谈会、查阅资料和专题报告等。

需求调研要形成正式的需求调研报告，并形成适合企业管理现状的信息化技术和建设方案。方案内容一般包括背景分析、需求分析、信息化解决方案、系统部署、配套硬件设施、培训实施、时间表、风险管理等。报告是系统交付和验收的依据，企业各业务部门的负责人员要认真审核报告内容，以减少后续的返工。

2) 系统开发和配置

系统开发工作包括系统功能调整、审批流程设置、业务表单调整、基础信息配置等工作，系统开发是软件公司的主要工作，依据就是需求调研报告。此时，作为业务部门人员，应该主动联系软件公司项目经理，针对已经完成的功能尽早进行试用，及早发现问题。同时，为满足软件系统的运行，要按照解决方案要求进行软、硬件基础设施建设准备。

3) 培训上线

培训上线是在系统开发配置完成之后，由软件商项目团队对系统实施。实施主要包括以下的工作：

① 建立详细的实施计划：包括系统初始化准备计划、培训计划、上线计划等，详细计划要严格受到总计划控制。

②职责体系：按照管理信息化职责，实施到人、到岗位，建立层层负责制，业务人员必须熟悉系统，这是基本保障。

③ 流程优化：涵盖流程梳理、流程评估、流程诊断和流程改善四个基本步骤。流程梳理是对企业的业务流程进行统一、标准的整理和分类。流程评估是根据企业战略、优化策略和标杆，对现状流程进行评价，明确薄弱环节，也就是优化目标。流程诊断是基于优化目标，分析出业务绩效的改进因素。流程完善就是基于流程评估和诊断的结果，对现状流程进行修改和完善的过程。最终再对输出的流程进行固化、信息化，也就是将业务流程的逻辑在信息系统中进行设计和体现，并以此约束使用者的工作方式和行为。

④培训机制：此时的培训工作至关重要，需要建立一套行之有效的培训机制，从培训对象上，需要分为决策层、管理层、执行层三层不同的培训方式和方法，例如，对于决策层可以采用面对面培训。从培训的方式来讲，可以分为集中培训、远程视频培训、集中答疑式培训等。同时针对培训要建立签到、考试、考核机制。

⑤沟通机制：建立流畅的沟通机制，形成软件项目组、企业信息化部门、各业务部门、领导等几方能够及时交流。例如，业务交底、周例会、定期领导汇报、进度周/月报等。

4) 优化推广

在系统上线运行之后，依据“五先五后”原则，需要从两个方面对系统进行优化：一是深度方面，随着系统在企业中的推广，大家对系统可能越来越熟悉，同时也会对系统的应用深度提出了新的要求。二是广度方面，一般在系统实施阶段，会找信息化成熟度高的项目进行推广，在优化推广阶段，会将系统应用逐渐向其他项目扩展推广。

6.3.4 信息化运行维护

系统正式交付运行之后，将会进入运行维护阶段，此时要更加注意信息化应用的持续推进。因为此时软件供应商项目团队已经离开现场，任何松懈就会造成前功尽弃。这就需要从几个方面进行保证：一是要建立专门的系统运维部门，负责系统的维护、优化更新工作。二是一定要与软件商签署长期维护合同，因为企业是变化的，随着业务流程的变化，系统会不断发生调整，这就需要有软件商对系统稳定负责。三是要建立信息化考核机制，针对各业务部门的信息化应用情况进行考核，并将考核结果纳入部门或个人绩效。四是建立完善的信息化管理制度，包括权限分配制度、系统运行制度等，同时要将信息化相关行为作为业务步骤纳入企业的管理制度中。

6.3.5　信息化工作迭代

信息化建设过程是要经过多次迭代往复的，如图6-3-3所示。这里的迭代包含两层含义。

第一层是指在某一次具体的信息化系统实施过程中，充分应用项目管理和软件开发的思想和规律。软件系统的需求、开发和实施不是一蹴而就的，而是一个反复多次的过程。例如，需求分析是一个不断细化过程，系统功能也有轻重缓急。每一次迭代都会针对部分业务进行设计、交付、评估等，及早进行用户体验。一些深化功能和问题将在下一次迭代中修正。通过不停地叠加，系统的友好性和适用性也越来越好，系统也会处于一个不断螺旋上升和优化的过程。

第二层是指在整个信息化建设历程中，每一次系统建设阶段之间都需要进行反复迭代。在每次具体的实施过程中，都会结合使用情况，对上一次的系统进行优化或集成。当每次的系统建设完成时，都需要进行迭代评估和验收审核，根据审核结果，结合信息化整体规划，有可能需要根据本次迭代的经验重新确定下次信息化建设的预期目标。这样反复迭代使整个信息化建设处于一个良性循环，并不断完善的过程。

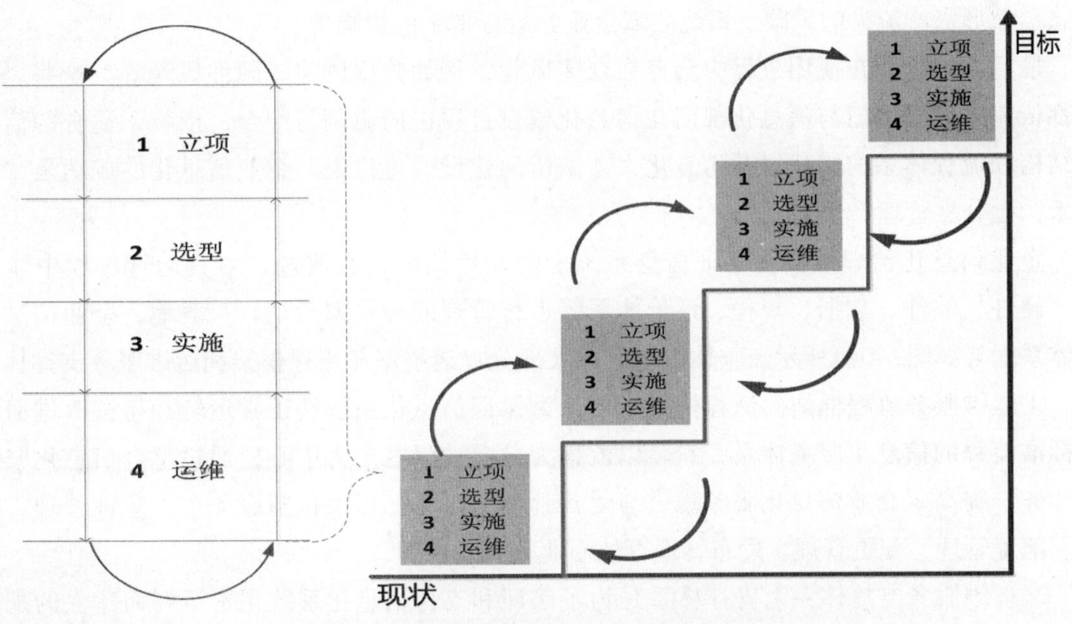

图6-3-3　信息化建设中的N次迭代

第7章　建筑施工企业信息化治理

在我国建筑业不断变化和发展的今天，企业的产业升级、结构调整、管理优化等工作趋于常态化，信息化系统也应随时、随需根据企业业务变化和管理升级进行持续改进和提升。为此，建立有章可循、有法可依、有手段可用的信息化应变的机制与配套治理体系，保证施工企业信息化建设的可持续性是十分重要的。

首先，企业信息化建设是一项长期工作。通常企业在信息化建设过程中会对信息化需求的分析、系统选型及实施上线给予足够的关注，然而企业信息化建设并不以系统的上线为止，相反更多和更重要的工作是如何保证系统在上线后，能够随着企业业务变化而持续地推广、维护和优化升级。

其次，随着企业对信息化应用的不断深入，企业对系统的依赖性也越来越强，信息化在帮助企业提高管理效率的同时，治理体系缺乏所隐藏的风险也将越来越突出，例如，信息安全的隐患、无形资产流失的风险、系统故障给业务运行带来的影响等。

最后，信息化在使用过程中会存在众多风险，例如数据风险、硬件风险等。这些风险的规避都依赖于业务部门与信息化部门在信息化建设过程中的协调与配合，依赖于适合的信息化组织结构和流程体系的构建以及信息化人才队伍的建设。可以说，企业信息化的成功是“三分靠技术，七分靠管理”。

企业信息化治理是指为保证信息系统上线及后期的持续改进，对其运行过程中涉及的人员、硬件、软件、数据、规程、评价体系等进行管理的一系列活动。一般地，企业信息化治理的体系框架如图7-0-1所示。整体上包含两大部分：运维服务流程框架和运维服务支撑体系。

①运维服务流程框架。流程框架主要是为保证信息化系统的正常运转和持续改进而建立基于标准流程的信息化服务体系，它是以流程为导向，以客户为中心，通过整合信息化服务与企业业务，提高了企业信息化服务提供与运营管理的水平。框架包括服务台、事件管理、问题管理、配置管理、变更管理、发布管理等核心业务管理流程。

②运维服务支撑体系。支撑体系是为了保证和支持信息化系统正常运转而建立的配套管理体系。支撑体系包括应用软件系统运维、硬件基础设施运维、配套保障体系三大部分。

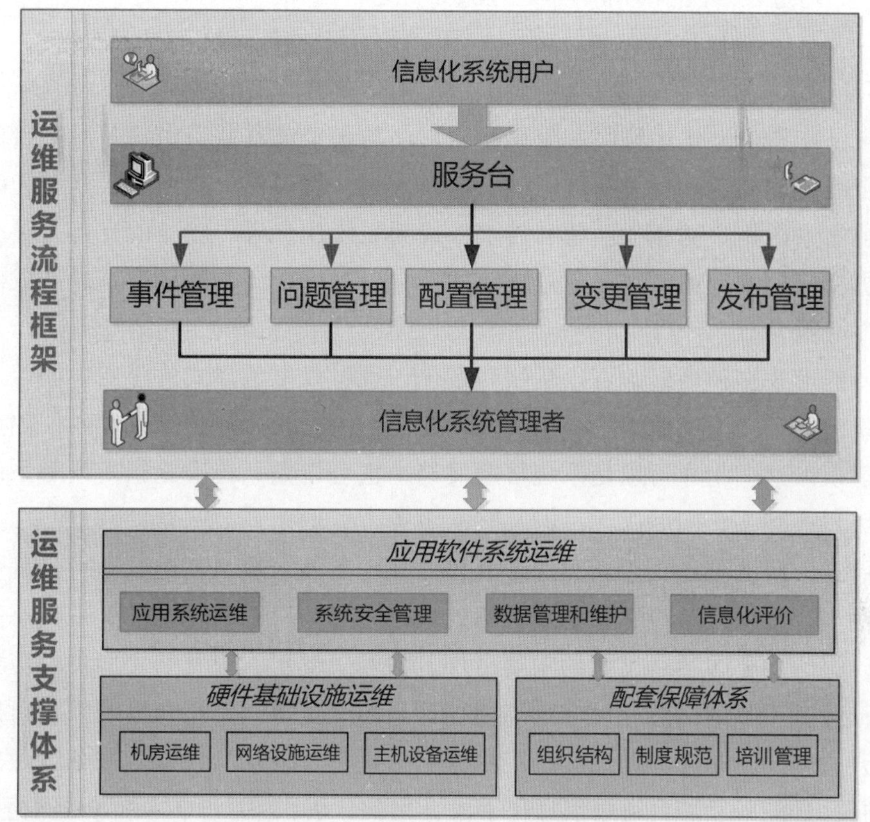

图7-0-1 信息化治理的体系框架

7.1 运维服务流程框架

企业的信息化系统不是一成不变的，需要根据一些外部因素的变化而不断调整和优化，这些外部因素主要来自组织管理方式变化、业务过程的改变、具体业务需求的增减、硬软件平台的变化与升级以及原有系统设计中存在的问题修改等。目前，建筑施工企业信息化普遍采用被动式维护管理，系统维护工作一般是在问题发生的时候才进行必要的维护，临时去制定维护方案。例如，在功能完善性维护中，总是等到业务已经发生变化之后，部门提出需求后才会组织修改。没有形成从发生问题到处理结束的一整套维护管理流程。

施工企业应该建立一套信息系统运维服务流程框架，保证信息系统在遇到这些外在和内在的因素变化时，能够及时作出反应并按照流程进行处理，始终保证系统处于合用状态，并能够动态地纠正错误和改进功能，使信息系统可持续的良性工作。

运维服务流程框架一般包括服务台、事件管理、问题管理、配置管理、变更管理、发布管理等管理流程。通过服务台系统用户与系统管理者形成统一接口界面，系统用户仅需要通过服务台提出自己的需求和问题，信息化部门需要制定详细的服务支持流程，对问题进行筛选、处理、记录、分析处理后，提交给具体的问题解决者，可能是软件商、硬件商或集成商等。问题处理完成后，通过发布流程发布，并通过服务台进行通知。

7.1.1 服务台

服务台是支持信息化运维服务流程的门户，与各个流程联系密切。服务台的工作目标主要是提供一个系统使用者和管理流程的统一接口界面，管理流程要通过服务台为系统用户提供单点联系，解答系统用户的相关问题和需求，或为系统用户寻求相应的支持人员。系统用户也通过服务台提交问题和反馈需求。通过统一的平台，减少由于沟通环节繁琐造成的需求丢失和反馈不及时等问题。

服务台的形式多种多样，可以是软件系统，也可以电话形式的呼叫中心等。服务台需要提供较为完整的服务，这些服务主要包括以下几项：一是为企业信息系统的使用者提供信息系统的指导和建议。这些指导可以是系统帮助文档，也可以是系统实施指南或者系统疑难问题解答等。系统用户遇到系统问题时，可以及时从服务台获取所需要的帮助信息。二是生成和报告信息化管理信息。服务台作为需求和处理流程的唯一界面，应自动记录运行过程中的需求和管理的信息，例如，根据系统设置设定需求的处理优先级并跟踪突发事件处理状态等。并按照周期输出报告，报告主要包括：发生的主要事件、问题、变更，以及与之相关的应急措施；客户不满意事件；运行不良的信息化设施；周期性计划的变更等。信息化管理人员可以根据报告总结问题，提升管理。三是建立沟通和推广服务。针对具体使用者，通过服务台建立相互之间的统一沟通机制。目前一般需要通过信息化手段，例如，聊天室、QQ群和其他网络沟通平台等。大家可以通过统一沟通平台交流系统使用经验，一方面降低信息化工作人员的工作量，另一方面通过交流研讨，全面提高大家的使用水平。四是通过服务台，将信息化服务工作从被动改为主动，信息化维护人员通过服务台统一推送服务信息，使用人员能够及时获得帮助，避免不恰当的使用带来的非系统性问题。同时，系统用户也可以通过服务台及时了解自己的服务请求处理进展状态。

7.1.2 事件管理

事件管理是对于日常工作中发生的事件进行管理，并根据不同的类型和紧急程度对问题进行分类、原因判断、划分优先级、调查诊断，将问题转到正确的责任人去处理，并及时给出系统用户反馈。事件管理流程的主要目标是减少突发事件对企业业务的不利影响，尽快恢复信息化服务，尽可能保证最好的信息化服务质量和可用性。这里所说的事件是指会引起或可能引起系统中断、质量下降或需求变化的任何事件。根据可能产生的影响来源，主要来自以下四个方面的事件：第一是故障类事件，包括硬件故障、软件故障和系统故障等。第二是适应性事件，由于新的硬软件配置、数据环境、数据格式、输出输入方式、存储介质等的改变，要求对软件做出的调整和修改。第三是完善性事件，由于系统用户需求增加而产生的软件修改或再开发。第四是预防性事件，为了提高软件的可维护性和稳定性而预先采取的一些措施。例如，网络防护措施、软件故障应急措施等。

图7-1-1 事件管理流程

事件管理流程通常涉及事件的侦测和记录、事件的分类和支持、事件的调查和诊断、事件的解决和恢复以及事件的关闭，如图7-1-1所示。首先，事件侦测和记录是要求企业建立事件侦测机制，应预先考虑不同的事件来源，并形成正式记录。其次，要针对发生的事件进行优先级识别，优先级需要考虑事件的紧迫程度和对业务的影响程度。还有就是对事件的解决和恢复，根据对事件的分级和分类，按照事先设定好的处理流程分发给不同的维护人员进行处理，这里可以包括软件公司服务人员或企业本身的业务专家等。最后就是要在系统问题解决之后，及时恢复系统，并通过服务台发布信息，并关闭事件。

7.1.3 问题管理

问题管理是对事件管理的进一步提炼和升级。问题管理流程的主要目标是预防问题和事故的再次发生，并将未能解决的事件的影响降低到最小。问题管理包括问题的提出、问题原因的分析、问题的处理，以及今后如何避免同样问题的改善对策。

问题管理的核心是建立高效的问题处理机制，这需要加强三方面的管理：

一是建立问题提出、处理和修改机制。问题可由企业参与信息化工作的任何人在运维例会、故障分析会、维护分析报告、巡检报告、运维管理平台上以多种形式提出，问题库的归口管理部门为信息系统维护管理部门。根据问题的分类由专人处理，对问题的核心问题进行识别，由归口管理部门组织讨论，明确问题的责任人、配合人员，制定解决方案、工作计划和时限要求。问题修改完成之后，应由提出人测试验证后，更新问题库记录，问题处理中产生的所有文档由生产配置管理员按照配置管理流程归档到运维管理平台的知识库中统一管理。

二是要建立问题库。对问题的提出、解决和结果记录要及时存入问题库。一是可以完善问题的过程管理，随时了解问题解决的进度和状态；二是针对一些相似问题可能重复出现的现象，通过问题库可以快速搜索问题和解决方案，有助于企业提高问题处理的效率。

三是建立问题预防和联动机制。根据已经解决的问题，一要分析根本原因，同时要分析潜在的问题，找出可能引起的其他错误；二要分析修改问题引起的变更，并启动变更管理程序；三要对问题趋势进行分析，问题引起的系统变化趋势分析清楚。

7.1.4 变更管理

信息系统在运行过程中会产生众多的变更，主要包括硬件扩容、冗余改造、软件升级、搬迁、数据移植、数据维护等升级工作，同时也包括诸如电子表格模板、文档模板、安全策略、配置参数、系统结构、部署发生变化等。变更管理通过标准的管理流程，将变更对系统服务的干扰降至最低。变更管理流程包括变更申请、变更审批、实施变更和变更测试。

在实施变更管理流程过程中，需要注意以下几项内容：首先，要建立完善的变更管理流程，完善的意思是变更流程要能够涵盖所有的变更，因为变更一般来讲会分为紧急和普通等类型。紧急变更往往会影响系统的正常使用，要建立针对紧急变更的特殊处理流程。其次，变更要尽量减小对系统运行的影响。这包括变更的方案要合理高效，不能牺牲系统的正常运行为代价。还有就是变更的测试要完善，不能改完直接更新，而且变更后的系统更新尽量选择在系统访问量最低的时候进行。最后，变更要形成完善的记录。特别是涉及版本的变化，要对修改内容、日期、责任人、相关业务变化等记录清晰，这样有助于对变更的追溯和系统的延续性。

7.1.5 配置管理

配置管理流程包含对信息系统的整个生命周期进行控制和规范的一系列措施，保证系统运行过程中的各种信息被正确记录下来，使企业信息系统管理者在系统各个阶段和时点都能得到精确的系统硬件、软件、功能、变更等各方面的配置数据。

配置管理对企业信息化运行管理是十分重要的。随着信息化系统的日益复杂化和系统用户需求、软件和硬件配套更新的频繁化，配置管理成为信息系统生命周期中的重要控制过程，在系统运维管理中扮演着越来越重要的角色。一个好的配置管理过程能覆盖需求分析、系统开发、系统上线、系统优化和变更、系统推广等各个方面。良好的配置管理能使信息系统运维过程有更好的可预测性和可控性。

企业有必要建立完整的配置管理流程。信息化系统具有动态变化的特性，为了保证对系统进行有效地控制和追踪，配置管理过程不能仅仅对静态的、成形的软件系统本身进行管理，而必须对动态的、成长的企业信息化进程进行管理。因此，配置管理必须紧扣信息化运维过程的各个环节，包括管理企业业务需求变化，监控系统修改，确保需求落实到产品的各个版本中去，并在产品更新和系统培训等方面提供帮助。通过配置管理过程的控制，使得企业信息部门对企业的信息化的全部静态的资产和动态的运行都能够掌控。

完整的配置管理需要规划、定义与管理配置数据库。数据库记录了信息系统的需求、版本、变更等所有配置项的信息。企业信息部门可以通过软件系统结合配置数据库对运维过程中的各业务进行管理。

7.1.6 发布管理

发布管理负责对硬件、软件、文档、流程等进行规划、设计、构建、配置和测试，以便为系统实际运行环境提供一系列可靠的发布保证，并负责将新的或变更的组件迁移到运行环境中。其主要目标是保证运行环境的完整性以及正确的软件系统或组件被正确发布。确保只有经过测试和正确授权的软硬件版本才能提供给信息化运行环境。

发布管理主要包括以下几项内容：一是要建立完善的发布管理制度。每当信息化系统发生变化时，需要按照发布管理流程进行系统发布的规划，制定可行的发布计划，并对发布的内容、范围、时间和版本等进行审核。二是要制定发布后的培训交流方案，新发布的系统更新可能会带来业务或操作上的变化，需要针对具体业务制定培训流程，保证新版本能够顺利实施和使用。三是要保证安装和更新过程的安全，执行系统更新方案，尽量不能影响系统的正常运行和业务工作。

7.2 运维服务支撑体系

运维服务流程框架属于管理的范畴，先进的管理流程能够提升企业信息化运维的质量和效率，并保证持续改进。但是，仅有管理流程是不够的，如何保证流程正常运转和系统持续优化，还需要相应的基础性配套体系来支撑。这主要包括应用软件系统运维、硬件基础设施运维和配套保障体系。

7.2.1 应用软件系统运维

应用软件系统运维管理是企业信息化配套体系中较为重要的环节，也是企业信息化管理部门一项日常工作，其他的运维工作都是为了保证应用软件系统的正常运转和优化升级。软件系统运维管理工作的主要管理对象是信息化软件基础设施和已上线软件系统。运维管理工作的主要目的是保证企业各类计算机应用系统稳定、安全、高效运行并持续改进。它主要包括4项内容：应用系统运维、系统安全管理、数据管理和维护、信息化评价。

1) 应用系统运维

应用系统运维主要是为了保证各类应用软件系统在系统平台上能够安全、可靠运转而采取的一系列保障措施，包括定期评估应用软件系统的性能、功能缺陷、系统用户满意度等，采取措施及时消除应用系统可能存在的安全隐患和威胁，根据需求更新或变更系统功能。应用系统运行维护管理工作应由专门的系统管理员负责，主要工作包括对应用信息系统运行的记录和系统应急措施的建立与保证。应用系统运维主要包括以下内容：

①系统级软件运行维护。系统级软件主要包括应用系统所部属的服务器上的操作系统、应用服务器系统和数据库管理系统等。需要对这些系统进行部署、安装、环境配置和运行状态检查，同时负责相关的各类系统用户、密码管理，以及操作系统的补丁升级和病毒特征库的升级管理。

②应用系统的运行维护。首先，要保证对系统日常运行记录的数据完整性和管理便捷性，企业自身应该建立系统的运行记录机制，通过信息化手段对软件系统运行、访问、操作和更新的痕迹进行自动记录，当出现异常情况和无法运行情况时，通过系统提供的可视化管理和分析界面，对发生的现象、时间和部位等进行原因分析，加快系统修改速度。其次，要对应用系统的参数配置、变更及备份，以及应用系统软件的安装、升级、维护进行过程管理和做好相应记录，同时负责应用系统的版本、补丁的管理和发布。最后，要建立应用系统的用户管理机制，对系统用户完成增加、删除和修改工作，对系统用户进行角色设置、业务授权等工作。

③应用系统运行保障。为保证系统正常运行，企业应建立信息化应急措施。信息化应急措施主要是为了应对系统出现紧急情况而采取的一些解决方案和预案，例如，制定应付突发性事

件的应急计划，每日要审查应急措施的落实情况等。其中较为重要的就是数据备份和系统文件备份工作。目前大部分企业普遍采用简单的数据库自动备份机制，这个投入低，仅需要购置一定数量的磁盘阵列，对数据按月、周、日进行备份。但是这样的备份需要手工恢复，无法自动切换系统，同时也无法解决WEB系统和数据文件备份问题。对于较为重要的系统应该建立系统安全备份整体方案，采用双机热备和负载均衡等先进技术，做到系统出现问题时自动切换，将系统问题对业务的影响降到最低。

④系统安全管理。系统安全管理就是要建立信息安全保障机制，在信息高速发展的今天，信息化系统建设集中化趋势和云平台等信息技术的发展，使得数据的集中度越来越高，数据集中为信息化系统的部署、更新和实施带来高效，同时，如何保证数据信息的安全，建立完整的信息保障体系就显得愈加重要。

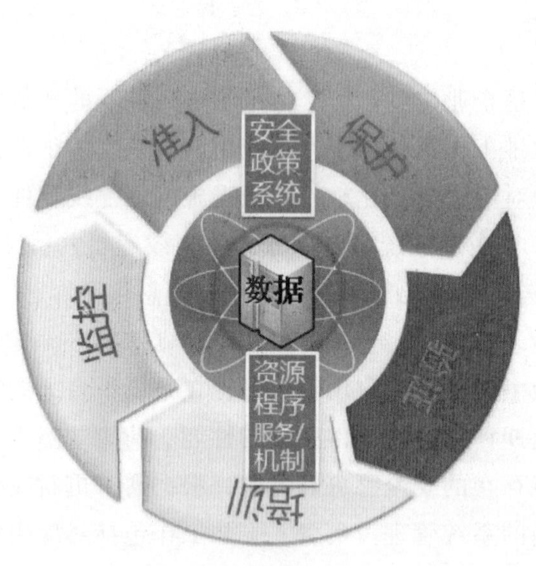

图7-2-1 信息安全保障体系

信息安全保障体系，并不是仅仅指建立防火墙、系统用户安全管理、信息备份和病毒防护，通常包含准入、保护、验证、培训和监控五大领域的信息管理和服务保障体系，如图7-2-1所示。这五大领域又相互加强，成为一个闭环的安全管控体系。五大领域对应的信息保障体系具体内容如下：

① 准入：包括安全政策的制定、企业信息安全管理的架构的建立、对安全风险和威胁的评估、对系统架构脆弱性的检测、灾备计划、安全审计等内容。

②保护：不仅包括软件系统中密码系统（例如：单点登录系统，系统用户密码规则等）的建立，还包括防火墙的实施、VPN的实施、系统安全程序的开发和集成、管理安全服务等。

③验证：安全管理需要保障系统文档的保存和及时更新、定期测试，对可能的攻击、风险和系统脆弱性进行分析和更新，定期对系统、计划和程序的IT安全性进行审计等。

④培训：包括对员工和信息系统管理人员的培训，让全公司的人员都有安全意识，并主动

在工作中遵循相关的安全和信息保障规定。这些培训包括安全认识培训、入侵侦测培训、安全操作小组培训、系统管理员的安全培训等。

⑤监控：包括对入侵的侦测、系统和网络监控、入侵历史分析、恶意代码分析、安全事件汇报、成立安全事件响应小组等。

2) 数据管理和维护

数据管理和维护是系统应用的核心。为保证数据存储、数据访问、数据通信、数据交换的安全，需要定期评估数据的完整性、安全性、可靠性，制定备份、冗灾策略和数据恢复策略，消除可能存在的安全隐患和威胁。该项工作一般由专门的数据库管理员负责，数据管理和维护主要包括以下的主要工作：

①数据库系统的管理和维护：首先，包括数据库系统软件的安装、升级和维护，数据库系统的参数配置、存储空间分配、备份、系统用户管理等工作。其次，在运行过程中，需要对数据库系统进行状态和日志备份、检查。还包括数据仓库[①]系统进行状态和日志检查，以及对数据库系统的性能进行监控，做好系统优化工作。最后，还包括对数据库系统制定和实施备份与恢复策略，保证数据库系统运行过程中发生的问题能够得到及时处理和解决。

②数据安全性管理和维护：数据安全性管理是为了保证应用系统的业务数据而采取的必要的措施，主要包括以下几点：第一是安全评估，应该对数据的完整性、可靠性、可用性和保密性等要素进行评估，制定数据管理和数据恢复策略，保证数据的安全。第二是数据访问控制，应制定数据访问控制策略、访问权限控制策略、非授权访问处理策略，防止对未经授权的数据进行访问、修改、移动、删除和毁损等。第三是数据存储与冗灾，应制定数据存储、数据冗灾策略，评估数据存储的安全性，保证数据存储的完整性、可靠性。还要制定数据存储事件处理预案。第四是数据通信安全，应评估数据通信的安全性，制定数据通信的安全策略，保证数据的完整性、可靠性、保密性和不可抵赖性，同时制定数据通信应急处理预案。

3) 信息化评价

信息化评价指的是信息化管理员对企业信息系统的运行状态和质量进行各种衡量，以判断系统是否优质、高效、安全地运行。评价的目的是检查系统是否达到预期的目标，技术性能是否达到设计要求，系统的各种资源是否得到充分利用，经济效益是否理想，并指出系统的长处与不足，为以后的改进与扩展提出意见。同时，结合评价情况，能够确定企业信息化成熟度或能力水平，为下一步的信息化规划和系统建设提供正确的方向。信息化评价主要包括管理评价、技术评价、经济评价等方面。

建筑施工企业一直缺少标准化的信息化评价体系，企业对自身信息化建设情况缺乏科学的判断依据。中国施工企业协会在2011年开始编制《施工企业信息化评价标准》，并于2012年5月由住房和城乡建设部发布实施。标准的目的是为施工企业信息化建设水平提供科学的评价标准，引导施工企业科学、合理、有效地进行信息化建设，指导广泛的施工企业信息化的实践。

该评价标准从业务覆盖、技术水平、保障程度、应用范围、应用成效5个方面对施工企业信

① 数据仓库：英文名称为Data Warehouse，可简写为DW或DWH。数据仓库是为企业所有级别的决策制定过程提供支持的所有类型数据的战略集合。它是单个数据存储，出于分析性报告和决策支持的目的而创建，为企业提供需要业务智能来指导业务流程，改进和监视时间、成本、质量和控制。

息化进行全面评价，如图7-2-2所示，并进一步分解为15个综合评价指标，抓住实质和核心业务进行评价，从业务、技术、保障、应用、成效5个方面的信息化水平作为核心评价指标。对施工企业的信息化水平提出了客观、科学的评价体系，为企业信息化治理提供了科学依据。

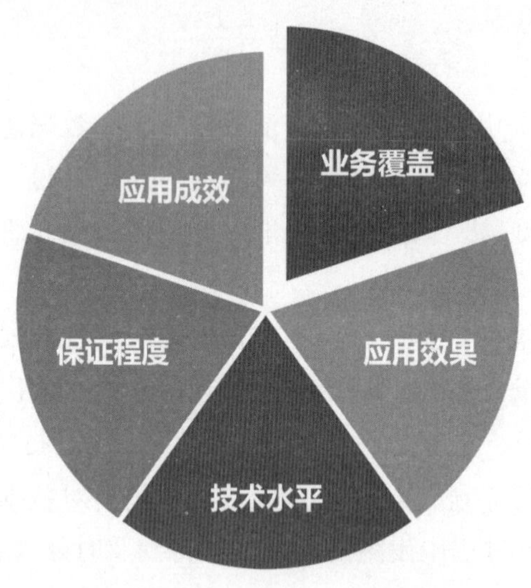

图7-2-2　信息化评价标准

7.2.2　硬件基础设施运维

硬件设备是信息化的基础和依托，硬件基础设施运维是对信息化相关硬件设施进行监视、日常维护和维修保障。服务涉及的硬件基础设施包括网络系统、主机系统、存储/备份系统、终端系统、安全系统、机房动力及环境等。相应的运维管理包括机房运维、网络设施运维和主机设备运维。

1) 机房运维

机房运维的目的是保障企业计算机主机房的正常运转，该项工作一般由企业机房管理员负责。机房运维内容包括对各个机房的环境、机房设备的正常运行和设备维保进行检查和指导，重点是机房UPS、机房消防设备、机房空调等。主要包括以下的管理内容：

①机房运行管理和维护：为保证机房内所有硬件设备的安全、稳定、无故障运行，监控机房的环境，定期检查电源、通风、接地等所有机房设施的工作状态，发现并报告问题和提出变更建议。重点包括：一是电源管理，将电源有效分配到系统中不同的设备组件。应考虑电源设备参数对设备的影响，如过压、过流、浪涌、短路等。二是等电位管理，应设置配电系统、各类电子设备及附属设施、防雷等的等电位体，并考虑静电防护、感应雷电可能形成的电磁脉冲和过电压的干扰和毁坏等。三是设备管理，包括计算机信息系统设备的日常运行和管理、可靠性评价。四是环境管理，应考虑机房内通风、温度、湿度、灰尘、灯光等的配置，考虑机柜放置与冷却效率和制冷单元热点的关系，以及可能因功能扩大引起的冷却效率问题等。五是灾害预防。包括考虑物理和自然灾害发生的可能性，制定应急预案。

②辅助管理和维护：这里包括两个部分，一是布线系统管理和维护。监控、诊断、分析设备间、弱电井等区域配线设备、线缆、信息插座等设施，以及网络通信线路的工作状态和可能的故障状态，发现并报告问题，提出维护建议，保证系统运行的高可靠性和维护的高效率。二是监控系统的管理和维护。监控、诊断和分析门禁系统、各类监控设备等的运行状态、参数变化、提示信息等，发现并报告问题，保证监控系统的可靠性。

2) 网络设施运维

网络的正常运行是信息化系统运行的基本保障，所以该项工作十分重要，一般应设置专门的网络管理员专职负责。网络设施运维目的是为保证路由设备、网络交换设备等网络基础设施的安全性、可靠性、可用性和可扩展性。保证网络结构的优化，定期评估网络基础平台的性能，制定故障维护预案，及时消除可能的故障隐患，制定应急预案，最终是要保证网络基础平台的高可靠性、高可用性。网络设施运维内容包括两个主要内容：一是网络系统的管理维护；二是网络安全保障。

① 网络系统的管理维护：一是企业网络的通信线路管理，保证内部和外部线路的双畅通。二是网络设备的优化配置，并对网络设备的配置进行维护、变更、备份和运行日志进行管理。三是是对网管系统的运维管理，利用网管软件对网络流量和网络性能进行监控、分析和管理。四是负责网络运行过程中出现的网络故障和性能问题进行监控和及时解决。

②网络信息安全保障：网络安全保障主要包括信息安全管理、网络安全系统运维和安全设备管理等。网络安全需配备专职的信息安全管理员，协调整体信息安全工作。职责包括负责网络安全系统的运维管理，利用防火墙、网闸、IDS、安全审计等技术手段，进行网络安全分析，对网络运行过程中出现的网络安全问题进行监控和及时处理解决。对企业内部主机房和各系统用户终端进行操作系统补丁升级、网络病毒的控制等工作，并进行全面规划和指导，及时消除网络安全隐患。同时要对企业的网络安全设备的配置进行维护、变更、备份和运行日志管理。

3) 主机设备运维

主机设备运维主要包括两方面的内容：一个是主机设备，主机系统一般会部署信息化系统主程序或平台服务程序，保证主机系统正常是保证信息化系统运行的前提；另一个是数据存储备份设备，这部分一般是数据库或数据备份服务器，这部分部署了信息化系统的数据、文件、资料等内容，对于企业来讲，这部分内容的重要性可能会远远超过主机的程序系统。

①主机设备维护：主要包括主机系统的硬件运行维护，按照规定程序进行主机的开机和关机，主机操作系统的安装、升级和维护，做好系统用户、密码的管理。对主机进行故障监控，检查系统日志，监控重要系统进程、磁盘空间及文件系统大小。对主机进行性能监控分析，检查CPU、内存、磁盘I/O等资源占用情况。对主机系统运行过程中发生的问题进行及时处理和解决。

②数据存储备份设备维护：主要包括对数据库服务器、集群系统、存储阵列、存储网络等的硬件设备进行维护和故障监控。针对数据库系统运行过程中发生的问题及时处理和解决。负责对主机系统和核心业务系统的数据备份与恢复策略，并加以实施。负责制订系统级的数据整体备份策略。定期评估存储设施及软件平台的性能，确认数据存储的安全等级，制定故障应急预案，及时消除故障隐患，保障硬件系统的安全、稳定、持续运行，以及支撑数据存储设施运

行的软件平台的安全性、可靠性和可用性，保证存储数据的安全。

7.2.3 配套保障体系

除了对硬件和软件进行维护之外，信息化运维管理还需要一些配套的保障体系进行支撑，主要包括组织机构保障、应用培训保障、制度规范保障。

1) 组织机构保障

为保证信息化的运行维护正常进行，施工企业有必要建立专门的信息化管理机构，承担信息化运维工作。组织机构保障应该包括以下几个方面的内容：

①建立多层级的组织机构保障体系。首先，信息化系统建设是企业一项长期而艰巨的任务，不是一个信息化部门就可以完成的，还需要整个企业内部各主管领导、各职能部门、各子分公司和各项目部参与，共同推动信息系统的进步。因此，信息化运维的组织机构应该是建立以信息部门为主导的多层级、多业务参与的组织保障体系。其次，应保证信息部门能够有自己完整的组织架构、独立的预算和独立的业务管理流程等。这些独立性使得信息化部门在进行信息化建设时能够更好地考虑和平衡企业长期、中期和短期的业务需求，制定合理的信息化发展规划。客观的平衡各个部门的信息化需求，更好地管理信息系统。最后，要积极推动CIO机制建设，国外大型工程承包商通常会设置专门的CIO。CIO(Chief Information Officer）是首席信息官、信息主管。主要负责组织信息化建设、实施和运行的管理者。CIO参与企业的业务战略讨论和决策，并对企业的长期发展负有重要的责任。CIO可以从信息化的角度给企业的业务运营和发展战略提供信息化的支持。通过企业的信息部门、协同内部各业务部门的资源和整合外部资源，满足企业业务运营的信息化需求，更好地推进信息化运行和管理工作。

②建立合理的人员层次结构。为了完成信息化组织机构的职能，还必须配备相应的专业人员和岗位，以完成其职能要求，例如，设置系统设计员、数据库管理员、网络架构人员等岗位。除传统的信息化管理人员之外，施工企业应积极培养企业内部的管理咨询人员，信息咨询人员大多“出身”于业务部门，对企业各部门的业务运作非常熟悉，能够高效地帮助业务部门解决信息系统使用过程中的问题，并能够从信息化的角度更好地提供业务管理优化的建议。通过信息化的手段实现或通过不断优化信息化系统满足业务的需求。

2) 应用培训保障

企业信息化培训工作是非常重要的。信息化系统能否为企业管理效益提升起到作用，最重要的不是系统本身，而是对于企业各业务部门、分公司和项目部等不同层级的人员对信息系统应用水平。如何更好地应用系统，基础性的培训显得尤为重要。只有不断提高企业各层人员的计算机知识和信息系统熟练程度，才能更好地理解系统，并将系统中各功能熟练地应用业务工作当中去。企业信息化培训工作是非常有必要的。企业如果没有较为完善的培训体系支撑，信息化工作可能会失败。培训体系除了要保证员工对具体的信息系统的操作熟练之外，还要不断地提高企业员工整体信息技术水平，只有这样，员工才能对信息化工作充分理解和支持，能够从信息化角度出发思考业务问题，信息化工作才能更好地与业务结合，并深入人心。

施工企业在信息化培训需要建立较为完善的培训体系和培训机制，如图7-2-3所示。培训体系应保证全面性，主要包含以下几方面的内容：

①信息化培训应该保证人员的全面性。培训工作要实现不同管理层级的人员全覆盖，并根据人员不同的知识结构和业务范围区别培训，制定不同的培训方案。从培训对象上可分为决策层、管理层、执行层三层，对不同层级人员采用不同的培训方式和方法。

②培训要保证知识的全面性。信息化知识全面要求培训不仅是系统本身的操作培训，还要包括对人员基本的计算机技能和系统实现方式等进行培训，培训内容上可分为信息化基础知识、业务系统操作、信息化服务流程等。在使人员充分理解系统的基础上，更好地结合业务提高系统的使用水平。

③培训要保证过程全面性。过程全面是指信息化培训工作的持续性。培训不是一次性的。很多企业仅仅将培训工作聚焦在信息系统上线阶段，培训内容一般是由软件公司或项目实施方确定和主导，没有后续的培训。持续性是指培训不仅仅在系统上线阶段进行，随着企业业务和流程的调整、组织人员的调整、业务管理的各种变化，系统功能也随之不断地更新变化，相应地也需要保证培训工作的持续性和连续性。

④培训要保证方式的全面性和多样性。为保证信息化工作不影响企业业务的正常进行，特别是项目部具有数量多、工作紧、较分散等特点，如何提高他们培训效率和效果显得尤为重要。可以开发多种培训方式提高培训效率，通常分为集中培训、远程视频培训、集中答疑式培训、网络在线问答等。同时针对培训要建立签到、考试、考核机制。

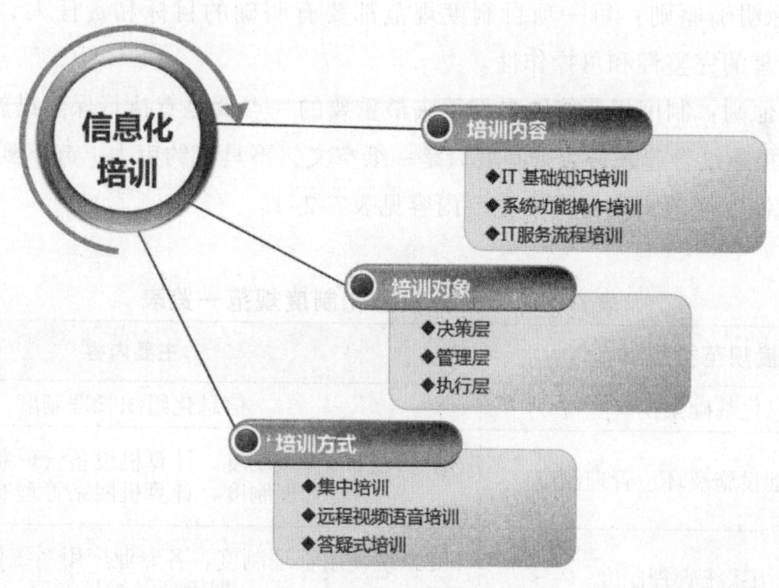

图7-2-3　信息化培训体系

3) 制度规范保障

信息化为我们提供了科学、便捷、智能化的管理工具和手段，而信息化的良性运转与效能的最大化发挥，还要靠规程制度去保障和规范。信息化制度规范涉及信息化运维的各个方面，包括使用与推广、信息化机房的管理、计算机网络管理、信息系统项目建设过程中的文档管理等。加强信息化制度建设和科学规范的管理，是信息系统能够正常运转和有效应用、推广和可持续发展的保证。特别是企业信息化发展到一定阶段，建设重点就会从系统实施转向以应用提升为主，运维保障、安全机制、数据管理等变得重要起来，这时除了技术的保障以外，建立全面合理的制度规范体系更加重要。

从我国施工企业信息化制度规范管理工作发展的现状看，虽然在施工企业特级资质评审要求下，施工企业普遍建立了信息化规章制度，但大多局限在机房管理和网络管理制度等硬件层面，没有形成企业信息化整体运行管理制度，造成企业信息化发展不均衡和整体应用率比较低，这也是施工信息化不能深入开展的重要原因之一。

纵观企业信息化工作搞得较好企业，大多都有一套严格、合理和全面的信息化规范管理制度，实现信息化管理的制度化、规范化要遵循如下四大原则：

①量身定做的原则：施工企业要根据自己的实际情况和已有的管理问题制定适合于本企业的信息化制度，不能生搬硬套。很多企业非常喜欢从别的企业拷贝来一些制度，稍加修改就在本企业使用，但由于和企业的实际情况不吻合，结果造成制度不能得到很好的执行。

②全面科学的原则：对于企业信息规程管理一定全面、科学。因为企业信息化管理中存在很多问题，问题之间有一定关联性，如果仅仅制定局部业务的信息化制度，是不能全面解决企业信息化管理问题。科学性是指要符合客观实际，要切实可行，当企业的情况发生变化时，要及时调整制度，制度与规范要在执行过程中不断加以完善优化。

③ 责任目标明确原则：每一项目制度规范都要有明确的目标和责任人，这样才能有的放矢，体现制度管理的完整性和可操作性。

④奖惩分明原则：制度规范能够贯彻下去最重要的一点就是有执行保障措施，也就是要与考核、绩效和奖惩措施结合起来，否则制度只是一纸空文，不具有约束力，起不到真正的作用。

企业信息化制度规范大致分类和主要内容见表7-2-1。

表7-2-1　企业信息化制度规范一览表

制度规范类型	主要内容
信息化基础架构	信息化组织管理制度
信息系统基础设施及环境管理制度	信息化机房管理制度、计算机设备管理制度、计算机网络管理制度、计算机网站管理制度等
信息应用系统管理制度	ERP系统使用管理制度、各专业应用系统使用管理制度、数据管理及维护制度
信息安全管理制度	计算机网络安全使用管理制度、电子邮件使用管理制度、计算机数据安全、备份日志管理制度等
信息化运维管理制度	信息化服务管理流程、信息化培训体系制度、信息化项目实施规范、信息化档案资料管理制度
信息资源管理制度	数据编码管理制度、数据收集管理制度等

应用篇

四川省施工企业管理信息化建设探索

（一）信息化建设历程

四川省从2007年开始建设建筑施工企业资质管理信息系统，启动了主管部门利用信息技术对从业企业进行管理的工作。2009年，四川省住房和城乡建设厅成立行政审批处，对企业资质审批等行政审批事项进行集中处理，其他业务处室重点转到制定政策、调查研究和监督检查方面，同时启用行政审批系统，覆盖了所有的企业类型及注册人员，实现了企业资质的省、市、县三级网上在线申报审批，建立了完整的从业企业和从业人员数据库。

2009年，开始研究建立"四川省建设行业企业信用档案和信用评价管理平台"，初步对从业企业的信用档案内容和信用评价方法进行了研究；2009年8月，中共中央办公厅、国务院办公厅印发了《关于开展工程建设领域突出问题专项治理工作的意见》，并成立了中央治理工程建设领域突出问题工作领导小组（以下简称"中治工"），用两年左右的时间，集中开展工程建设领域突出问题专项治理工作。中治工出台了《工程建设领域突出问题专项治理工作实施方案》（中治工发[2009]2号）、《关于工程建设领域项目信息公开和诚信体系建设工作的指导意见》（中治工发[2009]9号）以及《工程建设领域项目信息公开和诚信体系建设试点工作方案》（中治工发[2010]1号），提出了"统一建设项目信息公开平台"的任务，明确工程建设项目主管部门和有关单位，通过各级政府网站等渠道公开工程建设项目的相关信息，做好各部门、各地区项目公开信息的链接和整合发布。四川省被确定为全国10个试点省之一，四川省住房和城乡建设厅是试点部门之一。在该项工作中，四川省制定了《四川省工程建设领域项目信息公开和诚信体系建设试点方案》并确定了工作目标，发布四川省住房城乡建设系统管理范围内的工程建设领域项目信息公开目录和信用信息目录，依托政府网站建立"工程建设领域项目信息公开专栏"，集中开展信息公开工作，加强行业信用信息的公开共享，重点做好从业企业和从业人员不良行为信息的公开，探索建立工程建设领域诚信体系的守信激励和失信惩戒制度，总结有效做法和成功经验，为全面推广实施提供实践依据。该项目的成果是建立了"四川省工程建设领域项目信息公开和诚信体系管理平台"，该项目申报为住房和城乡建设部2012年度科技计划项目，在2012年度住房城乡建设领域应用软件测评中成功通过测评，并被评为优秀软件，

2012年年底顺利通过住房和城乡建设部的验收。该项目取得研究成果很多，在对从业企业管理方面通过收集项目信息动态，企业信用等级的基础数据。

2012年，四川省住房和城乡建设厅基于《四川省建筑业企业信用评定暂行办法》和《四川省建筑业企业信用等级评定标准》建立施工企业信用评价系统，初步建立了从业企业诚信体系框架。

（二）信息系统建设思路

建设企业是建设市场的主体，要参与建设市场活动需要有符合要求的资质，同样，建设市场从业人员要参与建设市场需要有符合要求的相应资格，企业资质和人员资格都需要建设主管部门来审核管理。具有资质和资格的企业和从业人员，参与市场活动的方式就是参与工程项目招投标，承接项目并完成项目。工程项目从招标开始到竣工交付有一定的时间段，在这个时间段中，建设主管部门的各职能单位对建设企业和从业人员的市场活动进行有效监督和管理，维持建设市场秩序。

建设行政主管部门在对工程项目实施全过程监管中，通过建立良好及不良行为规范，制定相对应的记分标准，从项目登记、设计图审查、招标投标、合同备案、安全监督、质量监督、施工许可、竣工验收到最终工程档案移交，对建设市场主体和从业人员的全过程活动都可以进行监管，形成信用信息数据库，从而定量反映整个建设市场的信用状况。

建立一套完整的信息采集、存储、管理、发布系统，实现信用信息在相关管理部门的联动和信息共享，对建筑市场及相关企业、人员进行有效监督和管理，为相关管理部门和企业、从业人员之间提供交流平台，为相关管理部门对建设行业规划和宏观调控提供科学依据，促进政府职能转变，提升事务、业务处理效率和管理水平，更好地为公众服务，并通过不断的数据积累和功能完善，最终形成资信评估系统。

（三）信息系统总体架构

通过建设行政主管部门资源数据交换平台采集各单位的信用数据，进入建设行政主管部门资源数据中心库，形成建设系统信用数据，再通过数据交换平台提供给上级部门融入全社会信用管理体系。

1. 信息系统结构

以企业资质管理系统和企业库为基础，以其他信息系统和数据库为辅助形成了完整的从业企业信息化管理体系，形成了一个整体的、互相关联的有机系统，整体架构如图1所示。

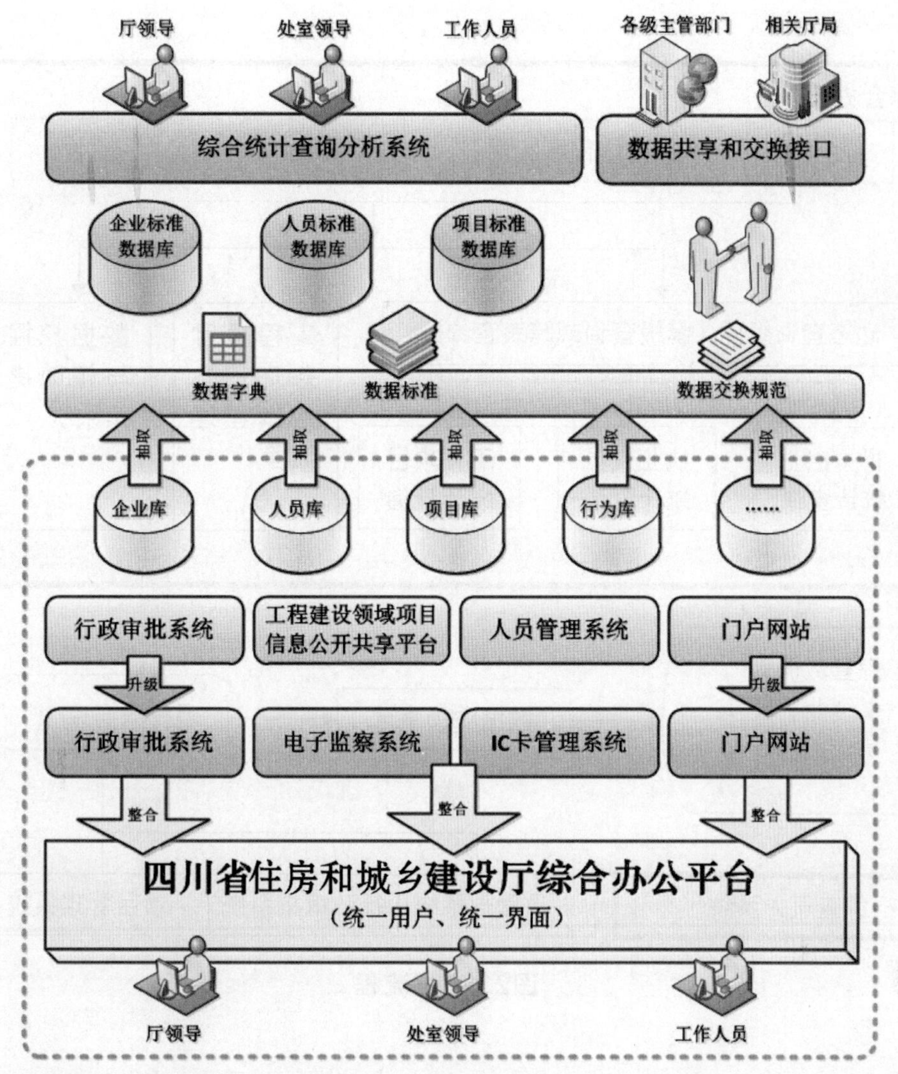

图1 整体架构

2. 数据流程

建筑业企业、从业人员、工程项目与信用信息之间有着不可分割的业务关系，四大数据库之间存在着密切的内在联系。一家企业可以有多位从业人员，可以承接多个工程项目，在市场活动中会产生多个良好及不良行为；一位从业人员仅允许在一家企业任职，可以参与多个工程项目，产生多个良好及不良行为；企业及其从业人员的良好及不良行为都和所参与项目有关。

通过动态采集，分析工程项目、企业和人员信息、市场行为信息形成综查数据库，同时通过基于数据挖掘技术的动态查询组件提供相关数据的查询分析服务，为相关主管部门对建筑业企业全面管理提供完整的数据。数据关系如图2所示。

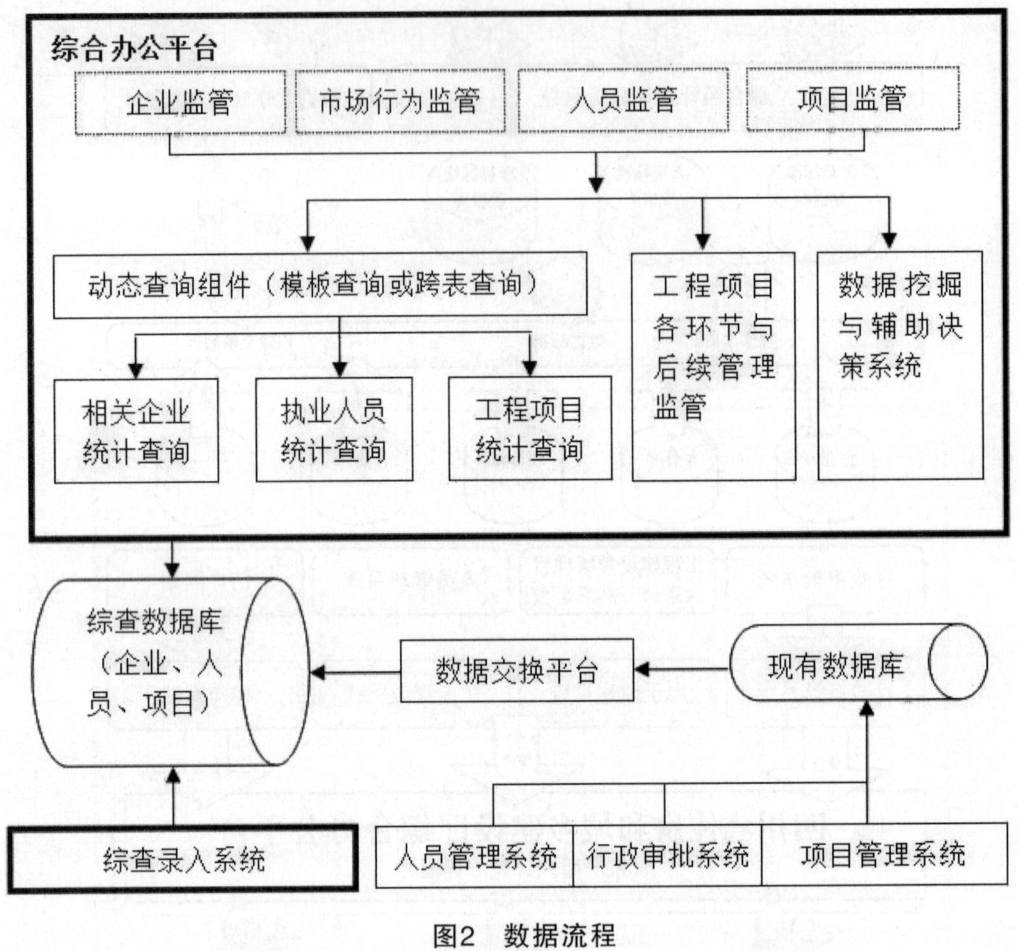

图2　数据流程

（四）信息系统的主要功能

该信息系统重在提高系统的逻辑判断能力、自动提示能力、自动控制能力、内外网数据传递能力，增强系统的自动性、智能性、严密性。

1. 资质管理

1）在企业的申报阶段

为了帮助企业了解针对本企业类型的办事指南，信息系统建立业务指南库和导引功能。企业在登录信息系统后可以方便地查询针对本企业资质类型、资质等级相关的业务办理流程、需要的材料、需要具备的条件等信息。当企业填写完申报信息后，信息系统自动根据企业资质类型、资质等级和标准库进行对比，对于达不到的情况进行提示，以便企业提前发现不足。

2）在窗口人员接件阶段

信息系统增加预审功能，既方便企业办事，也可为电子监察系统提供数据。企业通过网站政务服务中心窗口按照审批指南要求提交行政审批预审申请，并承诺提供附件电子文档真实性，各服务窗口通过行政审批系统对提交的预审申请及相关附件进行预审核，并在一个工作日内反馈预审结果。对预审通过的，各服务窗口将其调整置于待办顺序优先状态，备好相关制式许可证书，办事者接到办理通知后，带附件所提供真实原件根据通知时间到中心服务窗口即刻领取相关许可手续；预审未通过的需具备通过条件方可办理。

通过网上预审，申请人可以确知自己办理行政审批时需要提交的材料是否齐备、合乎要求，在得到确认回复后再前往政务中心办理行政审批，不会再遭遇材料不齐来回奔跑之苦。

3）在审查阶段

实现并联审批，为相关部门和外聘专家提供协办功能。由于建筑业企业专业类型多，涵盖交通、水利、港口等多个行业，对涉及这些专业的企业资质审查时需要相应的部门提出意见。此外，针对建设行业企业管理专业性强的特点，审查人员除了需要相关部门协办外，也需要外聘专家协助审查。信息系统可以由审查人员选择需要协助审查的专家名称并发送业务，通过短信平台告知专家及时处理。信息系统中提供专家管理功能，包括专家的信息录入、专家和企业类型的对应关系。

4）在会上讨论和公示公告阶段

审批结果在公示公告前要进行会议讨论，需要导出数据制作报表供会议讨论，通过后签字归档，然后上传电子文件到门户网站进行公示公告。为了数据一致并提高发布效率，在信息系统中提供公示公告的管理功能，包括后台发布和网站上的投诉、申诉。后台发布包括批次组织、追加、撤回等功能；网站上的投诉不需要登录，但是需要留下联系人和联系电话用于复核，申诉必须由企业本身发起，因此需要企业正式登录。

5）在证书打印和办结阶段

信息系统提供短信通知功能，及时通知企业业务办结结果和取件时间。

6）在业务归档阶段

为了提高系统效率和方便数据共享，对数据库进行了整体规划和重构，针对行政审批系统中的企业管理来说，至少会包括在办库、归档库、历史库、发布库。这些数据库中的数据都是在业务办结后通过独立的作业任务同步更新，数据更新后，信息系统将自动发布到“工程建设领域项目信息和信用信息公开共享专栏”中。

7）企业电子材料库

目前企业办事都要提供材料的扫描件，多次办理就要多次提供，既增加了企业的工作量，也给重复信息的保存增加了负担，还容易造成资料的不一致。行政审批系统中基于企业基础库对应的材料库，办理业务时信息系统会自动从材料库提取本业务所需的材料，除非原始材料有变动需要在本次业务办理时重新提交。如果原始材料有更新，业务结束后信息系统将会更新电子材料库。

8）企业历史名称库

企业名称是识别企业最直观的标志，但是由于企业名称会变更，或者企业经过合并、分立后会改变原有名称。很多情况下，查询时有可能会用历史名称查询历史记录，因此信息系统针对不同企业建立企业的历史名称库，在查询信息时，不论输入的是最新名称还是曾经名称，都能快速地搜索到相关的历史信息，便于数据挖掘。

9）为地方电子监察系统提供数据接口

行政审批电子监察是指监察部门以电子监察系统为平台，对住房和城乡建设事务行政审批事项进行全过程监督（涉及国家秘密的除外），开展预警纠错、绩效评估、责任追究、投诉处理、统计分析等活动的总称。

目前四川省各市、自治州除了成都市以外，其他各市、自治州政务服务中心都使用同一套行政审批管理系统，因此行政审批系统要提供两个接口程序，为两类电子监察系统提供监察数据。监察数据放到前置机，由各市、自治州的监察系统读取。

2. 信用档案和信用评价

1）信用档案

建筑业企业的信用档案包括以下具体内容：

①企业基本信息；

②施工许可证；

③年度业绩填报；

④优良行为；

⑤不良行为；

⑥重大安全事故快报；

⑦施工合同备案；

⑧安全生产许可证；

⑨省级优质项目申报；

⑩标化工地；

⑪信用等级评定。

2）信用评价

（1）企业信用评定申请

企业可以向建设行政主管部门提出企业信用评定申请。各级建设行政主管部门对企业提交的申请表进行严格审查，并提出各级主管部门的审查意见。最终由四川省住房和城乡建设厅根据企业申请材料以及各级建设行政主管部门的初审意见，对企业进行信用评定。

（2）外部数据导入

在进行企业信用得分计算时，建筑业总产值、劳动生产率(元/人)、产值利润率(%)等数据由统计主管部门提供。因此，需要将统计部门提供的数据导入到系统中，并加以利用。

（3）信用得分计算

每个企业的信用得分，由信息系统按照固定公式进行计算，计算公式为：企业信用得分=企业能力信用+业绩信用。计算公式中的相关数据由统计主管部门提供的数据或者从企业的年度业绩和企业资质申请表中读取。

各级建设行政主管部门以及省住房和城乡建设厅用户只需要点击“信用得分计算”按钮，信息系统将自动对该主管部门所在行政区域内的所有企业进行信用得分计算操作。

（4）评定结果显示

各级建设行政主管部门由于权限不同，浏览企业评定结果的内容也不相同。各扩权试点县（市）可以查看本县行政区域所有企业的信用评定结果；各市、自治州可以查看本市、自治州行政区域所有企业的信用评分结果；省建设主管部门可以查看全省范围内所有企业的信用评定结果。

（5）重大违规认定

在信用评定年度内，如果企业出现重大违纪、违规行为，信用评定主管部门可以按照相关规定，各级建设行政主管部门以及省住房和城乡建设厅可以对本行政区域内的企业进行重大违规认定。一旦企业被认定出现重大违规，信息系统自动将企业信用等级修改为B级，但企业信用得分不修改。重大违规事项一共有六项，但是其中个别项定义不够准确，对建设行政主管部门认定企业重大违规事项造成一定困难。由于六个大项是《四川省建筑业企业信用评定暂行办法》中明确规定的，因此不需要对六大项进行设置。为了对重大事项进行定量和定性，由建设行政主管部门对重大事项中的每一项进行设置。

（6）信用等级发布

信息系统计算出每个企业的信用得分及信用等级之后,需要由省住房和城乡建设厅对企业的信用等级进行发布。在发布企业信用等级时，管理用户可以选择一个企业进行发布，也可以同时选择多个企业进行批量发布。

（7）信用手册更新

企业信用评定等级发布后，需要对企业《信用手册》中的企业信用评定结论进行更新，并将企业信用评定结论打印到信用手册书面版本中。

（8）信用等级查询

信息系统将提供多种条件的综合查询，方便企业以及各级主管部门查询本行政区域内的企业信用等级以及得分情况。查询条件主要有：企业名称、企业类型、信用等级、企业行政区域、联系人。

（9）信用等级统计

各级建设行政主管部门需要对本行政区域内的企业信用等级、得分情况等进行统计，为领导决策分析提供准确、详细的数据。统计结果将以列表和图形的方式显示（需要同时支持饼状图、柱状图和线状图）。

（五）信息系统建设主要成果

随着2013年3月四川省建筑业企业主要指标月度快速调查网上申报系统启用，由企业每月进行数据上报，该方法将保障信用评价数据源的真实性、实时性，为信用评价的客观性、准确性提供支撑。主要成果有：

①编制了三部地方标准，即四川省工程建设从业企业资源信息数据标准、四川省工程建设从业人员资源信息数据标准、四川省房屋建筑和市政工程建设项目管理基础数据标准，为整合四川省住房城乡建设系统信息资源，减少或避免信息孤岛创造了条件。

②建成并运行了由103个子系统组成的纵向到底、横向到边的四川省住房城乡建设系统统一的电子政务平台，运用该平台已办理行政许可事项309 928件，非行政许可事项656 329件。

③基本建成了全省统一的建筑市场责任主体（企业、单位）、从业人员、工程项目、信用评价和质量安全等五大基础数据库。

a）从业企业数据库。目前已集聚25 169家从业企业的数据。其中建筑施工企业11 996家、勘察设计企业1 428家、工程监理企业307家、招标代理机构272家、房地产开发企业6 407家、园林绿化企业673家、设计施工一体化企业210家、检测机构236家、物业服务企业921家、房地产估价机构268家、省外入川企业2 078家、规划编制单位88家、造价咨询机构235家、施工图审查机构50家。

b）从业人员数据库。目前已集聚1 574 927名从业人员的数据。其中注册建造师（员）142 736人、监理从业人员48 326人、造价从业人员56 672人、注册建筑师3 284人、注册结构工程师2 777人、注册勘察设计工程师2 232人、注册规划师392人、房地产估价师1 988人、三类人员265 233人、特种作业人员126 109人、检测人员3 848人、专业技术管理人员(九大员)254 923人、物管人员21 545人、生产操作人员469 213人、企业主要负责人175 649人。

c）工程项目数据库。目前已集聚81 094条工程项目的数据。其中选址意见书1 956条、用地规划许可证2 541条、工程规划许可证2 438条、项目报建29 669条、质量监督信息964条、安全监督信息716条、合同备案13 067条、施工许可证18662条。

d）市场行为数据库。目前已集聚3 493条信用信息。其中从业企业不良行为信息679条，建筑业企业建造师严重不达标信息248条，建筑业企业资质证书被撤回信息2 566条。

e）公共资源数据库。目前已集聚80 085条公共资源数据。其中政策法规数据889条,信息资源数据79 196条。

截至目前，四川省住房和城乡建设厅实现了对四川省和入川施工的企业及其从业人员的全生命周期管理，并通过项目信息公开平台监管其市场行为、收集其信用档案数据。

陕西省建筑市场监管系统

（一）信息系统建设背景

陕西省建筑市场监管系统是陕西省规划建设的“陕西省住房和城乡建设厅协同办公平台”的重要组成部分和关键实施步骤，也是试验性项目，是实施陕西省建设行业信息化建设由应用型向管理型转变，由数据采集向数据分析处理转变，实现系统建设升级转型的标志性项目。

该信息系统的建设对加强建筑市场监管，提升政府宏观调节能力、市场监管能力、社会管理能力和公共服务能力，实现管理效益、社会效益的最大化具有重要的意义。基于此，陕西省住房和城乡建设厅信息中心按照陕西省建设行业信息化发展要求，经陕西省住房和城乡建设厅立项，启动了陕西省建筑市场监管系统的建设。

（二）信息系统建设目标

陕西省建筑市场监管系统的建设坚持“以应用为主导、以服务为根本”的理念，按照“定位准确、功能齐全、便捷智能、运行流畅”的原则，以努力实现行政管理的“公开、透明、高效、便捷、规范、智能”为目标，积极探索“模块化开发、排列式组合”的开发理念，实现了“一点录入、多点应用”等功能。信息系统应用后，充分应用信息技术手段提升建筑市场的资质管理、动态考核、信用行为的管理力度，提高系统的数据智能分析和辅助决策，实现数据化决策、科学化管理，提升行业管理和决策水平以及服务水平。系统致力于成为陕西省建筑市场监管的集成化的工作平台、数字化的管理平台、智能化的监管平台、可拓展的信息平台和信息化的服务平台，旨在解决建筑市场中存在的监管体系建设步伐缓慢、市场清出机制不完善、行业信用行为无从管理等问题，同时实现以下目标：

①集成办公高效化。信息系统将建管处、质量安全处、标准定额处、受理中心、注册中心、信息中心、监察室等处室的业务进行整合，建立上述处室业务互联互通的集成化办公平台。

②决策分析数字化。通过运用数据仓库、数理统计、数据挖掘、经济运行分析等多种数据

分析工具和智能化手段，实现管理、审批、监督、统计、分析等业务的协同，为管理、决策提供依据。

③业务管理规范化。信息系统将资质管理、资格管理、注册人员管理、三类人员管理、动态考核、信用档案、施工企业资质管理、室内装饰企业资质管理以及招标代理、监理、造价咨询、质量检测等机构互联互通、资料、数据共享，做到业务管理规范化。

④监管监测智能化。信息系统通过信息化手段规范建筑市场监管工作程序和管理制度，提高工作效率和管理效能，杜绝各类违规操作，形成智能化的监管监测体系，全面提升监管能力和力度。

⑤社会服务优质化。信息系统搭建起一个全方位的信息化服务平台，为建设行政主管部门的管理决策提供科学、客观的依据。为监管机构对建设工程企业、注册人员市场准入和清出提供全面、准确、动态的基础数据。为社会公众开通多种信息渠道，提供多种服务方式，实现信息公开共享、互惠共赢。

（三）信息系统建设历程

经过近一年的建设，信息系统建设任务已全面完成并顺利投入运行。一期建设工作于2011年12月底完成，主要建设内容为建设行业企业管理、统计报表和动态考核等系统的升级、改造以及建筑市场监管平台底层业务支撑系统的开发，初步完成了资质业务办理、动态考核监管、统计报表上报等建设行业企业监督管理工作的网络化、自动化、信息化，实现了人员异地办公。二期于2012年3月底完成，建立了陕西省建设行业执业注册人员管理系统以及执业资格人员数据库，实现了建设行业执业注册人员考试报名、资格注册、继续教育等业务的信息化管理。三期建设工作于2012年6月底完成，完善了建筑市场监管系统和辅助支撑平台，开发协同办公平台，完成建筑市场数据联动监管，最终建成陕西省建筑市场主体监管的共享信息资源库，全面实现网上业务办公和智能化的行业监管。

（四）信息系统建设概况

陕西省建筑市场监管系统将所涉及建筑市场监管业务的建管处、质量安全处、标准定额处、监察室、受理中心、注册中心、信息中心等处室的业务进行整合，建立起了上述处室业务互联互通的集成化办公平台。采用GIS引擎、规则引擎、工作流引擎、报表引擎、搜索引擎等先进技术建设，运用数理统计分析方法对数据进行深入挖掘、分析和应用并使用GIS技术以灵活多样的统计形式和展示方法将其进行直观地展现，使之成了一个集日常管理、资质审核、审批、管理、注册、动态考核、信用档案、监管监测、绩效考评、统计分析、智能决策等多项功能于一体的综合行政办公信息化平台。

信息系统通过对现有建筑市场管理信息系统、信用发布平台进行技术升级，新建陕西省建设行业执业注册人员管理系统，加强对数据统计、信用档案和动态考核等功能的完善，为政府监管机构对建设工程企业、注册人员市场准入和清出提供全面、准确、动态的基础数据，进一步提升政府部门的监管力度。通过实现住房和城乡建设部、陕西省及各市县住房城乡建设系统和从业企业、人员的数据库数据信息共享和数据同步，达到建筑市场监管相关部门业务审批系统与门户网站的集成和资源共享，最终为相关处室提供一个功能强大的网上协同办公平台，提高政府部门整体工作效率。

信息系统通过建立和完善建设工程企业、执业注册人员、工程项目和行业信用档案基础数据库以及健全数据采集、报送、发布制度，统一数据标准，实现注册人员、企业、工程项目和信用档案数据库之间的动态关联。通过政务资源共享交换体系，实现管理、审批、监督、统计、分析等业务的协同，为行业相关企业、团体提供全面、丰富、翔实的数据和信息资源以及服务支持，成为企业制定发展目标的重要参考依据。

信息系统进一步整合资源、强化相关处室的职能，全面提升服务能力和水平，用信息服务于社会，打造“服务型”政府：使社会公众更便捷、快速地了解、查询和下载政府发布的各类政策、法规、文件、信息，享受到便捷的网上办事、翔实的政策咨询、信息查询等服务；用信息引导市场消费和企业投资、避免市场欺诈并规范市场行为；增强办事流程的透明度、提高社会的监督力，做到信息公开透明，举报投诉便捷，公众监督有效，查询服务准确，网上申报快捷。在实现业务协同处理和信息资源共享的同时，在陕西省省级部门率先实现了公共服务规范化、专业化、信息化和网络化，为社会公众提供高效、便捷、规范、智能的公共服务。

以上述功能的实现为任务和纽带，信息系统致力于充分满足领导者、管理者以及管理对象等各方主体的不同需求，做到资源利用最大化，同时有力地提高陕西省建筑市场监管力度，降低监管成本，提升建筑市场监管工作的科学化、准确化和智能化，实现“构建网上政府、推行网上办公、促进电子政务”的任务。

（五）信息系统考核指标

①项目应用软件的设计应采用业界成熟的流程引擎或流程管理平台，或承诺按照用户的进度要求无偿向满足上述要求的系统过渡，系统应具有良好的灵活性、可操作性和可扩展性，并遵循陕西省住房和城乡建设厅的相关接口规范。

②为了向客户提供灵活多样的服务，快速适应新业务的开展，应用软件的设计应采用灵活的结构，应采用面向对象、中间件等技术。

③整个应用软件系统应能够连续7×24小时不间断工作，应用软件中的任一模块更新、加载时，在上下模块的接口不改变的前提下，不影响业务运转和服务。

④应用软件应具有较高的自动化程度，如：自动任务调度、自动任务恢复等。

⑤应具有完整的操作权限管理功能和完善的系统安全机制，对流程流转产生详细处理记录。

⑥应能为系统管理员提供多种发现系统故障和非法登录的手段。

⑦应采用简洁、直观、友好的图形化中文界面，支持鼠标操作。

⑧对于业务处理界面，应保证操作人员能够完全利用键盘操作。

⑨应具备相应容错手段，允许操作人员有限范围的误操作。

⑩应具有在线帮助功能，并能方便管理员修改帮助信息。

⑪支持中文字符集等相关国家标准规定的汉字字符处理，可进行处理、显示和打印。

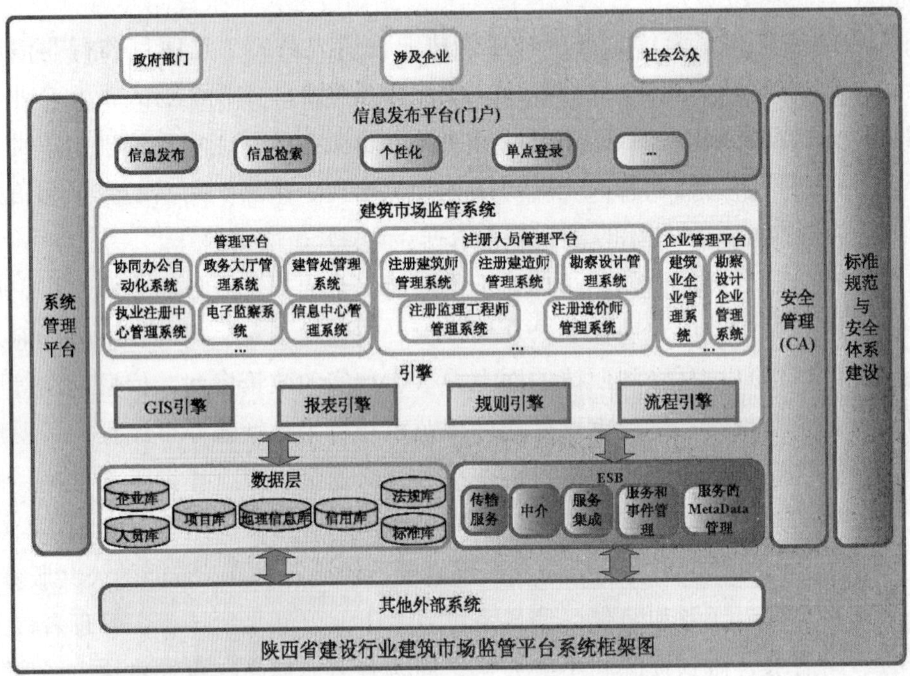

图1 系统框架标准图

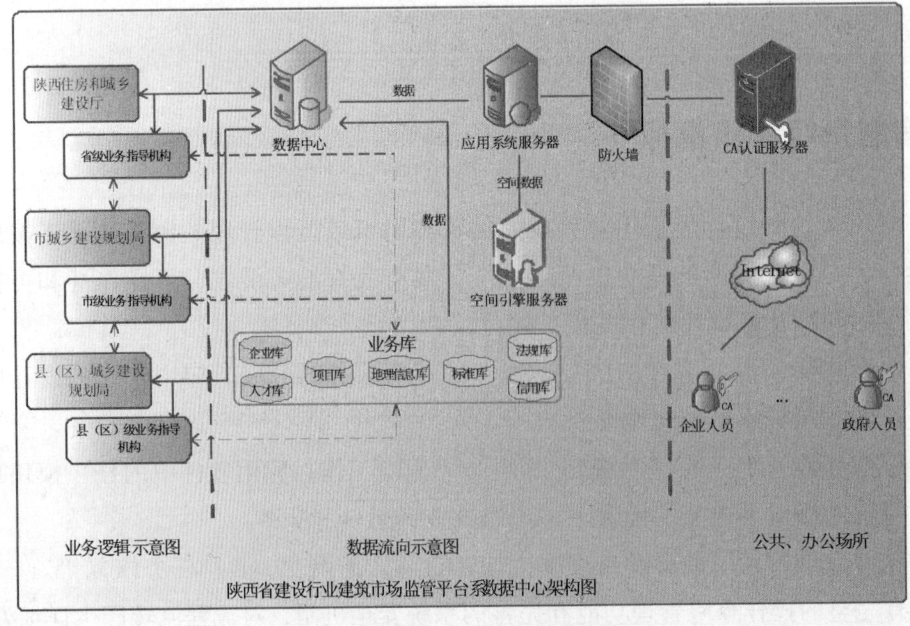

图2 数据中心架构标准图

（六）信息系统技术指标

1. 功能完备性

①交付的应用系统必须有明确的版本编号。应用系统的每一个版本都必须提交变更说明并保证交付件文档的一致性。

②应用系统的设计应该遵循本规范的技术体系结构要求。

③应用系统应该能通过一定配置实现对新产品、营销政策及相关可预见的业务需求变化的支持。

④应用系统的源代码应该有详细清楚的说明和注释。

2. 可靠性

1）安全性

①关键数据的传输必须支持采用可靠的加密方式，保证关键数据的完整性与安全性。

②应用系统应该充分利用防火墙、安全证书、SSL 等数据加密技术保证系统与数据的安全。

③应用系统必须支持对系统运行所必须的用户名与密码周期性更改的要求。

④应用系统必须强制实现操作员口令安全规则，如限制口令长度、限定口令修改时间间隔等，保证其身份的合法性。

⑤应用系统必须支持操作失效时间的配置，当操作员在所配置的时间内没有对界面进行任何操作则该应用自动失效。

⑥应用系统必须提供完善的审计功能，对系统关键数据的每一次增加、修改和删除都能记录相应的修改时间、操作人和修改前的数据记录。

⑦应用系统的审计功能必须提供根据时段、操作员、关键数据类型等条件组合查询系统的审计记录。

2）健壮性

①排除人为误操作因素，由应用系统自身原因导致的系统崩溃故障，平均无故障时间（MTBF）应大于365 天，平均修复时间（MTTR）应小于4 小时。

②排除人为误操作因素，由应用系统自身原因导致的系统错误故障，平均无故障时间（MTBF）应大于100 天，平均修复时间（MTTR）应小于30 分钟。

③应用系统必须支持连续7 × 24 小时不间断地工作，应用软件中的任一构件更新、加载时，在不更新与上下构件的接口前提下，不影响业务运转和服务。

④系统必须采用增量备份和全备份相结合的方式定期备份重要的系统数据。

⑤应用系统在业务处理高峰时，各主机设备的内存利用率应该不大于70%，CPU 平均空闲率不低于30%。

⑥应用系统必须支持负载均衡能力，支持应用部署在多台服务器上，避免应用系统的单点

故障。

⑦应用系统应具有良好的并行处理机制，对存取冲突的竞争具有有效的仲裁和加锁机制，充分保证事务处理的完整性，并降低系统I/O 开销，提高并发用户查询和存取的性能。

⑧系统有良好的异常处理机制，具有相关回退机制。

3）易使用性

①应用系统必须提供一致性的图形用户界面风格。

②应用系统对普通用户的操作界面应该以B/S 方式实现。

③应用系统必须支持同时打开多个管理窗口以对不同任务进行并行的操作。

④应用系统必须采用分页机制显示查询结果，并显示返回的记录数目、当前页和总页数。

⑤应用系统发现用户提交有误信息，必须以弹出窗口的形式明确提示用户错误的原因，并把界面控制焦点置于发生错误的控件对象上。

⑥应用系统的操作界面必须用“*”明确标识出必填的输入信息。

⑦在导致系统数据发生变化的操作执行之前，系统应该弹出提示窗口供用户确认。

⑧应用系统功能菜单必须按照功能域、功能组的分类方法进行组织。

⑨对于操作员无权限使用的菜单功能，应用系统不允许显示该菜单或将其设置为不可用状态。

⑩系统必须提供在线帮助功能，对于每一个操作功能都能查找到相应的详细使用说明。

⑪操作员登录系统后，系统必须能够主动地提醒等待该操作员处理的任务。

4）高效性

①在非业务高峰期间，能满足业务生产的需要。

②在业务高峰期间，应用系统平均响应时间要求不超过非业务高峰期间平均响应时间的1.5倍。

③系统必须至少支持5 年内每年增长10%的处理能力要求。

④应用系统并发数设计应该支持30% 的冗余，保证系统在业务高峰期间稳定运行。

5）可维护性

①应用系统应该采用构件化设计思想，系统框架与业务逻辑分离；要求具备开放的体系结构。

②应用系统必须支持各构件的单独升级，并应该尽可能实现在线升级功能。

6）可移植性

①应用系统应该不需改动或尽可能少的改动就可以在不同的主流UNIX（IBM、HP、SUN）及Linux 平台下方便地移植。

②应用系统必须对于存储设备、备份设备及各种网络设备具有完全无关性。

7）服务器

①支持多机群集系统(Cluster)或者海量并行处理系统(MPP)。

②主机系统应采用UNIX操作系统，并支持中文内码，符合我国关于中文字符集定义的有关国家标准。

③多机群集系统或海量并行处理系统中的每个主机/节点支持同时处于工作状态，支持分区技术和虚拟化技术，根据配置的情况运行相同或者不同的应用（或应用模块），保证主机资源

的充分利用。

④具有冗余的电源安全保障措施。

⑤主机系统需7×24小时连续运行，同时系统应具有良好的容错能力。系统应支持冗余/高可用的配置，无单点故障，平均无故障时间MTBF≥100 000小时。

⑥系统设备的硬盘、高速PCI 插槽、网络接口、网络连接及电源等均应该考虑足够的冗余。

⑦在计算机硬件、操作系统、存储系统及应用系统业务进程出现故障时，能迅速响应并进行应用的切换。集群系统中，某一台计算机出现故障时，应不影响系统的应用及响应能力。

⑧所有设备必须具有完善的可管理性，即必须配备相应的监控及管理软件。针对主机设备的各部件及操作系统的运行，包括对系统的CPU、内存、进程、交换区、文件系统、磁盘阵列等硬件资源及操作系统的状态、占用率、I/O等各种参数进行监控及管理。

⑨服务器应支持SAN（Storage Area Network）存储模式，支持第三方的存储设备、光交换机和相应的软件。

⑩主机支持1000Mb/s 等高速连接接入系统核心局域网。

⑪主机的硬盘、网络接口、网络连接及电源支持足够的冗余。

⑫支持电源、I/O 设备、存储设备的热插拔。

⑬技术支持和响应：主机平台厂商应在国内设有备件库，而且对所提供的主机型号应有足够的备件支持。主机平台还应保证能够得到足够的技术支持，保证系统的顺利实施以及确保在主机系统发生故障时24小时内对故障进行响应。

8）存储设备

①磁盘阵列设备要求有很高的安全可靠性。

②磁盘阵列支持配合多机高可用群集系统的需要。

③磁盘阵列采用Fiber—Channel-AL接口，支持RAID 0、1、0+1、5，并可提供多通道、双电源及冗余风扇。

④磁盘阵列设备支持具有较强的平滑扩充能力，保证系统存储容量与I/O能力的同步扩充。

⑤磁盘阵列支持先进的存储、备份方式，如全光纤通道技术等。

⑥磁盘阵列支持数据库主机的SAN，有利于数据库的复杂查询、动态随机查询和大批量数据的更新。

9）备份设备

①系统中的备份设备应支持网络共享。

②备份设备容量至少是在线存储容量的4倍。

③备份设备要求有良好的安全可靠性。

④备份软件要求有良好的用户管理界面和恢复策略。

⑤备份设备可与多种厂家的主机系统相连。

⑥磁带库要求支持Fiber—Channel-AL接口。

⑦备份设备具有较强的平滑扩充能力，包括系统设备容量的扩充及I/O能力的扩充等。

⑧支持先进的存储、备份方式，如并行备份等；支持LTO 2 磁带驱动、磁带库设备等。

⑨备份软件可支持对库、表、系统等备份和恢复。

（七）信息系统建设主要成果

信息系统投入运行后实现了面向政府提供管理决策服务、面向行业提供应用服务、面向社会提供信息服务等较好的管理效益和社会效益，并获得了诸多成果。

1. 形成业务标准

以“一个平台、两个展现、五个引擎、七个数据库”为核心建设，通过工作平台和服务平台，将政务大厅、建管处、标准定额处、质量安全处、注册中心、监察室等处室的行政审批、企业资质、人员资格、安全生产许可、标准定额等业务工作进一步科学化、规范化。最终实现行业业务大统一，行政办公事务大统一的建设事业“大协同平台”，包括建筑市场监管平台、质量安全监管平台、标准定额监管平台、房地产市场监管平台、住房保障监管平台、公积金监管平台6个平台与数字规划、数字城市、数字村镇、电子监察4个信息系统及政策法规库、标准库、企业库、人员库、项目库、信用库、信息资源库7个数据库，进一步实现了从数据采集向数据分析处理的转变、从应用系统向管理系统的转变，以其整合之后的数据库分别面向政府、行业、社会提供管理决策服务、应用服务、信息服务，即实现系统的集成办公高效化、决策分析数字化、监管监测智能化、业务管理规范化、社会服务优质化，从而全面提升建设行政主管部门高效工作能力、决策分析能力、市场监管能力、社会管理能力和公共服务能力，将陕西省建设行业信息化水平推向一个新高度，实现了“构建网上政府，推行网上办公”的目标。

2. 形成技术标准

1）技术体系采用JAVA EE6的标准

《陕西省建筑市场监管平台》采用JAVA程序开发语言，并采用JAVA EE6的技术体系。

2）采用OO和SOA结构

解决软件重用性差和软件可维护性差。

3. 形成数据库标准

1）表字段定义说明

语言——一般来说定义数据库时不使用中文或其他类型文字的字段名，尽量使用英文或者英文加数字作为字段名。

明确——原则上字段名的定义只要符合数据库系统的字段定义要求就可以。

准确——字段名尽量使用准确的英文名字，如果相同名字的字段有几个，可以用字母或者数字后缀区别。

简洁——避免使用不必要的前缀。

顺序——按照描述事物或者常规思维模式来安排顺序。

2）数据类型的选择

ID字段不要作为表的主键与其他表关联， Text 和Image字段属指针型数据，主要用来存放二进制大型对象（BLOB）,注意数值型数据的取值范围问题，文本型的数据要保留一定的冗余长度。

3）数据库命名规范

不同的数据库产品对对象的命名有不同的要求，因此，数据库中的各种对象的命名、后台程序的代码编写应采用大小写敏感的形式，各种对象命名长度不要超过30个字符，这样便于应用系统适应不同的数据库平台。

4）索引的建立

索引应该避免用大数据的字段来建立，如Text，Image以及长数据的字符串型等。

5）视图的建立

对于需要访问相关联的表，如果在应用程序中去处理，解决方法是利用数据库的视图。

信息系统的建设实现了集成办公高效化、决策分析数字化、监管监测智能化、业务管理规范化、社会服务优质化，成为一个集成化的工作平台、数字化的决策平台、智能化的监管平台、可扩展的信息平台和信息化的服务平台，更好地服务于建筑市场监管及其相关业务，同时对陕西省住房和城乡建设厅协同办公大平台的建设奠定坚实稳定的基础，为相关信息系统的建设提供参考和借鉴。

信息系统的应用实现了智能管理、智慧决策；用政府信息化大发展带动行业企业信息化全面普及和整体推进；通过建立全方位的社会服务体系，面向公众开通多种信息渠道，提供多种服务方式，实现信息公开共享，互惠共赢，使公众切实享受到信息化带来的便利。在实现上述效益的同时，信息系统还进一步强化政府的社会管理和公共服务职能，进而提升政府的公共服务形象。

信息系统的投入运行全面提升了政府宏观调节能力、市场监管能力、社会管理能力和公共服务能力，实现管理效益、社会效益的最大化。

吉林省建筑安全监督管理信息系统

（一）系统简介

吉林省住房和城乡建设厅深刻认识到企业信息化滞后带来的一系列问题，正通过各种措施着力推进建筑施工企业信息化建设。立足以政务信息化、行业信息化带动和促进企业信息化的战略，通过各类行业管理系统尤其是资质审批系统建设，引导企业逐步认识到信息化的重要性。吉林省住房和城乡建设厅于2009年下发《关于推进全省建设系统企业信息化工作的通知》，要求各地、各部门、各单位积极支持配合省住房和城乡建设厅实施“企业上网工程”、推进电子档案管理、实行无纸化资质审批、开展建设企业信息化发展现状调研等工作。

吉林省建筑安全监督管理信息系统，是一款针对建筑行业有关施工安全问题方面的监管系统。本系统目前已涵盖吉林省下属的所有市、州、县的安全监管机构、施工企业安全管理机构、安拆单位、监理单位，以及各地区相关起重机械检测中心等有关单位，并且对上述企业信息进行集中管理，其中包括建筑施工过程中涉及的企业相关工作人员的管理。通过根据企业类别、人员类别和权限的划分，实现各企业之间分工明确，既保证了对建筑行业施工过程中的各个环节进行规范化管理，还实现了各企业之间、各级安全主管部门之间的信息同步、信息共享、协同作业等，使得整个安全监管流程的工作效率有了显著提高。

（二）系统主要功能

该系统具备以下主要功能：

① 全吉林省建筑工地起重机械设备的备案、使用登记、起重机械设备流程的管理。从安拆单位的安装告知，到最后安全主管部门的注销登记整个流程的管理；

②安全生产信用评价；

③事故快报；

④项目开工安全条件审查手续办理、安措费的拨付申请、保险、风险抵押金管理；

⑤全省建筑工地隐患排查治理信息上报；

⑥ 工地重大危险源的管理；

⑦ 安全检查；

⑧ 外埠企业及人员入吉备案的管理；

⑨建立网上办公平台，方便企业和管理部门的沟通，同时对用户权限进行等级划分，分别为：企业级、市级、州级（包括县区级）和省级。并且通过加密算法和数据压缩等多种方式实现网上数据安全、快速的传输。

图1 吉林省建筑市场诚信管理平台

（三）系统目前各项应用情况

1. 使用范围

吉林省建筑安全监督管理信息系统目前已在省内全面展开应用。

2. 系统亮点

吉林省建筑安全监督管理信息系统开发之初便从规范化工作流程、提高工作效率、降低工作量、易操作等四个方面进行着重考虑，系统上线后发挥了以下几个方面作用：

①强制规范化工作流程。系统通过对用户进行市州县级别划分、企业类别划分、人员类别划分等，对用户的权限进行了细致的划分，对每个用户的工作内容进行了指定。另外根据部分地区的管理规范要求，满足部分差异化功能，如办理使用登记时锁定操作人员、安装告知时锁定设备备案编号等。这既保证了整体工作流程，又满足企业的个性需求。

②提高工作效率。由于系统采取信息实时同步的机制，相关上级部门便可以随时查看企业最新的施工信息，并且可以根据情况随时下达处理意见。反之，下属部门也可以随时查询上级部门对企业自身所提交的申请的处理结果。

③降低工作量。在规范化工作流程的大前提下，极致地简化日常的工作流程，对数据进行过滤，实现每个用户登录后仅看到自己工作范畴内的资料，排除掉大量复杂资料的查找时间，一目了然地清楚自己的工作内容。

④易用性。本系统是根据实际工作中的业务规范流程进行开发，十分贴切各部门原有的日常工作内容，因此各级用户极易接受。因其操作简单故无需经过专业培训便可应用。

3. 应用成效

自应用本系统以来，在相关监管部门的配合下，目前省内的各个市、州、县已基本实现杜绝设备的非法安装、个人安装、挂靠安装等情况，同时避免了一套手续重复使用、牌照号重复使用的情况。强制要求设备必须检测合格才能使用，落实上级监管部门，落实各企业责任主体的责任人。落实企业对设备的日常检查、保养、管理。极大程度地控制了建筑企业施工的规范化，有效地减少了工地起重机械设备事故的发生。

4. 存在的问题

建筑企业工地的工作人员流动量大，接口不规范。

5. 系统发展前景及方向

下一步，省厅各大子系统之间能够实现互联互通，数据共享。

（四）企业信息化的优势

随着社会的信息化和计算机网络技术的高速发展，各个领域都将步入信息化管理的行列，建筑企业亦不例外。通过企业的信息化管理，在人员管理方面可以灵活准确地管理企业的在职人员、职务调配等，在财务、营销、资料管理、库存管理等方面亦有着更重要的作用。通过信息化管理企业，可以令企业管理更加规范、提高工作效率、减少人员投入、有效利用企业现有资源、缩减开支、避免浪费，并且可以根据自身数据分析出企业每一阶段的营收情况，减少投入的同时提高工作效率，大幅提高企业的竞争力。

贵阳市公共资源交易中心信息化案例

贵阳市公共资源阳光交易中心（以下简称“贵阳市公共资源交易中心”）于2012年7月19日正式启动运行，为贵阳市政府直属正县级全额拨款事业单位，内设有交易管理一处、交易管理二处、交易管理三处、信息管理处、综合管理处、办公室、纪检监察室七个科室。主要职责为各类公共资源交易活动提供场所、设施和服务，对公共资源交易的工程建设、政府采购、土地出让、产权交易登记（报建）、报名、公告、公示等进行审核并发布，同时对公共资源交易活动进行现场监督、见证，对违法违规行为进行纠正，维护公共资源交易秩序。

（一）信息系统建设背景

根据中共中央纪律检查委员会“专项治理建筑领域突出问题”会议精神和国家发改委、住房和城乡建设部相关文件要求，贵阳市建设工程交易中心信息化建设迫在眉睫。信息化的发展为招投标活动提供了一定的管理手段和方法，但由于观念、利益以及技术手段等问题的存在，建设工程招投标信息化建设还不能全面形成。通过调查研究，建设工程招投标信息化建设面临如下问题：

①信息化尚处于起步探索阶段，实行深度集中管理，统一规范是招投标市场紧迫面临的难题。

②评标专家自由裁量权过大，甚至出现恶意抬高标的中标情况。

③招标代理、投标单位、评标专家等信息化水平低，沟通不流畅，新事物推行阻力大、难度大。

根据贵阳地区的特性，研究开发贵阳市建设工程电子招投标系统，通过在实际示范招投标活动中典型应用，改变传统的办公模式。网上招标投标可以实现全流程无纸化操作，可大大节省投标直接成本，据测算可以降低传统投标方式直接成本的2/3，也可减少办事人反复往返于招标人、监管机构、交易中心等地，减少通信、交通、印刷、人力、管理等方面的支出，大大降低各类资源的消耗。对节约社会资源、保护生态环境具有一定的促进作用。同时，应用先进技术和科技手段打造的电子评标系统，将在建设工程领域筑起第一道坚实有效的反腐倡廉防线，营造出建筑市场健康有序的市场环境。应用成功后将在整个行业进行推广，为我国建筑行业的创新发展奠定基础，促进我国建筑行业快速、健康、持续地向前发展。

（二）信息系统建设总体思路

该信息系统以建设工程招标投标全过程电子化、网络化和规范化为基础的一个管理模式及信息化系统开发项目，为建设工程招投标活动提供一套全面集中的信息化解决方案。

信息系统包括项目报建、招标公告、投标资格审查、投标、评标、中标公示等建设工程交易全过程的信息化管理，并提供了投标资格审查文件、招标书、投标书制作及评标等有效的辅助工具。同时所有交易参与人均可登录中心网站实时掌握了解与之相关的各类公开信息，实现了招标投标的阳光运行，避免了因信息不对称造成的暗箱操作。

在招投标活动建立标准管理流程模式，从而重点解决以下问题：

①建立公开、公正、公平的管理模式；

②确定招标代理招标流程管理模式；

③确定投标单位投标流程管理模式；

④确定监管部门对招投标互动的集中管控；

⑤实现集约化管理，提高管理水平和工作效率，降低使用成本；

⑥为领导决策和监督管理提供所需的数据分析依据和报表。

（三）信息系统主要功能及特点

实现了建设工程招投标活动信息公开化、交易阳光化、服务规范化。本项目属国内首创，并具有自主知识产权。

1. 交易业务管理系统

该系统为最核心的系统，为了解决对建设工程项目从招标项目登记开始到公告、资审、招标文件发售、开标、评标、中标公示等所有环节进行综合服务和管理，该系统综合应用短信通知，配套第三方支付技术协同完成整个招投标的流程操作。

2. 专家语音抽取系统

囊括专家基本信息管理、专家考勤管理、专家考核管理、不良行为记录、专家抽选、语音通知、电话请假、系统补抽、打印、统计查询、操作日志、系统管理、系统接口、门禁与专家系统的接口。

3. 辅助评标系统

组织核心评标工作。招标代理可以利用系统回收标书，通过工具辅助完成商务标评标工作，并自动生成资格标、商务标、技术标的评标报告。

4. 交易数据分析系统

对于各级区、县级关键环节的报表备案、各类月报季报备案管理及市场宏观数据数理分析。

该信息系统的设计是基于行业标准J2EE的开放式架构，为搭建具有可伸缩性、灵活性、易维护性的商务系统提供了良好的机制。主要特点为：

① 保留现存的IT资产；

②系统结构化设计，每一个应用功能、程序高度模块化；

③可灵活配置业务流程，应用系统的客户化和二次开发简单；

④具有可扩张性和安全性；

⑤支持多模块“一键切换”；

⑥通过次级域名建立子站群，各子站权限分离；

⑦SSO权限管理系统、拥有灵活用户权限配置，对于用户配置节约开发成本。

（四）信息系统建设总结

电子招投标系统构建了贵阳市建设工程“信用信息平台”，完整记录各类企业和人员的基本信息、交易信息和信用信息等，可以实现投标的网上资格审查和评标参考，有效打击造假，避免投标人随身携带各种证书、原件参加投标活动，及时曝光违法违规行为，限制违规单位的市场行为，同时具备开放式窗口对全社会公开，接受社会各界广泛监督。招投标活动中所涉及的购买招标文件、递交投标保证金、下载工具等费用的支付，均可以通过电子招投标系统具有的无地域限制、全天候24小时不间断网上支付平台完成。同时电子招投标系统采用自动提醒功能，每隔一定的时间会对未处理的工作进行友情提醒，使得使用者操作起来更人性化。

1. 招投标全过程模式研究

通过广泛的需求调研及深入的归纳采集，针对招投标全过程管理提出如下管理模式：

1）实现招投标全过程的信息化管理是招投标管理的前提条件

该系统实现了项目报建、招标公告、投标资格审查、投标、评标、中标公示等建设工程交易全过程的信息化管理，并提供了投标资格审查文件、招标书、投标书制作及评标等有效的辅助工具，提高了管理水平和工作效率。

（1）各类角色网络交易

项目报建模块、招标公告模块、资格预审文件模块、资格预审评标室预约和开标室预约模块、资审投标人提问模块、资格预审结果模块、招标文件模块、拦标价模块、中标结果公示模块、查看投标报名情况、资审文件出售情况、招标文件出售情况模块。

（2）招、投、备、评工具

招标模块、备案模块、投标模块、评标系统—开标工具、评标系统—操作员工具、评标系统—评标工具。

2）实现监管部门的阳光高效检查，杜绝腐败的滋生是招投标管理的基础保障

（1）遏制了招标人暗定中标人的行为

通过建立并应用评标模型，实现评审结果的科学性、合理性和不可预见性，破解了招标人与投标人串通，暗定中标人的难题。

（2）严厉地打击了串通投标行为

通过设置并应用软、硬件识别码，以及数据内在规律分析技术，识别目前常用的所有技术性串通投标行为，将使得技术性串通投标认定难、查处难的问题得到根本性的改变。破解了投标人之间串通投标的难题。

（3）有效遏制低价中标，高价结算行为

通过全面分析投标数据，找出所有投标报价内部存在的不平衡数据项，防止因不平衡报价导致的低价中标，高价结算，谋取非法利益，造成国有资金流失的情况发生。

（4）杜绝评标专家滥用自由裁量权

通过商务标的计算机自动评审，杜绝评标专家滥用自由裁量权，保证评标工作的客观和公正。破解了评标专家自由裁量权过大，评标结果受专家人为因素控制的难题。

（5）解决人为因素对评标数据的干扰和篡改

通过采用软识别码嵌入技术、数字签名和加密解密技术，保证投标数据的安全性和法律效力，实现评标结果的确定性、可重现性和数据的一致性。破解了人为干扰和篡改评标数据的难题。

（6）有效杜绝恶意抬标和过低中标的现象

通过应用科学的评标模型，使得过高或过低的投标报价在排序时都被排在末位，不能成为中标人，有效地杜绝恶意抬标和过低中标的现象。破解了投标人恶意抬高标的中标，扰乱建筑市场的难题。

3）坚持公开、公平、公正原则是决定系统成功的关键因素

招投标的本质就是通过投标方之间的竞争最终使得招标方获得理想的价位。要想在招投标过程中获得理想的价位，关键是在招投标过程中形成有序竞争，通过投标方之间的有序竞争，使得报价水平真实反应市场的水平，所以，衡量招投标是否能够成功的关键因素就是坚持公开、公平、公正的原则。在该信息系统中，为招标方和投标方各自提供招标管理子系统和投标管理子系统，全面推行网络招投标模式。即招标方通过系统发布招标信息，而投标方无需来招标方处领取标书，远程登录投标子系统，可以直接下载标书，并进行远程沟通答疑和投标。

4）合理的流程模式创新、人性化的温馨提示、强大的查询功能是系统发展的方向

该信息系统在流程模式上做了很大的创新，比如招投标法中强制规定不能透露潜在投标人，根据相关领导和专家的分析，新增了资格预审未入围公示，不让投标人苦苦等候，不用跑上跑下的咨询，也提高了工作效率。另外新增了在建工程的项目经理锁定功能，如果系统中一个投标单位的在一个项目中标，那么在这个项目工期内，此投标单位中标的项目经理不能再投标其他项目。该信息系统在一些关键节点，如投标单位报名，招标代理上传招标文件，监管员审核等都做了人性化的温馨提示，这样也减少了人为疏忽造成的问题，提高了工作效率。同时，信息系统对于各级区、县级关键环节的报表备案、各类月报季报备案管理及市场宏观数据进行梳理分析。

2. 在贵阳市建设工程电子招投标系统中采用先进的技术方案

贵阳市建设工程电子招投标系统基于行业标准的J2EE的开放式架构，采用B/S的三层结构，采用JAVA与XML等语言技术，面向对象的大规模组件式设计，服务体系整合的部署结构。采用互联网络技术平台，适用跨系统环境的部署，为用户建设一个高度稳定、高效、安全、可靠、可扩展的应用系统。关键技术指标如下：

①web服务器与数据库分开部署，在系统架构层次上采用web服务器与数据库分开部署方式，任何单一服务器中断至少不会导致系统的完全中断，对数据的安体性也起到很好的保护作用，退一步说，就是网站应用系统被攻破，还是数据库服务器来保证数据的安全。

②可灵活配置业务流程，应用系统的客户化和二次开发更加简单。支持多模块“一键切换”，提高了动态web应用速度，同时提高了可扩展性。

③服务器集群，在硬件架构上采用多服务器组成服务器集群的优势，在充分利用单台服务器性能的基础上组成一个高效能的网络集群，在这个集群中任何单一服务器的断机，都不会影响整个系统的运行，保证系统7×24×365不间断运行的目的。

④SSO权限管理系统、拥有灵活用户权限配置，对于用户配置节约开发成本。

⑤业务升级方面，考虑性能可扩展，提供了一个基于硬件服务器集群的线性无限扩展方案，就是说随着业务量的扩大及用户访问数据增加，只需要简单加服务器硬件就能完全满足要求，同时也为贵阳市建设工程交易中心分步实施信息化方案提供了可能。在一台服务器性能有限的情况，充分利用网络优势采用多台硬件服务器组成服务器集群。

⑥快速通信技术，即标书数据快速导入技术，利用该项技术，一般工程的标书导入时间会控制在“秒”级范围之内，很好地解决了电子标书导入速度过慢的问题，为将来实现网上投标、网上开标奠定了基础。

⑦分为硬识别技术和软识别技术。硬识别是指计算机硬件特征码识别技术；软识别技术包括标书编制系统软证书识别技术、标书编制系统与计价软件特征码关联识别技术和标书雷同性数据分析技术。通过采用该项技术，基本上可以识别出目前所知的所有技术性串通投标行为。

3. 采用的技术与规范

开发的电子招投标系统应包括和达到以下规范性文件的要求：

①《GB50500-2008工程量清单计价规范》

②《GB/T 16260-2006 软件工程产品质量》

③《GB/T 21064 电子政务系统总体设计要求》

④《GB/T 19715 信息技术 信息技术安全管理指南》
⑤《GB/T 19716 信息技术 信息安全管理实用规则》
⑥《GB/T 17539-1998 电子数据交换标准化应用指南》
⑦《GB/T 18018 信息安全技术 路由器安全技术要求》
⑧《GB/T 20269 信息安全技术 信息系统安全管理要求》
⑨《GB/T 20270 信息安全技术 网络基础安全技术要求》
⑩《GB/T19487-2004电子政务业务流程设计方法通用规范》
⑪《GB 17859-1999 计算机信息系统安全保护等级划分准则》
⑫《GB/T 20271 信息安全技术 信息系统通用安全技术要求》

（五）信息系统应用推广情况

该信息系统已成功的进行应用推广，截止到2012年5月底，涉及招标代理单位90家，投标单位572家，公开招标的项目累计1008个，邀请招标的项目67个，直接发包的项目221个，合计1296个。截止到5月底交易金额1350622.49（万元），相比拦标价节约资金28830.08（万元）。

贵阳市电子招标投标系统是利用网络信息技术、计算机技术和安全技术，以互联网为平台实现了网上报件、发布招标公告和网上报名，为招标单位（招标代理机构）、投标单位减少办事人反复往返于监管机构、交易中心等地，减少通信、交通、印刷、人力、管理等方面的支出，大大降低各类资源的消耗。开标、评标过程中实现快速导入各投标文件；自动唱标；商务标的计算机自动评审和采用软识别码嵌入技术、数字签名和加密解密技术，保证投标数据的安全性和法律效力，实现评标结果的确定性、可重现性和数据的一致性，防止人为因素对评标数据的干扰和篡改。该信息系统在国内处于领先水平，并具有自主知识产权。2011年8月获评住房和城乡建设部建筑节能与科技司的“住房和城乡建设部科学技术项目计划示范工程”，2013年4月荣获华夏建设科学技术奖励委员会颁发的2012年“中国城市规划设计研究院CAUPD杯”华夏建设科学技术奖。

（六）取得的社会效益

1. 信息系统效益

1）有效控制工程投资，防范风险

该信息系统提供的评审报告披露了标书中存在的问题及潜在风险，避免中标后甲乙双方的合同纠纷，便于招标人在后续监管中对存在问题进行重点监管，最大限度地保证投资人的利益。

2）引导建筑市场竞争健康发展

科学的评标模型结合资格后审的招标形式，使得所有不遵循价值规律，采取一些投机手段甚至违法手段谋取中标的成功率大大降低。投标单位只有根据市场状况，结合自身的管理经营情况，做好商务标的每一个细节，使得投标报价更加科学合理，才能提高中标的概率。

3）提高了行政部门的监管力度

通过出具详细的串标现象和不平衡报价分析诊断报告，为建设行政监管部门查处串标行为、制定有关预防围串标政策以及后续的施工监管提供有效的依据，为审计部门工程造价审核提供可靠的参考。

4）实现节能、环保和绿色招标投标

全过程采用电子标书进行工程交易，取消传统纸质标书，达到节能、环保和绿色招标投标，降低社会运行成本的目的。

2. 招投标各方主体的效益

1）纪检监察部门

① 充分体现了招标工作公开、公平、公正和科学择优原则；

②直接产生评标报告，最大限度地减少了评标过程中人为因素的影响；

③是制约建设领域工程招投标环节腐败的有力武器。

2）建设行政主管部门

①增加了透明度，使得招标工作更加科学规范；

②提高了评标工作的公正性，有关投诉大大降低；

③评标高效，有效解决了评标时间和评标质量的矛盾。

3）财政、审计部门

①该信息系统的引入给工程造价审计工作带来了革命性的转变；

② 强化了工程造价审计监督、评价和鉴证，实现了项目造价监管的实时性、直观性；

③加强了财政资金监管力度，提高财政资金的利用效益。

4）招标人（招标代理机构）

①使招标工作更顺畅；

②提高了评审质量，使得评标结果更科学、更公正；

③评标高效，极大地降低了招标运行成本。

5）投标人

① 投标更安全；

②竞争更公平；

③高效便捷，为企业节约大量投标成本。

6）评标专家

① 评标高效，提高了评审质量，减轻了工作强度；

②评标顺畅，充分发挥评委专家的专业能力。

西安建设市场诚信信息平台

（一）西安市建设工程交易中心单位简介

西安招标投标管理办公室下设招投标监督管理室、交易中心办公室、造价管理办公室和交易中心业务信息部和财务部。受西安市建委领导全面负责西安市建筑市场的行业交易服务监管、相关法规政策制定和执行。

西安建设工程交易中心成立于1999年，是经西安市人民政府批准，由西安市城乡建设委员会设立，为全市建设工程交易活动提供场所和信息的服务机构。随着西安建设国际化大都市步伐的加快，西安建设工程交易中心将以前瞻性的发展视野，进一步强化“阳光交易、高效服务”理念，与时俱进、开拓创新，全面提升有形建筑市场的内涵和外延，持续建立健全工程交易服务长效机制，努力打造全国一流的建设工程发包承包交易平台，从根本上推动全市工程建设项目高效、安全、廉洁运行，为建筑市场的有序竞争和健康发展提供有力保障。

（二）信息系统建设概况

2009年，交易中心深入贯彻落实中央办公厅、国务院办公厅《关于开展工程建设领域突出问题专项治理工作的意见》，按照市政府“统一交易市场、统一管理制度、统一信息平台、统一诚信体系、统一电子监察”的总体思路，通过统一相关配套制度、统一工程信息发布、提升改造交易场所、加强电子监察力度等4个方面的工作，于2011年1月1日建成并运行全市工程建设招标投标统一交易平台，实现房屋建筑、市政基础设施、园林绿化、城市轨道交通、水利、公路等行业所有工程项目统一进场交易，建设、水利、交通行业管理部门驻场办公，纪检监察部门驻场监督。中心位于曲江新区行政商务区西安建设大厦三至七层，场地面积5800平方米，全年可满足5500次工程建设交易活动的需要。三层设置4个功能齐全的开标室，2个驻场服务窗口和1个高速上网区。四层为开标和对外服务区，设置有休息大厅，5个宽敞明亮的开标室（其中开标一室面积120平方米，可满足100人以上的开标活动需要）、10个“一站式”对外服务窗口和1个信息发布显示屏。五层为封闭评标区，设置有专家专用电梯、门禁智能通道及各类评标室12个，询标室4个，电子监察室1个。分布于五层的高标准机房能够提供传输速率支持100Mbps的专用网络服务，且全部设备联网运行。多功能监控室具有对进场活动环节实时跟踪录音、录像和全天候安防功能，监控视角覆盖所有开标室、评标室、专家抽取室和办事服务窗口等重点区域。六层为业务办公区，主要负责招标备案、造价服务、投标保证金代收代退及交易服务费收缴等工作。七层为信息中心，设置有信用档案室、信息管理室、信息发布室、网络技术室、设备维护室和专家管理室，主要负责工程建设项目信息的收集、发布，建设市场各类信用信息管理及评标专家管理等工作。

2010年，为实现无形的信息资源与有形的交易市场充分衔接，在交易中心基础上，成立了西安建设工程信息中心，合署运行、统一管理。中心在市纪检监察局和市建委的领导下，立足当前，着眼未来，以构建建设工程招标投标阳光平台为目标，坚持运用技术手段提升管理和服务水平，相继研发了网上招投标管理系统和建设工程管理信息系统，依托中心建立的新型化网络平台——西安建设工程信息网，建成并运行了全市工程建设电子化交易平台和建设市场诚信信息平台。以网上招投标管理系统为支撑的工程建设电子化交易平台，包含管理、监管、备案、分析、统计等核心业务功能，联动招标、投标、答疑、评标、造价分析等模式业务，实现了从项目进场登记到合同备案的招投标整体流程在线操作，规范了招投标文件格式，实现了计算机自动辅助清标、评委网上评标、招投标资格和诚信信息的网上共享。该系统的运用，使招投标各主体违规干预和扰乱招标投标活动的行为得到有效解决；技术性串通投标认定难、查处难的问题将得到根本性的改变；恶性价格竞争等影响建筑市场健康发展的现象将得到有效控制。

（三）西安建设市场诚信信息平台

1. 建设背景

为了进一步加强西安市工程建设招投标的信息化建设力度，实现招投标服务工作向自动化、现代化、信息化方面的跨越，并且进一步规范交易流程、减少人为因素，提高工作效率和服务水平，西安市招标投标管理办公室决定建设工程招标投标管理信息系统。

本次系统建设紧密结合西安市工程建设招投标业务实际，总体规划，分步实施，开发新的招投标管理系统，整合原有各信息化系统，进而提升总体信息化管理水平。

在系统建设中，结合西安市建设工程招标投标的管理特点，进行定制化业务分析和系统开发，突出本地管理优势，在招投标管理信息系统中重点建设西安建设市场诚信信息平台，使建筑市场诚信体系利用信息化手段实现动态化管理，实现与其他系统的互联互通，使建筑市场成为规范市场，为促进行业良性竞争打下扎实基础。

2. 总体思路

西安建设市场诚信信息平台以建设建设市场诚信信息平台，实现诚信管理全过程电子化、网络化、规范化，实现诚信信息的动态化管理，实现诚信平台与其他系统的互联互通，为建设市场诚信建设提供一套全面集中的信息化解决方案。

系统包括档案管理、网站模块、系统功能三大部分，主要是实现对从业企业人员的档案管理，诚信行为记录，信息变更管理，通过网站平台发布相应的诚信信息，任何主体都可以通过网站平台对企业的诚信信息进行查询，同时诚信平台与CA身份认证系统进行关联，实现了诚信信息与企业/人员身份对应，在其他系统中应用时，只要插入身份锁就可以通过诚信平台对该企业/人员进行诚信信息的核实。目前，诚信平台已经成为其他系统运行的基础平台，对规范西安建设市场起到了积极作用。

西安建设市场诚信信息平台本平台承担的功能为：

①管理的主体：在西安市进行建设工程招标投标活动的所有企业。

②管理的对象：企业档案信息、企业各类证书信息、企业工程业绩、企业行为记录，招投标资格等。

③主管处室：信息中心。

④参与管理的处室：交易中心、招标办、建筑业管理处、装饰办等各建委处室。

3. 系统设计及其主要功能

模块分类		模块名称	功能简要说明	立项设计要求	完成情况
档案信息	企业档案	基本信息	企业基本信息及相关扫描件	记录企业基本信息	增加了基本开户证明扫描件
		营业执照	企业营业执照信息及相关扫描件	记录企业营业执照相关信息，上传执照扫描件	完成
		组织机构代码	企业组织机构代码证信息及相关扫描件	记录组织机构代码证的相关信息，上传扫描件	完成
		资质证书	企业各资质证书信息及扫描件	记录各资质证书的相关信息（主项资质及增项资质），上传企业各资质证书扫描件	完成
		安全生产许可证	企业安全生产许可证信息及扫描件	记录各安全生产许可证相关信息，上传各证扫描件	完成
		外地企业入市备案证	外地企业入市备案证信息及扫描件	记录企业入市备案证信息，上传扫描件	完成
		年度投标保证金	企业年度保证金缴纳情况	原设计无。现增加此模块。记录企业年度投标保证金的缴扣记录	完成
		企业业绩	企业业绩记录	记录企业中标工程信息	完成
		企业不良行为	企业的不良行为记录	记录企业不良行为信息及招投标资格的处理	完成

模块分类		模块名称	功能简要说明	立项设计要求	完成情况
档案信息	企业档案	企业良好行为	企业的良行好行为记录	记录企业良好行为	完成
		企业信息变更记录	企业档案的变更汇总记录	记录企业档案的变更记录，及历次变更内容	完成
		企业信用评价信息	对企业的信用评价信息	记录企业信用评价记录，汇总信用分	完成
		其他资料	上传企业其他要求的资料	可以上传多个扫描件	完成
	从业人员档案	基本信息	人员基本信息及相关扫描件	记录人员基本信息，上传身份证扫描件	完成
		资质证书	人员资质证书信息及扫描件	记录人员各执业资格证书信息，上传证书扫描件	完成
		安全生产培训考核证	安全考核培训证信息及扫描件	记录人员安全生产培训考核证信息，上传证书扫描件	完成
		良好行为	人员良好行为信息	记录人员良好行为信息	完成
		不良行为	人员不良行为信息	记录人员不良行为记录	完成
		人员业绩	人员业绩信息	记录人员中标工程信息	完成
		人员信用评价信息	对人员的信用评价信息	记录人员信用评价记录，汇总信用分	完成
网站模块	预选名录		公示预选承包商名录库	管理预选承包商	完成
	在建工程		公示从业人员在建工程信息	列表显示在建工程信息	完成
	企业信息		公示企业档案信息	公示部分可公布的企业档案信息及相关扫描件	完成
	人员信息		公示从业人员档案信息	公示部分可公布的人员档案信息及相关扫描件	完成
	信用预警		对企业和人员相关信用信息的预警公示	分别公示企业和人员的相关信息的预警状态	完成
	良好信息		公示企业及人员的良好行为信息	分别企业和人员的良好行为信息	完成
	不良信息		公示企业及人员的不良行为信息	分别公示经确认需要公布的企业和人员的不良行为信息	完成
	评价细则		各处室公布的信用评价规则	维护、公示各处室公布的评价细则	完成
	通知通报		管理处室发布的通知通报	发布通知通报文章	完成
	办理流程		公示各处室的业务办理流程	发布办事流程	完成
	项目信息		公示各处室办理的项目信息	发布项目信息	完成

模块分类		模块名称	功能简要说明	立项设计要求	完成情况
网站模块	平台简介		本平台的介绍	发布平台简介文章	完成
	新闻动态		新闻发布	发布新闻文章	完成
	重要通知		重要的通知通告	发布重要通知	完成
	培训信息		发布相关的培训信息	发布培训信息	完成
	相关下载		提供文档、程序或工具下载	维护下载栏目	完成
	企业入驻			原设计没有，后加	待进一步完善
	区县信息		介绍各区县主管部门信息	原设计没有，后加。发布区县信息	
	信用举报		为企业和人员提供的举报平台	原设计没有，后加	待进一步完善
	现场管理		介绍中心现场的管理消息	原设计没有，后加	待进一步完善
系统功能	企业诚信档案申报		企业注册、编辑档案、提交档案	自主注册，完成后提交	完成
	企业诚信档案审核与发布		管理部门档案的审核与发布	有权限部门审核，可以发布/撤回，分为本处室，各管理处室，网站三级	完成
	企业诚信档案变更		企业变更档案	企业可自主变更档案，并保证正式档案安全	完成
	诚信档案变更审核		管理部门审核变更内容、更新发布档案	有权限部门可以审查企业的档案变更，通过后更新正式档案	完成
	企业ca锁管理		企业ca锁分配、更新与管理	可以分配和更新企业的ca锁，可以记录最新状态	完成
	企业及人员的招投标资格管理		管理企业及人员的招投标资格	可以记录企业的招投标资格变更记录，可以记录人员招投标资格状态。不良行为中可以取消招投标资格	原设计目标完成。招投标资格的自动关联判断在后续阶段中完成
	企业及人员的信用评价		对企业及人员进行信用评价	可以录入企业和人员的信用评价记录，并根据规则进行信用分汇总	完成
	系统接口		与其他系统间的读、写接口	完成与招投标系统间的数据交换。包括使用其他系统提供的接口，为其他系统提供接口	完成
	权限分配管理		对系统账号、权限进行管理和分配	可以对各处室、各部门分别设置不同角色，并配置各角色的编辑或查看权限。	完成
	从业人员单位变更		管理从业人员的单位变更	可以方便将人员从一个单位下，变更至别一个单位，而不需要将人员档案重新录入	完成

连云港造价监管系统案例

（一）连云港市造价站简介

连云港造价站是连云港市城乡建设局直属单位，负责对连云港辖区内的建设工程造价管理及服务工作，主要包括对建设工程项目造价行为规范管理、市场监督，负责本地区造价信息采集发布、指标数据采集发布等。

连云港市造价站履行以下管理职能：

①负责本地区工程造价方面有关政策、法规、规定的贯彻执行及实施细则的制定，引导发承包双方的市场行为，同时为投资方控制工程造价提供参考依据，制定适应市场需求的工程量计算规则和计价办法。

②受理招标控制价备查及投诉，用于控制超批准概算及招标人对招标工程发包的最高限价，为评价提供依据，防止投标人恶意竞争行为；

③负责本地区施工合同及定额方面的工程造价疑义、纠纷等问题的解释、调解、处理；协助解决建设领域拖欠工程款和农民工工资问题，维护市场稳定和社会和谐。

④负责本地区建设工程现场安全文明施工措施费计取与使用管理（每月组织市区现场考评），保障安全文明生产，加强建筑工程施工安全文明管理，维护人身和财产安全。

⑤定期采集、测算、发布建设工程材料、人工、机械设备租赁、园林苗木等指导价（江苏省测报点、苏北片区两个测报点之一）、工程造价指标、指数、实物量人工费、城市住宅等造价信息（实物量人工费、城市住宅造价信息均为住房和城乡建设部要求每季度上报信息），为国有投资决策及建设各方主体造价管理提供指导性依据。

⑥负责工程造价咨询企业与造价从业人员的监督管理，规范计价行为，营造公平竞争环境，促进建筑市场有序发展。

⑦“四新”技术补充定额的调研、测算及一次性补充定额的测算、发布，为推广应用新技术提供计价依据。

⑧受理竣工结算备案，避免工程竣工后部分业主以各种理由拖延竣工结算，使承包人无法及时收回工程款，导致拖欠农民工工资及大量“三角债”的产生，为政府清欠工程款及农民工

工资提供依据。

连云港造价站提供的服务性业务包括：地区性材料指导价格的公布、控制价和竣工结算等的备案管理、造价员和咨询单位的资质初审、政策造价方面的公告管理。

（二）信息系统建设概况

1. 建设背景

以前，连云港造价站无属于自己的信息系统，只是依托省造价站网站平台发布几项基本信息，如指导价、公告和备案的情况。很多日常工作都依靠手工录入，工作量很大，耗时很长。亟待通过信息化提高工作效率和质量。

2. 信息系统建设总体思路

连云港建设工程造价监管系统建设应结合连云港实际的办公特点与难点，利用先进的网络信息技术，建设标准统一、互联互通、安全可靠的信息网络平台；设计具有先进性、安全性、可靠性、可扩展性和灵活性的整体系统框架；以此为基础，搭建业务信息处理的平台。建成一个高效快捷、功能完善、覆盖业务广、安全可靠的门户网站系统，整合造价站的职能、优化业务流程，向相关企业和造价员提供“一站式服务”的电子政务应用服务系统，实现业务处理网络化、管理决策科学化、公共服务电子化。

3. 信息系统的主要功能

连云港建设工程造价监管系统是一个建设造价监管一体化平台。它以门户网站为依托，集成各类管理系统，提供统一服务。该系统主要包括：备案备查系统、包含备案备查系统（招标控制价备案备查、安全文明措施费考评与测定、竣工结算备案备查）、指标管理系统、材价采集发布系统和门户网站等应用系统。系统另配套了指标计算生成工具、备案检查工具和材价采集工具。

1）招标控制价备查系统

该应用系统提供了对招标控制价电子化备查、审批的功能，并包含了备案检测工具用于对控制价进行自动审核。利用该应用系统，可快速高效、便捷准确地发现招标控制价的问题，甚至可实现逐条定额的量、费率与标准的对比，大大提高工作效率与工作质量。

2）安全文明措施费考评与测定系统

该应用系统能够支持施工单位向造价站进行现场安全文明考评和费率测定的申请过程，可根据申请内容进行安全文明费率的自动测定，考评时间、考评得分、测定结果会通过站内反馈通知给予回复。该应用系统实现了造价站业务无纸化办公，提高了办公效率，信息传播速度更快。

3）竣工结算备案系统

该应用系统提供了对竣工结算电子化备案、审批的功能，可利用备案检测工具对竣工结算进行自动对比。利用该应用系统，可快速对比中标文件、送审文件和结算文件之间的差异，了解项目变化的原因。

4）指标管理系统

该应用系统支持指标分类、采集、发布、关联应用，建立造价站指标体系，并高效应用到实际审核业务，提高审核效率，辅助审核决策。该应用系统还提供指标计算生成工具，可快速计算指标。

5）材价采集发布系统

该应用系统实现指导价信息采集、整理、发布流程化、电子化，并提供了检测参数、价格预警、数据统计分析等辅助功能。

6）门户网站

该应用系统实现对外信息发布，充分体现政务效能、效率，并且是体现阳光政务的窗口。提供多媒体的电子期刊，给用户提供了多样化、丰富性、多视听性的视听享受，另外提供指标指数、材价信息、企业之窗等信息展示平台。

（三）信息系统应用情况

目前，连云港建设工程造价监管系统进入运行阶段，上述系统功能得到全面应用。该系统已经成为连云港造价行业监管的主要手段。通过对网上备案造价项目的审查，及时发现造价行业各类问题，及时予以纠正；同时积累数据，建立连云港市的造价指标信息，为行业宏观决策提供参考依据。材价信息采集发布系统的应用，使材价信息管理实现动态化，同时能够通过信息化系统的应用实现与造价工具软件的关联应用，极大地方便从业人员。门户网站逐渐打造成为连云港造价行业的权威网站，及时发布造价相关信息。门户网站也是各个系统的集成入口，实现统一服务。

通过应用该系统，极大地提高了办事效率。同时，利用该系统的规范性，降低了各个环节人为差错的概率。系统网上运行方便了各造价企业的备案工作，使得过去人工报送，大量纸质文件提交，变成现在网上直接报送，只要提交电子文件即可。该系统的进一步应用，将为积累行业数据，规范造价市场行为起到积极作用。

中建三局第一建设工程有限责任公司信息化案例

（一）企业简况

中建三局第一建设工程有限责任公司（以下简称中建三局一公司）始建于1952年，是世界500强企业——中国建筑集团旗下的三级法人单位，具有房屋建筑工程施工总承包特级资质。公司现有职工4972人，其中管理人员4225人，具有大专以上学历3133人，中级以上职称1238人。其中享受政府津贴的高级专家4人。

2012年公司新签合约额607亿元，营业收入201亿元，利润总额3.62亿元，成为中国建筑首家合约额突破500亿元、营业收入突破200亿元的三级法人单位。

20世纪80年代，公司在深圳国贸的施工中，缔造了“三天一层楼”的深圳速度，把中国建筑业从高层建筑推向了超高层建筑的新水平；90年代，在深圳地王大厦的施工中，又创造了“九天四个结构层”的新深圳速度，把中国建筑业从一般超高层推向了可与世界摩天大楼媲美的国际先进水平。以“标价分离、过程精品、CI形象”为核心内容的“珠海模式”，引领了业界项目管理的变革。近年来，公司以管理领先、技术领先、服务领先为目标，在标准化与信息化管理、工业化楼宇、绿色环保建筑、建筑信息模型（BIM）等方面进行深入探索和实践。

公司先后40次荣获鲁班金像奖和国家优质工程奖、4项国家科技进步奖、4项国家级工法、4项詹天佑大奖、2项国家标准、2项软件著作权证书。先后获评全国实施用户满意工程先进单位、全国最佳施工企业、全国用户满意施工企业、全国质量效益型先进施工企业、全国质量管理先进企业、全国重合同守信用企业、全国模范职工之家、全国文明单位等众多荣誉称号。

（二）企业组织架构

公司下设5个区域公司：华南分公司、北方分公司、华东分公司、西部分公司、中南分公司，4个专业公司：安装分公司、基础设施分公司、房地产分公司、物业分公司和一个海外公司巴基斯坦分公司。市场分布在北京、上海、天津、辽宁、广东、重庆、四川、江苏、安徽、山东、河南、湖北、陕西、贵州、江西等国内二十多个省、自治区、直辖市和巴基斯坦等海外地域。

（三）企业运营模式、业务及管理模式

1. 商业模式

中建三局一公司在大力发展建造施工的同时，按照谨慎原则和效益导向，积极开展投资业务的尝试。公司的商业模式主要分为建造业务与投资业务两部分；建造业务主要包括房建、机电设备安装、钢结构和基础设施建设等业务；公司投资业务，主要依托建造主业，在市场环境复杂多变、投资风险捉摸不定的形势下，公司始终遵循“积极、稳妥”的方针，努力开拓投资业务、创新投资模式、加强投资管理，在房产开发、融资建造和基础设施几个方面，全面推进投资业务。

2. 公司与项目部权限分配

1）公司总部职能定位

相对于项目经理部，公司总部主要有五项职能：相关制度的制订、相关标准化的流程管理、责任目标的确立、过程的监督和控制、考核与激励。

在公司与区域公司和项目部的集权和分权上，凡与项目生产职能相关的，向项目层面倾斜，公司行使监督职能；凡与资金、成本等要素相关的，向公司层面倾斜，公司行使控制职能。

2）分公司职能定位

在当前条件下，分公司是公司总部职能的延伸，代表公司行使企业管理职能。

3）法人管项目

在项目投标阶段，企业层面主要履行职能有项目启动管理、大项目营销策划、市场调查与分析、业主方调查与分析、现场调查与分析、项目风险评估、项目投标前盈亏测算、项目投标评审、客户关系管理、投标总结。

在项目承接阶段，企业层面主要履行职能有合同谈判、合同评审及风险设别、合同交底、合同履约资料管理、策划管理。

在项目实施阶段，企业层面主要履行服务职能（各项资源管理、技术管理、法律事务、信息化管理、党群工作、CI管理、档案管理等）、控制职能（进度控制及预警、成本控制及预警、安全管理及控制、质量管理及控制和环保管理及控制）和监督职能（项目监察、过程审计与项目绩效考核管理）。

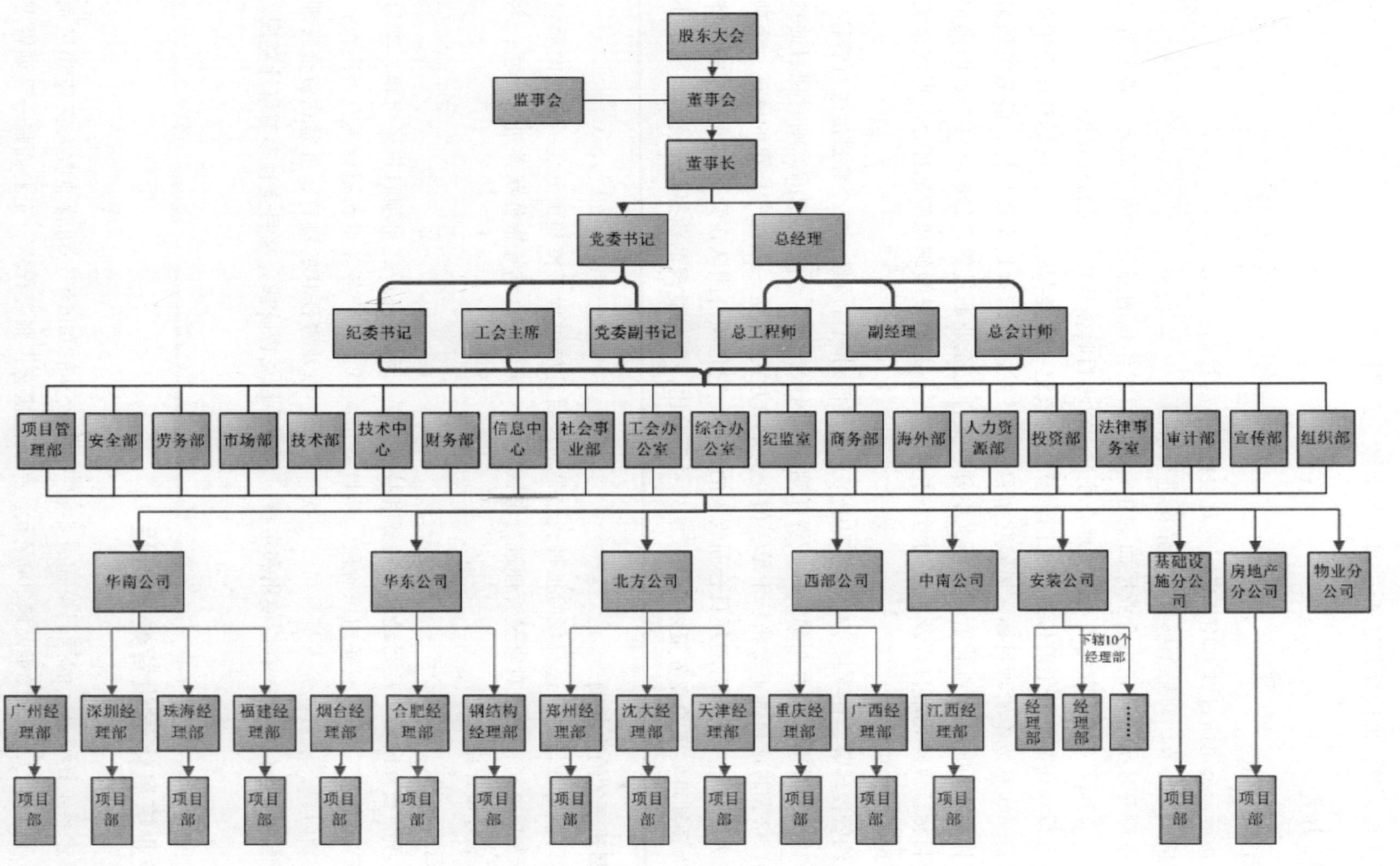

图1 中建三局第一建设工程有限责任公司组织机构图

在项目结束阶段，企业层面主要履行职能项目收尾管理、竣工管理和结算管理的指导与督办、完工审计与兑现、售后服务管理（回访与维修、工程技术服务）。

3. 项目管控方式

1）项目运作方式

项目承接后，公司通过以下环节来实现对项目的有效控制：

一是前期策划环节。对整个项目实施情况进行策划。

二是成本测算环节。首先由企业层面主导确定项目工作包的划分和施工部署，按照既定的工作包的划分来测算项目的责任成本，实现企业层面对项目具体运作方式的有效控制。

三是商务策划环节。开工前依据施工图预算重新核定一次经营效果，在目标责任书中明确项目管理目标，包括成本管理目标、风险化解目标、二三次经营策划实现目标，商务策划书和目标责任书作为项目成本精细化管理的两大纲领性文件。企业通过签订目标责任书、明确项目的责任管理目标、风险化解目标及相应的考核兑现条件，并通过缴纳风险抵押金的形式来实现对项目领导班子的约束激励。

四是履约管控环节。在项目实施的过程中，企业层面对项目质量、安全和进度进行管控。

五是考核兑现环节。按照明确目标、责任到人、风险抵押、严格兑现的原则对项目的责权利予以明确。公司将项目的上交指标由单一值变为A+B方式，A为一次经营成果的体现，为项目合同收入减去项目完工成本后与项目合同收入的比值，它是项目团队在管理中最基本的经济责任指标，B为预期可实现的商务策划所带来的效益百分比，项目兑现的前提是最终效益率不小于A+B。

2）项目班子的约束激励

一是签订经济责任状并进行风险抵押；二是对项目开展过程考核和预兑现；三是对质量安全进度进行专项奖罚；四是对资金管理进行考核奖罚；五是签订结算责任状并进行奖罚；六是开展项目的最终审计兑现。

3）项目责、权、利的统一

一是在项目投标阶段，项目经理、商务和技术人员全程参与；二是项目班子组建，项目经理有权参与表决；三是项目资源组织阶段，项目参与选择，对劳务和材料招标具有否决权；四是在商务策划阶段，项目商务人员参与二三次经营目标以及责任状的制订；五是在资金管理阶段，项目要参与资金的策划、有偿使用和考核；六是项目兑现阶段，项目全程参与审计兑现。

（四）企业信息化建设背景及历程

作为中建系统规模最大的号码公司，中建三局一公司2006年公司营业收入突破50亿元，2010年突破了100亿元，2012年突破200亿元。在规模快速扩张过程中，企业面临一系列管理难题需要破解：

一是要实现管理边界的突破。一公司市场布局全国，有五大区域公司，在近20个城市发展业务，每年在建项目达到180个以上，区域广、跨度大，传统的管理手段制约了企业进一步发展，需要新的手段来扩展管理幅度，增加管理半径，提高管理效率。

二是要实现信息的对称传递。一公司历史上形成了公司——区域公司——经理部——项目部四级管理架构，管理层级多、链条长，信息传递的及时性、真实性和全面性不够，管理失控的现象时有发生。例如有些项目过程中一直反映盈利，结算时突然冒出亏损。企业必须依靠信息化的手段更及时有效地获取信息，实施有效的管理。

三是要实现管理行为的统一。一公司有着60年的历史，分支机构都有着各自独特的团队文化、管理习惯，公司的管理制度和管理措施在执行过程中常常走样、变形，导致区域公司间发展不均衡，需要通过流程信息化来提高执行力，实现管理的均质性。

四是要实现管理经验的复制。公司在长期发展过程中积累了丰富的经验，也有过许多教训，但因为手段的缺失，局部的经验和教训很难在全局层面共享，很多问题重复出现，需要管理手段的创新来提供企业知识和资源共享的平台，从而提升企业的整体学习能力。

以上这些问题直接影响了企业在规模快速增长过程中的品质提升，造成整体发展质量不高。必须要通过一场彻底的管理变革来解决。也正因如此，实施管理标准化、信息化成为了一种内在的、迫切的需求。

一公司信息化建设起步于20世纪80年代中期，企业信息化建设从无到有、从点到面、从浅到深大致经历了三个阶段：

第一阶段：1986—2000年，信息化建设起步阶段，主要是单项软件应用，如工程预算、CAD辅助设计、钢筋放样等；

第二阶段：2000—2006年，信息化建设发展阶段，以提高业务管控水平为主要目标，主要是专业系统应用，如财务集中管理系统、人力资源系统、材料管理系统；

第三阶段：2006年—至今，信息化建设深化阶段，以管理提升为目标，主要是以标准化管理体系建设为基础，开展企业综合管理信息化应用。

第三阶段工作一直延续到现在，公司组织各层级的业务骨干，在咨询公司的配合下，围绕整体发展战略定位核心业务，以业务活动的清理为切入点，对原有制度进行全面的功能和效率分析，归纳提炼成熟的经验，打通业务活动横纵向的关联，增强管理的整体性和系统性，将管理职责量化到具体岗位，增强可操作性和可考核性，对原有管理制度进行流程化改造和优化；在此基础上，公司固化制度要求、整合业务流程，开发并全面推广应用了企业综合管理信息系统。

（五）信息化建设的主要思路

信息化是利用管理手段创新来促进管理体系的优化和提升，其本质是管理体系的提升，信息化水平的高低，更多取决于企业管理水平的高低，特别是标准化管理水平的高低。基于这种认识，中建三局一公司以支撑战略、提升管理为目标，按照“管理流程化、流程标准化、标准信息化、信息集成化”的总体思路，大力开展信息化建设。

1. 强化体系建设，优化业务流程

围绕整体发展战略定位核心业务，以业务活动的清理为切入点，对原有制度进行全面的功能和效率分析，归纳提炼成熟的经验，优化原有业务流程，重点打通业务活动横纵向的关联，增强管理的整体性和系统性，将管理职责量化到具体岗位，增强可操作性和可考核性。

2. 实施标准化改造，奠定信息化基础

在业务流程再造的基础上，结合企业现有管理现状，开展管理标准化研究。管理标准化从底层业务活动着手，逐步向岗位标准化和授权体系标准化延伸。

一是业务活动标准化。通过梳理和调整，对全公司针对同一管理活动的行为准则和过程表格进行标准化。即统一如何做、怎么做的问题。

二是管理流程标准化。通过对岗位设置和岗位职责的规范，对全公司针对同一管理活动的执行职责进行标准化。即统一谁去做的问题。

三是决策程序标准化。通过对现有授权体系的梳理和规范，对各层级执行权限进行标准化。

3. 构架信息化体系，倒逼标准化落地

以标准化成果为基础，整合业务流程，固化制度要求。一公司信息化体系设计为三层架构：第一是在决策支持层面建立统一规范的决策支持和报表分析系统。第二是在管理层面整合人力资源系统、财务系统和业务管控系统，建立企业运营管控平台，实现业务活动的一体化管理；第三是在作业层面建立基于总承包管理、全生命周期服务平台、和现场管理标准化的项目现场管理系统，为现场管理人员提供知识共享和业务支持平台。通过顶层框架设计，实现这三层架构的集成整合。

4. 结合企业管理现实，分阶段开展信息化建设

围绕“管理领先、技术领先、服务领先”的战略定位，结合企业当前管理现实，按照“统筹规划、分步实施“的原则，我们将信息化建设分为三个阶段：第一阶段是管理改造阶段，就是从业务流程再造入手，以项目管理为核心，对覆盖各个层面的管理活动进行了清理和优化，制定统一的业务标准和工作流程，开发推广综合管理信息系统对流程加以固化；通过标准化为信息化创造条件，通过信息化实施促进标准化的落地；第二阶段是管理提升阶段，就是持续优化管理体系，进一步提高效率、精细管理、降低成本，促进企业管理提升；第三阶段是集成整合阶段，配合组织机构的优化，对企业的整体运营架构进行科学调整，对资源管控进行系统集成。

（六）信息系统建设概况

中建三局一公司实现了总部、分公司、项目三级互联互通，信息技术应用方面，在工程概预算（含工程量自动计算）、钢筋放样、CAD辅助设计、安全设施计算、项目资料管理等单项业务普遍推广应用；建立了公司的外宣网站、视频会议系统，对重点项目实行远程视频监控，并开展了建筑信息模型（BIM）的研究与应用。在信息系统建设方面，公司主要建设了五大系统：

1. 综合管理信息系统

中建三局一公司综合管理信息系统以公司标准化的流程手册为依据开发，围绕项目全过程管理，以成本管理为核心，以资金支付为控制手段，基本涵盖了企业和项目两个层面的各项管理活动；从市场管理到现场管理、采购管理、成本管理、资金管理等，企业的核心业务活动都通过信息系统进行全面性、系统性的管理，并通过业务活动的过程管理信息，自动形成决策支持数据。系统实现了以下功能：

1）实现了信息系统与现有核心管理活动的无缝融合

①信息系统以项目管理为中心，以成本管理为主线，以资金管理为约束，建立了一个基于ERP系统的顶层框架，为系统下一阶段持续的完善和提升以及由此带来的管理变革和组织优化奠定了基础。

②信息系统涵盖了企业和项目部两个层面，与项目管理相关的核心业务活动，覆盖了市场、商务、生产（分包、物资、设备、质量、安全）、技术、财务等业务，并通过信息系统设置的业务关联和逻辑关联，将各业务系统之间的横纵向关联关系进行固化，提高企业系统化管理能力。

③信息系统实现了单位使用率、项目使用率和网上审批流转率三个100%。基本实现了核心业务活动的“无纸化”管理。具体通过三个阶段实现：第一阶段网上审批作业和传统纸面审批作业并行，通过检查进行督促；第二阶段网上审批作业和传统纸面作业并行，但必须先通过网上审批，才能进行纸面审批；第三阶段取消传统纸面审批作业。

2）提升了企业的内控管理水平

①通过信息系统提供的角色定义功能，实现了对各个岗位的量化授权。

②通过信息系统提供的流程监控功能，企业管理过程的透明度增加。

③通过信息系统定制的数据关联关系，对管理关键指标进行预警和指标限制，提升过程风险的预警和响应能力。

④通过信息系统定制的业务关联、逻辑关联和部分刚性约束条件，保证核心业务活动按公司管理规定落地。

3）提升了资源集中管控能力

①财务资金集中管理能力得到提升，资金管理核算到项目。

②综合管理系统与财务系统数据自动关联，综合系统中产生的业务单据自动传递到财务系统生成凭证，在综合系统中可直接查询财务账面数据，初步形成了财务业务一体化。

③分供方资源的集中管理得以真正实现，管控水平有很大提升。

④企业知识的积累具备了一个统一的平台。

4）提升了企业的决策支持水平

①所有决策支持信息均由系统自动从各个业务活动中自动获取，而不需要人工填报，保证了原始数据的及时和真实，且数据可以追溯。

②数据来源和口径由系统在后台设置好，确保一致，对各项业务的发展趋势分析更加客观和准确。

③实现了实时决策。任意时点、任意期间的数据可以实时进行分析。

2. 人力资源管理系统

公司引进并应用用友E-HR人力资源管理系统，包括组织机构管理、人员信息管理、人员变动管理、人员合同管理、福利管理、培训管理、经理自助、员工自助、综合报表模块。通过系统的实施，规范了公司人力资源基础数据管理，实现了人力资源管理业务的协同和人力资源基础信息的动态集中管理，使全公司人力资源信息由离散状态转向动态集中的状态；使人力资源管理工作重心转向围绕企业战略方向，分析、部署和落实人力资源战略，服务企业决策层，确保企业整体战略目标的实现。

3. 档案管理系统

公司应用“科怡档案管理系统”，目前全公司已经录入各类档案数据近100万条，实现了全公司档案信息资源共享和档案工作的在线指导、远程利用及全文检索等功能。

4. 财务管理

我公司应用用友NC财务资金集中管理系统，采用集成应用方式实施，系统包括财务会计、管理会计、报表和资金管理四大模块，账务管理、固定资产、资金管理、财务统计分析、总账管理、现金银行、应收管理、应付管理、全面预算、报表管理、资金结算、网上银行等十八项子模块。通过系统的实施，集中了财务核算管理，统一了全公司核算标准和规则，达到账务、资金和预算的集中管理；利用系统的报表模块，实现个性化报表的管理需求，使财务管理更加高效、规范、合理；实现了会计制度与软件统一的业务规范，并在软件中贯彻执行；实现战略目标的科学分解，将目标具体化、数字化；及时掌握集团及下属企业的现金流量、流向与存量，发挥集团资金的规模效益，降低资金的使用成本。

5. 协同办公平台

公司应用梦龙协同工作平台，构建了统一的办公系统。

梦龙协同工作平台功能包括：公文流转、收发文文档管理、工作管理、沟通管理、网络办公、信息发布、邮件管理、即时通信、手机短信、手机办公平台等功能。目前，公司通过系统全面实现了网上收发文流程，通过平台网上审批，手机办公平台的引入，将平台的应用的时间、范围进一步扩大，进一步提高办事效率。

（七）信息化建设总结

1. 信息化方案的选择

基于对管理标准化和信息化工作的理解，中建三局一公司在推进信息化建设方面有两种方案可供选择。

1）从信息化本身入手，采取从上至下的方式

开发或购买一套水平较高的管理软件，以此为基础，来推动整体管理体系的优化，最终实现信息系统与实际管理的融合。

这种方案的优势在于：

——信息化工作起点较高。

——系统整体结构更合理、更优化。

——各系统之间的接口处理更科学、更完善。

——更容易实现系统集成。

劣势在于：

——可能会打乱现有管理秩序，对实际的生产经营工作带来较大的冲击。

——可能需要对现有组织机构实施大的调整。

——可能由于信息系统与实际管理活动的差异，导致在实际操作过程中改变习惯和实施调整的难度加大，从而形成两张皮。

——信息系统开发难度不高，但推进难度非常大。

2）从管理标准化入手，采取自下而上的方式

对公司现有管理体系进行梳理和规范。以业务管理活动标准化为起点，同步开展岗位标准化和工作标准化建设。在管理标准化工作逐步到位的基础上，以现有管理为模板，量身开展信息化体系的建设。在信息系统的运转过程中，逐步实现系统的调整和优化。

这种方案的优势在于：

——信息化工作与实际管理工作融合程度高，不会打乱现有管理秩序。

——管理信息系统导入难度相对较低。

——有一个相对缓和的调整和优化过程，更容易让大多数员工所接受。

——企业传统的管理优势在信息系统中更容易得到传承和体现。

——更容易让各系统主动参与，共同推进信息化建设。

劣势在于：

——信息系统是按实际管理系统量身定做，可能起点并不是非常高。

——有一个相对漫长的管理标准化过程，完全实现预期目标可能需要一个渐进的过程。

——信息系统在运转过程中可能需要很多次的调整和优化，开发过程和运转过程互动的时间较长。

——需要多任主要领导的统一认识和持续推进。

——由于开发过程需要多个系统的共同参与，协调工作量大。

以上两种方案各有优劣。经过认真分析，第一种方案更适合于经营规模不大、组织结构相对简单、发展历程相对较短的企业。而以中建三局一公司现处的发展阶段和发展规模，更适合于采取第二种信息化推进方案。

2. 信息化实施路径

一公司的标准化信息化建设，到目前已历时5年，走出了一条有特色的路径。

1）总体路径的设计

按 “总体策划、分步实施” 的工作原则。设定“管理流程化、流程标准化、标准信息化、信息集成化”的总体目标，并分三阶段逐步实现。

第一阶段：以核心业务活动梳理为基础，开展业务流程再造，实现核心业务活动的标准化管理；以此为基础开展信息化建设，实现传统管理业务向信息化管理业务的过渡。

第二阶段：以岗位标准化、授权体系标准化为基础，实现精细化管理和绩效自动考核，促进组织机构优化和企业管理提升。

第三阶段：以资源集成管控为基础，开展系统的集成化建设。

2）业务流程的优化

组建流程优化小组，由来自于公司各层级专业人员、咨询公司相关人员组成30人左右的固定团队，对公司现有管理体系进行系统梳理。分三阶段开展工作：第一阶段是框架研讨和搭建，持续时间为一个月；第二阶段是制度和流程细化，持续时间为两个月；第三阶段是推进落地，持续时间为一年。

3）实现“无纸化”管理

在标准化流程推进一年半后，2010年5月开始信息系统的上线运行。

一是在系统设计上，通过流程引擎整合数据流与业务流，避免“两张皮”现象。二是按业务活动的逻辑关系进行刚性关联，确保每个管理环节执行到位。三是分三个阶段逐步实现“无纸化”管理，第一阶段信息系统与传统纸面业务流转并存，不分先后关系；第二阶段，信息系统与传统纸面管理并存，但信息系统优先；第三阶段，取消传统纸面业务流转，实现“无纸化”管理。

通过实施“无纸化”管理，实现信息化的业务替代，是实施信息化过程中最艰难、也是最关键的一步。

3. 信息化推进措施

1）充分发挥主要领导的作用

信息化就是一次持久的企业管理变革，没有主要领导的强力意志和深度参与，是一项几乎不可能完成的任务。从一公司信息化推进的情况来看，主要领导的作用主要体现在以下几个方面：

一是工作方向、工作目标的确立。公司主要领导必须对信息化推进的方向、路径有整体规划。二是资源的组织和协调。除了物资资源的投入保证，更重要的是人力资源协调。由于信息化涉及到各个专业系统，仅靠信息化部门，甚至是信息化分管领导的协调力都是远远不够的，必须有主要领导的亲自协调。三是排除各种阻力，坚定持续推进的决心。信息化是新生事物，带来的是一场大变革，过程中会有各种阻力和非议，主要领导必须有清醒的判断，稍有松懈就会导致放弃。四是要参与流程再造过程中关键环节的讨论，特别是很多跨专业系统的管控活动，需要主要领导有明确的指导意见。

2）设置强有力的推进组织体系

①在公司总部层面设置了信息化分管领导。成立了独立的信息中心，信息中心共有员工15人，信息中心主任由公司副总工程师担任。信息中心设置三个部门正职级待遇的副主任，分别兼任公司财务部副经理、公司商务部副经理和公司项管部副经理，形成部门的交叉任职，便于专业系统与信息系统的互动。成立跨部门的推进小组，增强专业之间的联动。

②在分公司设置专门的技术信息部，部门副经理为专职信息员。在其他专业部门和项目部设置兼职信息员，负责体系的推动，形成横到边、纵到底的推进网络。

③公司成立专业技术开发团队，目前有开发人员12人，另外，公司聘请了专业的IT技术顾问，承担全司软件开发、系统优化和维护等工作。

3）明确推进工作的基本原则

①持续改进的原则。流程的设置始终坚持基于现状、略高于现状的原则，在推进过程中再进行动态的优化，各业务系统呈现螺旋式提升的态势。公司建立从上至下专业系统和信息系统双通道的逐级沟通机制，收集和解决问题。并坚持每月一次的各单位经理书记例会制度，研究解决运转过程中的各项问题，决策需要实施的管理提升措施，强有力地保障了体系的持续完善和提升。

②实事求是原则。每一项规定的出台和流程的设定，一定要到管理实践中反复检验观察。公司任何一项流程的设定和优化，都必须经过专业人员集中研讨——公司流程组提炼优化——经理书记会讨论确认后，再完成系统中流程设置、管理授权的更新。

③业务系统自我提升的原则。我们始终强调业务主导、管理驱动的推进机制，充分发挥专业系统的推进作用,避免信息化部门单打独斗。从流程梳理，到信息化建设，以及后期的优化提升，专业系统人员必须全过程参与管理，并保持人员相对固定，以保证工作的延续性。

④过程动态考核评价的原则。建立合理的责任机制，层层签订推进责任状，落实推进责任。公司的几大核心系统，包括市场、商务、财务和生产，每周都有督办和检查，每月进行排

名和奖罚，保证了责任的层层落实。

4. 信息化实施成效

1）管理效益成效显著

综合管理信息系统的应用，为业务管理水平提升提供了支撑，为企业强化内控提供了支撑，为资源优化配置提供了支撑，为领导科学决策提供了支撑。

一是通过流程化的系统，提高了专业系统管理的规范性和执行力；二是通过系统间良好的接口设置和横向关联，提高了不同专业系统管理的关联度和系统性；三是通过信息系统的整体架构设计，提高了制度持续积累学习和不断完善的能力。

信息系统的有效运行为公司实现区域整合和管理扁平化提供了有力支持，公司将原有的12家下属分公司整合为5大区域分公司，目前管理顺畅。

企业风险控制水平有了极大提升，对项目掌控能力大为提升，杜绝了项目亏损。

企业下属区域公司发展不平衡局面得到了彻底扭转，整体呈现均衡发展态势。

2）经济效益大幅提升

企业规模快速扩张，公司合约成交额由2010年的293亿提升到2011年的368亿，2012年达到607亿；生产能力显著增强，公司营业收入从2010的108亿提升到2011年的150亿，2012年突破200亿。综合效益得到快速提升，2010年综合效益1.8亿元， 2011年综合效益超过2.5亿，2012年效益达到3.6亿。

3）社会效益凸显

公司流程化信息系统被纳入“十一五”《国家科技支撑计划》的示范项目并通过验收。信息化专项研究课题获得了全国优秀项目管理成果一等奖，《大型施工企业基于信息化的标准化建设》获湖北省管理现代化创新成果一等奖，《大型施工企业基于信息化的全面风险管理体系的构建》获湖北省企业管理现代化创新成果一等奖，全国企业管理现代化创新成果二等奖。在中建总公司组织的各单位信息系统考评中名列第一。

更值得一提的是，通过对业主展示公司管理信息系统，使一部分业主感受到我们的企业管理领先，已经在市场竞争上产生了较好的效应。

中建五局集团企业信息化案例

（一）企业简况

中国建筑第五工程局有限公司（以下简称中建五局或五局）是世界500强企业前100强、中国最具国际竞争力的建筑地产集团——中国建筑工程总公司的全资子公司，主营房屋建筑施工、基础设施建设、房地产与投资等三大业务板块。近50年来转战南北，角逐海外，在超高层建筑、大型公共建筑、深基础施工、大面积砼无缝施工、大跨度桥梁、超长隧道、高速公路、高速铁路、节能环保、绿色建筑等领域形成了明显的技术优势。现有下属二级单位20家，职工15000余人，其中各类中高级技术人员6000余人，国家级注册建造师1000余人，总资产324亿元，净资产59亿元，年生产经营规模已达1000亿元以上。2003—2012年,企业合同额、营业额、利润总额分别增长了46倍、19倍、815倍，主要经济指标实现了十年十连增,实现了持续发展、快速发展、加速发展、科学发展,先后三获“中国最具成长性企业”，四获“全国五一劳动奖状”，10人获得“全国五一劳动奖章”，2012年在百日内三进人民大会堂，三上央视新闻联播。累计获得“名品”类工程奖项700多项（其中国家级100多项、省部级600多项）、“名人”类个人荣誉300多人次（其中国家级100多人次、省部级近200人次）、“名企”类企业奖项200多项（其中国家级近百项、省部级100多项）。目前位居中国建筑业综合竞争力100强前5位，湖南省100强企业前8位。

（二）企业组织架构

中建五局的组织架构如图1所示：

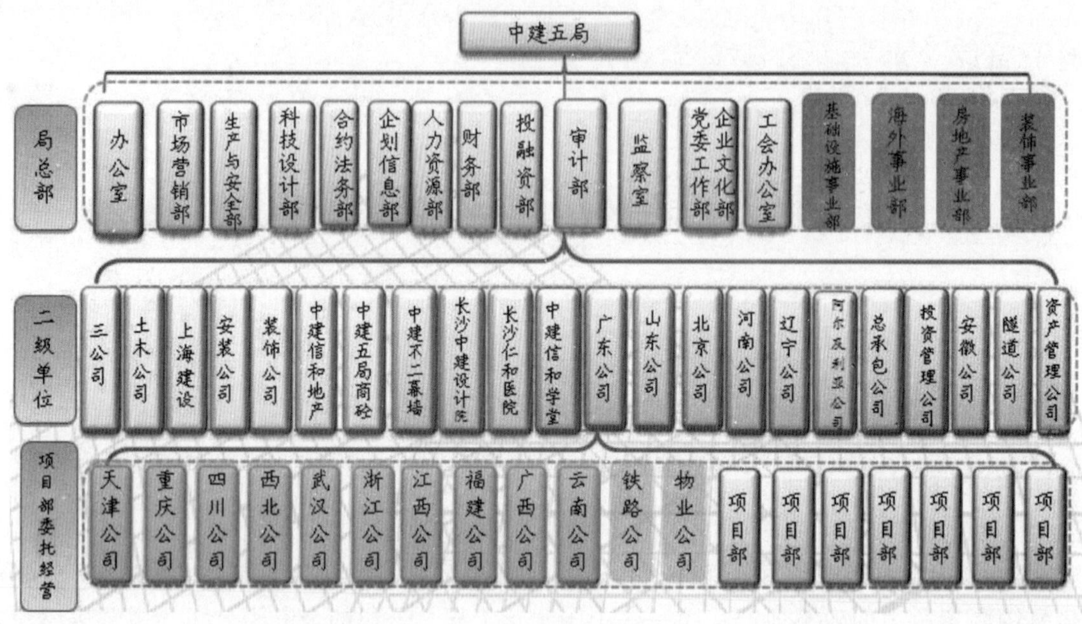

图1 中建五局组织架构

（三）企业运营模式、业务及管理模式

自2003年以来，中建五局主要经济指标实现了十年十连增,呈现为85° 增长曲线,将一个“老五局”建设成了一个“新五局”。

站在新的历史起点，五局提出了建设“全新五局”的更高的发展愿景。“全新五局”，用定性的语言描述，即“社会尊敬、员工自豪”的现代化建筑地产集团；“全新五局”较之“新五局”，呈现四个“更加”，即“经营结构更优、内控管理更强、企业影响力更大、员工幸福指数更高”。用定量的指标描述，即产业结构方面，房屋建筑施工、基础设施建设、房地产与投资三大业务板块营业收入占比分别为“541”、利润占比为“两个50%”（房地产与投资占50%、另外50%中房建与基建各占一半）；经营规模、经济效益、员工收入达到“三个翻番”，实现“千亿五局”新梦想。

建设全新五局的美好蓝图，需要寻找新的增长内驱力。转型升级是企业持续发展的必由之路，管理升级是转型升级的核心要义之一，标准化、信息化、精细化等管理“三化”是现代企业管理升级的科学方法，坚持管理标准化、标准表单化、表单信息化、信息集约化的“三化融合”，既是符合管理逻辑的演绎推理，又是切合五局实际的管理创新。

（四）简述企业信息化建设背景及历程

1. 中建五局信息化建设背景

中建五局信息化建设主要的推动力来源于企业内部。五局近些年发展较快，规模和效益得到了快速提高，例如，2008年与2002年相比合同额增长了10倍，产值增长了5倍，利润增长了20倍。五局已完成了结构调整，形成了房屋建筑、基础设施和房地产开发三大业务板块。全局统一了人力资源及其薪酬管理体系，实现了财务资金的集中管理，实现了主要材料的集中采购。

高速发展的中建五局需要信息化，“企业发展越快，对管理创新，对信息技术的呼唤越迫切！”中建五局信息中心主管这样理解。中建五局信息化虽然在全局各层级、各业务线都得到了应用，但以部门的信息化和单项专业软件为主，形成“信息孤岛”，没有发挥信息化的优势，不能为全局实现精细化、集约化管理服务。同时，对照国资委信息化水平评价体系来分析，信息化综合应用水平较低，必须提升信息化综合水平，使之与企业发展相匹配。

2. 中建五局信息化建设历程

中建五局1995年购买第一台电脑打字机，到2012年集团信息一体化管理系统全面应用。发展历程如图2所示。

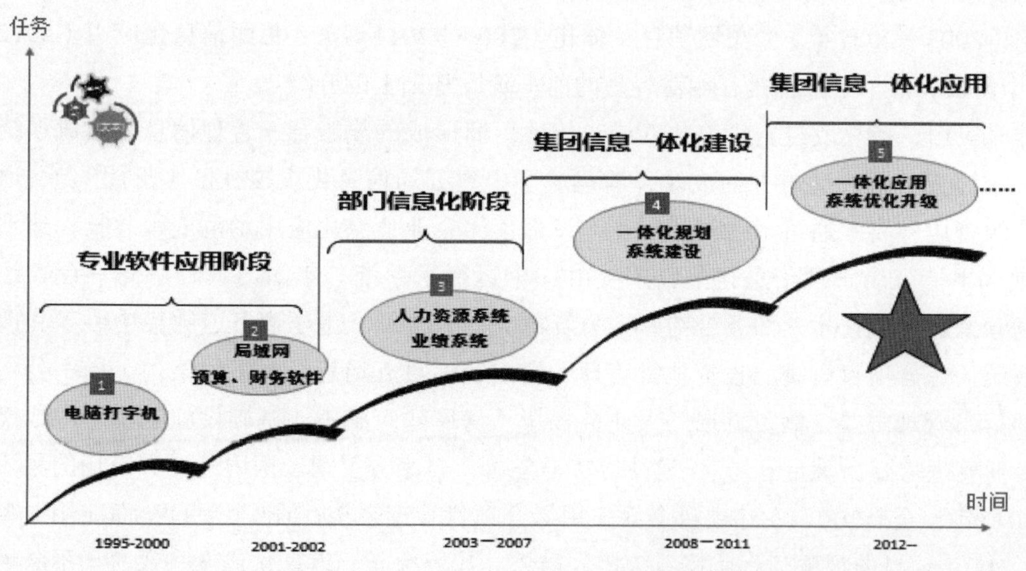

图2　中建五局信息化发展历程

（五）当前企业信息化建设思路

信息化是推进精细化和标准化的最有效工具，对于提升企业生产效率和管理水平具有重要驱动作用。信息化建设作为“新生事物”，“一哄而上”容易产生不少通病：一是形成信息孤岛，数据分析需要另行处理，具有共性的数据需在各个分散系统中进行数据采集。二是缺少顶层设计，以部门、项目为单元的信息化，系统维护更新困难，难以实现决策层的整合集成。三是信息体外循环，由于信息不全面不及时不准确,难以满足快速反应需求，难以与企业内部管理控制同步。针对实情五局有的放矢，制定了相应的信息化建设策略：

①整体规划，目标明确。五局信息化建设原则为“服务战略、集约管控、集成应用、务求实效”。其定位不是赶时髦搞ERP，而是切合实际建设管理信息化集成系统，其特点可以概括为“集成”与“协同”，通过建立从“决策层→管理控制层→业务操作层”自上而下的全透明集团信息网络，实现企业财务资金、人力资源、采购供应、市场营销、项目管理、成本合约、经营决策的“集成”，实现办公协同、业务流程协同、资料档案协同、文档知识协同、内网外网协同。其目标是通过数据集成的自动化、信息传递的高效化，促进管理流程的标准化、管理过程的精细化，进而服务企业战略的实现。

②先易后难，分步实施。实践证明，信息化是一项长期的系统工程，不是短时间内能建立起来并取得成效的，一般都要经过5~8年甚至更长时间不间断建设和发展才能有所建树。企业信息化一般都经历电脑化（单台电脑简单处理个人事务）、系统化（业务部门引进专业软件)、集成化（各业务系统间的集成和信息互通）三个阶段。五局持续致力于企业信息化建设，根据自身发展需要由浅及深，先易后难，循序渐进，先后经历了专业软件应用（1995—2002年）、部门信息化（2003—2007年）、集团信息一体化（2008—2011年）、集团信息化应用（2012年以后）等4个阶段，后一阶段都是在相对容易的前一阶段基础上的升级。

③推广应用，持续改进。目前，五局与软件厂商形成的战略合作管理信息化集成系统已经取得“一个建成、两个通过”的成效，即建成了中建五局信息化虚拟社区（见图3），通过了房建新特级资质验收，通过了住房和城乡建设部集团企业信息化应用示范工程验收，达到国内行业先进水平。五局管理信息化集成系统由10个运行子系统（集团门户、协同平台、档案管理、市场营销、生产技术、商务合约、人力资源、财务资金、电子商务、数控中心）和两大项目支撑系统（综合项目管理、投资项目管理）组成，满足五局扁平式组织架构（局—公司—项目部）的运营管理需要，满足五局三大业务板块（房屋建筑施工、基础设施建设、房地产与投资）的专业管理需要，满足五局对于所属7家子公司、11家分公司、国内外九大市场的集团管理需要。2013年，全局300个在建项目全面应用综合项目管理系统；100个项目全面应用业务财务一体化；100个项目的视频远程监控系统接入局总部数控中心。信息化建设将致力于不断地完善创新，进一步与标准化对接融合，使信息化作为一项工具真正应用融入企业管理实践，信息化作为一种模式进一步助推精细化管理，进而有效推进企业的管理提升。

（六）信息系统建设概况

经过系统分析和规划，中建五局的信息化应用体系分成了三大平台，分别是协同办公平台、运营管理平台和综合项目管理平台。

图3 中建五局信息化规划图

1.协同办公平台

平台包括协同办公系统、企业门户、决策支持系统。

1）协同办公系统

协同办公系统将作为五局信息化建设中的首步工作，利用信息化手段，提高企业决策效能为目的的基础应用平台，通过日程管理、知识库管理、协作事务管理等手段，提高团队和个人的办公效率、规范管理行为，完善审批制度，做到高效协同。通过工作流设计，有效地调动团队的整体效力，提升团队协同能力。

2）企业门户

实现中建五局统一对内对外的综合性网上门户，融财务、人力、办公自动化、项目管理等核心应用于一体，整合信息孤岛，集成其他管理系统的统一应用平台，提供对信息、应用和服务的单一、个性化访问点，整合内外部人员访问入口、统一企业门户，还提供其他如单点登录、安全性、文件管理、web内容发布、搜索、个性化、协作服务、企业应用集成、移动设备支持和站点分析等功能。同时企业门户要遵从电子商务体系结构标准。为了实现这个体系结构，统一企业门户中应集成各种产品供应商和开发商的技术。选择的门户服务器软件厂商应该具备长期的发展战略，以开发更多的产品，这些产品可提供高度个性化和情景相关的应用——可随时通过各类终端设备访问。

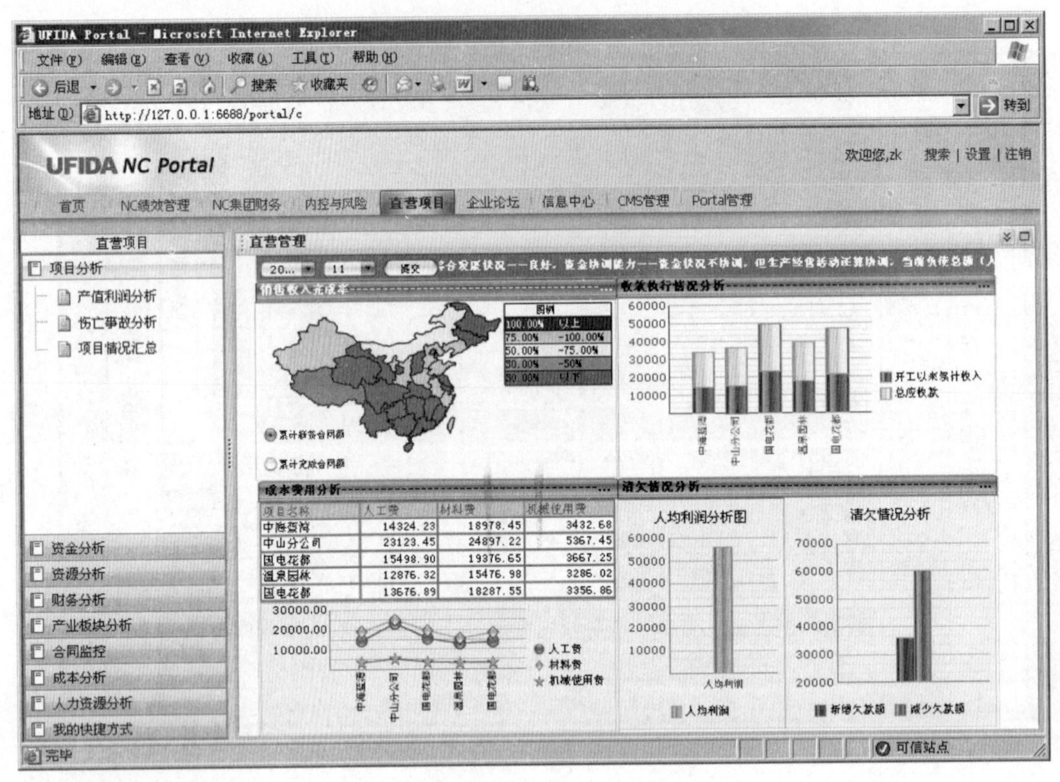

图4　协同办公平台

3）决策支持系统

决策支持系统是在基于各个管理系统基础上，对业务数据进行综合采集、整理、汇总之后，根据中建五局战略管理需要形成中建五局战略管理模型，基于中建五局战略管理模型对中建五局整体战略执行进行监控的商业职能工具。能进行全面业务分析，如集团整体项目进度状况分析、集团整体预算执行状况分析、集团整体绩效状况分析、项目成本综合分析等。除了整体情况的分析，还可以直接进行数据钻取，可以一直从报表追溯到单据。可按权限设置数据查看范围，比如按公司、按区域、按岗位等，实现全面业务状况、财务状况等综合查询及监控。

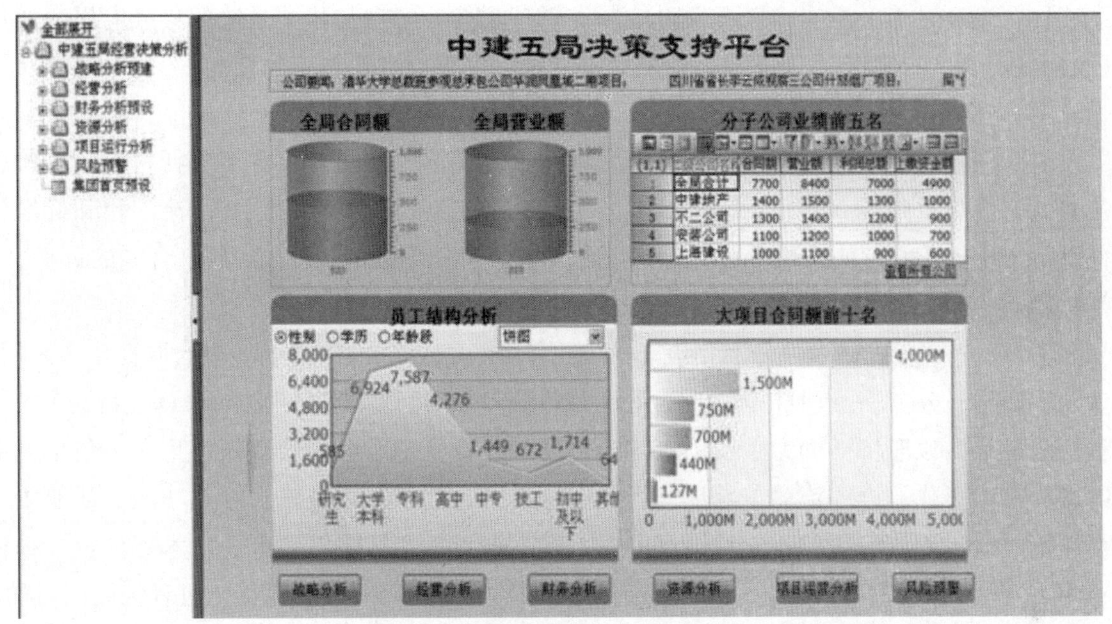

图5 中建五局决策支持平台

2. 运营管理平台

运营管理平台包括人力资源管理、财务管理、资金管理、采购管理、经营管理、档案与知识管理等。

1）人力资源管理

人力资源管理系统是整个管理信息化集成系统中的核心部分，也是“人、财、物”三集中的重点之一，必须是涉及全员参与的核心应用平台，包括高级管理层、中层管理者、人力资源管理者和员工等不同角色的人员参与的应用平台。同时，还需实现对人力资源管理的全部领域的管理，包括人力资源规划、战略支持、人员信息管理、组织机构管理、岗位序列管理、招聘甄选管理、绩效考核、培训开发、薪酬管理等应用，同时提供灵活开放平台满足当前需要和未来发展的要求，其中包括面向决策层的人力资源规划、报表决策分析，面向人力资源管理者的人工成本管理、组织机构管理、人员信息管理、人员变动管理、人员合同管理、薪酬福利管理、时间管理、培训管理、招聘管理、绩效管理和面向全体职工的自助应用。

2）财务资金管理

财务资金管理是中建五局“人、财、物”三集中战略定位中的核心部分，以信息化为手段，对一定时期的各项经济收支情况进行考核计算，以对比分析资金运动成果的应用系统。建立“决策层⟶管理控制层⟶业务操作层”自上而下的全透明分析、管理和监控的财务信息网络，保证会计信息的真实性、及时性、准确性和完整性；建立统一、高效、安全、可靠、易于扩展的财务管理信息化平台，为中建五局实现集中统一的管理提供强有力的支撑，并能满足未来中建五局业务发展的需要；对企业资金进行全面的监督、管理和分析的管理控制系统，实现资金计划、资金结算、融资、资金风险控制等管理功能，实现与相关系统的集成应用。通过本项目的实施，实现与现有相关信息系统的数据交换，实现财务业务一体化。

3）采购管理

采购管理是中建五局控制成本和工程质量的关键环节，集团对供方（包括材料、机械、分包各类供应商）进行统一管理，以及对供方实行准入制度，对招标过程实行流程化和标准化管理，以信息化为手段，从采购需求的产生开始，重点管理计划、招标、到签订合同的过程。

4）经营管理

围绕“客户⟶立项策划⟶资格预审⟶招标(招标文件评审)⟶中标⟶合同签订⟶项目策划(人员、资金、分包)⟶项目实施(具体业务工作，计划，执行，监控，收尾)⟶项目竣工⟶客户”的全过程，以经济活动为主线，将营销管理、投标管理、合同管理作为重点，包括业主背景信息、投标工作、合同洽商与签订、经营信息汇总、经营管理报表汇总等功能。从业主背景调查开始，通过固定流程的业务承接评审、承诺书评审、招标文件评审、技术标评审、报价评审、合同洽谈、合同评审、合同交底等环环相扣的功能，达到对业务承接全过程控制的目的。

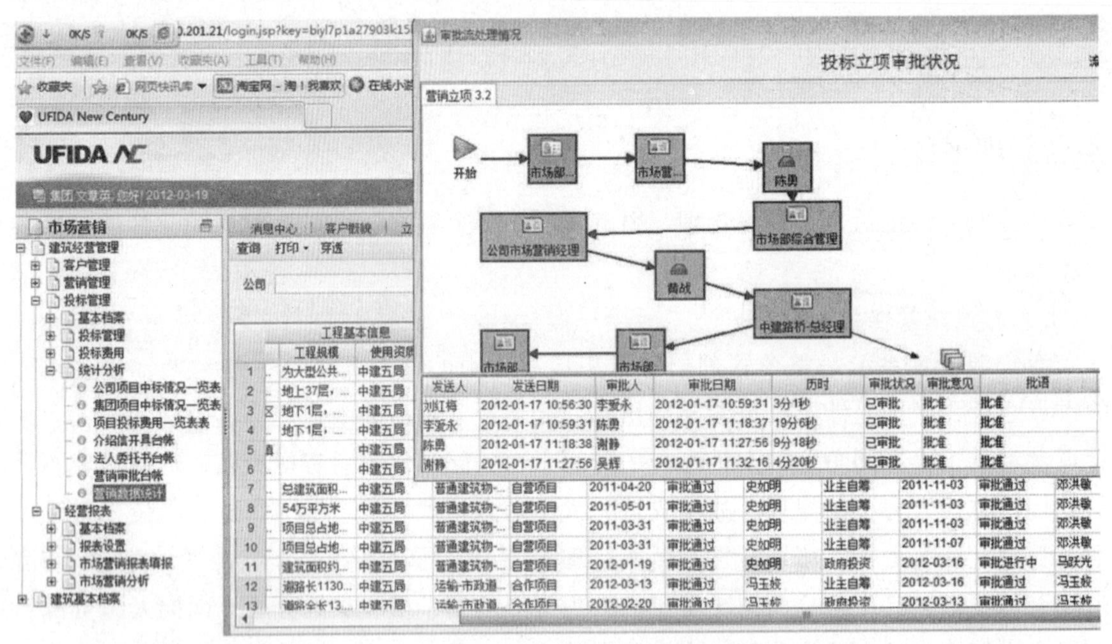

图6　经营管理平台

5）档案与知识管理

建立知识管理系统体系，作为企业档案管理平台，集数据库管理、图像处理、网络存储、流程管理于一体，专门用于对各种业务档案资料、办公文档、图片资料、音像制品等档案资料进行信息化管理的综合系统。具备档案分类目录建立、项目文档资料录入、项目档案归档、档案查询、资料借阅管理等功能，同时在此基础上实现知识资产采集、知识资产传递及利用、知识资产创新、教育培训、效益分析和知识资产的保护等功能。

3. 综合项目管理平台

综合项目管理平台是施工企业管理的核心，也是在管理信息化集成系统的中心部分，围绕工程项目管理综合业务，实现进度、质量、安全、环境、成本、合同、分包、劳务、人员、材料、设备、技术、资料、财务、资金、现场管理等项目具体业务系统的搭建，满足项目综合管理业务应用，使信息化成为中建五局业务管理的运行载体和提升工作效率的平台。

以经济活动为主线，以成本控制为中心，以经营管理、采购管理、成本管理为重点，以提高中建五局项目管理水平和盈利水平为目的。

系统做到集团（分（子）公司）管理层可以实时获取异地项目施工过程的各种经营信息，可同时管理多个不同性质的项目并在多项目之间进行人、财、物等资源的管理和协调。项目管理层可实时动态监控项目施工过程中的进度和盈亏状况，对施工全周期的各个环节进行综合管理。

系统包括项目信息、项目策划、项目管控、进度管理、收入管理、成本管理、材料管理、机械管理、分包管理、质量安全环境管理、风险管理、竣工管理、技术管理和文档管理等功能模块。

其中，合同管理、投标管理、营销管理、招标采购管理等内容综合成经营管理及采购管理放在运营管理平台内。

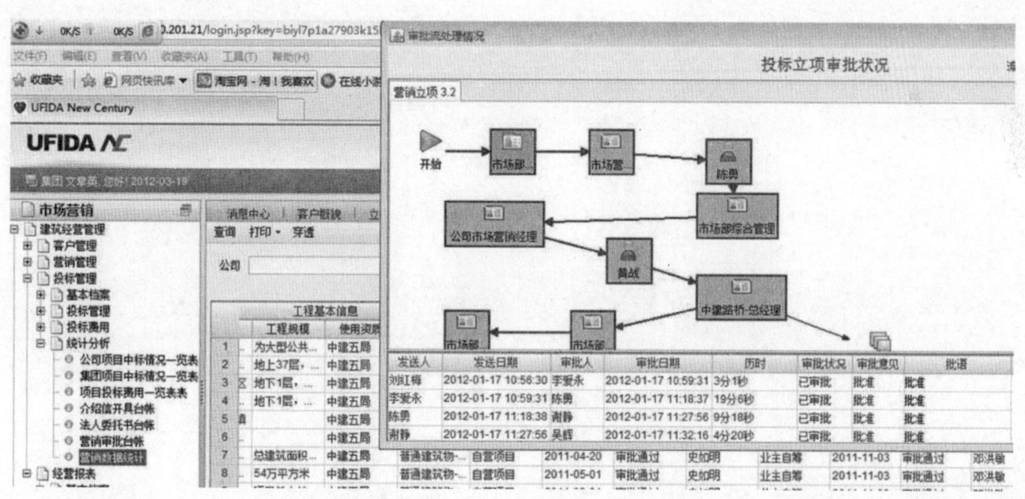

图7 综合项目管理平台

（七）信息化建设的亮点总结

项目关键特点在于，项目组提出的一体化应用：技术上实现四个统一：“统一设计，统一标准，统一规范，统一接口”，使中建五局管理信息集成系统建立在一个统一的应用平台上；

业务管理上实现跨区域、多层次、集成各条业务线的一体化业务协同。具体描述如下：

①满足并超过了国家住房和城乡建设部对施工企业总承包特级资质信息化要求，满足中建五局集团未来5~10年的管理信息化战略目标。

②实现了中建五局从“决策层→管理控制层→业务操作层”自上而下的全透明集团信息网络。

③建立了中建五局财务资金、人力资源、集团采购“三集中”管理平台。

④建立了中建五局集团化综合项目管理系统。

⑤建立了中建五局统一的决策支持、绩效分析、风险监控平台。

⑥完成了中建五局集团骨干网、数据中心等基础设施选型、施工及调试运行。

⑦提出并应用了中建五局集团统一的编码标准体系，包括组织编码、人员编码、项目编码、物资编码、设备编码、客商编码、合同编码等，各个子系统均采用此标准。

⑧采用UFIDA-ESB模式，对各个应用子系统进行了一体化集成。

中建三局第三建设工程有限责任公司信息化案例

（一）企业简况

中建三局第三建设工程有限责任公司（以下简称中建三局三公司）成立于1953年，系世界500强企业“中国建筑集团”旗下中建三局的全资子公司，是一家具有建筑工程安装施工总承包一级等13项完备资质的大型国有工程施工总承包企业。公司在岗职工3560人，年完成营销额超400亿元，主营收入150亿元以上。经营生产区域主要分布在武汉、天津、北京、上海、重庆、广州、厦门等31个省、直辖市、自治区。

中建三局三公司坚持贯彻高端市场、高端业主、高端项目三大营销战略，成功对接了世茂、中粮、星河湾、宝龙集团、瑞安、万达、泰达集团、九龙仓、保利、新鸿基、碧桂园、苏宁、新世界、五矿置业等高端业主并建立了良好合作关系。2010年，中建三局三公司与世茂集团签订了战略合作协议，将与世茂集团的合作推上了一个新的阶段。武汉万达广场、重庆瑞安嘉陵帆影超高层、天津梅江会展中心、中粮大悦城、武汉世茂嘉年华、成都世茂猛追湾、镇江苏宁、无锡国金中心、福州世茂、中国五矿商务大厦、中石油驻乌鲁木齐联合指挥中心、舟山港航国际大厦、三亚瑞吉酒店等特大型工程的承接，极大地提高了中建三局三公司的知名度和影响力。

（二）企业组织架构

中建三局三公司遵照总公司组织架构标准化的要求，按照工程局责权利对等、授权充分适宜、执行快捷高效、过程监督有力、利于发挥集团合力的原则，在保持组织结构相对稳定的同时，逐步推进组织结构调整工作。

1. 公司总部职能定位

依托工程局做好市场开拓的同时，作为项目的生产和管理单元，按照上级制度规范、绩效目标，围绕价值创造，做好项目策划、成本控制、履约管理、技术支持、客户关系维护、专业人才培养等，确保实现良好的经济、社会与人才效益。

2. 理顺两级机关管理架构

对两级机关职能定位进行梳理，完善两级组织结构。按照中建股份和工程局对组织架构标准化要求，从管理内涵上统一公司及下属单位的机构设置和职责划分，基本形成职能定位明晰、管理层级合理、授权充分适宜、管控监督有力的现代企业组织架构。

中建三局三公司的组织架构如图1所示。

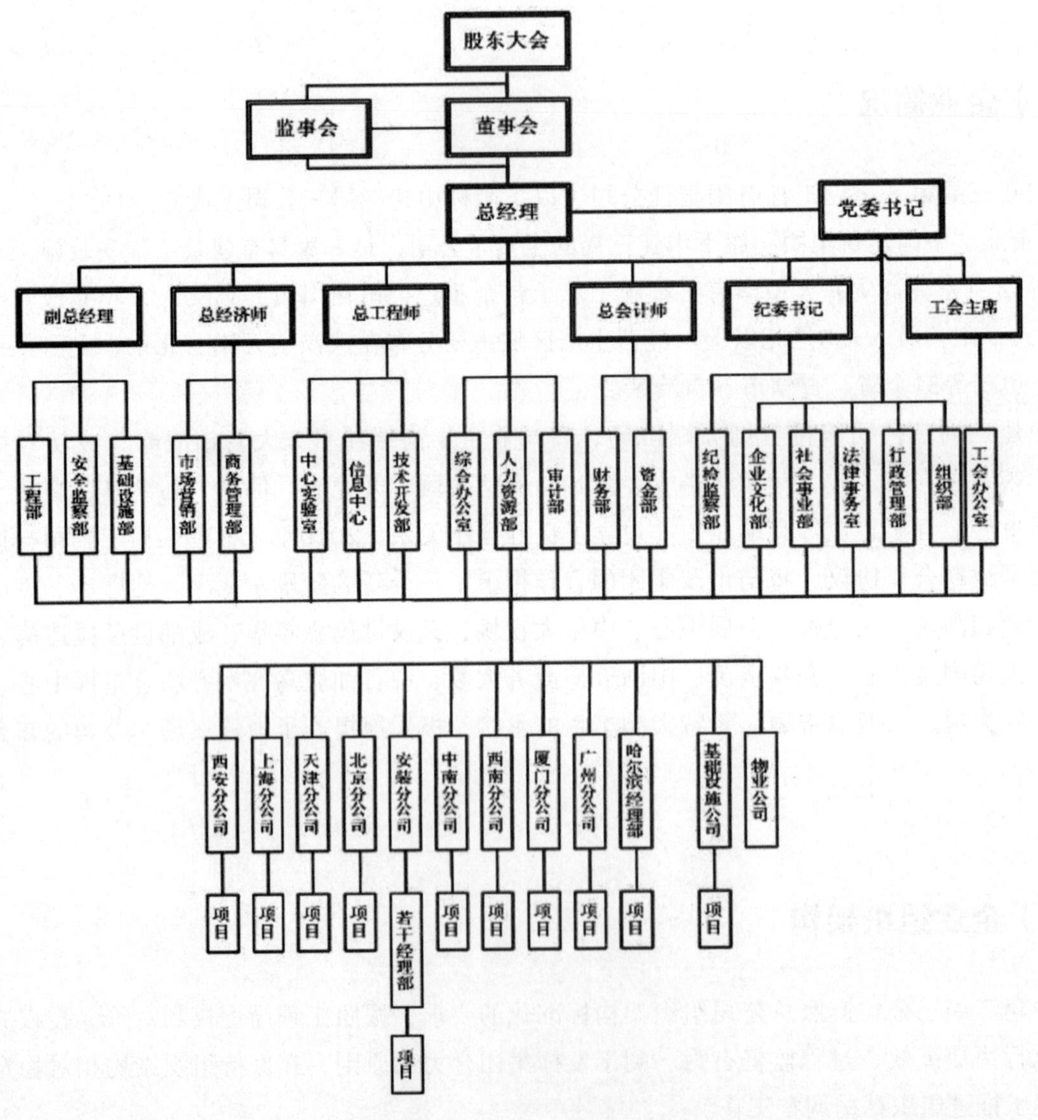

图1　企业组织架构

（三）企业运营模式及业务模式

1. 企业运营模式

中建三局三公司采取三级管理模式，公司总部、分（子）公司（经理部）、项目部。为更好地抓住市场，做强、做大企业主营业务，公司运营重心主营在以下几个方面：

①紧跟投资热点，完善市场布局。

②大力实施区域经营战略。响应总公司关于区域竞争、融合的精神，大力培育支柱单位。

③坚持“二高一低”，即“高品位营销、高品质管理，低成本竞争”的经营管理策略。对内以项目管理为核心，贯彻落实中建三局“双推”工作要求，完善管理体制，优化业务流程，大力提升材料、劳务、分包等集中管理水平，降低项目成本。对外以品牌建设为核心，坚持自营，充分利用中建品牌和市场影响，响应客户要求开展营销策划，以产品影响力促进市场开拓。

④企业资质升级。根据公司发展需要，在“十二五”期内要克服困难、创造条件，努力争取特级企业资质，取得高端市场准入券，推进公司发展。

2. 企业业务管理模式

中建三局三公司所有项目全部采取法人管项目管理模式，实行“资金集中”、“材料集中”、“人员集中”三集中管理模式，大力提高项目精益化管控水平。

（四）信息化建设背景及历程

1. 企业信息化建设背景

中建三局三公司分支机构多、分布广，信息传递慢，信息孤岛现象严重，而“走出去”和“多元化经营”的发展战略离不开信息化工具的有力支持；实行精细化管理也离不开信息工具的有力支撑。传统项目部粗放式的管理，使各个项目部合同、进度、物资、质量、安全、成本等缺少有效监控，项目执行风险大；同时，项目部的各种管理信息传递不准确、不及时，项目成本得不到有效的控制。

自2007年以来，住房和城乡建设部不断补充、完善、提高信息化达标的具体标准内容，中建三局三公司近几年来也一直高度重视信息化建设工作。根据中建总公司及工程局信息化战略要求，为了企业长期发展需要，秉承“简洁高效”、“分步实施”的原则，中建三局三公司在不同的时间段采购和实施了不同的信息化系统，努力打造形成一套符合和能够推动企业发展的系统。

中建三局三公司目前已经完成了网络办公平台、财务系统、人事管理系统、档案管理系统等方面信息化建设工作。为顺利申请施工总承包企业特级资质，同时利用信息化手段提升公司对项目的精益化管理能力，提高企业核心竞争力，经公司董事会批准，综合项目管理系统建设工作于2011年2月15日正式启动。

2. 企业信息化建设历程

中建三局三公司信息化发展主要包括基础发展阶段和全面发展阶段两个阶段。

1）基础发展阶段

中建三局三公司自20世纪开始逐步配置单机PC辅助业务开展。这个阶段主要为施工办公软件、工程制图、算量等工具性软件。按照工程局统一部署，中建三局三公司及时上线了财务系统，实现了资金集中管控，大大提高了企业资金利用率，保障了资金安全，为领导战略决策提供了支撑。

此阶段公司成立了信息中心，主要职责是维护企业软硬件设施，在制度上和资源上保证了企业信息化建设的顺利进行，为下一步信息化的全面发展打下了基础。

2）全面发展阶段

市场部、工程部、人力资源部、企管部等各部门都上马了各自的信息系统，大大提高了办公效率。然而，不可避免的是各部门之间系统不能打通，信息无法共享，形成了一个个“信息孤岛”。

为了避免信息孤岛的进一步增多和扩大，同时应企业特级资质申请的战略要求，中建三局三公司在董事会的批准下上马了综合项目管理系统。该系统将项目层级全业务线完全打通，实现信息共享，同时为企业领导层提供战略决策依据，为下一步信息化的智能发展阶段打下坚实基础。

（五）企业信息化建设思路

1. 立足达标，考虑长远

中建三局三公司实施信息化建设的目的不仅仅是为了特级资质企业的达标，更重要的是通过实施信息化建设来带动传统产业，改造和提升传统的项目管理手段和生产经营模式，提高企业的管理水平和核心竞争力。

2. 全员参与，齐抓共管

信息化建设是一个系统工程，实施项目管理信息化需要从企业各级领导到实施人员的共同努力，全员参与。

3. 借鉴经验，完善提高

要学习借鉴兄弟单位的经验和教训，充分体现软件服务商的经验优势，并结合公司的实际情况加以改造完善，以达到使用目标。

（六）信息系统建设概况

信息系统建设概况见表1所示。

表1 信息系统建设概况

序号	系统名称	主要功能	应用范围（效果）
1	财务系统	财务管理、资金管理、合同管理、结算管理、固定资产管理等	系统在全公司及其下属单位成功运行多年，完全替代手工业务，其中合同管理、结算管理、固定资产管理目前已经逐步迁移到综合项目管理系统中
2	招投标管理系统	信息跟踪、招标文件管理、投标文件管理等	在工程局总体部署下，公司及其下属各分公司市场部全面应用招投标管理系统，通过系统将目前企业层级所跟踪及正在投标的信息进行分类，对于投标完成的项目作为知识库保存
3	工程报表管理系统	工程报表的收集及上报功能	应用范围：天津分公司、北京分公司、上海分公司、中南分公司、西南分公司、安装分公司、厦门分公司、广州分公司及各分公司下属项目部
4	档案管理系统	由档案管理子系统及档案信息门户子系统两部分组成的集团档案信息管理系统。具有收集、整理、鉴定、保管、统计、利用、编研等全方位的档案管理功能	管理公司完工项目的过程及交付资料
5	协同办公室系统	门户网站、公文管理、固定资产管理、用印管理、会议管理、资料管理、车辆管理等	协同办公室系统完善了企业门户网站，各分公司公文流转及用印实时通过系统实施，提高了工作效率及企业形象
6	视频监控系统	项目现场实时监控、公司视频会议等	企业领导可以实时监控重点项目施工现场，随时掌握项目第一手资料，同时可以随时召开视频会议，节省公司运营成本
7	集中采购系统	实现了对物资招采全过程、全方位的管理，加强了对物资招标采购活动的管控	招标过程更加公开、透明。信息平台在规范各单位招标流程的同时，通过对招采数据分析，统计出各类物资年度需求量、供应商履约能力、物资价格水平及变化趋势等信息，为企业在工程承揽、物资采购等方面提供决策依据
8	综合项目管理系统	投标管理、项目策划、合同管理、物资管理、设备管理、分包管理、生产工期管理、技术管理、资金管理、成本管理、安全管理、环境管理、质量管理、党群管理等21个管理环节，覆盖项目管理全过程	目前公司及其下属各分（子）公司共计300多个在施项目全部应用项目管理系统，业务审批已经完全替代手工业务

（七）信息化建设总结

1. 规范企业管理流程，提高企业管理效率

按照循序渐进、分步实施的原则，中建三局三公司将需求梳理和系统开发分为两个阶段：第一阶段主要梳理经营线业务，第二阶段主要梳理生产线业务。

第一阶段共梳理业务流程41个，其中投标管理1个、成本管理4个（中标前、中标后、施工阶段、竣工阶段）、施工合同管理2个（施工主合同签订及履约、其他收入合同签订及履约）、机械设备管理11个（管理策划、设备字典管理、供应商管理、计划管理、固定资产购置管理、固定资产使用管理、设备租赁管理、临时设备管理、设备安全管理、设备维修管理、操作人员管理）、劳务与专业分包管理6个（分包策划、分包商管理、分包招标管理、分包合同履约管理、分包人员管理、分包价格平台）、生产与工期管理5个（施工准备阶段、进度控制、每日施工情况记录及报告、进度检查管理、施工影像管理）、物资管理8个（材料资源管理、材料策划、材料供应商管理、材料采购管理、材料库房管理、租赁周转材料管理、商品混凝土管理、废旧物资处置管理）、资金管理4个（资金策划、资金计划、间接费管理、付款）。

第二阶段共梳理业务流程30个，其中安全管理8个（安全管理策划、安全教育与培训、危险源与安全生产技术、安全巡视与检查、应急管理和事故报告、机械设备安全管理、安全生产费用管理、消防管理）、党群管理4个（项目党建工作、项目文化管理、项目工会工作、共青团工作）、风险管理2个（风险项设置、风险预警消息通知）、环境管理2个（环境策划及运行、环境监察整改及节能管理）、技术管理3个（工作策划、技术管理活动、科研管理）、项目考核兑现2个（项目责任书、项目绩效考核与兑现）、收尾管理3个（项目总结、工程保修管理、项目撤销）、质量管理2个（质量策划、质量管理活动）、组织管理2个（项目组织机构建立、项目人员及职责管理）、项目策划2个（施工策划管理、商务策划管理）。

按照公司统一的集约化管理理念，系统重点贯彻落实“三集中”管理思路，通过分包管理模块功能来规范和提高企业对人员的管理水平，通过物资管理模块功能来规范提高企业对材料的管理水平，通过对人、材、机的结算支付模块功能来规范提高企业对资金的管理水平。

2. 完善企业信息化管理制度，增强系统推广应用保障

为保证项目管理系统上线应用质量，中建三局三公司先后发布《综合项目管理信息化系统运行及检查管理制度》和《中建三局三公司综合项目管理业务替代运行保障制度》，为系统建设提供了制度保障。

3. 采用先进信息化平台，真正实现管理的及时化、效率化

中建三局三公司综合项目管理系统、协调办公室系统和招投标系统等信息化管理系统采用

先进的软件开发平台，扩展性强，在早期就实现了移动审批功能，公司领导无论何时何地，只要随身携带手机、平板电脑等移动终端，即可对各类管理业务随身进行审批，极大地提高了管理的效率。

4. 信息化提高业务管理规范化

信息系统解决了业务规范性问题。使用信息系统之前项目上报资料通常都需要层层整理文档格式，因为一个数据出现问题而需要重新编制表单的现象也经常存在。利用信息系统则有效避免了这个问题，表单格式和计算公司通过系统在全公司范围内统一，项目制表方便，分公司、公司汇总表单也简单易操作。

另外，信息系统还解决了各业务部门数据交互不及时不准确的问题。以劳务分包结算为例，系统应用以前，商务人员进行结算时要找不同人员提供各类结算支持资料，例如找工长要任务单和找材料人员要料单等，由于项目人员现场生产紧张，加之人员调动频繁，纸质单据出现遗失和补开的现象很普遍，给商务结算带来很大的风险。信息系统应用后，只需要各业务部门人员将自己负责的单据及时录入到系统，就不会存在因为人员问题而出现单据丢失的现象，商务人员月底结算时，可在信息系统内将各类单据直接调出结算，简单准确。

5. 信息化辅助建立企业知识库

信息系统解决了知识不易积累的问题。建筑施工行业是一个人员流失比较严重的行业，人员的流失必定伴随着知识的流失，对企业的长远发展不利，应用信息系统则可以有效减少这方面的损失。由于服务器是公司统一部署，项目管理过程中所有的数据资料都存储了下来，并且信息系统会将各类数据进行汇总分析，形成价格平台、各类台账等企业知识库，保证企业过程资产的持续积累。

中南控股集团信息化案例

（一）企业简况

中南控股集团（以下简称中南集团）起步于1988年，目前已发展成为拥有各类员工40000余人、总资产514亿元、2011年综合产值270亿元的大型集团化上市企业。中南集团拥有“房地产业”、“建设产业”、“土木工程产业”、“工业产业”等产业板块，下辖江苏中南建设集团股份有限公司（证券代码：000961.SZ）、中南房地产业有限公司、南通建筑工程总承包有限公司、南通市中南建工设备安装有限公司、北京城建中南土木工程集团有限公司、金丰环球装饰工程（天津）有限公司等30多个子公司，以及专注于社会公益慈善事业发展的江苏中南慈善基金会。集团现有各类经济技术管理人才6000余人，其中博士6人，硕士200余人，本科及大专学历人才4000余人，各类中、高级职称人员近2000人。

南通建筑工程总承包有限公司为中南建设旗下全资子公司，拥有住房和城乡建设部授予的建筑业最高端“综合特一级”资质——房屋建筑施工总承包特级资质及建筑行业设计甲级资质，同时还拥有建筑装修装饰一级、起重设备安装一级、机电设备安装一级、地基基础与钢结构工程二级资质，是被国家商务部对外投资和经济合作司批准为境外工程承包和派遣劳务输出的许可企业。

（二）企业组织架构

中南集团的组织结构如图1所示。

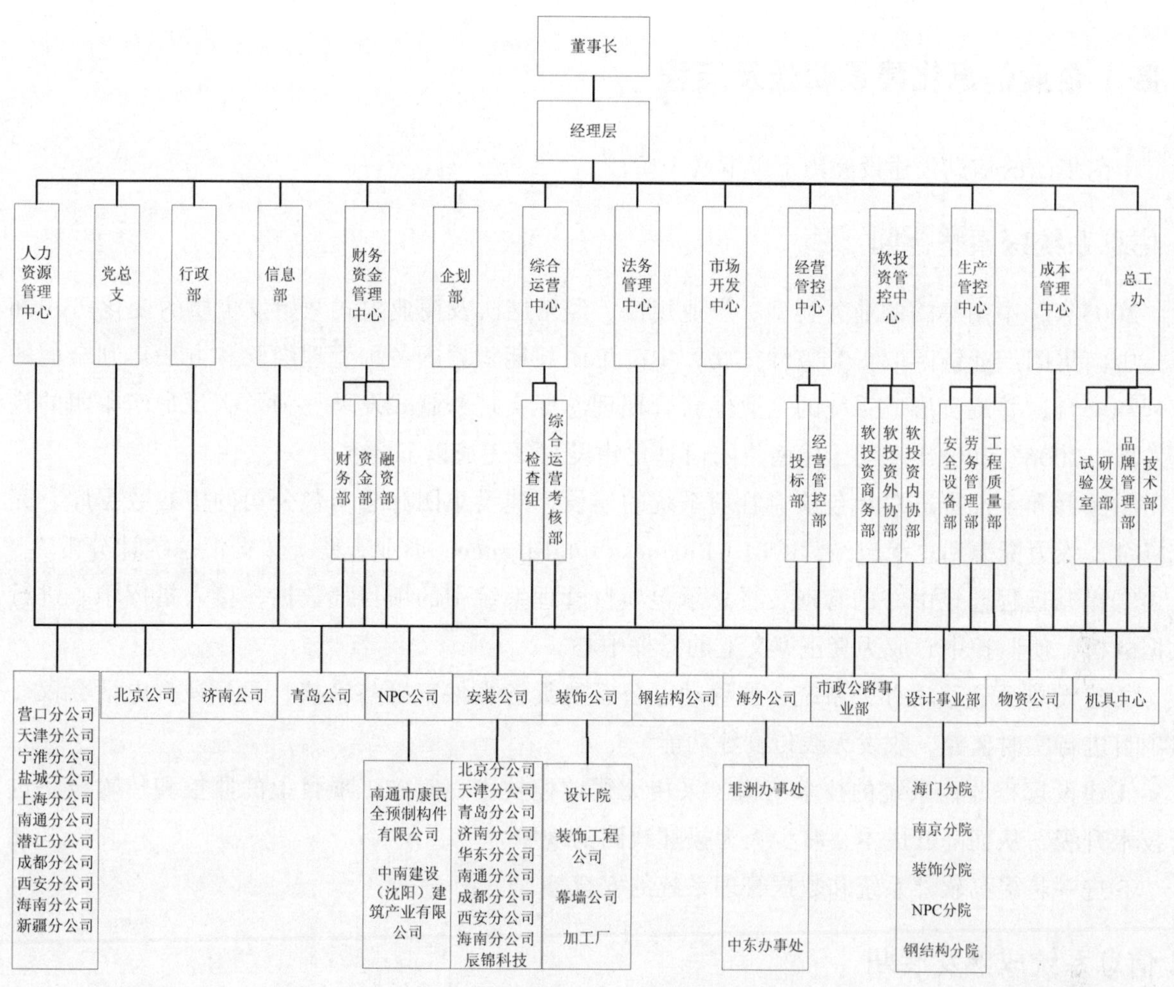

图1 企业组织结构图

（三）企业运营模式、业务及管理模式

中南集团以“软投资”和常规投资相结合的商业模式，不断完善“对内市场化，对外集团化”的运作体系，充分发挥“一个中南”集团军协同作战优势，始终坚持四商（建造商、运营商、开发商、投资商）互动，做大做强实业经营，同时积极通过兼并收购、强强联合等资本运营方式推动实业经营，努力实现集团高速发展。

中南集团以“双重集团化”、“四级管控”为管控的基本手段，坚持宝塔式与扁平化相结合的管理体制，坚持“动车组”式的管理机制，坚持紧密型与集约型的管理原则，进一步细化、量化各层级责权利，实现管理效率和管控效果的最大化。

（四）企业信息化建设背景及历程

中南集团的信息化建设经历了以下两个阶段：

1. 信息系统探索整合期

2005年，中南集团的业务类型、产业规模、经营层次及商业模式开始发生质的变化。2006年，中南集团产业链条取得突破性拓展，中南集团长期积累的各种管理经验和方法得到全面的梳理和整合，并逐步形成系统的企业经营管理理念，实现跨越式发展。为了满足中南集团的快速发展，2006—2008年期间，中南集团信息化建设主要完成以下内容：

①完善和全面推进总承包项目管理系统的建设，建设集团和总承包公司的中心数据库，完成资金、人力资源和总承包经营的BI（Business Intelligence，商业智能）数据汇总统计分析。

②提升远程监控中心的管理，将总承包项目管理系统中的项目部数据，接入指挥中心进行数据分析，使监控中心成为真正意义上的指挥中心。

③建设总承包移动办公系统，使移动办公系统具备文件审批与签核、召开视频电话会议、对项目进行实时监控、收发无线传真等功能。

④建设远程监控系统的技术架构，采用无线监控技术，对施工项目上的监控和传输设备进行技术升级，从而降低成本，减少人为损坏线路的现象。

⑤进一步提高软件系统和数据管理系统的安全性。

2. 信息系统成熟发展期

2008年之后，中南集团已经形成了一个多元化生产格局（包括：建筑、房地产、安装、装饰、钢结构、地铁、地基、市政、机械、动力、生物等多个行业），业务范围遍及长三角、环渤海湾、珠三角等中国主要经济区域和海外市场。为了适应新时期企业发展需求，2009—2012年集团信息化逐渐进入成熟发展期。企业在这一时期信息化工作主要完成以下内容：

①紧跟企业管理制度的改革，全面优化和完善总承包项目管理系统，进一步优化项目管理的系统架构，提升系统性能。

②参与国家“十一五”课题研究，建设和推广网上招标系统，全面提升企业招投标能力。

③引进BPM（Business Process Management，业务过程管理）流程固化系统，规范流程建设，使企业制度及流程充分落地。

④引进BIM（Building Information Modeling，建筑信息模型）理念，在招投标、安装设计、钢结构、装饰、NPC（工业化全预制装配整体式）等多个专业全方位使用，提高企业虚拟化施工的能力。

⑤根据国家3G网络的发展情况，进一步改进移动办公系统，使移动办公系统具备文件审批与签核、召开视频电话会议、对项目进行实时监控、收发无线传真等功能。

⑥改进远程监控系统的技术架构，采用无线监控技术，对施工项目上的监控和传输设备进

行技术升级，从而降低成本，减少人为损坏线路的现象。

⑦进一步提高软件系统和数据管理系统的安全性。

（五）企业信息化建设思路

1. 指导思想

以中南集团核心管理思想作为信息中心的工作方针，全面认识企业信息化深入发展的新形势、新任务，以信息技术在全集团的广泛应用为主导，以信息资源数字化为核心，以信息网络为基础，以信息人才为依托，把企业信息化建设作为企业发展的基本战略、作为推动企业发展的加速器，加快在我国建筑行业率先实现信息化的进程。

2. 总体思路

信息化规划的总体思路是："统筹规划、业务为核、效益为先、资源整合"，按照先进、实用、优化、高效的原则，重点在集团的各个层面大力推进"ERP系统"、"视频电话会议系统"、"远程指挥及监控系统"、"一卡通系统"四大系统为核心的信息化建设进程。

3. 总体原则

"一心"，即以效益为中心；"两零"，即零时间决策，零距离指挥；"四防"，即防范风险、防范腐败、防范内耗、防范弄虚作假；"五化"，即信息数据化、数据自动化、管控电脑化、决策智能化、商务网络化。严格执行"一心两零四防五化"的原则，不断扩大、优化、完善ERP系统，达到有效提高决策管理水平、提高工作效率、提高产品及服务质量、提高创新能力、降低产品成本、降低管理成本，进而大幅度提高经济效益。

（六）信息系统建设概况

中南集团已建成了包含OA平台、总承包项目管理系统、物资财务一体化系统、人力资源管理系统等子系统和功能模块在内的信息系统。集团研发的总承包项目管理系统已在南通建筑工程总承包有限公司得以全面应用。以下对中南集团信息系统包含的主要子系统及功能模块进行简要介绍。

1. OA平台

OA平台是员工的日常办公平台，包括新闻公告、电子公文、工作计划与总结、邮件管理、论坛与下载、图书管理、车辆管理等子模块。其中，使用最频繁的是电子公文功能，通过该功能员工既能按公司制度预设的流程发起公文，也能够自行灵活设计、调整文件流转流程，平均每月通过该系统流转的公文达到5.5万条。

发起公文 待办公文 过程中公文 已结束公文 我发起的公文 2010年公文 2010年前公文

高级查询

公文标题	发出者	会
关于电梯租赁合同编号一事	蔡冬霞	宋凯杰
我的账号和密码	施白墨	宋凯杰
报表中心中相关房地产报表收集	宋凯杰	于耀 郭海涛 张建利
关于召开BPM备选产品演示及技术交流会的通知，请查收！	张建利	何涛 张亦华 陈国增 宋凯杰 林晓
v_xianjinliu	宋凯杰	张小森
设备维修保养记录表	黄爱社	宋凯杰 孙敬来
IT设备采购/维修申请单	陈铎	陈锦剑 宋凯杰 高小俊
NPC试运行前计划安排	俞雪烽	宋凯杰 陈国增
工作日报	祁志刚	尹风华 宋凯杰

图2 OA平台——电子公文

2. 总承包项目管理系统

总承包项目管理系统结合企业管理制度，从业务跟踪开始进行管控一直到工程结算全过程的管理，包括经营管理、合同管理、成本管理、资金管理、分包管理、人员管理、进度管理、设备管理、技术质量管理、安全管理、工程决算、风险管理、档案管理等模块，实现了对全集团在建及竣工项目的全方位的管控。

图3 项目管理系统

3. 物资财务一体化系统

物资财务一体化系统包括物资计划管理、物资采购管理（网络招投标、采购管理）、合同管理、进销存管理、资金管理（应付管理、资金申请、内部交易、网银、备用金）、财务核算（账务处理、成本核算）、报表统计分析等功能模块，能够实现物资管理全过程的监控和管理，集成了综合管理物资供应链中所有的有关物资的子系统。

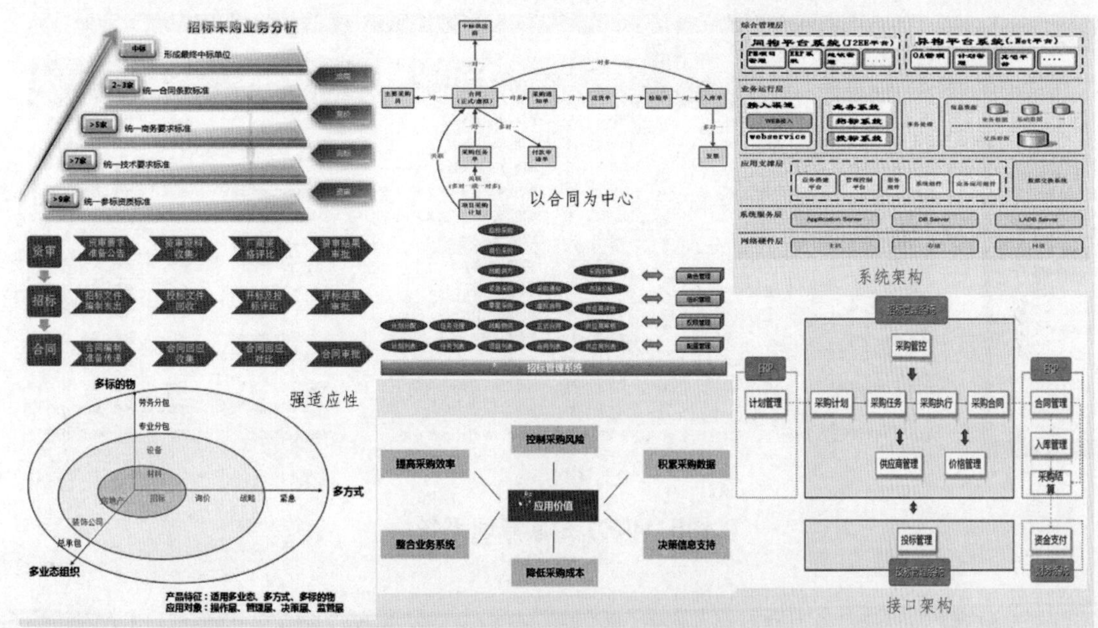

图4 招投标系统流程

该系统可有效地监控材料采购的全过程、各地各种材料价格的变动趋势以及供应商的交货履约情况，并对采购人员的业绩和采购成本差异进行分析和评价。

4. 人力资源管理系统

该系统具备编制管理、人员招聘、劳动合同、薪资管理、培训管理、绩效考核、人事异动等人事管理的全部功能，实现了员工从应聘到辞退的全过程动态跟踪管理。

5. 财务管理系统

财务管理系统包括财务管理、资金管理、合并报表、发票管理、预算管理等功能模块，对财务账务、资金进行核算和管理，形成各种财务报表，并通过财务系统实现对企业的多账套管理、合并报表、资金管理等多种财务管理职能，同时利用固定资产系统与财务系统相结合的形式，实现对固定资产的核算和管理。

6. 检查监督模块

中南集团要求其专职检查组、各级管理层、职能部门在到分公司、项目部进行检查时，将整改通知单在该模块录入，明确整改事项、责任人、完成时间等。该模块会自动将整改要求发至相关人员办公平台，如果责任人不按时整改并上报，系统会自动定时进行提醒、处罚并反映至其上级部门。

图5　人力资源管理系统

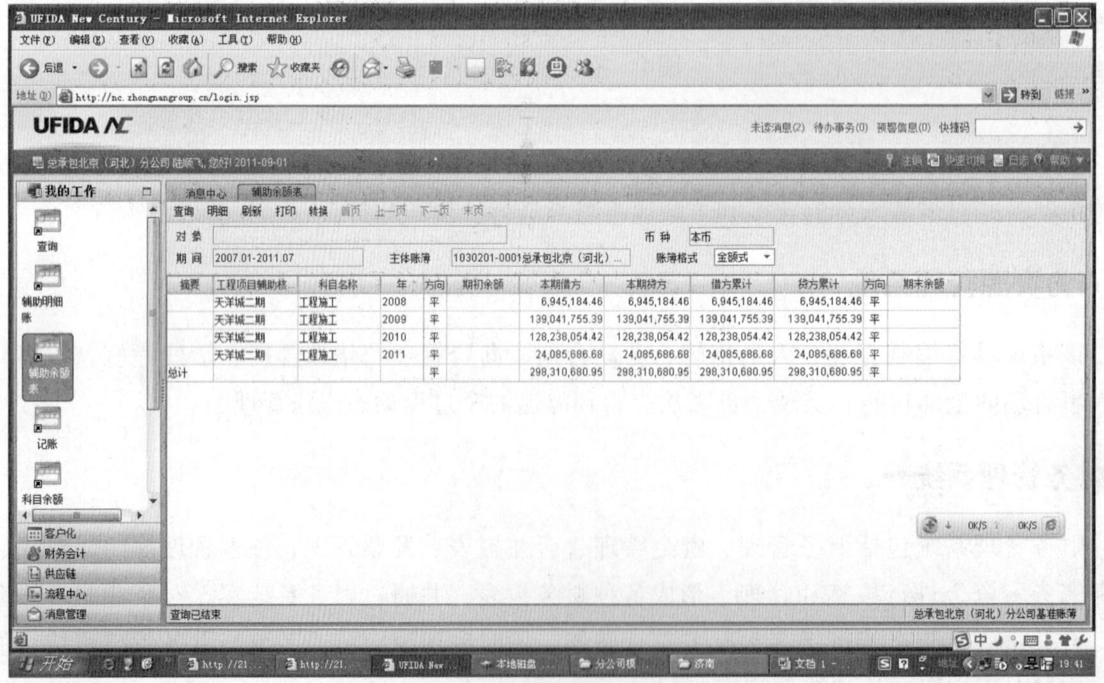

图6　检查监督

7. 政令畅通模块

与检查监督模块相似，中南集团要求所有会议决议、上级讲话等在该模块录入，由系统自动进行跟踪。实践表明，在检查监督、政令畅通模块运行后，解决了议而不决、决而不行的问题，大大提高了公司执行力，用员工的话说就是："后面总跟着一根鞭子。"

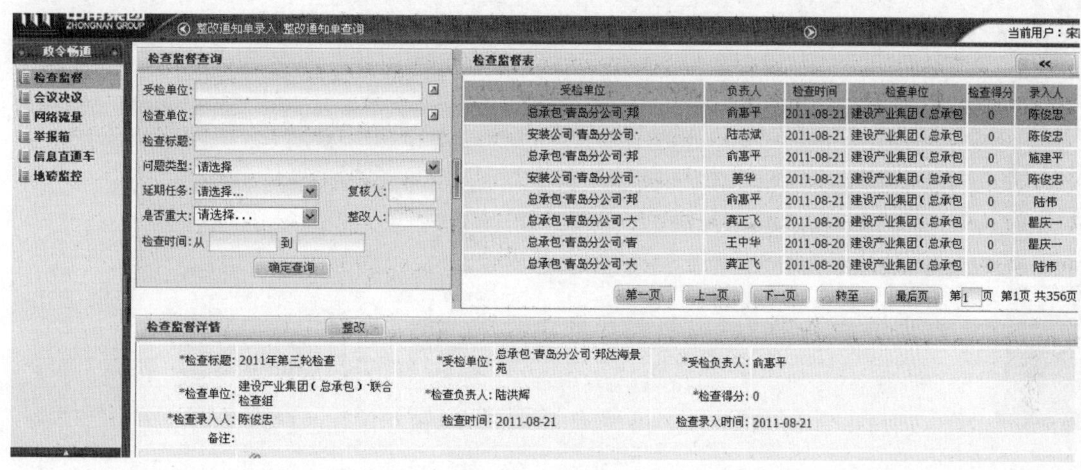

图7 政令畅通

8. BI模块

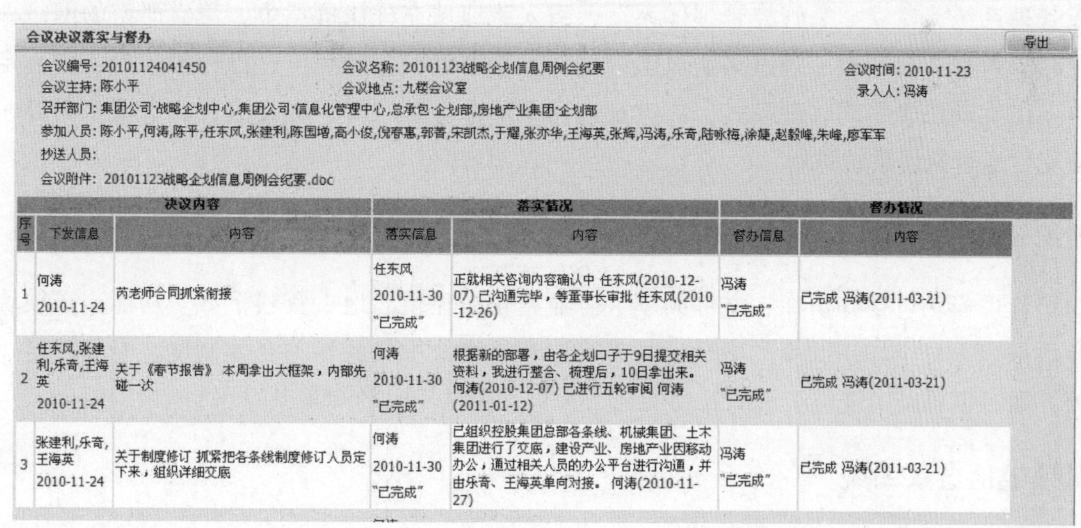

会议决议落实与督办 导出

会议编号: 20101124041450　会议名称: 20101123战略企划信息周例会纪要　会议时间: 2010-11-23
会议主持: 陈小平　会议地点: 九楼会议室　录入人: 冯涛
召开部门: 集团公司·战略企划中心,集团公司·信息化管理中心,总承包·企划部,房地产业集团·企划部
参加人员: 陈小平,何涛,陈平,任东风,张建利,陈国增,高小俊,倪春惠,郭菁,宋凯杰,于耀,张亦华,王海英,张辉,冯涛,乐奇,陆咏梅,涂婕,赵毅峰,朱峰,廖军军
抄送人员:
会议附件: 20101123战略企划信息周例会纪要.doc

决议内容			落实情况		督办情况	
序号	下发信息	内容	落实信息	内容	督办信息	内容
1	何涛 2010-11-24	芮老师合同抓紧衔接	任东风 2010-11-30 "已完成"	正就相关咨询内容确认中 任东风(2010-12-07) 已沟通完毕，等董事长审批 任东风(2010-12-26)	冯涛 "已完成"	已完成 冯涛(2011-03-21)
2	任东风,张建利,乐奇,王海英 2010-11-24	关于《春节报告》 本周拿出大框架，内部先碰一次	何涛 2010-11-30 "已完成"	根据新的部署，由各企划口子于9日提交相关资料，我进行整合、梳理后，10日拿出来。何涛(2010-12-07) 已进行五轮审阅 何涛(2011-01-12)	冯涛 "已完成"	已完成 冯涛(2011-03-21)
3	张建利,乐奇,王海英 2010-11-24	关于制度修订 抓紧把各条线制度修订人员定下来，组织详细交底	何涛 2010-11-30 "已完成"	已组织控股集团总部各条线、机械集团、土木集团进行了交底，建设产业、房地产业因移动办公，通过相关人员的办公平台进行沟通，并由乐奇、王海英单向对接。 何涛(2010-11-27)	冯涛 "已完成"	已完成 冯涛(2011-03-21)

图8 会议决议落实与督办

该模块采用BI技术，从上述各个模块中通过ETL提取有用的数据，以Biro作为分析工具，根据不同条线管理者的需求展现出不同的图表，从而辅助领导层的决策。其最大的特点就在于定制性、灵活性，不同的部门、领导均可以根据自身要求设置报表格式，该模块自动从不同模块

中采集相关数据。同时，数据格式具有很大的灵活性，既可以做不同项目、分公司之间横向对比，又可以做不同时间段的纵向对比和趋势分析，该模块能够自动提供各种表现形式直观的图表。该模块承担着类似于“管理驾驶舱”的功能，通过该系统展示的各种图表、报表，管理层能够对公司各方面的运行动态、趋势情况有一个直观的认识。

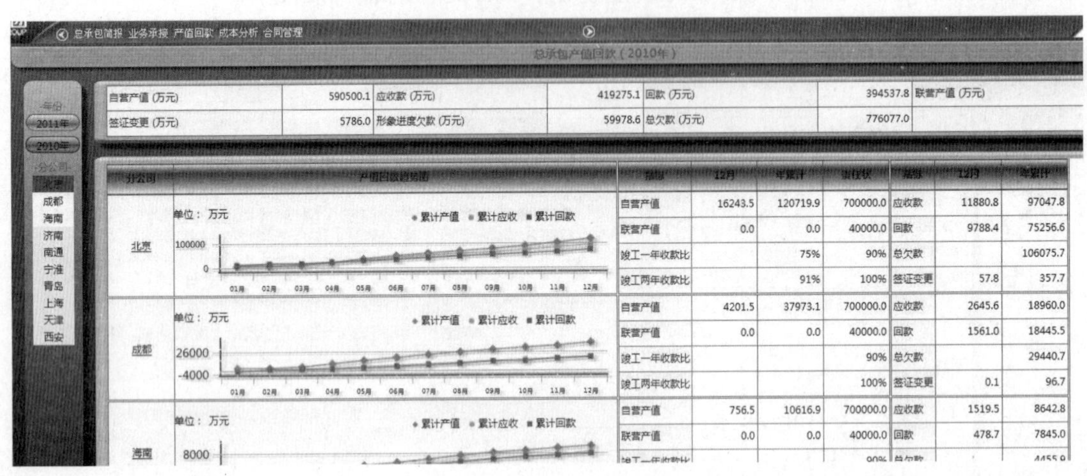

图9　智能决策

9. 电子商务模块

该模块包括网络招投标系统、乙方交互管理平台、网银系统等，针对物资、工程采用网络招投标管理系统，建立“采管控管理体系”，引入跨地域充分比价竞争，建立严密的网络评审机制，减少数据人为干预，规避采购风险，确保采购准确、及时到位，打造招、投、评、定甲乙双方网络互动阳光采购管理模式，乙方通过网络平台自动注册，提交资料、答疑互动等，相关款项支付通过网银系统进行。

10. 知识管理模块

知识管理模块包括知识库、文件共享、企业文化、建筑园地、资料下载等功能。该模块可在企业内部建立一个知识共享的平台，员工可以在该模块中找到相关企业制度、专业资料、参考文档，同时也可以实现员工间的互动沟通，为员工提供实时的知识共享平台。

11. 视频电话会议系统

由于建筑企业存在点多面广、项目分散所带来的管理半径大的难题，为缩短总部与各项目之间的管理距离，中南集团把视频会议系统、电话会议系统、各种网络语音通信系统整合成视频电话会议系统。这一系统解决了以往建筑企业会议召集难、效率低、成本高的问题，保障了企业政令的及时下达与畅通。目前，公司的绝大部分会议都是通过视频电话会议系统召开的。该系统自建成以来发挥了极大的作用，通过该系统，平均每年召开会议近5000次，年终总结大会在全国30个会场同步召开，近3500名管理人员同时参会。图纸会审等也能通过该系统进行，大大提高了决策的速度和质量。

招标公告帮助 | 我的投标帮助 | 中南集团 | 退出系统

首页 招标公告 中标通知 我的投标 资料维护 欢迎你：集团公司-信息化管理中心

招标公告 »更多

采购项目	使用项目	截止时间
EPS和XPS保温板战略招标	各项目	2011-10-31
防水材料战略招标	各项目	2011-10-31
多层板战略招标	各项目	2011-10-31
桩基检测战略招标	各项目	2011-10-28
垃圾桶战略招标	各项目	2011-09-26
遮阳伞战略招标	各项目	2011-09-23
吴江项目VRV招标采购	吴江项目1.1期	2011-09-08
常熟项目叠加同层排水系统招标	常熟中南世纪城D组团	2011-09-03

您好!欢迎集团公司-信息化管理中心进入中南投标系统!

注销

中标通知 »更多

项目名称	使用项目	中标单位
铁艺栏杆	中南世纪城	江苏环宇建筑设备制造总公司 青岛正美装饰有限公司

图10 电子商务

资料管理 办公表单下载 当前用户：

资料管理

查询 增加 删除

序号	文件名	类别	申请人	申请日期	审核日期	状态	操作
1	最新通讯录	集团内部文件	蔡燕	2011-08-29	2011-08-29	已审核	查看 | 取消审核
2	中南控股集团2011年组织机构、人事异动	人事资料	吉祖尧	2011-08-26	2011-08-26	已审核	查看
3	每周信息参考（第336期）	每周信息参考	涂婕	2011-08-22	2011-08-22	已审核	查看
4	8月21日建设产业集团互动培训纪要	培训资料	张振周	2011-08-22	2011-08-22	已审核	查看
5	7.15、7.25、《中南宪章》公共试题库	培训资料	杨涛	2011-08-17	2011-08-19	已审核	查看
6	固定资产用户操作手册	集团内部文件	沈燕	2011-08-16	2011-08-16	已审核	查看 | 取消审核
7	每周信息参考（第335期）	每周信息参考	涂婕	2011-08-16	2011-08-16	已审核	查看
8	一级项目管理、建筑实务资料2	人事资料	俞铮铮	2011-08-16	2011-08-16	已审核	查看
9	一级项目管理、建筑实务资料1	人事资料	俞铮铮	2011-08-16	2011-08-16	已审核	查看
10	中南企业宪章	培训资料	张振周	2011-08-15	2011-08-15	已审核	查看
11	725报告	培训资料	张振周	2011-08-15	2011-08-15	已审核	查看
12	715报告	培训资料	张振周	2011-08-15	2011-08-15	已审核	查看
13	培训中心工作月报（2011.07）	培训资料	杨涛	2011-08-11	2011-08-11	已审核	查看
14	每周信息参考（第334期）	每周信息参考	涂婕	2011-08-09	2011-08-09	已审核	查看

第一页 上一页 下一页 最后页 转至 第 页 显示 1 到 14 条记录 第 1 页 共 67 页

图11 知识管理

12. 远程指挥中心及远程监控系统

建筑项目具备不可集中性、非标准性等特征，从而使得项目施工的过程控制一直是行业的一个难题，而系统的应用在一定程度上解决了该难题。

中南集团南通建筑工程总承包有限公司在其全国70多个项目上装了800多个监控探头，在总部建了一个3米×5米的监控大屏幕，与10多个监视屏一起，对集团各项目的施工现场、料场、仓库、财务部等进行实时动态监控。

中南集团南通建筑工程总承包有限公司成立了专门的监控组，从项目抽调有经验的项目管理人员，通过监控系统24小时对项目进行检查监督，着重检查项目是否按照企业规范标准进行施工，项目职工是否存在违章作业，材料进场是否对质量、数量进行检验，项目材料是否出现断档或富余现象，项目保卫工作是否到位，项目管理人员是否上现场等。在发现问题后监控组及时和项目部、分公司联系，督促及时解决处理。

13. 智能IC卡系统

中南集团南通建筑工程总承包有限公司下属有近3万名自有工人，而且这些工人需在各分公司、项目部之间进行频繁调动，以往由于调动所带来的职工工资核算、成本归集等往往难以管理，经常引发矛盾。该系统具有结算往来费用、员工工资发放、食堂刷卡消费、绩效考核记录、员工自助查询等多项管理功能，只要有中南集团下属公司的地区，员工就能凭手中的“一卡通”磁卡，领取工资、购买餐票、查询个人信息等，从根本上解决了工人因为调动带来的往来、核算等问题。

（七）信息化建设总结

中南集团的信息系统已在中南集团公司和12个区域公司各职能部门及其124个工程项目中得到广泛应用。对建筑施工企业而言，该系统的实施使管理水平和工作效率得到显著提高，同时带来了巨大的经济效益和不可估量的社会效益，实现了管理变革的核心目标，即业务处理标准化、核心流程最优化、工程管理过程化、信息处理集成化、决策支持智能化，以及企业管理透明化。

1. 基础设施建设

中南集团拥有独立机房及数据中心，并配置专职人员实时维护，对机房中的服务器、交换机、路由器、防火墙各种设备进行归置，并设有防火、恒温控制、UPS保障措施；制作设备分布图及设备配置清单，对应到机柜及具体服务器，并记录设备维护运行记录。已建立总部、分支机构、项目部完整的网络连接，配置相关安全保障措施（数据备份、防火墙、杀毒软件等），建立门户网站并及时更新，同时建立相应制度和资金保障体系，从而支撑中南集团信息化建设和日常运营。

远程监控系统
共有监控点：
其中
无线控制监控点：
有线控制监控点：
有线固定监控点：
通过远程监控系统对项目的施工情况、计划进度、质量安全、物资管理、工作纪律等实时监控，解决集团总部与项目部的信息不对称，增强集团总部的管控能力。
问题要点对比图
监控系统
弱电监控与软件系统相结合
进行实时监控和问题处理

南通总承包——青岛世纪城磅房
数据查询 预置信息 帮助 退出
18300kg
入场
收货单位：叠石桥料场
车 号：苏FR2400
序 号：120101110914
货 名：钢管
发货单位：叠石桥三期项目
货料型号：二等
送货单号：10111002
毛 重：18300
送货重量：0
进场人数：0
点货
点 货 人：青岛世纪城
最大货重：0
点货时间：2010-11-10 1
最小货重：0
理论货重：0
误差范围：0
出场
皮 重：0
出场人数：0
净 重：0
误 差 率：0
误 差 值：0
存盘
打印
刷新
云台控制
明细
状态 状态信息 车号 货名 发货单位 货料型号 送货单号
车号：苏FN6230，已经过了4天4小时3分钟没有出场。
车号：苏FR2400，已经过了4小时18分钟没有出场。 苏FR2400 钢管 叠石桥三期... 二等 10111002
操作员：1 联系电话：1 中南控股 技术支持：南通春晖软件 版本：1.0.9.19 时间：

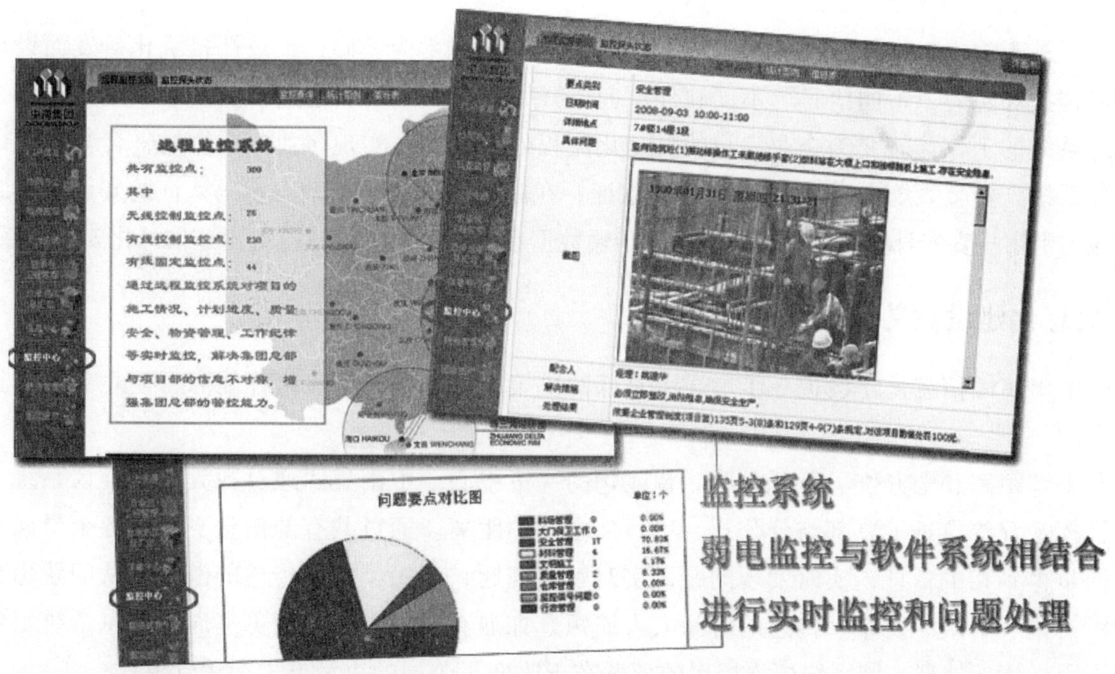

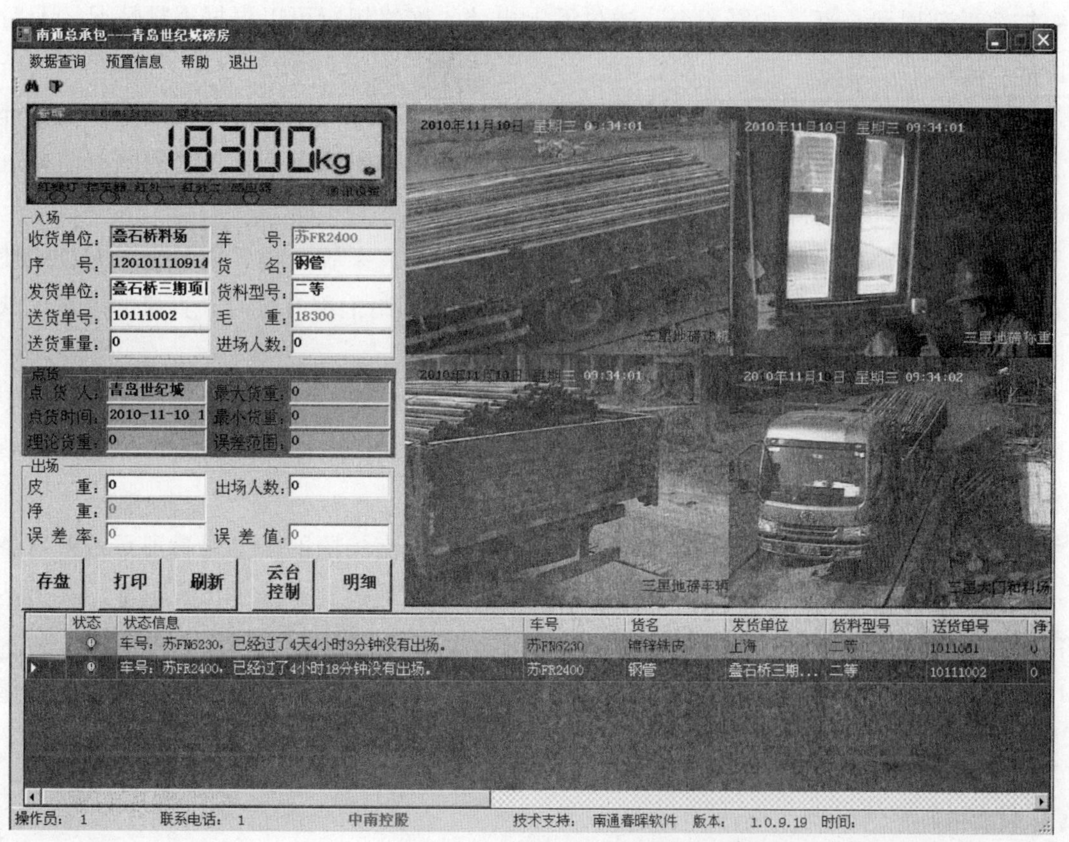

图12 监控管理系统

2. 系统集成

引进开放式架构的J2EE企业门户，以免费的开源技术为基础，经过严格优化研发而设计。可以挂接和包容“不同语言、不同软件厂商”开发的应用系统，通过单点登录和流程整合，实现跨系统的工作流转变为企业门户的自动化流程处理模式，实现多业务系统的整合与集成。在财务系统、资金系统中采用CA双向身份认证，在门户系统中采用动态密码认证的安全方案，有效地鉴别用户真实身份，严格控制了网络传输数据和信息不被恶意窜改，打造信息化安全体系。

3. 信息化建设意义

中南集团信息化建设进一步增强了总部的决策、协调、结算、指挥能力，使总部成为五大中心。

①零距离、全方位、公开透明、智能化的决策中心。中南集团通过视频电话会议系统、远程指挥系统等拉近了总部与分公司、项目部之间的距离。通过共有的信息平台，各个层面基本能同步得到相关信息，实时发现问题，实时解决问题，缩短了信息传递的链条，从问题出现到问题讨论、解决、发布、传达的时间大大缩短。如遇有突发事件，则迅速通过信息系统组织多方协同指挥、处理。该系统更深层次的效益在于改变了公司的决策方式和运营模式。

②全天候的资金管理中心。中南集团通过网络银行，实行了收支两条线，各个项目部每天所有的结算款都回到总部，如需资金，通过网上申请，网络银行可以根据审批情况，及时拨付到项目部。

③材料、设备的调度中心。中南集团通过网络系统，很好地降低了材料成本。如分部根据进度需要在网上申报材料计划，集团根据对全国市场情况和供应商信息系统的网上监控进行决策，选择性价比最好的材料并组织将材料送到项目部。

④人力资源管理中心。中南集团信息化通过“一卡通”系统，很好地解决了人员的使用与调配问题。公司3万名工人、4500名管理人员的分布，在网络上都有实时、直接的动态反映。通过对信息的分析，能够迅速高效地进行人力资源配置。

⑤项目监管和科学技术推广中心。中南集团从一线抽回了一些有经验的管理人员，专门从事网络监控。每人可以监控3~5个项目。监控根据现场情况，立即向现场项目经理发出整改通知。通过监督，有效地提高了安全生产质量。

中南集团通过信息化，工程项目部管理更加规范。中南集团的信息化管理系统针对各业务流程进行固化，从而让“自由驾驶”变成“轨道交通”。通过在系统中设置标准，凡是达不到标准的流程就无法流转，通过系统的自动管控杜绝了工作的人为化。

中南集团信息系统使得流程标准化、管控“电脑”化成为现实，通过在过程控制上做信息化的文章，达到防范风险、防范腐败、防范内耗、防范弄虚作假的“四防”目的。

4. 信息化建设亮点

中南集团信息系统包括了多种软、硬件应用系统，它们以信息门户技术进行应用整合、以数据仓库技术进行数据汇总、以商业智能技术进行数据分析，比起软件厂商销售的软件系统，中南集团信息系统在信息系统的集成方面，以及企业根据建筑行业的管理模式定制开发的管理子系统如资金管理、成本管理、劳务管理、检查监督管理等方面有诸多创新。

①创建了中南集团管理模式。基于国际上公认的运营管控模型和战略管控模型，以及中南集团多年积累的现代企业管理经验，创建了“中南集团管理模式”。该模式成功地将企业管理核心要素定位在资金、合同、成本、质量、安全、环保、进度等七个方面，并将管理职责在统一与协调的原则下，明确授权到企业战略层、监控层和操作层三个不同层面。通过运营管控模型，使得工程项目利润率提高到10%，有的高达12%，通过战略管控模型，使得其他板块业务的工作效率也得到了有效提升，为企业创造了巨大的价值。

②实现了集成应用，控制了资金风险。与商业银行合作，建立结算中心，通过OA系统获得报销和资金使用计划审批结果，通过成本管理系统检查资金使用是否超出计划成本，通过合同管理系统检查报销或资金使用是否超出合同范围，通过人力资源管理系统检查合同是否在人力资源控制的成本范围内以及合同是否与合格的分包商、供应商签订。该系统的应用有效地控制了企业资金支付风险。

③理清了企业层级和项目部的管理职责。综合工程项目管理系统，创新性地明确了企业层级应该提供的服务、控制和监督责任，项目部应该承担的管理职能。

④控制了合同法律事务纠纷。系统重点抓住了合同评审，以控制合同法律纠纷风险；紧抓合同履约过程和合同结算，以保证合同收入和控制合同支出。

⑤强化成本策划，抓住成本管理重点。成本管理关键控制点是成本策划、成本测算和成本控制，采用“小流水”作业并结合四新技术，加快施工进度，利用企业内部定额，采用中南集团特色的十七项指标核算体系，实现量价双控八算对比的精细化管理。

⑥建立网络采购平台，实现采购集中管理。采购指的是物资材料采购、机械设备采购和租赁以及分包等。建立网络采购平台，实现集团公司采购集中管理和跨地域竞争模式的阳光采购。

⑦通过集成物资采购、网络招投标、合同管理、供应链管理、地磅监控、财务管理、网银结算等系统功能，实现了物资、财务一体化应用，统一了企业编码体系，建立了供应商评估机制，提高了工作效率，规范了作业行为，降低了成本，防范了资金风险。

⑧主持研究了“十一五”国家科技支撑课题“施工企业信息化关键技术研究与应用”中“施工企业集中采购管理系统研究与应用”子课题，该子课题通过了住房和城乡建设部课题组验收，并将其成果应用于该项目，按照采、管、控三者分离的原则，打造招、投、评、定甲乙双方网络互动、阳光采购、跨地域竞争的管理模式。

5. 信息化建设带来的效益

信息系统的应用给中南集团带来了经济效益。同时，中南集团已经在一定程度上再造了其决策体系、流程体系、执行体系，整个公司在更高的高度上形成更有效率的新的管控平台。

①中南集团信息化管理系统应用增加了部分项目效益

通过系统中设备管理模块的使用，降低了机械、料具的闲置时间，提高了机械、料具的使用效率，减少了机具使用总量，初步估计，2009—2013年已节约料具费用800万元以上；通过系统中人员管理模块的使用，加强了人员的横向调配，提高了工人的使用率，减少了窝工时间，初步估计由此创造的效益在1000万元以上；通过系统中成本管理模块的使用，建立了全过程的成本控制体系，加强了对公司项目成本的动态预警和监控，推动了项目成本的进一步降低，创造效益在600万元以上；通过资金管理模块的使用，有效降低了资金沉淀，提高了资金使用效率，初步估计节约资金成本超过300万元；OA平台的使用，实现了无纸化办公，不但节约了办公成本，还极大地提高了办公效率。据2010年统计，集团共节约各类纸张费用10万元左右、通信费用120万元以上；借助信息化系统中的知识管理功能，“四新”技术、先进工法、公司自身的经验教训得以在项目中迅速推广和运用，每年为公司创造效益估计在300万元以上。

②远程指挥和监控系统业产生了巨大的经济效益

通过该系统实现了对项目施工进度、质量安全、物资管理的实时监控，加快了施工进度计划目标达成率，同比增长10%～15%；加大了质量、安全管理及文明施工的管控力度，主体结构质量管理问题同比下降15%～20%，安全管理问题同比下降30%，文明施工问题同比下降40%；有效控制了项目物资、料具浪费和遗失，材料、料具损失同比下降近20%。

③视频电话会议系统使用也产生了较大的经济效益

目前，每天有近30个视频电话会议，每周不少于10次的远程培训。由于视频电话会议系统的使用，节约了管理人员由于会议产生的差旅费用和人力成本，每年超过300万元，间接影响效益在500万元以上。

相对于直接经济效益而言，间接的管理效益得到了更多关注。在信息化基础上，公司已经在一定程度上再造了其决策体系、流程体系、执行体系等，整个公司在更高的高度上形成更有效率的新的管控平台。工作效率大大提高，决策反应时间大大缩短，过程控制大大加强，甚至公司上下得到一致共识，企业的正常工作已离不开信息化平台。

6. 信息化建设下一步的规划

围绕国家“十二五”规划，紧扣中南集团管理发展三大主题（加大投入，加快发展；加大提升，加快转型；建品牌、树品牌、用品牌），不断提升内部管理水平，实现产值500亿元的战略发展目标，信息中心根据目前各种信息化系统实际运行情况，制定本期规划。本规划将作为2012—2014年度信息中心责任状编制的依据，指导信息中心制定各年度工作计划。

①紧扣公司战略发展规划，不断完善优化项目管理软件，在满足集团管控的基础上，注重于项目级应用，进行标准合同固化，提高资金运行效率，精细化成本控制，监控与进度软件结合实现进度实时监测等，实现甲乙方、监理公司网络管理交流互动（分包工程量申报、付款申请、清单等），打造好用、实用、爱用、管用、灵活的项目管理系统。

②基于已实施完成的各信息化管理系统，搭建数据仓库，利用ETL工具抽取信息数据，建设一套满足各层面（集团、子集团、分公司、项目部）需求的智能决策报表体系，提供管理者驾驶舱，可进行多层面、多角度地同比、环比、综合汇总、分析数据，确保数据来源一致、信息共享，为决策者提供决策依据，实现“一心二零四防五化”的管理目标。

③引进云计算技术，搭建中南集团知识管理系统，建立标准化知识体系，进行知识的积累和经验总结，实现知识的快速复制。

④进一步拓展远程监控功能，实现全方位立体实时监控系统。一是加大远程监控系统的安装、保养、升级，保证远程监控的覆盖面和清晰度，实现夜视红外监控、红外线监控、常规闭路监控相结合；二是继续完善材料进出场监控系统，在2013年前务必在所有项目安装地磅和围合式监控装置，在所有大门、进出的位置安装监控，并在所有项目料场和仓库增设摄像头；三是加大安装拾音器，对开标、评标等会议进行视频、录音监控，实现实时监控和场景放大，规避时间空间上的限制，实现零时间决策、零距离指挥。

⑤基于BIM技术，重建3D信息模型，实现项目漫游、虚拟施工、三维算量、各专业数据共享。施工单位和监理单位方便查看施工过程及现场，指导施工进度，安排施工顺序，并和成本管理系统、技术质量系统相结合，进行事前筹划及控制、成本预测及控制、施工技术优化提升，提高工程质量并创造一定的经济效益。

⑥利用物联网及RFID技术，使用电子标签作为信息载体，以局域网、互联网为信息渠道，建立一套完整的NPC信息化生产管理系统，能够对生产管理的每个环节进行全程的记录，在制构件自动识别和实时管理，从而实现对预制构件生产线上的物流和信息流的实时跟踪，提高企业生产管理的工作效率和服务水平。

⑦购置BPM软件，基于CASE事件管理，实施流程固化，制度落地工程。满足制度落地“八化”管理目标（信息化、固化、集成化、表单化、可视化、人性化、决策智能化、统计智能化），将企业管理由“自由驾驶”变为“轨道交通”。

中交第一公路工程局有限公司信息化案例

（一）企业简况

中交第一公路工程局有限公司（以下简称中交一公局）成立于1964年，曾隶属于交通部、中国路桥（集团）总公司。现为中国交通建设股份有限公司全资子公司，属于国资委管理的大型国有企业。目前，拥有15个全资子公司（国内14个、国外1个），4个直接控股公司，3个分公司，5个海外办事处。员工万余人，在建工程分布于国内29个省、直辖市、自治区以及国外8个国家。中交一公局具有集施工、设计、监理、科研、检测、机械制造为一体的国家大型公路工程施工总承包特级资质。

成立近50年来，中交一公局为抵御外来侵略参建过国防公路，为抗震救灾参建过救灾应急桥梁，改革开放后参建过第一条世界银行贷款的公路——京津塘高速公路，此后又参建了北京至上海、北京至珠海、北京至哈尔滨、青岛至银川、上海至成都等一大批标志性高速公路工程，创造了我国公路桥梁建设史上的多项“第一”。在对外经援中参加了援助蒙古、尼迫尔、南也门、布隆迪、卢旺达等国的公路建设。在走出国门承包国际工程中，先后打进了布隆迪、菲律宾、马来西亚、乌干达、肯尼亚、喀麦隆、扎伊尔、科特迪瓦、埃塞俄比亚等国家的工程施工领域，以优质、守信为企业拓展了更广泛的国际市场。

（二）企业组织架构

中交一公局实行三级管理，即实行公司总部（简称局）、公司、项目三个层级的管理架构。公司总部负责制定战略和管理制度，各二级公司负责组织战略和制度的实施，项目经理部负责具体工程项目的组织实施。局和公司两级的组织架构图见图1，图中未画出13个局直管项目和下属公司管理的300多个项目。

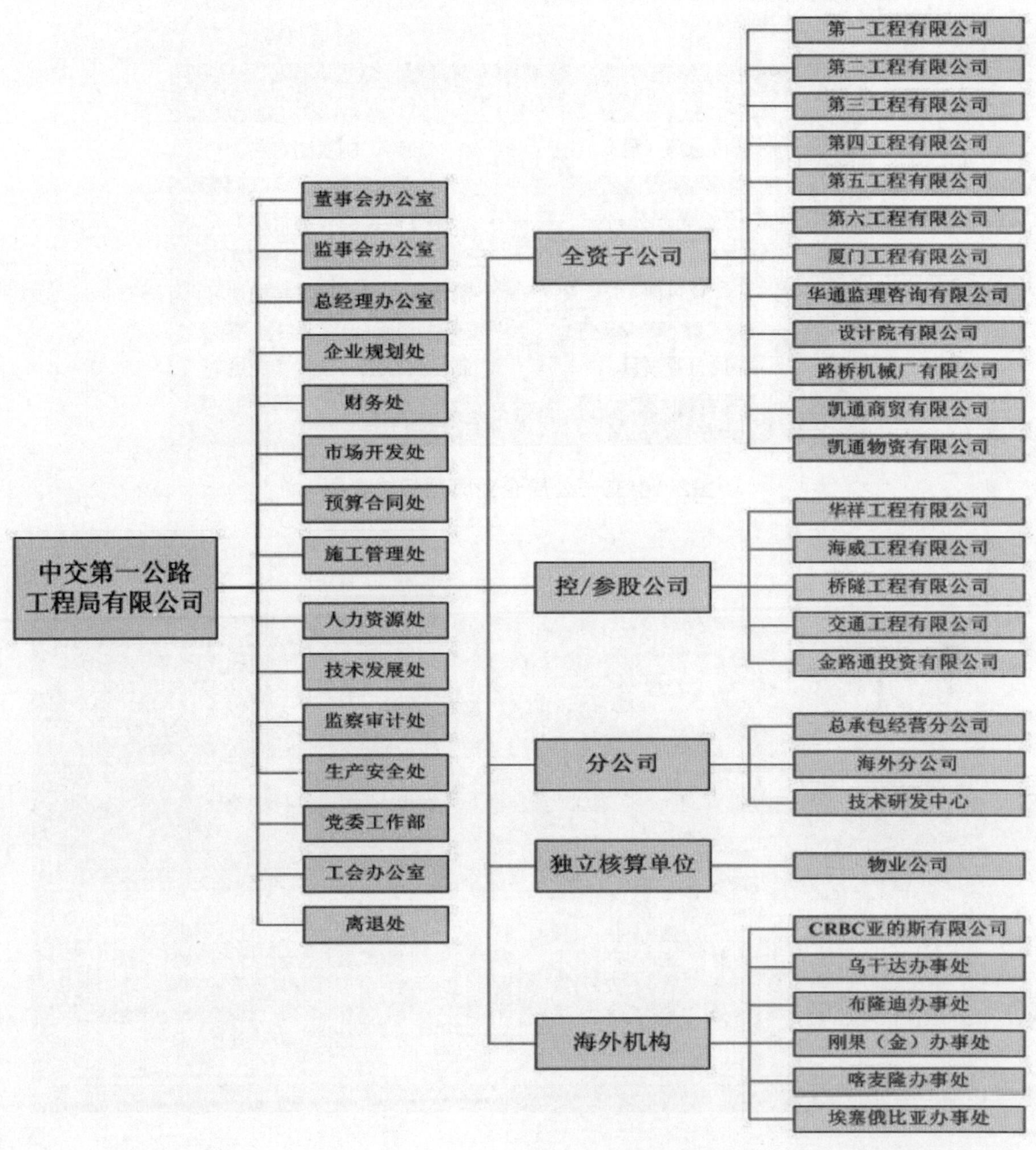

图1 中交一公局企业组织架构图

（三）企业运营模式及管理模式

中交第一公路工程局有限公司的企业运营管理模式见图2、图3、图4和图5所示。

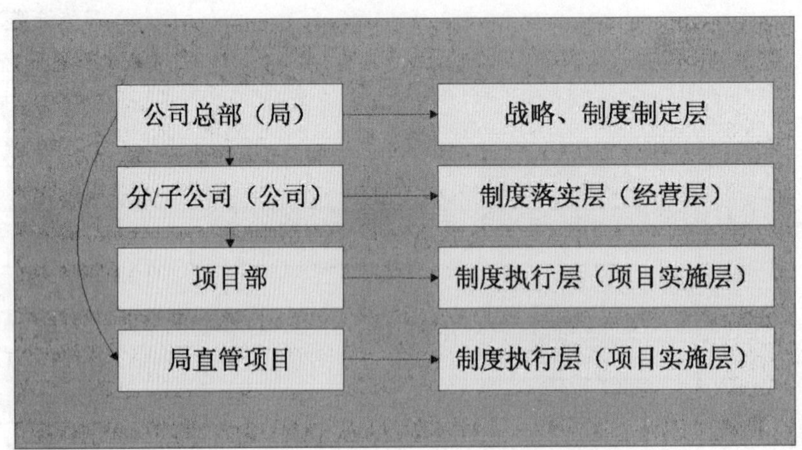

图2　中交一公局企业管理模式全图

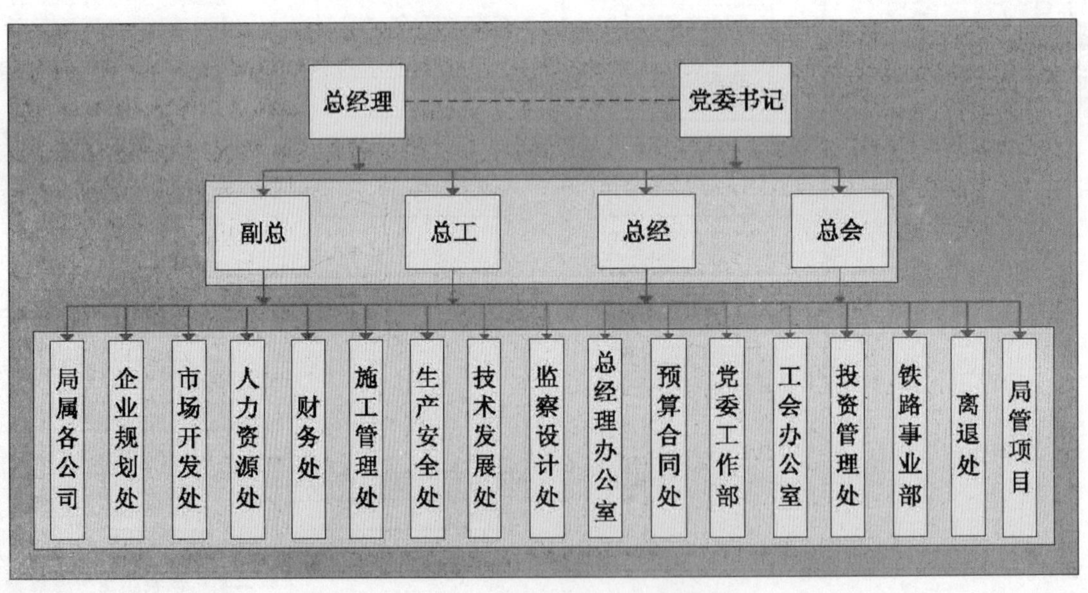

图3　中交一公局总部管理模式图

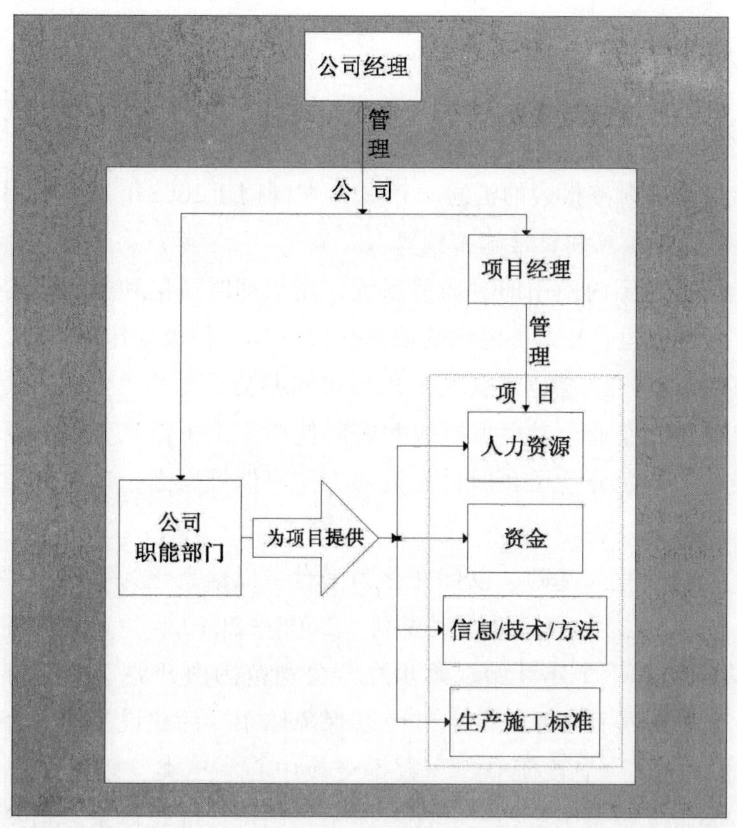

图4 中交一公局局属公司管理模式图

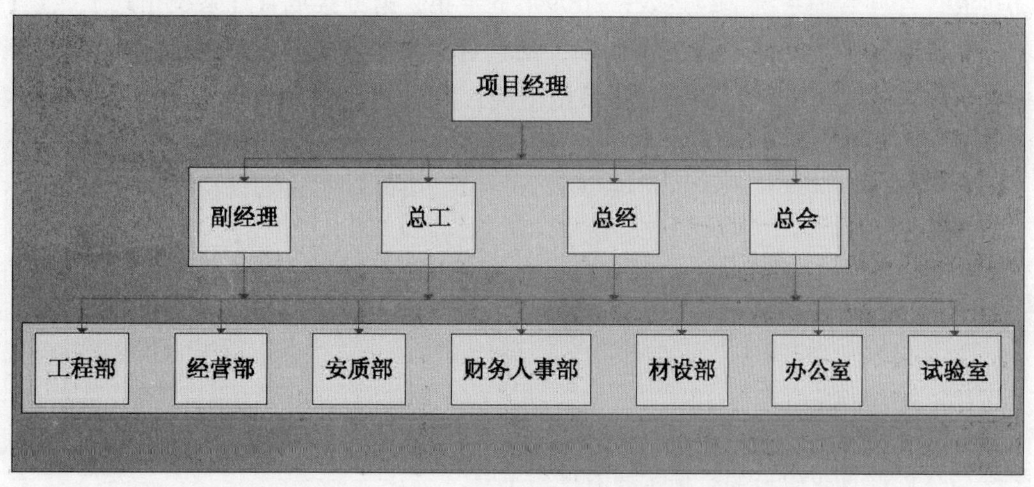

图5 中交一公局项目管理模式图

（四）信息化建设背景及历程

中交一公局从1995年开始使用单机版的财务软件，用于财务账账务处理；2006年开始使用财务报表系统，主要用于财务报表的汇总。市场开发部门于2003年开始使用公路工程造价系统，用于投标过程编制投标预算和日常施工预算。

2005年开始在全公司范围内使用即时通信系统，用于即时通信和文件的传输，对加强公司总部、分公司、项目三级机构业务人员之间的信息交流发挥了积极的作用。

中交一公局总部使用WSS2.0建立了公司的内部协同办公平台，主要用于文档管理、信息发布、任务管理、信息共享，企业员工根据授权和密码使用。由于信息更新的及时性不强，业务部门的上传内容不及时，以及分公司和项目人员的工作习惯等原因，该平台应用的实际效果不是太好。

2007年，确立了以科学化为基础、以标准化为平台、以信息化为手段的“三化一体”管理思想，制定了中交一公局的三年信息化发展规划（2008—2010年），用于指导信息化建设。按照规划的要求，从2007年下半年开始，逐步在全公司范围内开展“一个门户”、“一个平台”、“一个中心”、“三类管理系统”、“三套保障体系”的建设。即一个对外门户网站、一个公共的技术基础平台、一个数据中心和数据交换中心、三类管理系统（企业经营管理系统、项目管理系统、办公支持系统）和三套保障体系（制度标准化体系、信息安全保障体系、实施保障体系）。到2010年，按照规划的要求，取得了较好的建设成效。

2008年开始着手建设企业集成管理系统，2009年开始系统陆续上线。2009年上半年，OA办公系统建成，合同管理系统上线运线；2009年下半年，财务集成管理系统正式上线运行；2009年年底，物资管理系统建成上线；2010年，预算管理系统、安全管理系统、质量管理系统、设备管理系统、进度管理系统、成本管理系统上线；2011年，档案管理系统、竣工管理系统、人力资源管理系统相继建成上线。

（五）企业信息化建设思路

1. 企业信息化建设目标

中交一公局信息化建设的目标主要有两方面：

①中交一公局的信息化建设为企业的业务发展战略服务。

②构建一个包括应用系统、数据、技术、网络、安全、运维等内容在内的统一的IT架构，指导公司的信息化建设，为实现数字化办公和数字化决策服务。

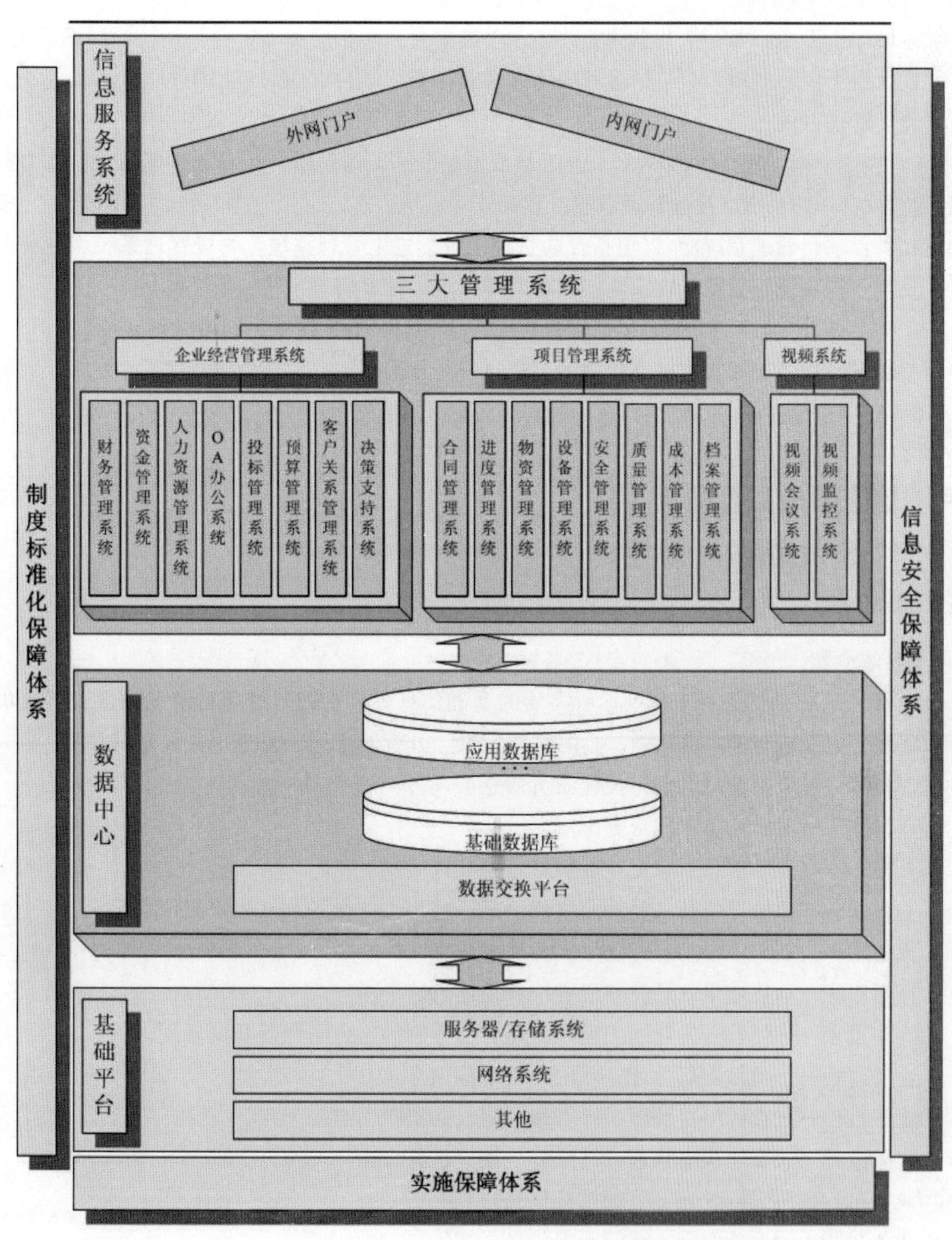

图6 中交一公局信息化建设总体框架

2. 企业信息化建设总体框架

①建设一个平台：即一个共享的公共技术基础平台，包括服务器、存储系统和网络系统。

②建设一个中心：即一个包括各种数据库和数据交换平台在内的数据中心。

③三类管理系统

第一类：企业经营管理系统8个，包括财务管理系统（按集团）、资金管理系统、人力资源管理系统、OA办公系统、投标管理系统、预算管理系统、客户关系管理系统、决策支持系统；

第二类：项目管理系统8个，包括合同管理系统、进度管理系统、物资管理系统、设备管理系统、安全管理系统、质量管理系统、成本管理系统、档案管理系统；

第三类：办公支持系统3个，包括视频会议系统、即时消息系统、网络管理系统。

④三套保障体系，即制度标准化体系、信息安全保障体系、实施保障体系。

（六）信息系统建设概况

1. 招投标管理

1）系统介绍

投标管理系统主要是对工程投标所需要的基础信息进行管理，对项目市场信息进行收集、评审和跟踪，以及进行标书的审批、标书结果记录、开标结果记录管理。主要功能包括：

①资料库——人员信息：登记投标人员信息。

②资料库——资质信息：登记资质信息。

③资料库——业绩信息：登记业绩信息。

④资料库——机械设备及试验检测仪器信息：登记机械设备及试验检测仪器信息。

⑤资料库——获奖证书信息：登记获奖证书信息。

⑥资料库——科技成果信息：登记科技成果信息。

⑦管理策划——经营开发计划（局、公司）：编制局、公司经营开发计划。

⑧业务过程——项目跟踪管理：登记项目跟踪信息。

⑨业务过程——投标申报管理：评审和登记投标申报信息。

⑩业务过程——资质预审管理：登记资质预审信息。

⑪业务过程——投标管理：登记投标信息。

⑫业务过程——开标管理：登记开标信息。

⑬业务过程——中标管理：登记中标信息。

2）协作单位管理

协作单位管理模块主要是针对企业生产经营过程中的主要材料供应站、设备经销商、施工协作队伍进行管理。主要功能包括：

①协作单位查询——按客商类型查询系统中涉及的客商类型。

②协作单位查询——按客商评定级别查询系统中涉及的客商评价级别。

③协作单位管理——施工协作单位：记录系统涉及的施工协作单位。

④协作单位管理——设备生产商：记录系统涉及的设备生产商。

⑤协作单位管理——设备出租商：记录系统涉及的设备出租商。

⑥协作单位管理——设备经销商：记录系统涉及的设备经销商。

⑦协作单位管理——材料生产商：记录系统涉及的材料生产商。

⑧协作单位管理——材料租赁商：记录系统涉及的材料租赁商。

⑨协作单位管理——材料经销商：记录系统涉及的材料经销商。

⑩协作单位管理——其他协作单位：记录系统涉及的其他供应商。

2. 进度管理

进度管理系统是项目用户根据系统设定的行业模板自定义工程的具体业务，包括任务的名称、计划开始时间和完成时间，任务的实际完成时间、进行实物工作量和货币化工作量的统计汇总，并以曲线图方式显示进度的对比情况，通过查询功能使管理者能对项目的实物工作量和货币化工作量按年、季、月进行实时监控。主要功能包括：

①图表查询——年/季计划完成情况：查询计划完成情况。

②图表查询——项目计划进度对比曲线：查看计划进度对比。

③图表查询——项目工期进度：按时间进度查看项目完成情况。

④产值计划进度——项目产值计划（年、季、月）：编制项目年、季、月度产值计划以及登记月度实际产值。

⑤产值计划进度——公司产值计划（年、季）：编制公司年、季度产值计划。

⑥产值计划进度——局产值计划（年、季）：编制局年、季度产值计划。

⑦形象计划进度——项目形象计划进度：编制项目总计划、年、季、月度形象计划进度。

⑧施工管理——已完工程产值续报：登记已完工程产值续报情况。

⑨施工管理——生产管理体系（公司、项目）：登记公司、项目生产管理体系。

⑩施工管理——信用目标评价计划（公司、项目）：登记公司、项目信用评价计划。

⑪施工管理——工程进度报告：登记工程进度报告情况。

⑫施工管理——业主奖励情况：登记业主奖励情况。

⑬施工管理——半年信用考核：登记半年信用考核情况。

⑭施工管理——3亿元以下新中标项目：登记3亿元以下新中标项目施工组织评审台账。

⑮施工管理——隧道情况：登记隧道情况。

⑯施工管理——500米以上桥梁：登记500米以上桥梁情况表。

⑰基础信息——项目进度指标：设置项目进度指标。

另外，中交一公局还将企业关心的信用评价管理纳入计划进度系统，并将3亿元以上的施工组织评审情况纳入系统。

3. 成本管理

中交一公局的成本管理根据企业的实际生产经营模式，分两个模块进行，一个是预算管理模块，一个是成本核算模块。

预算管理模块主要是为满足企业内部预算的需要，建立企业标准清单定额库，并以此为基础编制标后预算以及施工预算，标后预算是各分（子）公司用于控制项目总成本的一种预算，标后预算与中标合同价的差额为公司给项目的利润空间；施工预算是项目实际作业成本的预算。通过中标清单、标后预算、施工预算这三算对比分析，找出项目经营点，监控项目的过程经营情况。

成本管理模块主要是根据建造核算管理办法实行管理，项目进场测算初始预计总收入和总成本，在项目经营过程中按季度定期调整合同总收入和总成本，公司通过对项目当前预计总收入和总成本的数据来监控项目的盈亏情况。同时与同期的实际成本进行对比来了解项目的经营动态。

①基础设置——预算资源库：在公路预算定额资源的基础上维护本公司预算资源。

②基础设置——标准清单库：在公路清单范本的基础上形成本公司公路标准清单。

③基础设置——预算资源与物资资源关联：项目标后预算资源与物资材料进行关联，以便对材料的量价进行分析。

④预算设置——基准项目：在选中项目基础上计算材料平均耗用量，给编制标后预算提供参考。

⑤基础设置——资源价格库：记录项目首次预算资源价格、末次标后预算资源价格、首次施工预算资源价格、当前施工预算资源价格。

⑥预算标准——市场综合基价：在标准清单的基础上进行工序分解，以便编制标后预算时引用。

⑦预算标准——项目经理部现场管理费：记录本公司的四项费用标准。

⑧预算标准——标后预算共享库：记录被共享的项目标后预算。

⑨标后预算——项目清单与标准清单关联：项目清单与标准清单进行关联，以便引用标准清单下的标准工序。

⑩标后预算——标后预算编制项目：首次标后预算和末次标后预算。

⑪施工预算——施工预算编制项目：首次施工预算和当前施工预算。

⑫预算报表——预算查询：在标准清单的基础上按地区及时间查询清单的标后预算和施工预算单价。

⑬预算报表——标后预算台账：查看标后预算各项费用金额及比例。

⑭预算报表——标后预算价与施工预算价对比分析：查看标后预算与施工预算的对比分析，按清单及工序对比。

⑮预算报表——中标价与标后预算价对比分析：查看项目中标价与标后预算价的对比分析，按清单对比。

⑯预算报表——三价对比分析：查看项目中标价与标后预算价及施工预算价的对比分析，按清单对比。

⑰预算报表——工料机单价差异对比分析：查看项目工料机数量及标后预算单价和施工预算单价，及差异对比。

⑱预算报表——三算分析汇总表：查看项目中标金额、标后预算金额及实际成本。

⑲预算报表——材料量价分析表：查看项目材料量价对比分析。

⑳成本查询——成本查询：按不同角度查询成本信息。

㉑合同预计总收入总成本——初始预计总收入和总成本编制初始预计总收入和总成本。

㉒合同预计总收入总成本——变更工程预计收入和成本：记录工程变更部分的预计收入和成本。

㉓合同预计总收入总成本——当前预计总收入和总成本：编制调整当前的预计总收入和总成本。

㉔合同预计利润——初始预计利润总额：编制初始预计利润总额。

㉕合同预计利润——当前预计利润总额：编制和调整当前预计利润总额。

㉖施工产值——施工产值：记录累计施工产值。

㉗施工产值——其中业主未确认变更索赔：登记施工产值中业主未确认变更索赔部分。

㉘实际成本——财务账面：记录实际成本的财务账面信息。

㉙实际成本——未结算或计提：记录实际成本中未结算或计提部分，包含分包成本、材料费、机械费、办公及其他费用。

㉚实际成本——提前摊销：记录实际成本中提前摊销部分。

㉛财务费、资产减值损失明细——财务费、资产减值损失明细：记录财务发生的费用。

㉜营业额、利润明细——营业额、利润明细：记录财务计算的营业额和利润。

㉝报表管理——项目经营情况月报：查看项目的月度实际成本和利润情况。

4. 合同管理

合同管理系统是中交一公局信息系统的重要组成部分，包括施工主合同的情况，施工分包合同、各种采购合同的起草（合同范本、签订、合同编辑、合同审核与会签）；合同履行（执行进度记录、资金到位记录、合同变更、合同转让、合同解除、合同终止、合同违约、合同索赔、合同归档等），合同的查询和基础设置，计量支付和分包结算等。主要功能包括：

①合同查询——业主合同查询：查询各机构的业合同签订和执行等情况。

②合同查询——对外经营合同查询：查询各机构的对外经营合同签订和执行等情况。

③业主合同管理——业主合同台账：记录业主同施工企业签订的合同信息，含合同信息、清单、变更、清单增补、索赔、产值、计量、信用评价功能。

④对外经营合同评审——对外经营合同评审：通过流程引擎发起对外经营合同评审，含工程施工合同评审、材料管理合同评审、机械管理合同评审、劳动用工合同评审、行政办公合同评审、其他类型合同评审及上述合同的补充协议评审。

⑤对外经营合同管理——工程施工合同：含合同信息、清单、补充协议、变更、结算、支付功能。

⑥对外经营合同管理——材料施工合同：含合同信息、补充协议、变更、结算、支付功能。

⑦对外经营合同管理——机械施工合同：含合同信息、补充协议、变更、结算、支付功能。

⑧对外经营合同管理——劳动施工合同：含合同信息、补充协议、变更、结算、支付功能。

⑨对外经营合同管理——行政办公合同：含合同信息、补充协议、变更、结算、支付功能。

⑩对外经营合同管理——其他合同：含合同信息、补充协议、变更、结算、支付功能。

⑪协作单位查询——按合同签订查询：查询各协作单位在各机构中的各类型合同签订情况。

5. 物资管理

物资管理系统主要是按行业标准建立统一的物资编码体系和编码库，物资到货验收，包括物资验收记录、不合格品处置记录、收料单编制和审核、暂估收料；物资发放、调拨与跟踪；库存管理，包括物资库存盘点、物资报废；物资付款单编制、审核；实现对物资、周转材料采购计划的申请、审核与批准管理；采购供应商的选择、采购合同管理等；采购业务记录的编制、审核、批准等业务的管理，建立物资和设备的台账，并实现对各种信息的查询、统计与打印等。

①基础代码——项目编码：设置编制项目物资编码。

②基础代码——领料单位：设置编制领料单位编码。

③基础代码——仓库设置：设置项目物资仓库。

④基础代码——分部分项设置：设置物资耗用的部位。

⑤基础代码——内部单位设置：设置项目部内部领料单位。

⑥物资计划管理——物资总需用计划：编制物资总需用计划。

⑦物资计划管理——物资月度需用计划：编制物资月度需用计划。

⑧物资计划管理——物资月度采购计划：编制并评审物资月度采购计划。

⑨物资计划管理——项目零星采购：记录项目零星采购。

⑩物资计划管理——物资总需用计划变更：记录物资总需用计划变更情况。

⑪物资合同管理——采购招投标：登记物资采购招投标信息。

⑫物资合同管理——物资采购合同评审：发起物资采购合同评审。

⑬物资合同管理——物资采购合同：记录物资采购合同信息，含合同信息、补充协议、变更、结算、支付功能。

⑭物资收发存管理——收料单：记录物资入库情况（含预收）。

⑮物资收发存管理——领料单：记录物资领用情况。

⑯物资收发存管理——退货单：记录物资退货情况。

⑰物资收发存管理——调拨单（含对内、对外调拨）：记录物资调拨情况。

⑱物资收发存管理——退库单：记录物资出库后的退库情况。

⑲物资收发存管理——加工改制单：记录物资加工改制情况。

⑳物资收发存管理——冲账单：使用发票冲预收账。

㉑周转材料管理——周转材料入库：记录周转材料入库情况。

㉒周转材料管理——周转材料出库：记录周转材料出库情况。

㉓周转材料管理——周转材料调拨：记录周转材料调拨情况。

㉔周转材料管理——周转材料报废：记录和评审周转材料报废情况。

㉕周转材料管理——周转材料摊销：记录周转材料摊销情况。

㉖报表管理——主要物资收、发、存统计报表：查询主要物资收、发、存统计情况。

㉗报表管理——物资购进、消费与库存总值表：查询物资购进、消费与库存总值。

㉘报表管理——物资耗用分配表：查询物资耗用情况。

㉙报表管理——物资收发存月报表：查询物资收发存情况。

㉚报表管理——物资动态账：查询物资收发存过程信息。

㉛报表管理——经理部调拨台账：查询项目经理部调拨信息。

㉜报表管理——供应商发货台账：查询物资供应商发货信息。

㉝报表管理——周转材料统计月报表：查询周转材料流转信息情况。

6. 质量管理

质量管理系统主要包括质量体系的建立、质量目标的分解、质量创优计划的制定，以及对项目施工过程中的质量检查、质量控制活动的开展等质量管理活动进行记录，使公司了解项目工程质量的动态；报表的管理（质量月报、年报的编制与审核，质量事故台账等）；对质量回访的管理；工程技术质量检查的通报（质量问题通知单、质量检查评分表、质量检查反馈单的编制等）；综合查询与打印功能。

①质量管理——质量管理组织（公司、项目）：记录质量管理人员情况（公司、项目）。

②质量管理——质量返工损失记录：记录工程质量返工损失记录。

③质量管理——质量事故报告：记录工程质量事故报告。

④质量管理——项目内部奖罚台账：记录项目对施工协作单位和工程技术人员的奖罚情况。

⑤质量管理——质量月报（公司、项目）：统计项目分部分项完成情况。

⑥质量管理——交竣工记录：记录项目交竣工情况。

⑦质量管理——质量保证体系：记录质量保证体系。

⑧质量检查——质量检查（局、公司、项目）：登记和审核质量检查（局、公司、项目）及整改情况。

⑨质量控制管理——质量控制计划：编制项目年度质量控制计划。

⑩质量控制管理——质量控制活动记录：记录项目质量控制活动情况。

⑪质量控制管理——公司质量控制成果登记：公司年度质量控制成果及获奖情况。

⑫优质工程——质量目标：编制项目质量目标。

⑬优质工程——创优计划：编制创优计划。

⑭优质工程——优质工程记录：登记优质工程。

⑮优质工程——优质工程申报：记录优质工程申报情况。

⑯优质工程——局优质工程评审：记录登记局优质工程评审情况。

7. 安全管理

安全管理系统模块主要功能是对项目安全组织体系与相关人员进行管理，对安全生产目标进行管理并分解，对特种作业人员进行管理；对工程的危险源辨识、评价和管理，项目及企业重大危险源的评价与预防措施。实现对施工安全技术措施、安全教育与培训、安全检查、事故等的管理，并实现对各种信息的查询、统计与打印等操作。

①安全管理——安全组织机构：登记安全组织机构。

②安全查询——安全人员查询（学历、职称、工作年限）：查询安全人员情况。

③安全管理——安全管理人员：登记安全管理人员信息。

④安全管理——特种作业人员台账：登记特种作业人员台账。

⑤安全管理——安全目标计划：编制安全目标计划。

⑥安全查询——安全费用查询：查询安全费用情况。

⑦安全查询——安全教育培训查询：查询安全教育培训情况。

⑧安全管理——危险源台账（局、公司、项目）：编制局、公司、项目的危险源台账。

⑨安全管理——应急预案：登记应急预案。

⑩安全管理——安全检查（局、公司、项目）：记录和审批局、公司、项目的安全检查情况及整改情况。

⑪安全管理——安全教育培训：记录安全教育培训情况。

⑫安全管理——协作队伍安全考核：登记协作队伍安全考核情况。

⑬安全管理——项目特种设备台账：登记项目特种设备台账。

⑭安全管理——安全管理综合考核（局、公司、项目）：登记安全管理综合考核（局、公司、项目）。

⑮安全管理——安全护照：登记安全护照。

⑯安全管理——安全费用（局、公司、项目）：登记安全费用（局、公司、项目）。

⑰安全查询——安全检查查询：查询安全检查情况。

⑱安全管理——安全事故：记录安全事故。

⑲安全管理——安全工作情况季报：登记安全工作情况季报。

8. 竣工管理

中交一公局的竣工资料管理系统是部署在档案管理系统中的一个独立运行的系统模块，系统集成数据存储功能，不需要再次安装数据库。主要用于实现竣工资料的及时收集整理。工程资料录入人员使用此系统进行数据的著录（包括条目和电子文件，数据保存在本地），待工程资料整理完毕，通过“数据提交”功能将“竣工资料管理系统”中的竣工资料提交到档案管理系统中归档。

①竣工管理——竣工验收管理：登记竣工项目的验收信息。

②资料库——资料库管理：上传竣工相关资料。

竣工档案先移交给当前移交项目所属分公司，然后由分公司移交给局机关。

9. 风险管理

风险管理系统和其他管理系统是密不可分的，中交一公局风险管理模块主要是针对项目施工进度、成本设置预警指标，一旦接近警戒线，系统便自动提示公司的业务管理人员和企业经营者，提示公司领导提前做出决策，采取应对措施。

①预警设置——预警设置：设置预警信息，包括预警执行频率、预警的条件等。

②预警设置——预警条件设置：设置各预警的触发条件。

10. 设备管理

中交一公局设备管理系统模块主要是对企业的所有自有设备进行统一编码，按A、B、C类设备进行分类管理，对设备管理的人员组织体系建立档案，使企业经营管理者对设备的原值、净值、设备的流向等能进行动态了解。同时对项目的租赁设备、协作队伍自带设备也有所了解。

①分析查询——设备查询：含以下查询功能设备来源查询、ABC设备资产分布、五年趋势分析、同比分析、设备种类资产分布、设备查询。

②设备合同管理——设备合同评审：通过流程引擎发起对外经营合同评审，设备管理合同评审。

③设备合同管理——设备合同管理：记录设备采购合同信息，含合同信息、补充协议、变更、结算、支付功能。

④公司设备管理——设备购置计划：编制设备购置计划。

⑤公司设备管理——设备询价管理：记录设备询价情况。

⑥公司设备管理——设备招投标管理：记录设备招投标情况。

⑦公司设备管理——设备购置记录：记录设备验收情况。

⑧公司设备管理——公司设备台账：记录公司自有设备情况。

⑨公司设备管理——设备异动管理：登记设备使用中的资产变动情况和资产折旧。

⑩项目设备管理——外部设备登记：记录外部设备基本信息（外租设备、协作队伍自带设备）。

⑪项目设备管理——自有设备管理：记录自有设备台账。

⑫项目设备管理——设备日常管理：记录本项目设备日常使用情况，包括自有设备运转、运行、维保情况及外租设备运转情况。

⑬项目设备管理——外部设备评价：登记外部设备评价信息。

⑭项目设备管理——机械设备人员：记录机械设备人员信息。

⑮项目设备管理——设备检定：登记项目的设备检定信息。

⑯基础设置——设备分类：设备管理编码维护。

⑰报表——报表机械设备台账等查询相关报表。

11. 节能减排

中交一公局节能减排管理模块主要为响应国家建设资源节约型社会的号召，对项目生产经营过程中消耗的燃油等主要能源和水进行定期统计。

①节能减排——主要能源和水消费：记录主要能源和水消费。

②报表——主要能源和水资源：查询节能减排情况。

12. 人力资源管理

人力资源管理系统主要包括公司员工管理、招聘管理、绩效管理、薪资管理、培训管理等13个子模块，基本覆盖了人力资源管理领域的各项管理活动。

员工管理模块各类人员的招聘、职工档案、家庭成员、工作履历、学历、职称评定、奖惩、劳动合同、人员考核、职务任免、职业资格、人员变动等信息进行录入、查询、统计和报表打印等。

薪资管理模块包括对薪资标准、薪资调整、薪资报表的编制以及薪资的发放等进行管理，以及人员考勤记录的汇总，人员休假的申请、审核和批准，员工的绩效管理，以及个人和单位的薪资总额统计、分类统计，并具备相应的查询和打印功能。

培训管理子模块主要包括人员培训申请、审核、批准的登记，培训计划的编制、日常的培训记录、培训考勤记录、培训效果评价，学历教育的申请及审批记录、试题库的维护等信息的管理，查询、报表打印和图表显示等。

13. 档案资料管理

1）文件防扩散功能

系统提供文件防扩散功能，确保文件离开系统后能够安全控制。具体如下：

①系统自动完成原始文档格式到控制格式的转换。Office文档、JPG、TIFF、GIF、TXT、HTM类原始文档格式自动转换成控制文档格式。

②对于授权用户可以打印的电子档案，系统能够控制在线的打印次数。

③下载的电子文件能脱离系统和网络进行阅读有效期控制，阅读有效期控制尽量精确。

④在文件流传输前对生成的标准PDF文件进行D3DES加密处理，生成临时目标加密文件，组织该目标加密文件的FTP方式URL，进行下载、硬件ID捆绑加密、硬件ID捆绑解密、D3DES解密处理。

⑤记载原文浏览、打印、下载日志。

2）实现OA系统与档案系统链接登录

在OA系统中增加档案查询系统的链接页面，点击链接后，OA系统将用户名和密码传递给档案查询系统，如果校验成功，则登录档案查询系统，否则进入提示页面。

3）实现OA系统的数据到档案系统的归档功能

通过对中交一公局数据归档业务的详细调研，进行公文数据归档需求分析如下：

①由OA系统负责将其数据库中需要归档的条目数据信息转换到中间库，公文条目所对应的电子文件上传到指定的FTP文件夹下。

②档案管理员进入档案系统对归入档案系统的公文数据进行审核，审核无误后，进行归档。

③OA系统读取中间库中数据归档状态，实时提醒OA系统中进行归档操作的用户公文数据是否成功归档。

4）档案借阅审批流程功能

在档案管理系统中，利用者如果需要对自己权限范围外的档案进行借阅（包括档案电子文件的浏览、下载、打印和档案实体的借阅），需要利用者在档案管理系统中提出申请单并将申请发送给OA系统，OA系统对该申请单进行审批，并把审批结果返回给档案管理系统，由档案管理员根据审批结果对申请单进行授权处理，用户可以根据授权结果完成档案电子文件的浏览、下载、打印和档案实体的借阅。

5）档案推送信息与OA系统集成

档案管理员可以在档案管理系统中通过检索等手段，采用单选或多选的方式选择需要分发的档案信息，并对这些档案信息进行授权等处理，然后发送到一个或者多个查询用户的在线申请库中，并通知查询用户在查询系统中可以根据权限进行阅读和下载。此时需要在OA系统有信息提醒，提醒利用人员进入档案系统中查看推送信息。

档案管理员可以选择一个或者多个指定查询用户，系统支持将生成的分发数据包发送给多个查询用户。

①分发数据包的授权处理。设置浏览天数限制（从处理日期开始计算）以及分发数据包中每个档案的浏览和下载权限。

②分发数据包中档案信息的浏览。查询用户在网页端可以随时根据权限阅读和下载分发数据包中的指定档案文件。

6）档案管理系统的数据上报接收功能

在网络版档案管理系统增加数据接收的功能实现将竣工资料管理系统中的数据归入网络版的综合档案管理系统中。档案管理员可以对归入档案库中的竣工档案数据进行审核，只有审核通过后才归档接收，否则予以退回。

档案管理系统的数据接收流程描述如下：

①将从竣工资料管理系统通过“数据移交”功能生成的离线录入工具包拷贝到可以使用综合档案管理系统网络版的电脑中。

②档案管理员登陆网络版系统，进入数据移交接收模块，可以进行数据的预览和审核。

③档案管理员需要对接收到档案系统中的数据进行审核。

④如果审核不通过予以退回，需要工程录入人员重新调整录入数据，再次移交。

⑤如果审核通过，档案管理员对从竣工资料管理系统中移交过来的数据分配归档号，然后单击“数据接收”功能按钮，系统自动执行数据接收功能。

7）档案借阅利用情况统计功能

档案借阅利用情况统计功能实现了人次、卷次、件次、复印“页数”的统计。具有统计指定利用目的或指定时间段内，借阅的人次（每借阅一次即一人次）、卷次、件次、档案借出后被复印的“页数”的统计。

8）档案管理系统支持条码功能

档案管理系统支持生成条码功能，包括条码的打印、条码查询。

14. 财务管理系统

1）财务管理系统总体情况

软件是在Internet/Intranet环境下，基于DNA体系结构和构件复用技术的集中式财务核算和管理系统。它适应于各行业不同类型企事业单位的业务需要。总账模块完成记账凭证编制到各种账表的生成。具体包括初始建账、凭证处理、出纳业务、账表查询、月末处理等基本账务功能，是ERP－GS管理软件财务核算部分的核心模块。此外，本软件还支持核算数量、单一外币及多外币核算、多账簿管理、现金管理等功能。强大的账务处理功能，能够满足单位账务核算及管理的所有需要。

2）系统主要功能

（1）建账

下级公司在继承集团统一定义的科目基础上，可以增加自己需要的私有科目，在授权的控制下，可以对私有科目增加、删除、复制，可以引用同属于一个科目体系的其他公司的科目。

①定义本公司的科目核算。

②设置自定义凭证类型，设置凭证模板、常用摘要、批准权限、原始凭证、设置凭证的输出格式等。

③定义期末生成的规则凭证、调汇凭证、结转凭证。

④余额初始对余额进行初始。

（2）凭证处理

①规范的制单过程，保证制单的正确性。

②复制、对冲、作废、取消作废、凭证模板等功能是凭证的增强功能。

③原始凭证录入简单方便。

④提供单张及批量凭证的复核和记账功能。

⑤凭证的批准、审核、记账、出纳签字、凭证转出、引入、断号整理。

（3）出纳业务

全面的出纳业务，为出纳人员提供完整的工作环境，查询输出现金日记账、银行存款日记账、资金日报表，完成支票管理和银行对账业务，真正实现货币资金的电子化管理。

（4）账表查询

可随时查询如下账表：

①总账、明细账。

②序时账、其他日记账。

③科目余额表、二维余额表。

④输出现金、银行存款、其他日记账和科目三栏账、科目多栏账等正式账页。

（5）数量核算

①可将科目定义为数量账，完成金额和实物数量核算科目的业务处理。

②数量金额总账。

③数量金额明细账。

（6）外币核算

①强大的多外币核算功能，更适合外贸、外资企业的业务处理。

②多外币的核算业务处理，一个科目可以定义为不核算外币、核算单一外币、核算多外币。

③可定义货币符号、币名、金额小数位及最大误差。

④自由选择直接标价法和间接标价法折算本位币。

⑤自由选择固定汇率或浮动汇率方式计算本币金额。

⑥月末自动调整汇兑损益。

（7）月末处理

自动完成转账、期末调汇规则凭证的生成，并进行平衡检查、月末结转、年末结转等工作。

（8）多账簿管理

一个会计主体可以用多个账簿采用不同币种、不同会计期间和不同会计制度进行会计核算，从而提供满足不同的会计报告。

3）凭证处理流程

（1）主要功能

该模块符合现实业务流程，主要包括固定资产初始建账、日常业务处理、折旧业务处理、减值准备处理、资产月末处理以及资产的查询、分析等功能，能够完成各类企业单位的各种固定资产业务处理功能。

①固定资产初始设置

任意设置资产卡片项目，对于某些资产项目，可以设置自定义目录。

可以自定义部门编码结构、资产类别、资产项目编码结构，如果部门编码在其他系统中使用，自动继承已存在其他系统的编码结构，并且可以扩展。

自定义资产分类编码方式，同时可以定义该类别的折旧方法、使用年限、净残值率等。

系统预置常用的资产增加、减少方式及折旧方法。可以根据企业实际情况自定义折旧方法。

自定义资产使用状态并确定其折旧属性。

自定义资产用途，有效控制资产来源和去向。

输入初始资产卡片及对应的主要附属设备。

②固定资产日常业务处理

建立完善的资产卡片，可以添加图片，备注等信息。

完成资产的增加、减少、原值重置、资产评估、部门调动，内部调拨、状态变动、大修理记录等业务的处理。

支持自定义的业务流程处理方法。

提供资产卡片的综合查询及原始单据信息查询。

查询时，可以随时预览、打印卡片。

③固定资产折旧处理

根据不同的折旧方法，系统自动进行折旧计算，并且可修改计算的折旧结果。

支持手工调整各类资产的折旧额。

如果一个资产由多个部门共同使用，折旧计算完成，可按照部门分摊折旧。

④减值准备计提

可根据自定义的市值计算公式和减值计提方法自动计提减值，并可修改计算的结果。

支持不同职责的操作员对减值准备的审核。

⑤固定资产月末处理

可根据自定义的钩稽关系，对固定资产账和总账进行平衡检查。

可定义凭证接口模板，在账务子系统中自动生成反映资产增加、减少、计提折旧、折旧分摊等各项业务的凭证。

⑥资产查询、分析

随时查询资产总账、资产明细表、资产明细折旧、折旧汇总表、资产明细登记簿、各个部门的资产折旧明细情况、任意汇总表以及逾龄资产信息，并对资产的占用、状态、类别、资产来源、资产用途以及资产价值等进行查询分析。

固定资产模块能够实现从固定资产建账到主要涉及了资产增加、资产减少、资产变更、资产调拨和月末处理五类业务，为各种账表及报表提供了最基础的数据。

（2）单据查询

单据查询是对当前或历史月份的资产变动情况的原始记录进行查询，主要包括增加资产、减少资产、资产变更以及减值准备清单等各种原始记录情况。

单据查询功能由普通单位和合并公司使用。普通单位只能查询自己公司的数据，而合并公司可以查询任意下级单位的数据，可以是一个单位，也可以是多个单位。

（3）资产增加记录

查询指定时间段增加资产的明细列表，可以查询对应的卡片情况。

（4）报表系统

报表模块是ERP-GS管理软件的重要组成部分，是运行在Internet环境下的通用报表系统。其独特的设计思想，以及与EXCEL相似的操作风格和界面，更适合广大财务人员的要求，达到了易学易用的效果；强大的取数功能，与ERP-GS管理软件总账模块联合使用，完全能够满足您编制财务报表的所有要求。

报表模块主要包括创建报表、设计报表格式、定义报表公式、报表数据处理、报表打印以及图文并茂的报表分析功能，另外，系统还提供了强大的格式、公式、数据的保护功能。使用这些功能完全可以满足您编制各种会计报表和操作权限控制的要求。

报表模块包括以下主要功能：

①报表管理功能。在系统中可以创建、保存和关闭报表，可以对已经定义好的报表格式、公式和数据进行保护，避免了操作人员错误操作。

②根据单位的需要，自由设计报表格式。例如，设置单元格以及组合单元格的格式、设置单元格的类型、调整行高列宽，以及设置显示比例等。

③简捷方便的报表数据处理功能。例如，单元格数据以及公式的复制、剪切、粘贴功能，报表的行列编辑功能。

④丰富的报表公式定义功能。可以完成报表计算公式定义、校验公式定义。强大的公式取数功能，几乎可以完成全部报表的取数。

⑤灵活的报表打印功能。可以进行打印的各种设置，采用“所见即所得”的报表打印功能，并提供“打印预览”，可以随时观察到打印效果。

⑥报表公式处理功能。可以编辑您自已定义的公式，进行各种计算公式、校验公式的处理，随时进行报表的计算、校验、汇总，打印出各种报表和校验报告。

（5）辅助管理

该软件是基于DNA体系结构和构件复用技术的集中式财务核算和管理系统，它应于各行业不同类型企事业单位的业务需要。

辅助模块完成辅助账编制到各种账表的生成。具体包括初始建账、辅助账处理、账表查询等基本账务功能；辅助核算包括部门核算、专项核算及产品等辅助管理功能。

此外，该软件还支持核算数量、单一外币及多外币核算功能。强大的辅助处理功能，能够完成辅助核算及管理的所有需要。

本模块依存于总账子系统，适用于需对较多工程、项目、产品和部门等进行多维度信息进行严格、明细核算和控制的企、事业单位。

①部门核算

通过设置部门目录建立部门辅助账，在进行总账业务处理的同时，同步进行部门辅助账的业务处理，并且自动生成部门余额表、部门三栏账、部门多栏账、部门收支明细表以及其他分析用账表，从而实现对各部门的明细核算。

②专项核算

支持分级次设置专项类型，通过设置核算项目，建立项目辅助账，并可通过输入项目完工处理备注信息，直观地对项目进度进行控制，在进行总账业务处理的同时，同步进行专项核算辅助账的业务处理，自动生成项目余额表、项目三栏账、项目多栏账、收支明细表和各种分析用表，并且提供可自行定义查询条件组合的任意余额表。

③产品核算

通过设置产品目录建立产品辅助账，在进行总账业务处理的同时，同步进行产品辅助账的业务处理，并且自动生成产品余额表、产品三栏账、产品多栏账，产品收支明细表以及其他分析用账表，从而实现对各产品的明细核算。

15. 资金管理

中交一公局为加强资金管理，公司要求项目每月、每旬上报资金使用计划，必须经公司主管领导审核后的资金计划项目才能进行支付。为此，一公局OA办公系统设计了资金审批模块，包括：

①资金审批——新增审批。②资金审批——待办审批。③资金审批——已办审批。④资金审批——流程设置。

16. 办公管理

中交一公局建立了功能强大的OA办公系统，在公文管理方面通过设立文件的流转流程，实现行政公文和非行政公文的收、发、存，以及文件的套红、电子印章、打印，文件流转进度的跟踪等功能。系统的展示层为待办收文、待发发文、分发、存档。

（七）信息化建设总结

1. 提高工作效率，实现了信息交流的“零距离”

OA办公系统中便捷的收、发文流程提高公文传输效率；视频会议系统实现了异地同时开会；即时通信系统让员工之间能实时传递文字和资料信息；预算管理等系统使纸质的办公流程网络化了。

信息系统的建设提高了业务人员的办公效率，提高了公司管理人员的决策效率，使新上岗人员经短期的培训即能上岗，为企业的快速发展奠定了基础和提供了保障。

实现了信息交流的“零距离”，减少了信息传递的衰减。通过视频会议系统可以实现公司与项目之间的“零距离”沟通，及时解决管理问题，省去了信息的多次传递，提高了管理效率。

2 . 降低管理成本，实现了企业对项目监管的“零距离”

中交一公局信息系统的应用，使公司大部分业务流程能在网络上进行处理，使申请和批发能在更短的时间内完成，同时能使大部分开支实时进行查询和控制，能有效降低管理成本。信息化强化了过程控制，通过信息化的管理平台，实现了公司对项目监管的“零距离”。

3. 提升企业集约化管理水平

因中交一公局有较多的分（子）公司和局管项目，各公司的管理水平也不完全一样，各项目的情况则很不相同，以往管理的集约化程度很低。现在，信息系统应用后，主要业务流程有一定的模板，企业的集约化管理水平得到了较大的提升。

4. 提高企业的风险管控能力

中交一公局信息系统中有单独的风险管理子系统，另外计划进度管理系统中也有相应的风险预警系统。风险管理子系统能很好对全公司的风险点进行识别，并能进行相应的风险防范。计划进度管理系统中也有相应的风险预警系统主要是针对项目的计划和进度进行实时监控，以保证工程按计划顺利开展进行。

企业的信息化统一和规范了业务流程，固化了企业项目管理的流程，提高了企业管理的标准化程度，促进了企业在项目管理中的管理流程规范化和管理标准化，通过信息化统一了项目的管理标准，降低了企业经营风险。

①带来社会效益。

②改变传统生产经营方式，提高资源利用率。各信息系统实施后，改变了传统的生产经营方式，提高了工作效率和资源利用率。例如，物资管理系统应用后，改变了原来的手工做账的情况，提高了做账的工作效率，同时在工作中可以节省人力和物资资源，提高资源利用率。

③降低公司和项目运营成本，有利于企业平稳快速发展。各信息系统实施后，明显降低了公司、二级公司、项目的运营成本，文件的上传下递更加高效快捷，有效地降低了各级管理机构的运营成本，从而有利于企业平稳快速地发展，为社会创造更多的效益。信息化建设为直接、间接地节约工程成本和管理成本，提高企业资金的运转效率发挥了积极和明显的作用。

青岛海湾大桥BOT项目管理信息化案例

（一）企业简况

山东高速集团有限公司（简称山东高速集团）是以高速公路、铁路等交通基础设施的投资、建设、运营管理为主业的国有独资特大型企业。公司注册资本150 亿元，运营高速公路1 875 公里，在建361 公里。运营地方铁路320 公里，在建245 公里；代表山东省政府，与原铁道部合作承担全省3 800 公里、总投资1 500 亿元铁路的新建、改建任务。具有全国首批19 家公路工程施工总承包特级资质和国际工程总承包资质，承担中国政府对外经济援助项目。公司资产规模和经营效益位居全国同行业前列。公司先后荣获山东省省长质量奖、全国用户满意企业、“十一五”中国交通运输企业特别贡献奖等荣誉称号。

（二）项目组织架构

青岛胶州湾大桥是国道主干线青岛至兰州高速公路的起点段，是山东省“五纵四横一环”公路网主框架的重要组成部分，也是青岛市规划的东西跨海通道“一路、一桥、一隧”中的“一桥”。大桥是我国在北方寒冷冰冻海域建造的首座特大型桥梁集群工程。大桥2007 年5 月全面开工建设，2011 年6 月30 日建成通车。山东高速集团中标该项目后，抽派精英成立青岛胶州湾大桥建设指挥部，聘请国内外知名专家成立顾问组，依托专业科研、技术单位及高等院校成立工程技术中心、工程监控中心、测量中心和中心实验室，为大桥建设质量提供技术保障，工程项目组织机构见图1。

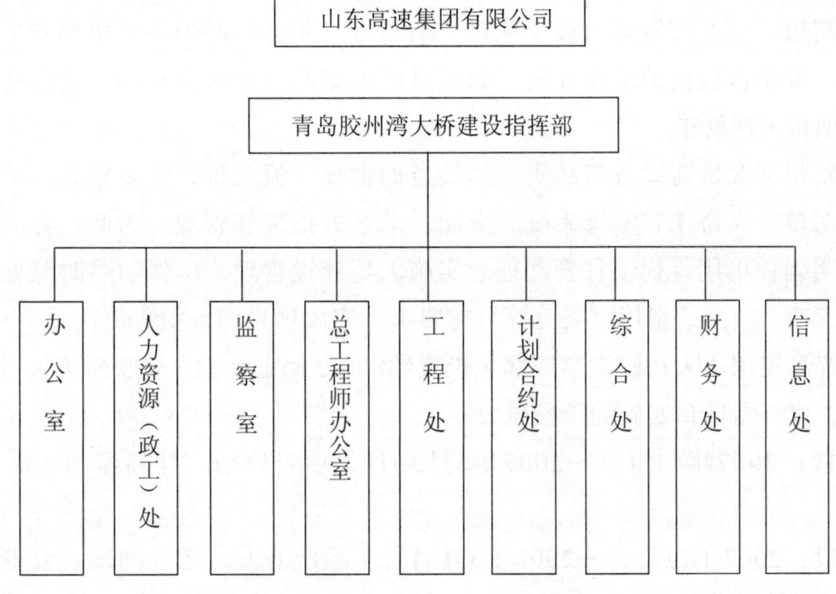

图1　工程项目组织机构图

（三）信息化建设背景及历程

青岛胶州湾大桥的建设是一个投资高而难度大的复杂过程，管理协调十分烦琐，面临很多难题。施工组织难度大，具体体现在：

①大桥工程建设参建单位多。大桥工程建设分13个施工合同段，包括行业主管、政府部门、业主、勘察设计单位、咨询单位、承包商、监理、质检等，单位众多，管理体系、工作方式、人员构成都不一样。

②工程建设作业点多，战线长。青岛胶州湾大桥工程参建单位分青岛、红岛、黄岛3个区域，距离遥远、工作地点分散，且人员多、流动性大。

③同步作业、交叉作业面多，包括可行性研究、前期勘察、测量、初步设计、工期策划、拆迁、招标、施工图设计、土建施工、设备采购、供货、安装、调试、工程验收等一系列过程。其中每个具体过程可能重复循环多次，并重叠交叉并行，受公司内部多个部门与政府监督管理单位的参与和监督。建设过程中需要协调工程施工的方方面面，同时面临复杂的信息传递、控制与管理大量复杂的工作。

④工程质量、安全及资金控制难度大。该工程的施工基本都是海上作业，工程受水文、地形、通航、航空和地质结构条件的制约，环境条件复杂、施工困难，涉及的专业、项目繁多，施工安全、工程质量管理难度大，大桥指挥部必须做好安全和质量的监测、检测、分析和控制，消除施工安全隐患，保证工程质量。大桥投资巨大，概算总投资近百亿，指挥部必须周密组织预算、计划、采购、合同、变更、索赔、计量、支付、资金等控制工作，及时准确统计和

分析各项投资数据，才能及时准确了解工程的投资状况，切实有效地控制项目投资。

⑤建设周期短，进度控制要求高。项目工期只有三年半，必须周密协调各个施工承包单位和材料、物资、设备供应商的工作计划，做好进度的跟踪、分析和控制，确保各类资源的及时供应，以满足项目工期要求。

为把青岛胶州湾大桥建设成高品质、高效益的世界一流大桥，需要建立一个科学高效的信息管理体系来对整个大桥工程实行系统、全面、动态的指挥和管理。为此，青岛胶州湾大桥在工程建设前就明确提出用现代项目管理理念实施大桥建设管理，确保项目时刻处于受控状态，并按照既定的工期、质量、费用、安全等目标要求，完成项目的各项工作。

山东高速青岛集团（大桥建设指挥部）投资约800万元完成了青岛胶州湾大桥建设工程项目管理信息系统，以下是项目实施的阶段概要：

①第一阶段：2007年4月1日—2007年6月30日，项目启动、计划编制、需求分析、系统设计。

②第二阶段：2007年7月1日—2008年3月31日，系统开发、系统测试、设备安装调试、系统试运行、系统初步验收。

③第三阶段：2008年4月1日—2009年3月31日，系统完善、系统正式运行。

④第四阶段：2009年3月31日至今，示范项目总结验收。

（四）当前企业信息化建设思路

青岛胶州湾大桥建设工程管理信息系统建设分为几个层次：面向公众的青岛胶州湾大桥网站；面向参建单位的工程项目管理系统、青岛胶州湾大桥4D施工管理系统、施工现场视频监控系统、施工船舶监控调度系统等。通过将现代项目管理学的知识体系与大桥建设项目特点、建设流程以及成熟的工程监理程序相结合，使该项目管理系统具有统筹管理、指挥协同、目标控制和预测等功能，探索出一套适合大型桥梁工程建设的项目管理体系，并切实解决好如下6个方面的问题。

1. 实时掌控工程施工的安全状况

青岛胶州湾大桥工程建设周期长，施工范围大，且多为海上作业，施工环境比较复杂，危险性高，施工难度大。如何防范安全于未然，保证安全生产，则需要建立有效的监管机制，借助于先进的技术实现安全生产管理的目的。在现有的管理机制中整合视频管理的元素，做到动静皆管的立体管理机制。在整合后的管理机制中，在视频管理之外，更能够为管理系统增加安全施工，文明生产的保障能力，使新的管理系统具有更强的管理能力。

海上施工安全涉及所有参与施工的船舶，胶州湾大桥施工海域工程船舶约有100艘之多。GPS海上安全动态监控及预警综合系统，是利用GPS卫星定位、移动通信和GIS地理信息系统等技术建立海上施工安全管理监控平台。系统通过预警、施工环境与气候预警、中心及船舶之间的信息快速传递等功能实现主动防范、快速救援，提高安全防范和管理预控能力，降低海上施工安全事故率和风险，减少财产损失，确保工程顺利进行。

2. 工程质量管理

质量是一个多方面因素的问题，作为信息系统，众多的质量信息收集到系统中，通过归类整理，为领导作决策提供数据支持，在系统中将现场用的细到每个工序的质量文件都收集到系统中，领导可以按照不同角度来进行质量的查询分析，例如按照质量类别、按照工序等。

3. 远程施工现场管理与监控问题

施工现场管理诸多问题往往需要在现场解决，通过互联网络查看施工现场的实景，采用远程实时管理系统有助于对施工安全、设备材料、施工工艺、施工质量、安全通道设置等情况的控制。场地管理包括材料堆放、材料加工场、大型机械使用、施工作业平台等情况。施工操作管理包括作业人员安全装置、临边围挡及危险作业安全防范措施，以及根据所戴安全帽不同区分现场施工、管理、监理人员到位情况等。全天候监控掌握施工现场动态即时信息，发现问题及时整改。即使管理人员出差在外，仍然可通过网络视频与项目管理信息系统查询到工程的实际情况，并查看工程施工现场情况。

4. 控制投资

如何控制好项目的投资是投资者和管理者非常重视的问题，项目管理系统是将概算、预算、合同实际执行、形象进度统计等结合起来，在系统中将数据形成了一个关联的、整理的应用。这样在领导决策中可随时查询项目执行与投资状况，系统一旦提示预算超概算或实际投资不符合形象进度，相关管理者就能及时去查证是什么地方出现问题了，然后进行处理与调控。

5. 控制好材料物流

作为投资近100亿的项目，怎么样来保证好材料供应呢？为解决这个问题，项目资金是最重要的，系统中提供了一系列数据来保证该怎样有效地管理好材料的供应。在材料管理系统中，从需求计划-->到货管理-->出入库管理，这个完整的流程将材料管理控制到位，让管理人员知道什么时候该安排材料采购，库存能否满足项目使用等。

6. 进行工程进度管理

青岛胶州湾大桥项目是一个空间跨度极大，涉及10多个施工承包方的跨海建设项目，作为业主方的高速领导如何能全盘把握工程各个标段的建设进展，并对各个标段的进度进行全盘统筹和控制管理，是一个亟待解决的问题。采用直观可视的三维形象进度管理是实现工程进度管理的重要手段，将时间和空间可视化的模拟仿真出来，达到进度管理的形象化和可视化。

图2　系统结构图

（五）信息系统建设概况

胶州湾大桥信息系统主要由工程项目管理系统、4D形象进度系统、施工现场视频监控系统、船舶定位调度系统四部分组成。

1. 工程项目管理系统

胶州湾大桥项目管理信息系统是基于J2EE技术架构与TCP/IP网络通信协议的信息化管理系统，其业务功能涵盖了大桥建设项目的各个业务层面，工程项目管理系统包括合同、成本、进度、质量、安全、现场沟通、材料、招投标、设计、工程资料、信息门户、工作流、报表管理等模块。对胶州湾大桥建设施工进行全过程的信息化管理，并为后期的运营管理提供详细的基础数据信息。

大桥工程项目管理软件系统提供了先进的投资分析技术手段，利用系统强大而专业的数据库工具以及投资分析功能，可以从多个角度出发收集历史信息，运用先进的经济评价工具对项目方案的各类经济指标进行评估与预测，辅助企业进行科学的项目决策，降低项目投资风险，增大投资收益。

工程项目管理软件系统提供全过程的合同管理，建立了严谨的合同管理清单、计量、支付的工作流程及变更控制制度，明确管理责任。通过合同趋势分析与成本预算的比较，管理者可以实时把握项目合同执行动态。系统自定义的合同审批流程与主要业务自动化处理极大地简化合同管理工作，提高工作效率。

工程项目管理软件系统建立全面的成本控制体系，以生产资源整合为基础、以信息集成为手段、以成本管理与控制为核心，根据项目承包和管理的需要进行成本策划，实现项目成本及其影响因素的全面追踪与控制；实现合同、人力、材料、设备、资金、采购、进度、质量、安全等项目管理要素综合管理，降低企业综合成本，提高项目利润率。

工程项目管理软件系统建立合理的进度控制协同体系，建立由建设管理单位、监理和总包、分包商共同参与的全员进度计划和控制体系。系统可以在工作分解结构上进行组织、资源、措施的配置计划，可以灵活对进度计划分类并汇总，进行资源的优化以及进度计划的对比选择。同时提供多种进度分析和优化技术以及周密的资源分配和调整方法。通过进度填报与控制，保证工程项目按期完成，合理安排资源供应，节约工程成本，提高综合成本效益。

工程项目管理软件系统的统计分析报表，利用报表设计及浏览功能，系统能够完成复杂而美观的各类统计报表、图形报表和分析报表，结合项目过程中的各种工程表单、台账、趋势图、网络计划图等，对项目运作的各方面及时分析，为企业管理者科学决策提供依据。

工程项目管理软件系统提供准确及时的沟通协调机制，集成了企业级邮件服务器、短信平台及视频监控功能，为企业提供文字、语音、图像等丰富的沟通媒介、渠道和协调手段，同时能够针对不同对象发布或传递不同类别的协调信息，实现各类信息的高效传递。

胶州湾大桥项目管理信息系统为大桥的建设管理提供了有效的管理工具和辅助决策的工具，有效地提高整个施工建设的管理水平和工作效率。

2. 4D形象进度系统

4D形象进度系统旨在通过直观的三维现实场景平台反映工程项目管理中的进度计划、实际进度、进度偏差等信息，并在此基础上同时扩展工程项目其他领域（例如投资、质量等）的相关信息。该系统通过采用基于IFC标准的建筑工程4D施工管理系统（简称4D-GCPSU），综合应用4D-CAD、工程数据库、人工智能、虚拟现实、网络通信以及计算机软件集成技术，引入建筑业国际标准IFC，通过建立基于IFC的4D施工管理扩展模型4DSMM++，将建筑物及其施工现场3D模型与施工进度计划相链接，并与施工资源和场地布置信息集成一体，实现了施工进度、人力、材料、设备、成本和场地布置的4D动态集成管理以及整个施工过程的4D可视化模拟。

系统实现了建筑设计与施工管理的数据交换和共享，可以直接导入设计阶段定义的建筑物三维模型，并用于4D施工管理，在很大程度上减少了数据的重复输入，提高了数据的利用效率，减少了人为产生的信息歧义和错误。

下图展示了胶州湾大桥四维模型的形成及三维形象进度的展现，即4D模拟。

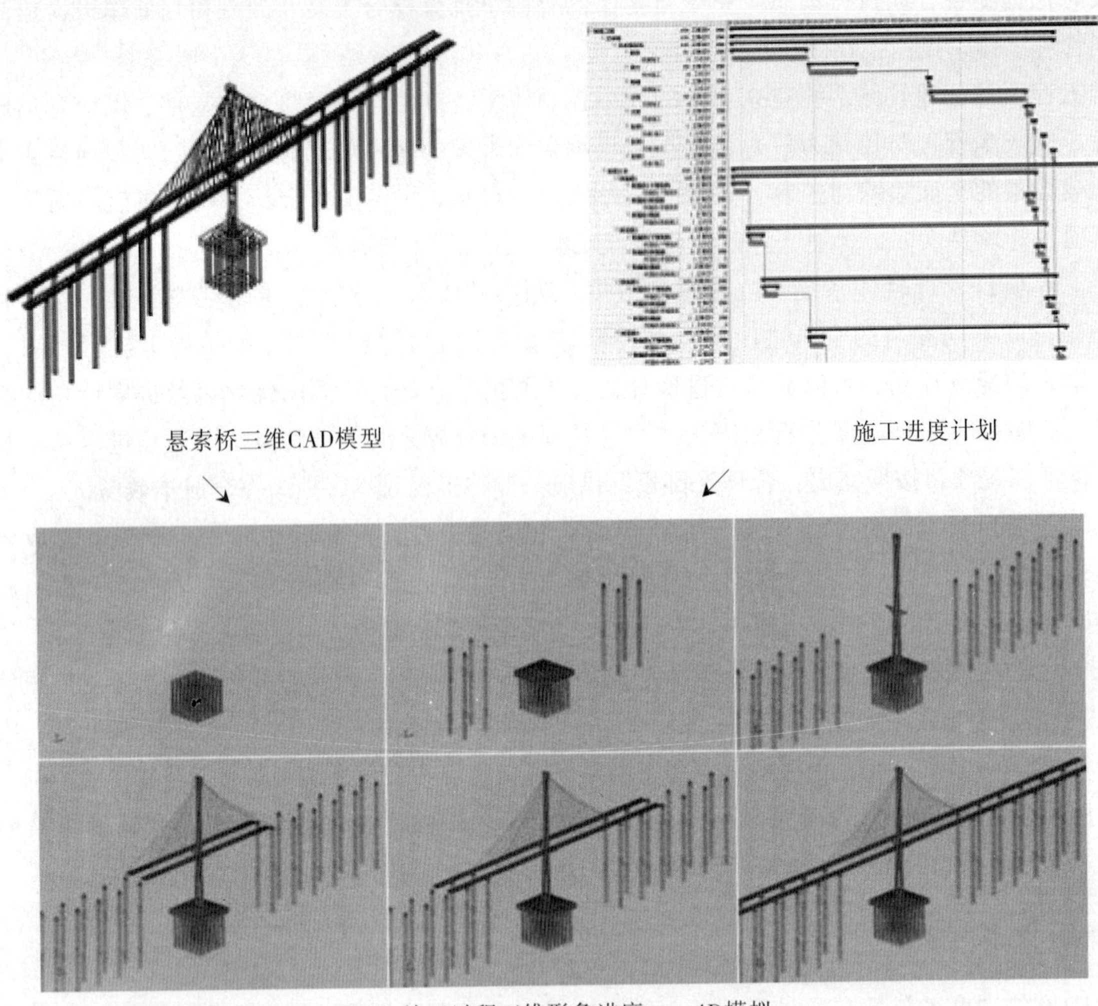

施工过程三维形象进度——4D模拟

图3 胶州湾大桥四维模型的形成

3. 施工现场视频监控系统

胶州湾大桥工程视频监控系统前端，由青岛侧栈桥2个监控点、黄岛和红岛侧栈桥各3个监控点、大沽河航道桥3个监控点、红岛航道桥及红岛互通各1个监控点和沧口航道桥2个监控点及预制件厂4个监控点共20套前端视频监控摄像机构成。在3个航道的施工平台选用30倍光学变焦的室外球机，其他监控点选用枪型摄像机配34倍光学变焦镜头，并加装室外全方位云台。系统提供最高可达4CIF（720×576）解析度，25帧/秒的高质量监视画面，并可根据需要远程改变监控的角度、焦距和光圈等。视频监控图像通过网络视频服务器经网络传输至红岛信息中心。

施工现场视频监控系统提供及时准确的施工现场信息，为可视化工程进程管理创造了必要的条件。施工现场视频监控的图像传至指挥部的信息中心大屏幕上显示，管理者可以随时直观地了解工程施工现场的工程进度情况，方便远程协调、工程管理和领导决策。通过视频信息随时了解和掌握工程进展，远程指挥协调工作能够将施工现场的图像与语音通过网络传输到任何有互联网的地点，例如工程指挥部、办公室、家中、出差地。由于海湾大桥施工现场不具备良好的外部通信条件，选择较经济的无线传输（15个监控点采用微波方式传输）加光纤传输（6个监控点采用光纤传输）组建局域网方案，实现视频图像、语音、控制信息的传输，实现与现场完全同步、实时的图像效果。通过信息中心或办公室电脑实现现场监控图像的显示和录像回放，也通过语音传输系统将指示发送到第一现场，能够实现将现场图像实时显示并存储，并可远程登录检索历史视频图像文件。

4. GPS船舶调度子系统

GPS船舶调度子系统主要用于施工船舶安全调度与监控，当天气在极端的情况下，通过GPS系统提前向施工的船舶进行预警，可以用系统平台的短信和通话功能对船舶进行调度。当施工船舶过于靠近大桥施工结构主体时系统提供预警，保障大桥施工与船舶的安全。通过系统的地图可以查看到每个施工船舶的在大桥施工现场的方位，并可以调阅施工船舶的历史运行轨迹。

（六）信息化建设总结

1. 与当前国内外同类研究、同类技术的综合比较

BOT项目管理，目前国际上没有成熟产品。与相关软件软件产品综合比较情况如下。

1）与国外相关项目管理软件产品的比较

国外的管理信息系统软件已经相当成熟，在国外也有大量的客户群。但这些厂商的软件系统目前在国内建设领域应用成功的案例却比较少。究其原因主要还是国外企业对中国的国情理解不够透彻，导致推广困难；国内外的行业标准不统一，导致不适应国内企业的实际需求；汉化有一定难度，导致软件升级和系统维护都非常困难，成本太高；国外产品考虑到标准化和大规模生产，大多数都是C/S（客户端/服务器），不能适应远程管理的需求。因此，国外同类产品很难满足国内相关行业企业的需求。

2）与国内相关项目管理软件产品的比较

首先，系统的优越性体现在产品框架上。产品完全参照国际《项目管理知识体系PMBOK》、遵循国家《建设工程项目管理规范》GBT50326—2001，汲取了国内众多建设施工企业在项目管理实践中摸索出的成功经验，并结合建设行业多年积累的实践经验研发成功的。

其次，系统区别于其他产品还体现在管理思想上。该系统是一个针对建设工程实务的工程项目管理软件系统工具，积极探索预决算的通用问题，积极推进资源编码的通用难题的解决，解决了多项目管理以及项目组合问题，同时是以战略驱动的、面向项目的、着眼供应链的、以优化企业管理为目标的综合型的管理信息化系统，实现对项目和整体企业活动价值链的有效与全面管理。

最后，系统的优越性还体现在技术上。基于行业标准的J2EE的开放式架构，采用B/S的三层

结构，实现超越单一平台的可信Web服务；采用JAVA与XML等语言技术，面向对象的大规模组件式设计；采用组件插入式的部署结构，具有强大的软件复用水平；采用互联网络技术平台，适用跨系统环境的大规模分布式部署，解决了跨平台部署的问题；解决了超过五层的软件加密机制；实现高效Office、Project、P3等多种API接口；解决了流程定制、工作流中子流程、流程权限分配等问题；实现了软件租赁服务，极大地降低建设行业信息化投入。

2. 预测效益和应用前景

整合作业流程，降低管理成本。向管理拿效益，帮助企业摆脱重复劳动，提高工作效率和管理能力，显著减少人力、物力和财力的投入，建立高效率的工程项目多方沟通平台，使信息反馈更加快捷，管理沟通更加畅达，运行效率大大提高，管理成本大幅度降低。

①实时监控成本，优化成本结构。成本与利润是企业的命脉所在，规范化基础业务工作，将成本列入企业管理日常监控范围之内，实现项目关键要素的实时动态监控，时刻优化成本结构，有效控制进度与成本，提高项目收益，控制因管理不规范和信息反馈滞后所带来的经营风险，从而大大提高企业的综合效益。

②集成沟通平台，缩减信息误差。沟通与信息共享能力是企业运营效率的根本保证，业务管理运用于同一信息平台，将由企业各个部门各个系统分别产生的多方信息集成化，不仅大大节省成本，减少重复劳动，而且也缩减了数据差异化和信息不对等导致的误差。

③点到面的信息汇聚，促进最优信息整合。投资与建设项目管理是一个综合型的管理控制体系，将企业生产、经营与资源管理由分工部门多点式管理集中于集团、企业、项目同一管理平台，进行科学和集成的数据管理，从而优化企业信息管理结构，拓展用户信息应用范围，增强信息汇聚效应，提高决策管理的便捷度。

④优化关键成功因素，促进产业增长。帮助企业实现管理和通路的顺畅，不仅固化、优化企业的关键成功因素，优化成本结构，提高企业经营、服务和生产能力，而且创造业务转型的新机遇，优化业务组合，最终体现产业的快速增长、经济指标的显著改善。

⑤优化资源组合，增强企业竞争力。建立企业计划与管理、数据分析和资源分配控制的集中管理，帮助企业整合内部各种生产资源和技术管理资源，进行合理规划，优化资源组合，降低营运成本，最终提高企业核心竞争力。

⑥实现企业科学战略管理。帮助促成企业的竞争优势逐步转向以信息技术（资讯、网络、沟通）为基础的转移，更好地规划内部组织管理体系，更好地统筹整合企业的优势资源，赋予企业在瞬息万变、竞争激烈的市场中做出正确决策与运作的能力，为企业跳跃性发展提供坚实的基础，使企业实现战略管理体制，加速企业战略目标的实现。

⑦适应实际需求，实现复杂工程的项目管理。在4D—GCPSU 2006的基础上，定制开发适用于胶州湾大桥建设的4D施工管理系统，不仅填补了国内4D技术应用于大桥建设的空白，而且与国外同类系统相比在技术水平和实用性方面都具有优势。同时，为4D先进技术的进一步推广应用打下坚实基础，具有广阔的应用前景和经济、社会效益。

3. 项目应用情况

从系统前一阶段的运行应用情况看，系统应用效果明显，主要体现在：

1）高效率的信息沟通工具，加强了工程信息的传递，明显提高了工程管理效率

在B/S结构中，直接采用的是操作系统浏览器，用户可以在Internet的任何地方访问服务器，只要可以接入互联网就可以登录信息系统。工程管理信息系统提供的信息平台，使得管理人员在任何地方都可以移动办公，工程各类文件都可以得到及时的办理。系统中对于各类需要及时办理的文件，都提供了短信提醒功能，而且文件的所有经办人都可以看到当前的文件处理人，可以互相提醒和督促，管理效率明显提高。

2）实现了管理数据的集中存储，使得管理者可以更方便地查询信息和获得服务

系统集成了工程管理的各类数据、图像与信息，同时各参建单位根据信息管理规定，按时进行文件流转和数据录入，保证了信息收集的完整性和及时性。

系统对收集来的各类信息进行有序的处理、分析、过滤和汇总，提供完善的“查询统计”和“决策分析”支持，各级管理人员可以迅速了解到各自真正需要关注的信息，从而为提高工作的有效性提供了保障。

3）优化管理流程，规范管理行为，提升管理水平

借助系统对现有管理进行规范，并进一步简化现有业务处理流程，实现业务闭环处理，加快事务处理过程，促进管理的规范化、标准化和流程化，全面提升工程管理水平。

4. 系统的应用经济效益分析

①降低工程项目管理成本。成本的节约来自两个方面：一方面是由于采用了信息平台后减少了花费在纸张、电话、复印、传真及商务旅行上的大量费用，带来了直接成本降低；另一方面是由于采用了信息平台后提高了信息沟通的效率和有效性，从而减少了不必要的工程变更、提高了决策效率，带来了间接成本降低。据统计，应用信息平台所带来的成本降低大约占项目工程管理成本的6%~8%。

②节约时间、降低成本。据统计，工程项目中管理人员和工程师工作的时间的10%~30%是用在寻找合适的信息上。适用信息平台可以大幅度降低搜寻信息的时间，提高工作和决策的效率。另外，可以有效减少由于信息延误、错误所造成的工期拖延。

③降低了项目实施的风险。由于信息沟通的快捷，提高了决策人员对多合同段多项目施工的可预见性，并可以对项目实施过程中的干扰进行有效的控制。

④提高了参建方的协同度。在传统的工程项目建设过程中，业主方很难对大型项目施工的全过程进行有效监控，应用信息平台后，参建各方可以及时获得大型项目施工过程中的各种信息，提高对大型项目目标的控制能力。在项目结束后，业主方可以十分方便地得到记录项目实施过程的全部信息，用于项目的运营与维护及新项目的建设。

5. 创新点

①创建了EPM＋PPM＋PM综合项目管理模式。BOT项目管理主体多，目前还没有形成管理定式。结合海湾大桥项目的实际情况以及集团公司多年的管理经验，创新建立了企业级项目管理（EPM）、项目组合管理（PPM）和项目级项目管理（PM）的综合项目管理模式。

②与网银联合，创新了资金管理体系。通过与商业银行的合作，梳理优化了资金管理流程，网上规范化地评审资金预算和使用计划，坚持按批准的预算控制工程投资，通过合同和计量结算的工程量控制支付，保证了资金的安全和使用。应该说，在高达上百亿的工程建设项目中，能够保证资金安全和使用，是罕见的。

③创新应用GPS定位技术，保证了工程安全和质量。大桥主要在海上施工，施工环境比较复杂，危险性高，参与船舶多，施工精度要求高，船上吊装、安装难度大。创新应用GPS船舶定位监控调度技术，保证了施工安全和工程质量。自大桥开始建设以来，没有发生较大安全事故和质量问题，分项工程优良品率达到98%以上，单位工程优良品率达到100%。应该说，GPS定位技术，功不可没。

④集成应用创新（PM＋4D＋GPS＋CSVS＋OA），确保工程建设目标。以合同管理为主线，投资控制为目的，在统一的平台上实现的工程项目管理（PM）、4D形象进度管理、施工现场视频监控、GPS施工船舶定位监控调度和办公业务的应用集成系统，实现了合同、进度管理与4D系统的数据同步，保证了工程项目主管方、建设方协同办公，决策指示和计划能顺畅下达，资源能高效协调调度，过程能有效跟踪和监控，施工现场可视化实时监控。

⑤流程创新，有效地支持了综合项目管理模式。梳理优化的资金监控流程、安全环保保障流程和质量控制流程等，是本项目的核心业务流程，有效地支持了EPM＋PPM＋PM综合项目管理模式。

6. 应用情况

胶州湾大桥工程建设项目管理信息系统应用情况如下：

①在工程项目投资规模上，基本控制在预算范围内，在融资上运作通畅，在90多亿元资金使用上没有出现任何问题，上万份合同管理上，没有发生较大合同纠纷。

②高效地支持了集团公司、胶州湾大桥项目管理公司各职能部门、13个标段的参建施工企业、10个监理公司、政府主管部门、业主、勘察设计单位的协同办公和协调生产管理，保证了工程项目合同工期。

③在安全生产方面，未出现任何重大安全事故。

④在工程质量方面，分项工程优良品率达到98%以上，单位工程优良品率达到100%，保护并改善了环境。

随着中国经济的腾飞，中国建设达到一个建设高潮，从南到北，从东到西无处不存在大型的建设项目，在国内还没有成熟的针对业主投资交底的工程管理信息系统的情况下，在青岛胶州湾大桥项目上面成功开发并成功推广应用了针对业主投资的工程管理信息系统，可以推广到国内的大中型项目建设的信息化中，从市场来说是非常巨大的。

中交隧道工程局有限公司信息化案例

（一）企业简况

中交隧道工程局有限公司（以下简称中交隧道局）是世界500强中国交通建设集团的全资子公司，具有国家公路工程总承包一级，市政工程总承包一级，桥梁、隧道、路基、路面专业施工承包一级，城市轨道交通及电气化设备安装等资质，通过了质量、环境和职业健康安全管理“三标一体”国际标准管理体系认证；获得财务信用AAA、纳税信用A级企业、高新技术企业、省部级技术中心等多项认证和荣誉。

中交隧道局秉承“用户至上、质量为先、求真务实、合作共赢”的经营理念，形成了以北京总部为中心，辐射全国的市场开发经营网络，并成功进军海外，形成了立足国内、拓展海外的经营发展大格局。

中交隧道局坚持“打造精品、创造效益、实现价值、构建和谐”的企业宗旨，全面实施“科技兴企”的发展战略，着力构筑市场优势，倾心打造优质工程，全面推进以信息化为主的现代企业管理模式，实现了快速健康发展。近年来，先后承建了太中银、哈大、京沪、石武、沪昆、大西、云桂等国家重点铁路工程；承建了终南山、通丹、大广、阜朝、丹凤、廊沧、西宝等高速公路工程；承建了福州绕城、苏州外环、呼和浩特景观桥等市政工程；承建了上海、广州、北京、苏州、南昌、宁波、大连、南京过江通道等多项地铁工程；承建了京沪、石武、沪宁、大西、通丹等铁路、公路项目的机电设备安装工程。取得4项国家级工法及多项省部级优质工程奖项，其中秦岭终南山隧道竖井工程创三项中国企业新纪录，荣获国家科技进步一等奖。公司先后被授予“技术创新先进企业”和“全国先进施工企业”等荣誉称号。

（二）企业组织架构

中交隧道局企业组织架构如图1所示。

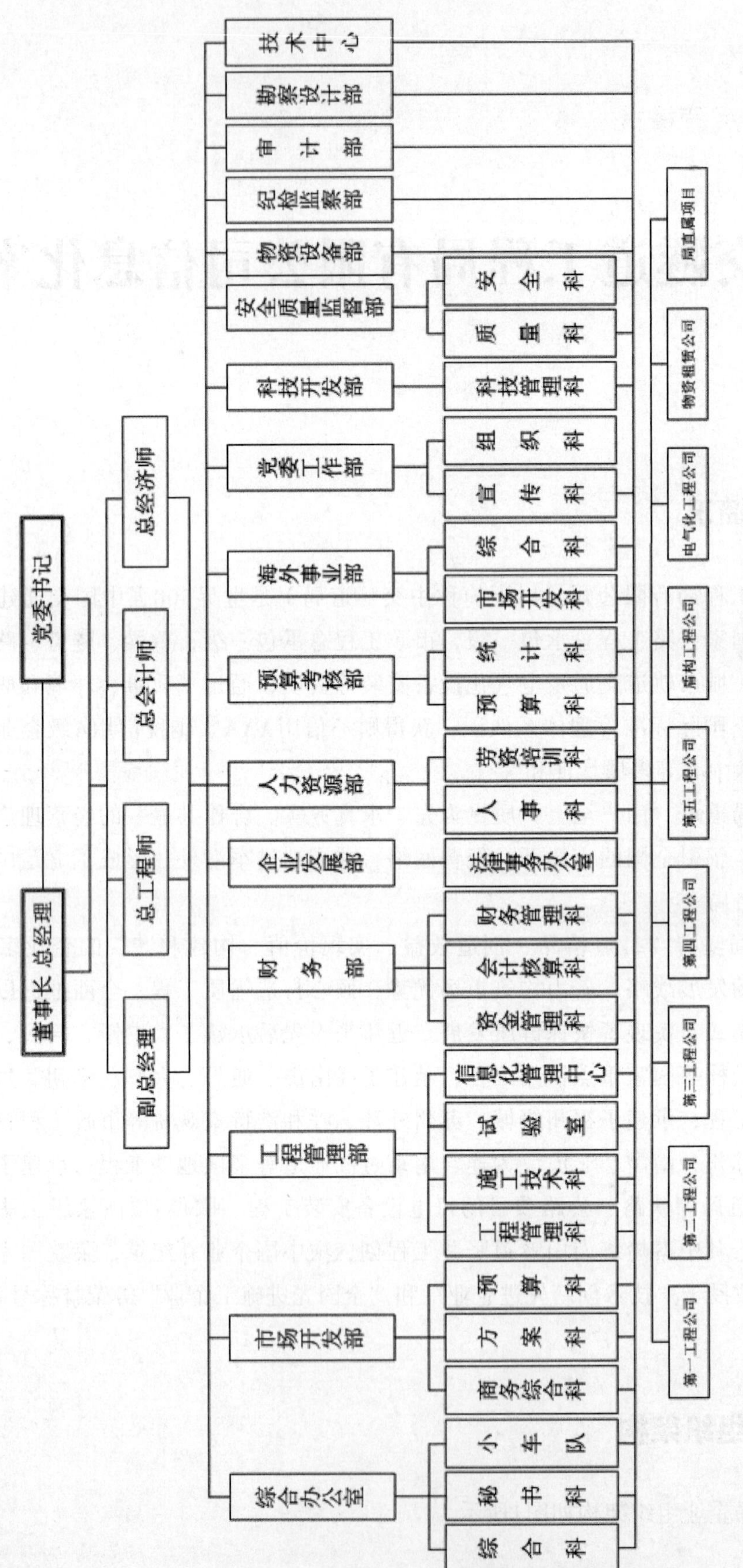

图1 中交隧道局组织机构图

（三）企业运营模式、业务及管理模式

中交隧道局实行三级管理，即公司总部（简称公司）、分公司（直属项目部）、项目部三层管理架构。公司总部为战略管理层，分公司、直属项目部为战略实施层，项目部为执行层，项目是支撑公司发展的基础实施单位。分别在北京、西安、南京、成都、天津设立了5家工程公司和盾构、电气化、物资设备租赁三家专业公司，形成了以东北、西北、华东、西南、华北为基点，辐射全国的市场经营开发格局。

（四）信息化建设背景及历程

公司成立之初，首先从信息化建设的基础工作入手，在统计、投招标、工资管理等业务上推行了单机版软件，随着信息技术向网络时代的快速迈进，各级领导对信息化建设的认识不断提高，先后成立了信息化建设领导小组及专门管理机构，制定了《信息化总体发展规划》和《“十二五”信息化发展规划》，明确了公司信息化建设的发展方向、战略目标以及实现目标的方法举措，提出了以信息化建设促进现代化管理，通过信息化建设实现规范管理流程、提高劳动效率、控制生产成本、辅助决策指挥的目标，为快速推进信息化建设提供了良好内部环境。

根据信息化发展规划，确立了“围绕业务、准确定位；统筹规划、分步实施；夯实基础、有序推进；试点先行、稳中求进；满足需要、适度超前”的建设原则，全面开展了信息化建设工作。

①围绕业务，准确定位。信息化建设的主要目的和出发点是为企业发展提供良好的技术支撑，加强企业在主营业务和综合管理两个方面的能力建设。为此，从企业的核心价值、业务需求以及发展远景和阶段性目标等出发，提出了“一个平台（技术基础平台）、一个中心（数据中心）、两个门户（内、外门户网站），两类系统（专业应用类系统、综合管理类系统）、两套保障体系（信息安全保障体系、制度标准化保障体系）”的建设方案，较好地适应了企业发展和综合管理的需求，得到了上下的一致认可。

②统筹规划、分步实施。为落实规划目标，充分发挥各单位的积极性，全面推进公司的信息化工作，在搞好机关本级建设的同时，加强了对各单位的协调管理，包括组织领导、资金预算、基础设施、专业应用系统、管控体系、规范标准和安全保障等方面，以确保上下接口畅通，信息传输快速安全。实施过程中坚持从易到难，从点到面。首先建立了门户网站，推行了协同办公平台，满足了初期业务管理的需要。

③夯实基础，有序推进。为了确保信息化建设取得实质成效，公司不断加大投入，先后建立了独立的网络机房，配置了交换机、路由器、防火墙等核心网络设备，相继上线运行了办公

协同管理平台（OA软件）系统、视频会议系统、人力资源管理系统、财务集中管理系统、综合项目管理系统和档案管理系统，并将这些系统与OA系统进行了二次开发，实现了文档一体化管理和各业务系统的整体集成。

④试点先行，稳中求进。为了保证信息化建设顺利推进，在各系统建设中，以综合项目管理为重点，系统实施前，首先组织机关有关部门进行了内部顾问培训、模拟运行，然后选择了公路、铁路、市政三个条件具备、具有一定代表性的项目进行了试点，通过系统全面的需求分析和开发应用，分二级公司和直属项目部两个阶段，循序渐进，全面推广，较好地解决了系统功能与实际运用的关系，取得了良好效果。

⑤满足需要，适度超前。信息化建设是一个不断发展和深化的过程，设备配置和软件功能必须充分考虑企业管理实际、市场发展形势和技术进步的需要，保证一段时期内的先进性和可扩展性，以减少系统调整的各种成本。目前，公司设备配置及系统功能较好地适应了企业管理需要，将根据"十二五"发展规划目标，积极开展科技攻关，创新管理，不断实施系统升级换代，增强信息化在企业管理中的引领带动作用。

（五）当前企业信息化建设思路

1. 信息化建设目标

1）总体目标

按照国家住房和城乡建设部关于企业信息化建设的标准要求，围绕公司整体发展战略，构建一个包括应用系统、数据、技术、网络、安全、运维等内容在内的统一的信息化管理架构，提高信息化对核心业务发展的贡献率，以信息化促进管理现代化，提升服务能力、领导能力和决策能力，增强企业核心竞争力，推进企业科学管理、快速发展。

2）具体目标

第一阶段：应用建设阶段（2007—2010年），全面启动信息化建设工作，打造骨干网络，建立基础平台，完善标准制度体系，制定专业应用系统建设框架和实施方案，完成综合办公、项目管理、财务管理、人力资源和档案管理系统建设，开通视频会议系统，实现总部与二级单位之间多渠道、多层次的信息互通和共享，并为总部提供现代化、网络化的工作环境。

第二阶段：深化推广阶段（2011—2015年），坚持应用为主、注重效果的信息化管理方针，在全局范围内进一步建设和完善企业网络基础平台和综合管理系统，努力深化推广先期建设的各应用系统，搞好新系统开发和设备的升级换代，提升信息化整体水平，努力实现企业管理决策的数字化、管理过程的数字化和管理手段的数字化，到"十二五"期末，全局信息化总体水平达到国内同行业先进水平。

2. 信息化建设总体框架

公司信息化建设总体框架是按照“一个平台（技术基础平台）、一个中心（数据中心）、两个门户（内、外网门户网站）、两类系统（专业应用类系统、综合管理类系统）、两套保障体系（信息安全保障体系、制度标准化保障体系）”的建设方案实施布局的。

①一个平台。即一个共享的公共技术基础平台，包括服务器、存储系统和网络系统。为总部机关及各单位的综合管理系统和业务应用系统的运行、数据交换提供基础的网络支持及硬件运行环境。

②一个中心。即一个包括各种数据库和数据交换平台在内的数据中心。

③两个门户。即外网门户网站和内网门户OA系统。

④两类管理系统。即专业应用类系统和综合管理类系统。专业应用类系统主要以提高各类工程管理的工作效率和工作质量为目标；综合管理类系统主要以加强对全局财务、人力资源、项目管理等系统的综合管理能力为主。综合管理类系统将主要由总部统一规划、分不同系统或总部和二级单位分级逐步深化应用。

⑤两套保障体系。主要是信息安全保障体系，制度标准化保障体系。其中，信息安全保障体系主要是为公司的信息系统建设提供从网络到应用系统乃至运行管理各个层面的安全保障；制度标准化保障体系则通过明确组织、体制、职责、标准等内容，保证信息化建设尽量规避风险，顺利进行。

（六）信息系统建设概况

1. 信息系统情况

目前建立和运行的系统有综合项目管理系统、办公自动化管理系统、人力资源管理系统、财务管理系统、档案管理系统和视频会议系统。

2. 应用范围

综合项目管理系统，除海外项目、3 000万以下项目和电务工程项目外，其余项目全部应用。

办公自动化、人力资源、财务管理、档案管理系统已在公司全面推广运用。视频会议系统目前实现了公司和中交股份、重点项目和建设单位之间的正常连通，分公司与二级单位之间正在建设之中，即将开通。

3. 系统功能

1）综合项目管理

表1　综合项目管理功能结构

模块分类	子模块	子模块分类	功能模块	功能说明
基础数据	公共数据	组织机构	组织编码	查看和管理系统组织编码
			组织关系	维护系统组织间关系
		单位信息	单位维护	对单位信息维护
			供应商设置	供应商设置
			客户设置	客户设置
	权限中心	用户管理	角色	查看和维护系统用户、角色信息
			用户	查看和管理系统操作员账户信息
			用户组	查看和维护系统用户组
			权限	设置和查看各权限具体信息
		日志管理		管理和查看系统日志
		信息权限管理	组织查询权限定义	定义系统信息查询权限
		其他	员工操作员对应设置	关联员工和操作员信息
	工程权限集成	系统安全	用户	管理用户工程权限
			组	管理用户组工程权限
柔性统一平台	业务建模	表单自定义		根据需要自定义表单
	流程管理	业务工作流管理	业务工作流模板	定义各业务点工作流模板
项目管理	项目注册		项目信息收集	登记项目相关信息
	招投标管理	货物招标		货物招标
		项目招投标	资格预审	登记资格预审信息
			现场踏勘	登记现场踏勘信息
			招标文件	登记招标文件信息
			标书编制	登记投标文件信息
			标后分析	登记标后分析内容
			标后交底	登记标后交底信息
			项目信息	登记项目基本信息

续表

模块分类	子模块	子模块分类	功能模块	功能说明
项目管理	基础数据	往来单位		记录、查询往来单位和供应商
		资源管理		新增、查询物资分类和物资信息
	进度管理	进度计划	企业级进度计划	项目总体施工计划编制及完成情况对比
			总进度计划分解	把总进度计划分解到每月完成多少工程量
			年度计划分解	把每年的计划分解到各季度
			季度计划分解	把每季度的计划分解到各月
			月度计划分解	把每月的计划分解到每半旬
			实际进度填报	填报每月、旬、周、日完成形象进度
		进度报表	工序状态报告	查看各工序的完成状态、完成比例
			工程进度表	按条件查看各工序剩余天数
			工序进度差异表	查看各工序与计划的差异情况
			多项目进度对比	查看多项目完成百分比
			进度折线图	查看各项目形象进度完成情况
	质量管理	目标管理	质量目标管理	编制、审核、审批质量管理目标
		质量计划	达标创优措施计划及实施	编制、审核、审批达标创优计划
			质量检查计划	编制、审核、审批质量检查计划
		质量巡查	质量检查记录	记录质量检查情况（局、公司、项目部）
			不符合项通知	登记检查记录中的不符合项
			不符合项整改单	记录针对不符合项的整改情况
		质量月报	质量月报（公司、项目部）	统计项目分部分项完成情况和质量事故情况
		质量事务	质量图片	登记优质工程影像记录
		质量考核	质量信誉	登记质量信誉评价情况
		基础数据	质量知识库	登记项目质量管理规章制度，条令条例等
	安全管理	目标管理	安全管理目标	编制、审核、审批安全管理目标
		危险源与环境因素	危险源管理	编制、评审当月危险源
		安全管理	安全目标计划	编制安全目标计划

续表

模块分类	子模块	子模块分类	功能模块	功能说明
项目管理	安全管理	计划管理	安全工作计划（局、公司、项目）	编制、审核、审批安全工作计划
			安全检查计划（局、公司、项目）	编制、审核、审批安全检查计划
		检查与整改	安全检查记录	记录安全检查情况（局、公司、项目部）
			不符合项通知单	登记检查记录中的不符合项
			不符合项整改单	记录针对不符合项的整改情况
		安全事务	安全培训	记录安全教育培训情况，技能培训情况
			安全演习	记录安全演习情况
			应急预案	登记应急预案
		安全考核	奖惩记录	登记奖罚情况
		基础数据	安全知识库	登记项目安全管理规章制度，条令条例等
	竣工管理	竣工资料管理	竣工资料填报	登记在建项目竣工资料信息
	项目事务	技术管理	开工报告	查看项目开工报告编制、审批情况
			施工组织设计	查看项目施工组织设计编制、进行审批
			专项施工方案	查看专项方案编制、进行方案的审批
			竣工报告	登记项目竣工报告的情况
	基础数据	往来单位	承包商	外协作单位信息录入、查询
			其他往来单位	项目合同名称建立、查询
合同管理	合同管理	合同预审		对上合同审批
		合同信息		合同信息录入、外协作合同审批、管理
		合同变更		合同变更、补充协议、清单调整信息录入、审批管理
		合同索赔		合同索赔信息录入、审批管理
	合同过程监控	过程监控	预收预付申请	合同预收预付款信息录入、管理审批
			工程结算单	合同计量信息录入、管理审批
			工程价款扣款申请	合同扣款信息录入、管理审批
	结算过程	请款单		应收应付款计算、管理审批

续表

模块分类	子模块	子模块分类	功能模块	功能说明
合同管理	合同结束	工程合同决算		合同决算信息录入、管理审批
		合同异常终止		合同异常终止信息录入、管理审批
	报表查询	汇总表		查询合同、请款单汇总表
		明细表		查询合同结算明细、条件查询合同相关信息
		分析表		查询合同金额分析、执行、变更统计表
	基础数据	选项设置		合同控制、预警等设置
物资管理	采购管理	计划管理	材料总需用计划	编制材料总需用计划
			材料月度需用计划	编制材料月度需用计划
			材料月度采购计划	编制和评审材料月度采购计划
		订单管理	采购订单	编制月度采购订单
			采购催货单	记录材料催货信息
			采购付款申请单	记录采购付款申请信息
		入库管理	检验单	记录进场材料检验信息
			采购入库通知单	材料入库通知
			采购退货通知单	记录材料退货信息
		报表查询	报表查询	查询供应商报价、采购入库通知单报表、退货报表、计划报表、订单报表、检验单报表信息
		基础数据	采购初始	采购选项设置
	甲供材料管理		需求管理	甲供材料需求管理
			领料单管理	甲供材料领料管理
			报表查询	条件查询甲供材料
			初始设置	甲供材料选项设置
	库存管理	入库管理		采购入库、调拨入库及其他方式入库
		出库管理		班组领料、甲供出库、调拨出库及其他方式出库
		公用功能	公用功能	单据查询、批量审核、作废
		库存核算	期末处理	过账

续表

模块分类	子模块	子模块分类	功能模块	功能说明
物资管理	库存管理	期末处理	核算期结转	核算期结转
			取消核算期结转	取消核算期结转
		报表查询	库存明细报表	查询库存明细报表
			日报表	按天查询物资存货报表
			月报表	按月度查询物资收发结存、计划差异报表
			年报表	按年度查询物资收发报表
			库存分析报表	条件查询、分析库存
		初始设置	选项设置	库存管理选项设置
			业务单据控制	业务单据控制
			业务数据控制	新增仓库、班组
			仓库初始化操作	仓库初始化操作
			仓库初始确认	仓库初始确认
成本管理	成本查询	成本查询		按时间阶段查询成本信息
	成本预算与控制	灵动成本	目标成本编制	项目总收入、成本、利润预算信息录入、管理审批
			目标成本变更	项目过程中变更收入、成本、利润预算信息录入、管理审批
		基础数据	选项设置	成本管理方式、风险控制设置
			核算项类别	成本管理围度、控制措施
			模板设置	WBS清单库：企业各业务成本管理标准清单
				CBS清单库：企业各业务成本管理标准资源种类
			核算项数据	项目WBS：项目标后预算实际清单
				项目CBS：项目标后预算实际资源种类
		费用名称		标后预算财务费用类别
	成本核算与分析	灵动成本	业务点成本归集	实际成本归集
			业务点成本查询	实际成本归集单据查询、管理
			其他实际成本	实际发生项目财务费用信息录入、管理

续表

模块分类	子模块	子模块分类	功能模块	功能说明
	报表查询与分析	灵动成本		查询成本发生明细及其他成本分析
工作管理	自定义表单管理	业务表单管理	成本完成统计	实际完成工作量录入
			租赁设备台账维护	记录租赁设备台账维护
资产管理	设备管理	设备台账管理		记录设备台账
		设备维修		记录维修计划
		设备保养		记录设备保养计划
		设备运行		记录设备运行
		设备安拆		记录设备安拆
		基础设置		设备基础设置

2）人力资源管理

人力资源管理系统主要包括绩效考核、人事档案、合同管理、工资管理、培训管理等5个子模块，每个子模块中又包含了若干分项，基本涵盖了人力资源管理领域的各项工作。

①绩效考核。该模块包含了员工表现、考评管理、考评统计等若干分项。

②人事档案。在职管理、离职管理、异动管路、档案维护、档案统计等若干分项。

③合同管理。合同新签、合同操作、合同管理、合同台账、合同报警等若干分项。

④工资管理。工资管理、工资核算、账套设置等若干分项。

⑤培训管理。培训管理、题库管理、试卷管理、成绩管理等若干分项。

3）档案管理系统

表2 档案管理系统功能结构

模块分类	子模块	功能模块	功能说明
现行文件管理	收文管理	收文登记	对收文进行登记
		收文查询	查询已收文件
		收文管理	管理已收文件
	发文管理	发文登记	起草发文
		发文查询	查询发文
		发文管理	管理已发文件
	科技文件材料管理	文件材料登记	对科技文件材料进行登记

续表

模块分类	子模块	功能模块	功能说明
		文件材料查询	查询科技文件材料
		文件材料管理	管理科技文件材料
档案管理	档案资料管理	案卷著录	基建档案案卷级录入页面
		卷内文件著录	基建档案卷内级录入页面
		文件归档	科技文件材料归入基建档案案卷内
		直接录入卷内文件	基建档案卷内文件录入与原件挂接
		卷内排序	排列卷内文件的顺序并自动统计
		案卷排序	排列指定项目的案卷顺序
		打印输出	卷内目录、软封面、盒封面、案卷目录
	档案查询	查询案卷	直接在案卷级中查询
		查询文件	直接查找到档案文件
	档案借阅	借阅申请	借阅人提交借阅申请
		批准借阅	经办人办理借阅
		借阅消息提示	申请提交后或档案批准借阅后的消息提示
		授权浏览原文	批准借阅的文件期限内实现网上查阅浏览
		实体借阅	提交借阅并打印档案借阅申请表
	档案统计	移交统计	统计生成基建档案移交清册
		收进统计	统计生成基建档案收进统计表
		借阅统计	实现借阅量自动统计
项目档案（预归档管理）	现行文件管理	收文管理	收文的登记、查询、管理
		发文管理	发文的登记、查询、管理
		科技文件材料管理	科技文件材料的登记、查询、管理
	基建档案预归档管理	案卷著录	基建档案案卷级录入页面
		文件归档	基建档案卷内级录入页面
		卷内排序	科技文件材料归入基建档案案卷内
		案卷排序	排列卷内文件的顺序并自动统计
		移交统计	统计生成科技档案移交清册
		报表打印	卷内目录、软封面、案卷目录、移交清册

续表

模块分类	子模块	功能模块	功能说明
系统管理	用户管理		管理系统用户与角色
	权限管理	目录权限设置	设置系统内用户的数据浏览、维护权限
		操作权限查询	设置系统内用户的功能操作权限
	代码设置		设置著录界面下拉框以便选择输入
	表单管理		自定义表单设置
	列表管理		自定义列表设置
	日志管理		查看、管理系统日志，包括数据维护日志、权限管理日志
特色功能	回收站		回收站中的数据可还原到正式库
	列表式批量编辑		提供类似EXCEL方式的数据修改
	访问统计	在线人数统计	实时统计在线人数
		历史访问量统计	显示历史访问量
		在线统计	显示当前在线人员基本信息
	锁屏		保护当前工作界面不被误关闭
	信息分页显示		列表区信息显示及分页功能
与OA系统集成	OA系统数据归档		OA系统数据归档到档案系统
	单点登录		OA与档案系统链接登录

4）OA办公管理平台

表3 OA办公管理平台功能结构

模块分类	子模块	功能模块	功能说明
公文管理	收文管理	收文登记	对收文进行登记
		收文查询	查询已收文件
		收文管理	管理已收文件
	发文管理	发文拟稿	起草发文
		发文查询	查询发文
		发文管理	管理已发文件
	内部请示	请示拟稿	草拟请示
		请示查询	查询已有请示
		请示管理	管理已有请示

续表

模块分类	子模块	功能模块	功能说明
	档案管理	待归档管理	将待归档文件发送到档案管理系统
我的流程	发起流程		所有流程的发起链接汇总页面
	内部协同		发起和管理自定义流程
	流程查询		输入查寻条件查找相关流程
	流程监控		监控流程的处理状态
	流程统计分析		统计流程数量、结点效率、超时节点
个人事务	工作日记		录入、查询和管理工作日记
	我的日程		设置、管理个人的日程安排
	我的任务		领导向员工布置任务，员工对领导布置的任务汇报完成情况
	我的便签		录入、管理便签，提高工作效率
	通信录		查询个人通信录、公共联系人、内部通信录
	我的硬盘		管理个人网上硬盘
信息发布	发布设置		创建、修改、删除信息栏目
	公告栏设置		用于设置主页上的公告栏信息
	信息快递	信息快递发布	发布信息快递内容
		信息快递查询	查询已发布的信息快递
		信息快递管理	管理信息快递
		类型管理	管理信息快递类型
	通知通报		发布、查询、管理通知通报内容
	文化园地		发布、查询、管理文化园地内容
	工作简报		发布、查询、管理工作简报内容
	网上党校		发布、查询、管理网上党校内容
信息交流	网络寻呼	寻呼发布	用来发布网络寻呼
		已收寻呼	查看已收寻呼
		已发寻呼	查看已发寻呼
		未达寻呼	查看未达寻呼
		对话模式	以对话模式发布寻呼

续表

模块分类	子模块	功能模块	功能说明
信息交流	网络寻呼	对话查询	查寻对话
		对话管理	管理对话
	内部论坛	个性设置	设置个人昵称、头像
		内部论坛	发布、回复帖子
		版主管理	版主对论坛管理
		分版管理	分版版主对论坛查访权限设置
	调查问卷	调查管理	在系统用户中发起投票
		我的投票	查看我的投票情况
	内部博客		用户个人的内部博客
下载管理	下载排行		查看下载数量的排行情况
	文件订阅		订阅自己关注的文件
	我的文件		查看自己发布的文件
	文件地图		查阅、评论、推荐及发布文件
	全文检索		以关键词检索相关文件
	文件管理		管理文件
集成系统	我的软件		管理个人添加的软件
	实用查询		关联查寻网站
	常用报刊		常用报刊链接
	OA插件		中交隧道局门户网站链接
	集团网站		中交集团相关网站链接
系统管理	用户管理		管理系统用户
	组织管理		管理系统内组织机构
	职务管理		管理系统内职务
	岗位管理		设置系统内岗位
	权限管理	权限设置	设置系统内用户权限
		权限查询	按不同方式查询系统内权限分配
		HRM授权	授权HRM用户
	流程管理		设置、查看系统内工作流、工作委托
	表单管理		自定义表单设置

续表

模块分类	子模块	功能模块	功能说明
系统管理	系统设置		设置系统界面布局、基础设置、安全设置
	回收站		显示系统内删除内容
	日志管理		查看、管理系统日志
	短信管理		查询系统发送的短信
	群组管理		设置系统内群组
	公文设置		包括公文类型、公文模板、字段设置、稿纸设置、红头设置
个人应用设置	我的助手	我的博客	管理个人博客
		我的设置	设置个人登录信息、修改密码等
		我的收藏	显示日常工作中收藏的信息
		我的权限	查看个人权限
		我的委托	委托他人待办工作
		系统锁定	暂时离开电脑时锁定系统，防止信息泄露

5）财务管理系统

（1）建账

下级公司在继承集团统一定义的科目基础上，可以增加自己需要的私有科目，在授权的控制下，可以对私有科目增加、删除、复制；可以引用同属于一个科目体系的其他公司的科目；定义本公司的科目核算；设置自定义凭证类型，设置凭证模板、常用摘要、批准权限、原始凭证、设置凭证的输出格式等；定义期末生成的规则凭证、调汇凭证、结转凭证；对余额进行初始。

（2）凭证处理

规范的制单过程，保证制单的正确性；复制、对冲、作废、取消作废、凭证模板等功能是凭证的增强功能；原始凭证录入简单方便；提供单张及批量凭证的复核和记账功能；凭证的批准、审核、记账、出纳签字、凭证转出、引入、断号整理。

（3）账表查询

可随时查询总账、明细账、序时账、其他日记账、科目余额表、二维余额表输出现金、银行存款、其他日记账和科目三栏账、科目多栏账等正式账页。

（4）数量核算

可将科目定义为数量账，完成金额和实物数量核算科目的业务处理；数量金额总账；数量金额明细账。

（5）外币核算

强大的多外币核算功能，更适合外贸、外资企业的业务处理；多外币的核算业务处理，一个科目可以定义为不核算外币、核算单一外币、核算多外币；可定义货币符号、币名、金额小数位及最大误差；自由选择直接标价法和间接标价法折算本位币；自由选择固定汇率或浮动汇率方式计算本币金额；月末自动调整汇兑损益。

（6）月末处理

自动完成转账、期末调汇规则凭证的生成、并进行平衡检查、月末结转、年末结转等工作。

（7）多账簿管理

一个会计主体可以用多个账簿采用不同币种、不同会计期间和不同会计制度进行会计核算，从而提供满足不同的会计报告。方便拥有多家上市公司的集团企业、有境外下属单位的集团企业以及需要多口径核算管理的企业的多种管理需要。

6）企业门户网站

中交隧道局有限公司企业门户网站：www.ccteb.com、www.ccteb.cn。网站的一级栏目包括首页、公司概况、企业动态、工程业绩、科技创新、人力资源、企业文化、党群工作、联系我们等9个部分。

（七）信息化建设总结

通过5年来的信息化建设和信息系统的推广应用，有效提高了中交隧道工程局的整体管理水平，主要表现在以下几个方面：

①优化管理方式，促进了规范管理。信息化管理系统有效整合了企业生产经营活动中所涉及的各种信息，为生产经营业务提供了信息集中处理平台。通过实施应用信息化系统，企业重新梳理了业务流程，填补了部分管理“真空”地带，建立了标准化管理体系和制度。公司、分公司和项目部对合同、成本、物资、质量、安全等管理要素的动态管控能力明显增强。在公司规模日益扩大、经营形势日趋复杂的情况下，对各级领导更加清楚地掌握生产经营情况，更加准确地分析相关数据，更加科学地决策企业有关事项，提供了技术支撑，有效解决了建筑施工企业异地施工难于管理的通病，日常业务、上报数据、下达通知全部在网上完成，推进了管理的科学化、规范化。

②提高工作效率，降低了管理成本。综合管理信息系统的建设，使企业管理业务流程形成一个整体，将繁杂的层级管理变为全程一站式垂直管理，大大提高了企业的管理效率。通过信息化手段，实现了公司、分公司、项目之间的网络化办公，日常工作审批、信息传递均可通过网络进行，大大节省了工作报批、信息传递的在途时间，提高了工作效率；利用现场基础数据的录入及系统的报表功能，实现了大量日常所需统计数据的快速自动汇总；通过分析系统中各业务数据情况，可实现对项目运行情况的动态监控，使企业领导层能准确快捷地获取有效信息，科学决策；同时，公司与中交股份、各大项目部与建设单位之间视频系统的开通，使上级的工作部署一步到位，不仅有效减少了差旅费用，而且极大地提高了内部的沟通效率，无论是人力成本、时间成本还是决策成本，都大幅压缩，管理成本明显降低。

图2 企业门户网站

③业务网上流转，实现了信息共享。公司所属各工程公司、直管项目部、项目分部登录综合管理信息系统，浏览公司文件、了解公司工作动态、会议精神，调用工程技术资料、填报工程报表、参考施工方案等，达到了信息资源的安全共享。同时，信息系统24小时运转，公司业务流程不受地域与时间限制，公司上下之间真正实现了无障碍联通，快捷沟通。投招标、工程进度、物资设备、成本核算等系统应用过程中收集、存储的大量经营管理数据和自动生成的业务报表，可供领导随时调用参考。人力资源、档案和文档知识库也提供了大量丰富、多元的各类信息，企业不同管理层级根据权限分享海量的信息资源，各取所需，为各级管理者科学决策

提供了全面真实的数据来源。

④突出推广应用，提升了管控能力。信息技术集多项业务于一体，它的全面推广应用，不仅提高了工作效率，而且有效提升了公司的业务管控能力。财务资金管理软件帮助公司实现了资金使用的事前计划、事中控制到事后分析的全过程管理，及时跟踪了经济核算及企业经济运行情况，有利于快速化解和规避经营风险。合同管理系统实现了公司对项目所有合同的动态掌控，使项目成本从源头上得到有效监控；物资管理系统的应用，不仅使物资人员摆脱了手工做账、事后报表的传统管理模式，也使公司对物资的采购以及收、发、存料进行动态监控。OA办公系统的应用，加速了文件的传递效率，促进了各项工作的贯彻落实，增强了执行力；人力资源系统覆盖了人力资源管理的各项内容，对于优化劳动工资管理、加强绩效考核，提高劳动生产率具有积极推动作用。

⑤树立公司形象，凝聚了职工队伍。企业外网门户网站是公司向社会展示企业良好精神风貌、树立社会形象的窗口，也是社会了解企业的重要渠道。2006年9月，中交隧道工程局外网网站正式上线，随后又多次进行了升级改版，进一步丰富了内容，增加了信息量，突出了企业特点，有效扩大了企业社会知名度，及时展现了企业形象，反映了企业发展成果，受到了全局职工的一致好评。内网门户网站即办公自动化系统，集公文流转、信息交流、通知通报、网上党校、文化园地等为一体，是全局公文传递和信息沟通的重要平台。在功能设计上，增加了员工内部交流的渠道，加速了文件的传递效率，及时快捷地完成公文流转，推行无纸化办公。两个门户网站各自发挥自身优势，达到了内聚人心、外树形象的目的。

⑥完善管理机制，提高了全员素质。随着企业信息化建设的全面推广应用，各级管理者从中受益匪浅。广大员工对信息化的认识进一步提高，信息化覆盖面越来越广。目前，公司所属各单位都已配备了专职的系统管理员，为信息系统的正常运转提供了有力保证。为了适应信息化建设向纵深发展需要，公司对原有的制度进行了全面梳理，并参照住房和城乡建设部特级资质要求、国资委信息化测评及公安部等级保护的相关要求，重新修订完善和建立了信息化安全管理制度，形成了完整的制度体系。同时，对各单位的网络环境、机房建设、硬件配置等制定了相关的技术标准，开展了分系统、分层次、全方位的业务培训，定期进行业务考核并通报情况，提高了全员业务素质。

中国水利水电第四工程局有限公司信息化案例

（一）企业简况

中国水利水电第四工程局有限公司（以下简称中国水电四局）成立于1958年10月，隶属中国水利水电建设股份有限公司，是具有水利水电工程施工总承包特级，土石方工程、钢结构工程等专业承包一级和市政公用工程施工、房屋建筑工程施工、隧道、公路工程等专业承包二级企业资质和进出口企业资格，集施工、勘测、设计、制造、运输能力为一体的大型国有企业。

中国水电四局现有员工10 345人，其中各类管理和专业技术人员4 273人，具有高级职称326人。拥有主要施工设备8 000多台（套）。具有年施工土石方挖填3 000万立方米、金属结构制安40 000吨、砼浇筑400万立方米等能力。

中国水电四局先后承建和参建的工程有刘家峡、龙羊峡、长江三峡等大中型水电站；京沪高速铁路、宁杭客运专线、贵广铁路等铁路工程；武邵高速公路、天津大道等公路工程；南水北调水利工程；甘肃引洮供水、宁夏西夏水库等市政工程；张北风电、酒泉风电等风电工程。同时中国水电四局大力推行国际业务优先发展战略，相继在埃塞俄比亚、利比亚、安哥拉、博茨瓦纳、缅甸等国承揽了一大批水电和非水电工程，开创出国内国外两个市场同步协调的未来可持续发展模式。

（二）企业组织架构

经过50多年的发展，中国水电四局逐步建立起了适应公司业务发展的企业组织架构，如图1所示。公司总部层面包含总经理工作部、人力资源部、工程开发部、工程管理部、经验管理部、人力资源部等16个职能部门，覆盖了企业运营发展所必需的所有职能。在总部层级以下的二级单位中，包含17家生产经营单位、5家后勤服务单位以及4家驻外单位。

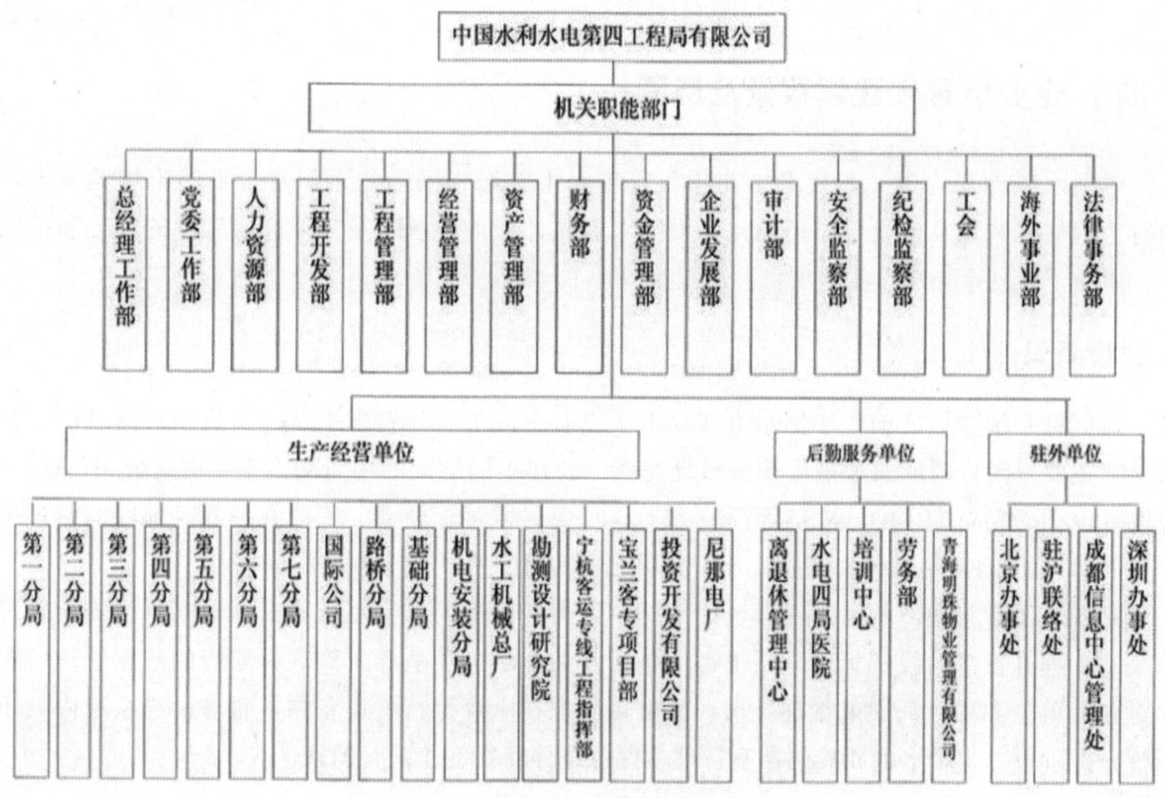

图1 中国水电四局组织架构

（三）企业运营模式、业务及管理模式

中国水利水电第四工程局是集施工、勘测、设计、制造、运输能力为一体的大型国有企业。目前主要有五大业务板块：国内水电施工业务、基础设施业务、海外工程业务、资本经营业务和机电安装业务板块。

经过多年的发展，中国水电四局在水利水电工程建设市场、基础设施业务市场、国际市场具有较高的市场认知度。在水利、水电、风电、铁路、公路、市政、地铁等施工领域，特别是在三峡工程、西电东送、南水北调、京沪高铁等国家重大基础设施建设中有着不俗的业绩。

中国水电四局主要实行集团化企业管理模式，集团层面负责总体战略的规划和重点项目的管控，二级单位及项目部负责具体项目的施工与日常经营管理。总部设置了市场营销部、工程科技部、安全监察部、经营管理部、资产管理部、人力资源部、财务部等部门专门对口二级单位市场开发、工程、质量安全、经营、物资设备、人力资源、财务管理。

（四）企业信息化建设背景及历程

中国水电四局为进一步提升企业项目管理水平，增强国际化运作背景下的市场竞争力，同时达到住房和城乡建设部对信息化建设特级资质评审的要求，在公司高层领导的倡导和推动下，启动了信息系统建设实施项目。

1. 建设背景

在信息系统建设之前，中国水电四局由于没有集成的项目管理平台，工程项目信息的上报与反馈主要以附件的形式通过局快报系统完成，公司不同层面的沟通交流主要通过公司的OA系统以及电话、Email、QQ、MSN等第三方工具实现，经营管理部、资产管理部等部门的管理工作主要通过手工Excel表单来完成，企业高层无法实时掌控项目全方位的信息。

此外，经营管理部的简易经营统计系统、人力资源部的人事系统、安全监察科的安全管理系统、工程开发部的投招标管理系统都还是相互独立的，无法深入到项目层级的数据管理，难以对各级单位和项目部集成管理。水利水电集团拟在全局推行的设备物资管理信息系统尚处于系统分析阶段，中国水电四局的档案管理软件也还停留在初步设计阶段。

2. 建设历程

①2000年，中国水电四局在机关率先提出了进行办公自动化系统的研制与建设，开启了中国水电四局信息化应用建设的先河。

②2003年，中国水电四局自行研发了在建工程管理系统，主要功能包括在建项目的基本情况、工程量及投资、年度计划安排、人力资源配置、工程质量统计等。

③2005年，中国水电四局自行研发完成了工程项目物资管理系统，并且成功应用在了李家峡施工局和拉西瓦施工局。

④2006年，中国水电四局金安桥工程项目部施工管理信息系统的应用，顺利完成了需求分析、内部立项、项目实施、初步验收等分步分项工作，项目涉及合同管理、计划管理、现场管理、成本管理、设备管理、物资管理、公文管理、安全管理、质量管理、系统管理、综合查询等11个功能模块全部上线运行。

⑤2009年6月，启动了中国水电四局项目管理集成系统建设。确立和完善了综合项目管理系统的总体框架、项目管理决策系统、项目数据库、项目管理工作流程、项目管理系统的信息流程。规范代码与编码体系，建立和完善各种定额库及WBS库，最终建立和完善以物资流为主线、以资金流和工作流为核心的综合项目管理系统。主要包括计划进度控制、估算与费用控制、采购管理和材料控制、质量控制、费用/进度综合监测、设计管理、采购管理、施工管理、合同管理、项目财务管理、项目电子文档管理系统、项目管理信息协同平台等共12个子系统。

（五）企业信息化建设思路

中国水电四局作为典型的项目型企业，项目管理是企业管理工作的核心，项目管理水平基本上代表了整个公司的水平，因此，中国水电四局信息化建设思路：围绕企业级项目管理业务，通过信息化建设提高项目管理水平。具体而言，中国水电四局构建了项目管理基础系统。在充分考虑企业组织分散，业务涉及面广，信息源复杂等企业自身特点，对企业OBS结构和各级组织核心职能和核心业务流程的梳理基础上进行信息化系统建设。

该信息系统实现了通过B/S架构的企业级信息门户和C/S结构的各级部门的业务处理模块，构建多层级、多元化的项目管理平台，实现自上而下的企业管控模式、自下而上信息传递模式以及项目间的信息共享模式。将中国水电四局各级组织关注的进度、合同、成本、风险、物资、设备、质量、安全、人力资源、竣工资料等信息集成到一个软件平台上，达到企业对各二级单位、各项目的全面实时监管、信息汇总和数据对比分析目的，达到各项目业务部门间的工作协同和各项目间管理经验的快速共享，从而真正实现企业多项目管理信息化。

（六）信息系统建设概况

中国水电四局在“加强项目管理、实施精细化管理”的管理理念指导下，建设水电四局项目管理集成系统。该信息系统主要由9个功能模块组成，分别为：投标管理、合同管理、成本管理、进度分析、质量管理、材料管理、设备管理、风险管理、图纸文档管理等功能模块。

1. 投标管理模块

投标管理模块为市场开发人员提供一个高效、协同的标书编写平台；为企业领导人员提供一个便捷的投标项目跟踪和分析平台；也为企业所有其他人员提供一个知识共享、积累与复用的协同工作平台。该模块中的投标系统实现了对历史项目投标报价的结构化数据的保存，为未来的投标工作提供数据支持，有利于缩短未来项目的投标时间。投标管理基本业务流程如图2所示。

投标管理模块中主要包括市场信息查询、投标流程管理、文书管理、综合查询、报表输出五大功能，如表1所示。

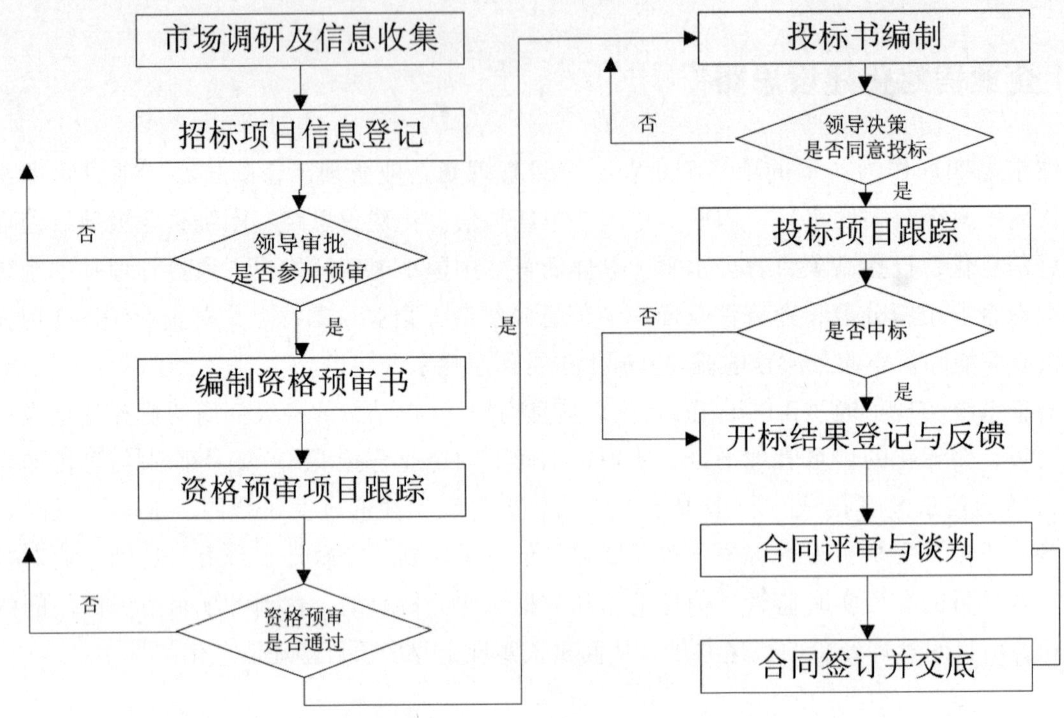

图2 投标管理模块业务流程图

表1 投标管理模块主要功能

模块	功能名称	功能说明
投标管理模块	市场信息查询	对招投标信息收集途径做了简要分类，分会员网站、综合市场信息、招标信息和造价信息4类，便于查询和收集各类信息
	投标流程管理	结合投标流程，对市场信息收集→资格预审→投标跟踪→开标结果→合同签订并交底全过程做了记录与流转审批
	文书管理	对企业投标相关文档进行管理，包括企业知识库（存放有关行业法律法规、技术规范、质量标准等文件）、模板库（存放企业积累的各类规范标准文件，如商务标书格式、技术标书格式等）、资格预审文件（存放企业资格预审相关资质文件、历史项目信息、人员信息等），便于投标过程中快速调用
	综合查询	对企业历史投标信息进行分类查询
	报表输出	对企业投标信息实时分类汇总并输出

2. 合同管理模块

合同管理模块对企业各层级的合同进行统一管理。本模块建立了合同分类汇总体系，便于企业对项目的合同执行和完成情况进行查询和监控；在本模块中涵盖了合同策划管理、合同台账管理、合同计划管理、分包立项管理、总包合同结算管理、分包合同支付管理、合同变更与索赔管理、分包商管理等，使合同管理更加规范。本模块还提供了强大而全面的数据分析功能，可以有效帮助管理者分析合同的结算与支付对比情况、形成合同执行情况的数据统计台账和图表分析台账等。

合同管理模块中主要包含合同策划、合同计划、分包工程及分包商管理、合同台账管理、变更与索赔管理、支付管理和统计分析七大功能，如表2所示。

表2　合同管理模块主要功能

模块	功能名称	功能说明
合同管理模块	合同策划	包括针对总包合同的目标单价分析及针对分包合同的预算分析，即结合工程总体目标对合同工程量清单项做出目标成本与预算成本分析
	合同计划	制定总包与分包合同的结算、支付、变更及工程完工计划
	分包工程及分包商管理	分包商管理包括对分包商信息的登记、查询，评审，合格分包商台账、分包商业绩考核等；分包工程管理包括分包的立项审批→招标→分包会审全过程管理
	合同台账管理	对总包及分包合同进行信息登记及竣工登记
	变更与索赔管理	记录总包及分包合同的变更索赔详情，并收集相关资料
	支付管理	包括业主的月进度付款和对分包商的月进度付款记录，以及厂队产值结算与分摊
	统计分析	对合同收款、付款进行统计与对比分析

3. 成本管理模块

成本管理模块实现了基于费用工作表的项目成本管理方法。根据工程合同，建立能够合理反映项目费用构成的费用科目体系，并将合同预算对应到相应的费用科目，然后通过对总包/分包合同、总包/分包合同付款记录、材料/机具采购合同、材料/机具采购付款记录、材料的领用记录、设备的使用记录、工资单等表单进行实际费用分摊，将项目执行过程中发生的各项费用归集到相应的费用科目，最终反映到费用工作表上，从而实现对项目费用的全方位管理。由于采用过程记录控制，任意一个科目上费用的盈亏情况都能实时体现出来，同时发现问题后还可以通过对记录进行回溯来查找费用超标的原因。

成本管理模块中主要包含单机核算、按合同清单成本分析、按厂队成本核算、按合同成本核算、按费用科目成本核算五大功能，如表3所示。

表3　成本管理模块主要功能

模块	功能名称	功能说明
成本管理模块	单机核算	对设备费用分摊到机上人工、维修费、租赁费、配件费等科目，并对设备的工作部位进行记录与费用归集
	按合同清单成本分析	将合同总金额与结算产值按清单项进行人材机和其他费用等进行分摊，得总包和分包预算分析表，以及结算成本分析表
	按厂队成本核算	通过对厂队劳务与其他费用的月度分摊，得到厂队成本核算表
	按合同成本核算	按进项合同进行月度各项费用的分摊，结合成本预算，得到合同预算、目标与执行成本的对比分析表，以及总包、分包合同的结算对比分析表
	按费用科目成本核算	将结算产值、实际成本、分包完成情况、总成本以工程量清单为单位分摊的相应的费用科目上（包括人、材、机、其他直接费、间接费、其他费用等）

4. 进度管理模块

进度管理模块吸纳经典的进度计划编制理念，运用WBS工程分解思想，利用进度计算引擎完成多级主体计划的编制。通过进一步在主体进度计划中加载支付项、质量检查项、安全因素、图纸文件等信息。编制项目的质量检查计划、工程款支付计划、设备使用计划、图纸交付计划等多种辅助计划，驱动具体业务过程的开展，对计划的各个组成部分以及计划对象与相关系统的关系进行统筹安排，保持系统内部结构的协调一致，全面协调项目的运作。

进度管理模块主要包含进度计划生成、进度计划控制、数据交互三大功能，如表4所示。

表4　进度管理模块主要功能

模块	功能名称	功能说明
进度管理模块	进度计划生成	建立项目WBS结构，分配用户的WBS进度管理权限，建立项目作业，建立作业逻辑关系，计算项目进度
	进度计划控制	目标管理、作业跟踪与更新
	数据交互	进度数据进行导入、导出，施工进度查阅

5. 质量管理模块

质量管理模块为各个项目的质量管理提供统一的规范、标准和体系文件，保证公司的质量管理体系在各个职能部门和项目部的执行，同时汇总各个项目的质量管理数据，进行查询统计分析。

质量管理模块主要包括质量评定、质量查询、质量文档三大功能，如表5所示。

表5 质量管理模块主要功能

模块	功能名称	功能说明
质量管理模块	质量评定	对工程按单元工程、分部工程、单位工程进行质量评定，并对不合格事项进行处理，对质量事故进行记录
	质量查询	根据评定结果生成质量评定台账、质量两率统计、质量事故统计等
	质量文档	对施工过程中质量相关文档进行收集分类，便于查询

6. 材料管理模块

材料管理模块通过定义统一的材料分类和材料项编码，实现对企业级和项目级物资在项目建设过程中发生的相关事务的统一管理。该模块突出材料的计划与供应、材料的库存管理、材料的现场管理，并针对主材、辅材、周转性材料和其他材料提供了可由用户定制的不同管理方式和管理方法。通过模块中定义的业务流程，各项目管理人员可了解材料的采购与配置计划情况，对材料的进出、流转情况一目了然，使项目材料项发生成本情况尽现眼底，最终达到合理使用材料，降低项目成本的目标。

材料管理模块主要包括材料采购管理、材料出入库管理、库存管理、周转材料管理、材料综合查询五大功能，如表6所示。

表6 材料管理模块主要功能

模块	功能名称	功能说明
材料管理模块	材料采购管理	记录并审核材料采购计划、采购招标、采购合同签订
	材料出入库管理	从材料到货-材料入库（真验和假验两种情况）-材料的内、外部领用的全过程进行记录、跟踪与审批，并输出相关凭证
	库存管理	包括对材料的期初批量入库管理、库存的定期盘点，以及材料处置和收回的库存变动记录
	周转材料管理	包括对周转材料的租赁、退回及费用摊销
	材料综合查询	对材料的库存、领用、资金动态进行实时查询

7. 设备管理模块

设备管理模块通过对施工设备统一分类和统一编码，实现企业级的统一规划管理。包括企业对项目设备的统一配置，统一调拨和统一结算，对单台设备的检修记录、使用履历、资产折旧、事故管理等，以及各项目部对各自自购设备和局租设备的运行使用状况管理、发生的各项费用的管理。既可使企业远程掌控每一台设备的使用履历和当前使用状态，动态编制机械设备需求计划、配置计划，亦可使各项目部对每台设备的运行和费用发生情况了如指掌，以达到机械设备的寿命周期费用最经济、综合效能最高的目的。

设备管理模块包括设备计划管理、设备进退场管理、设备日常维护管理、设备履历表、设备成本核算、设备查询六大功能，如表7所示。

表7　设备管理模块主要功能

模块	功能名称	功能说明
设备管理模块	设备计划管理	包括项目设备配置计划、采购计划的记录、查看和审批，对设备集中招标采购情况进行记录
	设备进退场管理	包括设备进场验收和退库记录，设备租赁与结算，以及设备让售处理
	设备日常维护管理	包括项目设备运行状况的汇报、设备运行台时、两率情况汇报、设备大修计划安排及执行情况跟踪，设备事故及报废记录
	设备履历表	包括单台设备的基本情况、调入调出情况、运行台时、修理记录、换油记录等数据的汇总
	设备成本核算	设备单机成本的分摊
	设备查询	按设备的不同属性对设备进行筛选

8. 风险管理模块

风险管理模块为管理层提供两个方面的风险预警：一是工程进度引发的工期延误风险和进度款支付风险；二是合同引发的风险，包括合同的变更、合同的支付、合同的索赔等，以及由此而产生的成本执行风险。

风险管理模块主要有进度风险预警、合同变更风险预警、成本执行风险预警、合同支付预警四大功能，如表8所示。

表8 风险管理模块主要功能

模块	功能名称	功能说明
风险管理模块	进度风险预警	当项目进度可能出现延误时，根据偏离目标计划的程度，发出相应的进度风险预警信息
	合同变更风险预警	当合同出现变更超过一定额度时，发出合同风险预警信息
	成本执行风险预警	当成本执行超过目标成本一定范围时，发出成本执行预警信息
	合同支付预警	当合同支付比超过项目工期完工比一定额度时，发出合同支付预警

9. 图纸文档管理模块

图纸文档管理模块提供了企业及各个项目的图纸文档资料统一的管理平台，涵盖图纸文档从设计/起草、审批流转到最后归档的全生命周期。其中文档审批流转过程支持在线编辑、电子签名、电子印章等功能，基本满足企业和项目办公自动化的需要。统一的图纸文档管理可使与工程管理相关的文件都在同一的系统中，最终沉淀为企业真正可以随时复用的知识，也为企业的知识快速积累以及企业与项目间的知识共享提供了便捷的方式。档案管理支持按文件类型和工作分解结构组织项目及时资料，对应国家标准档案分类项目或者企业档案分类项目，并进行辅助案卷组卷，压制光盘等。

图纸文档管理模块主要包括图纸文档管理和档案管理两大功能，如表9所示。

表9 图纸文档管理模块

模块设置	功能节点	功能描述
图纸文档管理模块	图纸文档管理	加载图纸文档资料；图纸文档的分发、接受和更新；图纸文档的检索；竣工资料的整理、检索与归档
	档案管理	文档的归档；文档的立卷；文档的整理；文档的组卷移交、DVD输出

（七）信息化建设总结

中国水电四局项目管理集成系统各模块功能的运行很好地与公司、各分局及项目的管理方式相融合，把各项生产经营活动进行有效的合理衔接，服务于项目管理，降低了施工成本，提升了项目的整体管理水平。通过项目管理集成系统，使公司各级管理人员能实时、方便掌握权限范围内的工程质量、进度、合同、成本、物资、设备、投标项目等情况，同时对公司生产经营活动的实施进行有效的过程监控，提升各级管理层对业务流程的审批、信息提供、科学决策能力，提高了工作效率，是企业管理精益化、信息化、现代化的集中体现。

1. 项目管理集成系统带来的收益

中国水电四局项目管理集成系统的规划的应用目标，侧重于对管理和项目管理两个层面的整合提升，通过整合，达到如下几个目标：

①实现企业统一的多项目并行管理平台。水电四局项目管理集成系统将企业所有类型项目架构在统一的平台下进行协调和管理，使公司项目的“可视性”成为现实。该信息系统分为公司级与项目级两个层面，公司级是重点，项目级是基础。公司级部分实现对多项目的标准化管理控制，实现多项目的企业资源协调管理，组织部门或专业协同，以及知识积累和再利用；项目级部分实现项目管理业务的标准化、科学化、信息化。通过该系统及其所体现的现代项目管理思想，最终实现项目导向型的企业经营管理模式，使管理层通过平台对多项目进行进度、成本、质量、资源等关键信息进行监管、控制、调度；使执行层通过平台规范项目管理的专业业务行为。

②实现公司对项目全生命周期的精细化管理。水电四局项目管理集成系统通过对原有企业业务体系的梳理、整合、优化，演绎项目全生命周期管理，实现从项目投标报价管理、物资设备管理、现场施工管理、成本管理、进度管理等各职能的精细化管理。

③实现项目决策分析。水电四局项目管理集成系统，为企业领导层提供项目决策分析功能。将来自各项目的精细化管理的业务数据整合汇总，便于领导查看所有项目的状态报告，监测整体项目执行的费用、进度、绩效和风险表现，并能实现领导实时的行动决策，保证企业级别上的资源优化。

④实现项目管理的标准化。水电四局项目管理集成系统，按照一定的理论体系、技术方法、行业标准、管理制度来设计，集中体现项目管理方法。从而在很大程度上可以起到辅助企业规范项目管理的作用。

⑤实现项目历史经验知识化。水电四局项目管理集成系统，通过建立企业项目历史经验库，沉淀和积累项目执行最佳实践。对已完工项目在执行过程中进度、费用、流程等提炼固化下来存档在经验库，作为未来新项目的参考。

2. 项目管理集成系统建设亮点

1）信息系统建设概述

中国水电四局在建设项目管理集成系统过程中，聘请项目管理专家和软件实施专家与中国水电四局工程管理部共同成立项目管理集成系统建设项目组，借用外脑有效提高了系统建设的效率。

项目组通过前期调研诊断，确立和完善了项目管理系统的总体框架、项目管理决策系统、项目数据库、项目管理工作流程、项目管理系统的信息流程；规范代码与编码体系，建立和完善各种定额库及WBS库，最终建立和完善以物资流为主线、以资金流和工作流为核心的综合项目管理系统。主要包括计划进度控制、估算与费用控制、采购管理和材料控制、质量控制、费用/进度综合监测、设计管理、采购管理、施工管理、合同管理、项目财务管理、项目电子文档管理系统、项目管理信息协同平台等共12个子系统。重点建立以下子系统和数据库：

①建立以计划进度控制、费用/进度综合监测、设计管理等为核心，采用赢得值原理的传统项目管理系统，建立项目WBS库和项目各种资源库。

②研究和建立国际通行的估算与报价体系，逐步建立各种与报价相关的数据库，建立和完善估算与报价系统、项目费用控制子系统及风险分析系统。

③建立项目电子文档管理系统和项目文档数据库，实现项目全过程的信息管理和共享，实现工作流的控制和管理，实现文档的版本控制、分发、共享浏览、数据恢复管理、红线圈阅、权限管理、文档的状态跟踪、文档发布管理与控制等。

④建立和完善项目采购管理、材料控制系统及项目材料数据库，实现材料库标准化、采购过程电子化，材料接收、验收、仓储发放和材料预测管理信息化。

⑤建立企业级和项目级的材料、供货商数据库等。逐步建立采购电子商务系统，实现承包商与业主及项目分包商有效的沟通，优化材料供销过程。

2）信息系统建设步骤

① 准备和计划阶段。准备和计划阶段的主要工作是成立由中国水电四局和相关软件厂商共同组成的项目组，召开项目启动会议，编制实施计划。

②规划设计阶段。规划设计阶段的主要工作是项目组分析优化企业业务流程，调研总结各部门的管理需求，详细编制实现需求的软件配置和使用管理文件，包括软件使用模式和方法的规划，角色化的用户操作手册，以及数据结构、报表、流程、制度等，这些将是信息系统正式使用所必须的。

③原型创建和测试阶段。原型创建和测试阶段的主要任务是将规划设计方案中的步骤在系统中初步实现。该阶段焦点是根据规划文档来建立原型，并对各项配置（数据组织和数据字典）、管理设置、报告和流程以及程序进行测试。实施团队在建立原型前首先审查规划设计文档，然后准备建立原型，并编制原型测试计划。一旦原型测试计划确定，实施团队将分块测试，并应用测试跟踪单和日志记录测试过程。测试跟踪单用以记录正常测试步骤，日志是跟踪测试过程的任何问题。测试完成之后，实施团队将记录测试结果，并就规划设计是否需要修改和调整做出决定。

④试点运行阶段。试点运行的主要任务是：选择试点应用系统，并按照企业专业和习惯对系统的数据和术语进一步调整，所有有关的调整都必须在试运行结束前记录在案。

在全面应用之前，在小范围内用真实数据检验系统，发现隐藏的问题，为试点运行提供了方便方案调整的机会。为保证试点成功运行，实施团队需要编制计划，确定目标，限定试点运行采用的项目、人员和范围，编制试运行制度，以及定义假设和进行风险分析，并开始进行软件安装和试运行环境建立，以及进行必要的手把手培训等。

⑤全面运行阶段。在全面（试）运行阶段，项目管理集成系统全面展开应用。对一些人员来说，影响的程度可能会比较小，对于有些人员可能是一个全新的工作方式。试点运行的经验

和教训为全面试运行期系统平稳移交打下了基础。一个详细的计划对成功地全面（试）运行非常重要，计划需要包括谁、做什么事情、什么时候、在什么地点、使用哪些工具、流程是什么等。全面试运行到正式运行可能包含持续时间比较长的几个步骤，并需要按照计划执行。全面试运行期的主要工作内容包括：正式数据库安装和配置、用户工作站点配置、项目数据输入/迁移、新系统的宣传，用户培训和运行监控。

⑥实施后评估阶段。在全面试运行后期预示着成功的到来，这时需要进行成果的评估和确认。实施团队检查关键成功因素和实施范围，以确保所有必须的工作已完成。中国水电四局与相关软件厂商签署升级和维护协议，同时签署设计系统升级和维护策略和方案，明确对口联系人名单。中国水电四局建立专门的项目办公室或内部实施团队，作为内部支持的职能部门。对于内部支持人员不能够解决的问题，与相关软件厂商的支持团队联系。

3）项目管理集成系统的应用亮点

水电四局项目管理集成系统自2010年6月正式上线推广运行以来，满足了公司企业管理和项目管理信息化的现实要求，并借助系统所体现的现代项目管理思想提升了企业项目管理的总体能力。该信息系统的推广应用在提高了企业信息化建设水平的同时，在企业生产经营管理中发挥了积极重要作用。

水电四局项目管理集成系统各模块功能的运行已很好地与公司、各分局及项目的管理方式相融合，取得很好效果，具体而言体现出以下优点：

①数据真实，准确率高。原始数据录入后，信息系统采用自动登账、形成统计报表，减少了人为误差因素。录入数据经有关业务人员确认后，就不能随意更改录入的数据，避免了电子文件随意改动的现象，使数据真实可信，为管理分析、决策提供了可靠的数据支持。

②统计查询，省力高效。企业业务的不断拓展延伸，统计数据量增加，传统重复的手工操作、数据查询耗用大量工作时间，统计、查询环节中存在的人为因素使数据准确性下降，决策层无法准确地对统计数据进行经济技术分析。该信息系统强大的查询、统计功能将有效地满足工作需要，提高数据准确性和工作效率。

③统一管理，自动分析。对物资、设备统一编码，统一建立台账，自动分析，使库存量和生产工作需求相配套，建立预警机制，减少库存量。同时建立需求供应商数据库，在物资、设备采购时，减少中间环节，顺利保障工程需要。

④实现区域无纸化办公。通过企业综合项目管理系统的实施和应用，优化作业流程，提高办公效率，节约费用，消除了因出差、异地等因素的干扰，实现区域化随时随地办公，掌控权限范围内工程建设动态，形成了高效、可控的管理链条。

⑤实现数据共享，记录可追溯。通过综合项目管理系统的实施，在日常工作中实现了数据的积累，记录了数据信息的整理过程，规范和统一了数据的格式、统计方法、纵横同比分析的标准。在查询历史数据的同时，可以追溯数据源的详细信息，实现了项目管理的过程控制。

中国核工业华兴建设有限公司信息化案例

（一）企业简况

中国核工业华兴建设有限公司（以下简称中核华兴）是一家由中央直属的中国核工业建设集团公司控股的综合性大型建设公司，是国内外核电建造龙头企业、国内知名的房屋建筑特级资质建设公司和具有丰富军工工程经验的军工企业集团。

中核华兴始创于1958年，经过50多年的发展，截止到2012年年底，公司员工7737人，其中具有中、高级职称的专业技术人员1655人，具有各类注册资格的人员486人。拥有房屋建筑工程特级资质和勘察、设计、电力、市政、化工石油、爆破、装饰装修等40项一级资质、20余项二级资质，以及独立的对外经济合作、特种设备设计、制造、安装及爆炸物品使用等40余项资格。

近年来每年获得国家授权专利10项以上，获得包括建筑工程“鲁班奖”在内的国家及省部级奖项近300余项。

（二）企业组织架构

中核华兴实施事业部制管理。总部设置7部1室：办公室、战略投资部、安全生产部、人力资源部、财务部、科研部、企业文化部、风险管理部；按照目标市场的不同，设置了核电工程事业部、国内工程事业部、国际工程事业部。设置了核电安装公司，开展核电安装工程的建设；按照新业务发展的需要，设置了投资建设事业部，开展工程投融资业务的运作；按照发展需要，成立了多家专业分公司、区域公司以及全资、控股及参股子公司。中核华兴的组织机构如图1所示。

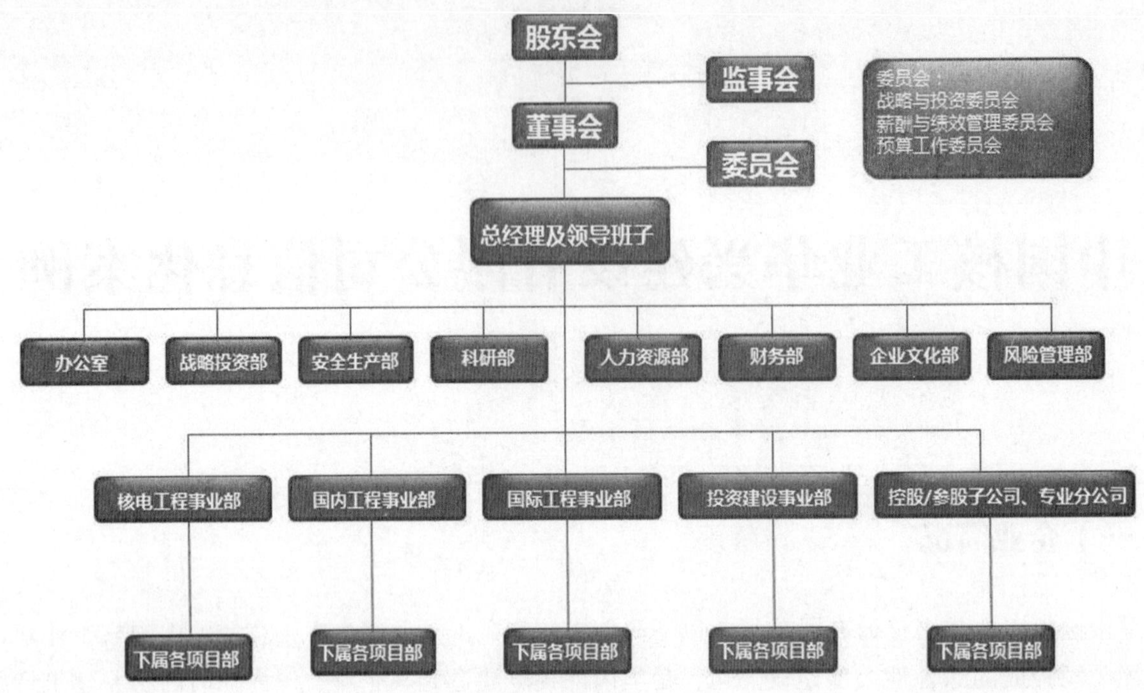

图1 企业组织机构

（三）企业管理模式

中国核工业华兴建设有限公司实行三级管理，即总部、事业部/专业分公司、项目部。

总部决策层负责决策、服务、协调、监督、改进；事业部管理层负责市场开发、项目管理、资源配置、知识管理、人才培养；专业分公司负责做专、做精、做强、做出特色；项目部是执行层抓执行、抓合同履约、抓项目效益。

总部根据战略规划，制定目标责任状，将指标分解到各事业部/专业分公司，各事业部/专业分公司再将指标分解到项目部，项目部对事业部/专业分公司负责，事业部/专业分公司对总部负责，层层分解，逐级考核。

（四）信息化建设背景及历程

随着企业改革、改制的深入，中核华兴的管理机制、管理方法也有了重大转变，管理幅度和管理水平都在不断提高，继续沿用过去的管理手段显然适应不了时代的要求，那么如何使中核华兴的管理水平得以提升，并最大限度地发挥公司的“决策、服务、监督、协调、改进”职能？这就迫切需要借助信息化工具来解决这一系列问题。

1. 企业信息化建设背景

根据公司对信息化建设的要求以及各下属二级单位管理需求，中核华兴根据实际情况，开发了中核华兴企业信息系统管理平台。该信息系统是以综合项目信息管理系统、办公自动化（OA）、人力资源管理系统、财务管理系统、档案管理系统、核电项目施工可视化管理系统等多个协同应用系统集成的软件应用平台，并利用信息系统进行数据收集、汇总、处理和分析，为领导的管理、决策提供数据支撑。

该信息系统基本涵盖了中核华兴所有业务管理，包括经营管理、生产、财务、人事、物资、采购等经营活动，使各种信息资源得以全面共享和集中调度。它的运行有效地解决了信息传输延时、失真、管理内耗、政令不通、效率低下等各种矛盾。

2. 企业信息化发展历程

中核华兴的信息化工作最早可追溯到20世纪80年代，在向法国人学习大亚湾核电站建设的同时，开始采用计算机对项目施工单个业务领域进行管理，具体管理涉及物资管理、设备管理、商务预决算等。

从2003年开始，中核华兴初步建立了自己的网络硬件平台，以数据服务器、WEB服务器、文件服务器为基础，搭建了公司总部局域网，建立企业网站和企业邮件等系统，通过广域网，基本实现了财务和资金账户的远程控制。2005年10月开始，主要围绕总部和事业部的管理职能，分多个层次展开信息化管理系统的建设工作，目的是为公司的决策、监督提供依据和有力的管控手段。这期间公司信息化主要是搭建系统软件应用平台，开发项目综合信息管理系统、数字化档案管理系统、人力资源管理系统、综合办公系统、设备管理系统等。

中核华兴的信息化建设和国内众多施工企业一样，随着信息技术发展和企业信息化应用深度、广度的不断深入，大致经历了单机应用阶段、局域网应用阶段、广域网应用阶段。

单机应用阶段：信息化工作主要以单机处理工程业务信息（以职系分块管理业务为主），实现财务管理、设备管理、材料管理、人事管理、施工计划管理、预算管理等应用模块的软件开发应用，立足于简单的数据库，单机操作，数据共享困难。

局域网应用阶段：各类管理软件也开始以共享的形式供局域网内用户使用，不同部门、不同业务之间初步实现了数据共享。

广域网应用阶段：信息化建设的水平不断提高，中核华兴的信息化工作又向系统集成方向大踏步地迈进，通过企业数据分析、子系统间数据穿透联查、挖掘分析等方法，以期达到最大限度利用和全面共享信息的目标。

中核华兴信息化的发展历程概括如下图2所示。

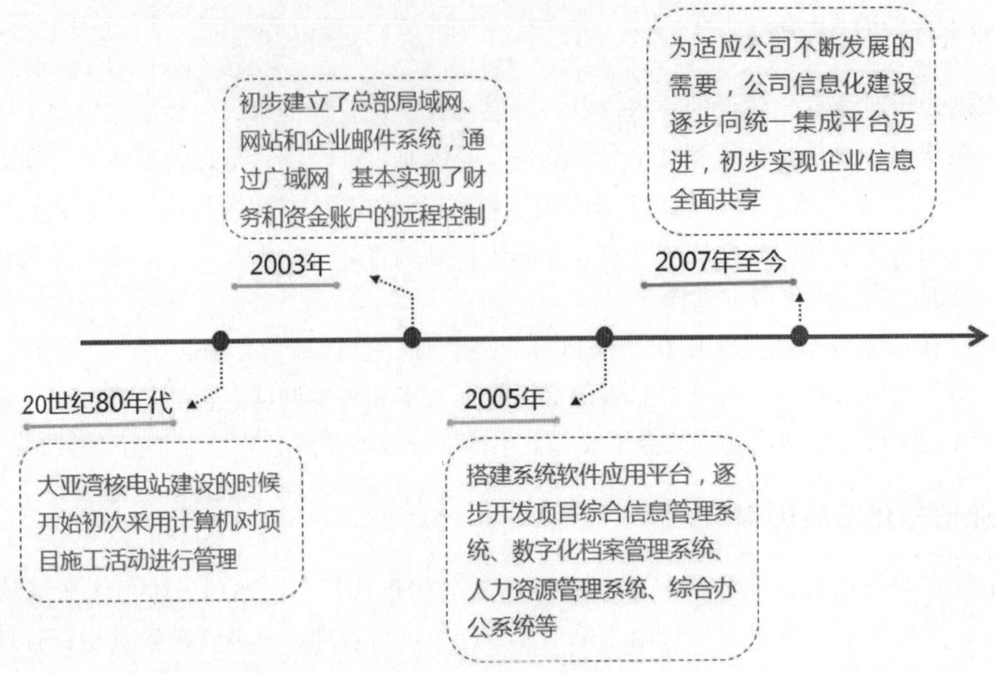

图2　信息化发展历程

（五）企业信息化建设思路

中核华兴围绕“整体规划、分步实施、逐步整合、注重效益、重点突破”的原则，以建立快速安全的网络作为信息化建设的保障；以建立数据中心为信息化建设的核心；把实施企业综合应用信息管理系统作为信息化建设的应用工具，规划和实施企业信息系统，实现了公司信息管理的利用和全面共享，提高企业管理水平，降低经营风险。

中核华兴信息化建设总体目标是：“两大平台，一个数据中心，两项应用”。

①两大平台，在现有基础上继续建设、优化、完善现有公司内部各部分局域网的高效、快速的互联互通的信息化网络硬件平台和公司集中统一的信息化软件平台（真正实现单点登录）。

②一个数据中心，建立公司层面集中统一的数据中心，公司的业务、管理数据（文件、数据等信息）大部分集中在公司总部。

③两项应用。建立和完善公司的管理和技术信息化两项应用，并逐步提高两项应用之间的数据沟通和交互能力。

中核华兴信息化建设目标总体框架如图3所示：

图示说明：
已完成系统
待完善系统
近期规划
决策分析层
集团决策
综合报表分析系统
合同签约额分析
在建合同额分析
利润产值分析
企业战略量化管理
企业资金管理能力分析
产业跨度分析
签约项目数分析
在建项目数分析
安全质量分析
企业生产能力管理
企业业务组合分析
……
业务管控层
项目管控
分包管控
成本管控
设备管控
进度管控
安全管控
物资管控
质量管控
现场管控
财务管控
预算管理
资金管理
集中核算
合并报表
运营管控
招投标管控
办公自动化
知识管理(KM)
投资控制
合同管控
视频监控
CRM系统
档案管理
人力资源
电子商务
业务处理层
市场经营系统
项目信息
招标信息
投标信息
合同信息
综合项目管理系统
工程运营管理
安全管理
物资管理
一体化管理
竣工管理
工程合同管理
质量管理
设备管理
资质管理
风险管理
成本管理
分包管理
资料管理
进度管理
施工现场管理
财务管理系统
现金管理
总账管理
工资管理
资产管理
财务业务一体化管理
支撑体系
基础数据
客户信息
分(包)供方信息
物资编码
设备编码
成本科目
供应链系统映射
业务基础平台
Portal服务
数据交换
报表引擎
工作流引擎
流程集成连接器服务
ESB信息总线(WEB MQ\服务网关、BI消息代理)
应用存储服务(企业应用Adapter)、数据存储服务(企业数据集成)
硬件服务平台
公共服务层：网络管理/WEB应用/Mail服务/OA/网络增值服务/短信平台
基础服务层：SDH/ADSL/VPN网关/交换路由/WLAN……

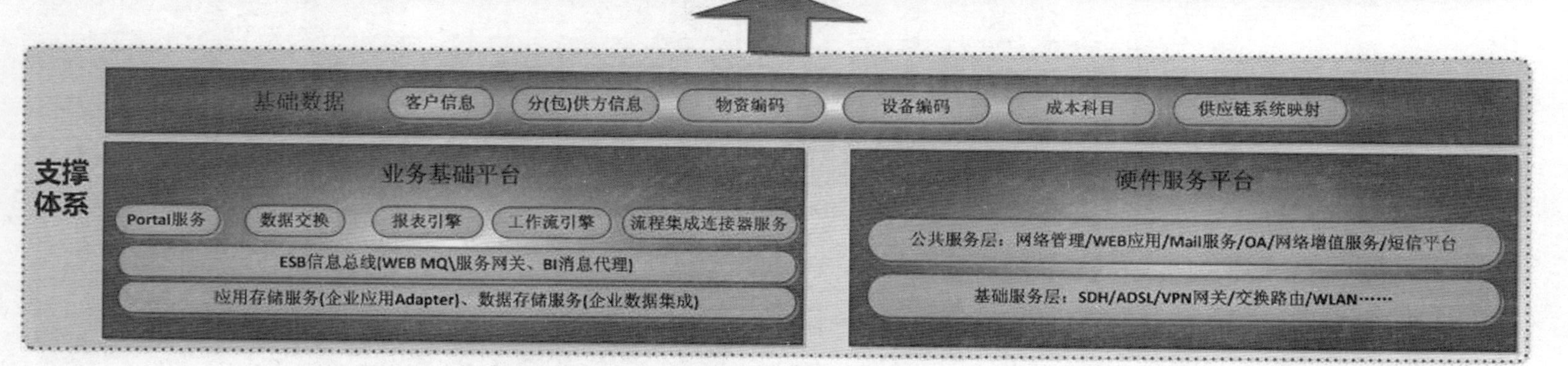

图3 建设目标框架

（六）信息化系统建设概况

随着企业战略业务的不断调整，中核华兴继续加大对信息化建设，不断扩展信息化基础平台功能，进一步完善信息系统，以适应不断变化的市场和日趋复杂的管理环境。

1. 信息化基础设施

网络硬件平台的建设目的，是为了更好地实施公司的管理、办公、信息交流和通信等。在中核华兴《信息化规划》的指导下，以功能应用为主线，充分结合企业的实际需要，建设符合企业自身需求、满足企业实际应用的高效快速网络。

网络建设本着“以应用为中心”的原则，内网充分满足各项业务信息系统应用的需求，并同时能兼容话音、数据、视频的传输，且可与外部网络（Internet）快速互连，达到中核华兴外网用户能快速访问公司信息系统目标。

1）硬件设施

①信息机房：信息机房部署在总部主楼一楼，面积40多平方米，放置了10个机柜，机柜目前归置了29台服务器、一台磁带机以及公司的网络核心设备，如核心交换机、防火墙、员工行为管理、VPN等设备，机房配置了恒温恒湿、防火及不间断电源等设备。

中核华兴机房如图4、图5所示。

图4 公司总部信息机房

图5　公司总部信息机房

②防灭火设施：中核华兴信息机房配备了机房专用的七氟丙烷气体灭火装置，该装置由烟感、温感、声光报警、控制器、七氟丙烷气体柜组成，能在危急时刻，在不损害机房中的各类设备的基础上起到灭火的作用。

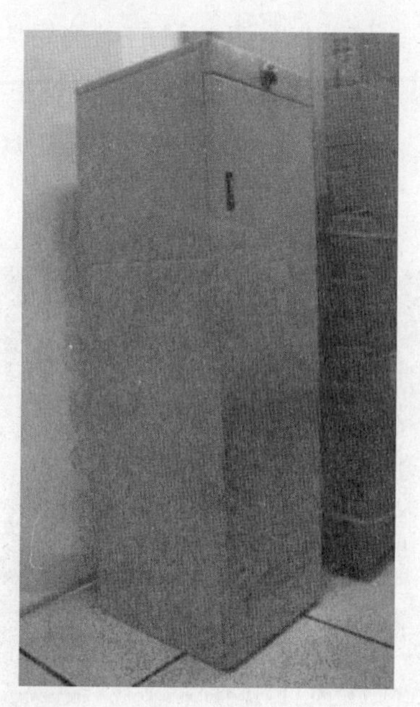

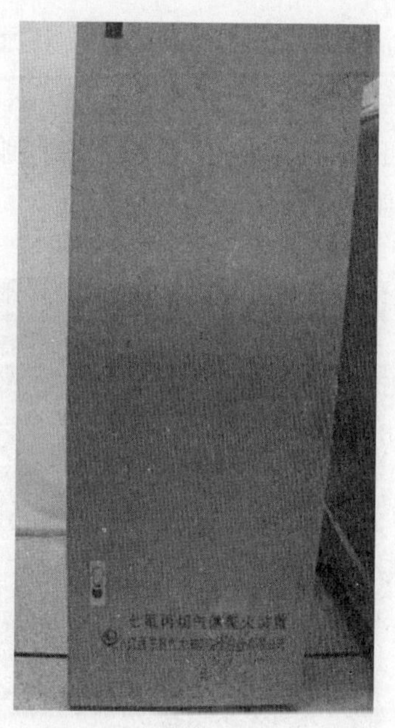

图6　机房专用七氟丙烷气体灭火装置

③恒温控制设施：采用机房专用精密空调，艾默生P1020U APMSIR，制冷范围是：24℃dB，50%RH：19.4kW；下送风方式，标准风量：5400m³/h；能使机房保持恒温恒湿，使机房内的各类电子设备保持在合适的环境下运行。

图7 机房专用精密空调

图8 机房专用UPS和电池组

④UPS：配置艾默生UL33-0300L型号的UPS，单机额定输出功率为：30KVA；该UPS为三进三出型（三相输入，三相输出）全数字、纯在线式智能交流不间断电源系统。该系统能提供优异的输入/输出性能，超宽输入电压范围（-45~+15%）,可适用于恶劣电网条件，先进的高频整流技术，无需任何配件，输入谐波电流<3% ，该UPS系统配套的电池组为100AH，SOTEKE生产的电池共计96节，在市电断电的情况下，能为目前负载提供6小时的供电。

⑤机房设备：机房集中配置了29台服务器、一台磁带机、一台飞塔3016B防火墙及上网行为管理、垃圾邮件防火墙、VPN、思科4506E核心交换机、负载均衡设备等，如下图所示。

图9 核心交换机——思科C4506-E

图10　垃圾邮件防火墙

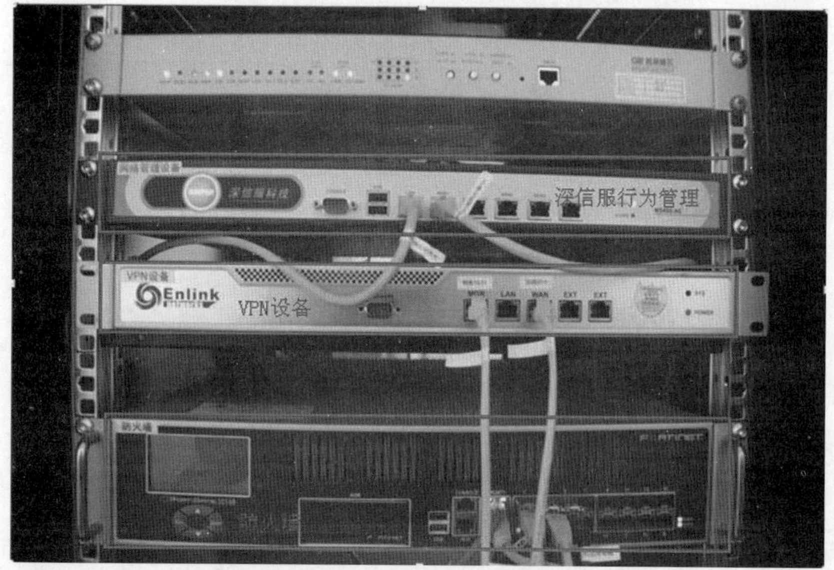

图11　上网行为管理、VPN、飞塔3016B防火墙

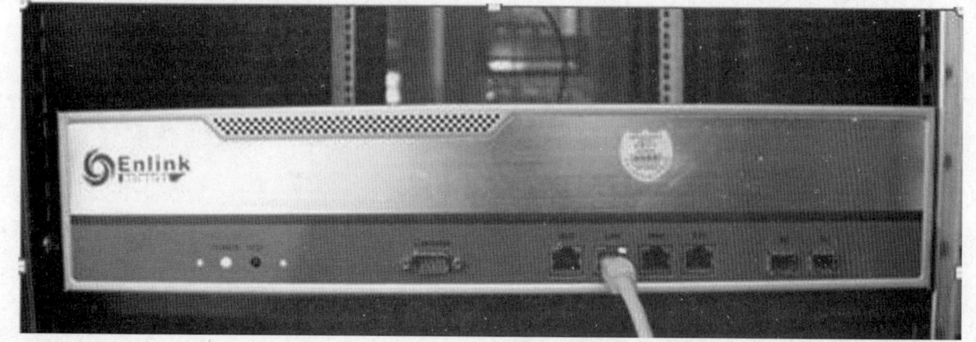

图12　负载均衡

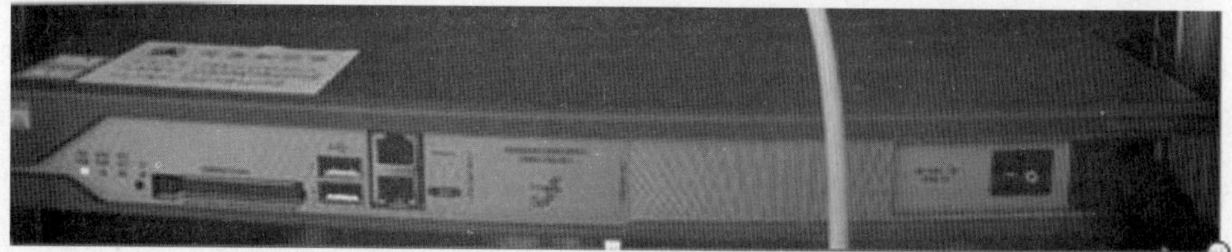

图13　路由器

图14　服务器

2）网络环境

网络的建设中，基本采用成熟的千兆以太网技术，内网采用三层结构，即核心层、交换层和接入层，网络拓扑结构为星型，通过防火墙、核心交换机、网络管理设备、服务器、工作站等设备来构架网络。

三层交换机按业务职能划分多个VLAN，方便管理公司总部各部门、公司总部大楼内各二级单位。中心机房通过防火墙接入南京市骨干网络，以便能更好、更快地获取外界各类信息及公司各业务系统远程访问。

中核华兴的各大项目部，例如红沿河、宁德、岭澳、阳江、台山、防城港、田湾七大核电项目部，在公司总体规划下，按其实际应用情况，建立了自己的局域网，与总部主干网分别使用专线或VPN的方式互连。

总部、分支机构及其连接的拓扑图如图15、图16所示：

2. 信息化信息系统建设

目前建设的中核华兴企业信息管理平台中包含了综合项目管理、人力资源管理、财务管理、档案管理、办公自动化以及其他管理信息系统，该信息系统的建设和应用一直坚持以项目管理为核心，以运营管理为支撑，为实现企业工作流程系统化、规范化、科学化，提高项目的管理水平起到了积极的作用。其逻辑架构如图17。

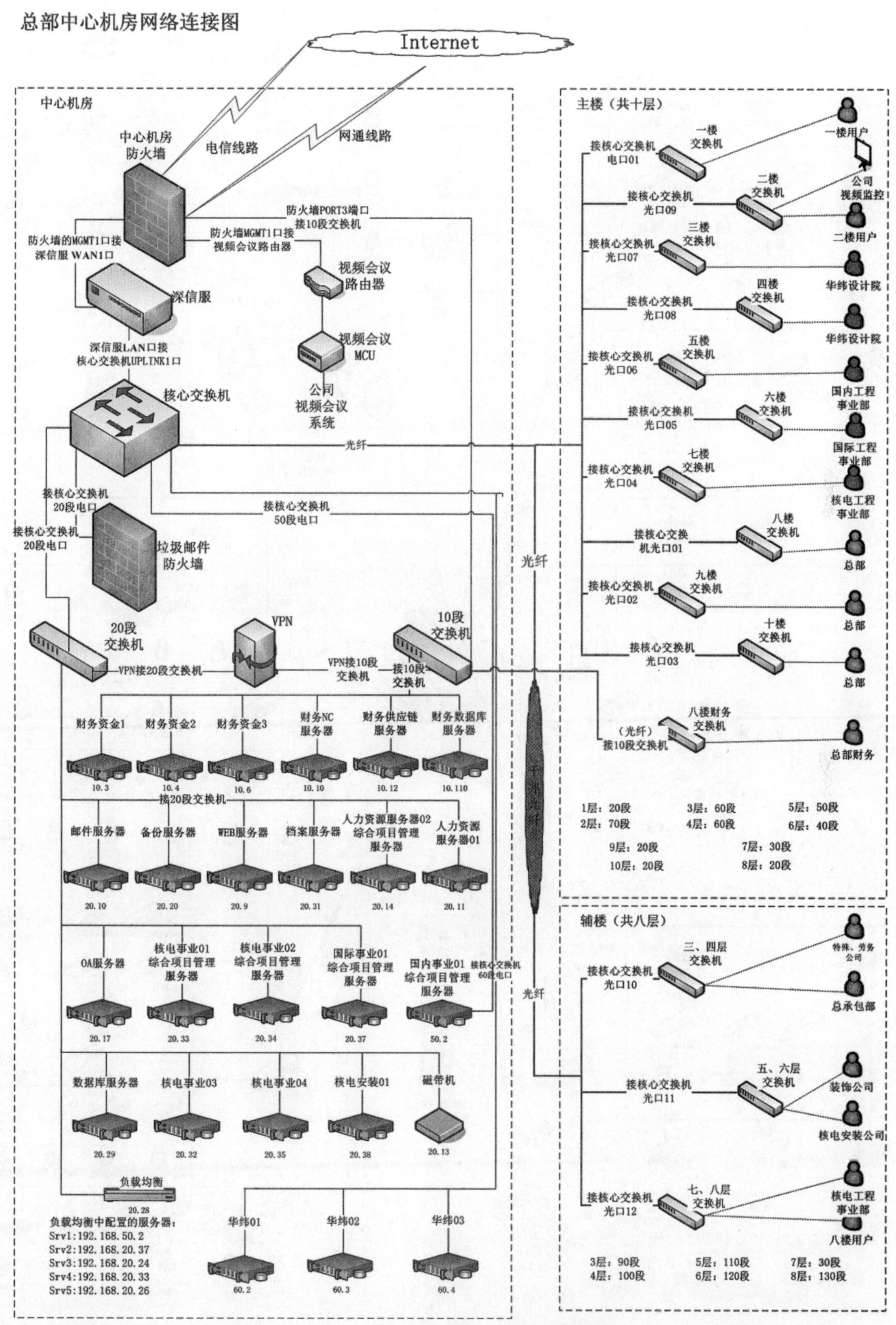

图15 总部信息机房网络连接图

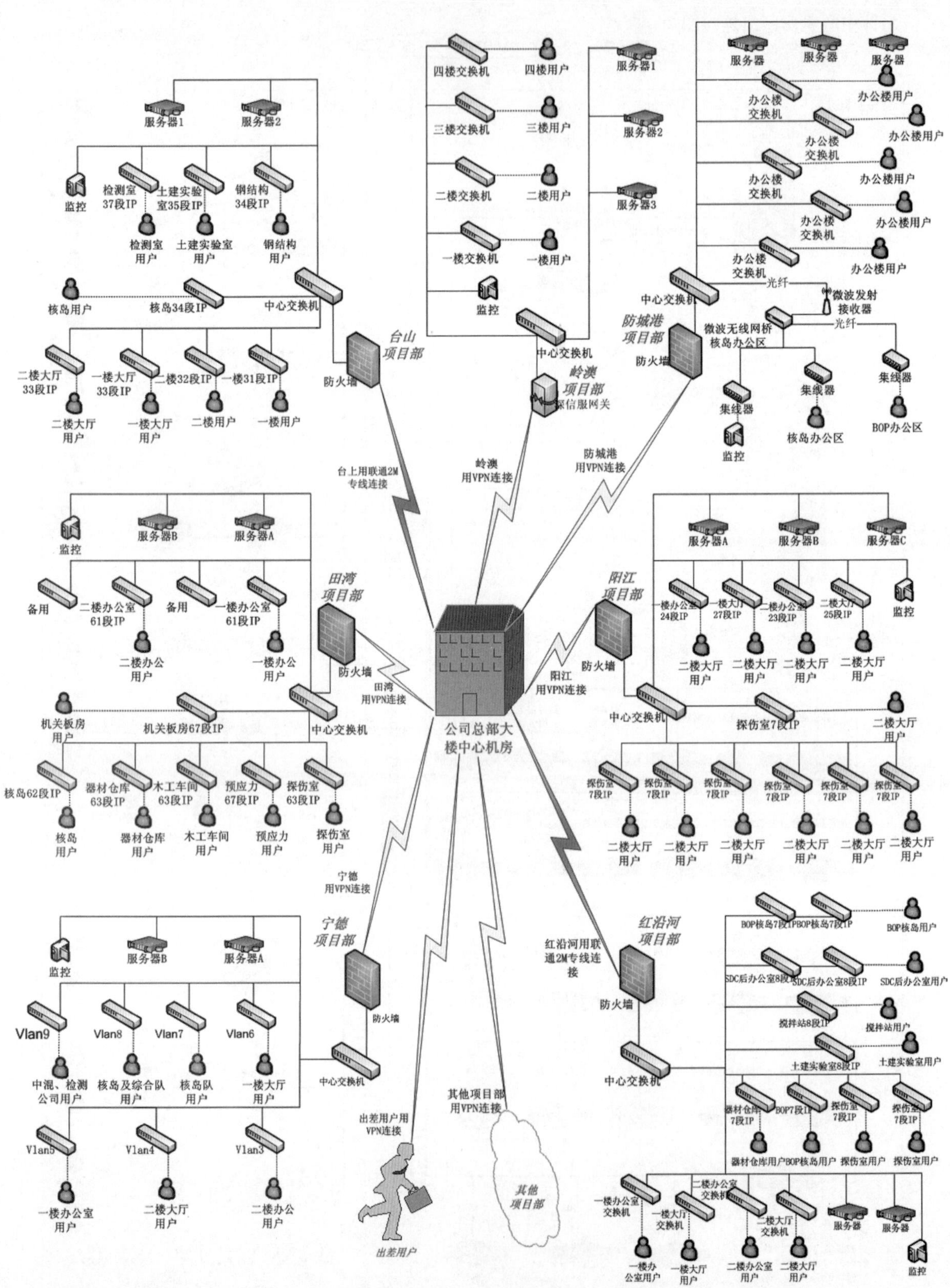

图16 项目部与总部的网络连接图

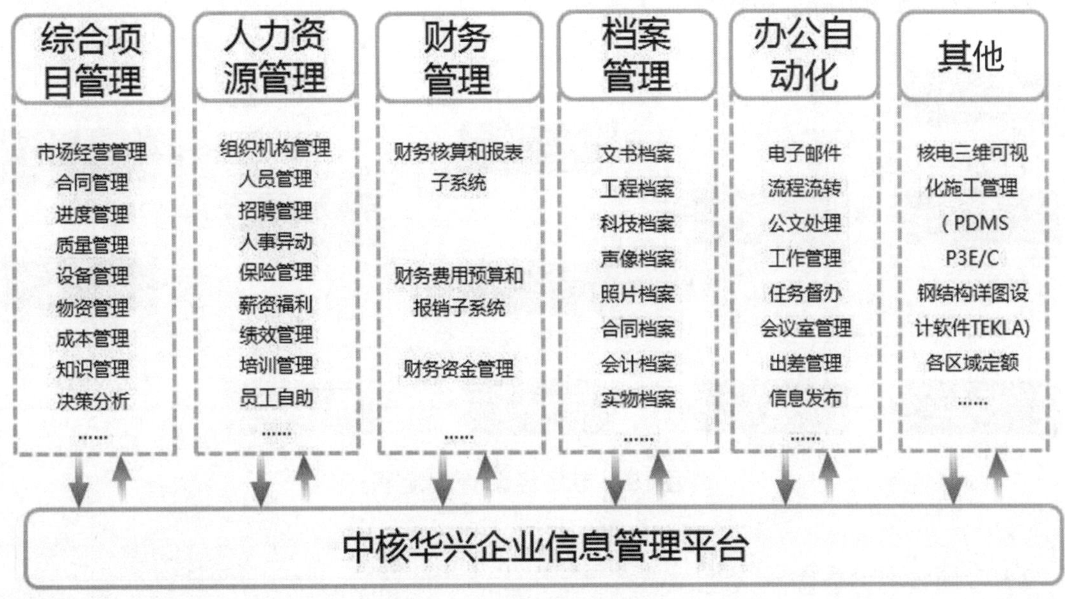

图17　信息系统架构

下面将对上图中的各个管理信息系统的应用情况及应用效果做简要介绍。

1）综合项目管理信息系统

中核华兴的综合项目管理是以项目管理为主线，涵盖了从项目的投标信息到合同的签订、项目实施的进度、质量、安全、物资、设备、成本等要素的管控，通过业务流程的规范，使项目的各项基础数据能够更及时、更准确反映到系统中，为领导的决策提供数据支撑。综合项目管理系统的框架如图18所示。

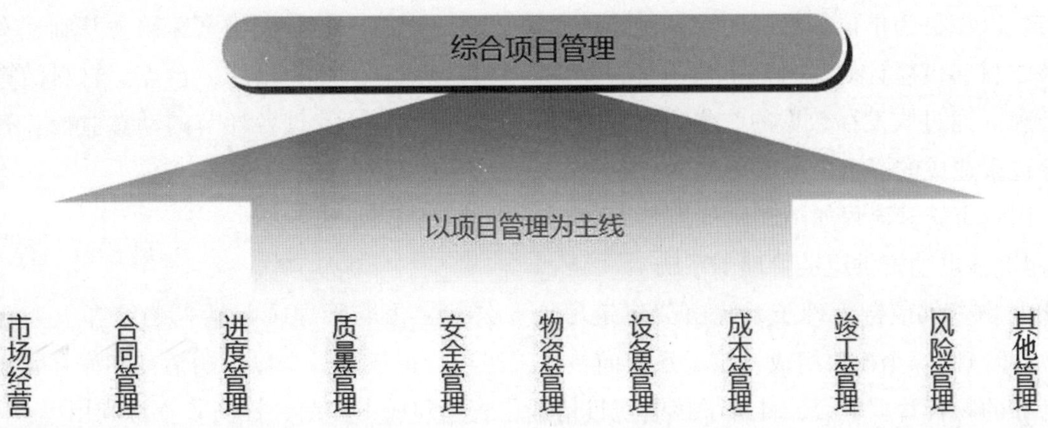

图18　综合项目管理系统框架

（1）市场经营管理子系统

实现了从项目洽谈、投标、评标、签订的全过程跟踪，并对供应商进行了有效管理。

市场经营的管理流程如图19所示。

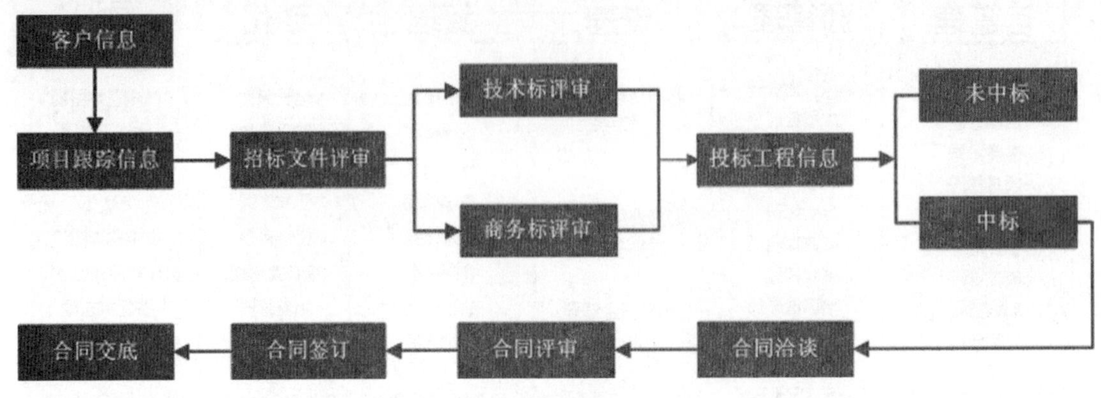

图19 市场经营管理流程

（2）合同管理子系统

合同管理子系统具备合同台账管理和多条件查询功能，能对合同履行过程中的变更、索赔、材料认价等进行管理和审批，实现了过程中的合同管理和控制。

针对核电事业部的特殊需要，在原合同管理子系统下增加了计算书管理、工程价款管理等模块，满足了核电事业部对商务的特殊管理。这些功能模块的应用提升了核电事业部的综合管理能力、实现了核电事业部范围内的商务资源共享，促进了核电事业部及下属各项目商务部之间的信息交流，建立并完善了核电事业部对合同全生命周期内相关业务实施动态跟踪及监控，对合同相关的程序文件、法律法规、招投标及主合同进度款等进行管理，从而更好地促进了对商务管理水平的提高。

（3）民用物资管理子系统

实现以项目为单位的材料需求及供应的过程管理，以统一的分类物资编码为基础，实现材料需求、材料供应计划、采购申请、材料招标、材料合同、入库、出库、盘点、材料结算等全过程管理。通过收发存数据的收集、汇总、分析，实现了物资管理各环节的动态监控。有效避免库存过多造成的资金积压或是库存不够而影响项目施工现象。

民用物资管理流程如图20所示。

（4）核电物资供应链管理子系统

核电物资供应链管理子系统由“建筑房地产公共、采购管理（包括采购结算）、合同管理、库存管理”4个模块组成，该子系统向核电工程项目提供了一个以采购活动和库存管理为中心的良好的物资管理平台，推进了核电项目精细化管理和成本控制，提高了资源利用率。

该子系统中，物资编码是最基础最原始的信息，是工程施工所需材料、配件等物项的统一识别码，目前该子系统中物资编码已达到23万条。

由于核电物资有着其独有的特殊性（例如：存在质保等级的要求<分为QA1级、QA3级和QANC级>，以及根据核电项目特有的B.T.S及采购技术规格书的要求将物资分为A、B、C类），因此，在该子系统中根据核电物资的特殊性，在整个物资管理过程中针对不同特性的物资选择不同的流程操作，以满足核电物资管理的需要。

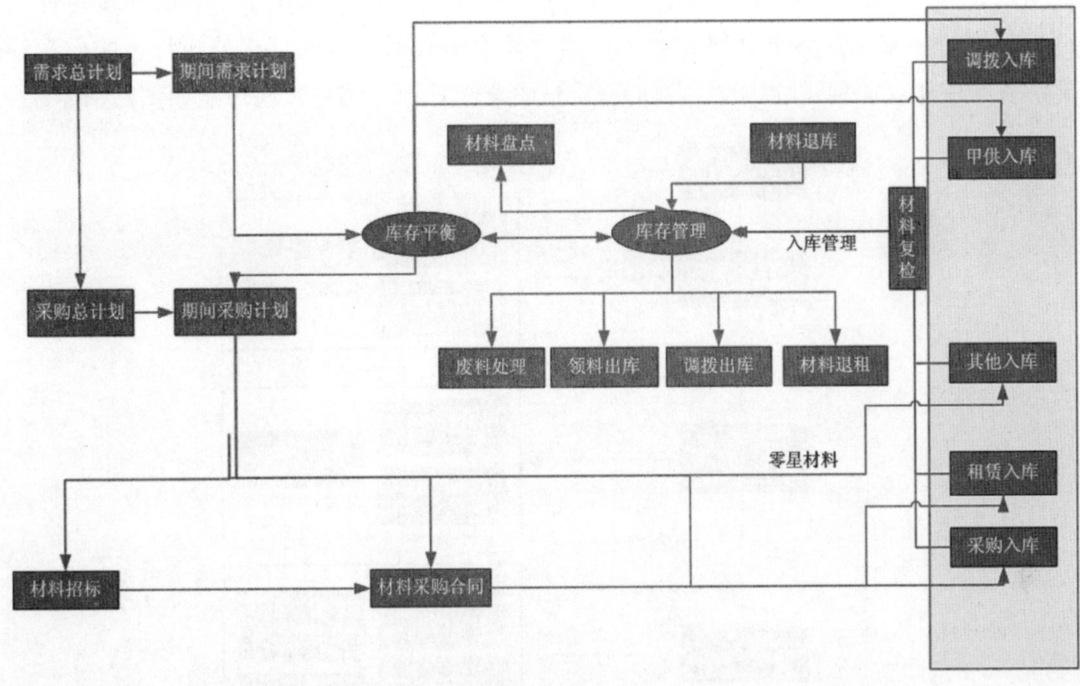

图20 民用物资管理流程

该子系统对物资管理过程中涉及的物资需用计划、采购计划、采购合同、采购订单到采购到货、材料入库、采购结算等环节进行综合管理，并且上述各环节的单据可以进行联查，充分保证了核电物资管理的可追溯性，并且实现了物资整体“流程品质”的优化管理，并实现与财务系统的无缝对接，初步实现了供应链管理，其管理功能如图21所示。

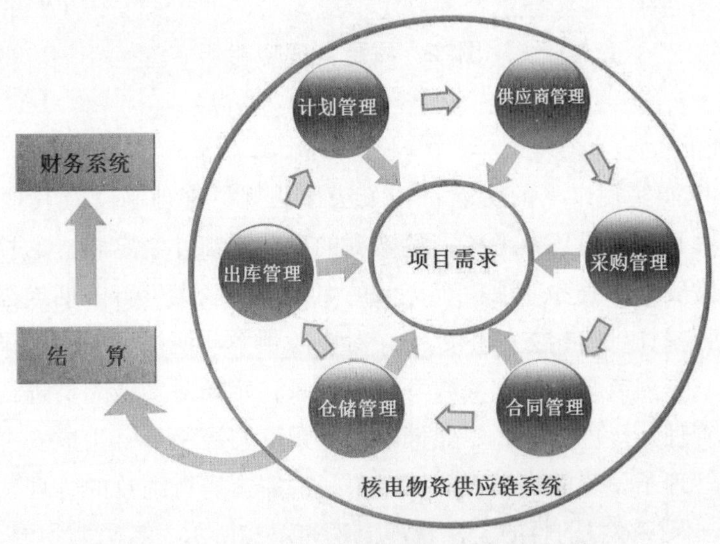

图21 核电物资供应链管理子系统功能

通过该子系统，使公司的各级管理层级能实时跟踪、检查各施工项目的质量情况，如果出现质量问题，则可监督、跟踪处理直至达到预定目标，并同时详细记录出现的质量事件、事故的全过程，同时积累企业各类分部分项工程的质量管理数据，形成具有公司特色的质量管理，这一子系统的应用，能促进施工项目对工程质量的全面管理。质量管理功能如图22所示。

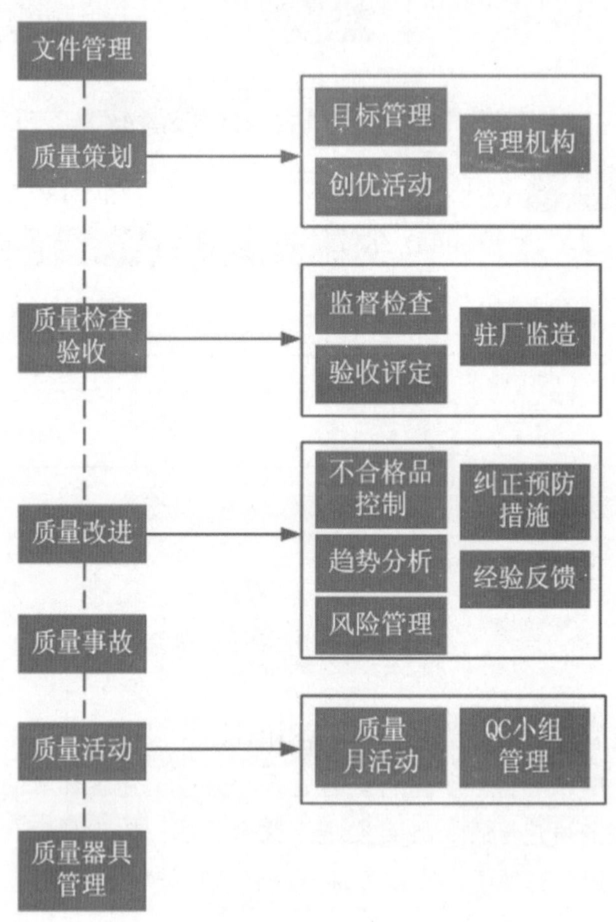

图22 质量管理功能

（5）安全管理子系统

安全管理子系统能实现以下的功能：相关法律法规、管理制度及其他安全管理文件的记录；各单位安全管理目标的设置及考核；危险源的事前辨识并制定相应的控制措施，形成各层级重大危险源；日常安全检查和专项检查记录的填报，对隐患进行限期或强制整改；处理安全异常事件、事故并记录详细的相关过程数据；对应急预案与演练情况的记录；对安全投入进行记录；各单位年度、季度或月度的安全教育培训记录；定期对安全人员进行相应的考核；还包括工时统计、人员管理、环境因素、职业健康因素识别与控制等；生成安全管理的各类决策支持报表。通过安全管理子系统的应用，能够对项目的安全进行细致的管理，达到消除隐患、预防事故、促进生产、保障效益的目的。其管理流程如图23所示。

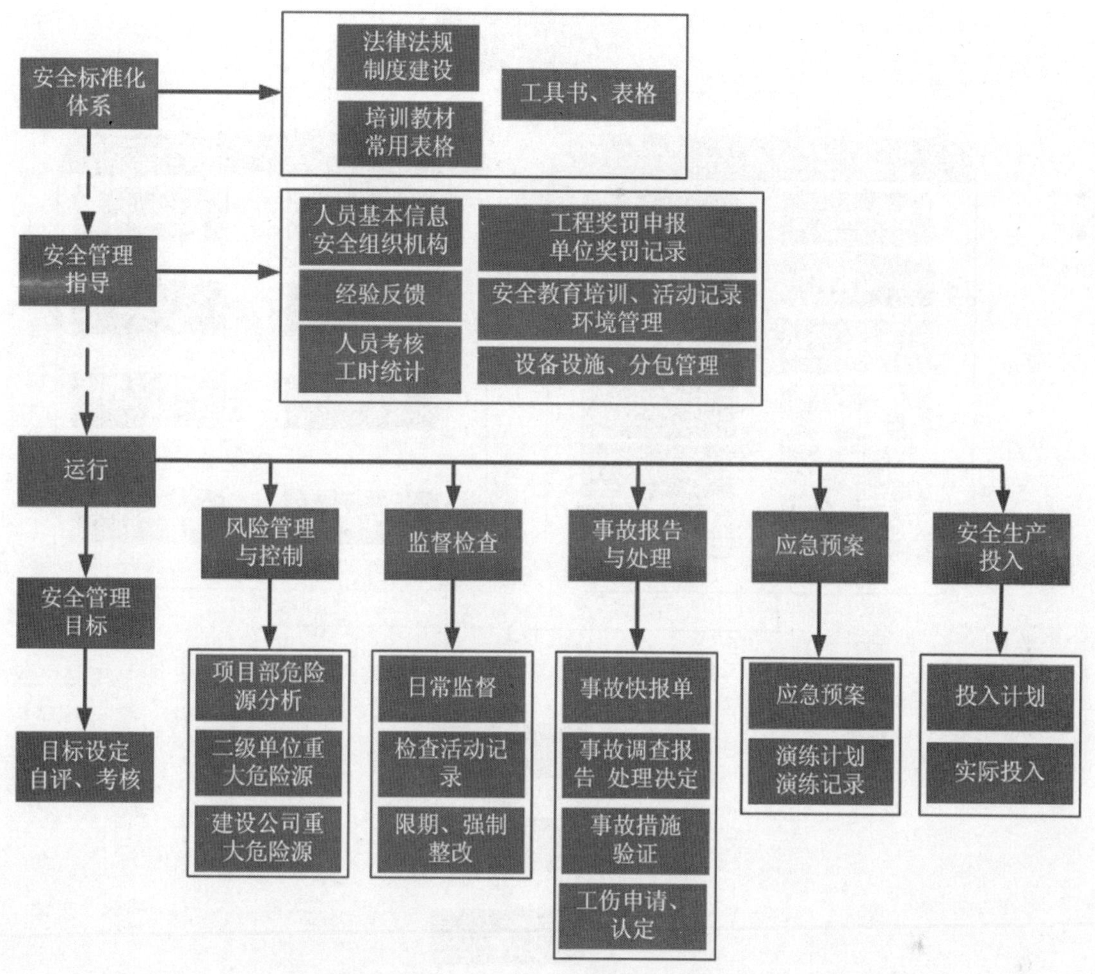

图23　安全管理流程

（6）进度管理子系统

进度管理子系统能够实现施工总体进度计划编制、期间（年、季、月）计划编制、期间实际进度填报、实物工程量填报、进度分析、施工产值统计及计划调整等功能，该子系统的应用实现了从总体进度总计划→期间计划进度→期间实际进度→进度对比的全过程控制，为工程项目的施工过程中对进度计划的控制与管理提供了全新的管理手段，有效地强化了项目组织实施能力。

（7）竣工管理子系统

竣工管理以项目最终顺利交付为目标，记录民用与核电项目在施工过程中产生的过程记录及分部工程验收的过程记录，根据需要随时可以实现竣工资料的组卷，并转为工程档案，竣工管理业务流程如图24所示。

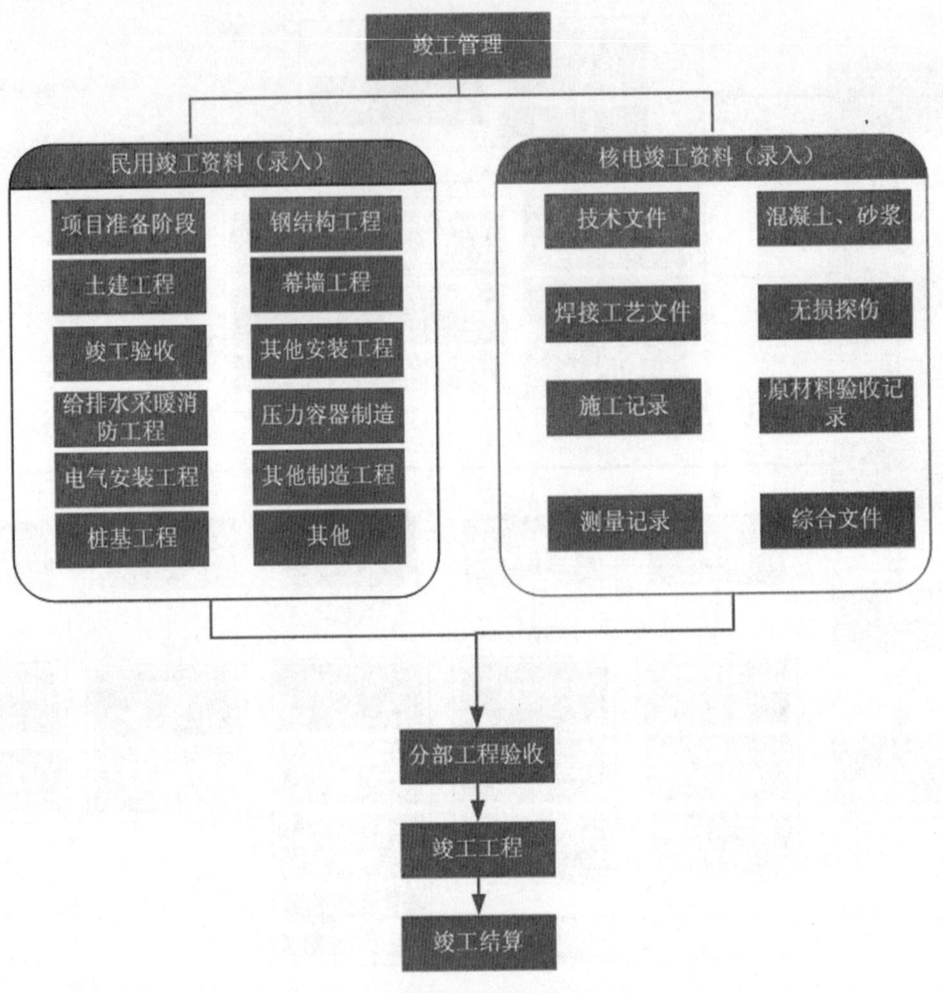

图24　竣工管理业务流程

（8）设备管理子系统

设备管理子系统中对公司自有设备建立了设备分类台账，并给设备分配了统一编码，另外还包括了设备台账、设备运转记录、设备维修保养计划和维修保养记录等功能，设备管理子系统的应用实现了对公司自有设备进行了全生命周期的管理，能有效地对项目的设备使用情况进行全面的了解和管控，为合理配置项目设备资源，保证项目设备高效、长周期、安全、经济地运行起到了积极的作用，其管理结构如图25所示。

（9）成本管理子系统

该子系统将成本预测、分析流程固化于系统，从合同订立开始，对项目预计总收入和预计总成本进行合同成果估计，并动态记录重大变更，结合项目实施规划或者实施预算对项目总体目标成本予以分解测算，为后续成本过程控制和分析提供基础依据。在项目建设过程中，实时动态记录期间应得成本测算情况和期间实际成本发生情况，并自动生成两算及三算对比分析报表，为项目成本管理提供数据共享的展示和分析平台，为相关业务部门出台管控建议和措施提供数据支撑。该子系统的应用为在建项目提供了成本预测、分析及管控的平台，推动了事业部、控股子公司落实在建工程项目成本精细化管理工作。成本管理流程如图26所示：

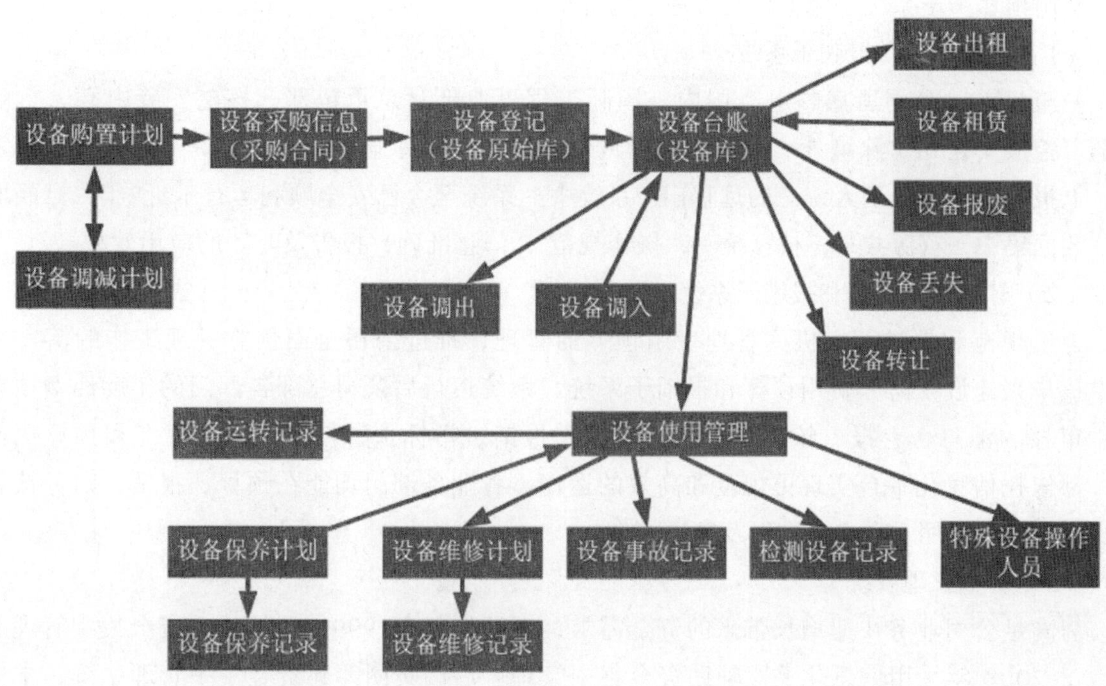

图25 设备管理子系统结构

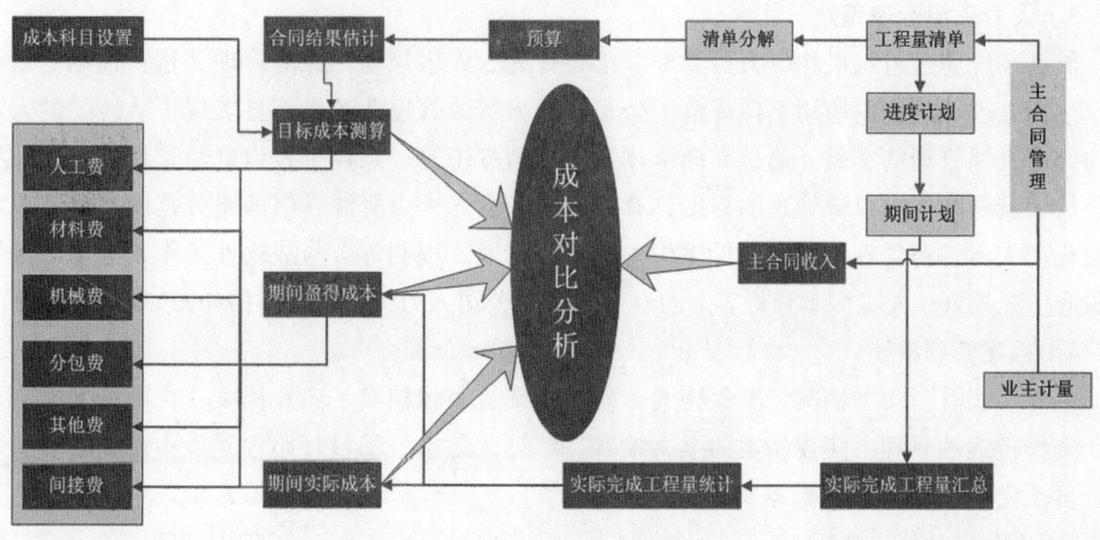

图26 成本管理流程

2）财务管理系统

财务管理信息系统目前由财务核算子系统（含固定资产核算）、财务报表子系统、全面预算（费用预算）子系统、网上报销管理子系统组成。

（1）财务核算和报表子系统

截至目前，公司所属核电、国内、国际工程事业部、总承包部、核电安装中心、行政管理部、控股子公司（除境外、军工保密项目外）的全部核算业务（含固定资产核算）和报表填制、上报、汇总均已纳入统一的远程ERP系统中。系统至今已安全顺利运行了近9年，已经取得了“数据集中，资源共享；核算统一，操作规范；信息准确，报告及时”的应用效果。

（2）财务费用预算和报销子系统

为了规范和促进两级机关管理费用预算的管理，推进公司全面预算管理工作的落实，因此中核华兴建设了财务费用预算和报销子系统。系统运行后公司总部各部门的年度经费预算提报、审核、汇总、上报、核准批复、日常费用报销、指标预警控制、数据查询和预算执行分析，都依托信息化平台实现更规范和高效的运作。各业务部门均能在预算、报销、财务核算系统内实现实时对照、自主查询以及穿透查询。

（3）资金管理系统

为满足公司业务快速增长带来的资金需求，中核华兴自1999年开始建立资金集中管理的模式，于 2008 年采用信息化手段辅助资金集中管理。后因集团筹建资金集中管理系统，中核华兴服从集团公司统一部署推迟了资金管理系统的建设上线。2013年7月份从健全公司财务信息化系统结构的角度考虑，中核华兴重新将资金管理系统建设提上了明确日程，计划在2013年年末前，通过资金管理系统建设，实现银企直连、统一开户、统一结算、统一调剂、统一信贷、规范票据管理等功能，从而提高资金管理和使用效益，规避资金管理风险。

3）人力资源管理系统

信息系统通过组织机构、人员管理、招聘管理、人事异动、保险管理、薪资福利、绩效管理、培训管理等功能的应用不但规范了公司的人力资源管理业务，而且实现了从传统的人事管理向人力资源管理的突破。通过面向全体员工的信息工具，延伸了人力资源管理的范围，提高了各级人员参与人力资源管理的程度，有效地提高公司人力资源部门的服务范围和服务质量，且强化了人力资源管理中的事务性工作（档案、绩效、福利等）与战略性工作（人才甄选、职工职业生涯规划、人工成本分析等）的有效结合。公司人力资源管理结构如图27所示。

4）档案管理系统

主要功能有：文书档案、工程档案、科技档案、声像档案、照片档案、合同档案、会计档案、实物档案的管理。实现档案的全文检索、统计、备份、编目打印等管理功能，并且实现与办公自动化（OA）的公文数据交互。

5）办公自动化（OA）

主要包括电子邮件、流程流转、公文处理、工作管理、任务督办、会议室管理、出差管理、信息发布等模块。建立了企业信息交流平台，协助处理个人事务，能进行企业收文、发文处理，能够灵活自定义流程、表单，对审核过程留痕，对文书档案自动归档，实现了无纸化办公。

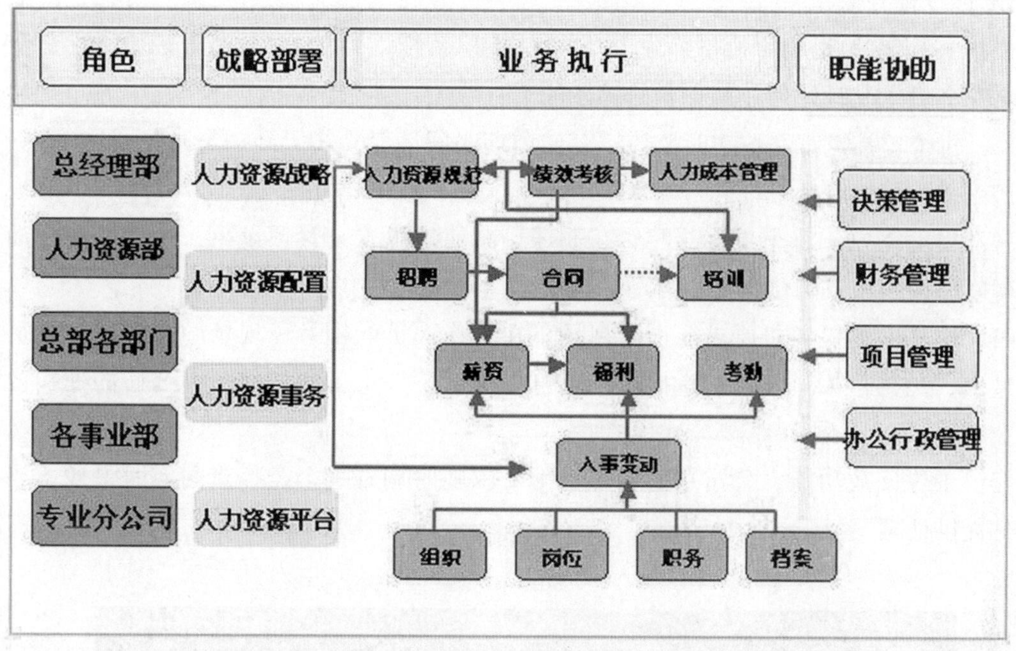

图27　人力资源管理结构

6）其他管理系统

（1）三维虚拟施工信息平台的应用

目前，核电事业部的宁德项目部、阳江项目部、防城港项目部、红沿河项目部、AP1000项目部、台山项目部都应用了三维虚拟施工信息平台（适用于CPR1000及AP1000两种堆型），该平台包含了施工信息集成、进度四维管理、施工动态模拟、施工数据管理、模型数据管理等功能，涵盖了所建堆型需要的技术文件、工程量计算中的各类技术参数、质保及安全要求的各项文件，能生动的将可视化的施工现场在屏幕上展现出来，并具备全方位演示和剖切的功能，能将模型跟进度计划一一对应，进度计划中所描述的每一个施工阶段，都可以在模型中找到相应的节点，有效地加强了上述核电项目部施工现场的进度控制及管理。

（2）Tekla Structures的应用

Tekla Structures的应用，可以在一个虚拟的空间中搭建一个完整的钢结构模型，模型中不仅包括零部件的几何尺寸，也包括了材料规格、横截面、节点类型、材质、用户批注语等在内的所有信息。在创建模型时可以在3D视图中创建辅助点再输入杆件，也可以在平面视图中搭建。Tekla中包含了600多个常用节点，在创建节点时非常方便。只需点取某节点填写好其中参数，然后选主部件、次部件即可，并可以随时查询所有制造及安装的相关信息。能随时校核选中的几个部件是否发生了碰撞。模型能自动生成所需要的图形、报告清单所需数据。所有信息可以储存在模型的数据库内。当需要改变设计时，只需改变模型，其他数据均相应的改变，因此可以轻而易举地创建新图形文件及报告。

（3）远程视频监控系统

中核华兴在各个大型的项目部建立了远程监控系统，目的是监控施工现场的安全文明施工，发现安全隐患及时处理。其主要的功能如下：

第一：每个监控点都采取实时监控，存储周期时间一般为20天到一个月。

第二：每个监控点都可以进行变焦和上、下、左、右操作。

第三：根据需要，每个项目部配有高速球，高速球可以设置预设位，然后调用自动导航功能，让高速球按照预设的位置进行自动扫描。

第四：核岛区的摄像机要求能看清现场正在工作人员的帽号（现场的每位工作人员都有唯一的帽号），当某位人员发生违章操作，就可以记录下该员工的帽号，为今后的处罚教育提供依据。

第五：录像回放功能，公司总部和现场都可以随时调看每个监控点的实时录像，当出现异常情况时提供证据。

图28 穹顶吊装

图29 远程监控系统

（4）视频会议系统

中核华兴的业务遍及全国各地，为达到节约、简单、方便、随时随地组织各种的会议及培训，公司建设了整套的视频会议系统。其功能如下：

语音对讲功能：所有的会场都可以实时发言，并且将语音同步传播到其他会场。

双流功能：通过VGA线将PC机和polycom主机连接起来，把PC机输出的VGA信号直接作为视频源，输入到视频会议终端上，该PC机桌面信号和活动音频、视频图像同时传送给会议中其他会场。类似的文件如：PowerPoint等制作的幻灯片、WORD文档、EXCEL文件、录像等其他形式的文件。

支持多种界面布局方式：根据MCU服务器的许可，可以将会场画面分割成多路进行显示。例如单屏显示、9分屏显示、16分屏显示等。

支持多场会议同时召开：根据MCU服务器的许可，可以同时召开不同的会议，并且会议的画面和语音互不影响。

随时管理与会的会场：当与会的会场发出杂音影响到整个会场时，会议管理者可以将该会场的语音进行屏蔽。

图30 视频会议系统

（七）信息化建设总结

信息化的发展为现代企业管理提供了强有力的技术支持。推进企业信息化，对于提高企业竞争力具有重要的意义。通过信息化来提高企业竞争力，成为当今企业一个现实的战略选择。在这样的背景下，中核华兴加大了对信息化的投入，使公司的信息系统得以提升和完善，自公司信息系统投入使用至今，其在提升企业管理水平及促进企业技术创新等多方面的作用逐步体现出来。

1. 管理效果

规范公司管理流程：公司信息系统在应用的过程中对每个子系统业务管理流程进行了重新优化及再造，通过对业务流程的优化、再造，使现有的业务流程更加科学、合理。公司及各事业部/专业分公司根据优化后的流程进行业务处理，有效提高了公司集约化管理水平，达到促进公司管理流程规范化的效果。

推进公司标准化：通过信息系统的应用，促进了对公司现有的基础数据进行规范，目前公司的物资编码、工程编码、合同编码等均实现了编码统一，健全了公司标准体系，为公司规范化发展方向奠定了基础。

加强协同办公：经过信息化的建设及使用，使公司各级领导提高了信息化意识，改变了企业管理模式；通过信息平台的应用，将分布在全国各地的分公司、项目部都集中到同一个办公信息平台进行办公，加强了各单位之间的横向纵向的协同，使信息数据传递更准确、更快捷，同时系统的建设实现了业务审批的高效化，员工工作效率得以大幅提高，企业资源得到充分利用。

提高决策能力：随着公司的信息化深入挖掘，系统能为企业提供大量的统计报表，报表的内容涉及项目管理、财务管理、人力资源等各个管理领域，为企业的各级管理者获得各自所需的数据提供有力保障，为企业科学决策提供了定量分析数据及有力依据。

降低成本：信息化的建设形成了成本管控优势，降低了企业管理成本，这可以从两方面体现出来：

一是信息化可以影响企业经营中的每一个价值活动，降低该项活动的费用，从而降低经营活动的总成本，实现低成本高效益的竞争优势。例如，公司视频会议的应用有效减少人员出差、节约了资源，同时提供了音视频、数据、文件等多方面交流的平台，实现了更经济、更有效的即时通信交流。

二是信息化可以降低企业各项活动所发生的成本总和，通过信息系统的应用，可以做到从采购、生产、销售直至售后服务过程的高度信息共享，例如，在采购环节，公司在生产经营过程中所需的原料、配件的品种和数量众多，仅靠人工管理务必会消耗大量的人力物力，且效率不高，通过物资管理子系统的应用后，不但能做到迅速地采购和补货，而且可以根据生产需要及时调整采购品种，降低库存成本；在生产环节，使企业的生产做到精确配合、精确生产，有效地降低了生产成本。

由此可见通过信息化管理有效降低了营运成本，提高了项目管理水平，加强了项目和公司的整体成本控制及各种生产资源的管理，最终提高企业核心竞争力。

为企业带来适宜的环境：在中核华兴众多的外部环境因素中，对企业有巨大的影响因素主要有三个：顾客、竞争与变化。中核华兴通过信息系统的应用，能够从三方面改变企业所处的环境：一是可以及时掌握顾客的特殊需求，根据顾客的要求“定制”产品和服务。二是改变了企业的竞争状况，使公司的竞争力增强。三是能够及时掌握环境变化的信息，并快速地对变化做出反应。

有助于改变企业组织结构：在传统的体制下，公司按照分工协作的要求划分为不同的职能部门，内部组织界限分明，层次繁多，形成了一种金字塔形的组织结构，这种组织结构中采用的是典型的上级决策、下级执行、同级之间缺乏合作与协调的集权管理模式。这种模式过分强调控制与分工，导致公司对环境变化反应的敏感性不足，效率低下，而且形成管理的官僚化。

信息化的应用从以下几方面打破了上述的这种组织结构，提高了整体竞争力。一是信息系统的应用，使信息传递速度的极大提高和信息通道的通畅，基层与高层决策层的直接沟通能力增强，从而促使中间管理层的缩减。二是信息系统的应用，提高信息的共享性，实现了公司决策权的分散，使基层能够对市场的变化快速决策。三是信息系统的应用使公司在各地的分支机构之间的信息交流像在一座大楼内一样方便、快捷，从而降低了组织管理费用。

加强了企业技术创新能力：信息化在公司技术创新中起着举足轻重的作用，离开信息化的保障，技术创新是很难成功的。信息化在技术创新中的作用，主要通过提供技术信息、市场信息和政府信息来支持技术创新。

通过对技术信息的分析和利用，中核华兴可以实现以下目的：一是了解某一技术发展的最新动态，使公司对欲开发或创新的项目在国内外的技术水平了解清楚，从而使自己的创新成果在竞争中具有先进性。二是为公司的技术开发和创新提供思路，借鉴他人已有的成果或技术可以使自己少走弯路、节省创新成本。三是利用技术信息可以了解到竞争对手的技术水平状况，对于竞争对手的威胁及早做出相应的对策。四是利用技术信息（主要是专利信息）可以了解到某一技术或产品在国内外申报专利的情况，以免侵犯他人专利权，避免不必要的纠纷。

降低运营风险：一方面，信息系统的应用，使中核华兴能严格目标成本的执行与控制，让项目成本超支比例有所降低，从而降低了企业在经营方面的风险。另一方面，公司视频监控系统的应用能即时掌握各项目部施工现场的动态信息，发现违规现象或安全隐患时能及时传达整改措施并监督整改，有效地降低了企业安全运营方面的风险。

提高了员工的素质：中核华兴通过信息系统的运用可以极大提高员工的素质，具体表现为：一是借助于信息系统，员工可看到、听到、触觉到以前无法感知的事物，并完成以前体能上无法承担的工作，从而实现员工体能和智能的延伸与增强。二是信息系统的使用可使员工及时获得大量信息，有助于逻辑地、辩证地和系统地思考问题，使员工的思维的局限性得以改善。三是运用信息系统，节约了原来靠人脑和文件加工处理信息所消耗的大量时间和精力，从而使员工有可能转向其他富有创造性的工作上去。

2. 技术效果

系统功能：信息系统实现了数据的集中存储，使得公司、事业部/专业分公司管理人员可以更方便地查询到公司内各种信息，系统对收集来的各类信息进行有序的处理、分析和汇总，提供完善的查询统计和报表管理，实现数据共享，达到了业务管理的预期目标并得到业务部门的认可。

系统性能：信息系统正式运行以来，经过长时间大范围的应用，在大量并发用户的环境下，能够稳定、安全、快速的运行，满足了公司处理海量数据的业务要求。

系统操作：信息系统具有友好、美观的用户界面和简捷的操作方式，新用户能在短时间培训和学习后快速完成业务操作。

3. 社会效益

信息系统是一个融合业务流程、业务数据、信息资源、业务人员的高度集成化和自动化的管理平台，实现了在基础信息层次上的科学管理和综合运用，同时也实现了在业务运作层次上的规范管理和高效运作。并且融合了公司管理体系、组织结构、管理矩阵、供应链、企业战略整合化的管理平台，实现了业务流程的固化和优化，实现了数据科学统计分析、企业科学战略决策、企业管理与战略相结合的全面管理，增加了企业核心竞争力。

河南省第二建设集团有限公司信息化案例

（一）企业简况

河南省第二建设集团有限公司是一家综合性大型建设公司，公司注册资本金为30 637万元。具有房屋建筑工程施工总承包一级资质和建筑工程设计乙级资质，具有建筑装饰装修工程专业承包一级、高耸构筑物工程专业承包一级等资质。1997年以来，公司相继通过质量、环境和职业健康安全管理体系认证。

公司现有职工2 100余人，各类专业技术人员1 200余人，其中高级职称101人；具有资质的建造师160余人，其中一级建造师102人。

公司目前拥有省级企业技术中心以及河南省清水砼工程技术研究中心，包括清水镜面砼、饰面砼等公司29项关键技术获得国家知识产权局授权，获专利29项；主编或参编国家、行业、省级标准6项；荣获国家、省级行业新技术应用示范工程19项，国家级工法4项。

公司近年来先后荣获“鲁班奖”6项、“国家优质工程金奖”1项、“国家优质工程银奖”12项、“中国电力优质工程”15项、河南省“中州杯”、“河南省优质工程”30余项，荣获“全国建筑企业500强”、“全国建筑业先进企业”、“中国建筑业最具成长性百强企业”、“全国建筑业AAA级信用企业”等多项荣誉称号。

多年来，公司凭借良好的信誉和雄厚的实力，承建了大批国家和省市重点项目，足迹遍布全国26个省、直辖市、自治区，在建工程覆盖国内13个省、自治区以及阿尔及利亚、土耳其等海外市场。

（二）信息化建设背景及历程

1. 信息化准备阶段

①软硬件选型：2009年4月份，公司成立信息化考察组，在全国范围内对国内知名的8家管

理软件提供商及其重点客户进行了反复考察和对比，最终确定与相关软件厂商开展战略合作。

②制度准备：2009年4月—7月份，公司集中力量重新修订了13个基本管理制度，梳理了公司的管理流程，启动了合同集中管理、核算集中管理、资金集中管理制度，为全面信息化建设做好了制度准备。

③信息化规划：2009年11月，公司在充分征求相关专家意见的基础上，结合公司信息化现状及信息化建设目标，制定了《公司信息化建设规划》。

④机房建设：2009年10月—11月，公司按照住房和城乡建设部《电子信息系统机房施工及验收规范》GB 50462—2008等相关标准完成了机房建设。

⑤软硬件准备：2009年12月20日，完成了机房服务器、防火墙、网关、存储、带库、UPS电源等硬件设备的准备，开通了网通和电信公司双10兆光纤；2009年12月20日，完成OA办公系统在服务器端的部署，12月30日，完成了综合信息系统在服务器端的部署。

2. 单系统上线阶段

①OA办公系统。2009年12月28日，OA办公系统正式上线，2010年1月8日，董事长及公司高层开始执行无纸化办公，2010年6月1日，OA办公系统升级为集团版，2012年6月，系统移动功能上线。

②财务资金系统。2010年2月底，财务核算和资金管理系统完成初始化设置及原始数据补录，2010年3月份开始，各模块陆续上线运行。

③人力资源系统。2010年5月份，人力资源系统完成各项初始化设置及原始数据补录，2010年6月份，人力资源系统各功能模块陆续上线运行。

④经营管理系统。2010年6月份，经营管理系统各功能模块上线运行。

⑤综合项目管理系统。2010年4月—6月，公司先后选取了3个项目部进行项目管理系统综合试点，但由于方法不当，3个试点都以失败告终。 2010年11月，公司在登封电厂、沁北电厂项目获得试点成功，公司及时总结了试点项目的成功经验，2010年12月份，开始大范围全面推广。

⑥2010年8月，企业邮件系统发布应用。

⑦2010年9月，企业门户网站改版完成。

⑧2010年10月，档案管理系统上线，开始陆续补录各种历史档案。

⑨2011年11月，商业智能系统一期开发完成并投入使用。

3. 财务业务一体化阶段

2010年12月底，完成项目管理和财务数据财务业务一体化方案确认，2011年2月份，完成财务业务一体化方案试点，2011年3月份，开始在公司新开项目和具备条件的在建项目全面推行财务业务一体化。

4. 常态化运行阶段

随着公司各信息系统运行的不断成熟及财务业务一体化模式的成功推行，2012年，公司各信息系统开始陆续步入常态化运行阶段。

（三）当前企业信息化建设思路

1. 公司信息化建设定位

①名称定位："信息化河南二建"项目。

②组织定位：一把手工程。

③目标定位：建设全员、全过程、全方位的"信息化河南二建"。

④实施步骤："点击幸福 、享受阳光、在阳光下成长"三步走。

⑤资金计划：自筹资金1 460万元，3~5年分期投入。

2. 信息化建设原则

①整体性原则：信息化建设规划应站在公司全局的高度去审视和把握各部门、各单位的具体业务需求，研究各业务系统间的相互关系和业务联动，对公司信息化的软硬件建设及推广应用进行整体规划、分步实施。

②实用性原则：信息化建设规划要立足公司管理和信息化应用现状，服务公司发展战略，在软硬件选型、网络安全、系统安全、系统建设以及推广应用等方面都要立足实用，允许适度超前，但不应该去刻意片面追求尖端的技术、庞大的功能以及豪华的系统。

③扩展性原则：信息化建设规划应充分考虑信息技术的发展和河南二建未来发展空间，特别是在主机性能、存储设备、网络安全及应用软件的选型上，要充分考虑系统的扩展性，以保持系统的稳定性和应用的连续性。

3. 信息化建设里程碑计划

根据国内施工企业信息化建设的一般规律，企业信息化建设不可能一蹴而就，往往需要企业在人力、财力和物力的持续性、甚至反复性投入。所以，从河南二建公司信息化建设的目标定位和公司业务管理现状出发，为保证公司信息化建设稳步推进，特确定以下里程碑计划：

①2009年，完成公司基本管理制度的修订、管理流程的重新梳理、基础编码体系的编审和信息化整体规划方案；完成机房建设、硬件及网络设备建设和主要应用软件在服务器端的部署。

②2010年，从OA办公开始，分期分批完成包括OA办公、人力资源、财务核算、资金结算、经营管理、项目管理和档案管理等各应用系统的单系统成功上线及推广应用。

③2011年，着手探索基于项目管理和财务数据无缝对接技术的财务业务一体化，结合系统功能和公司财务核算现状，科学制定一体化实施方案，从试点项目开始，逐步推广财务业务一体化。

④2012年，完成各信息系统的门户集成，完成商业智能的部分报表功能的开发应用，完成视频会议和视频监控系统的部署和系统上线运行，逐步完善公司信息化常态化运行管理机制。

4. 信息化系统总体规划架构

公司信息化建设整体架构可以分四大板块：硬件及网络支撑平台、基础技术平台、应用系统平台、协同门户及决策管控平台。

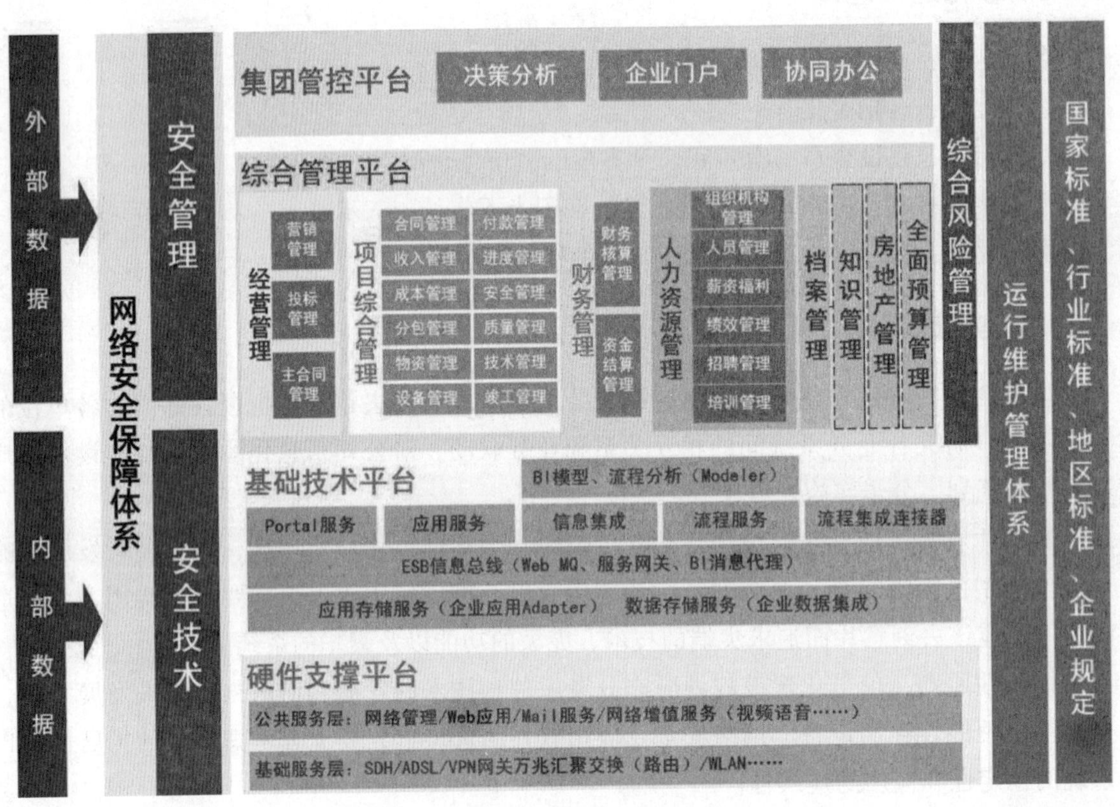

图1　信息化系统总体架构规划

5. 公司信息化实施规划

1）项目组织

①成立“信息化河南二建项目”领导小组：董事长任组长，常务副总经理为副组长，公司各主管领导为组员。负责公司信息化建设重大问题的决策，特别是信息化投资、软硬件选型、各系统关联问题协调等。

②成立河南二建信息中心，作为公司信息化主管部门，配置专业技术人员，负责组织公司信息化建设的实施、推广应用及问题的协调。

③成立“信息化河南二建项目”实施小组，任命项目总监和项目经理，各业务系统、各分支机构选派业务骨干作为项目实施小组成员，负责项目实施的方案确定、进度控制、质量保证、问题解决等相关事宜。

2）信息化制度建设规划

为确保河南二建信息化建设的有序进行，提高企业信息化应用的规范化和标准化水平，需要健全公司信息化管理制度，从制度层面保证公司信息化常态化运行体系的形成。需要编制的信息化基本管理制度包括《公司机房管理制度》、《公司信息资产管理制度》、《公司网络管理制度》、《公司机房设备及网络安全应急管理制度》、《公司信息系统数据安全管理制度》、《各信息系统运行管理制度》、《信息系统用户账号与权限管理制度》、《公司信息化考核管理制度》、《公司网站运行管理制度》、《各信息系统操作手册》等。

3）信息化人才建设规划

河南二建公司信息化建设起步晚、基础差、底子薄，信息化专业技术人员缺乏。如何因地制宜，尽快培养一支既熟悉企业管理运营和管理程序，又懂信息技术的复合型信息化管理团队，是公司信息化建设的当务之急。

信息化复合型人才的培养，可以立足于自身培养与外部引进相结合，通过建立相应的信息化岗位体系、信息化人才激励机制，逐步为公司培养和储备一批高素质信息化人才团队，以满足公司信息化建设的人才需求。

4）公司信息化资金保障

投资估算范围包括机房建设费、机房硬件及网络设备费用，规划范围的各种应用软件、系统软件及数据库软件费用，信息中心人员工资，各类培训费、预备费等。不包括各分支机构的信息化投入费用。

①机房硬件及网络设备费用按照当期市场咨询价进行估算，安装、调试费用暂按设备费用的10%进行估算。

②系统软件及数据库软件暂按当期市场咨询价进行估算；应用软件暂按供应商报价进行估算（含系统实施费用）。

③其他费用根据《企业信息化建设项目投资估算办法》的规定及本项目实际情况估算，基本预备费率9%。

表1　河南二建信息化投资构成分析

序号	工程或费用名称	投资额（万元）	比率
1	软件投资	734	50%
1.1	应用软件	701	
1.2	系统软件	28	
1.3	数据库软件	5	
2	设备购置及安装	506	35%

续表

序号	工程或费用名称	投资额（万元）	比率
3	其他工程和费用	40	2.7%
4	人工费用	50	3.4%
5	预备费用	130	8.9%
合计		1460	100%

（四）信息系统建设概况

1. 基础设施建设及应用情况

1）机房建设

河南二建中心机房位于集团总部西四楼（非顶层），总建筑面积约65平方米，分设备区与值班区，中间用12毫米防火玻璃隔断，整个机房设计包括机房二次装修、电气、空调、通风、防雷接地、气体消防、安防门禁、防静电地板、恒温恒湿、环境监控报警系统、综合布线系统。

图2 机房值班室及设备区室内

图3 机房防静电地板效果

图4 机房UPS电源及UPS电源控制器

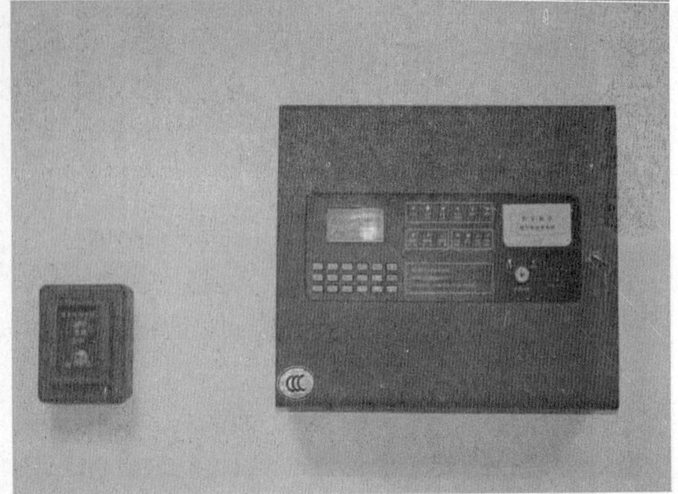

图5 机房精密空调和机房气体灭火装置

2）网络和硬件建设

根据河南二建信息化整体规划及公司项目部分布情况，2009年12月，公司同时接入网通100兆和10兆电信光纤，并对公司机关内部局域网进行了全面升级改造。为确保网络和数据的安全，公司又选购了防火墙、上网行为管理、数据备份、安全审计系统等相关软硬件。

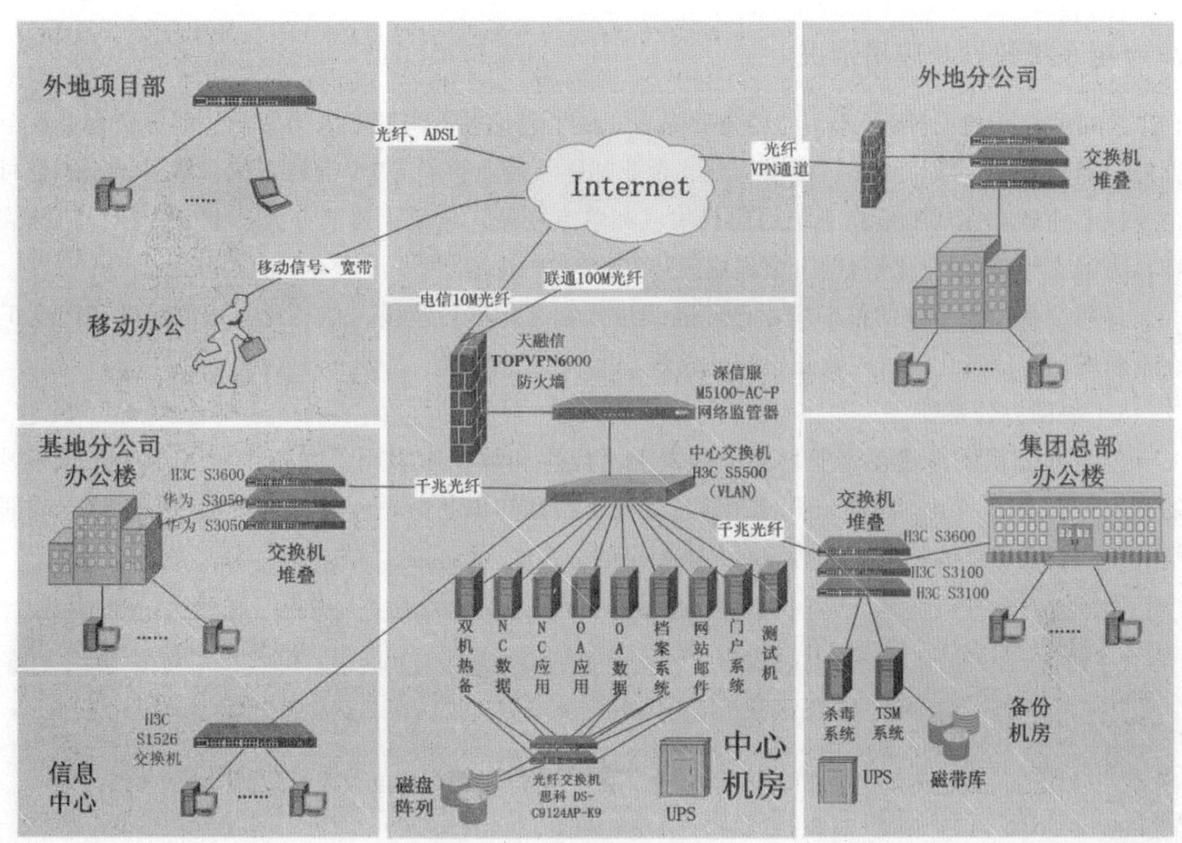

图6 网络拓扑图

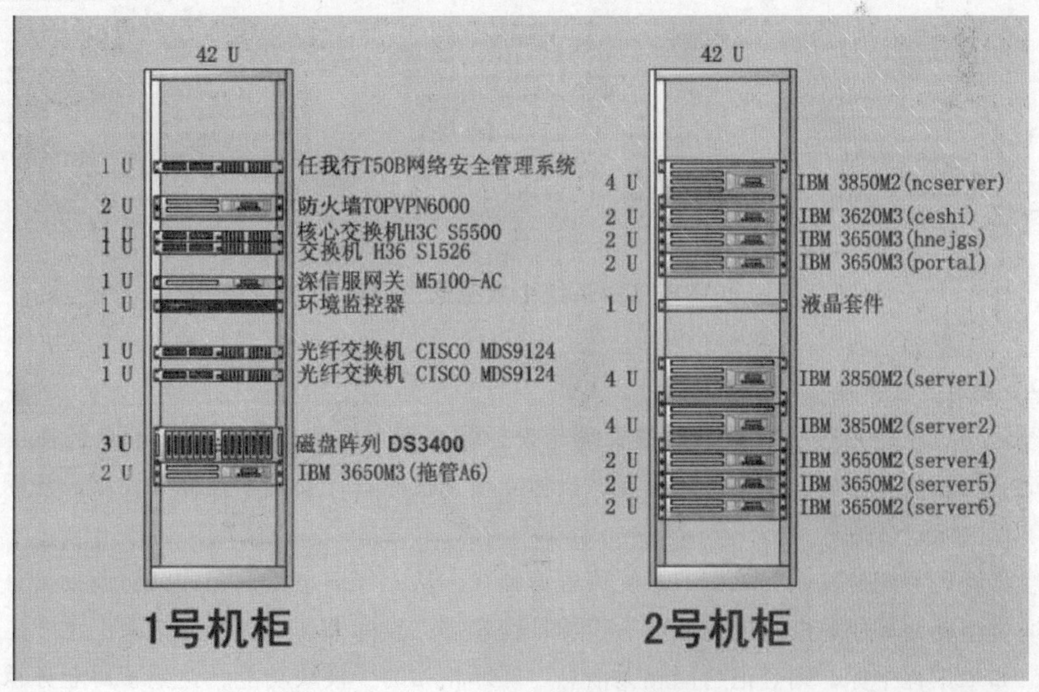

图7 中心机房机柜设备布置图

2. 应用系统建设及应用情况

公司信息化建设3年多来，已经先后部署完成了包括办公协同、人力资源、财务核算、资金管理、经营管理、项目管理、档案管理、企业邮件、商业智能等9个信息系统，基本涵盖了公司主要核心业务。完成了信息系统的门户集成和单点登录，建成了协同办公、业务管控、辅助信息、决策支持4个信息化平台、1个集成门户和1个数据中心。

目前，各信息系统的推广应用已经陆续进入常态化运行阶段，信息化应用的深度和广度正在不断增加，信息化应用成效开始初见成效。

1）协同办公系统

公司办公系统搭建在企业自建服务器上（应用和数据库采用了在两个服务器上分开部署的方式），集团网络协同办公平台、信息交流平台和知识共享平台具备集团空间、单位（或部门）空间、业务空间、个人空间等四大维度空间。

图8 OA系统个人空间主界面图

2）建筑经营管理

经营管理系统由客户管理、营销管理与投标管理三大模块组成，常用节点包括：客户信息登记、工程信息登记、冲突协调批复、投标立项、投标日程安排、投标书评审、开标记录汇总、工程中标记录等。

经营管理系统是以业务承接的系统流程为轴线，从工程信息筛选、冲突协调批复、跟踪开始，通过招标文件领取进行投标立项、投标日程安排、投标书评审、开标记录汇总、工程中标记录，如果工程中标，则登记合同相关信息。环环相扣的子模块功能，达到了对业务承接到总承包合同签订的全过程控制管理。

3）综合项目管理

综合项目管理系统是以项目管理为核心、成本管理为主线、合同管理为约束，立足项目自身管理，突出公司管控，围绕项目发生的物资、设备、分包等各项实际成本为管理主体，同时涵盖进度、质量、安全等相关功能，具有鲜明企业特色的项目管理信息系统。

（1）合同管理

合同管理模块主要由合同基本信息和合同签订录入两个节点构成。工作流程为先录入合同基本信息，再在合同签订录入节点参照合同基本信息补充合同详细信息，然后保存提交执行系统预制的评审流程。

总承包合同、分包合同、物资/设备采购合同、设备租赁合同、周转材租赁合同、其他合同等公司所有项目发生的合同信息，全部在合同管理模块统一录入、评审、管理、查询、统计汇总管理。

合同管理模块的应用，支撑了公司合同集中评审管理制度，规范了合同评审、备案等管理流程，利用合同关键字段进行合同结算和付款的风险预警功能，降低了项目合同管理风险。

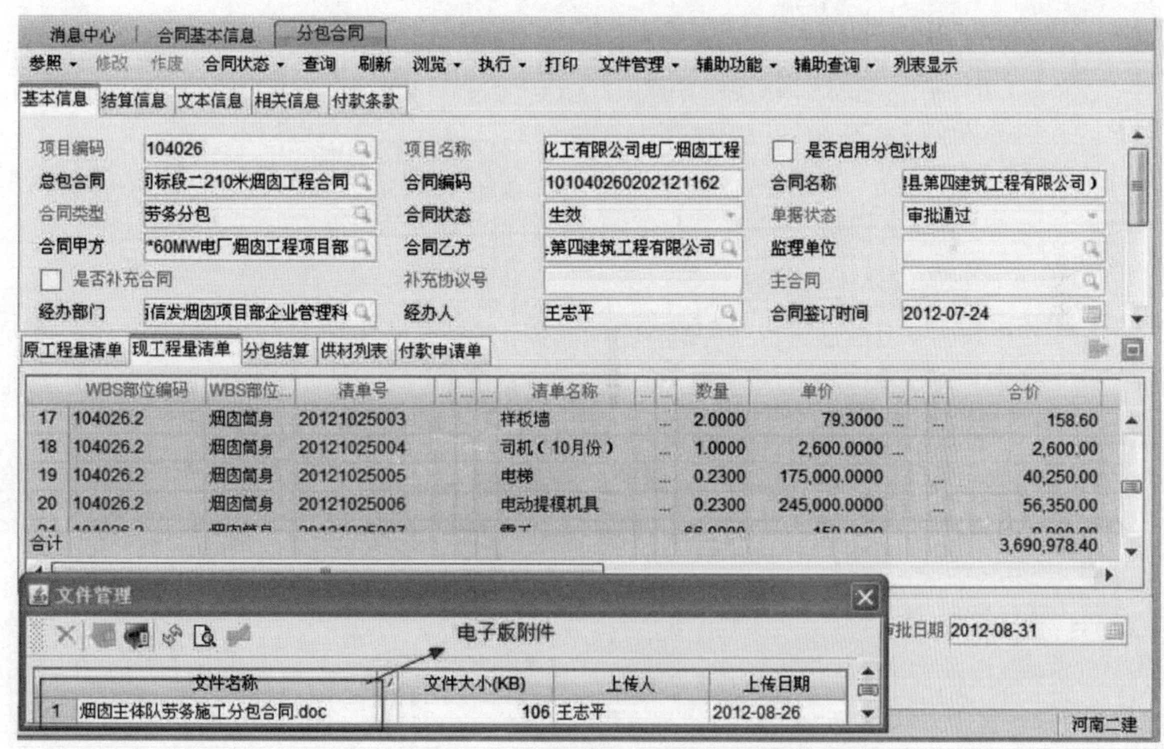

图9 劳务合同签订录入节点和电子版附件

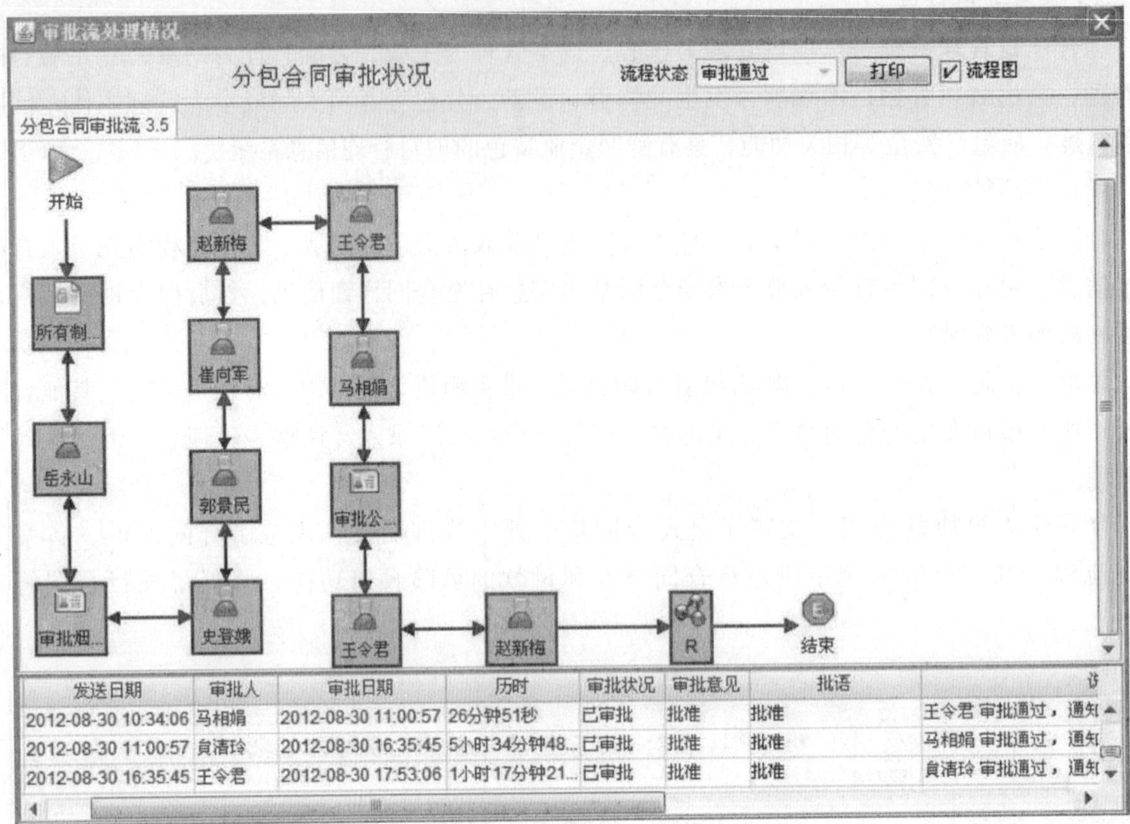

发送日期	审批人	审批日期	历时	审批状况	审批意见	批语	说
2012-08-30 10:34:06	马相娟	2012-08-30 11:00:57	26分钟51秒	已审批	批准	批准	王令君 审批通过，通知
2012-08-30 11:00:57	貟清玲	2012-08-30 16:35:45	5小时34分钟48...	已审批	批准	批准	马相娟 审批通过，通知
2012-08-30 16:35:45	王令君	2012-08-30 17:53:06	1小时17分钟21...	已审批	批准	批准	貟清玲 审批通过，通知

图10　合同评审流程

（2）招标管理

招标管理模块业务范围涵盖了项目物资招标、劳务招标、设备招标，常用的节点包括供方管理、招标计划管理、招评标管理，其中供方管理主要用了供方基本信息审查表，招标计划管理主要用了招标单项计划，招评标管理主要用了开标记录单和定标审批单。

招标管理模块功能的应用，规范了公司的客商管理和项目招标过程管理，实现了计划、招标、合同的一体化管理，实现了项目招标信息的公开、透明。

消息中心 | 招标单项计划维护 | 开标记录单

参照 文件管理 ▾ 查询 执行 ▾ 辅助 ▾ 浏览 ▾ 联查单据 刷新 卡片显示

	项目编码	项目名称	招标分项档案类型	招标分项项目	单项招标计划号	立项号	发标日期	开标日期	单据状态	招标类别	实际开标日期	经办部门	
3	028	新乡中益发电...	物资	物资供方	0005	15262013060...			审批通过	议标	2013-04-15	烟塔分公司新...	李伟
4	028	新乡中益发电...	物资	物资供方	0010	15262013061...			审批通过	公开招标	2013-06-17	烟塔分公司新...	李伟
5	028	新乡中益发电...	土建劳务分包	主体劳务分包	0007	15262013060...			审批通过	公开招标	2013-05-10	烟塔分公司新...	马宾
6	028	新乡中益发电...	土建劳务分包	其它土建劳务...	0009	15262013061...			审批通过	公开招标	2013-06-24	烟塔分公司新...	马宾
7	028	新乡中益发电...	物资	物资供方	0008	15262013060...			审批通过	议标	2013-04-15	烟塔分公司新...	李伟
8	028	新乡中益发电...	土建专业分包	其它土建专业...	0003	15262013060...			审批通过	公开招标	2013-04-08	烟塔分公司新...	马宾
9	028	新乡中益发电...	土建劳务分包	主体劳务分包	0002	15262013060...			审批通过	议标	2013-05-31	烟塔分公司新...	马宾
10	028	新乡中益发电...	土建专业分包	基坑支护	0006	15262013060...			审批通过	议标	2013-04-28	烟塔分公司新...	马宾
11	028	新乡中益发电...	土建劳务分包	其它土建劳务...	0011	15262013063...			自由态	议标	2013-06-30	烟塔分公司新...	马宾
合计													

投标单位信息 | 标段报价 | 材料报价 | 工程量报价

	投标单位	投标文件密封情况	投标单位主联系人	主联系人电话	主联系人手机	主联系人传真	主联系
1	长垣县致富建材物资供应部	好	黄志修	13462335039			

图11　招标管理开标记录单

（3）物资管理

物资管理模块主要包括材料计划、采购管理、库存管理、周转材料租赁管理、混凝土现场管理五个功能模块组织，实现了计划、招标、合同、成本归集的流程化管理。

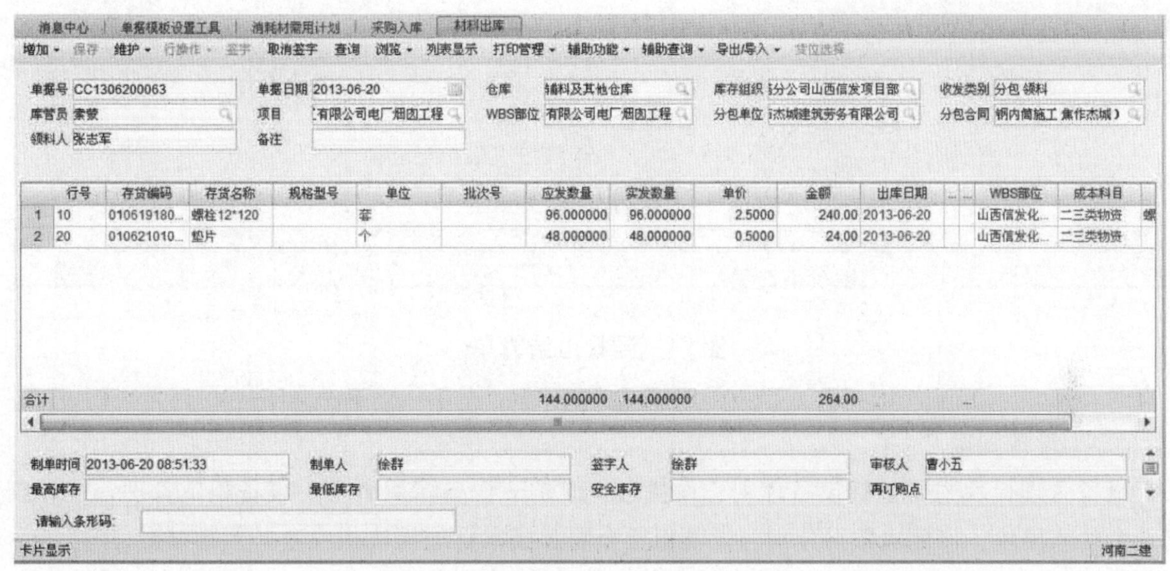

图12 消耗材料出库单

图13 周转材租赁结算单

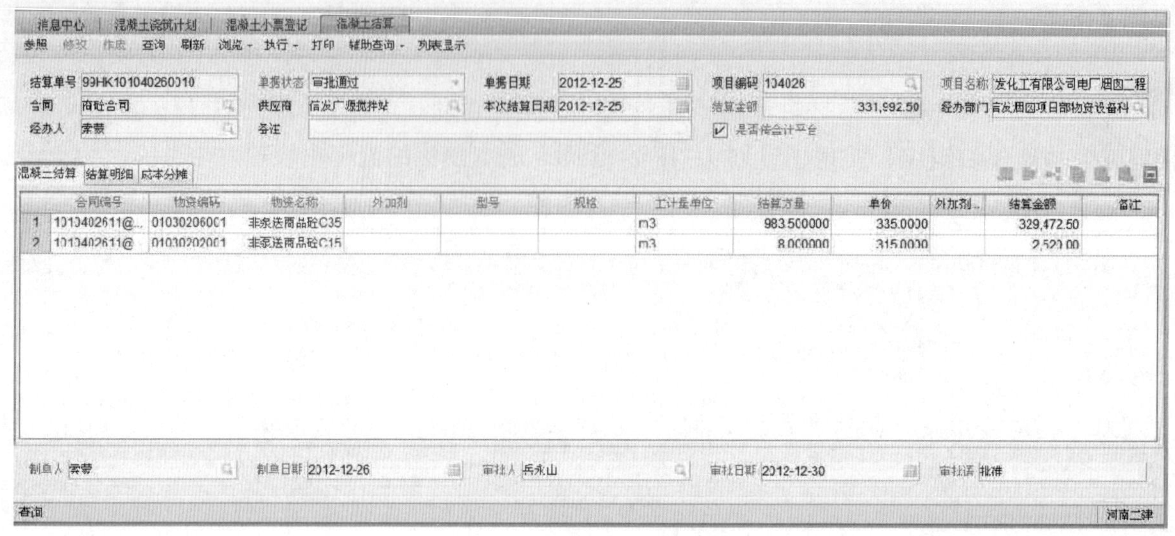

图14　混凝土结算单

（4）设备管理

设备管理模块主要包括设备计划、设备运行维护、设备费用管理、设备租赁管理、统计查询五个功能模块，该模块数据分别与设备租赁合同及成本管理模块相关数据无缝对接。

图15　设备租赁结算单

（5）收入管理

收入管理主要是项目与业主签订总承包合同后，围绕总承包合同及在施工工程中所发生的变更、签证、索赔等相关文件，在施工过程中对合同甲方上报、审批完成产值的管理，是合同甲方付款的依据。

在总承包合同节点可以及时、清晰地查看到总承包合同的适时执行情况，使得项目管理者对项目过程的成本情况及收款情况做到心中有数。

（6）分包管理

分包管理主要是对分包合同的过程结算管理，是分包管理执行过程的主要环节，是针对项目部已经签订的专业分包合同及劳务分包合同，在施工过程中发生的合同内容发生变更及合同结算等业务。

分包管理模块的分包结算单节点已经实现了和财务总账数据的无缝对接，分包结算单审批生效后，自动传递到会计平台，生成会计凭证。

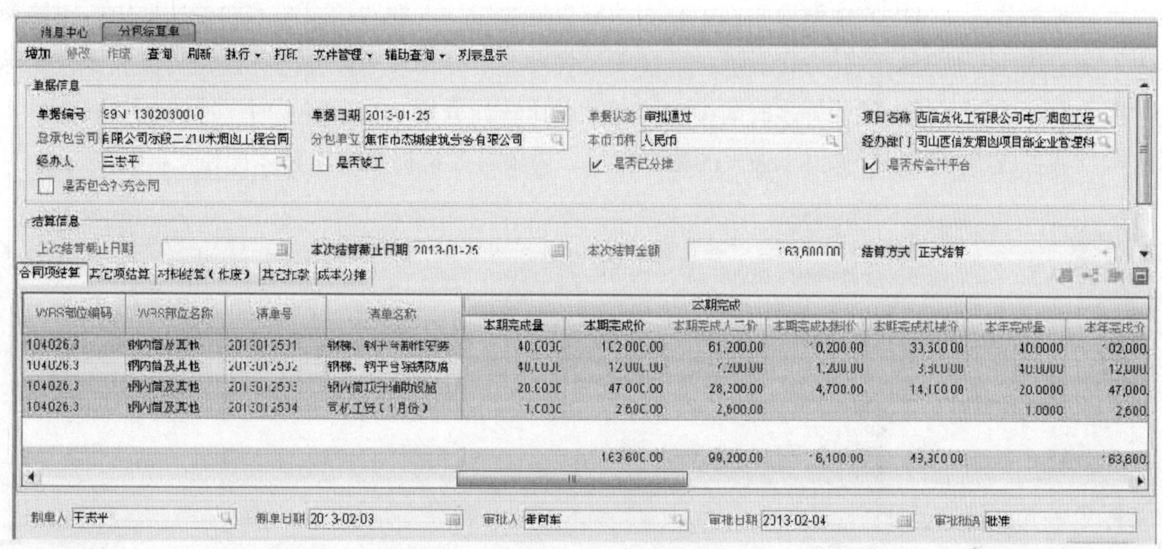

图16　分包合同结算单

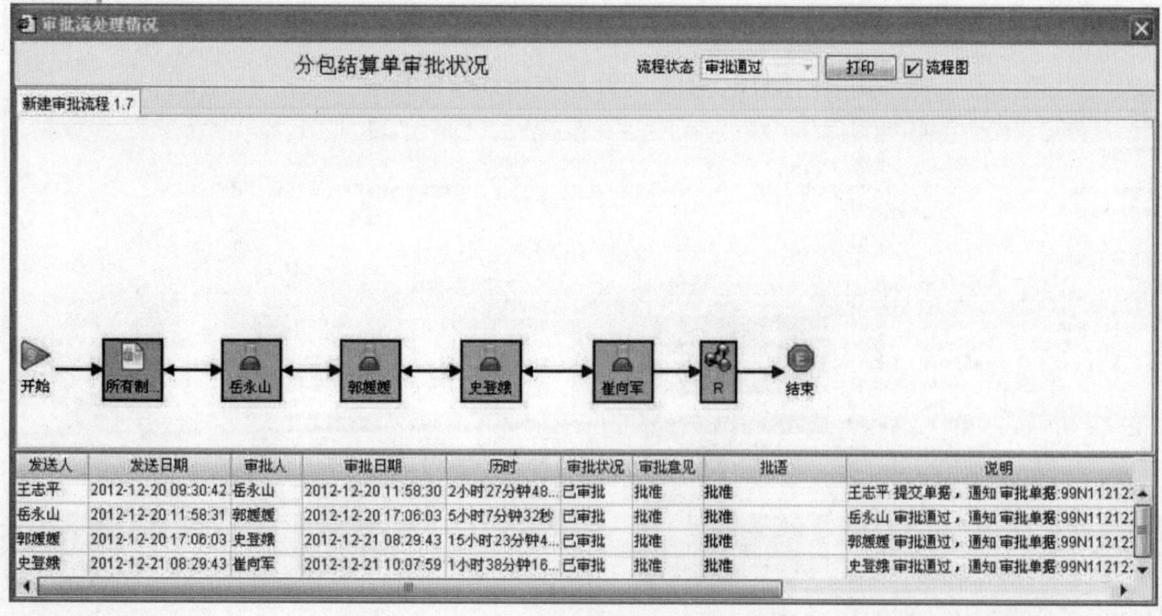

图17　分包结算审批状况

（7）成本管理

成本管理模块主要包括：基本档案、成本归集与摊销、成本单据及统计分析功能节点。其中实际成本归集与摊销节点又包括成本单据、分包成本、消耗材成本、自有周转材成本摊销、租赁周转材成本分摊、自有设备成本分摊、租赁设备成本分摊等功能子节点。

成本管理模块的数据除了成本单据由财务人员在本节点手动录入之外，其他成本数全部来自各系统相关模块数据的自动带入，由财务人员定期对这些成本数据进行归集，形成项目实际成本统计分析的依据。

统计分析功能节点主要包括项目实际成本统计分析和项目成本盈亏分析等子节点。通过项目实际成本分析子节点，可以实现便捷查询项目的前期累计费用、本期费用、至本期累计发生费用等项目成本及明细成本情况的统计分析数据；通过项目成本盈亏分析表可以便捷查询到目标成本与实际成本在本期、年度、开工累计等多时间维度的两算对比统计分析。为项目及时、准确地掌握项目实际成本及项目成本盈亏分析提供了强大的数据支撑。为项目人员提供成本整体把控依据。

消息中心 实际成本统计分析

查询 打印▾

项目编码 104023　项目名称 0MW机组建筑安装工程C标段　WBS编码 104023　WBS名称 0MW机组建筑安装工程C标段　期间 2013-03

金额单位 元

成本项目编码	成本项目名称	前期累计发生	本期费用	至本期末累计发生
1.03	机械费	15,627,043.25	1,168,021.43	16,795,064.68
1.03.01	机械租赁费	1,629,566.00	382,786.00	2,012,352.00
1.03.02	机械设备折旧费			
1.03.03	机械进出场费（含运费、进出场费、安拆费、检测报验费）	70,557.84	0.00	70,557.84
1.03.04	机械维修保养费（含保养、维修配件费等）			
1.03.99	其他机械费（含分包摊入、劳务结算分摊等）	13,926,919.41	785,235.43	14,712,154.84
1.04	费用	4,760,559.78	171,930.22	4,932,490.00
1.04.01	其他直接费	2,222,353.44	-39,859.11	2,182,494.33
1.04.01.01	临建设施摊销费	1,047,084.89	321,274.14	1,368,359.03
1.04.01.02	施工用水电费	433,300.00	-277,100.00	156,200.00
1.04.01.03	检验试验费	325,151.00	34,258.00	359,409.00
1.04.01.05	施工工具用具费	20.00	0.00	20.00
1.04.01.06	安全文明施工费	260,899.70	0.00	260,899.70
1.04.01.99	其他	155,897.85	-118,291.25	37,606.60
1.04.02	间接费用	1,987,620.68	125,382.19	2,113,002.87
1.04.02.01	职工工资	1,070,502.40	80,352.00	1,150,854.40

图18　项目实际成本统计分析表

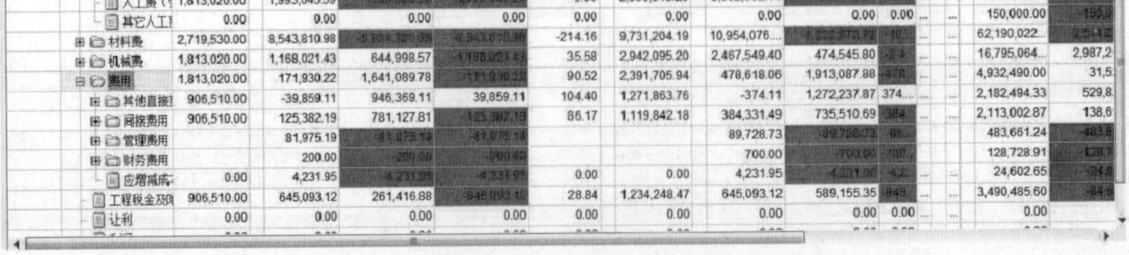

消息中心 实际成本统计分析 项目成本盈亏分析

查询 打印▾

项目编码 104023　项目名称 0MW机组建筑安装工程C标段　WBS结构编码 104023　WBS结构名称 机组建筑安装工程C标段　期间开始 2013-03

期间结束 2013-03　金额单位 元

期间	成本项目名称	本期完成金额		本期完成分析			年度累计完成金额		年度累计完成分析		开工累计完成金额	
		合同产值(A)	实际成本(C)	产值-实际(D=A-C)	目标-实际(E=B-C)	预算实际差...	合同产值(H)	实际成本(J)	产值-实际(K=H-J)	目标-...	实际成本(Q)	预算-实际(R...
2013-03	根节点	10,099,625....	12,522,501....	[illegible]	[illegible]	-23.99	20,233,725....	18,427,729....	1,805,995.87	[illegible]	104,447,18...	6,678,4
	成本项目	10,099,625....	12,522,501....	[illegible]	[illegible]	-23.99	20,233,725....	18,427,729....	1,805,995.87	[illegible]	104,447,18...	6,678,4
	人工费	1,813,020.00	1,993,645.59	[illegible]	[illegible]	-9.96	2,899,946.20	3,882,392.44	[illegible]	[illegible]	17,039,118...	[illegible]
	人工费（	1,813,020.00	1,993,645.59	[illegible]	[illegible]	-9.96	2,899,946.20	3,882,392.44	[illegible]	[illegible]	16,889,118...	[illegible]
	其它人工	0.00	0.00	0.00	0.00	0.00	0.00	0.00	0.00	0.00	150,000.00	[illegible]
	材料费	2,719,530.00	8,543,810.98	[illegible]	[illegible]	-214.16	9,731,204.19	10,954,076....	[illegible]	[illegible]	62,190,022...	[illegible]
	机械费	1,813,020.00	1,168,021.43	644,998.57	[illegible]	35.58	2,942,095.20	2,467,549.40	474,545.80	[illegible]	16,795,064...	2,987,2
	费用	1,813,020.00	171,930.22	1,641,089.78	[illegible]	90.52	2,391,705.94	478,618.06	1,913,087.88	[illegible]	4,932,490.00	31,5
	其他直接	906,510.00	-39,859.11	946,369.11	39,859.11	104.40	1,271,863.76	-374.11	1,272,237.87	374....	2,182,494.33	529,8
	间接费用	906,510.00	125,382.19	781,127.81	[illegible]	86.17	1,119,842.18	384,331.49	735,510.69	[illegible]	2,113,002.87	138,6
	管理费用		81,975.19	[illegible]	[illegible]			89,728.73	[illegible]	[illegible]	483,661.24	[illegible]
	财务费用		200.00	[illegible]	[illegible]			700.00	[illegible]	[illegible]	128,728.91	[illegible]
	应增减成	0.00	4,231.95	[illegible]	[illegible]	0.00	0.00	4,231.95	[illegible]	[illegible]	24,602.65	[illegible]
	工程税金及	906,510.00	645,093.12	261,416.88	[illegible]	28.84	1,234,248.47	645,093.12	589,155.35	[illegible]	3,490,485.60	[illegible]
	让利	0.00	0.00	0.00	0.00	0.00	0.00	0.00	0.00	0.00	0.00	

图19　项目成本盈亏分析表

（8）付款管理

付款管理模块可以有效对项目部的资金支付情况进行监督，系统根据合同约定付款比例，根据结算额度，自动计算出该合同的应付额度，在支付过程中一旦出现超额支付现象，系统就会提示预警。

该模块功能由付款申请单、付款单、预付款三个功能点组成，其中付款申请单在每个月项目部计经人员对合同乙方结算后，根据项目部的资金情况及合同乙方的结算情况对合同乙方进行付款申请单的发起，经由项目经理审批后，再有项目报账员参照付款申请单做实际的付款单。截至目前，集团公司所有上线项目的支付都已经在系统中进行，最终的付款单直接传递至会计平台，作为实际支付的凭证。

通过付款管理模块的应用，系统会自动根据合同结算额和付款比例计算出合同的应付比例，从而对合同的支付起到了约束作用，大大降低了合同的支付风险。

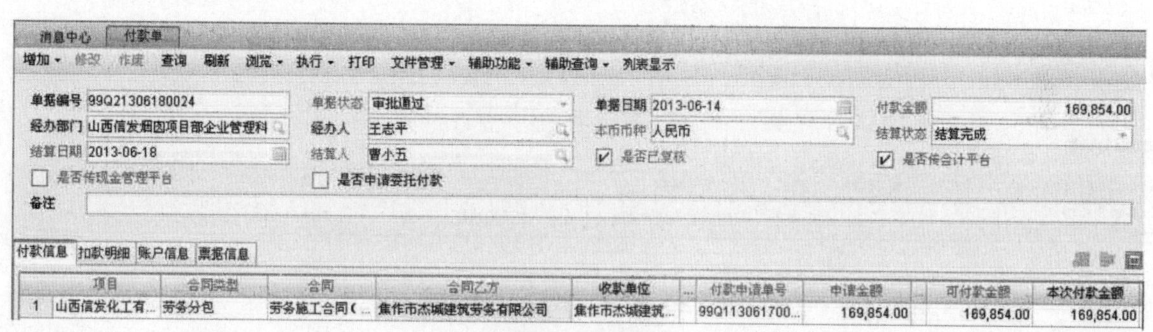

图20 付款单

（9）进度管理

进度管理是项目管理的主线，能够直接反映施工工序和完成情况，是项目管理的最基本内容。进度管理模块包括基准计划编制、执行计划编制、实际进度维护、项目执行汇总等功能节点。

（10）质量管理

质量管理模块是以公司的质量管理制度为基础，以满足公司质量管理需要为目的进行系统应用的。公司在用的功能模块有质量组织、质量策划/质量计划、质量检查等节点。

（11）安全管理

安全管理模块是以国家相关部门和公司安全规范规章制度为基础，内容基本涵盖了施工现场安全管理的主要方面，包括安全组织、安全策划、安全检查、危险源管理、安全教育、安全考核等。

目前，公司所有上线项目都已经使用该管理模块进行安全管理。系统的使用使得公司的安全管理制度得以有效的贯彻执行，规范了公司的安全管理。

（12）风险管理

风险管理主要由风险预警平台和需要进行风险管理的业务模块构成，其工作原理为，首先通过风险预警平台进行预警条件配置，具体业务模块会在业务处理时触发预警平台配置的预警条件，然后由预警平台发出预警消息，达到对项目业务进行预警管控的效果。

河南二建风险管理涉及的业务模块主要有进度管理、物资管理、合同结算管理、合同付款管理、成本管理。目前公司所有应用综合项目管理系统的项目都使用了风险管理。

风险管理的应用，替代了原先需要人工把控的部分业务工作，提高了工作效率；风险管理及时发出的预警信息，使公司和项目的领导层能够及时了解到项目的状况，为领导及时准确地做出管理决策，提供了数据支持。

消息中心 预警条件配置

增加 修改 复制 删除

名称	文件名	预警类型	触发策略	预警方式
烟塔山西信发2013年06月份进...	yantashanxixinfa2013...	JZPM风险管理-进...	▶	消息中心功能被启用;系统登录功能被启用;

图21 预警条件配置

NC预警平台 预警信息

进度计划预警

项目	执行计划	任务名称	预警类型	计划开始/结束日期	预警提前/延期天数
大唐淮北发电厂虎山项目2×660MW机组A标段建筑工程	2013年06月进度计划	第三层地砖等装饰结束	结束前预警	2013-06-25	5

图22 进度管理风险预警

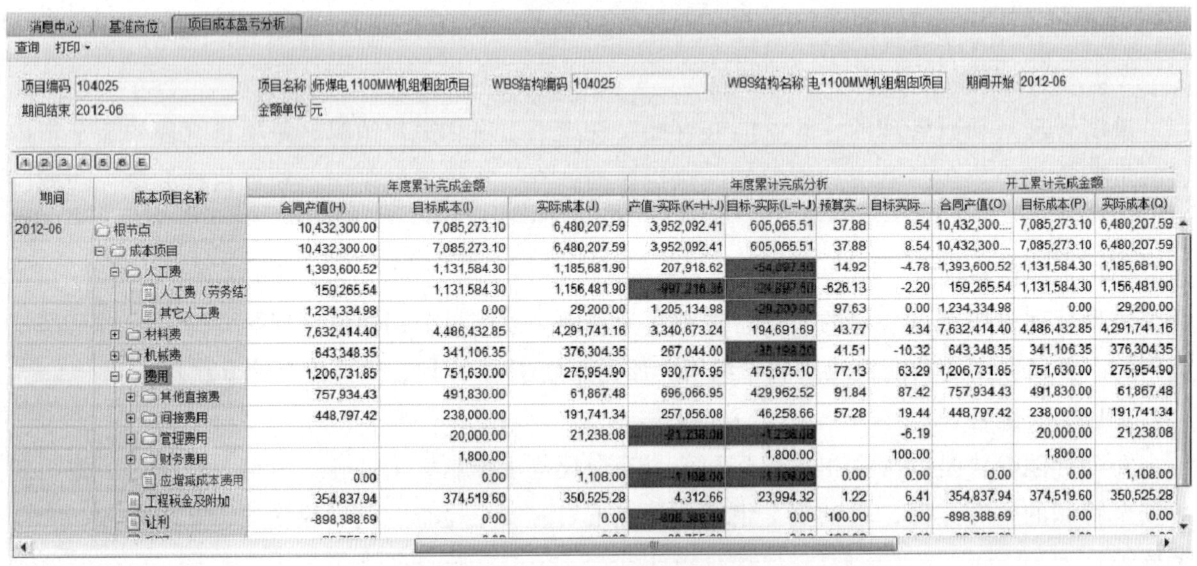

消息中心 | 基准岗位 | 项目成本盈亏分析

查询 打印

项目编码 104025 项目名称 师煤电1100MW机组烟囱项目 WBS结构编码 104025 WBS结构名称 电1100MW机组烟囱项目 期间开始 2012-06

期间结束 2012-06 金额单位 元

期间	成本项目名称	年度累计完成金额			年度累计完成分析				开工累计完成金额		
		合同产值(H)	目标成本(I)	实际成本(J)	产值-实际(K=H-J)	目标-实际(L=I-J)	预算实...	目标实际...	合同产值(O)	目标成本(P)	实际成本(Q)
2012-06	根节点	10,432,300.00	7,085,273.10	6,480,207.59	3,952,092.41	605,065.51	37.88	8.54	10,432,300....	7,085,273.10	6,480,207.59
	成本项目	10,432,300.00	7,085,273.10	6,480,207.59	3,952,092.41	605,065.51	37.88	8.54	10,432,300....	7,085,273.10	6,480,207.59
	人工费	1,393,600.52	1,131,584.30	1,185,681.90	207,918.62	[illegible]	14.92	-4.78	1,393,600.52	1,131,584.30	1,185,681.90
	人工费（劳务结	159,265.54	1,131,584.30	1,156,481.90	-997,216.36	[illegible]	-626.13	-2.20	159,265.54	1,131,584.30	1,156,481.90
	其它人工费	1,234,334.98	0.00	29,200.00	1,205,134.98	-29,200.00	97.63	0.00	1,234,334.98	0.00	29,200.00
	材料费	7,632,414.40	4,486,432.85	4,291,741.16	3,340,673.24	194,691.69	43.77	4.34	7,632,414.40	4,486,432.85	4,291,741.16
	机械费	643,348.35	341,106.35	376,304.35	267,044.00	[illegible]	41.51	-10.32	643,348.35	341,106.35	376,304.35
	费用	1,206,731.85	751,630.00	275,954.90	930,776.95	475,675.10	77.13	63.29	1,206,731.85	751,630.00	275,954.90
	其他直接费	757,934.43	491,830.00	61,867.48	696,066.95	429,962.52	91.84	87.42	757,934.43	491,830.00	61,867.48
	间接费用	448,797.42	238,000.00	191,741.34	257,056.08	46,258.66	57.28	19.44	448,797.42	238,000.00	191,741.34
	管理费用		20,000.00	21,238.08	-21,238.08	-1,238.08		-6.19		20,000.00	21,238.08
	财务费用		1,800.00			1,800.00		100.00		1,800.00	
	应增减成本费用	0.00	0.00	1,108.00	-1,108.00	-1,108.00	0.00	0.00	0.00	0.00	1,108.00
	工程税金及附加	354,837.94	374,519.60	350,525.28	4,312.66	23,994.32	1.22	6.41	354,837.94	374,519.60	350,525.28
	让利	-898,388.69	0.00	0.00	[illegible]	0.00	100.00	0.00	-898,388.69	0.00	0.00

图23 成本分析风险预警

4）人力资源管理系统（简称HR系统）

人力资源管理系统是综合信息管理系统的一个子系统。目前应用的系统模块包括基础设置、组织机构管理、人员信息管理、人员变动、人员合同管理、薪酬管理、福利管理七个基本功能模块。系统功能基本已经涵盖公司人力资源管理的核心业务。

目前集团所属在职员工约2 100人的信息100%已经录入系统，并且根据人员变动情况做到了及时更新。HR系统为提高集团公司人力资源管理效率，加强集团公司人力资源管理的刚性化、规范化，提升人力资源管理品质起到了很好的支撑作用。集团公司将进一步挖掘系统潜力，进一步发挥HR系统在人力资源供求预测、人力资源发展规划、战略决策支持等方面优势。为集团公司发展提供强大的人才支撑。

5）财务管理

公司财务管理系统主要由总账、固定资产、存货核算、IUFO报表等模块构成，涵盖公司财务核算管理的全部业务。

（1）总账

总账模块由初始设置、凭证管理、集团对账、期末处理及账簿查询等子功能模块组成。总账系统是整个财务管理系统的核心，除了可以完成会计科目维护、会计凭证管理、常用账簿查询等日常基本财务核算工作外，还提供了适应集团公司管理要求的一些特殊功能，包括基本的财务核算、高级的财务核算、特殊目的财务核算三个应用层次。

总账模块通过各功能模块间相互关联的关系，将财务会计日常基本工作有序组合到一块，更加规范了财务业务处理流程，集团单位间实时对账极大提高了对账的准确性和工作效率，各单位财务账簿合并查询及穿透联查更方便了财务数据的汇总和追根溯源，为财务数据的快速、准确查询提供了技术条件。该功能也为集团级财务数据的汇总查询分析提供了一个快捷、高效的管理平台。

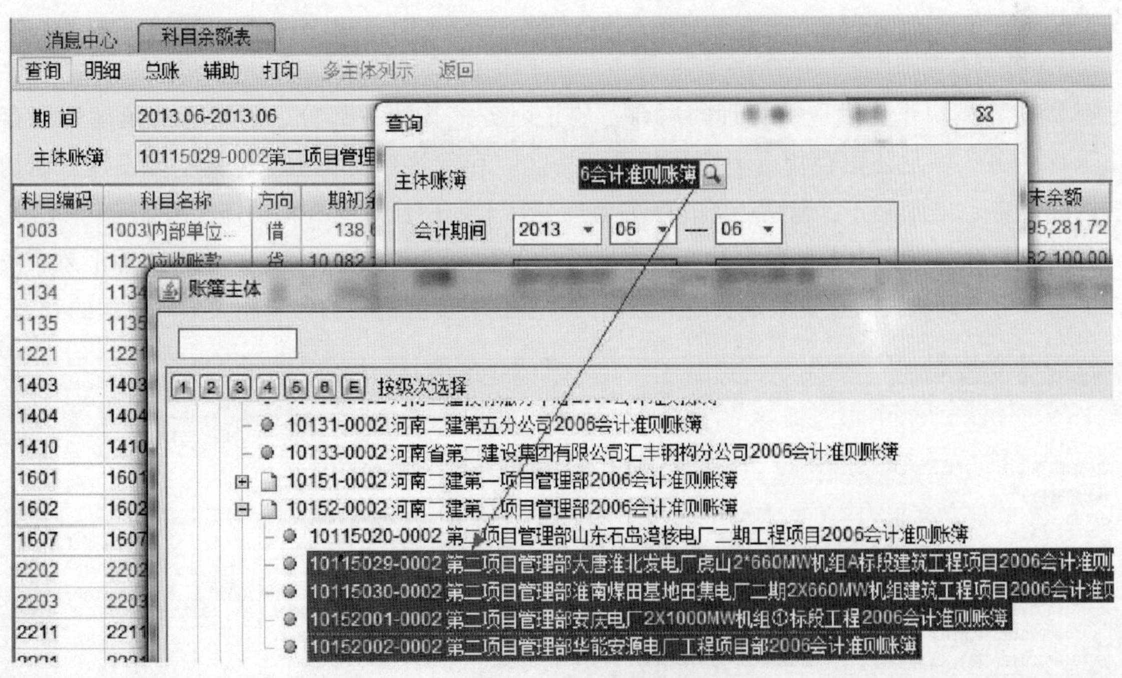

图24 财务科目余额表

（2）固定资产

固定资产模块主要包括卡片录入、资产维护、资产盘点、资产调拨、资产减少、折旧与摊销、账簿管理等功能节点。

从录入资产卡片开始，以资产应用过程为轴线，对资产整个生命周期全方位的管理。通过资产卡片的录入，完善了资产信息的来源，后期资产变动、评估、减值、拆分、合并、盘点、调拨、折旧计提等实际业务利用系统进行管理及相应的财务处理，账簿查询为资产管理者提供了全面的资产信息查询途径。

	卡片编号	资产编号	资产名称	计提原值	本月折旧	累计折旧	月折旧率	单位折旧	本月工作量
1	0000000001	01030001	小车切割机	1,000.00	13.75	206.25	0.013750		
2	0000000002	01030002	小车切割机	1,000.00	13.75	206.25	0.013750		
3	0000000003	01030003	小车切割机	1,000.00	13.75	206.25	0.013750		
4	0000000004	01030004	自动埋弧焊机	25,000.00	343.75	5,156.25	0.013750		

图25　固定资产折旧与摊销

固定资产模块的应用对于集团各单位对资产的核算管理，资产数据的准确性和快捷性得以极大的提高。同时更加满足了集团公司加强资产管理，以及公司相关领导对集团公司资产信息的全面把控。

（3）存货核算

存货核算模块作为供应链管理的后台，属于财务核算的一部分，从资金的角度管理存货的出入库业务，满足公司存货成本核算的管理功能。存货核算模块主要包括基础设置、期初数据、入库业务、出库业务、调整业务、账务处理、月末处理及账簿查询功能节点。

存货核算账簿查询中各种账表的查询满足了对存货入库流水、入库汇总表、出库汇总表及收发存汇总表等不同格式的存货数量及成本数据的需求。实现更精确的存货相关成本数据的管理。

消息中心　收发存汇总表

查询 定位 统计依据 栏目 过滤 排序 小计 直接打印 打印 EXCEL输出 刷新 我的报表

查询条件 单位'第二项目管理部淮南煤田基地田集电厂二期2X660MW机组建筑工程项目'单据时间从'2013-06-01'到'2013-06-23'

统计依据 存货

	存货编码	存货名称	计量单位	期初						收入			
				数量	单价	金额	计划单价	计划金额	差异	数量	单价	金额	计划单价
25	010102010...	槽钢14a	t	0.131000	3,820.0000	500.42	0.0000	0.00	0.00	8.600000	2,853.3302	24,538.64	0.0000
26	010102010...	槽钢16a	t	27.046000	3,910.0000	105,749.86	0.0000	0.00	0.00	0.000000		0.00	
27	010102010...	槽钢18a	t	50.359000	3,910.0000	196,903.69	0.0000	0.00	0.00	0.000000		0.00	
28	010102010...	槽钢16b	t	0.000000		0.00		0.00	0.00	41.100000	3,000.0000	123,300.00	0.0000

图26　存货核算收发存汇总表

（4）报表系统

报表系统可以独立使用，也可与总账系统结合使用，满足公司管理对财务报表不同需求的应用，满足集团级财务报表的汇总、合并，为领导者直接展示决策有用的财务信息。IUFO报表系统包括我的报表、网络报表、合并报表、系统设置四个功能模块。

图27 财务报表系统逐级编报流程

集中管理模式的报表系统，通过上级单位对报表的初始设置，统一的报表单位编码设置，统一的报表格式设计和统一的报表取数公式定义等，有力地贯彻了集团内部财务报表规范化政策的落实。也改变了过去采用数据复制导入，然后再由人工汇总的传统作业方式，在很大程度上提高了工作效率，减少了不必要的手工重复劳动，提高了集团公司财务报表的及时性和准确性。

6）资金管理

资金管理系统主要由资金结算、资金调度、银企直连等涉及企业整个资金管理过程的几个功能模块构成。资金结算模块包括资金系统数据初始设置、网上收（付）款业务、内部收付款业务、统计查询业务。

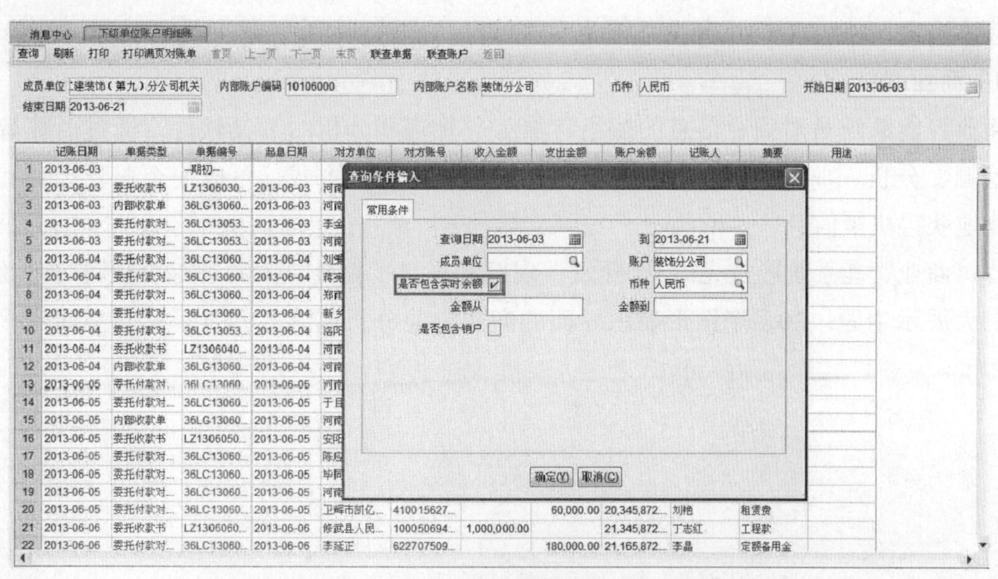

图28 成员单位内部账户账簿明细实时查询

资金管理系统的成功应用，提高了集团公司资金管理运作的规范化和流程的标准化，提高了集团公司资金运作效率和内部资金运作的附加值；银企直连的实现，解决了长期困扰企业的银企账务信息不一致的问题，为决策者提供实时、准确、全面的资金账务信息创造了条件，有效提高了集团公司资金决策和监控水平。企业资金结算中心与商业银行之间通过银企互联形成的外部价值链增加了企业与银行的议价能力和话语权，确保了集团公司利益最大化。

7）档案管理

公司档案管理系统采用了量子伟业的数字化档案管理系统，纯B/S架构，系统应用和数据库采用了分开部署。档案管理系统主要包括系统管理、业务管理及利用三大功能模块。

图29　档案库

档案管理系统的应用，建立了公司档案管理数据库，实现了归档档案数字化管理，提高了档案的再利用。截至2013年7月底，系统共录入102个项目工程档案、2011件文书档案、360个特殊载体档案，并实现了OA办公系统公文文档自动推送到档案系统归档的功能。

8）商业智能

商业智能系统是对商业信息的搜集、加工、管理和分析的工具软件，通过商业智能系统的数据挖掘、分析、加工的汇总分析数据和图表形式的展现方式，可以使企业管理者和决策者方便快捷地获得决策信息。

公司商业智能系统经过先后3次开发，现已开发出了财务、人力、综合项目管理（含经营管理）三大展示主题，20多个图形展示界面的商业智能分析系统，开发了总裁桌面和多个系统桌面。

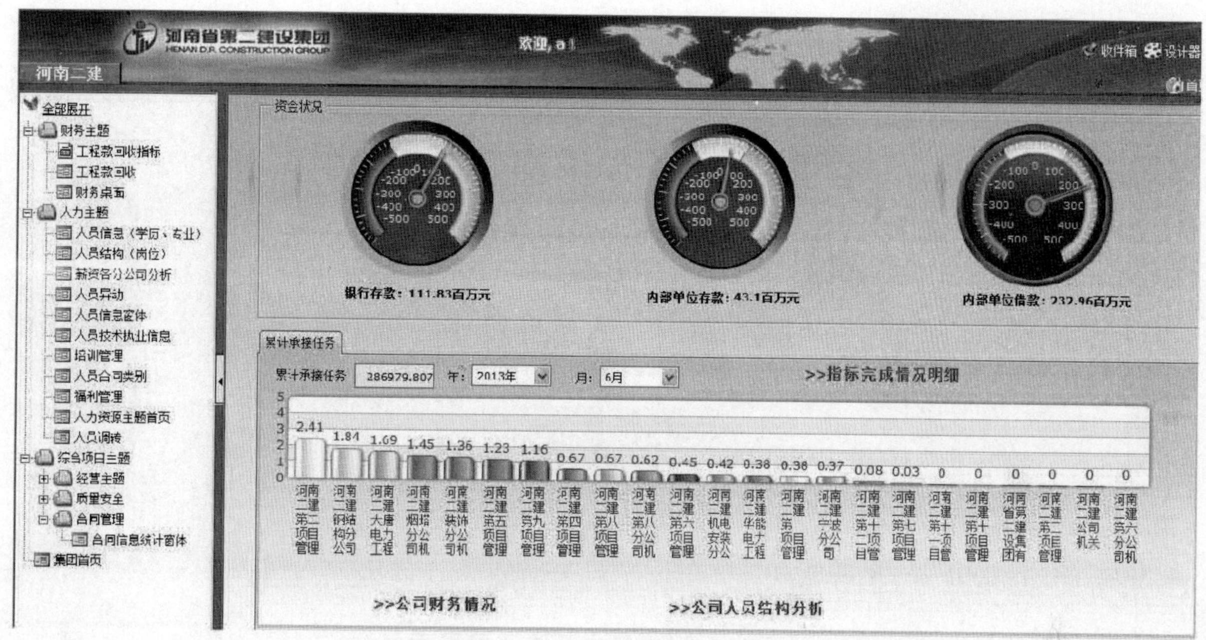

图30 总裁桌面

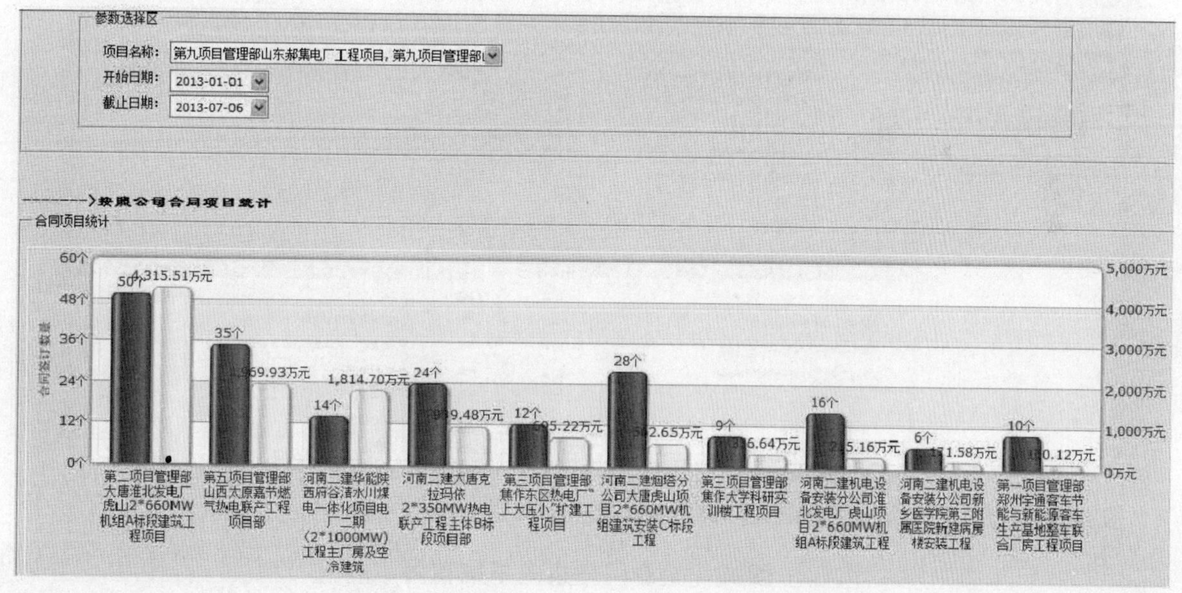

图31 各单位分包合同签订统计分析

9）门户集成应用

在公司各应用系统陆续实现单系统上线，并进入常态化运行之后，公司在2012年年初，开始着手安排各单系统门户集成开发，2012年5月24日门户集成系统正式上线运行。实现了OA办公系统、一体化平台系统、档案管理系统、企业邮件、商业智能的单点登录和OA办公系统、财务系统等的代办事项集成和消息集成应用。

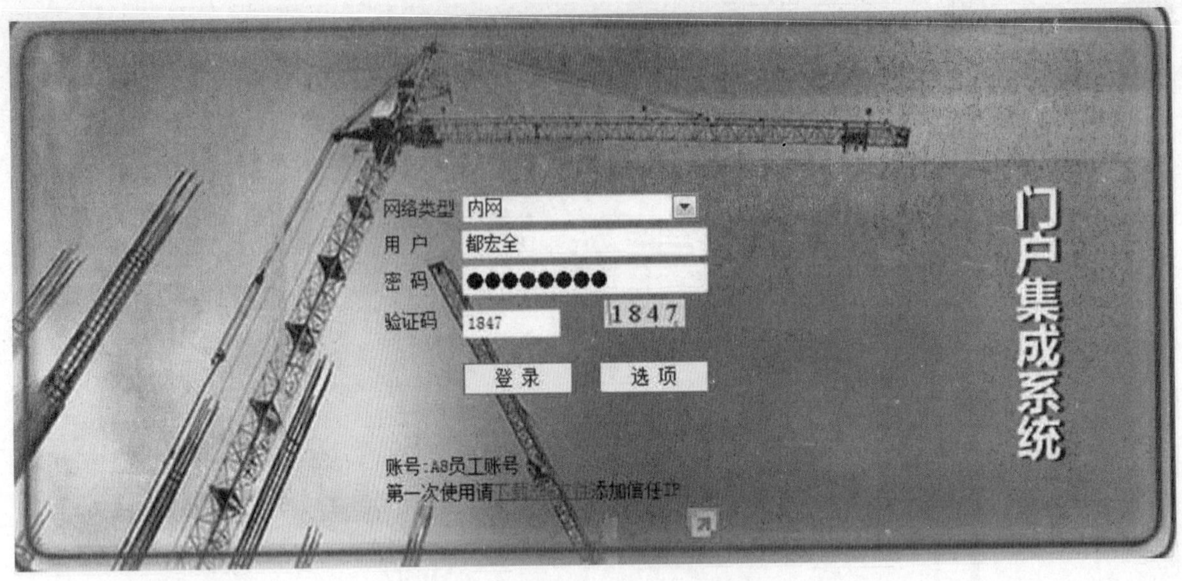

图32　门户集成系统登录界面

图33　企业门户集成系统首页

10）财务业务一体化应用

财务业务一体化是河南二建信息化建设应用的亮点，财务业务一体化的内涵，是基于财务系统中业务管理数据和财务会计数据的无缝对接技术，将企业经营中的业务流程、财务会计流程和管理流程有机融合，建立基于业务驱动财务的一体化信息处理流程模式。

财务业务一体化的应用主要是通过动态的财务会计平台配置，实现业务单据传递到会计平台，财务系统通过平台将数据转换成财务凭证。财务业务一体化的实施中会计平台的配置是关键，是实现业务单据自动生成会计凭证的桥梁，是财务人员根据核算业务，按现行会计制度、准则和法规，并结合企业实际管理的要求配置的，反映每一种经济业务转换成相应会计凭证的会计科目、辅助核算项、金额等的规则。

会计平台的配置主要包括：凭证模板定义和科目分类定义。

凭证模板定义主要是将业务单据中各项业务信息通过取值规则将其抓取到会计凭证不同的要素内容中。凭证模板定义中执行方式的选择决定生成会计凭证的方式。如果选择为生成实时凭证，业务单据传递会计平台生成总账系统中的实时凭证，然后通过会计平台凭证生成节点手工执行将其生成财务会计凭证；如果执行方式选择为生成会计凭证，业务单据审批通过后系统自动生成会计凭证，无须再通过手工执行。

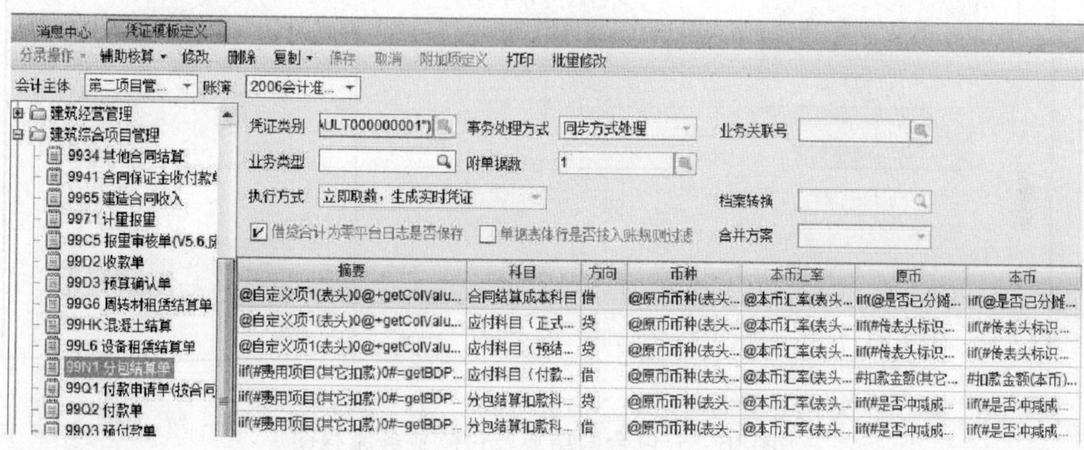

图34 凭证模板定义

科目分类定义节点主要是将凭证模板中的科目通过特定的区分条件分别对应不同的会计科目，这一功能需求主要通过设置影响因素后，在对照表中进行区别对应财务入账会计科目。

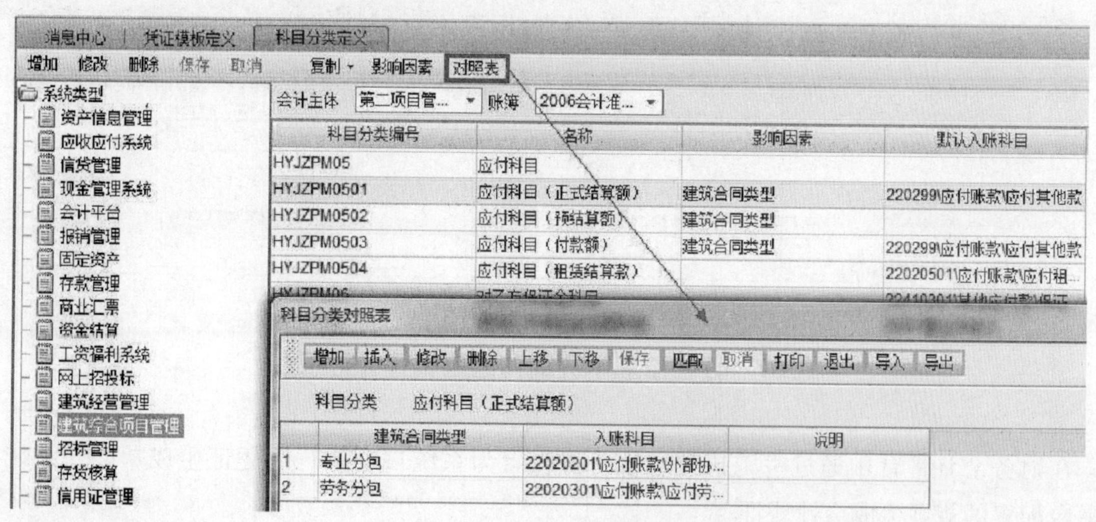

图35 科目分类定义

下面分别选取分包结算、物资出库和设备租赁结算为例，简要介绍财务业务一体化的应用。

（1）分包合同结算及其付款业务的财务业务一体化应用

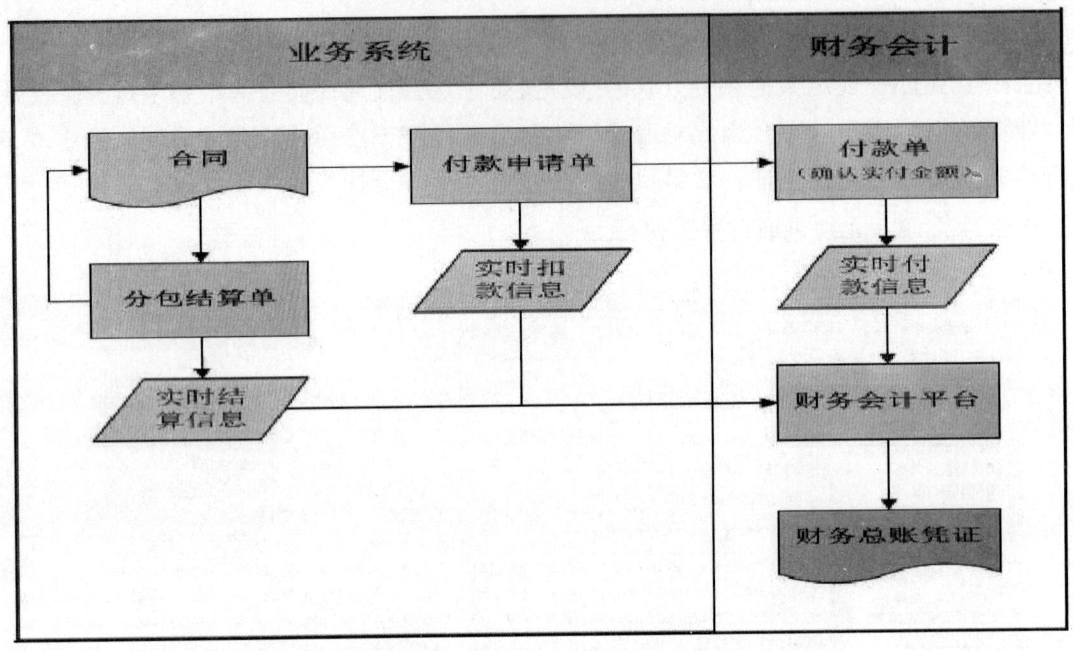

图36　分包合同结算及付款业务流程图

分包合同结算业务是以生效的分包合同为基点，在该项目已经完成会计平台配置并开始执行财务业务一体化时，可在系统分包管理模块的分包结算单界面勾选“是否传会计平台”，当分包结算单审批通过后，系统会将该结算单自动传递到财务会计平台。

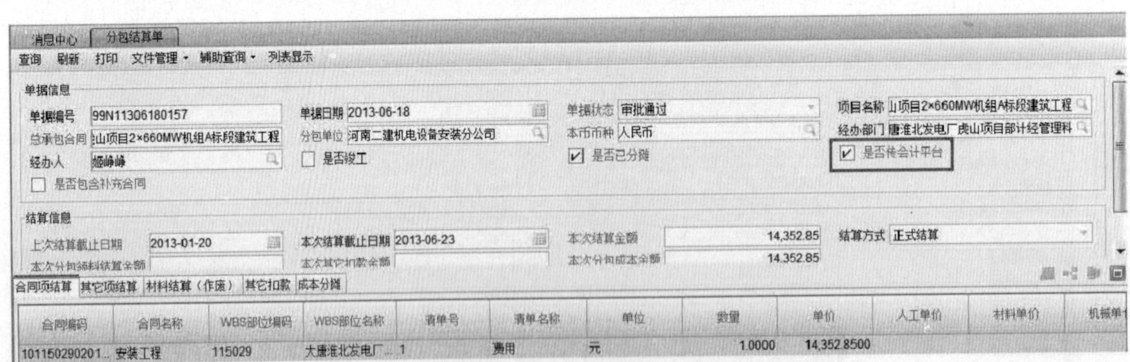

图37　分包结算单界面勾选是否传会计平台

在财务会计平台中通过手工执行（也可以设置为系统自动执行）凭证生成功能，系统按会计平台配置的规则生成会计凭证。

消息中心 | 凭证生成

分录▾ 凭证▾ 保存 打印 返回 上一页 下一页

主体账簿 建筑工程项目2006会计准则账簿

制单日期 2013-06-18 凭证类别 记账 36

分录号	摘要	科目	辅助核算	币种	原币	借方	贷方	备注
1	正式结算河南二建机	160701\临时设施建		CNY	14,352.85	14,352.85		
2	正式结算河南二建机	22020201\应付账款\	【110105\	CNY	14,352.85		14,352.85	

图38 在会计平台界面手动或自动生成会计凭证

财务业务一体化的实施，可以实现从财务账簿到业务单据的追溯性联查。财务账簿到会计凭证的联查通过总账系统的联查功能，财务账簿可联查到记账凭证，在记账凭证中通过联查单据可以实现穿透到业务系统查询出记账凭证的上游单据，直至联查到分包合同。

消息中心 | 科目余额表

转换 凭证▾ 分录▾ 打印 返回

联查单据 原始凭单 现金流量

主体账簿 …大唐淮北发电厂…

制单日期 凭证类别 记账凭证 62

分录号	摘要	科目	辅助核算	币种	原币	借方	贷方	备注
1	正式结算商城县宏欣	22020303\应付账款\	【441150	CNY	13,799.00	13,799.00		
2	正式结算商城县宏欣	54010102\工程施工\		CNY	518,998.00	518,998.00		
3	正式结算商城县宏欣	54010205\工程施工\		CNY	112,988.00	112,988.00		
4	正式结算商城县宏欣	54010303\工程施工\		CNY	56,494.00	56,494.00		
5	正式结算商城县宏欣	22020301\应付账款\	【441150	CNY	688,480.00		688,480.00	
6	正式结算商城县宏欣	22410101\其他应付		CNY	13,799.00		13,799.00	

图39 从科目余额表联查记账凭证

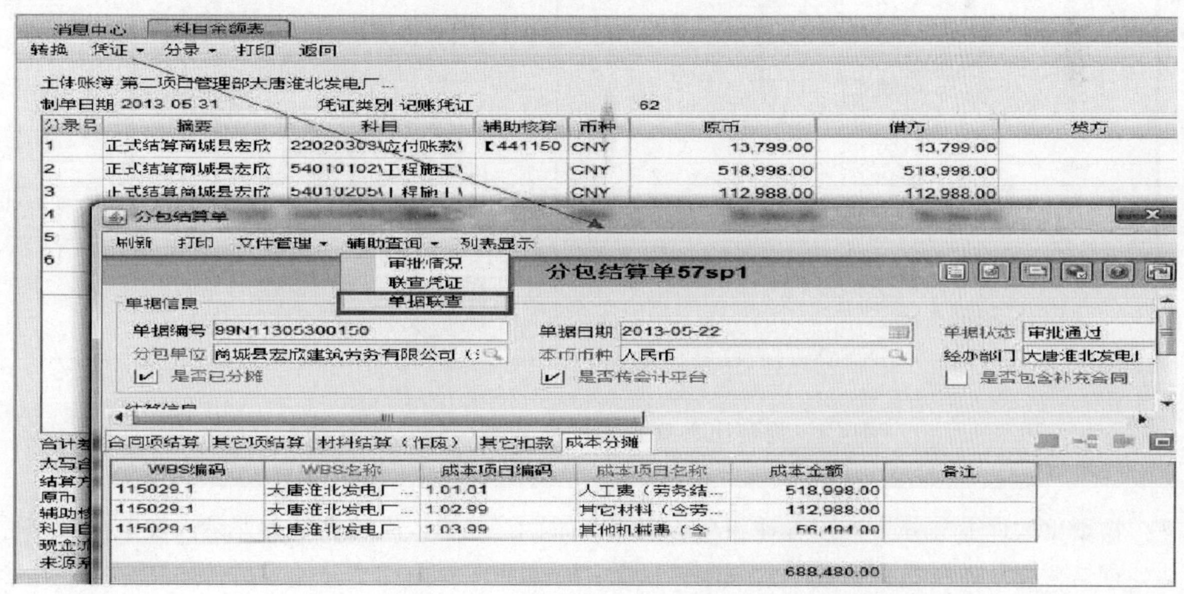

图40 从记账凭证联查到分包结算单

分包结算中也可进行进一步的“单据联查”，可以联查到与其直接相关的合同及付款申请单据。

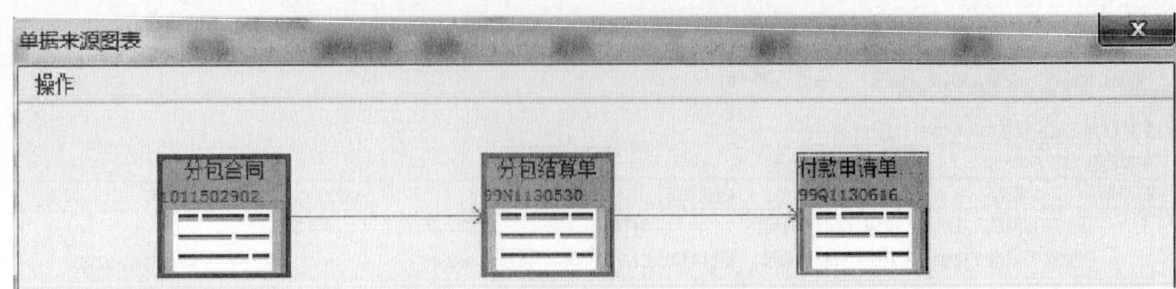

图41　分包结算单联查分包合同和付款申请单

（2）物资出入库业务财务业务一体化应用

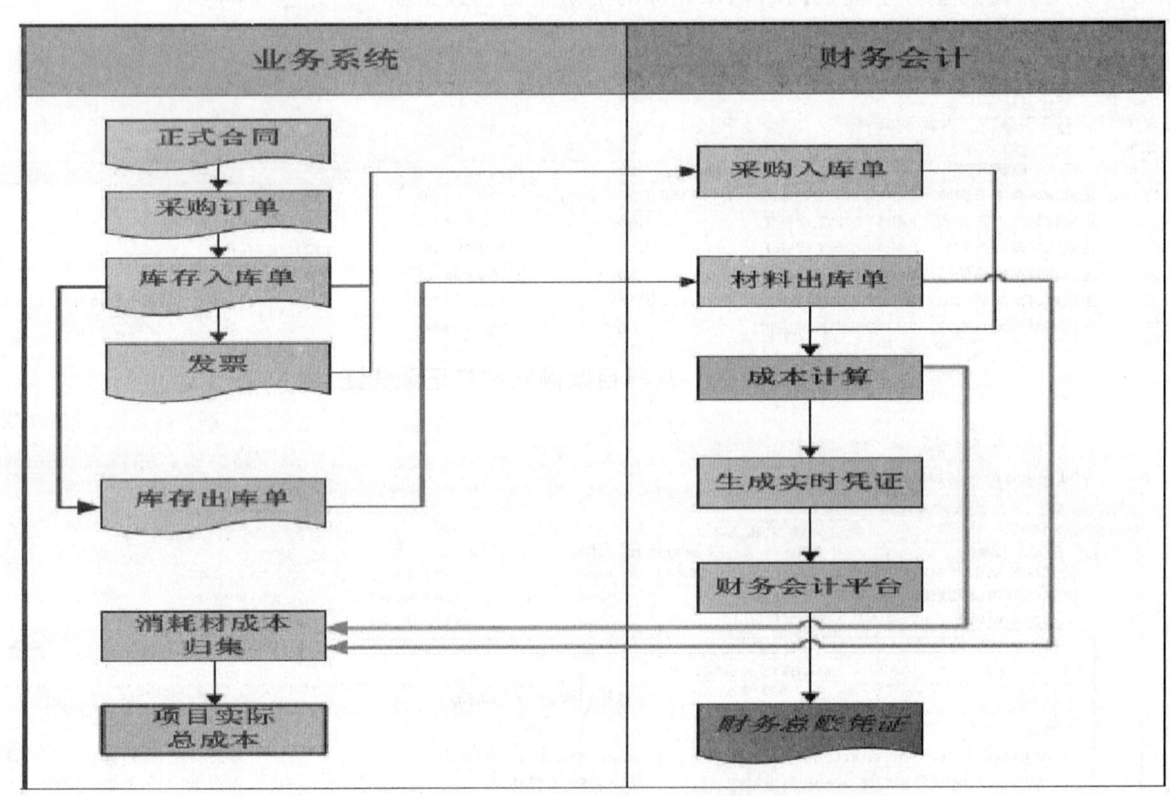

图42　物资出入库业务财务业务一体化流程图

物资出入库业务分为库存管理和存货核算。库存管理中入库单据经参照录入发票或月末暂估处理后传递到存货核算形成采购入库单，库存管理的库存出库单经签字后传递到存货核算形成材料出库单。在存货核算模块中要对当期的采购入库单和材料出库单进行成本计算，采购入库单可按实际业务发生时间，进行成本计算，出库单可月末一次性成本计算，成本计算完成后将该部分单据通过生成实时凭证节点进行生成实时凭证或根据会计平台凭证模板定义的方式直接生成会计凭证处理。

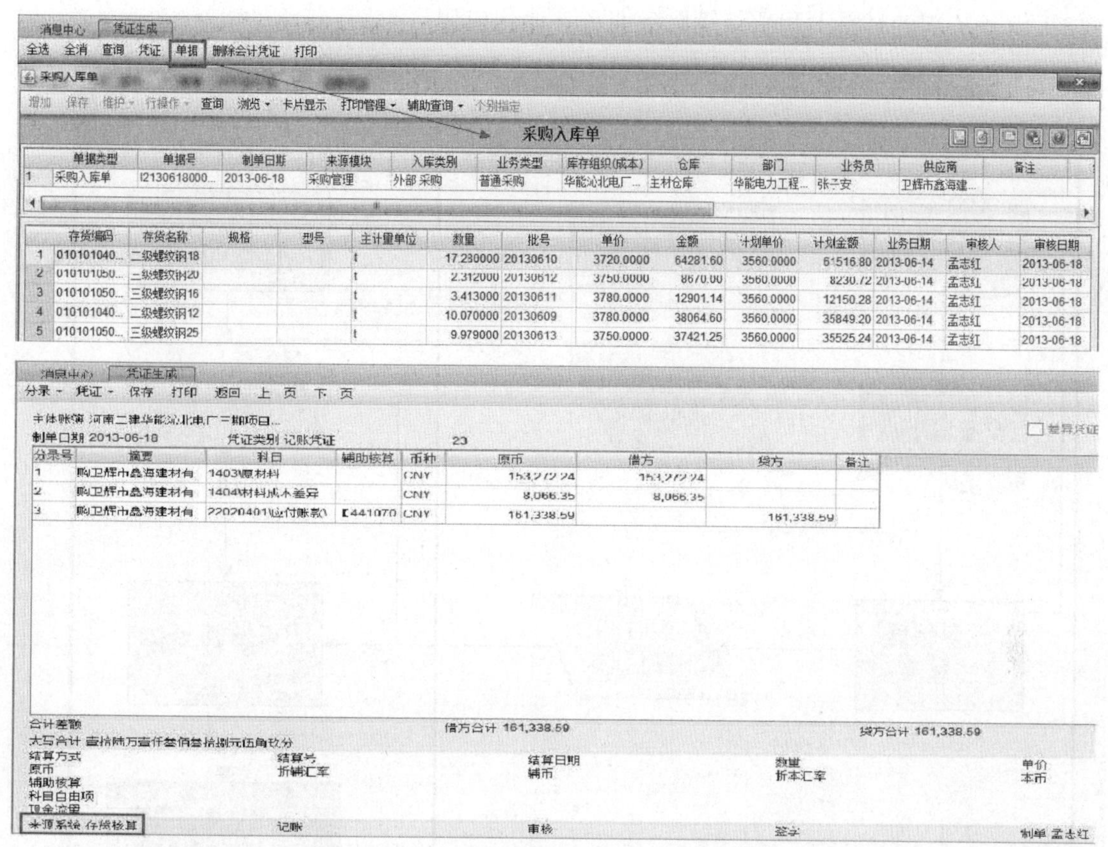

	单据类型	单据号	制单日期	来源模块	入库类别	业务类型	库存组织(成本)	仓库	部门	业务员	供应商	备注
1	采购入库单	I2130618000...	2013-06-18	采购管理	外部采购	普通采购	华能沁北电厂...	主材仓库	华能电力工程...	张子安	卫辉市鑫海建...	

	存货编码	存货名称	规格	型号	主计量单位	数量	批号	单价	金额	计划单价	计划金额	业务日期	审核人	审核日期
1	010101040...	二级螺纹钢18			t	17.230000	20130610	3720.0000	64281.60	3560.0000	61516.80	2013-06-14	孟志红	2013-06-18
2	010101050...	二级螺纹钢20			t	2.312000	20130612	3750.0000	8670.00	3560.0000	8230.72	2013-06-14	孟志红	2013-06-18
3	010101050...	三级螺纹钢16			t	3.413000	20130611	3780.0000	12901.14	3560.0000	12150.28	2013-06-14	孟志红	2013-06-18
4	010101040...	二级螺纹钢12			t	10.070000	20130609	3780.0000	38064.60	3560.0000	35849.20	2013-06-14	孟志红	2013-06-18
5	010101050...	三级螺纹钢25			t	9.979000	20130613	3750.0000	37421.25	3560.0000	35525.24	2013-06-14	孟志红	2013-06-18

分录号	摘要	科目	辅助核算	币种	原币	借方	贷方	备注
1	购卫辉市鑫海建材有	1403\原材料		CNY	153,272.24	153,272.24		
2	购卫辉市鑫海建材有	1404\材料成本差异		CNY	8,066.35	8,066.35		
3	购卫辉市鑫海建材有	22020401\应付账款\	【441070	CNY	161,338.59		161,338.59	

图43 入库单通过会计平台生成会计凭证

对于通过存货核算模块生成的会计凭证，在财务总账系统中可通过会计凭证单据联查到业务单据。总账凭证中直接罗列出不同凭证分别来源的业务系统，也可通过会计凭证直接联查到来源的业务系统单据。

消息中心 制单

查询 增加 修改 作废 删除 刷新 打印 导出 空号查询

本次查询共查出符合条件的凭证58张，列表中现有凭证58张。

主体账簿	日期	凭证号	摘要	借方	贷方	制单	出纳	审核	记账	备注	系统	期间
河南二建华...	2013-06-17	记账凭证 19	购济源市大...	7,078.00	7,078.00	孟志红					存货核算	06
河南二建华...	2013-06-17	记账凭证 20	付杨冰冯战...	5,149.50	5,149.50	孟志红					总账	06
河南二建华...	2013-06-18	记账凭证 21	购济源市五...			孟志红					存货核算	06
河南二建华...	2013-06-18	记账凭证 22	购济源市远...	19,544.53	19,544.53	孟志红					存货核算	06
河南二建华...	2013-06-18	记账凭证 23	购卫辉市鑫...	161,338.59	161,338.59	孟志红					存货核算	06
河南二建华...	2013-06-18	记账凭证 24	付商城县宏...	100,000.00	100,000.00	孟志红					建筑综合项...	06

消息中心 制单

常用凭证 凭证 分录 保存 保存新增 打印 返回 协同 折算 增加 刷新 浏览 定位

纠错 (Ctrl+L)
作废 (Ctrl+F)
取消作废 (Alt+J)
现金流量分析 (Ctrl+M)
删除 (Ctrl+Del)
复制凭证 (Alt+W)
联查单据 (Ctrl+K)
原始凭单

主体账簿 河

制单日期 2 记账凭证 22

分录号	摘要	科目	辅助核算	币种	原币	借方	贷方	备注
1	购济			CNY	20,081.44	20,081.44		
2	购济	成本差异		CNY	-536.91	-536.91		
3	购济	应付账款\	【201044	CNY	19,544.53		19,544.53	

图44 从会计凭证联查入库单据

（3）设备（周转材料）租赁结算财务业务一体化应用

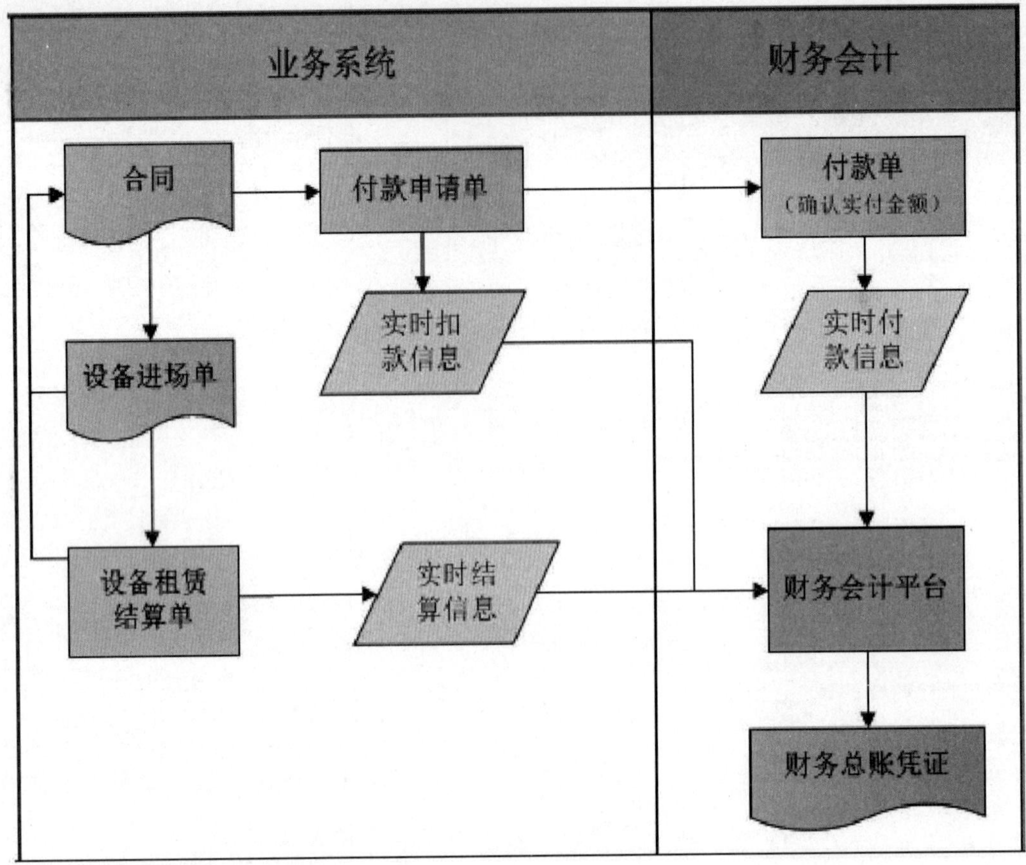

图45　设备租赁业务财务业务一体化流程图

设备租赁业务在租赁合同的基础上，按设备入场相关信息录入设备进场单，按在系统中预置的结算周期进行设备租赁结算，设备租赁结算单提交审批后通过传财务会计平台生成会计凭证。

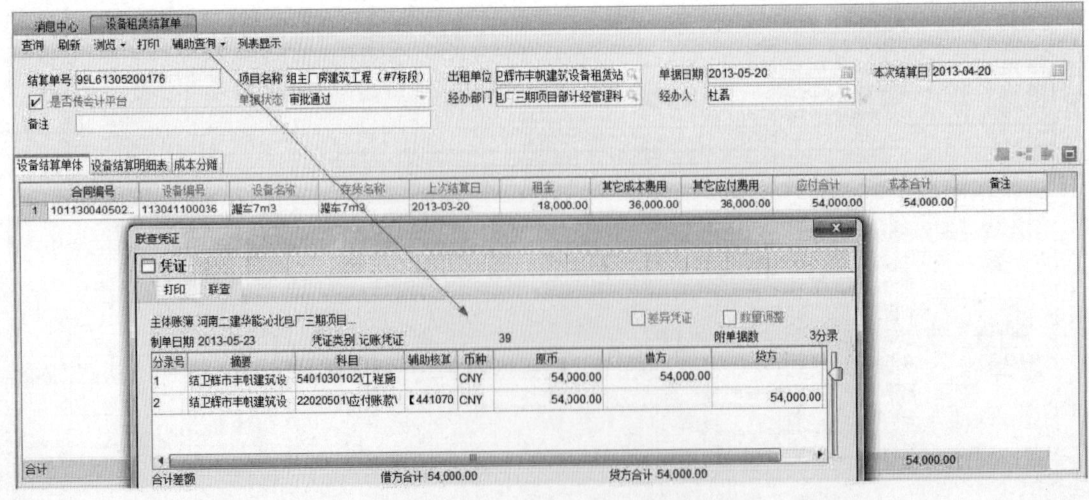

图46　设备租赁结算单通过会计平台生成会计凭证

设备租赁结算执行财务业务一体化时，可以从会计凭证联查到租赁结算单，并可进一步联查到设备租赁合同等业务单据。

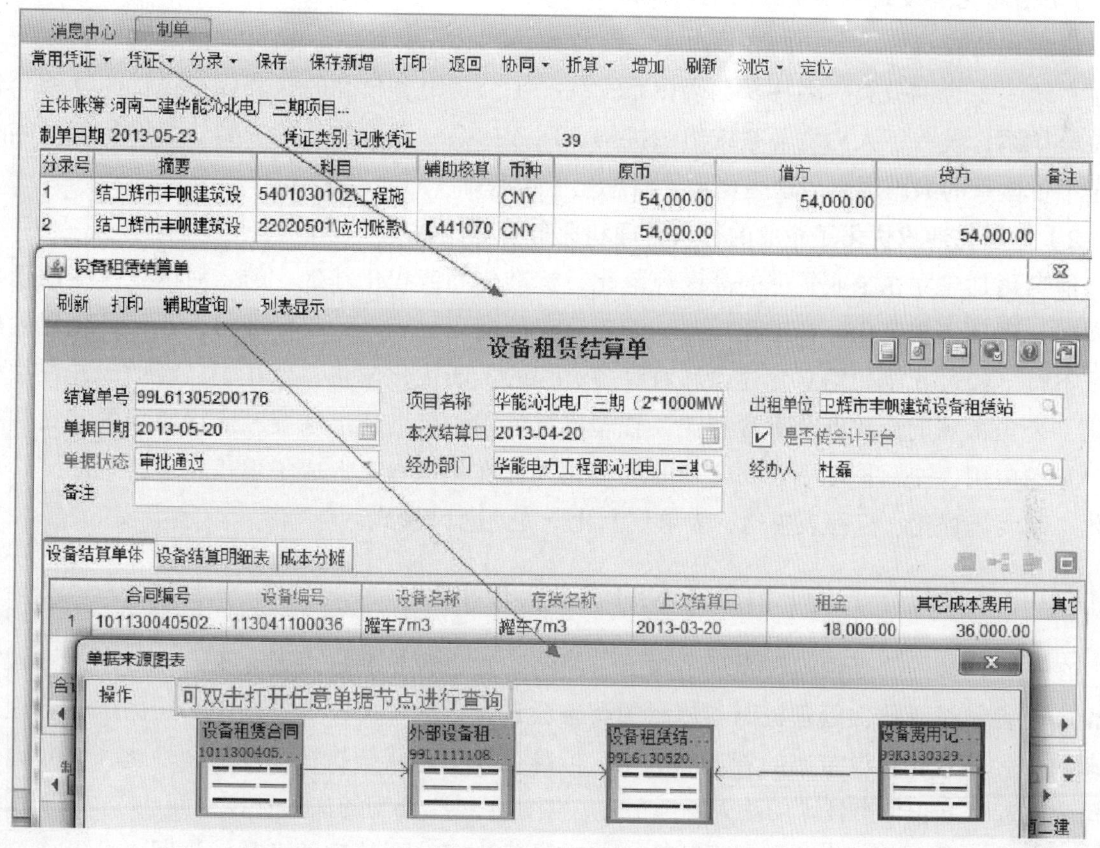

图47　从凭证联查设备租赁结算单

财务业务一体化应用，改变了财务会计传统的记账模式和管理习惯，打破了业务数据和财务数据的“信息孤岛”，实现了成本数据从业务单据向财务会计成本核算的自动传递，提高了项目财务成本核算数据的及时性、准确性和可追溯性。财务业务一体化是财务核算模式的一次重大变革，对项目乃至公司今后的财务成本核算都将产生积极影响。

（五）信息化建设总结

信息化建设开启了河南二建网上无纸化协同办公新模式，节约了办公成本，提高了办公效率；实现了基于项目数据无缝对接技术的财务业务一体化；实现了企业资金管理系统与协议银行之间的“银企直联”；搭建了公司信息化法人管控平台，支撑了公司近几年的系统改革和创新举措，为河南二建的企业品牌增添了更加丰富的内涵。

1. 信息化建设推动了企业管理的规范化和标准化进程

1）信息化建设统一了企业的编码体系

信息化建设统一了公司的客商分类、名称及编码体系；统一了物资设备分类、名称及编码体系；统一了合同分类、名称及编码体系；统一了公司财务核算的账套成本科目的分类、名称及编码体系；统一了人力资源系统组织机构、职务体系、岗位体系的分类、名称和编码体系，制定了各体系的编码规则。这些奠定了信息化应用基础。

2）信息化建设优化了企业的行政管理和业务管理流程

信息化是建立在企业管理的高度规范化、标准化和流程化基础上的。河南二建在信息化建设初期，管理的规范化、标准化较差，管理流程的随意性较大，与标准的企业信息化建设程序严重不符。经过几年的信息化建设和对管理流程的不断优化调整，现在，已经形成并在系统中固化了公司常规的行政办公审批和业务管理审批流程。借助信息系统对流程驱动的定义和系统表单化的应用，全面推动了公司管理的规范化和标准化进程，形成了现代企业特色的“管理制度化、制度流程化、流程表单化、表单信息化”先进管理模式。

2. 信息化建设建立了基于信息技术的法人管控平台

在过去传统的管理模式和管理手段下，河南二建也曾长期致力于寻求建立公司的法人管控平台，也曾做过无数次管理机制和体制的调整尝试，但大都以失败告终，公司的法人管理空间逐渐缺失。信息化建设带来的管理规范化、标准化及信息系统执行手段的刚性化，有效地帮助公司建立起了基于信息技术的法人管理平台，创建了科学合理的法人管控空间。

基于信息技术的法人管理平台的建立，有效推动了公司管理的高效、透明、公开、公正，支撑了公司近年来推行的三项集中管理（合同集中评审、财务成本集中核算、资金结算集中管理）、老分公司改造、机关减员增效、大项目管理、按项目核定上缴、项目考核机制的建立、多元化发展等一系列改革创新举措，并正在引导公司改革向纵深推进。

3. 信息化建设开启了无纸化办公新模式，提高了全员工作效率

在全面信息化建设之前，河南二建传统的办公模式几乎全靠手工作业，最多再辅以电话、传真、邮件等相对先进的办公手段，集团公司和分支机构、项目经理部的文件沟通基本全靠人员出差和手工传递，管理手段落后，工作效率较低，办公成本居高不下。

河南二建的全面信息建设，开启了公司无纸化网上协同办公的新模式，借助网络跨地域、跨时空和快速、高效传递的网络特性和信息系统自身基于流程驱动标准化运行模式，以及无处不在的移动办公手段的应用，普及了公司全员的计算机应用知识，提高了公司全员信息化应用水平，打破了传统的办公时间和办公地点的空域和时域限制，丰富了办公手段，加快了公文的传递速度，提高了办公效率，减低了办公成本。

4. 信息化建设全面推动了企业知识积累和知识管理

随着信息化时代的到来，无形资产占企业总价值的比重越来越大，其中经验、技术、无形资产等日渐成为企业的重要核心竞争力。对于建筑施工企业来说先进的施工经验与过往工程知识的积累是提升企业整体水平的基础，知识管理水平的提升能够很好的提升员工学习能力，降低重复学习的成本。集团OA办公系统知识库中的国家标准、行业标准、企业各类标准、施工组织设计、施工方案、安全标准、各类文件、资料，实现了对企业各个专业领域知识科学合理的分类、收集、管理与共享，有效地提高了企业的知识储备，为企业知识积累和文化积淀奠定了基础。

5. 信息化建设提升了企业管控能力，支撑了公司的战略发展

河南二建全面信息化建设之前，管控手段缺乏，管控风险无处不在，市场规模多年停滞不前，发展战略长期得不到落地。信息化建设丰富了公司的办公手段，提高了公司的管控能力；信息系统的海量数据及统计分析能力和各种图形化的展示平台，为公司管理层和决策层提供了强大的数据支撑，提高了公司的管理能力和决策水平。从2010年以来，河南二建施工市场规模、年度经营利润连续三年实现了20%的年度增长，到2013年6月底，公司已经承接工程任务32亿元，2013年年底有望突破50亿元；集团置业公司、钢结构公司、物业公司、劳务公司、新型材料公司等多元化发展板块也已经初见成效。公司信息化建设全面支撑了集团公司“一业为主、多元发展”的集团化发展战略的逐步落地。

北京首钢建设集团有限公司信息化案例

（一）企业简况

北京首钢建设集团有限公司（以下简称首建集团）是首钢总公司的控股子公司。公司成立于1956年，2008年完成改制，注册资本 4 亿元。公司拥有冶炼工程施工总承包特级资质，房建、市政、机电设备安装工程施工总承包一级资质、装饰装修工程设计与施工一体化一级资质、钢结构工程专业承包一级资质以及矿山、公路、送变电、环保等资质。施工区域覆盖国内20多个省、市以及非洲、中东、东南亚等多个国家和地区。近年来，企业荣获鲁班奖、国家优质工程、部（省）级优质工程数十项。

（二）企业组织架构

首建集团组织架构见表1：

表1 首建集团组织机构

集团机关	分公司	直属单位	子公司	控、参股公司
办公室	第一工程分公司	设计研究院	检测公司	首嘉钢构
经营发展部	第二工程分公司	海港筹备组	工程技术公司	蛟河房地产
市场开发部	第三工程分公司	房地产事业部	嘉华建材公司	北雄钢构
审计部	第一安装分公司	拆迁指挥部	搅拌站	首迁劳务
人力资源部	第二安装分公司	生物质能源总包部	首建恒纪	
财务部	钢构分公司	大同工程项目部	唐山海港	
工程管理部	机运分公司	凤城国贸项目部		
技术质量部	国际工程分公司	埃航项目部		
武装保卫部	物资分公司			
检修备件部	实业分公司			

续表

党委工作部	炉窑分公司			
工会	海南分公司			
	秦皇岛分公司			
	迁安分公司			
	曹妃甸分公司			
	贵州分公司			
	东北分公司			
	安徽分公司			

（三）企业运营模式、业务及管理模式

首建集团实行集团、分公司、项目部三级管控的经营管理模式，集团层面进行战略管理和业务管理（决策中心），分（子）公司进行业务层面管理和战略决策分解（利润中心），项目部执行各层级决策，并对工程项目实施实际管控（成本中心）。

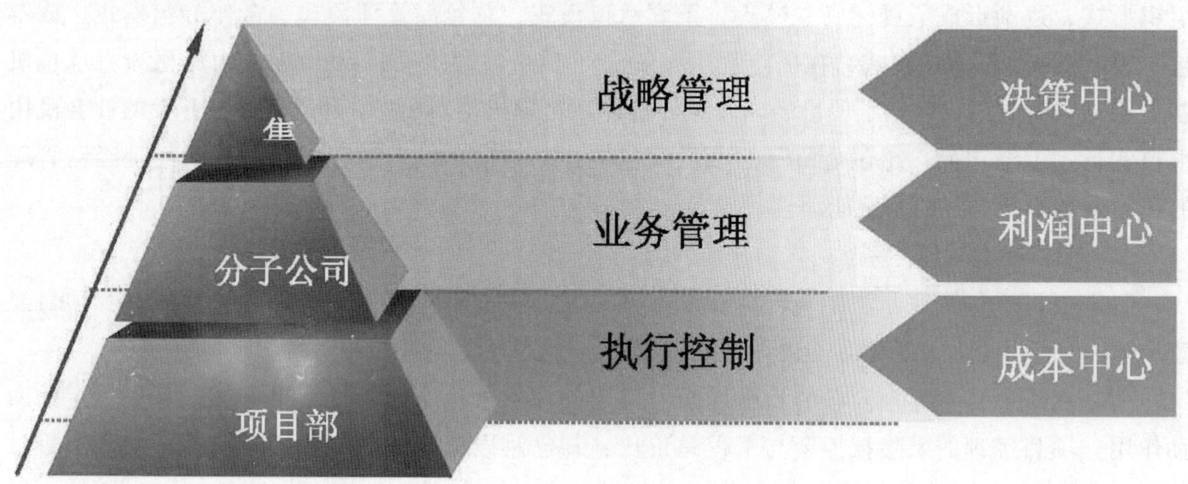

图1 企业管控模式图

（四）企业信息化建设背景及历程

首建集团近年来市场占有率和施工生产规模不断增长，施工技术水平逐步提升，年产值规模进入50亿~60亿元区间；面对工程项目大型化、国际化，市场竞争日益激烈的趋势，项目管理难度、成本管控压力越来越大，为了有效转换项目管控模式，增强应变能力，实现工程项目精细化、集约化管理，项目管理信息化势在必行。

1. 研发背景

1）实现项目无差别管理是开发信息系统的内在动力

首建集团主要业务收入包括工程收入、建材制品收入和首钢内部检修服务业收入，其中，工程项目收入约占到总收入的90%，在“巩固首（钢）内，扩大首（钢）外，拓展海外”的整体布局下，近年来社会工程收入占到工程总收入的40%左右。

从工程收入类别看，首建集团的工程项目以冶炼工程、房建工程、市政工程、机电设备安装工程、钢结构工程为主，同时拥有工业检修、送变电、装饰装修等专业工程施工能力；从区域分布看，工程项目遍及国内主要大中城市及海外，主业做强、专业做精，实现各区域无差别管理成为集团开发项目管理信息系统的内在动力。

2）现有工程项目管控模式下，实现精细化、集约化管理，信息化势在必行

（1）集团、分(子)公司、项目部三级管控

三级管控模式体系下，各层级之间要实现对等无差别的信息传递，项目精细化管控，必须借助信息化手段，使工程项目的精细化、集约化管理得以实现。

（2）推行项目法施工，实行与经营成果挂钩的项目承包机制

首建集团从2004年开始推行项目法施工，随着管理水平的提升，结合项目实际情况及项目组织形式，逐渐形成了目标成本模式、年度承包模式、总包部管理模式、合作分包模式、成本包干模式5种项目承包模式，在一定程度上提升了项目盈利水平；2009年，为深化项目承包机制，经过大量调研，建立了项目经理分级评价体系，提出了对A级项目经理自主开发的社会民用项目实行“上缴包死、超包全留”的项目承包模式，并逐步试点运行，调动项目经理经营管理的积极性和市场开发的主观能动性。

（3)项目成本管理体系

制定项目承包管理办法，实行两级成本测算和三级成本核算，事前控制项目成本和项目经营风险；建立项目经营管理综合报表及分析体系，动态反映项目的经营状况。

随着承揽项目单笔合同额的不断增长，集团的项目承包、风险抵押机制虽能起到一定的激励作用，项目经理的风险抵押金与工程总价比，却已难以有效控制项目经营风险，加强项目过程控制、提升项目精细化管控水平已势在必行。

针对以上项目管理的现状，首建集团做了多方面的尝试，建立了涉及各个专业的项目成本管理综合制度，但由于大型建设工程项目分布较为分散，且工序多、生产周期长、运行过程中数据量很大，制度执行起来难度较大，而且除了专业检查外缺乏有力的手段来加强执行力。因此，首建集团在外部环境及自身管理需求的推动下，借鉴行业先进企业管理经验，对企业信息化建设现状以及企业管理体系进行了全方位的梳理优化，确定了着重于过程控制的项目管理信息系统建设目标，着重解决项目成本做实、消灭应进未进的难题，进一步提升项目管控水平。

2. 系统建设和应用的总体情况

经过几年的探索与调研，2008年，开始研发项目管理信息化系统，2009年试运行，2010年逐步完善并正式在所有项目推广应用，整个系统共研发功能模块18个，涉及合同、材料、设备、分包、结算、资金、进度管理等14项专业管理内容，覆盖了工程项目从投标，到施工准备，再到项目实施，直至总结存档的全过程管理，实现了项目管理全部业务过程在线记录流转和项目成本中间预控、项目经营状况综合评价。

截至目前，首建集团项目管理系统在全集团工程项目上推广应用，实现了经营管理业务100%线上运行，项目100%线上管理，资金100%线上审批，达到了信息化整体规划的阶段目标。

（五）当前企业信息化建设思路

1. 系统设计思想

①信息化工作宗旨：以业务为导向，以技术为实现手段，以增加企业效益为最终目的，对企业管理流程进行梳理和再造。

②设计核心：覆盖项目管理全部业务，实现项目成本过程控制。

③设计原则：做业务型软件，不做数据录入型软件；业务管控，无计划不发生，无发生不记录，无记录不结算，无结算不付款。

2. 系统设计目标

1）覆盖项目生命周期全部业务，建设过程管理系统

实现工程项目从投标到竣工存档的全过程管理，达到“横向到边、纵向到底、项目生命周期管理业务全覆盖”。横向看，涵盖经营管理和施工管理的全部业务内容，纵向看，一个工程项目从投标开始，到项目准备，再到项目的实施，最后到总结存档，整个过程，系统做到全过程记录和管控。通过一横一纵，覆盖项目生命周期全部管理业务，同时实现项目成本的过程控制。

以建设过程管理系统为目标，注重业务过程管控，而非业务结果的数据录入，一方面避免重复工作，克服众多企业为了信息化而信息化，大量补录数据，从而导致系统推广难度大的难题；另一方面保证专业间数据衔接的质量，切实提高系统对项目进行过程管控的作用，提升企业对项目进行精细化管理的水平。

项目管理从宏观上划分，主要包括经营管理和施工管理两部分，因此，首建集团的系统设计也分为两条主线进行：一条是涉及项目所有经营环节的经营管控主线；另一条是涉及项目施工管理、技术管理、质量管理和安全管理的工程实体管控主线。围绕两条主线，实现对项目管理从投标、施工准备、项目实施到总结存档的全过程管理。

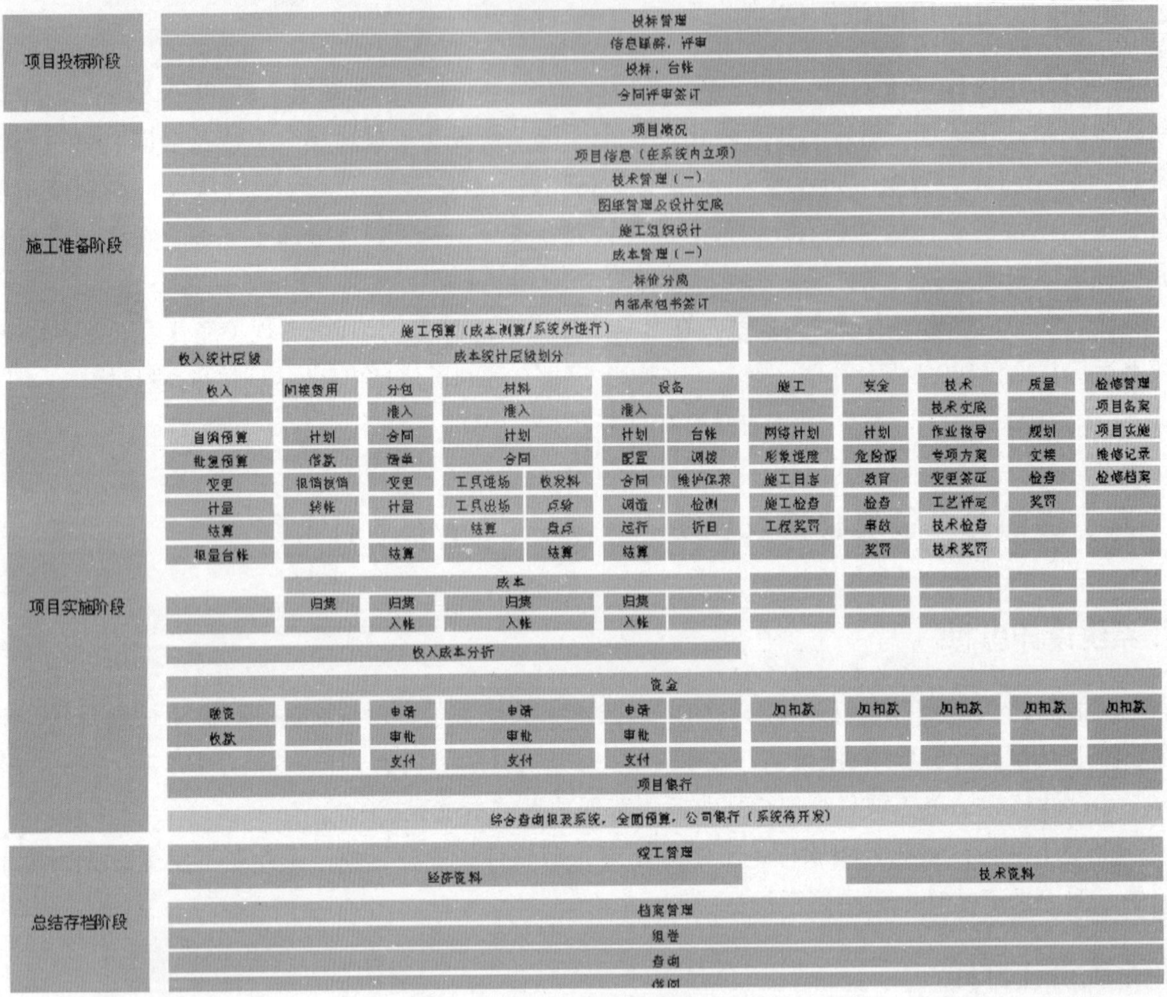

项目投标阶段
投标管理
信息跟踪，评审
投标，台帐
合同评审签订

施工准备阶段
项目概况
项目信息（在系统内立项）
技术管理（一）
图纸管理及设计交底
施工组织设计
成本管理（一）
标价分离
内部承包书签订
施工预算（成本测算/系统外进行）
收入统计层级
成本统计层级划分

项目实施阶段
收入 间接费用 分包 材料 设备 施工 安全 技术 质量 检修管理
准入 准入 准入 技术交底 项目备案
自编预算 计划 合同 计划 计划 台帐 网络计划 计划 作业指导 规划 项目实施
批复预算 借款 清单 合同 配置 调拨 形象进度 危险源 专项方案 交楼 维修记录
变更 报销核销 变更 工具进场 收发料 合同 维护保养 施工日志 教育 变更签证 检查 检修档案
计量 转帐 计量 工具出场 点验 调遣 检测 施工检查 检查 工艺评定 奖罚
结算 结算 盘点 运行 折旧 工程奖罚 事故 技术检查
报量台帐 结算 结算 结算 奖罚 技术奖罚
成本
归集 归集 归集 归集
入帐 入帐 入帐
收入成本分析
资金
融资 申请 申请 申请 加扣款 加扣款 加扣款 加扣款 加扣款
收款 审批 审批 审批
支付 支付 支付
项目银行
综合查询报表系统，全面预算，公司银行（系统待开发）

总结存档阶段
竣工管理
经济资料 技术资料
档案管理
组卷
查询
借阅

图2 首建集团项目管理模型

（1）经营管控主线

系统的经营管控主线实现了对项目合同、收入、成本和资金管理等全方位的业务管理。

设置合同管理模块，实现项目合同集中在线管理；设置结算报量模块，实现对业主计量在线统计，收入报表自动汇总展示；设置物资、分包、设备等管理模块，实现项目成本的发生环节全面在线记录与管理；设置结算与资金管理模块，形成项目成本管理的闭环，实现与财务系统的对接，加强了系统推广应用的执行力；设置项目内部银行等综合展示模块，为项目的经营决策和项目资金封闭运行提供有力依据。

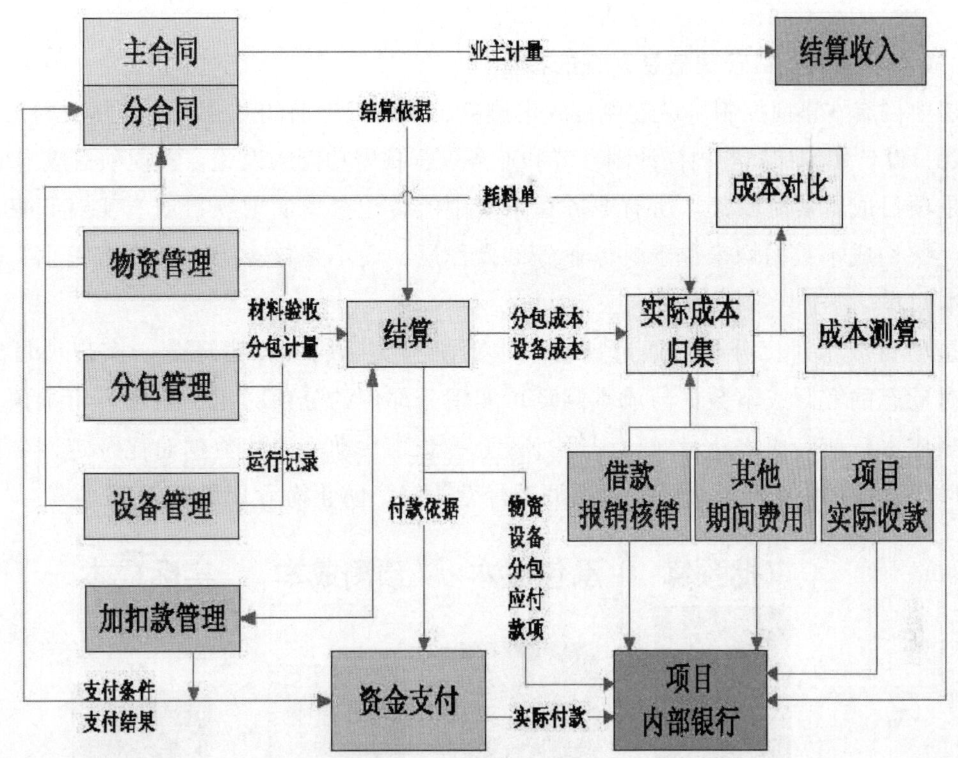

图3 系统经营管控主线数据流

（2）工程实体管控主线

为实现对工程项目施工过程的全面管控，首建集团项目管理系统设置施工管理、技术管理、质量管理、安全管理、竣工管理等功能模块，将工程项目实时的施工过程信息和各专业检查情况，通过系统进行对等传递。可以上传图片真实反映项目实际情况与问题，结合每月绘制的网络进度图，分析工程项目进展情况。可以将专业检查结果自动生成考核单据，经流转审批后自动计入责任单位，从而避免各专业间、各层级间信息不对等造成的决策失误，实现对工程项目的全面在线管理。

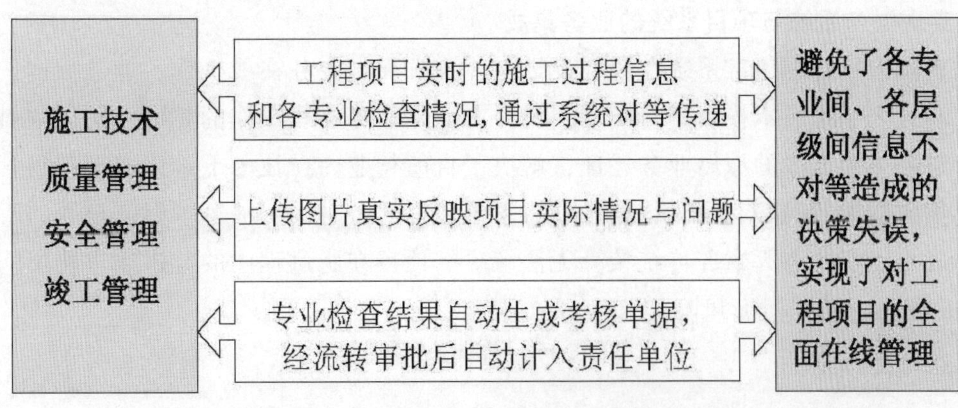

图4 工程实体管控模块示意图

2）成本管控是项目管理信息系统的核心

一是项目成本事前控制。通过项目成本测算，业务发生前的专业计划包括材料总计划、材料消耗计划、设备使用计划等内控计划环节和业务过程预警功能的设置，实现项目成本事前控制。

二是项目成本实时归集。所有业务在系统中流转记录，实现项目成本实时归集，将项目成本做实。一切成本数据均来源于具体业务的操作层，而不是核算层，从而有发生，就有记录、就有成本归集。

三是项目成本对比分析。通过项目成本预测和实际成本归集环节，实现项目成本对比分析。实时动态的实际成本数据与成本测算可实现分部位的分项对比，实现对审批预算、承包成本、预测成本、实际成本总量对比。通过一分一总，一动一静的数据对比及定性分析，可及时发现项目经营过程中的经营风险，以便调整经营策略，防止潜亏现象发生。

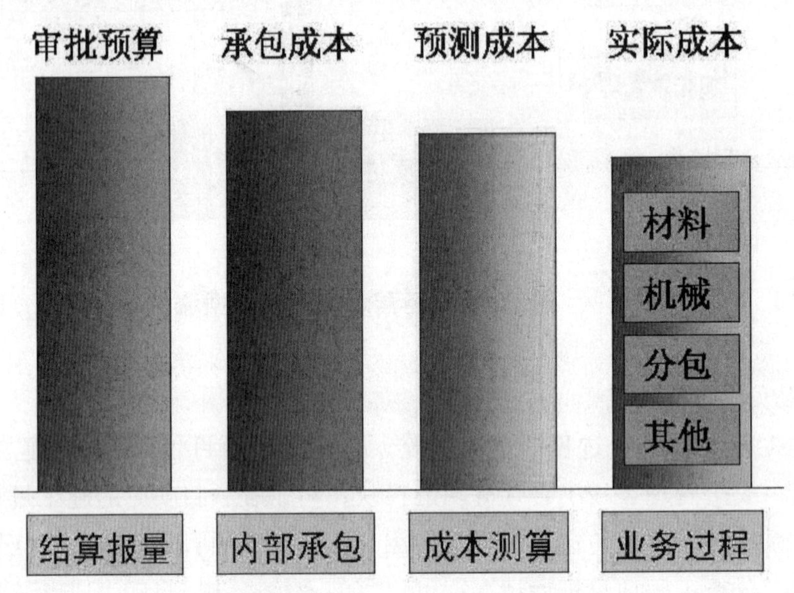

图5　成本对比示意图

3）实现财务系统与项目系统的业务集成

首建集团项目管理信息系统在规划设计上，一方面是业务在线操作，业务数据按成本最大化原则自动进入系统成本模块进行归集；另一方面是业务在线操作的凭证（例如领料单、结算单）作为财务核算入账的原始业务凭证，解决了目前行业内在技术上难以实现项目管理系统和财务系统集成应用的问题，同时也通过项目系统数据的及时性，提升了财务核算的时效性，既可把项目成本做实，消灭财务传统核算无法解决的项目在施过程中的应进未进费用问题，也可以强化过程控制，降低经营风险。

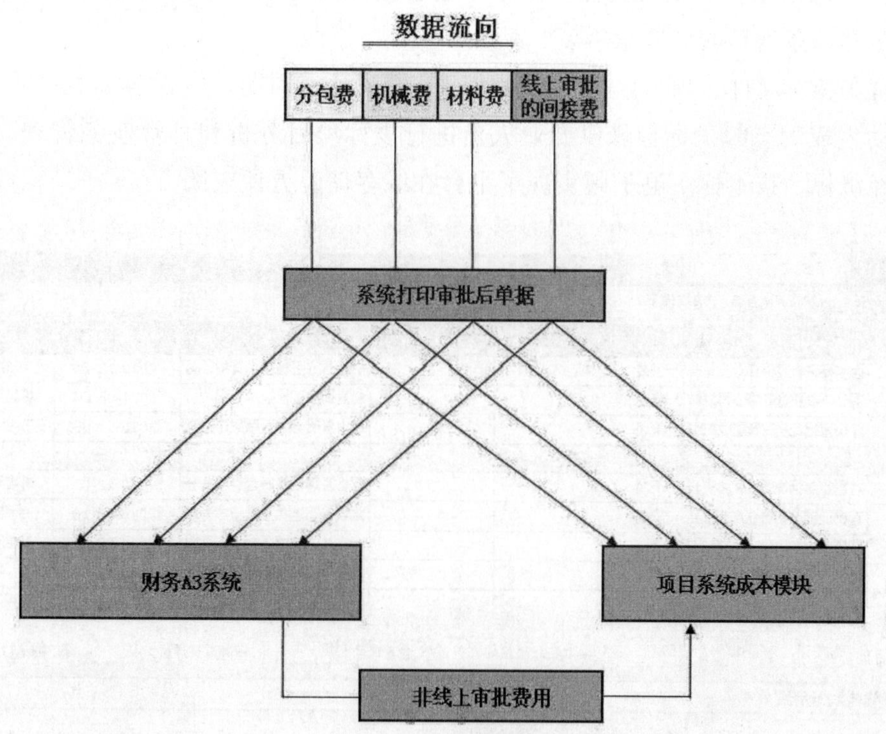

图6 项目系统与财务系统业务数据接口

（六）信息系统建设概况

首建集团项目管理系统共设置16个业务模块和3个系统模块，业务模块包括投标管理、项目概况、结算报量、合同管理、材料管理、设备管理、分包管理、结算中心、费用管理、成本管理、技术管理、施工管理、质量管理、安全管理、资金管理、竣工管理；系统模块包括编码管理、机构管理、系统配置。

通过16个业务模块，实现了项目管理全部业务过程在线流转、项目成本中间预控和项目经营状况综合评价，通过投标、合同、材料、设备、分包、成本等模块实现了项目生命周期全覆盖，将项目管理的业务横向打通；纵向将集团、分公司、项目部三个管理层级打通；数据层级通过基础编码统一管理，相关队伍统一维护管理，项目成本归集、合同成本资金报表体系管理，实现了数据记录及项目数据积累，以便下一步进行数据挖掘和系统的深度研发。

1. 投标管理

首建集团投标管理实际业务主要包括项目跟踪管理、投标过程管理以及投标结果的动态反映，系统投标管理模块实现了实际业务的全部管理功能。

①各单位跟踪项目信息实时记录，为开发人员提供了项目详细信息和项目当前状态，是跟

踪、已投标、已中标，还是已放弃，便于专业管理部门对跟踪项目状态及时把握，避免了多个单位同时跟踪一条信息的内部竞争。

②实现了招标文件、项目信息在线评审，缩短了评审周期。

③自动生成动态的投标台账供专业人员进行投标项目分析和日常业务管理，开标记录、投标文件（经济标、技术标）电子版实现了平台在线存储，方便查阅。

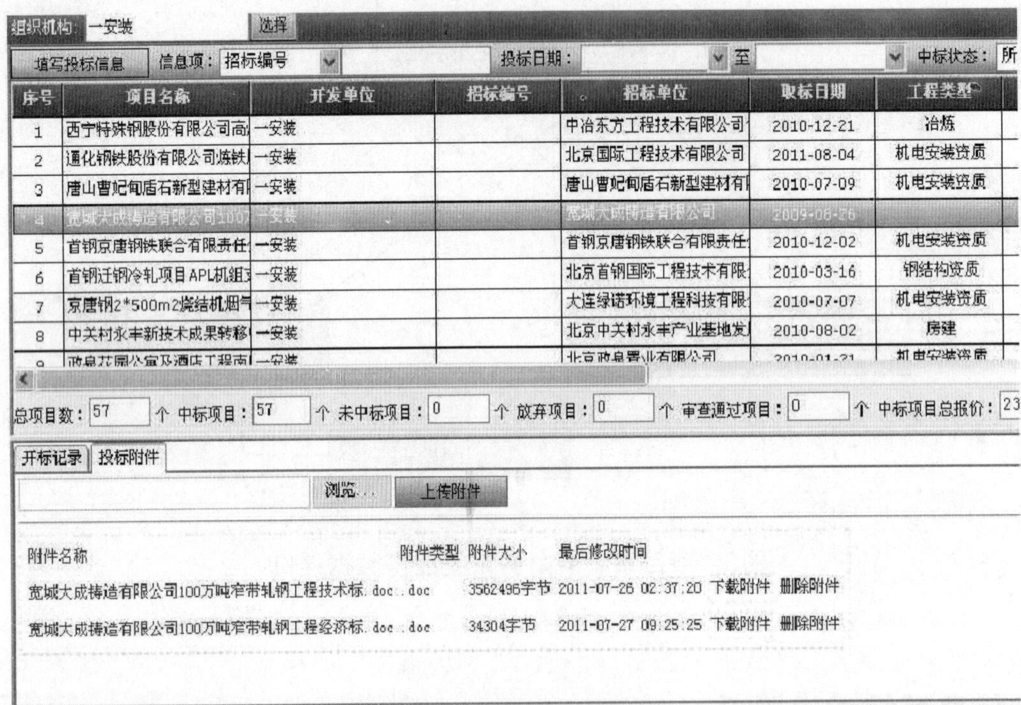

序号	项目名称	开发单位	招标编号	招标单位	取标日期	工程类型
1	西宁特殊钢股份有限公司高	一安装		中冶东方工程技术有限公司	2010-12-21	冶炼
2	通化钢铁股份有限公司炼铁	一安装		北京国际工程技术有限公司	2011-08-04	机电安装资质
3	唐山曹妃甸盾石新型建材有	一安装		唐山曹妃甸盾石新型建材有	2010-07-09	机电安装资质
4	宽城大成铸造有限公司100	一安装		宽城大成铸造有限公司	2009-08-26	
5	首钢京唐钢铁联合有限责任	一安装		首钢京唐钢铁联合有限责任	2010-12-02	机电安装资质
6	首钢迁钢冷轧项目APL机组	一安装		北京首钢国际工程技术有限	2010-03-16	钢结构资质
7	京唐钢2*500m2烧结机烟气	一安装		大连绿诺环境工程科技有限	2010-07-07	机电安装资质
8	中关村永丰新技术成果转移	一安装		北京中关村永丰产业基地发	2010-08-02	房建
9	政泉花园公寓及酒店工程南	一安装		北京政泉置业有限公司	2010-01-21	机电安装资质

图7 投标台账及中标项目投标附件

基本信息

项目名称：首金。美利山项目四期三标段工程 *

项目编码：2gs 2011-21 *

项目经理：王林林 选择　设计单位：重庆卓创国际工程设计有限公司 选择

监理单位：北京金海城监理有限公司 选择　主管单位：首建集团->分(子)公司->二公司-* 选择

业主单位：重庆首金房地产开发有限公司 选择　项目状态：进行

合同开工日期：2011-6-1　合同竣工日期：2012-10-31

实际开工日期：2011-6-2　实际竣工日期：

项目描述：

美利山项目四期6号楼、7号楼、车库（以发包人书面指定的范围为准）、幼儿园、整个四期及山顶会所的室外管网与道路等工程施工图纸内的基础、主体、楼地面、屋面、内外装饰（不含外墙装修、幕墙等）、给排水、电气、暖通及有关的预留预埋和配合、室外工程（以发包人指定的范围为准）等。总建筑面积约5.6万平方米。

分类信息

地域：重庆市 选择　专业：土建 选择

承包类型：施工总承包 * 选择　首钢内外：首钢外部 * 选择

图8 项目基本信息

2. 合同管理

首建集团项目管理系统设置了合同管理模块，实现项目合同分类集中管理和动态查询汇总，同时在各专业模块配置合同管理子模块方便操作和使用。合同管理模块涉及的合同类型有承包合同、专业分包合同、劳务分包合同、材料采购合同、材料内（外）租合同、设备内（外）租赁、检试验合同、运输合同、砼合同等。该模块主要功能一是记录了合同基本信息，包括合同文本电子版、甲乙方基本信息等，永久保存，便于共享查阅；二是合同起草、会签审批过程在线进行，规范了专业管理，提高了办公效率；三是提供了灵活多样的查询汇总方式，可以按合同类型、地域、专业、甲乙方等多种口径查询汇总；四是业务过程对合同的履行结果可以反馈合同，作为合同履行记录，如对合同的结算付款结果从资金管理模块自动反馈合同，与合同应付款形成对比；五是通过合同提醒和反馈的履约数据，可自动提示合同履约风险，例如可以设置合同竣工日期到期前自动提醒。

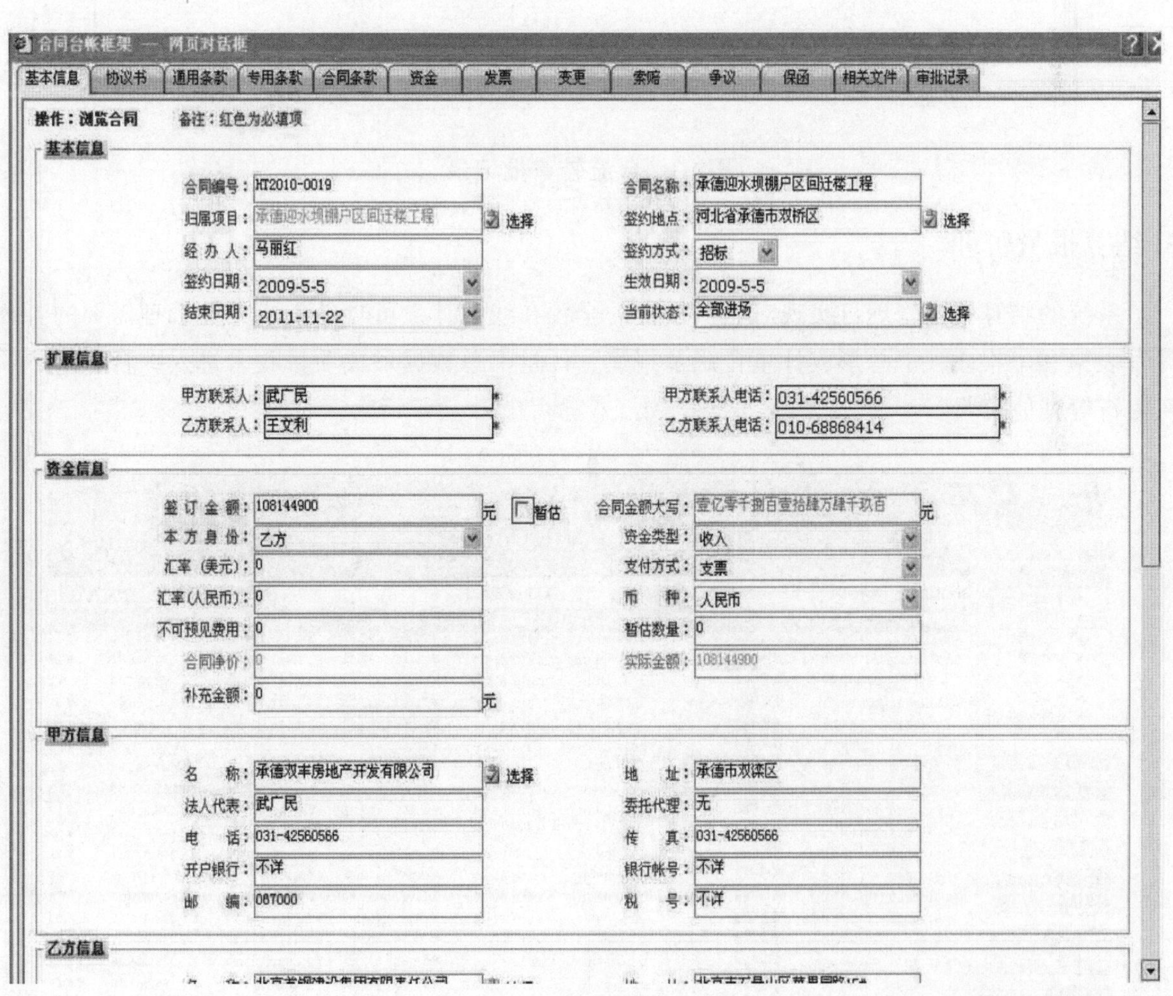

图9 合同基本信息

合同名称：重庆美利山住宅楼给排水、电气安装等工程76~82　　合同流程类型：全部类型

任务名称：重庆美利山住宅楼给排水、电气安装等工程76~82

处理人	处理节点	处理意见	处理时间	代办人	签名	审批表查看	附件查看
洪 纯	开始	[未表态](处理人没有填写	2011-03-29 23:03:06			审批表查看	附件查看
洪 纯	拟稿	[同意](处理人没有填写意见	2011-03-29 23:05:04			审批表查看	附件查看
刘 洋	公司人力资源部门	[同意]同意。	2011-03-30 09:57:30			审批表查看	附件查看
张继民	其他部门会签	[同意]承包方统一改为承包	2011-03-30 11:05:27			审批表查看	附件查看
张志英	其他部门会签	[不同意]2.2款 重新写一下	2011-03-30 11:38:09			审批表查看	附件查看
王永亮	其他部门会签	[同意]同意合同条款	2011-04-02 13:37:49			审批表查看	附件查看
刘 洋	公司人力资源部门	[同意]同意。	2011-04-06 10:28:49			审批表查看	附件查看
任佳辉	公司领导审批	[同意]同意专业部门意见。	2011-04-06 10:33:19			审批表查看	附件查看
刘 洋	公司人力资源部门	[同意]同意。	2011-04-06 10:44:19			审批表查看	附件查看
段锡武	劳务合同管理	[同意]同意。	2011-04-12 08:37:16			审批表查看	附件查看
张志忠	公司人力资源部门	[同意](处理人没有填写意见	2011-04-18 08:20:42			审批表查看	附件查看
段锡武	劳务合同管理	[同意](处理人没有填写意见	2011-04-19 15:10:57			审批表查看	附件查看
洪 纯	归档	[未表态](处理人没有填写意	2011-04-30 14:09:04			审批表查看	附件查看

图10　合流转审批记录

3. 结算报量管理

系统的结算报量管理可实现对业主报量的全程在线统计，可自动生成专业管理需要的各种计量表格和申报表，汇总形成计量台账及报表，计量汇总数据形成项目收入进入综合分析、项目银行等其他模块。

图纸号	预算号	查看明细	期号	计量开始日期	计量截止日期	合同金额	当期变更后金额	本期完成金额	开累完
45-5110G2	2010年3月-8	查看明细	1	2009-09-01	2010-03-20	¥22,652,492.83	¥4,435,124.13	¥84,750	
45-5114B82	2010年3月-9	查看明细	1	2009-09-01	2010-03-20	¥22,652,492.83	¥19,047,507.84	¥173,601.41	¥17
承包合同	2010年3月-...	查看明细	1	2009-09-01	2010-03-20	¥22,652,492.83	¥19,047,507.84	¥174,700	¥
45-5110D12	2010年3月-...	查看明细	1	2009-09-01	2010-03-20	¥22,652,492.83	¥19,047,507.84	¥820,280.41	¥82
45-5110D16	2010年3月-...	查看明细	1	2009-09-01	2010-03-20	¥22,652,492.83	¥8,566,930.65	¥74,401.3	¥
45-5114D31	2010年3月-...	查看明细	1	2009-09-01	2010-03-20	¥22,652,492.83	¥8,591,646.78	¥24,716.13	¥2
45-5114D35	2010年3月-...	查看明细	1	2009-09-01	2010-03-20	¥22,652,492.83	¥8,852,158.9	¥24,182.08	¥2
45-5115D20	2010年3月-...	查看明细	1	2009-09-01	2010-03-20	¥22,652,492.83	¥8,827,976.82	¥61,068.09	¥6
45-5114D50	2010年3月-...	查看明细	1	2009-09-01	2010-03-20	¥22,652,492.83	¥8,766,908.73	¥175,261.95	¥17
45-5110D13	2009年12...	查看明细	1	2009-09-01	2009-12-20	¥22,652,492.83	¥3,631,944.76	¥618,715.97	¥61
45-5103D11	2010年5月-1	查看明细	1	2009-09-01	2010-05-20	¥22,652,492.83	¥9,064,031.01	¥211,872.11	¥21
45-5103D12	2010年5月-2	查看明细	1	2009-09-01	2010-05-20	¥22,652,492.83	¥9,156,937.36	¥92,906.35	¥9
45-5110D13	2010年5月-3	查看明细	1	2009-09-01	2010-05-20	¥22,652,492.83	¥9,781,328.46	¥624,391.1	¥6
45-5114D33	2010年5月-5	查看明细	1	2009-09-01	2010-05-20	¥22,652,492.83	¥11,204,791.16	¥1,084,816.39	¥1,08
45-5114D31	2010年5月-4	查看明细	1	2009-09-01	2010-05-20	¥22,652,492.83	¥10,119,974.77	¥338,646.31	¥33
45-5114D37	2010年5月-6	查看明细	1	2009-09-01	2010-05-20	¥22,652,492.83	¥12,531,105.94	¥1,326,314.78	¥1,32
45-5114D39	2010年5月-7	查看明细	1	2009-09-01	2010-05-20	¥22,652,492.83	¥15,726,971.12	¥3,195,865.18	¥3,19
45-5114D40	2010年5月-8	查看明细	1	2009-09-01	2010-10-20	¥22,652,492.83	¥22,222,879.94	¥97,063.3	¥
45-5114D41	2010年5月-9	查看明细	1	2009-09-01	2010-10-20	¥22,652,492.83	¥22,222,879.94	¥1,250,878.44	¥1,25
45-5114D49	2010年5月-...	查看明细	1	2009-09-01	2010-05-20	¥22,652,492.83	¥17,118,322.81	¥43,409.95	¥4
45-5114D50	2010年5月-...	查看明细	1	2009-09-01	2010-05-20	¥22,652,492.83	¥18,978,268.04	¥1,859,945.23	¥1,85

图11　业主计量界面

4. 专业、劳务分包管理

针对分包队伍管理，系统建立了相关单位信息库，对分包队伍实行在线统一管理。系统记录了各相关单位的基本信息、等级评定、历次合作、准入规则等，只有被评定合格的分包队伍才可以签订分包合同，准入信息库中没有的单位或被列入黑名单的单位不能选用，从而规范了专业管理，加强了制度的执行力。针对分包合同、分包计量、分包结算、资金支付的管理，系统一是实现了分包合同的在线起草、审批与签订；二是可通过系统的分包计量功能形成对分包单位中间报量的确认，并在此基础上，自动读取各专业对分包单位日常管理的奖罚信息，形成对分包单位的结算单，作为财务账原始凭证；同时，在结算金额的基础上，系统可以自动提取分包单位材料超领、甲方代购材料、设备超耗数据等作为支付资金时的扣款依据，这些扣款数据由材料、设备专业在本专业模块业务处理过程中，通过实际耗用与分包单位耗用计划比对形成，作为扣款的参考数据。因此，可以说系统的应用实施，规范了分包过程管理，也规避了在一些大型项目中分包管理难以精细控制的局面。

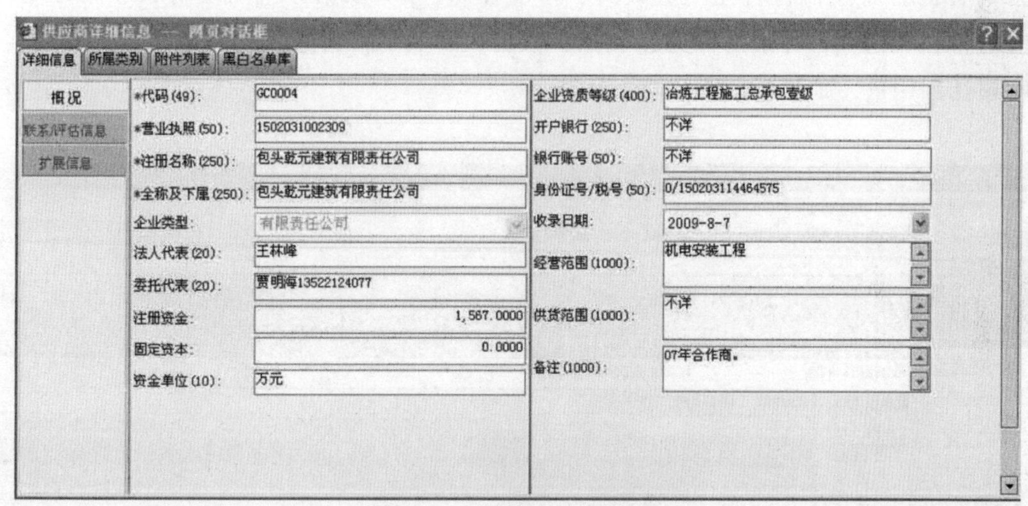

图12 分包商管理界面

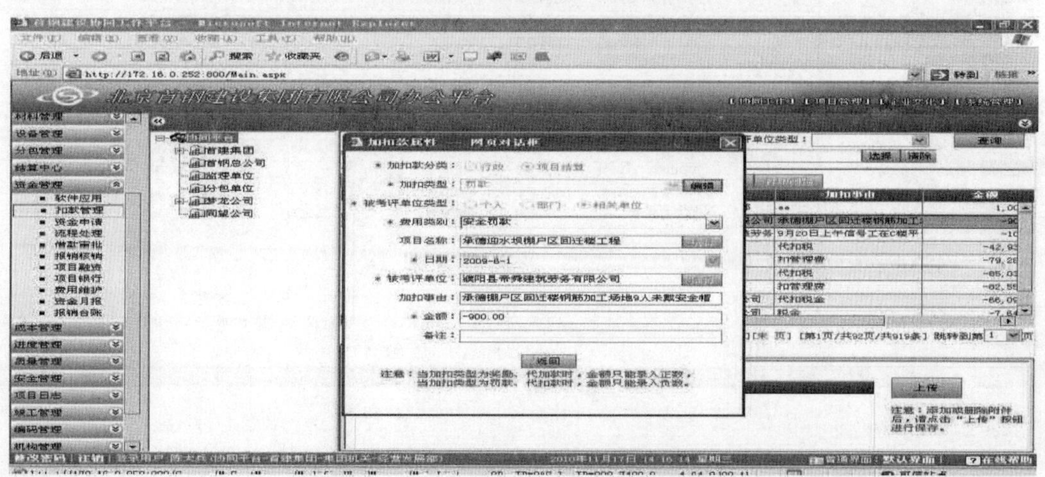

图13 分包单位日常加扣款管理

5. 材料管理

材料管理是项目管理中的重中之重。一是在成本中占的比重较大，二是涉及量、价、质等多方面的综合管理。首建集团经过大量的实际业务管理调研，在该模块的研发和实施应用方面，把握了两个原则：一是注重业务过程管理，而非状态型的事后记录；二是“事前有控制、事中有记录、事后可追溯”，通过这两个原则实现了系统与实际管理的高度融合。

材料从计划开始，到采购、入库、出库、工程消耗、材料结算等各个管理环节都在系统中进行，业务过程线上操作、业务流程线上流转，系统可生成条码唯一的入库单、入库验收单、耗料单等材料专业管理的原始凭证，同时每一个环节都是可追溯的，任何环节出现问题，都可以查到问题的根源。

首建集团项目管理信息系统，从材料管理实际业务出发，实现了对材料量、价、质等三方面的综合管控。

①量的控制：a）从制度和软件两方面保证材料计划的提出和精准性，没有材料计划无法签订材料采购合同，对项目材料耗用量做到了事前控制；b）依据分包队伍材料领用计划来控制分包队伍的材料领用量，并最终作为超领扣款依据，降低了材料数量耗用风险；c）材料合同签订、入库超计划用量，则红色预警风险。

图14　材料总计划

五大工具台账 | 现场收料 | 现场发料 | 退货调帐 | 初始化库存 | 暂估调整

选择部门或项目 重庆美利山工程

打印 | 打印预览 | 导出Excel | 打印设置 | 返回

4‖906180‖240464‖

实 物 收 料 单

No:重庆美利山二期-11-06-筑成-砂、石

2011-06-15

供应单位：	渝北区筑成建材经营部								
收料单位：	重庆美利山工程								
收料地点：	重庆美利山工地								
物资类别	材料名称	规格	产地	材质	质量	单位	数量	单价	金额
普通沙	细砂	50-100目				m3	302.30	110.000	33,253.00
石子	碎石					m3	83.90	100.000	8,390.00
车号：			承运人：					合计：	41,643.00
备注：									

图15 材料收料单

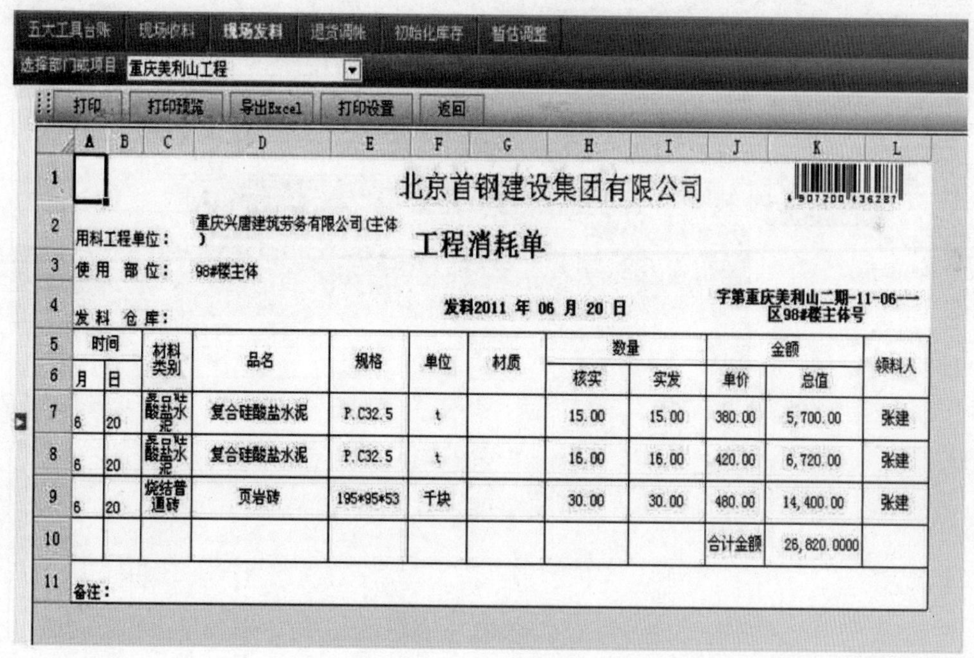

北京首钢建设集团有限公司

工程消耗单

用料工程单位： 重庆兴唐建筑劳务有限公司(主体)

使 用 部 位： 98#楼主体

发 料 仓 库：

发料2011 年 06 月 20 日

字第重庆美利山二期-11-06—区98#楼主体号

时间		材料类别	品名	规格	单位	材质	数量		金额		领料人
月	日						核实	实发	单价	总值	
6	20	复合硅酸盐水泥	复合硅酸盐水泥	P.C32.5	t		15.00	15.00	380.00	5,700.00	张建
6	20	复合硅酸盐水泥	复合硅酸盐水泥	P.C32.5	t		16.00	16.00	420.00	6,720.00	张建
6	20	烧结普通砖	页岩砖	195*95*53	千块		30.00	30.00	480.00	14,400.00	张建
									合计金额	26,820.0000	
备注：											

图16 材料耗料单

②价的控制：a）系统可实现材料集中采购、竞标采购后调拨项目使用，一定程度上控制了材料采购的价格； b）系统记录历次材料入库价、合同签订价并与编码库中维护的材料指导单价形成对比图（材料价格曲线），为材料采购人员提供材料的某一时间段的价格变动趋势，以便参考分析；c）材料入库单价超合同单价，则绿色预警提示，起到了材料价格风险过程控制的作用；d）系统根据材料入库验收情况自动生成材料采购结算单，减少了中间环节。

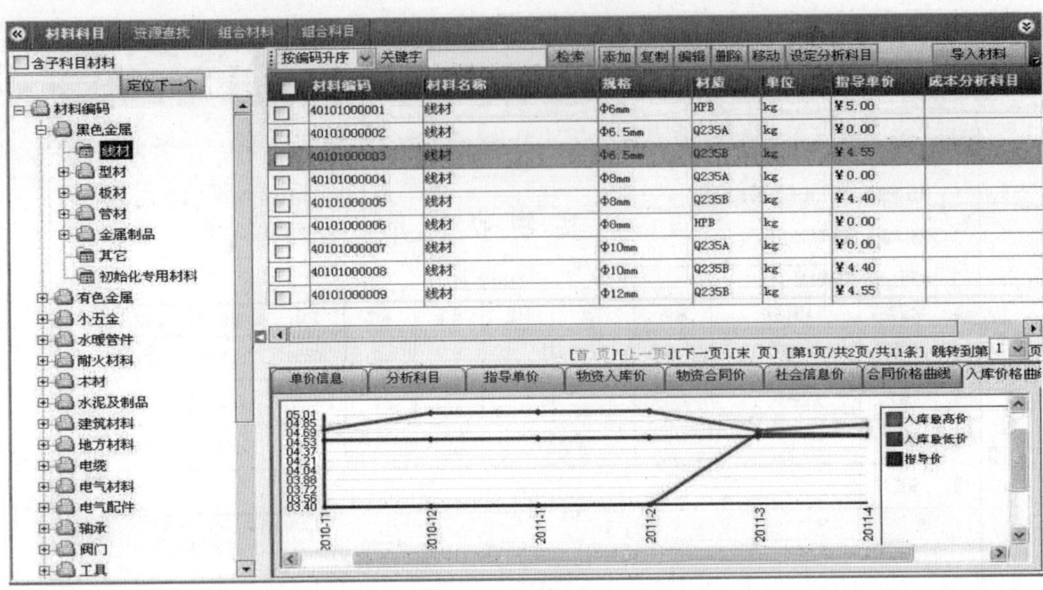

图17　入库价格曲线

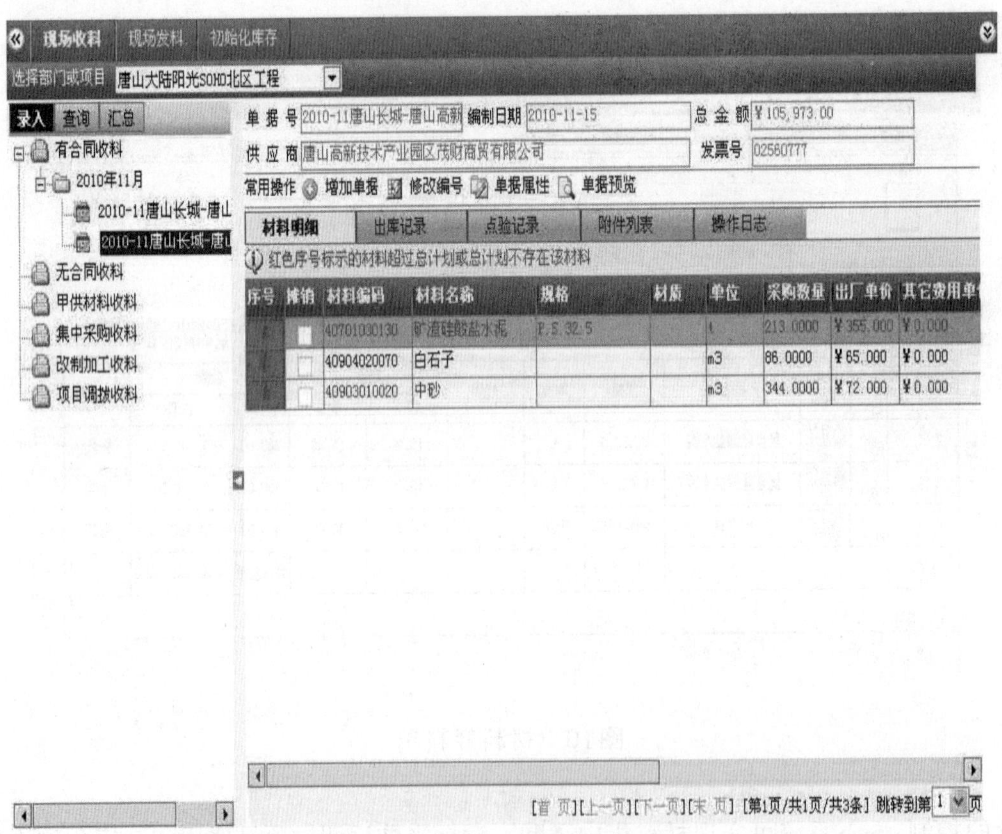

图18　材料入库价超合同价

③质的控制：a）合格供应商方可进入相关单位信息库；b）材料的合同签订、收料、发料、库存等每个环节的材料明细都具有可追溯性，出现质量问题可以一查到底。

6. 设备管理

设备管理主要包括自有设备日常管理和项目使用设备管控两方面的内容。

系统的设备管理模块形成了以设备台账和设备编码库为基础支撑的设备管理体系。专业管理方面，具有设备台账记录、设备调拨管理、设备折旧管理、设备的维修保养、检测记录及自动提醒等功能。工程项目设备使用管理方面，一是设备使用必须以设备计划为入口，设备计划的提出又可以与经过系统审批的施工方案进行对照，一定程度上杜绝了项目使用设备及机械费用发生不规范的现象；二是设备台班在线填报，保证了台班数据的真实性、透明性，中间结算过程简单、明了。

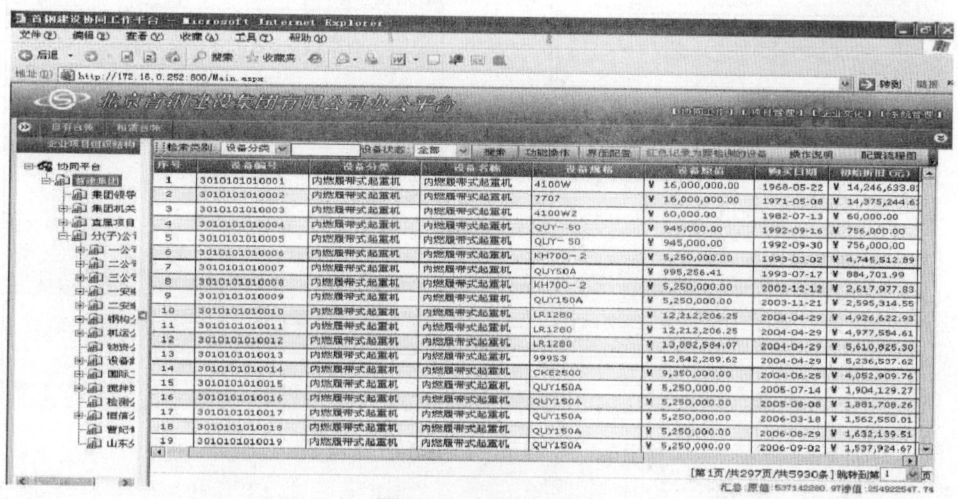

图19 设备台账

图20 设备检测提醒

7. 结算管理

系统设置了独立的结算模块，实现了材料、设备、分包、通用合同结算的统一管理和汇总查询分析。业务过程数据流转到结算中心，自动生成结算单，减少了手工工作量，避免了数据漏洞；超合同结算实时预警，减少了对分包队伍的结算风险；实现了结算过程网上流转，结算结果实时打印；结算数据自动汇总统计，形成了相关单位的结算挂账统计中心、查询中心。

结算单编号：	FBJS-NEWCODE5-29004-20110824						
工程名称：	秦皇岛海洋新城一期北地块安置房			合同编号：	2011090		
合同价款：	1080000			分包单位名称：	秦皇岛市伊建建筑装饰工程有限公司		
本月实际结算金额：	281626	累计实际结算金额：	563620	本月扣款金额：	-9912.62	本月应付款：	281626
分包单位（盖章）		工程组意见		技术质量组意见		安全保卫组意见	
		本月无考核 郑芝营 2011年08月24日		本月无考核 冯建军 2011年08月25日		本月无考核 闻庆新 2011年08月25日	
人事、财务组意见		材料组意见		经营组意见		项目经理意见	
本月无考核 黄春杰 2011年08月25日		本月无考核 付成林 2011年08月25日		同意本月结算281626元 王志敏 2011年08月25日		同意 王立新 2011年08月25日	

图21　可实时打印的结算单据

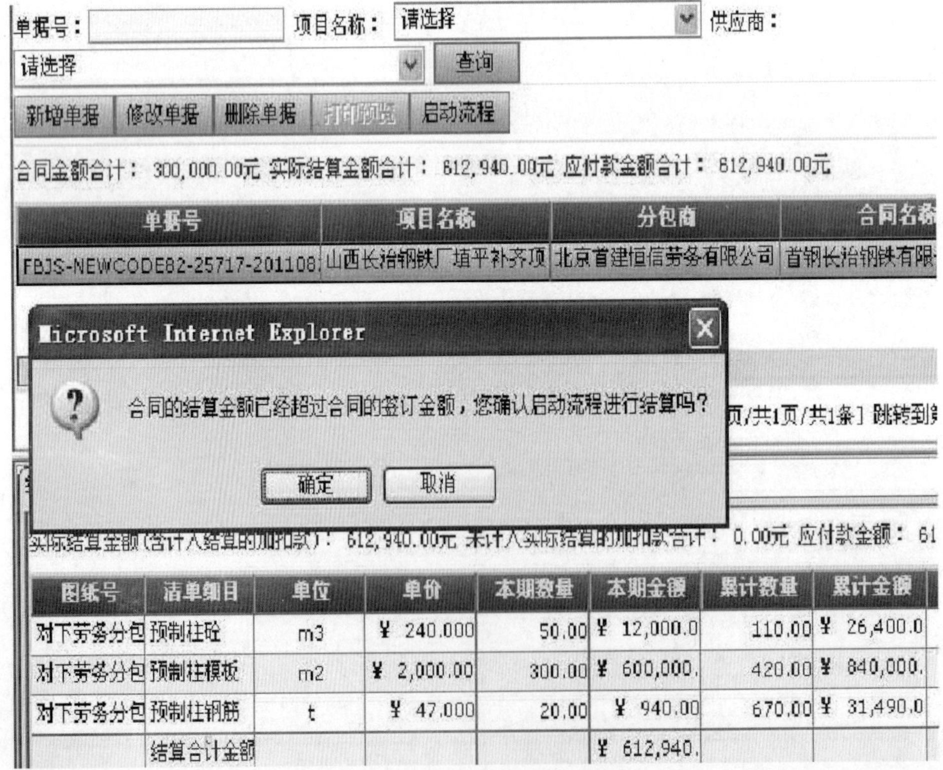

图22　超合同结算提醒

8. 成本管理

首建集团项目管理信息系统，实现了项目承包书及标价分离方案的在线存储与查阅；同时可按照施工组织模式划分成本单元，进行成本测算，将成本控制目标分解，一方面细化成本控制目标，便于落实各个岗位的成本责任；另一方面可以为同类工程或相同类型的工程部位积累有价值的经验数据。

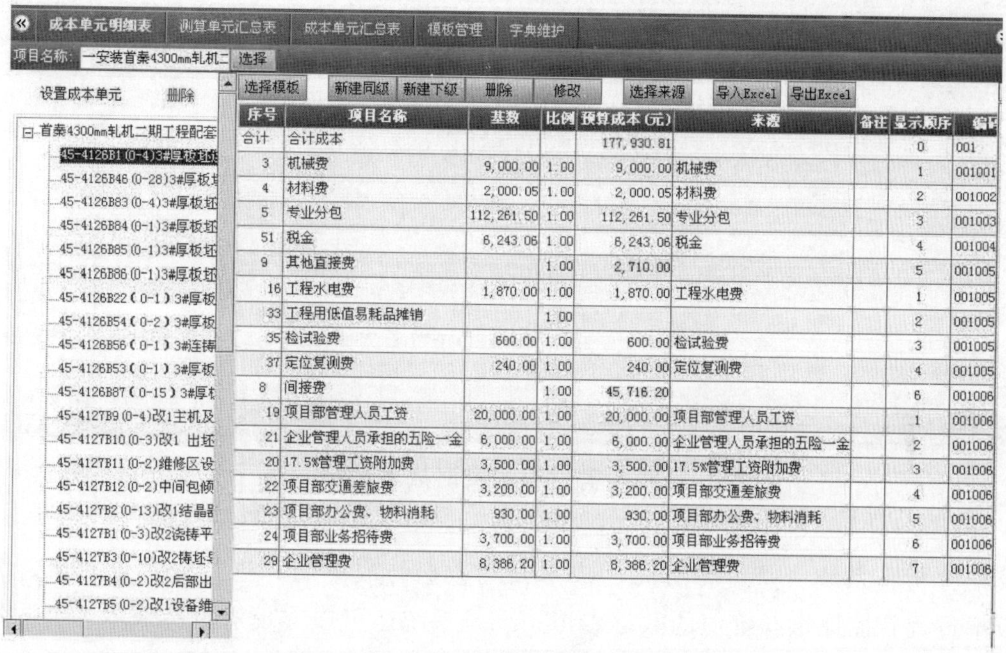

序号	项目名称	基数	比例	预算成本（元）	来源	备注	显示顺序	编码
合计	合计成本			177,930.81			0	001
3	机械费	9,000.00	1.00	9,000.00	机械费		1	001001
4	材料费	2,000.05	1.00	2,000.05	材料费		2	001002
5	专业分包	112,261.50	1.00	112,261.50	专业分包		3	001003
51	税金	6,243.06	1.00	6,243.06	税金		4	001004
9	其他直接费		1.00	2,710.00			5	001005
16	工程水电费	1,870.00	1.00	1,870.00	工程水电费		1	001005
33	工程用低值易耗品摊销		1.00				2	001005
35	检试验费	600.00	1.00	600.00	检试验费		3	001005
37	定位复测费	240.00	1.00	240.00	定位复测费		4	001005
8	间接费		1.00	45,716.20			6	001006
19	项目部管理人员工资	20,000.00	1.00	20,000.00	项目部管理人员工资		1	001006
21	企业管理人员承担的五险一金	6,000.00	1.00	6,000.00	企业管理人员承担的五险一金		2	001006
20	17.5%管理工资附加费	3,500.00	1.00	3,500.00	17.5%管理工资附加费		3	001006
22	项目部交通差旅费	3,200.00	1.00	3,200.00	项目部交通差旅费		4	001006
23	项目部办公费、物料消耗	930.00	1.00	930.00	项目部办公费、物料消耗		5	001006
24	项目部业务招待费	3,700.00	1.00	3,700.00	项目部业务招待费		6	001006
29	企业管理费	8,386.20	1.00	8,386.20	企业管理费		7	001006

图23 基于施工组织模式的成本测算

①实时归集：为真实反映项目成本，系统设计了实时的成本归集方式，所有成本数据都来源于业务数据，一是材料成本以稳健性原则实行材料按工程部位领耗，一经领耗就自动进入成本归集；二是业务过程中的设备租赁、分包以实时结算挂账数据进入项目成本归集，保证数据及时、真实、可靠；三是财务费用、项目期间费用等通过借款报销核销、资金审批环节进入工程成本，保证了项目成本数据的完整性，有效地解决了财务核算由于时间滞后、人为因素影响而不能及时、真实地反映项目实际成本的问题。同时，为了通过信息化提升专业管理水平，业务过程数据在生成系统项目成本数据的同时，通过系统打印的业务凭证提交财务专业，作为入账原始凭证，与财务管理实现了业务对接，例如：材料经本系统实际领耗之后生成耗料单，作为财务入账原始凭证，分包、设备以系统结算单作为财务入账原始凭证，切实提高了项目成本核算的及时性与准确性。

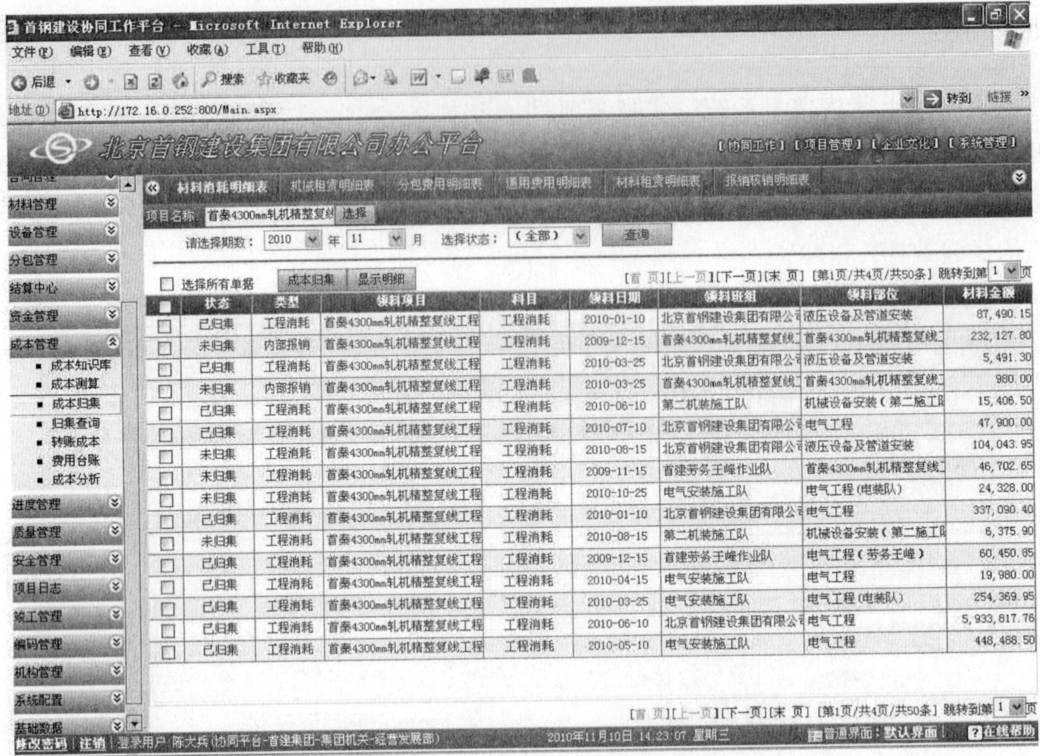

状态	类型	领料项目	科目	领料日期	领料班组	领料部位	材料金额
已归集	工程消耗	首秦4300mm轧机精整复线工程	工程消耗	2010-01-10	北京首钢建设集团有限公司	液压设备及管道安装	87,490.15
未归集	内部报销	首秦4300mm轧机精整复线工程	工程消耗	2009-12-15	首秦4300mm轧机精整复线工	首秦4300mm轧机精整复线工	232,127.80
已归集	工程消耗	首秦4300mm轧机精整复线工程	工程消耗	2010-03-25	北京首钢建设集团有限公司	液压设备及管道安装	5,491.30
未归集	内部报销	首秦4300mm轧机精整复线工程	工程消耗	2010-03-25	首秦4300mm轧机精整复线工	首秦4300mm轧机精整复线工	980.00
已归集	工程消耗	首秦4300mm轧机精整复线工程	工程消耗	2010-06-10	第二机装施工队	机械设备安装（第二施工队	15,406.50
已归集	工程消耗	首秦4300mm轧机精整复线工程	工程消耗	2010-07-10	北京首钢建设集团有限公司	电气工程	47,900.00
未归集	工程消耗	首秦4300mm轧机精整复线工程	工程消耗	2010-08-15	北京首钢建设集团有限公司	液压设备及管道安装	104,043.95
未归集	工程消耗	首秦4300mm轧机精整复线工程	工程消耗	2009-11-15	首建劳务王峰作业队	首秦4300mm轧机精整复线工	46,702.65
未归集	工程消耗	首秦4300mm轧机精整复线工程	工程消耗	2010-10-25	电气安装施工队	电气工程（电装队）	24,328.00
已归集	工程消耗	首秦4300mm轧机精整复线工程	工程消耗	2010-01-10	北京首钢建设集团有限公司	电气工程	337,090.40
未归集	工程消耗	首秦4300mm轧机精整复线工程	工程消耗	2010-08-15	第二机装施工队	机械设备安装（第二施工队	6,375.90
已归集	工程消耗	首秦4300mm轧机精整复线工程	工程消耗	2009-12-15	首建劳务王峰作业队	电气工程（劳务王峰）	60,450.85
已归集	工程消耗	首秦4300mm轧机精整复线工程	工程消耗	2010-04-15	电气安装施工队	电气工程	19,980.00
已归集	工程消耗	首秦4300mm轧机精整复线工程	工程消耗	2010-03-25	电气安装施工队	电气工程（电装队）	254,369.95
已归集	工程消耗	首秦4300mm轧机精整复线工程	工程消耗	2010-06-10	北京首钢建设集团有限公司	电气工程	5,933,817.76
已归集	工程消耗	首秦4300mm轧机精整复线工程	工程消耗	2010-05-10	电气安装施工队	电气工程	448,488.50

图24　实时业务过程的实时成本数据归集

②成本分析：系统一是可将实时的成本归集数据与成本测算进行分部位对比，为项目实施、成本过程管控提供有价值的数据参考；二是系统还可以实现对投标成本（合同签订金额）、目标成本（项目部承包价格）、测算成本及实际成本的总量对比。通过一总一分，一动一静的项目数据对比及定性分析，可及时发现项目经营过程中的经营风险，以便调整经营策略，防止潜亏现象发生；三是采用穿透式分析方式，可逐级追溯，直至成本源，有利于分析成本异常信息。

序号	工程名称	合同签订金额	已审批预算	承包	总承包成本	进度收入	税后收入	进度目标成本	总成本预测	实际进度成本
001	秦皇岛海洋新城	180,000,000.00	182,162,000.00	5.00	173,053,900.00	97,372,011.00	94,100,311.43	89,231,710.88	178,622,816.57	112,433,172.71
001001	海洋新城1#楼	-	-	-	-	-	-	-	26,309,218.20	11,461,526.18
001001001	1#楼-土建	-	-	-	-	-	-	-	21,570,507.65	11,090,231.02
00100100100	劳务分包	-	-	-	-	-	-	-	8,513,580.00	4,066,466.00
00100100100	材料费	-	-	-	-	-	-	-	12,545,755.40	6,801,656.82
00100100100	专业分包	-	-	-	-	-	-	-	511,172.25	222,108.20
001001002	1#楼-水暖	-	-	-	-	-	-	-	2,478,296.14	69,775.00
00100100200	劳务分包	-	-	-	-	-	-	-	611,347.50	66,910.40
00100100200	材料费	-	-	-	-	-	-	-	1,866,948.64	2,864.60
001001003	1#楼-电气	-	-	-	-	-	-	-	2,260,414.41	301,520.16
00100100300	劳务分包	-	-	-	-	-	-	-	769,845.00	91,372.60
00100100300	材料费	-	-	-	-	-	-	-	1,490,569.41	210,147.56
001002	海洋新城2#楼	-	-	-	-	-	-	-	14,506,373.84	12,809,100.91
001002001	2#楼-土建	-	-	-	-	-	-	-	11,920,415.11	12,231,231.43
00100200100	劳务分包	-	-	-	-	-	-	-	4,619,160.00	2,217,951.00
00100200100	材料费	-	-	-	-	-	-	-	7,029,770.81	9,975,453.28

图25　成本分析

9. 资金管理

首建集团项目管理系统的整体设计思路遵循“无计划、不发生；无发生、不记录；无记录，不结算；无结算、不付款”的原则，资金在线流转审批是整个系统管理的关键环节。

系统的资金管理模块实现了项目资金在线流转审批，借款、报销核销管理和项目内部银行管理。通过项目资金平台审批支付，约束了其他业务过程必须在线完成，提高了系统应用的推广力度；另外，付款以结算作为必要条件，避免了付款超结算的资金支付风险。

图26 资金申请单据

10. 施工、质量、安全管理

1）施工管理包括网络计划、形象进度、施工检查、项目日志和工程奖罚

网络计划管理分为工程总体网络计划和月度网络计划及完成情况管理，可在线绘制并进行风险分析，指导下一阶段施工。形象进度管理，可通过系统对工程实际进度情况按照专业管理的要求定期反馈，并上传现场照片，与当期计划进度对比后，可直观地分析工程实际进展并实时调整工程组织模式。项目日志管理，系统充分利用信息化的存储与共享功能，设置了项目日志线上填报，一改传统模式下日志填写走过场的情况，为项目索赔提供了有力依据。工程奖罚管理，与工程检查相关的奖罚信息可以在线填报并落实到相关单位。

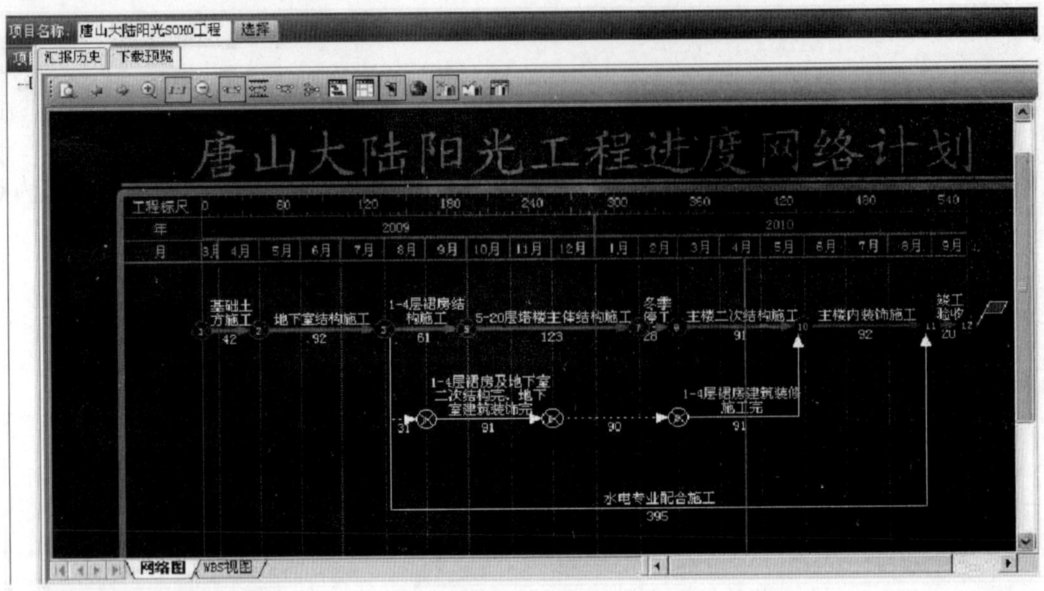

图27　总网络图示例

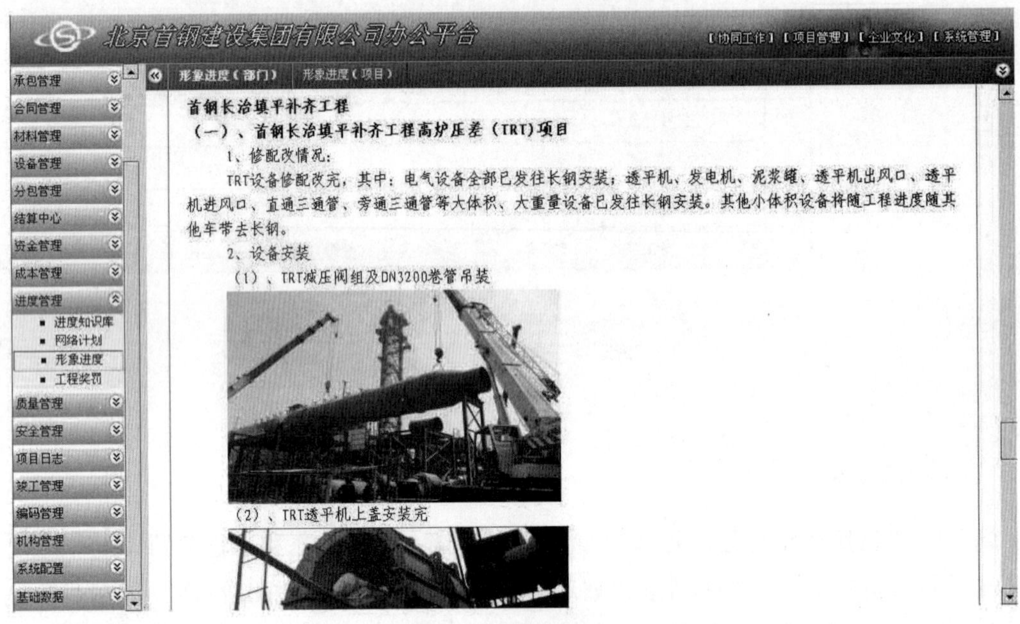

图28　形象进度

2）安全管理包括安全计划、危险源识别、安全教育、安全检查、安全整改、安全奖罚和安全事故

系统可实现安全目标管理责任书和安全工作计划的在线存储、危险源识别在线记录、安全教育培训情况在线存储，便于上级主管部门随时了解工作情况。检查记录、隐患问题整改记录实时上传，可依据检查及整改情况，在系统中进行专业考核在线审批，并自动将考核结果落实到相关项目的相关施工队伍，避免了中间环节，提高了安全管理的时效性，问题整改过程、整

改结果在线透明，加强了专业管理力度。

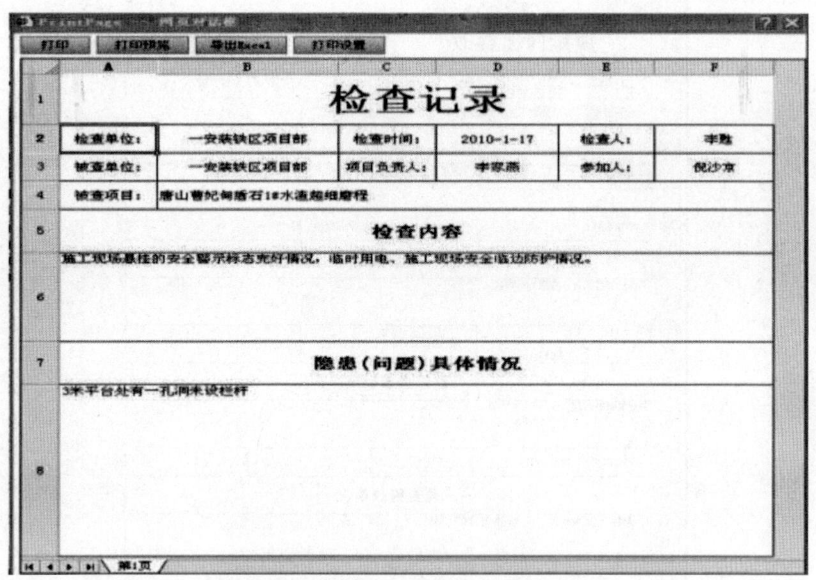

打印 打印预览 导出Excel 打印设置

检查记录

检查单位：	一安装铁区项目部	检查时间：	2010-1-17	检查人：	李勲
被查单位：	一安装铁区项目部	项目负责人：	李家燕	参加人：	倪沙京
被查项目：	唐山曹妃甸盾石1#水渣超细磨程				

检查内容

施工现场悬挂的安全警示标志完好情况，临时用电、施工现场安全临边防护情况。

隐患（问题）具体情况

3米平台处有一孔洞未设栏杆

图29　安全检查记录及整改

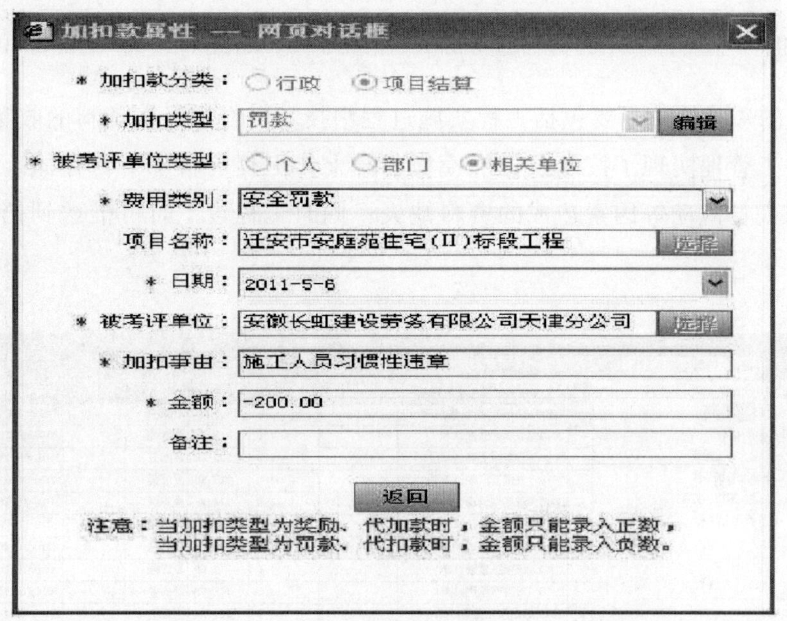

加扣款属性 —— 网页对话框

* 加扣款分类：○行政 ◉项目结算

* 加扣类型：罚款 编辑

* 被考评单位类型：○个人 ○部门 ◉相关单位

* 费用类别：安全罚款

项目名称：迁安市安庭苑住宅（Ⅱ）标段工程 选择

* 日期：2011-5-6

* 被考评单位：安徽长虹建设劳务有限公司天津分公司 选择

* 加扣事由：施工人员习惯性违章

* 金额：-200.00

备注：

返回

注意：当加扣类型为奖励、代加款时，金额只能录入正数，
当加扣类型为罚款、代扣款时，金额只能录入负数。

图30　安全考核

3）质量管理包括质量创优规划、质量检查及整改、质量交接、质量奖罚

系统实现了质量规划、质量检查及整改、质量交接的在线记录和审批，质量奖罚直接落实到施工队伍，运用信息化手段，保证了检查、整改等记录的实时性，检查整改的信息能够在集团、分公司、项目部三级管理之间对等传递。

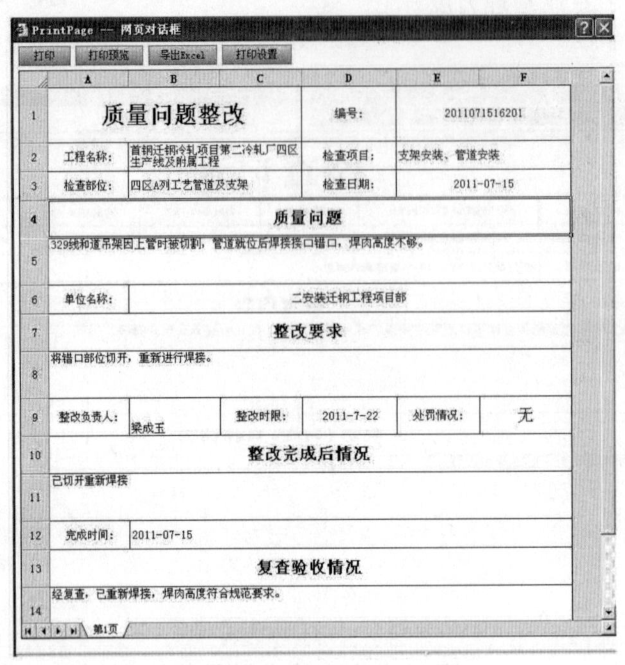

质量问题整改		编号：	201107151620I
工程名称：	首钢迁钢冷轧项目第二冷轧厂四区生产线及附属工程	检查项目：	支架安装、管道安装
检查部位：	四区A列工艺管道及支架	检查日期：	2011-07-15

质量问题

329线和道吊架因上管时被切割，管道就位后焊接接口错口，焊肉高度不够。

单位名称：	二安装迁钢工程项目部

整改要求

将错口部位切开，重新进行焊接。

整改负责人：	梁成五	整改时限：	2011-7-22	处罚情况：	无

整改完成后情况

已切开重新焊接

完成时间：	2011-07-15

复查验收情况

经复查，已重新焊接，焊肉高度符合规范要求。

图31　质量整改记录

11. 竣工管理

首建集团的竣工管理主要包括工程实施过程中技术资料和经济资料的收集工作。

系统的竣工管理实现了按专业标准模板收集上传工程资料，平台存储、方便查阅、永久保存，避免了因人员流动等因素造成的资料缺失；同时工程竣工时可推送到档案管理系统，形成电子档案。

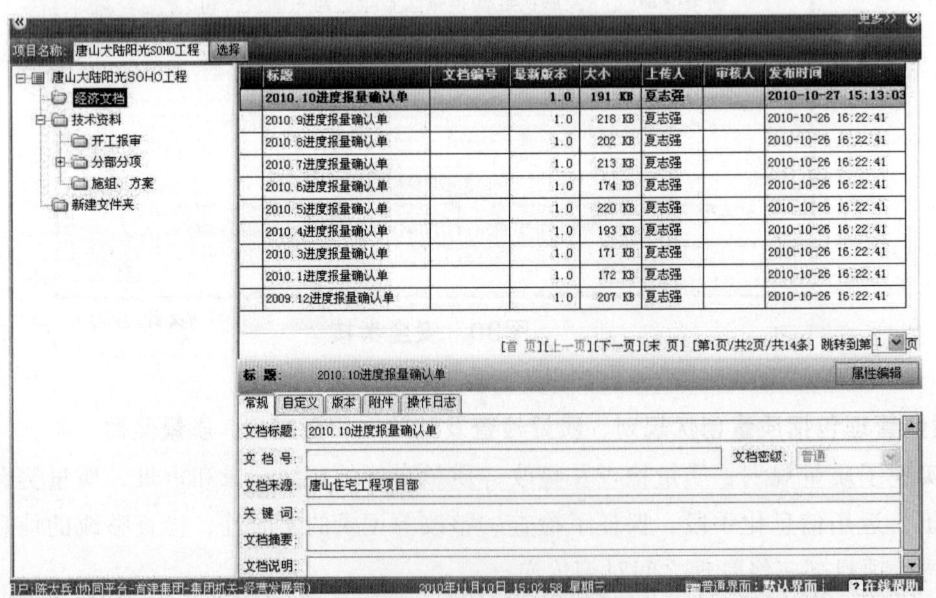

图32　竣工资料收集

（七）信息化建设总结

1. 以管理为基础规划设计

首建集团项目管理信息化的规划及实施充分考虑了集团、分公司、项目部三个层级的管理需求及实际应用需求，对各层级的需求进行了充分的调研和分析，利用近一年的时间，由各专业管理部门牵头，梳理管理流程，修订管理制度，从中发现了不少管理方面的问题和薄弱环节，形成了《首建集团经营管理薄弱环节梳理调研报告》，提交公司决策层，针对发现的管理问题和薄弱环节，多次召开研讨会，查找问题，制订措施，从而使项目管理信息化规划实施和管理紧密结合，以专业管理为基础，大大提高了信息化和专业管理的融合度。

2. 以资金为抓手深化应用

首建集团项目管理系统的业务管控原则是“无计划、不发生；无发生、不记录；无记录，不结算；无结算、不付款”，系统的一切资金数据均来源于实际的业务管理过程。在信息系统投入运行后，企业明确了“没有系统自动生成的、并在线流转审批完的资金申请单，财务部门不予付款”的专业管理制度，通过软硬两项约束措施，一方面保证了系统推广应用的无障碍，另一方面也提高了系统的实际应用价值，减少了各管理环节之间的管理漏洞。

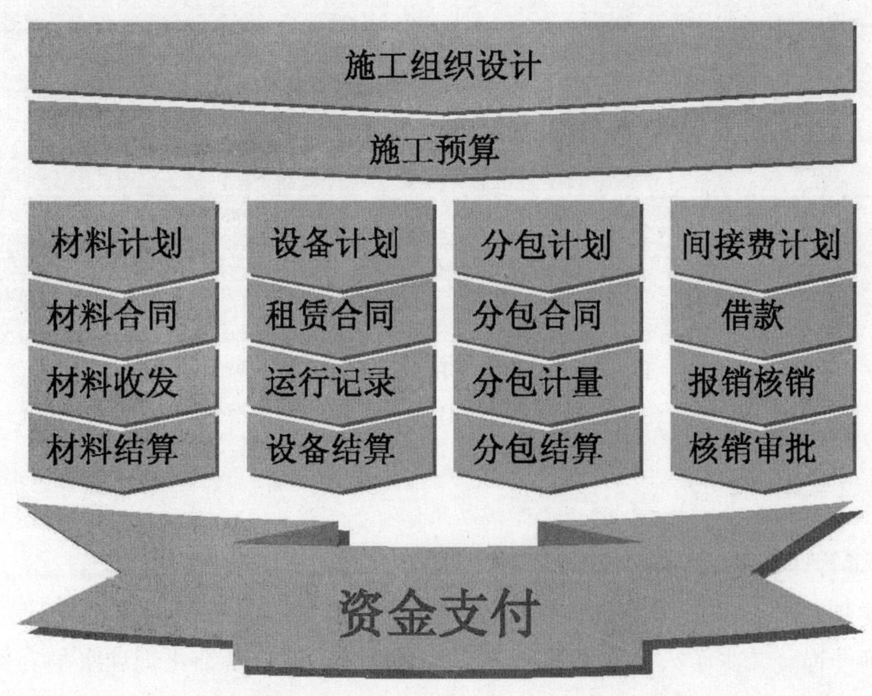

图33 以资金为抓手深化应用

3. 以计划为龙头提升管理

首建集团项目管理信息系统在项目管理整个生命周期的管控设计上，无论是经济业务还是管理业务均遵循PDCA循环的管理控制理念，从根本上解决软件不能解决的提升企业管理软实力的问题。采用以项目施工组织设计和施工预算为龙头的PDCA大循环管控思路，一方面可对全部业务的发生进行预控，另一方面也可以通过将同类工程的成本测算模板标准化，为同类工程积累经验数据，便于下一个工程进行改进；同时，系统在各个专业管理模块中，均设置了本专业的PDCA管控小循环，在专业管理的关键环节设计上还体现了PDCA微循环设计，用计划指导实际业务发生，用实际业务与计划的偏差分析来不断修正计划，通过提高计划的精准度来提升项目管理水平。

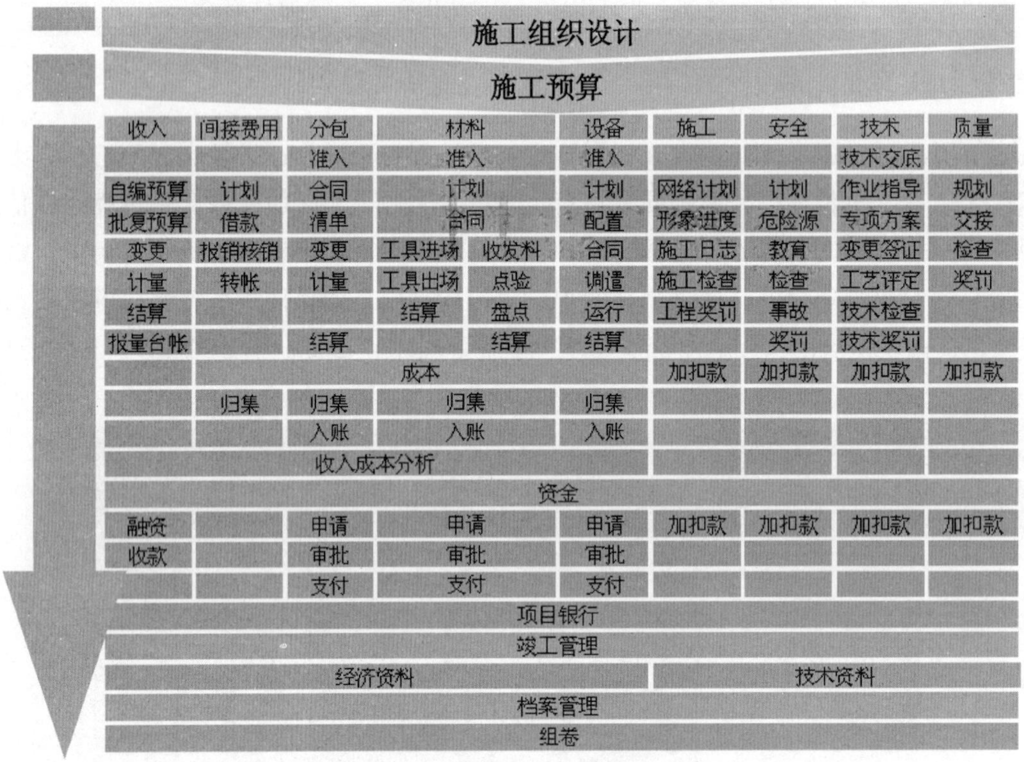

施工组织设计

施工预算

收入	间接费用	分包	材料		设备	施工	安全	技术	质量
		准入	准入		准入			技术交底	
自编预算	计划	合同	计划		计划	网络计划	计划	作业指导	规划
批复预算	借款	清单	合同		配置	形象进度	危险源	专项方案	交接
变更	报销核销	变更	工具进场	收发料	合同	施工日志	教育	变更签证	检查
计量	转帐	计量	工具出场	点验	调遣	施工检查	检查	工艺评定	奖罚
结算			结算	盘点	运行	工程奖罚	事故	技术检查	
报量台帐		结算		结算	结算		奖罚	技术奖罚	
	成本					加扣款	加扣款	加扣款	加扣款
	归集	归集	归集		归集				
		入账	入账		入账				
收入成本分析									
资金									
融资		申请	申请		申请	加扣款	加扣款	加扣款	加扣款
收款		审批	审批		审批				
		支付	支付		支付				

项目银行

竣工管理

经济资料 | 技术资料

档案管理

组卷

图34　首建集团PDCA循环设计图

4. 实施效果

1）提升了管理标准，实现精细化管控

首建集团项目管理系统注重过程管理，业务流程按精细化管理的要求实现了再造，业务过程数据精确严谨，减少了人为因素等环节，大大提高了项目精细化管理水平。例如，材料管理，全部业务操作环节公开透明，数据共享，集团专业部门、公司机关相关专业可以随时调阅相关资料及数据，数据对比由系统自动生成，专业部门通过数据分析查找管理中的不足。分公

司内部同类材料不同项目部的价格对比、项目部同类材料不同采购时期的价格情况、项目部任何一个供应商的供应情况及累计发生供货额，都可以随时监控，系统提供了精细化管理的手段与支撑。

2）加强了成本过程控制，有利于逐步提升项目盈利水平

首建集团项目管理信息系统应用之后，成本测算落到实处，加强了成本事前控制环节；项目实际成本实时归集，应进未进无处可藏，解决了财务核算体系滞后的问题，防止在施项目发生潜亏风险；项目成本分析，可细化到具体结构部位，便于落实成本责任，逐步提升项目盈利水平。

3）实现了信息共享，提升了综合分析能力，有效支撑各层级领导经营决策

首建集团信息化体系的建立，创造了信息共享平台，为各项管理工作提供了强大的数据支撑，可实现单一专业的纵向逐级分析，也可以实现多专业间的横向综合分析，为集团各层级领导的经营决策奠定了坚实的基础。例如，项目管理信息系统通过项目综合分析、项目内部银行等功能，可以直观地展示工程项目的收入情况、成本情况、资金状况、项目风险等，加强了项目决策的及时性和准确性，有效地降低了项目经营风险。

4）实现业务在线处理，提高了工作效率与质量

信息化系统的应用，业务过程在线操作、在线流转审批，提高了多地域管理的工作效率；系统庞大的计算功能，可对业务结果进行自动汇总统计，报表自动生成；减少手工工作量的同时，也提高了工作质量。例如，项目管理信息系统的应用，大部分专业管理台账系统自动生成，专业的分析统计能力大大提升。

5. 存在的问题和启示

1）系统对业务扩展的支撑性较弱

启示："规划先行，架构支撑"，前期规划和管理业务梳理（标准化、流程化、制度化）必须全面、深入；抽象出整体业务架构来支撑多样化的管理业务。

2）系统集成未完全实现

人力系统、财务系统未与项目管理系统集成，存在重复工作和数据衔接的问题。

启示："整体规划，分步实施"，最终达到系统数据统一化，为企业经营决策提供支撑。

3）报表和结果展示部分不完善

业务过程数据全面反映在系统中，但数据报表和业务结果展示相对欠缺，下一步，集中完善报表中心，打造综合的经营管控和决策支持系统。

启示：系统建设的目的一是管控，二是经营决策支持。

6. 建筑企业信息化思考

①建筑企业的行业特点决定了其管理的多样性、不确定性，各个企业的管理方式也千差万别，在这种情况下，寻找适合本企业管理管控方式的信息化建设模式非常重要，建议政府取消统一的信息化考核标准，只出台指导意见，促进企业建设与管理紧密融合的信息系统。

②选择合适的软件开发方式至关重要。鉴于建筑企业管理的特殊性，采用定制开发的模式是强化软件与管理契合度的唯一方式，与软件公司的合作方式也应该是长期的、战略性的。

③建议政府相关部门引进对软件商的引导制约机制，例如，积极推动行业信息化并有所建树的软件厂商、阻碍或有不良行为记录的厂商，均可在政府相关网站曝光，推动行业信息化的良性发展。

中国二十冶集团有限公司信息化建设案例

（一）企业概况

中国二十冶集团有限公司（以下简称“中国二十冶”或“二十冶”）为中国冶金科工股份有限公司控股子公司，公司下设上海、天津、宁波、河北4个区域性控股子公司、9个全资子公司、9个控股子公司、10多个专业及管理型分公司。从单一的建筑施工企业转变成跨行业发展的法人治理管理结构的企业，是中国二十冶集团有限公司在发展中经历的最大跨越。在2005年制定企业的“十一五”发展规划时，二十冶将主业扩大到四大主业，把原来冶金行业施工扩张到工程总承包、房地产、装备制造和工厂服务。截至2012年，集团下属单位超40家企业，员工近万名，资产规模达200亿元人民币以上。

（二）企业组织架构

中国二十冶组织架构如图1所示。

（三）企业信息化建设背景及历程

二十冶经过多年的发展，已经进入了快速发展的时期，近年来公司各项主要经济技术指标屡创历史新高，保持了持续良好的发展势头。可是在经营过程中，通过传统的方式进行管理，使他们不得不面临以下一些问题：

①项目和分公司数量多、地域分布广、信息汇总传递缓慢、业务情况从基层反馈到集团决策者需时太长并且容易出错。

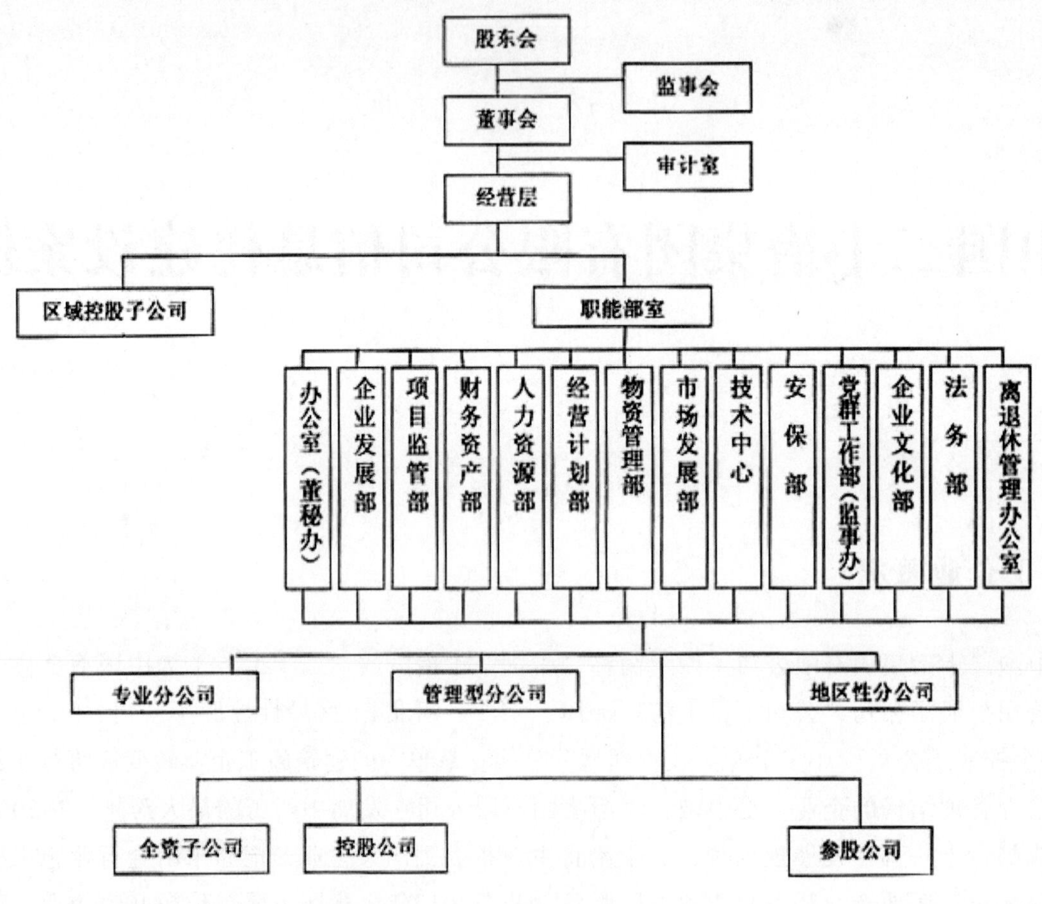

图1 中国二十冶组织架构图

②各专业条线（例如经营、质量、安全等）垂直管理较多，互相之间协同和数据有效共享。

③核心资源（人、财、物）集中管理缺乏工具支撑，效率不高。

④内部协同（例如单据审批）受手段所限效率不高，项目或分公司人员需要电话催+两头跑。

⑤成本管理制度没有统一，需要建立对分（子）公司成本控制进行统一规范、指导和监督体系。

⑥大型综合性项目会有多个下属公司同时参与，项目内部各分公司项目部与总项目部间存在许多协同工作（例如报量的汇总、收入的分配、质量安全检查整改等），需要有更适合的项目管理系统进行支撑。

⑦满足国家建设部对施工企业总承包特级资质信息化的要求。

二十冶如何长期保持这种良好的发展势头，如何能够保证逐渐从“速度规模型”向“质量效益型”进行良好的转变？

业务领域的拓展、商业模式的改变，必将促使二十冶管理体系的升级。如何借助技术手段成功转型？如何通过信息化建设细化管理流程？如何使得业务体系与财务体系完美衔接？如何切实落实管理制度？是二十冶转型面临的诸多问题。由于主营业务的拓展、企业规模的扩张，旧有的业务流程、管理体系无法满足现在“庞然大物”的需求，二十冶面临着巨大的挑战。为此，二十冶开始寻求系统再造，体系转型之路，并与软件厂商签署了战略合作协议。经过了详细的调研及资料整合，提出了一整套涉及财务、资金、预算、报销、项目管理等业务体系的系统再造方案。该方案基于二十冶业务拓展及管理升级的需求，借助信息化手段，打破原有格局，完善、优化旧有系统，拓展、整合业务系统，并向着最终实现“一体化”的目标迈进。

2011年，二十冶原财务系统进行升级及改造，整个过程涉及硬件服务器更新、财务系统升级、财务一体化建设（资金、预算、报销）、银企直连搭建、ERP系统优化等一系列管理体系及信息化系统再造、整合及优化。该项工程作为二十冶“一体化”建设的基础工程，在整套再造方案中至关重要，该项工程打破了旧系统的壁垒，优化、升级了财务管理体系，扩展、整合了财务资金一体化业务，为后续的业务扩展及精细化管理奠定了扎实的基础。

2012年中，二十冶“一体化”建设基础工程全面完成，整个体系的建成形成了二十冶内部的数据规范字典，实现了网络安全信息管理、财务运营集中管理、财务业务流程化管理，使得年度预算编制周期从原先的2个月缩短至1周，资金付款平均周期缩短了50%，资金账户集中率达到了90%，人员工作负荷降低30%，实现资金预算提前预警、实时监控，呆滞资金自动归集，大大降低了企业的融资成本，并提高了资金的使用效率。“一体化”建设基础工程的完成，便协助二十冶顺利通过2012年住房和城乡建设部冶炼特级总承包资质的信息化考评，同时为2013年房建一级申特级工作进行支撑。

（四）当前企业信息化建设思路

眼下，二十冶正继续将信息化建设向业务领域扩展，以ERP系统为基础，目标实现财务业务无缝集成应用，并在此基础上按照当前阶段管理需求扩展、构建整套业务管理系统，实现项目过程全生命周期管理。后续工程的工作重点将集中在项目过程管理、人事集中、资源共享、大协同等几个方面。

二十冶信息系统再造，助力企业战略转型。在业务领域拓展、商业模式改变的背景下，应用信息化技术手段，帮助二十冶切实落实“做强做优企业，提升企业整体素质和核心竞争力”的发展主线，贯彻实施“转型升级、人才强企”两大战略；突出“技术、项目、财务”管理；推进“制度规范化、现场标准化、管理精细化、手段信息化”四化建设；实现“发展方式、管理方式、体制机制、思想工作、员工素质”五大转变。二十冶期望，通过信息化建设，打破信息化旧有壁垒，优化、拓展业务体系，真正实现财务业务“一体化”目标，并在中冶集团体系内成为信息化标杆单位。

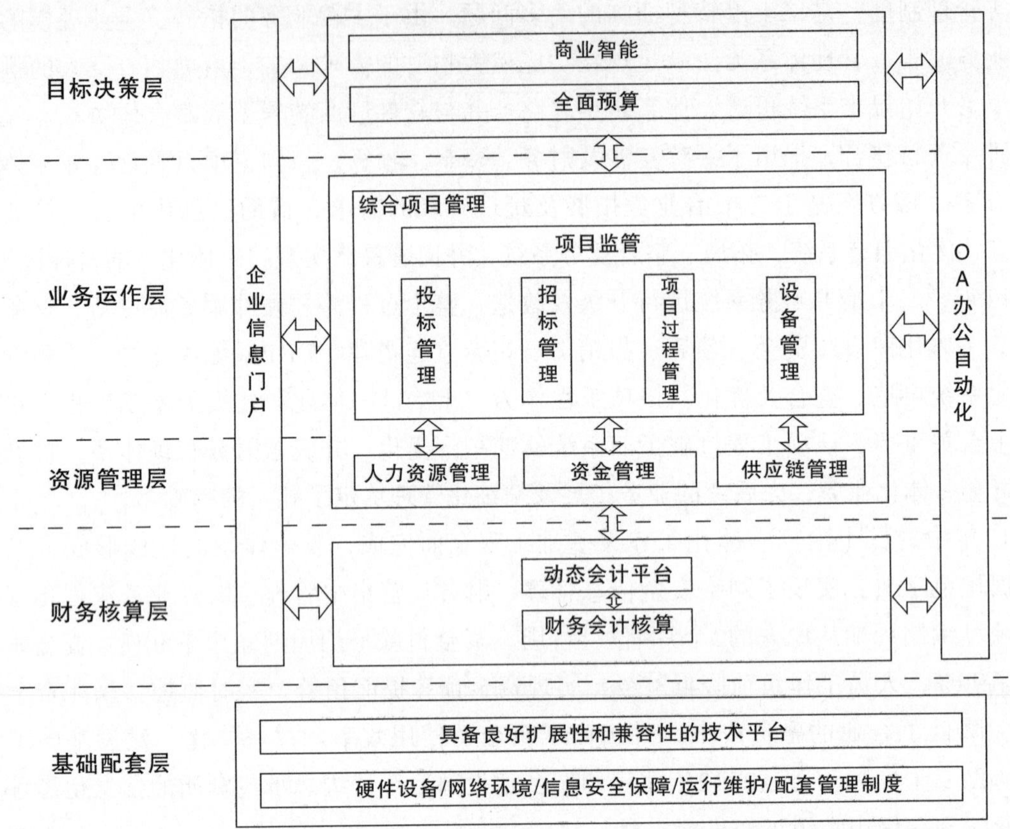

图2　二十冶信息化整体规划蓝图

（五）信息系统建设概况

1. 一体化集成应用

在企业信息化建设上，二十冶的系统建设围绕综合项目管理这个核心，建立基于底层的综合项目协同管理平台，将企业各个分（子）公司、项目部的项目管理业务都集成在统一平台上运行，并且将综合项目管理与各个职能领域的管理进行集成化应用。将企业各个层级的项目管理业务进行集中化、协同化的运作，建立信息发布、信息流转、信息沟通、审批流程的平台，与工程项目管理的实际业务进行整合，提高企业多层级协同管理的水平。进一步将工程项目管理和其他企业的各个应用系统整合起来，实现综合项目管理、人力资源管理、档案资料管理、工程设计管理、市场经营管理、办公自动化、知识管理、财务管理、商业智能、电子商务，进行用户、数据与业务的集成应用。

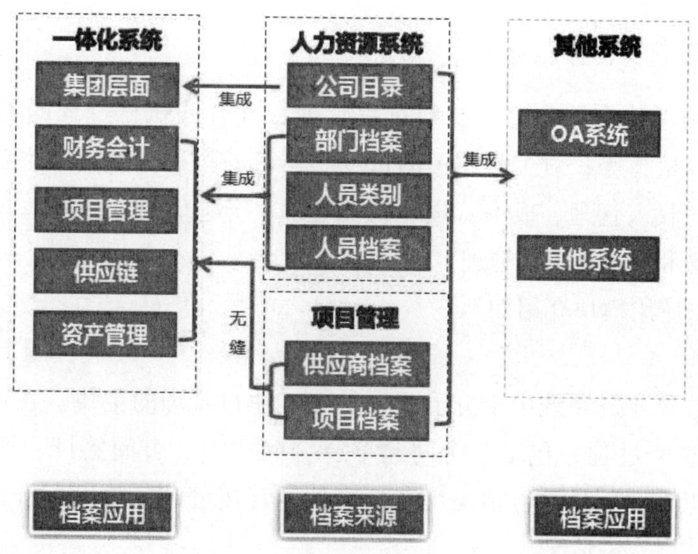

图3 集成化应用

其中，综合项目管理与财务管理、人力资源管理都是构造在同一个平台（UAP平台）之上，它融合了“集中管理，协同商务”核心理念设计，其本身的组件化结构就已经实现了财务、业务一体化的功能。财务业务一体化的目标是：利用一套账、一个系统、一个数据库，将存货核算、成本管理、应收应付、固定资产、薪资福利、合同管理、设备管理、物资管理、质量管理等管理模块的业务数据进行处理后，将处理过的数据经动态会计平台实时传递到财务系统，实现动态的财务、业务一体化功能。

财务业务对接管控设置

修改 保存 取消 刷新

	产品	模块	节点名称	是否传会计平台	是否传现金管理平台	是否支持传会计平台	是否支持传现金管理平台	说明	备注
1	建筑综合项目管理	合同管理	其他合同结算	☐	☐	☑	☐		
2	建筑综合项目管理	合同管理	合同保证金收付...	☐	☐	☑	☐		
3	建筑综合项目管理	收入管理	预算确认单	☐	☐	☑	☐		
4	建筑综合项目管理	收入管理	收款单	☐	☐	☑	☑		
5	建筑综合项目管理	收入管理	计量报量	☐	☐	☑	☐		
6	建筑综合项目管理	收入管理	建造合同收入	☐	☐	☑	☐		
7	建筑综合项目管理	物资管理	周转材租赁结算...	☐	☐	☑	☐		
8	建筑综合项目管理	物资管理	混凝土结算	☐	☐	☑	☐		
9	建筑综合项目管理	设备管理	设备租赁结算单	☐	☐	☑	☐		
10	建筑综合项目管理	分包管理	分包结算单	☐	☐	☑	☐		
11	建筑综合项目管理	付款管理	付款申请单	☐	☐	☑	☐		
12	建筑综合项目管理	付款管理	付款单	☐	☐	☑	☑		
13	建筑综合项目管理	付款管理	预付款单	☐	☐	☑	☑		
14	建筑综合项目管理	成本管理	成本单据	☐	☐	☑	☐		
15	建筑综合项目管理	成本管理	分包(其他合同...	☐	☐	☑	☐		
16	建筑综合项目管理	成本管理	消耗材料成本	☐	☐	☑	☐		
17	建筑综合项目管理	成本管理	自有周转材成本...	☐	☐	☑	☐		
18	建筑综合项目管理	成本管理	租赁周转材成本...	☐	☐	☑	☐		
19	建筑综合项目管理	成本管理	自有设备成本摊...	☐	☐	☑	☐		
20	建筑综合项目管理	成本管理	租赁设备成本分...	☐	☐	☑	☐		
21	建筑综合项目管理	成本管理	待摊费用摊销	☐	☐	☑	☐		
22	建筑经营管理	投标管理	投标付款单	☐	☐	☑	☑		

图4 财务业务一体化

2. 建筑综合项目管理

实现对项目的承包合同签订、履约过程管理，到合同执行过程的资源组织、目标成本设定、进行项目成本核算等；对工程相关的进度、质量安全进行管理。主要功能模块包括：合同管理、进度管理、收入管理、成本管理、物资管理、分包管理、设备管理、付款管理、质量管理、安全管理、技术管理、竣工管理。

其中几个重点应用模块介绍如下：

1）合同管理

合同管理在建筑业务系统中十分重要，是建筑项目管理的主线。在建筑项目管理系统中，围绕合同管理的整个过程，包括：合同起草、合同评审、合同签订、详细信息登记、合同分发、合同交底，以及合同的执行情况反馈。而且，直接可以反映出一份合同的执行情况、结果量价对比、账款结算支付情况。

系统处理的合同类型包括：建筑工程施工合同、工程分包合同（劳务分包、专业分包、扩大劳务分包）、物资设备采购合同、周转材料租赁合同、机械设备租赁合同、其他合同。

合同管理是由招标管理和投标管理两个业务系统导入，合同管理主要分为五大阶段 ：合同起草（初稿评审）、合同签订（合同评审通过）、合同执行（并进行执行情况分析）、合同状态（合同完成）、合同归档。

①合同起草：业务上一般在招投标过程中开始，完成后登记“合同基本信息”。

②合同签订：合同通过“合同基本信息”节点流转审核，经过修改调整，审核通过，合同方可签订。

③合同执行：合同签订之后，召开“合同交底会”、登记“合同分发”，然后各个业务合同负责人，通过“合同签订录入”登记合同业务信息；同时业务发展过程中，可以通过合同查询执行情况。

④合同状态：合同登记完成生效后，系统允许意外解除、废止，正常完成状态为“完成”状态。

⑤合同归档：合同执行结束，状态改为“完成”，纸质资料、电子资料统一归档。

2）物资管理

项目物资管理功能完备，可以编制统一的材料、设备和机具编码。通过系统可以在物资仓库中建立物资台账，含周转材料及机械设备。系统实现了物资采购及报废处理，物资收发存的统计，并实现了周转材料的租赁结算功能。各个项目部能够实时查询租赁物资的库存。

物资管理系统与成本管理对接，可以直接统计材料消耗成本。

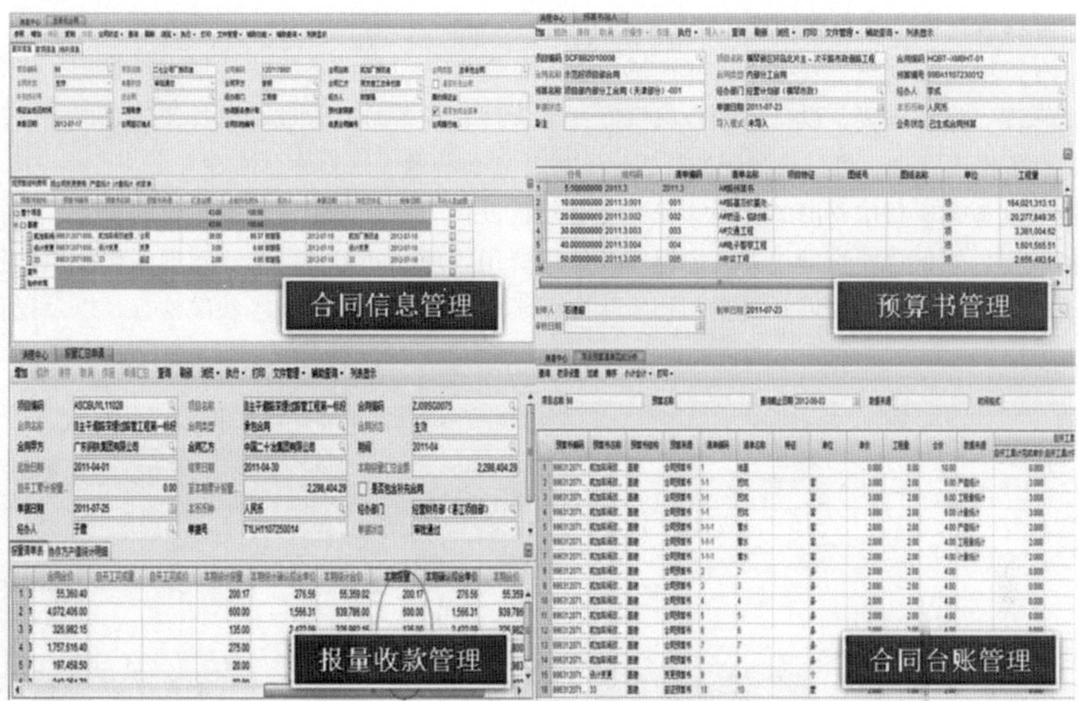

图5 合同管理

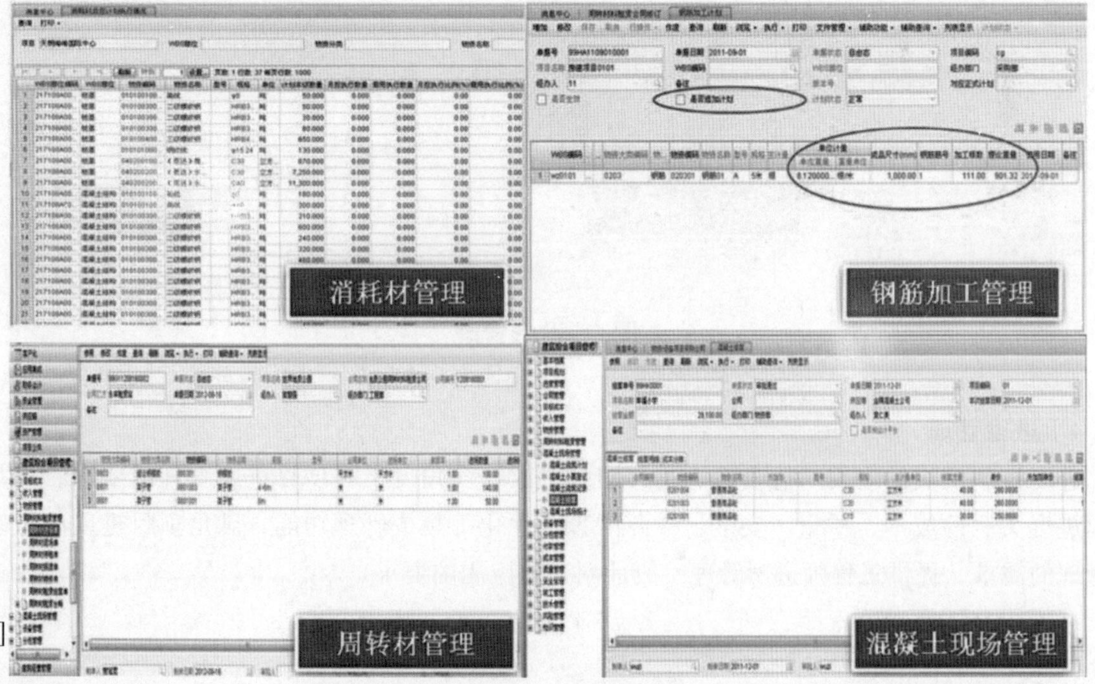

图6 物资管理

3）设备管理

系统主要从自有机械设备管理、外租设备和作业层设备管理、船舶管理、机械事故处理管理四个管理流程进行设备的管理。

自有机械设备管理主要对项目部机械设备配备管理，包括设备购置计划审批管理、设备购置审批管理、设备购置、设备采购合格供方评审管理、设备验收管理、设备使用、保养、维修管理、设备报废管理、机械设备配件管理、购置计划、购置、进出库、库存等。

外租设备管理和作业层的设备管理主要对外租设备即项目部租赁外部单位的设备，包括外租设备审核、外租合同管理、进退场管理、使用费用管理、外租设备结算管理，作业层的机械设备动态台账、进退场管理，安全、技术状况，维修保养和安全、技术状况检查，以及操作人员执证上岗。

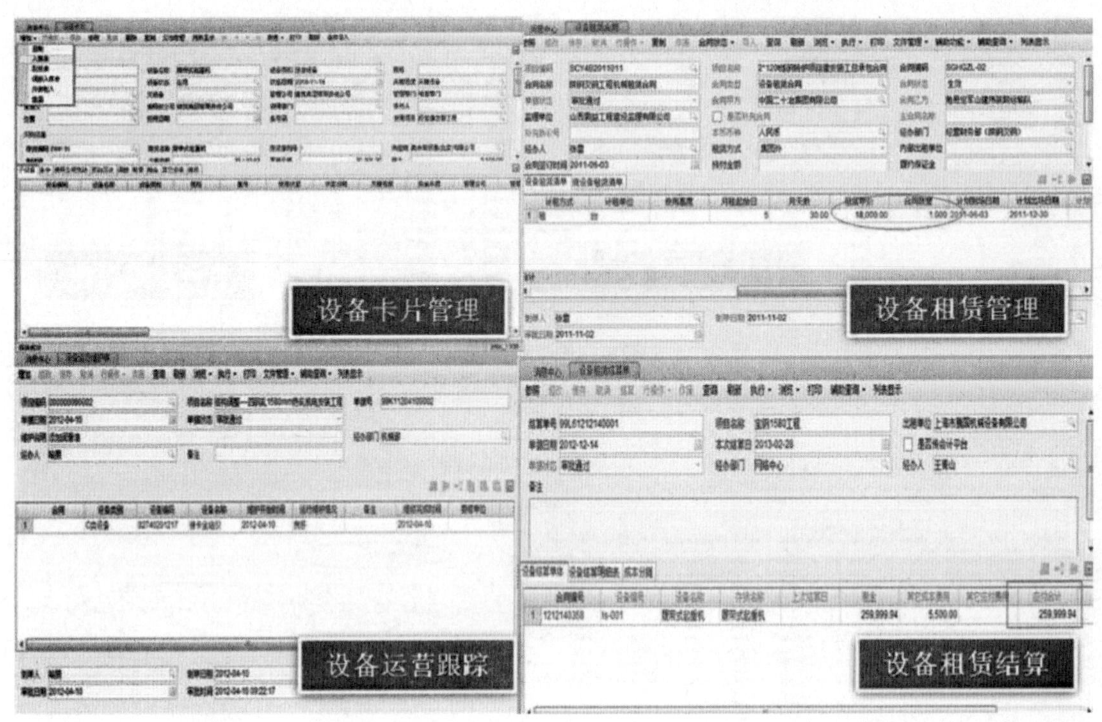

图7　设备管理

4）进度管理

进度控制模块的应用功能全面满足集团多层次、多角度工程项目进度管理的要求，满足与工程进度关联的成本、质量、安全、资源配置、优化等集成管理功能，满足项目进度多组织协调管理的需求，提供工程师进度管理一般计划工具应用的要求。

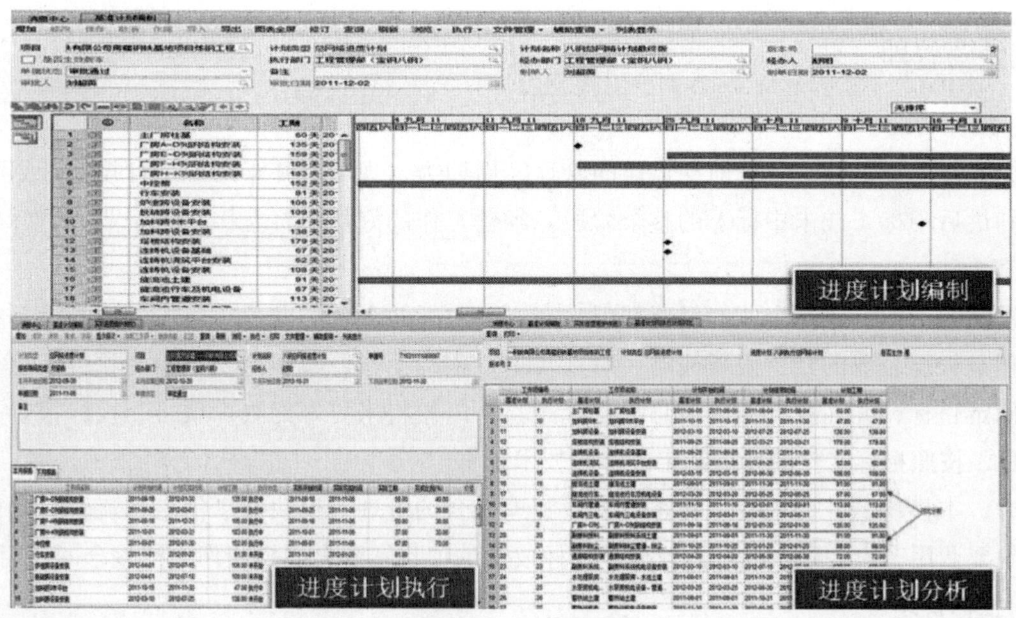

图8　进度管理

5）成本管理

实现以项目为单元的成本管理，满足二十冶总部、分公司、项目部三级管理需求。实现机械设备成本、材料成本、分包成本以及现场管理费用等的及时归集，并可进行由浅到深及多维度分析。对材料、机械、分包、现场经费等成本进行系统集成。主要功能包括：标后预算管理、预计总成本计划、期间成本计划、成本归集核算分析、成本风险控制、成本计划调整、成本决算管理、报表分析。

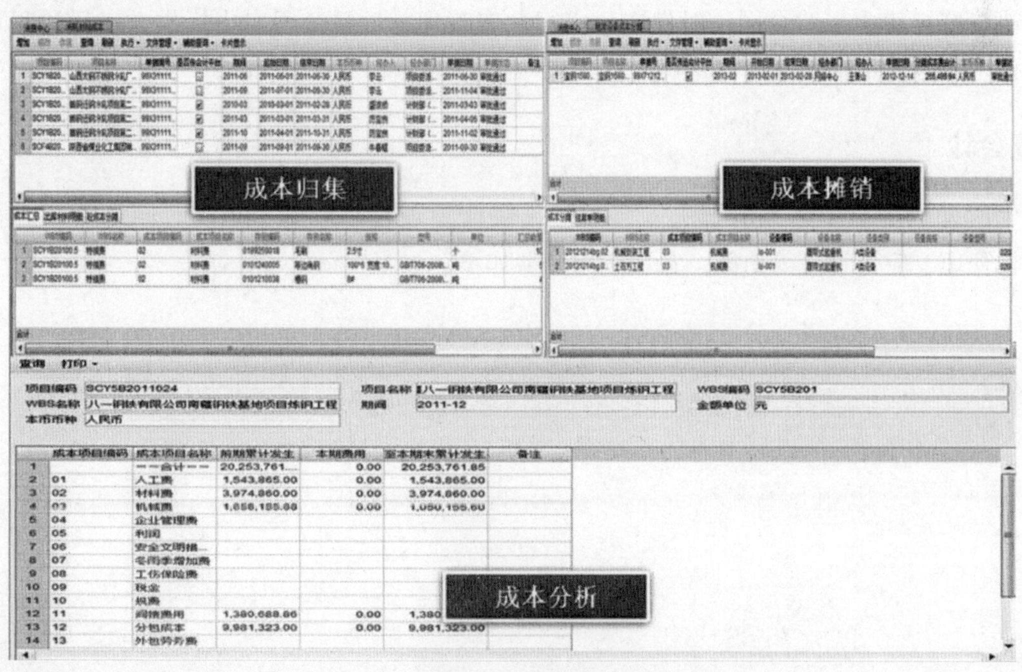

图9　成本管理

3. 建筑经营管理

1）投标管理

投标管理主要是针对项目前期运作的管理，周期为发现项目并跟踪、制订投标计划、投标实施、到最后中标（或未中标）的整个阶段。经营工作的好坏，将直接影响企业的中标项目和最终产值。

本模块的工作主要由企业的经营部门来完成，包括两个核心业务：市场管理和投标报价。市场管理是根据企业的经营发展战略，对项目进行跟踪运作，收集将要招标的项目信息，为投标报价确定目标，并在投标结束后总结投标经验，以便将来更好的跟踪项目。投标报价是对确定的项目，按照招标文件的要求制定经济、技术标书。

同时，本模块的一些内容将和客户关系管理、合约管理等模块共享信息和流转，例如，投标过程中要调用客户关系中的查询数据、投标成功的项目转到合同模块作为待签合同项目等。

2）招标管理

招标采购是企业的控制成本和工程质量的关键环节，集团对供方进行统一管理，以及对供方实行准入制度，对招投标过程实行流程化和标准化管理。

①统一管理项目供方评估标准，该标准作为全集团选择供方统一的依据。

②统一审核项目供应商资质，对供方选择，除了采用严格初步筛选的流程外，还需要对中标伙伴进行动态评估，形成对供方最有效的资格评定。

③对全国伙伴评估实行五级认证，即优秀、良好 、合格 、察看、黑名单，对于不同资格的伙伴，在招投标过程中按照认证等级实行差异准入，资格评分记入评标总分中。

④严格规范全国的招投标活动，实现招投标流程的标准化和流程化管理。

⑤动态监控集中采购合同，对供应商实行动态管理，项目公司对中标供方实行过程评估，同时供方还得接受集团不定期监督评估。

4. 财务会计

二十冶采取了集中财务的解决方案，财务会计管理包括总账、报表、固定资产、存货核算、应收管理、应付管理等功能，管理应用模型如下：

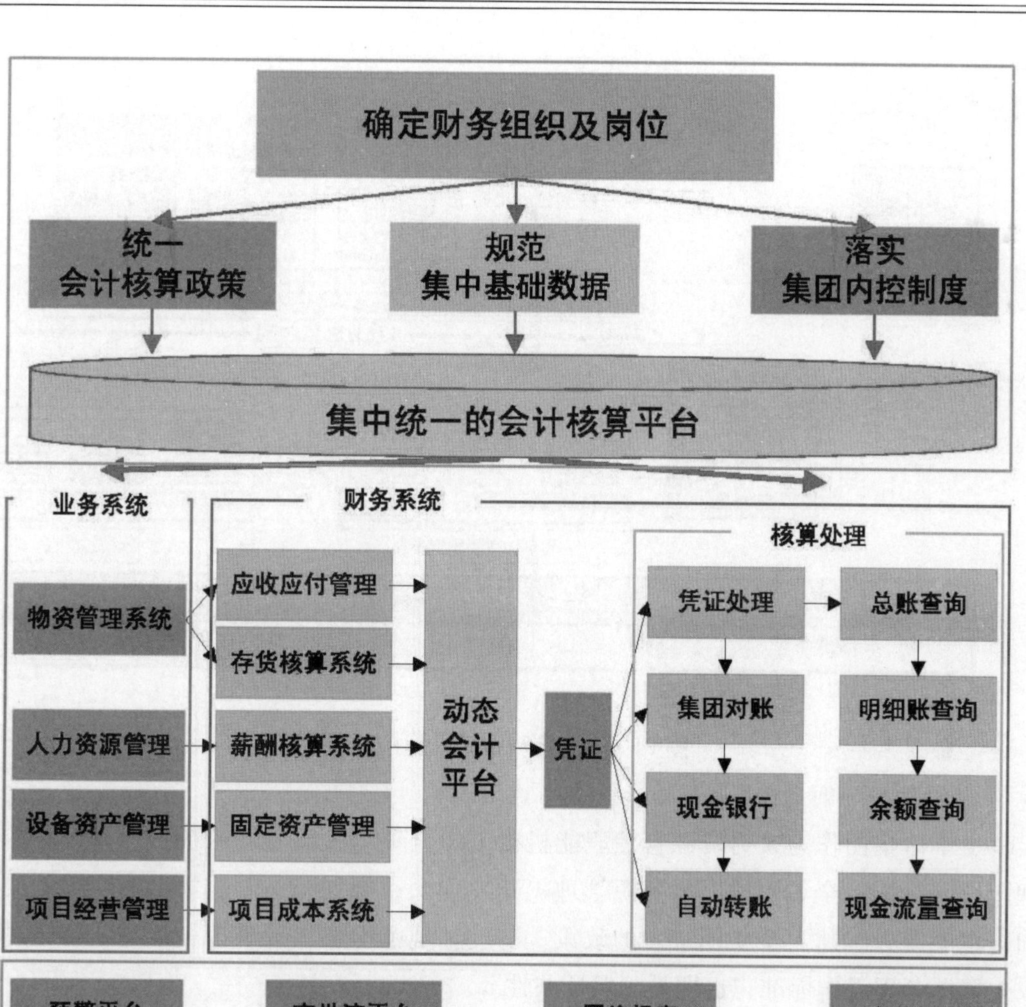

图10 财务会计管理应用模型

财务核算的集中，首先体现为数据的集中，由集团公司构建集中的会计核算平台，落实会计制度和财务内控制度。

规范基础数据，实现会计核算集中应用。加强事前预警、事中控制与事后全面分析。

集团各级单位数据集中存放在集团，各分（子）公司和成员单位在系统终端完成会计核算和管理工作。集中的数据管理，保证了信息的及时性、真实性、完整性。

5. 人力资源管理

二十冶的人力资源系统主要包括组织机构管理、人员信息管理、人员变动管理、人员合同管理、薪资管理、HR综合报表、招聘管理、培训管理、绩效管理、福利管理、考勤管理、经理自助、员工自助等管理功能。

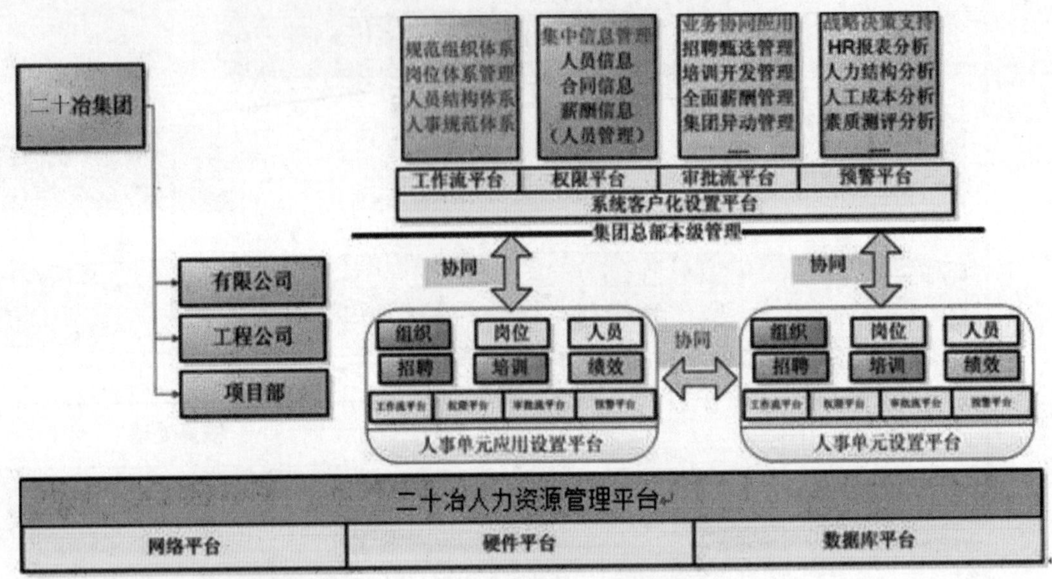

图11　人力资源集团管控体系建设

①二十冶集团作为人力资源管理职能机构承担全集团人力资源的统一标准规范的制定，包括理念统一，统一全集团的人力资源管理、开发理念；规划统一，建立全集团统一的人力资源规划；框架统一，建立全集团统一的政策、制度和规范框架；标准统一，建立全集团统一的各项人力资源管理工作标准，也即是“保证共性”。

②所有集团内的人力资源管理应用依托于“人力资源信息管理共享平台”，包括信息的集中以及上述规范的集中管理。

③各下属单位在集团共性标准基础上相对独立完成各自职权范围内的人力资源管理，可以根据自己人力资源管理的现状和需要，个性化配置自身人力资源管理需求，即在上述“保证共性”的基础上，实现“兼顾个性”。

④各下属单位之间不是单纯的分散应用来实现个性化应用，而是在集团统一规范原则下，在集中信息共享平台基础上，通过不同组织层次的分层管理和多角色应用，充分利用人事单元之间的业务协同（集团与下属单位、下属单位之间），实现“管理分层、应用分散”的目标。

6. 协同办公

协同办公系统是目前企业应用最成熟的系统之一，该系统提供协同工作、公文管理、表单应用、电子邮件、知识管理、公共信息、日程/计划/会议、常用工具以及系统管理等应用模块，从而达到管理高效全面的管理效果。

①实现单位总部和各下属分支高效、透明地完成协作式的办公，通过公文、协同流程、知识文档的管理建设，实现跨部门、跨地域的高效协作与信息共享。

②实现单位管理向无纸化办公的转变。通过OA系统为单位内部的信息传递建立联系，便于

单位内部协同工作。规范使用者的管理，从而实现信息集中式管理和分布式应用，搭建起单位内高效协同的办公平台。

③规范单位管理行为。通过OA系统的信息流程约束，规范管理过程，追求理想管理结果。实现管理规范化，流程制度化。

④提高效率、节约开支。通过OA系统的实施应用，可以使使用者的办公效率大大提高，人员沟通实时快捷，任务传递高效清晰，可以及时了解任务、工作的进度。节约单位在日常办公中的纸张、消耗品、通信等费用，达到开源节支，增产增效的目的。

⑤通过建立统一的工作平台，扩展接口，整合应用，形成单位长期发展的IT工作平台，成为办公和业务应用的公共接入口。

（六）信息化建设的亮点总结

①建立二十冶一体化信息管理平台，实现了业务信息集中化结构化，加快了数据调用、汇总和分析速度，提高条线间数据共享效率。

②建立二十冶财务集中管理平台，实现了集团收支集中管控。

③建立二十冶人力资源集中管理平台，实现了集团人力资源部对下属公司人员编制、任免、薪资福利、培训等方面的体系化管理。

④建立二十冶物资采购集中管理平台，实现了物资公司对各项目物资采购业务的收集、汇总、采购以及供应过程的控制，以及项目自采的监控。

⑤通过二十冶协同工作流平台，实现了协同流程电子化，提高了企业运作效率。

⑥建立二十冶成本管理平台，规范了全集团成本管理体系，实现对成本管理执行情况的监督，通过抓成本来提效益。

⑦能同时满足各分公司专业项目部的内部管理、集团直属项目部对项目总体情况的管理以及项目内部协同的管理需求。

⑧已经通过国家住房和城乡建设部对施工企业总承包特级资质信息化的考评。

苏州第一建筑集团有限公司信息化案例

（一）企业简况

苏州第一建筑集团有限公司（以下简称苏州一建），始建于1952年，2003年改制后注册资本达30 280万元，拥有中高级人才200余人，高级工程师63人，其中研究员级高工3人，主要从事各类房建、市政、机电、安装工程总承包施工。公司拥有土建、市政、设备安装、消防、设备租赁等10多家专业分公司，控股房地产、装饰、建筑设计、钢构、建筑技术检测、劳务等多家子公司，参股创投基金，两项创业板块上市计划通过国家证监委受理，形成了开发、设计、科研、施工、安装、装潢、租赁、材供和物业管理等技术装备齐全的集团型企业。

公司已获得国家施工总承包特级资质、市政工程施工总承包一级、钢结构工程专业承包一级、消防设施工程专业承包一级、机电设备安装工程专业承包一级、地基与基础工程专业承包二级、建筑装修装饰工程专业承包二级资质。全资子公司中苏州市华丽美登装饰装潢有限公司为国家级建筑装修装饰、建筑幕墙、金属门窗专业承包三项一级，建筑装饰设计、建筑幕墙设计双甲级；苏州一建钢结构有限公司为钢结构工程专业承包二级；苏州兴业建设发展有限公司为施工总承包一级。

多年来，苏州一建承建了苏州火车站、肯尼亚依格顿大学、苏州博物馆新馆（获鲁班奖，集团公司共获国优工程、鲁班奖工程各3项）等一系列工程。

（二）企业组织架构

苏州第一建筑集团有限公司的企业组织架构如图1所示。

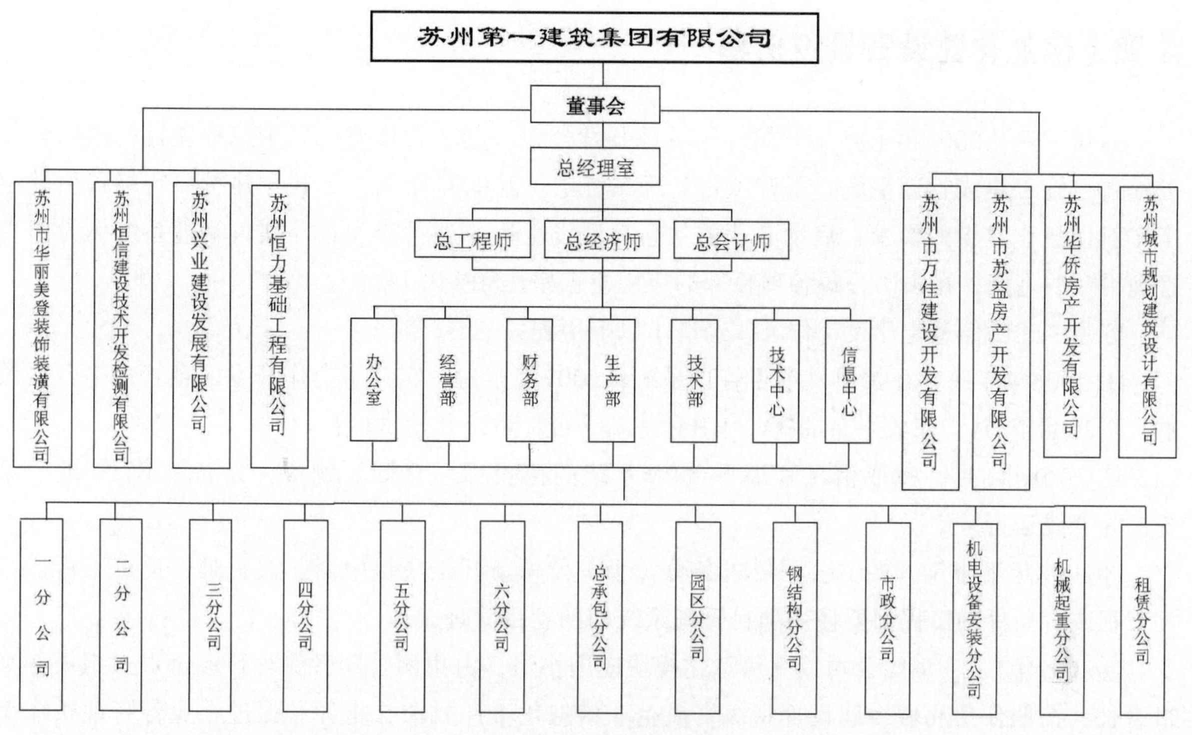

图1 企业组织架构

（三）企业运营模式、业务及管理模式

苏州第一建筑集团有限公司现在采用的企业运营模式，是比较传统的矩阵式三级管理模式，即集团公司、分（子）公司、项目部。所谓三级管理就是集团公司的生产安全、技术质量、经营、财务、行政部门相对应管理下属各分公司的生产（施工）、技术质量、经营、财务、办公科室；各分公司的生产、技术质量、经营、财务、办公科室相对应管理下属的各个项目部的岗位人员。

三级管理的业务承接分两部分：一部分由分公司自行跟踪和到有形市场寻找业务对象，通过正规的招投标或议标方式，中标后到集团公司备案，由分公司组建工程项目经理部，负责工程项目的施工，该分公司负责监督、管理；另一部分是一些规模较大的重要、重点工程项目，由集团公司直接负责前期经营业务，通过正规的招投标或议标方式，中标后分配给某一分公司，由该分公司所属项目经理部负责工程施工，总公司、该分公司共同负责监督、管理。

无论采用何种业务承接、管理方式，集团公司都将对各分公司的年度产值、利润、安全、质量、创优、文明施工达标、竣工面积、工程款回收率、竣工决算审计率等指标进行考核。

近期，根据市场的发展以及建筑业企业的发展状况和企业内部管理的需求，苏州一建正在尝试由集团公司直接对项目部进行经济考核的扁平式二级管理模式。

（四）信息化建设背景及历程

苏州一建从2006年下半年开始，与软件开发公司一起，合作研发用于工程项目管理的建筑工程项目施工集成管理系统（下称项目管理系统）。2007年年初，苏州一建按照特级资质就位工作对信息化建设的要求，启动企业的信息化建设工作。到目前为止，项目管理系统作为信息管理平台的基础，在集团公司各项目部的应用覆盖率达80%以上。

苏州一建的信息化建设工作大致经历了以下历程：

① 2006年年底，开始研发项目管理系统；2007年年初，签订了合作开发信息管理平台协议书，至2008年3月，完成平台的OA、HR和基础平台，系统开始试运行。

② 2008年5月，完成信息管理平台PM系统的招投标、合同、物资、设备等4个管理子系统，并上线运行。

③2008年下半年开始，公司要求各分（子）公司新开工项目中高、大、难、重点工程、一类工程或有条件的工程都要使用项目管理系统辅助项目管理工作。

④2009年1月，集团公司成立信息化模块应用小组，由集团公司各管理科室负责人担任各小组组长，按照住房和城乡建设部特级资质企业信息化考评要求，指导和促进企业各管理条线信息化建设工作，使信息化工作迅速走上正轨。

⑤2009年6月，完成信息管理平台PM系统的进度、成本、质量、安全、竣工、风险等6个管理子系统，并上线运行。

⑥2009年8月—2010年6月，完成对信息管理平台的改版升级工作，可以实现新平台与项目管理系统的无缝对接。

⑦2010年6月，完成对新信息管理平台和项目管理系统的应用培训工作，并进入新平台试运行阶段。

⑧2010年9月，新信息管理平台和项目管理系统正式上线运行，公司要求，新开工的3000万元造价以上及公司定为重点的工程，必须安装项目管理系统。

⑨2011年11月，苏州一建通过了住房和城乡建设部委托江苏省住房和城乡建设厅派出专家组进行的特级资质企业信息化建设工作考评。

⑩2012年1月，由苏州一建、苏州建鑫（一级）等共同承担的住房和城乡建设部2011科技计划项目《建筑施工企业工程项目标准化管理平台》，通过住房和城乡建设部科技司组织的专家验收委员会的验收。

（五）企业信息化建设思路

国内建筑施工企业的管理水平参差不齐，相当多一部分还没有利用计算机对施工现场进行管理，而目前已经用于施工现场的软件，也大多数是单机、单项目的工具软件，如预算软件、资料软件、施工计算软件等，这些软件的主要功能是帮助施工现场管理人员完成某一单一的工作，而互相之间没有联系，数据、信息不能共享，基本没有“管理”的功能。一些架构较大的软件系统具有很先进的管理理论和理念，但大多数集中在进度方面，对资源和成本等方面的管理，很少在国内施工企业中得到应用，而且在质量、安全和技术等方面的管理几乎没有涉及。

建筑施工企业的信息化不是公司科室的信息化，而是全员的信息化。建筑施工企业的关键实际上还是项目部，所以在信息化的道路上，核心就是要立足于项目部。鉴于这一现状，集团的出发点就是要分步来实现信息化建设。在信息化的初期，不加入过多的管理思想，力求能让项目部的管理人员投入使用，让他们感觉到“计算机原来能帮助我们做这些事情”，进而能对计算机产生一定的依赖性。在此基础上，在软件的升级版本中逐步加入管理思想，逐渐引导项目管理人员利用计算机提高项目施工管理水平。

通过观察一些先进行业的信息化状况，并了解一些发达国家先进建筑施工企业的信息化应用状况后，苏州一建认为建筑施工企业只有充分应用信息化，才能适应企业未来的管理环境，“信息化”也将成为施工企业不可或缺的高效管理工具。

1. 选择真正实用、适用、专业的软件系统

只有真正实用、适用、专业的软件系统，才能确保企业信息化建设少走弯路，并最终获得成功。

目前市面上流行的大多数管理软件系统，在“公司科室”这个层面的应用（如财务管理、办公管理、人力资源管理等），功能大同小异，所以企业在实施信息化建设、选择管理软件系统时，应着重注意、充分考虑软件系统在项目部这个基础层面的应用功能。主要应该考虑的问题有以下几点：

①施工进度计划信息与施工预算信息的关联，项目工作分解（WBS）的可操作性。

②施工进度计划信息与资源需求、成本核算的信息共享。

③施工进度计划信息与工程质量、安全、技术管理的关系。

④管理系统在项目部这个层面的集成化。如果在实施管理系统后，在项目管理过程中，还要通过其他软件系统来运算、处理某些信息，然后再输入到系统里来，这样的模式，将人为地增加管理人员工作量，形成“信息孤岛”，产生许多出错环节，降低系统运行的准确性和效率。

⑤信息系统的实施，会给项目部的日常管理带来多大的变化？系统推广所受到的阻力与这一变化的大小成正比。

还要考虑系统运行的速度、效率，信息、数据的安全，实施费用，软件公司提供的服务等因素。

2. 建筑施工企业的信息化必须是一把手工程

一个真正在企业日常管理事务中发挥作用的信息管理系统，所收集、流转、储存、处理、输出的信息，必定是企业管理层、决策层所依赖的，对企业的运作是最重要的。对于这样重要的工作，必须由企业一把手亲自抓。

企业一把手对信息化建设的领导、支持，除了在人力、物力、财力方面的支持和投入以外，还应定期主持召开工作会议，了解情况，研究对策。更重要的是，企业一把手必须亲自通过系统提供的功能处理自己的业务工作，以示对信息系统的重视、信任、支持。

“一把手”不仅仅只是企业老总这个一把手，还应包括各分、子公司的一把手，各管理条线、部门的一把手，直至各项目部的项目经理。缺了这些大大小小一把手的重视和支持，信息化的实施仍然会是困难重重。

3. 建筑施工企业的信息化建设必须做好项目部的信息化管理

建筑施工企业公司科室部门的管理工作比较规范，管理人员素质较高，在这个层面实施信息化建设没有太大的难度。而在工程项目部，管理较粗放，管理人员综合素质普遍不高，实施信息化的难度、阻力主要来自这个层面。

施工企业的信息化管理，主要由这两个层面组成，缺一不可。只完成公司科室这个层面的信息化工作，或只满足于公司科室层面的信息化成效，信息化是不会成功的。

施工企业的信息化建设必须做好项目部的信息化建设，决不能因为项目部的信息化工作有难度、有阻力就忽略这一层面的工作。要搞好施工企业的信息化建设，必须攻克“项目管理信息化”这个难关。

4. 管理体系与管理系统融为一体

企业实施信息化建设后，企业现有管理体系与信息管理系统必须要合二为一。如果分开，就会造成政出多门、指令不畅、信息冲突、信息不能共享、降低管理系统效率等不良情况，最终形成“两张皮”的局面。

所以，实施信息化建设后，企业的管理条线，从底层到高层，都应把信息系统看作“就是”管理体系，信息系统中流动的各类信息，就是管理体系的信息、依据，也就是说，管理体系要对信息系统有依赖性，绝不能有“可有可无”的想法。

（六）信息系统建设概况

建筑施工企业管理主要包括公司科室层面的管理（包括办公管理、人力资源管理、财务管理、档案管理、综合项目管理等）和工程项目部的管理（涉及建筑工程项目从招投标开始到工程竣工整个过程中方方面面的管理，包括合同、施工技术、工程质量、安全施工、施工进度、工程成本、设备、材料、工程资料、风险、竣工等）两大块内容。

苏州一建施工企业信息管理平台以“项目管理”为主要切入点，以“建筑工程分部分项工程与施工规范、工艺、标准之间的知识联想”技术为核心，以建筑工程的工程量清单预算文件信息为依据，以进度计划为主线，把施工过程管理串联起来，可以在工程施工过程中实现对进度、资源、成本核算、决算的计划管理，可以实现管理信息共享，可以为施工企业的工程项目管理提供专家级的管理知识，为解决施工企业管理人才匮乏、管理粗放、管理水平低下的问题创造条件，从而提高施工企业乃至整个建筑行业现场施工管理水平。

1. 系统总体架构

图2 系统总体架构

2. 项目综合管理系统

1）招投标管理

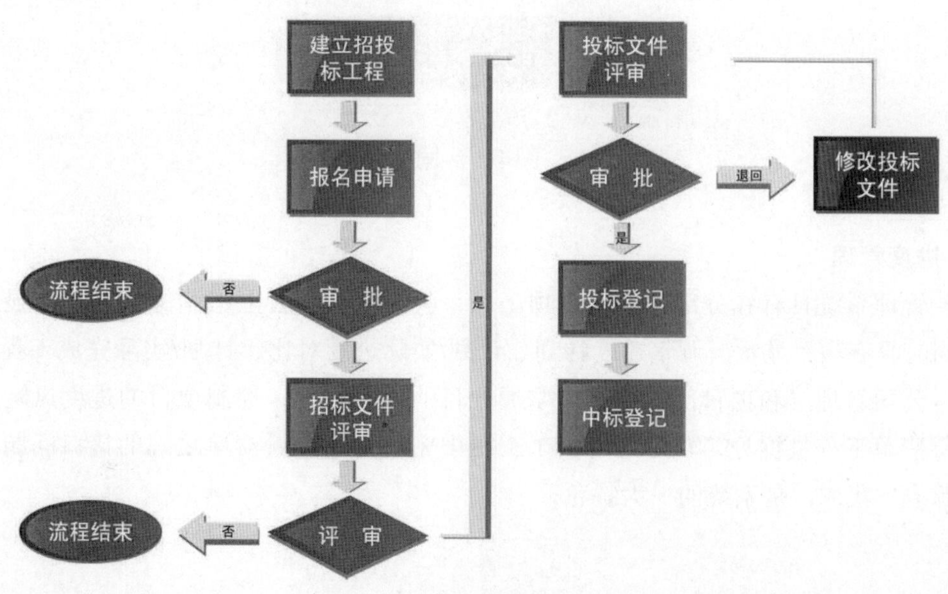

图3 招投标管理

招投标管理系统登记所有在建项目，并将招投标文件保存下来，便于随时查看工程情况，提高管理的透明度。招投标管理用于对市场开发的主要业务过程进行信息化管理，包括报名招标过程、投标过程等审批流程的管理，从而提高公司对市场经营效益和风险的管理和控制。

2）合同管理

合同管理系统在项目开始前对总包合同进行登记，从源头抓起，再向各个分包合同延伸，从点到面地进行管理。同时，分包合同部分还会具体划分成四大分包：材料、专业、劳务、机械，将项目生产中具体分包合同的种类全部把握，在各种分包合同变更、结算、支付、索赔的过程中，全面且深入地管理到每一个分包细节，使得对工程中合同的管理深入浅出。通过合同管理对合同、专业分包合同的付款、收款和结算情况进行登记，可以使项目经理、公司和分公司领导层对项目的成本、盈亏一目了然，便于集团提前干预项目。同时可以对合同审批流程、合同文本进行管理。

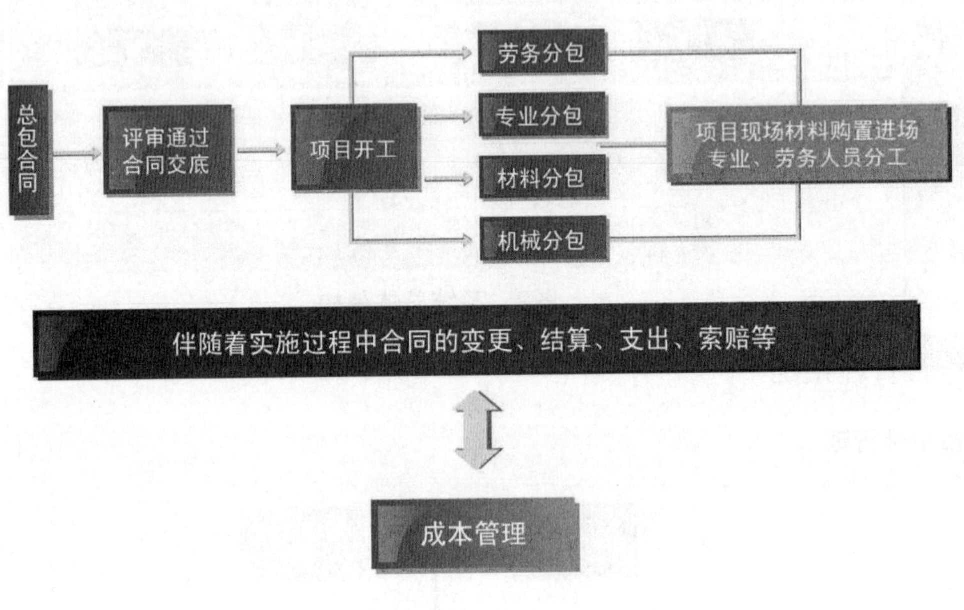

图4 合同管理

3）进度管理

进度管理系统具有在分部工程、分项工程，甚至清单项目上编制施工计划、显示横道图的功能，同时具有项目显示、调整进度计划、计划/实际进度对比、计划/实际完成工程量对比等功能，使得公司管理层和项目部都能随时掌握项目的实际进度，控制项目的进度风险。根据进度计划进行清单工程量拆分，较好地解决了工程中WBS与工程量清单之间的接口问题。同时，进度与资源成本集成，是系统的一大特色。

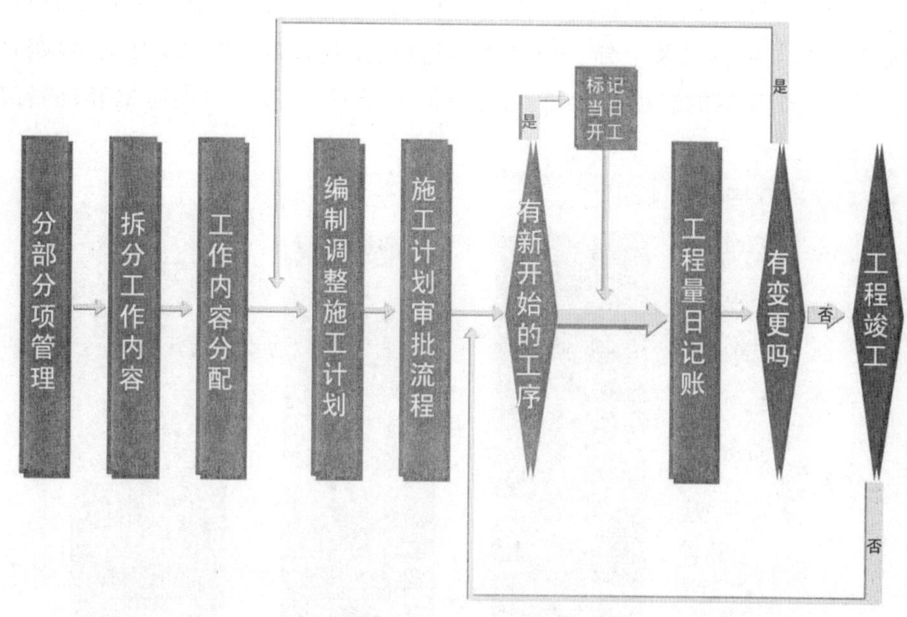

图5 进度管理

①公司条线领导进度管控：公司领导可以通过统计面板报表对各分公司、各项目部的进度进行实时的监控，可以实时了解各分公司进度计划、进度实际完成情况、当月形象进度、进度风险等，并可以根据进度风险情况进行追溯，找出源头。所有项目的进度管理业务数据都自动汇总到公司层面。

进度管理条线工作统计表

1	一分公司--研发基地实验楼						
开工日期	2012-02-21	竣工日期	2012-10-15	项目经理	张兆荣	施工员	李进
合同总工期	238						
累计完成预算成本	0	累计完成目标成本	0	累计完成实际成本	0	本月实际完成工作量	0
最后记账日期				红灯数	0	黄灯数	0
2	兴业建设--电子铜箔五期工程						
开工日期	2012-02-09	竣工日期	2013-02-09	项目经理	潘云高	施工员	翁莉军
合同总工期	367						
累计完成预算成本	162914.43	累计完成目标成本	162914.43	累计完成实际成本	144007	本月实际完成工作量	32580
最后记账日期	2012-03-04			红灯数	0	黄灯数	0
3	七分公司--苏州瑞盛康复医院工程（一期）						
开工日期	2011-11-01	竣工日期	2012-10-31	项目经理	丁水祥	施工员	仇庆伟
合同总工期	366						
累计完成预算成本	5614948.25	累计完成目标成本	5572475.35	累计完成实际成本	5345577.35	本月实际完成工作量	22428.71
最后记账日期	2011-12-12			红灯数	1	黄灯数	0
4	一分公司--城西中学改扩建土建、安装、装修工程						
开工日期	2011-11-01	竣工日期	2012-07-31	项目经理	徐家平	施工员	徐季明
合同总工期	312						
累计完成预算成本	11728797.79	累计完成目标成本	11499118.92	累计完成实际成本	9316727.16	本月实际完成工作量	2542.01
最后记账日期	2012-03-29			红灯数	0	黄灯数	0
5	一分公司--市立医院本部门急诊综合楼土建工程						
开工日期	2011-10-21	竣工日期	2013-03-20	项目经理	罗惠生	施工员	尹红兵
合同总工期	517						
累计完成预算成本	19926203.73	累计完成目标成本	19320516.5	累计完成实际成本	19042989.98	本月实际完成工作量	50837.27
最后记账日期	2012-02-06			红灯数	1	黄灯数	0

图6 公司条线领导进度管控

②分公司条线负责人进度管控：分公司条线负责人通过进度报表实时了解各分公司、各项目的进度完成情况。可以对某个分公司的整体进度进行把关，也可以对某个项目的进度进行监控，甚至细到对某个项目的总进度计划、月进度计划进行管控，进而降低和规避进度风险。

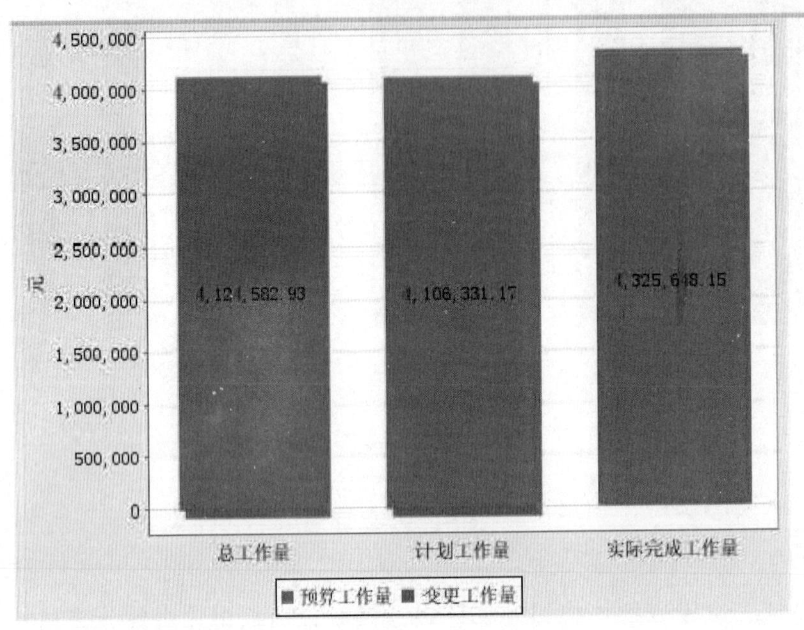

图7 分公司条线负责人进度管控（一）

单项工程：苏州大学独墅湖校区 选择 单位工程：会议中心-土建 查询

		任务名称	计划开始日期	计划完成日期	实际开始日期	实
1		曰会议中心-土建	2011年04月10日	2012年03月23日		
2	✓	曰地基基础分部	2011年04月10日	2011年06月24日	2011年04月10日	201
3	✓	基础砖胎膜	2011年04月10日	2011年05月09日	2011年04月10日	201
4	✓	垫层混凝土浇筑	2011年05月12日	2011年05月13日	2011年05月12日	201
5	✓	桩芯混凝土浇筑	2011年05月15日	2011年05月15日	2011年05月15日	201
6	✓	墙、地面防水、防潮	2011年05月16日	2011年05月23日	2011年05月18日	201
7	✓	防水保护层	2011年05月24日	2011年05月26日	2011年05月23日	201
8	✓	筏板基础钢筋绑扎	2011年05月27日	2011年06月20日	2011年05月27日	201
9	✓	筏板基础现浇混凝土	2011年06月22日	2011年06月23日	2011年06月22日	201
10	✓	卫生间变更	2011年06月21日	2011年06月24日	2011年06月21日	201
11	✓	曰主体结构分部	2011年06月28日	2011年11月03日	2011年06月30日	201
12	✓	一层脚手架搭设	2011年06月28日	2011年07月09日	2011年06月30日	201
13	✓	一层模板制作安装	2011年06月28日	2011年07月09日	2011年06月30日	201
14	✓	一层钢筋绑扎	2011年07月10日	2011年07月17日	2011年07月11日	201
15	✓	一层混凝土浇筑	2011年07月18日	2011年07月19日	2011年07月19日	201
16	✓	二层脚手架搭设	2011年07月23日	2011年08月01日	2011年07月23日	201
17	✓	二层模板制作安装	2011年07月23日	2011年08月01日	2011年07月23日	201

2011年7月3日 二 三 四 五 六 日 一 二 三 四 五 六 2011年7月10日
层脚手架搭设
层模板制作安装

图8 分公司条线负责人进度管控（二）

③项目经理进度管理：项目经理可以从粗的方面对项目的累计进度执行情况进行监控，也可以从细的方面了解每月、每周、甚至每天的进度计划、形象进度，实现了对进度粗细有致的管理。同时对所有上报的进度管理业务数据进行审核。

项目经理首页								
单项工程名称		苏州大学独墅湖校区恩玲学生活动中心	单位工程名称	活动中心(土建)				
合同管理	合同份数	1	附件份数	1				
	专业分包合同数	5	劳务分包合同数	4	物资机械供应商合同数	18		
技术管理	质量目标是否送审	■是□否	质量目标是否通过	■是□否			技术风险	●
	施组设计送审数	3	施组设计通过数	2				
	施工方案送审数	20	施工方案通过数	20	施工日志篇数	407		
	技术交底数量			5				
安全管理	到期未交底数	0	到期未封闭数	3			安全风险	●
	三级安全教育人数	204	安全隐患整改数	12				
质量管理	质量检查整改	26	质量验收整改	0	不合格品已处理数	0	质量风险	●
	竣工验收整改			0				
进度管理	累计结账预算成本	23007813.07	累计结账目标成本	22818354.41	累计结账实耗成本	21687144.75	进度风险	
	本月统计预算成本	0.00	本月统计目标成本	0.00	本月统计实耗成本	0.00		
成本管理	应收工程款累计	16014900.00	已收工程款累计	15214900.00			成本风险	
	应付工程款累计	19239684.30	已付款累计	14045745.00				
材料管理	累计结账实耗材料费	10703523.66	累计结账周转材料费	592350.48	累计结账进场工程材料费	13690404.45	材料风险	●
	本月统计实耗材料费	0.00	本月统计实耗周转材料费	0.00	本月进场工程材料费	0.00		
资料管理	开工资料是否完备	■是□否	工程资料累计编号数	169				

图9　项目经理进度管理

④项目工程师、施工员进度管理：编制项目总体进度计划、月进度计划，负责施工过程的实施监督，对各分项、分部工程隐蔽工程进行验收，发现问题及时处理，确保本道工序符合要求，才能进行下道工序的施工。

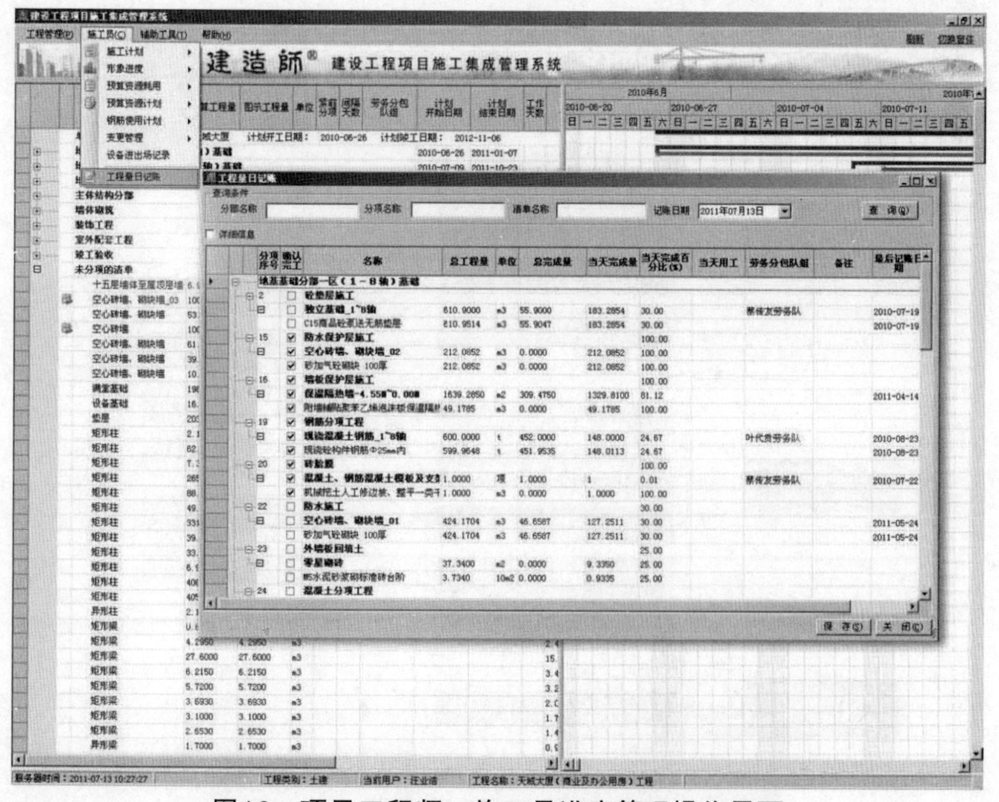

图10　项目工程师、施工员进度管理操作界面

3. 安全管理

系统能够反映安全检查情况以及处理结果并对其进行动态管理，同时首创的“知识联想”技术应用于面广量大的安全知识库检索功能中，使得项目人员可以方便地查询安全知识。项目管理人员录入安全目标计划，实时填报安全隐患、安全事故、安全培训、安全考核记录和内容，并及时填报安全检查记录及处理结果。公司管理层能够汇总各种项目安全报表，及时发现项目施工过程中的安全问题，对项目施工安全进行监督。

① 公司领导安全管控：公司领导可以通过统计面板报表对各分公司、各项目部的安全情况进行实时的监控，可以实时了解各分公司、各项目安全文明措施费、三级安全教育情况、安全检查及隐患整改情况以及重大危险源情况等。所有项目的安全管理业务数据都自动汇总到公司层面。

②分公司条线负责人安全管控：安全条线负责人可以从安全计划、安全实施、安全目标完成情况对各分公司、各项目的安全进行全过程管理，严格监控某个项目的安全文明施工情况，同时可以建立相应的安全知识库，方便信息的共享。

③项目经理安全管理：项目经理根据首页报表对项目的安全情况进行监控，了解安全交底、重大危险源封闭情况、三级安全教育情况以及安全隐患整改情况等，同时对所有上报的安全管理业务数据进行审核。

④项目安全员安全管理：安全员负责新工人进场的安全教育及日常安全生产宣传教育工作。以上级及公司施工现场安全标准化管理标准为依据，检查与监督安全生产和劳动保护的各项规定的落实，掌握项目安全生产情况及动态，提出改进意见和措施。确保项目安全管理目标的实现。

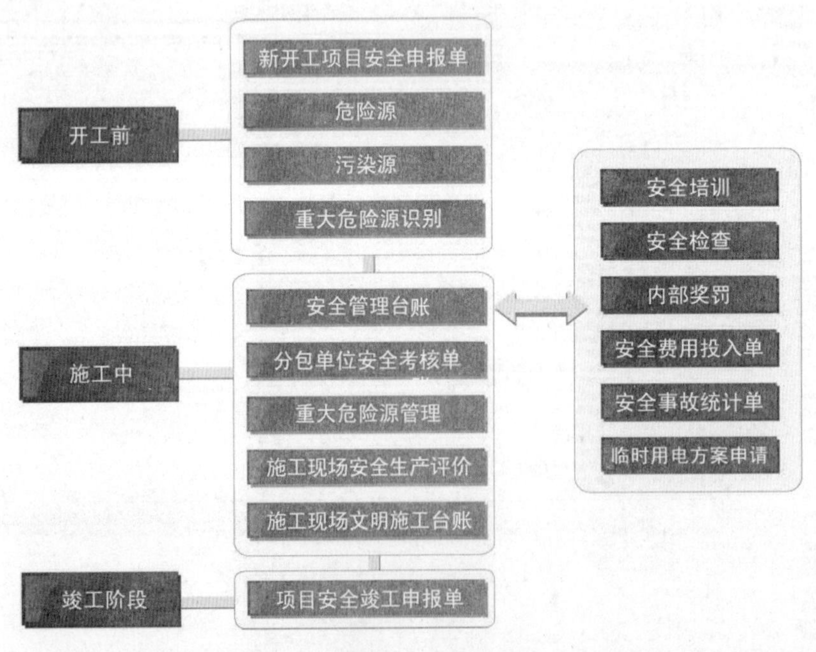

图11　安全管理

4. 质量管理

系统结合集团公司日常的技术质量管理模式进行设计。通过平台的各类检查记录、检查报表实现了及时对项目部工程质量的动态监管。软件具有质量知识库（质量管理的体系文件、质量规范标准、质量检验验收标准、质量通病防治等），从而使项目相关人员能及时查询相关质量知识文件。质量员通过软件，按时填报相关质量检查记录和内容，企业管理人员可以通过平台汇总各项目质量报表，及时发现质量问题，监督工程管理。

①公司领导质量管控：公司领导可以通过统计面板报表对各分公司、各项目部的质量情况进行实时的监控。可以实时了解各分公司停复工情况、不合格品处置情况，质量检查情况、质量事故情况以及计量器具管理等。所有项目的质量管理业务数据都自动汇总到公司层面。

②分公司条线负责人质量管控：质量条线负责人通过质量报表实时了解各分公司、各项目的质量管理完成情况。可以对某个分公司的整体质量进行把关，也可以对某个项目的质量情况进行监控，进而降低和规避质量风险。

③项目经理质量管理：项目经理可以通过首页报表了解项目的质量检查整改、不合格品以及竣工验收整改情况，也可以细致地了解质量检查、质量验收、质量事故等内容，同时对所有上报的质量管理业务数据进行审核。

④项目质量员质量管理：质量员在项目施工过程中，严格督促施工人员按工艺操作，力求达到施工工艺控制的标准化、规范化、制度化。监督各工种作业队做好每道工序的质量自检工作，并对分部分项工程予以全过程全面检验，合格后，方能进行下道工序施工，确保项目质量目标的实现。质量员的管理主要分为质量目标查看、质量检查及隐患整改、工程质量内部奖罚、工程检验试验报表、工程质量验收报表、质量检查、质量验收、工程质量事故报告、计量器具管理、计量器具巡检等。

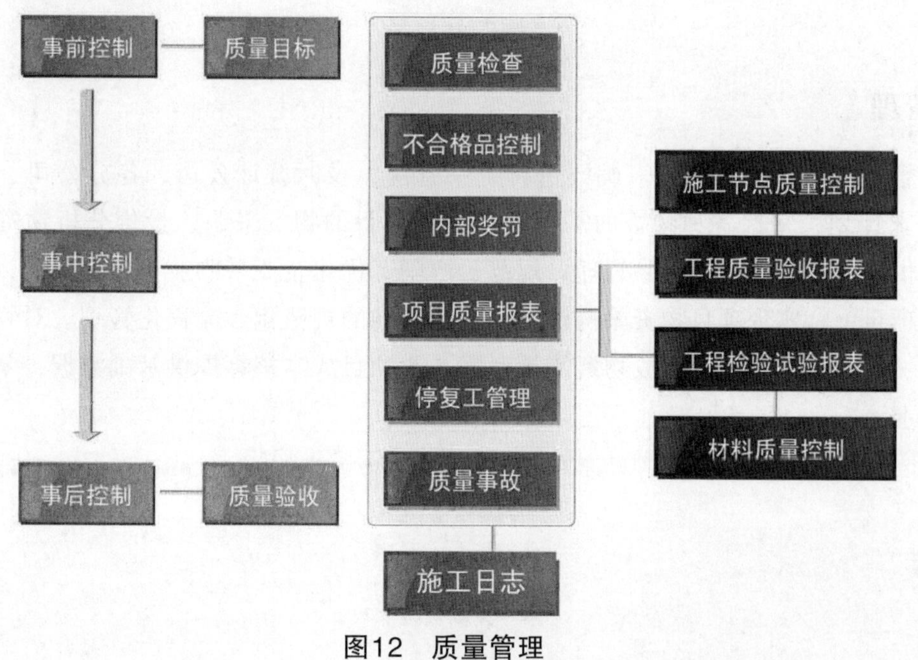

图12 质量管理

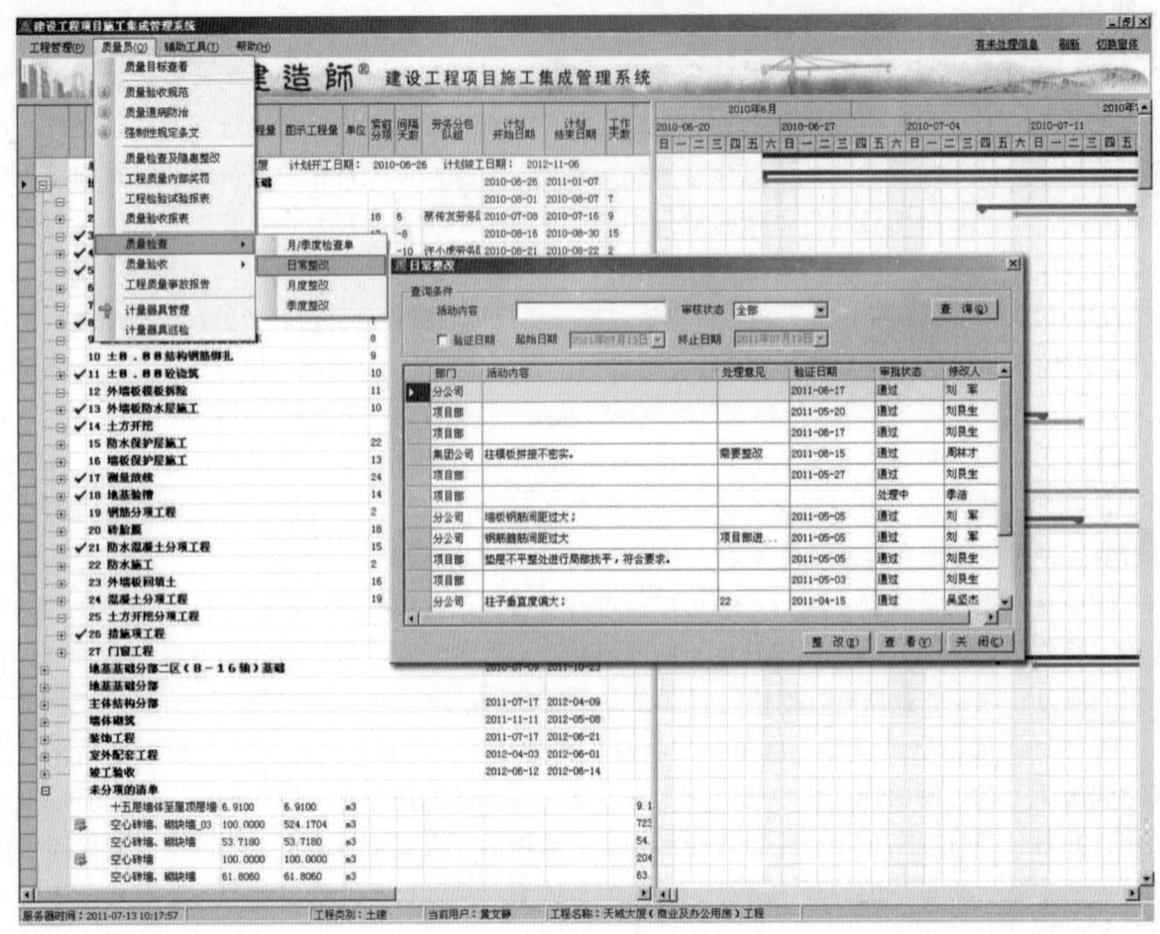

图13 质量管理操作界面

5. 物资管理

公司管理层对物资的分类、编码进行统一管理，及时统计公司、各分公司、各项目的每月物资需求计划，掌握各种物资的需求数量，对项目的物资采购、量价分析物资消耗进行监控，加强供应商管理和采购价格管理；规范、协同、优化企业采购业务处理流程，便于资金的调控。在项目上，实现项目物资采购计划、采购合同的规范化、流程化管理。对物资入库、出库、领用、库存进行管理，生成物资统计台账，为项目成本核算提供基础数据，掌握项目的实际施工成本。

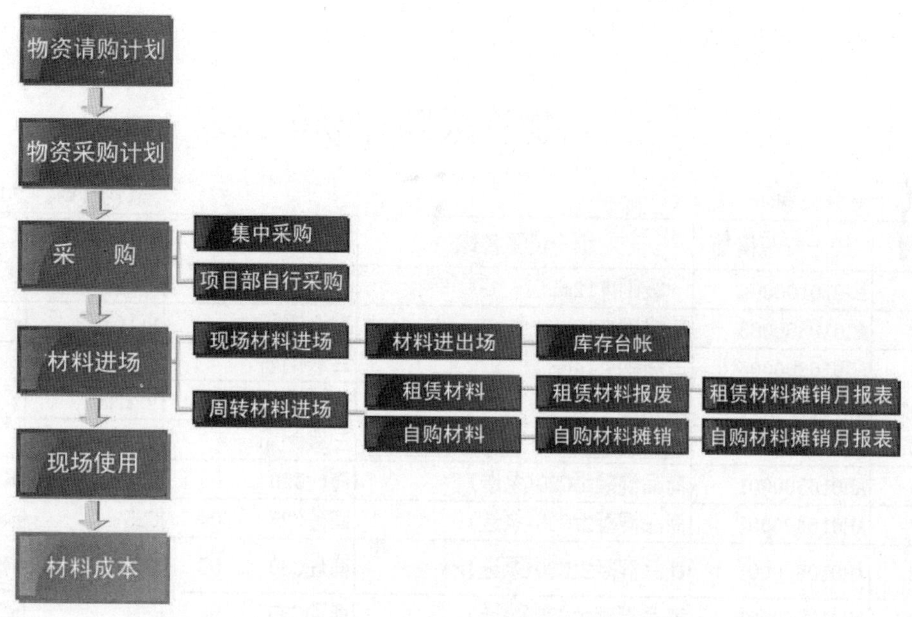

图14 物资管理系统中的材料管理

①公司领导物资管控：公司领导通过材料报表对各分公司、各项目预算材料费和实际发生材料费进行对比，进而了解材料成本的盈亏，方便及时进行调控。所有项目的物资管理业务数据都自动汇总到公司层面。

材料管理条线工作统计表

1	七分公司—苏州瑞盛康复医院工程（一期）						
开工日期	2011-11-01	竣工日期	2012-10-31	项目经理	丁水祥	材料员	刘嘉敏
材料总额预算材料费	8708464.54	累计进场工程材料费	3462987.88	累计周转材料费	273360	累计实际发生材料费	3405881.15
材料总额目标材料费	8189119.09	当月进场工程材料费	0	当月发生周转材料费	21143.01	当月实际发生材料费	21143.01
				红灯数	0	黄灯数	0
2	一分公司—城西中学改扩建土建、安装、装修工程						
开工日期	2011-11-01	竣工日期	2012-07-31	项目经理	徐家平	材料员	孔剑奇
材料总额预算材料费	20667894.39	累计进场工程材料费	6341347.7	累计周转材料费	131717.56	累计实际发生材料费	5553233.05
材料总额目标材料费	19736242.57	当月进场工程材料费	0	当月发生周转材料费	2542.01	当月实际发生材料费	2542.01
				红灯数	0	黄灯数	0
3	一分公司--市立医院本部门急诊综合楼土建工程						
开工日期	2011-10-21	竣工日期	2013-03-20	项目经理	罗惠生	材料员	蔡利胜
材料总额预算材料费	41726721.54	累计进场工程材料费	15081672.23	累计周转材料费	494698.23	累计实际发生材料费	13927568.54
材料总额目标材料费	39478595.68	当月进场工程材料费	0	当月发生周转材料费	50837.27	当月实际发生材料费	50037.27
				红灯数	0	黄灯数	0
4	七分公司--商旅新悦城项目主体工程						
开工日期	2011-10-01	竣工日期	2013-05-02	项目经理	杨国泉	材料员	周彬
材料总额预算材料费	52813799.51	累计进场工程材料费	26835765.37	累计周转材料费	343631.26	累计实际发生材料费	23994997.39
材料总额目标材料费	50104852.9	当月进场工程材料费	0	当月发生周转材料费	6665	当月实际发生材料费	6665
				红灯数	0	黄灯数	0

图15 公司领导物资管控

②分公司条线负责人物资管控：分公司条线负责人首先对材料进行统一编码，方便公司对材料的统一管理。同时对材料采购计划与请购计划进行对比，检查其合理性并做出调整。采购

部根据各项目提交的采购计划进行材料的采购。

物资采购计划汇总表						
公司：一分公司				采购日期：	2011年9月	
序号	统一资源编号	统一资源名称	类别	规格型号	单位	数量
1	AG010100004	一级钢Φ12mm	一级钢筋	Φ12mm	t	18.0000
2	AG010300003	三级钢Φ10mm	三级钢筋	Φ10mm	t	20.0000
3	AC010300005	三级钢Φ14mm	三级钢筋	Φ14mm	t	15.0000
4	AG010300009	三级钢Φ22mm	三级钢筋	Φ22mm	t	22.0000
5	AG010300010	三级钢Φ25mm	三级钢筋	Φ25mm	t	25.0000
6	AH010300001	商品混凝土C20(泵送)	商砼C20 03	C20	m3	200.0000
7	AH010400001	商品混凝土C25(泵送)	商砼C25 04	C25	m3	10.0000
8	AH010500001	商品混凝土C30(泵送)	商砼C30 05	C30	m3	925.0000
9	AH010600001	商品混凝土C35(泵送)	商砼C35 06		m3	95.0000
10	AH010600013	商品混凝土C35(泵送)防水P8	商砼C35 06	C35 P8	m3	500.0000
11	AS010000001	水泥32.5级	普通	32.5级	t	5.0000
12	BS010100002	中砂	黄砂01		t	15.0000
13	BS020100005	2、4、6石子5-20mm	碎石01	5-20mm	t	210.0000
14	BT010200001	砼砖240*115*53mm	水泥类02		百块	20.0000
15	CZ000000004	复合木模板18mm	周转物资Z	18mm	m2	2500.0000
16	CZ000000016	脚手钢管	周转物资Z		kg	15000.000
17	CZ000000028	扣件	周转物资Z		个	5000.0000

图16 分公司条线负责人物资管控

③ 项目经理物资管理：项目经理通过首页报表及时了解项目的材料耗用情况，并与材料预算进行对比分析，进而了解每天、每周、每个月材料的供应和消耗情况。同时对所有上报的物资管理业务数据进行审核。

④ 项目材料员物资管理：根据工程进度计划编制材料请购计划，合理安排材料进出场，确保物资的品种、规格、质量和数量。负责各种材料进出单据的审核及材料成本核算，建立、健全料账的分类账册，做好收料台账（日记）和材料供应原始资料收集保管，为项目经济核算、成本提供原始凭据。项目材料员的管理主要分为现场材料管理、周转材料管理、新增物资申请、物资管理、紧急放行等。

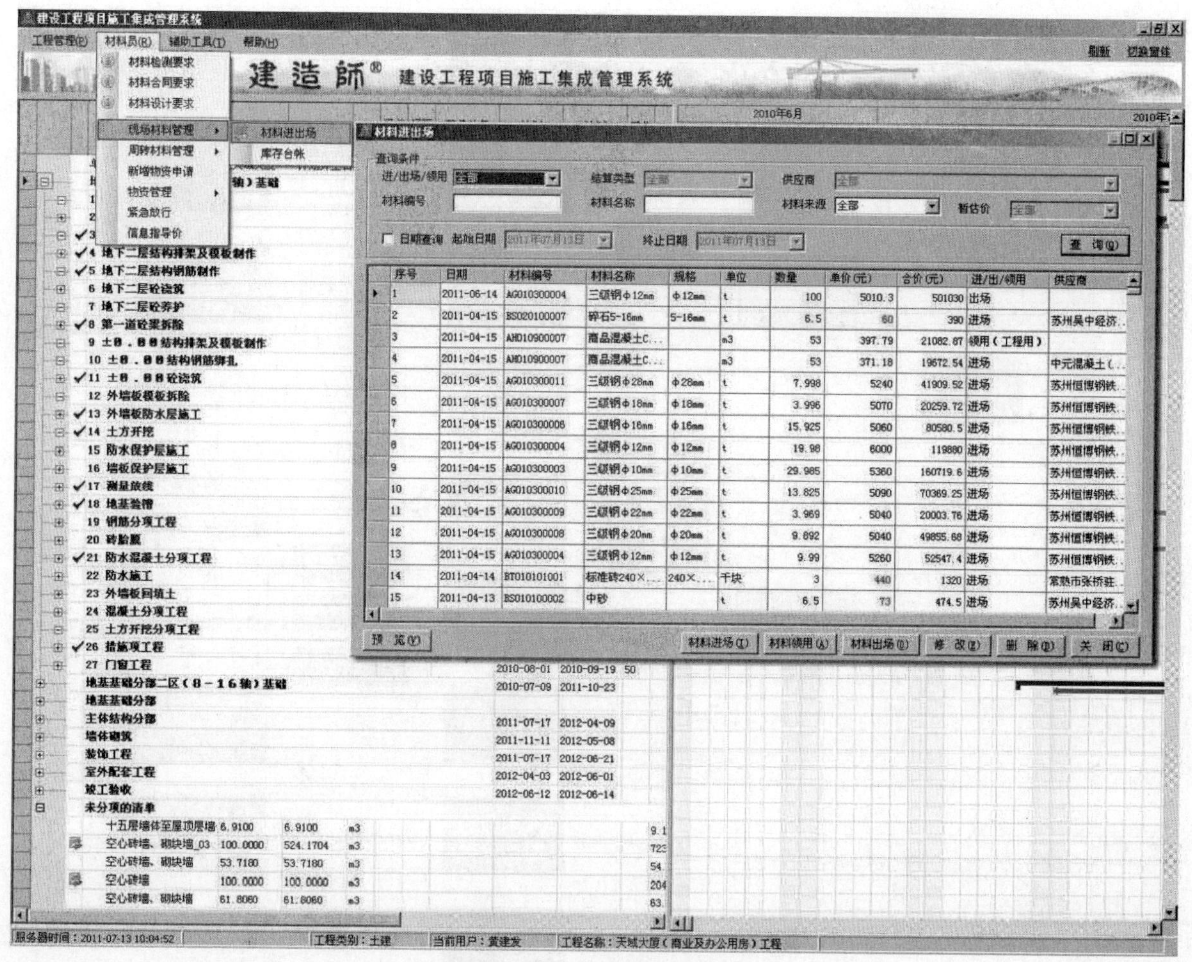

图17 材料管理操作界面

6. 成本管理

系统具有对项目成本运行情况监控管理的功能，实现了将成本与合同、进度进行关联。通过平台录入各项人、材、机数据，实现信息公开、程序透明、规范化运营，可对项目成本按照自定义的单元进行动态分析实时生成各类三算对比报表（预算成本、目标成本、实际成本之间的对比计算）。各级管理人员可及时获取项目经营管理数据，掌握项目成本的动态情况，找出盈亏点，及时发现和解决问题，提高过程的动态控制，为项目实施提供辅助决策，帮助项目部控制工程成本。

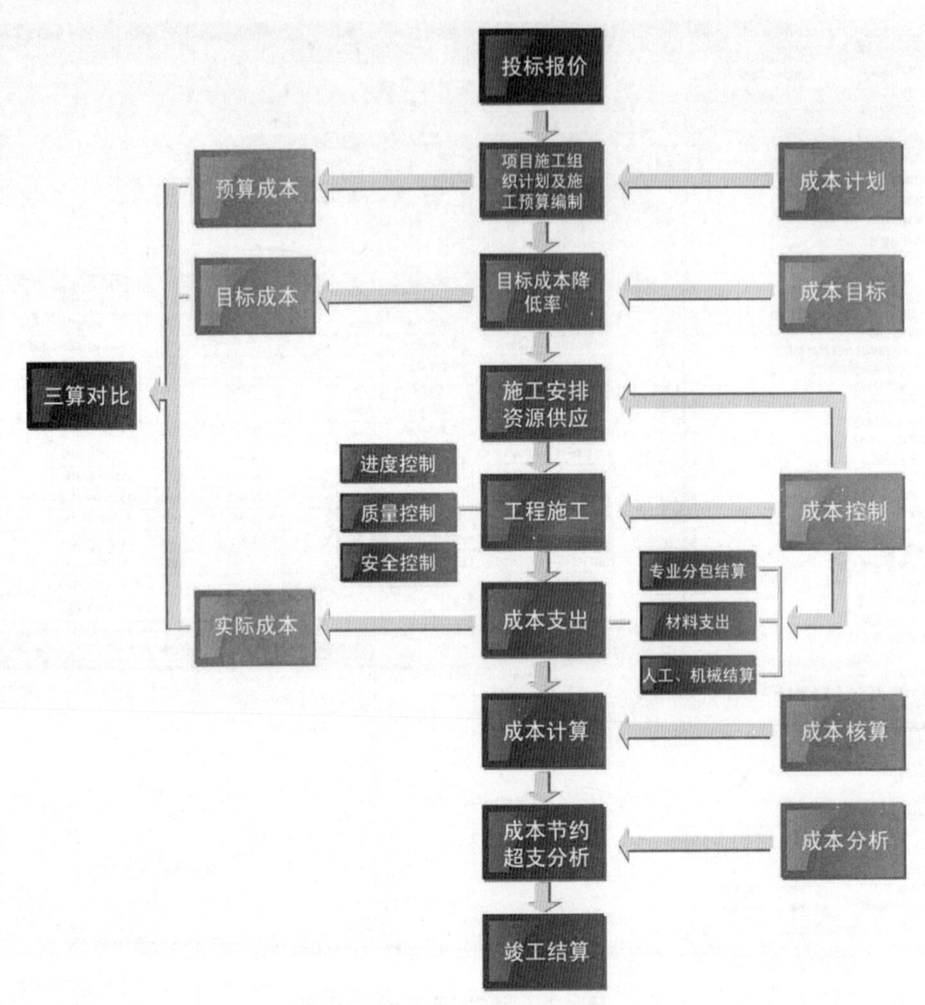

图18　成本管理

①公司领导成本管控：公司领导通过对预算成本、目标成本和实际成本的对比，实时掌握各分公司、各项目的成本盈亏信息，并根据成本风险情况进行成本分析。所有项目的成本管理业务数据都自动汇总到公司层面。

②分公司条线负责人成本管控：实现了对各分公司、各项目成本收支情况的监控，并可对成本进行统计、汇总、分析，实现了对成本的事中和事后控制。

③项目经理成本管理：项目经理通过对成本应收款项和应付款项以及已收款项和已付款项的对比，实时掌控项目成本。同时可以对各供应商、专业分包商、劳务队组每天、每月、一段时间的工作量完全情况进行监控。

④项目核算员成本管理：项目核算员参与预算文件的导入和工作内容的拆分，套用合理的清单和定额，正确计算工程量，及时编制工程预决算和验工月报，对工程项目在施工中的增减、变更进行管理并及时办理签证和核算手续。及时了解项目的预算成本、目标成本，并对实际成本进行核算，形成相关的成本核算报表，进而对工程成本进行有效控制。

三 算 对 比 表（工程材料费）

日期：2011年9月

公司：一分公司

工程项目：苏州大学独墅湖校区恩玲学生活动中心　　类别：　　单位：元

编号	材料名称	计量单位	预算成本			目标成本			实耗成本			实耗成本与目标成本对比						实耗成本与预算成本对比					
												比较量价差		影响因素		当月盈亏金额小计	盈亏金额累计	比较量价差		影响因素		当月盈亏金额小计	盈亏金额累计
			数量	单价	金额	数量	单价	金额	数量	单价	金额	数量	单价	量差	单价差			数量	单价	量差	单价差		
			1	2	3=1*2	4	5	6=4*5	7	8	9=7*8	10=4-7	11=5-8	12=10*5	13=11*7	14=6-9	15	16=1-7	17=2-8	18=16*2	19=17*7	20=3-9	21
1	新三级钢筋(综合)	t	146.4082	4255.18	622993.06	143.48	4028.8	578052.83	116	5098.01	591368.63	27.48	-1069.21	110711.42	-124028.36	-13315.8	80708.42	30.4082	-842.83	129392.36	-97768.28	31624.43	361113.58
2	水泥32.5级(综合)	t	13.6244	320.11	4361.29	13.3519	328.75	4389.46	8.85	399.25	3533.33	4.5019	-70.5	1480	-623.93	856.13	4419.66	4.7744	-79.14	1526.33	-700.39	827.96	4151.66
6	商品砼C30	m3	63.244	310	19605.64	62.6116	294.5	18439.1	80.35	372.93	29964.75	-17.7384	-78.43	-5223.96	-6301.85	-11525.65	22661.24	-17.106	-62.93	-5302.86	-5056.43	-10359.11	56708.43
7	商品砼C35	m3	148.0874	315	46647.53	146.6065	289.8	42486.57	143.136	370	52960.32	3.4705	-80.2	1005.75	-11479.51	-10473.75	26870.78	4.9514	-55	1559.89	-7872.48	-6312.79	38018.86
8	商品砼C40	m3	9.8979	325	3216.82	9.7989	282.75	2770.65	10	368	3680	-0.2011	-85.25	-56.86	-852.5	-909.35	-3429.51	-0.1021	-43	-33.18	-430	-463.18	-614.25
9	商品砼C30(S6、S8)	m3	510	325	165750	504.9	305.5	154246.95	440	383.07	168550	64.9	-77.57	19826.95	-34130.8	-14303.05	-28633.47	70	-58.07	22750	-25550.8	-2800	-13103
10	商品砼C35(S6、S8)	m3	1297.3635	330	428129.96	1284.1304	303.6	389861.99	1272	380	483360	12.1304	-76.4	3682.79	-97180.8	-93498.01	-96334.33	25.3635	-50	6369.96	-63600	-55230.04	46644.59
12	黄砂	t	34.1753	82	2802.37	33.5943	75.44	2534.35	32.5	77.08	2505.1	1.0943	-1.64	82.55	-53.3	29.25	-495.18	1.6753	4.92	137.37	159.9	297.27	3397.53
14	空心砌块(双孔)390×190×190mm	块	5884.8561	2.47	14535.59	5767.159	2.35	13532.63	4200	3	12600	1567.159	-0.65	3682.82	-2730	932.63	932.63	1684.8561	-0.53	4161.59	-2226	1935.59	1935.59
15	空心砌块(单孔)190×190×190mm	块	5207.5773	1.43	7446.84	5103.4258	1.36	6933.01	4800	2	9600	303.4258	-0.64	412.66	-3072	-2666.99	-2666.99	407.5773	-0.57	582.84	-2736	-2153.16	-2153.16
16	普通钢筋	t	16.9989	4026	68437.58	16.9989	4026	68437.58	15.9	4967.17	78978	1.0989	-941.17	4424.17	-14964.6	-10540.42	28737.36	1.0989	-941.17	4424.17	-14964.6	-10540.42	28737.36
17	其他材料费	元			97039.33			97039.33			24900					72139.33	144306.93					72139.33	144306.93
	合计				1480966.01			1378724.45			1462000.13					-83275.68	177077.54					18965.86	669144.12

项目经理：　　项目材料员：　　项目核算员：

图19　分公司条线负责人成本管控

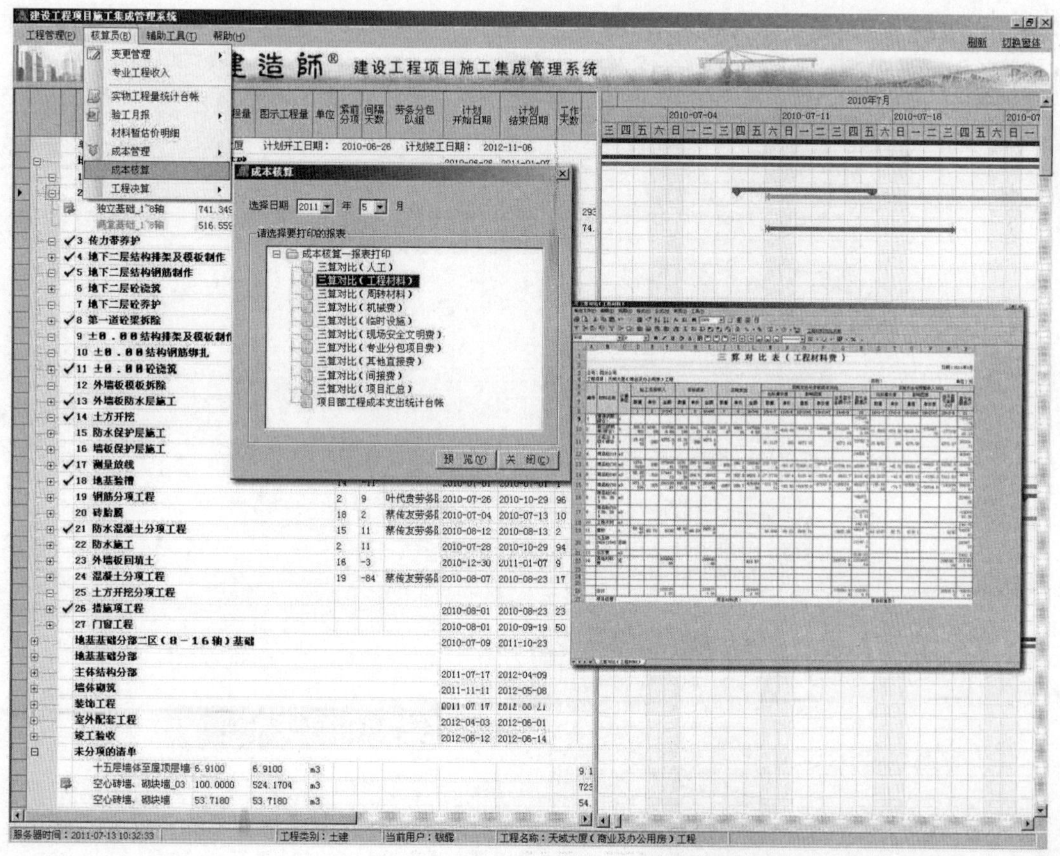

图20　成本管理操作界面

7. 分包商管理

系统建立企业分包商信息库，完善对分包商的考核、评估、评级体系，实行优胜劣汰。各类供应商，依据其类别，实施分类管理，根据其参与工程的业绩情况，综合评估和评定分包商的经济实力和履行合同能力的等级，将不能满足公司需求的分包商淘汰，取消其合格供方的资格。

8. 设备管理

系统对设备进行管理，公司设备统一编码，具有设备台账并能对设备进行分类管理，能对设备的维护、维修、保养、检定、检查进行管理。同时具有对设备分布进行统计管理的功能。

9. 风险管理

通过建立风险管理功能，系统实现对项目合同、进度、成本、质量、安全、物资等关注焦点的风险识别、预警，为企业规避风险，及时调整部署，提供辅助决策。

10. 竣工管理

系统项目在竣工部分的操作包含很多方面，从竣工资料的整理，竣工资料的分公司审批、公司审批，到竣工资料的归档；从竣工验收项目部预验收、分公司验收，到公司验收、政府监督验收的竣工进程；从竣工工程的维护到竣工工程的质量回访等。这些操作在软件的竣工管理部分得到了合理有效的控制和运用。

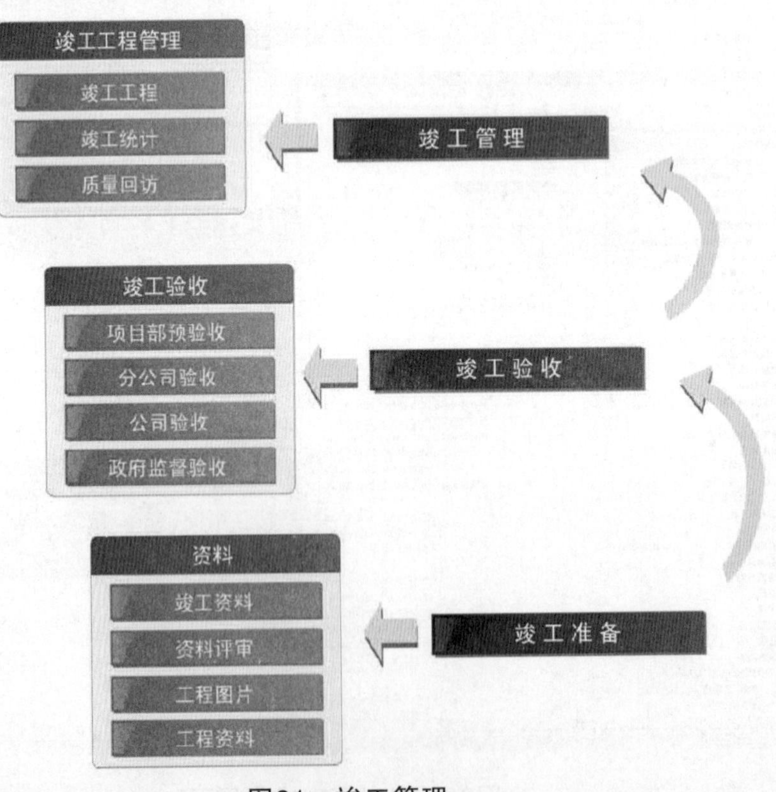

图21　竣工管理

11. 综合管理系统

协同办公系统

OA系统主要目标是实现一个集成的协同办公环境，让企业所有工作人员能够利用网络实现协同工作和知识管理。其主要功能包括以下几个方面：建立内部协作平台、建立信息发布平台、实现工作流程的自动化、实现知识管理、辅助办公、信息集成、分布式办公。

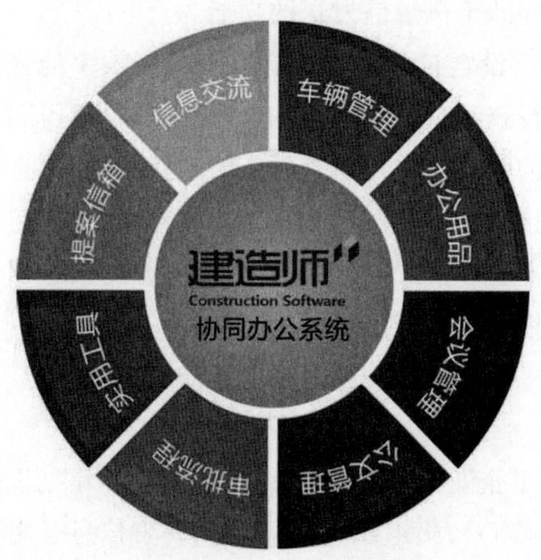

图22　协同办公系统

①办公自动化首页：用户登录系统后首先显示的就是“我的桌面”，该页面显示了由用户自己设置的栏目的内容，包括工作类的内容和内网设置栏目，为用户提供了快速进入日常办公系统的快捷方式。

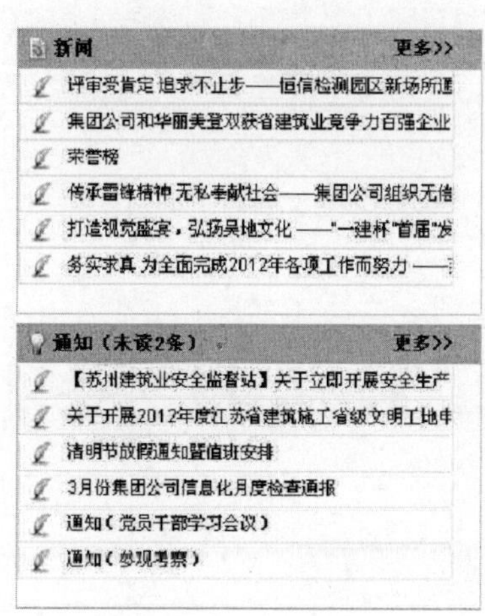

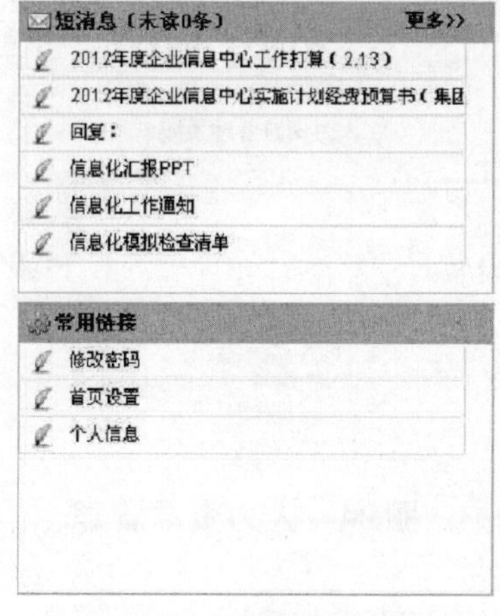

图23　办公系统首页

②信息发布：信息发布是实现内部信息发布和资料公告下载的重要渠道，是构建文化、发

布规章制度的具体手段。

③车辆管理：规范企业的用车流程，从用户提出用车申请到车辆调度完成再到用车结束后的行车日志都有相应的记录管理。

④办公用品管理：办公用品管理员需要对每一次采购及领用记录进行登记，并在每个期间结束后进行对账、结账等操作。

⑤会议管理：会议管理从会议申请、会议通知发送、会议纪要管理全程进行管理和流程化会议管理。系统提供会议通知的手机短信发送的功能。

⑥日程：用户可以给自己设定日程安排，有计划、高效率地完成各项工作。同时，赋予权限的人对他人的日程也可进行查询。完善的级别管理机制，保证信息的正确共享。

⑦文件收发：对系统中的收发文进行管理、实时监控相关人员的承办情况、阅读情况等。

⑧实用工具：软件提供接口，可根据用户需求，自定义设置实用工具。

⑨提案信箱：员工如有好的提案或者对领导的建议意见到可以通过提案信箱向上反映，领导收到提案后可进行相应回馈。

12. 人力资源管理

人力资源管理系统着眼于企业的管理特色和实际需要，建立以战略管理为目标，人事管理为基础，绩效、薪酬管理为核心，集组织机构管理、人事信息、考勤管理、薪资管理、培训管理、办公管理等应用系统于一体的专业化人力资源管理体系，解决人力资源管理难题，实现人力资源管理科学化。

图24 人力资源管理

①人事管理首页：公司领导和分公司科室人员通过首页报表了解整个公司所有人员的执业资格、学历分布、在职人数分布等信息，进而对整个公司的人才分布情况有了全局的把控，方便随时进行人才调配。

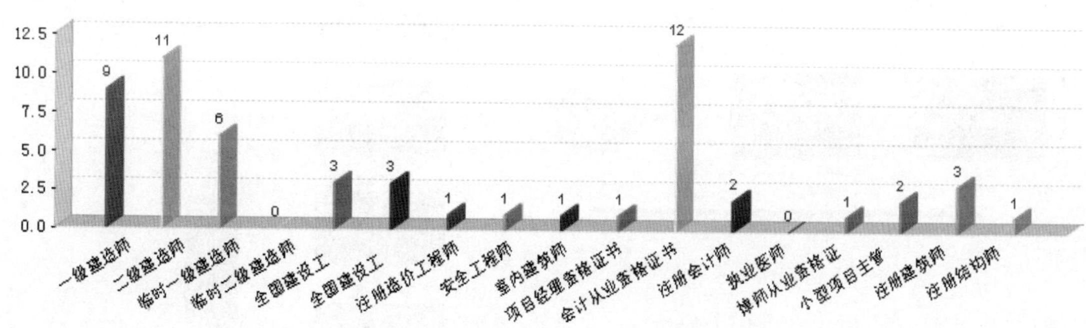

图25 集团在职人员职业资格分布

②人事管理：录入员工的各类信息，如员工的人事档案、合同信息、人事变动、职位和岗位信息、奖惩信息以及社保信息等。

③绩效管理：可设置不同的考核标准，建立考核体系。评价者根据人力资源部定义好的考核对象、标准、权重，通过员工自助系统录入被评者各项考核分值或等级。系统自动按权重进行加权计算，最终得出每个员工的考核总分，并可公布在网上供员工查询。

④考勤管理：企业可根据自身的制度设置班次、班组等，异动审批流程。每月按原始考勤数据自动生成月末考勤汇总表，并可实现考勤工资的计算。

⑤招聘管理：将招聘管理流程化，使部门及时了解用人单位的需求与人员编制，完成职务空缺分析，网上招聘实现人才库的管理。招聘的流程及过程可以科学设计和管理，量化招聘评分标准。

⑥薪资管理：解决了集团企业存在多薪酬体系、不同类别的员工工资项目不同、项目计算公式不同、集团企业在不同的地区保险、所得税政策不同等问题。

⑦培训管理：通过培训需求调查可以从各部门了解到岗位急需的知识与技能，从而更合理分配所能掌握的资源。培训的效果评估将以需求作为衡量的标准，从培训资源的分配、培训过程的控制、培训参与者的工作业绩等方面做出综合评价，从而指导并控制着培训的下一个循环。

⑧个人申请：员工可以根据需要提出加班、请假、调职、离职申请，所提出的申请会进入流程审批。审批后回馈给所申请员工，如申请通过，则相关管理员会根据实际需要进行相应的变动操作。

⑨个人信息：方便员工查看自己的人事档案及薪资信息，及时了解自己的档案、薪资变更，查看扣零余额等。

13. 档案管理

系统实现了对企业各类档案（包括工程档案、技术档案、文件档案、竣工工程档案等）及内部收文、发文归档以后的统一分类管理。系统通过设置各类文档的查阅权限，限定单位内部人员查阅相关文件，同时档案管理员也可以对档案的借阅、归还进行登记管理。

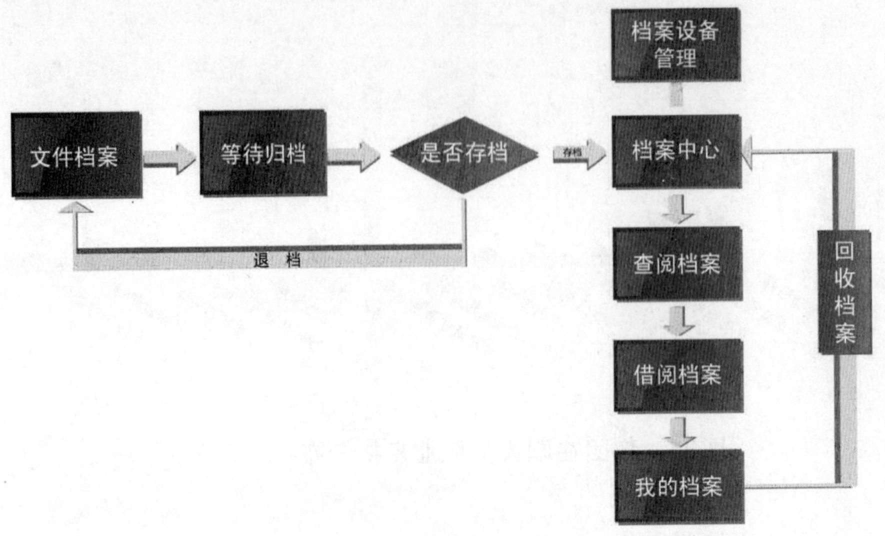

图26　档案管理

14. 审批流转

公司可根据现有的业务流程进行自定义，具体包括任务节点、会签任务和决策节点。对于每个任务，系统可以自定义节点名称和审批对象。审批人可在首页的待办任务中进行审批，并且公司管理人员可以随时监控流程的走向以及需要审批的人员。

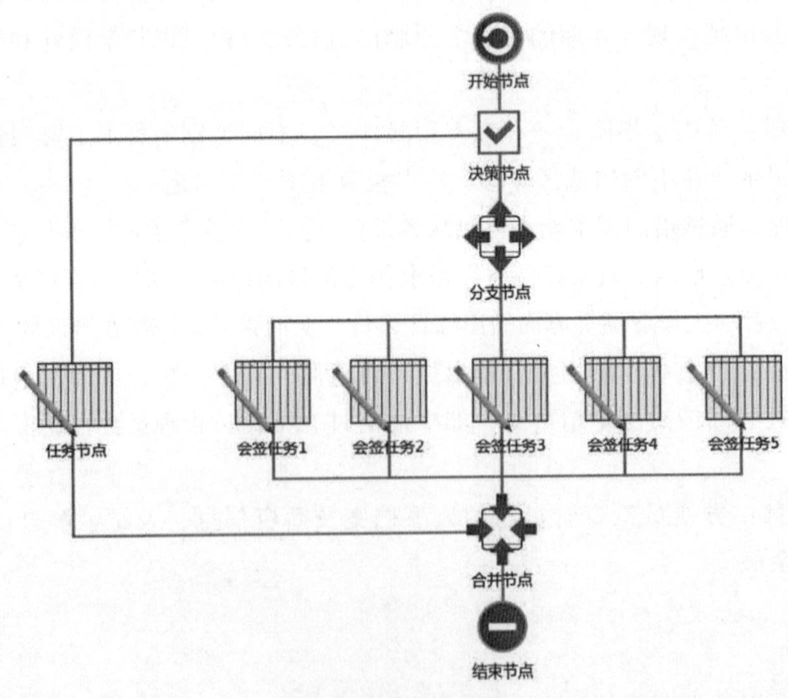

图27　审批流转

15. 知识管理

项目部的知识管理汇集了比较齐全的工程资料表单及相应的模板，方便表单的填写与保存；全面提升对工程质量、文明、安全的预控管理，为工程项目管理提供了专业的管理知识。

公司的知识管理可以使得各类文档（包括各种文件、知识、信息等）按权限进行保管、共享和使用，方便公司员工进行检索，为建立学习型企业打下良好的基础。

（七）企业信息化建设总结

实践证明，建筑施工企业信息化建设的效果不会是立竿见影的，甚至在初期是一种相当痛苦的过程，会有怀疑、有怨言、有抵触，有相当大的困难，此时如果退缩了、放弃了，那就什么结果也看不到了。苏州一建信息化建设经过一段时间的努力，已经初见成效，以下是企业信息化建设工作总结。

1. 建立信息化管理组织

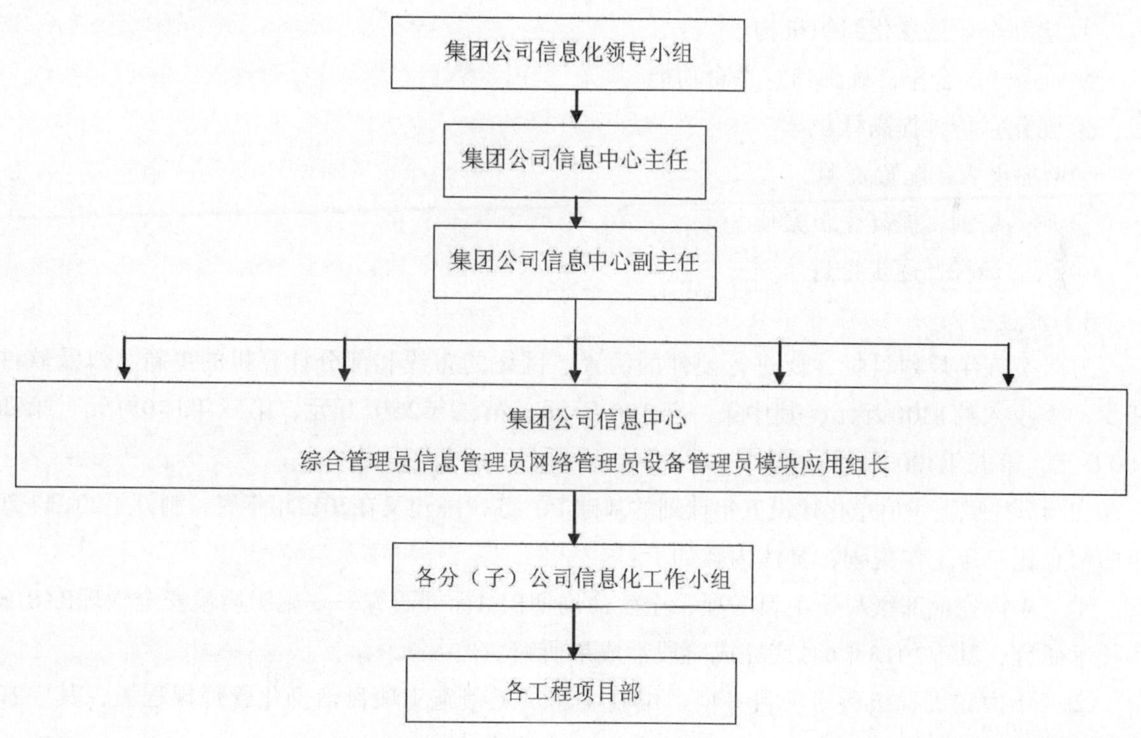

图28 集团公司信息中心管理网络

注：1. 模块应用组长由集团公司各行政管理部门负责人担任；

2. 各分（子）公司信息化工作小组由分（子）公司总工程师或主管技术的副经理担任组长；

3. 各工程项目部的信息化工作由项目经理负责。

2. 制定信息化建设规划

苏州一建在2008年年初制订了一个信息化建设五年规划，主要内容如下：

1）指导思想

依据企业自身特点，量身定制，逐步深入，建立企业信息化管理体系，以专项制度和岗位职责为保障，稳步推进企业信息化建设，从而推动企业技术升级、管理升级。

2）工作目标

2008—2012 年达到如下工作目标：

①顺利通过住房和城乡建设部特级资质信息化考评。计划3年内项目信息化覆盖率达到85%以上；5年内争取项目信息化覆盖率达到100%。

②与软件公司合作加快企业信息平台的开发进程，并全面推广应用企业信息平台。

③ 在集团公司范围内全面推广建筑工程项目施工集成管理系统的应用。

④加快培养企业紧缺的信息化人才。

⑤年度具体目标。

（此部分略）

3）保证措施

① 建立企业信息化组织机构。

②加强开发合作，确保信息平台功能。

③ 强化宣传，提高认识。

④增加投入，配置资源。

⑤ 加强培训，提高全员素质。

⑥ 树立标杆，逐步推进。

4）资金投入

为落实五年规划目标，要进行硬件的购置、网络的布线和部分计算机的更新，以及软件的开发，需投入约1300万元，其中第一年300 万元，第二年250 万元，第三年150万元，第四年300万元，第五年300 万元。

在圆满完成上述信息化建设五年计划的基础上，苏州一建又在2012年年底，制订了2013—2015年的信息化三年工作规划，具体内容如下：

①三年内完成部级科研项目一项，全生命周期BIM标准研究——施工质量安全管理P-BIM应用技术研究，其中2013年6月底完成阶段性成果研究。

②三年内完成省级科研项目一项，编制《建筑工程施工项目信息化管理规程》，其中2013年6月底完成标准编制并通过论证，2013年10月出版发行。

③苏州华丽美登装饰装潢有限公司综合信息平台开发项目，其中2012年10月开发，2013年11月底全部开发完成，共五大模块，每开发完成一个模块，就培训一个模块，使用一个模块。

④研制开发企业实行二级管理后，信息管理平台各项功能的对接，并确保系统的平稳过渡和应用。

⑤逐步试点、推广BIM技术的应用（包括土建、钢筋、钢结构、安装等）。

⑥争取2013年年底将企业信息平台升级至全BS架构的v3.0版。

⑦为落实新三年规划目标，要进行硬件的添置、部分计算机的更新，以及软件的开发。预估这方面的直接投入资金约需500万元，第一年250 万元，第二年150万元，第三年100万元。

3. 信息化、BIM系统的推广应用

①自苏州一建信息化建设以来，共有115个项目（截至2013年6月底）推广应用信息化管理，3000万元以上工程99个，3000万元以下工程16个；3000万元以上工程中有89个工程使用了综合项目管理系统，项目信息化使用率89%以上；3000万元以下工程中有3个工程使用了综合项目管理系统。信息化运行5年多来，已竣工工程45个，其中3000万元以上工程42个，3000万元以下工程3个；3000万元以上工程的档案管理系统使用率100%。

②2013年，按照苏州一建新的信息化工作三年规划的要求，BIM技术的试点工作正式展开。BIM技术的应用将随着试点工程的正常进行，以及随后的经验总结，为企业培养一批熟悉这一技术的工程管理人员，进而为在企业全面推广打好基础，让BIM为项目管理系统提供准确的工程算量数据，为实现真正的项目管理精细化、信息化、流程化、标准化打好基础。

4. 效果总结

1）合作开发的软件系统获得国内专家的高度认可

从2007年到2008年年底，开发完成的建筑工程项目施工集成管理系统，于2009年年初通过了江苏省住房和城乡建设厅组织专家组进行的技术鉴定。经过几年的应用、完善、再开发，该系统被住房和城乡建设部列为2011年科技计划项目（项目名称为《建筑施工企业工程项目标准化管理平台》），项目于2012年1月通过住房和城乡建设部建筑节能与科技司委托住房和城乡建设部信息中心组织的，由中国建筑科学研究院黄如福研究员、清华大学马智亮教授、中国测绘科学研究院陈向东研究员、东南大学成虎教授等多名国内知名施工企业信息化专家在内的专家委员会的项目验收。

该平台在灵活的工程量拆分、工序自动生成、生产要素与工序关联、资源管理、知识联想以及施工现场的协同管理等关键技术上具有创新性。

项目归纳总结出《工程项目管理流程》、《综合项目管理制度》、《项目部岗位职责与信息化操作规程》、《工程项目管理用表》以及《施工企业综合项目管理实施手册》等配套管理文件，对施工企业管理具有规范、指导作用。

2）全面推广工程项目集成管理系统，提高企业项目管理水平

为提高企业的工程项目管理水平，信息系统已在集团公司内部全面推广。

苏州一建在推广信息系统时，采用的策略是先试点，后推广。试点工作也分为三步走：第一步，在公司内找两个管理基础最好的工程项目部，试用3个月，总结经验教训后，推广到4个试点项目部，再运行两个月，总结经验教训，试点范围再扩大到10个项目部（每个分公司都确保有一个项目部作为试点，测试与分公司、总公司管理条线的反应机制），再总结经验教训，

并对管理系统做修改、完善后，才决定在公司全面推广，新开工的工程一定要使用项目管理系统进行管理。

3）优化组织结构、规范管理职能

通过信息系统的应用，发现并逐步解决了一些原有组织机构中层次不清、配置不合理（或不到位）、责权不明等不规范、不正确的情况，优化了组织结构，规范了管理职能，提高了管理过程中的效率和效益。

例如，上面提到的软件系统试运行工作，在扩大到10个项目部后，出现很多问题。后来发现，这些问题几乎都是企业原有的不规范管理造成的。比如，仅一份“劳务结算表”，在10个项目部中竟有5个版本；有部分项目部，现场不设材料仓库，只对进场材料记一下账，而材料的领用、发料没有任何记录。这类不规范的管理现象很多，应用信息系统以后，全公司只用一种“劳务结算表”进行劳务结算；所有项目在工程现场建立起“虚拟仓库”，对材料的进出场、领用、发料、库存等进行规范的管理，为每个月的月结成本、三算对比等提供了比较准确的基础数据。

4）扩展应用内涵

通过对信息化工具和信息系统的培训、实施、应用，在企业内部营造了良好的学习、工作氛围，推动全体员工管理知识、能力、素质的提升，提高了企业运营管理能力和市场竞争力。

5）体现战略价值

信息化建设，给苏州一建带来了管理工作的过程化、流程化，管理职能的规范化、标准化，使企业在社会、经济、可持续发展等方面取得明显效益，促使企业绩效指标得到改善，初步达到企业实施信息化的战略目标。

6）构建标准、规范的管理体系

通过运用自主研发的建筑工程项目施工集成管理系统和企业综合信息化管理系统，整理并统一了企业及项目管理过程中的各种标准规范和编码体系，为实现公司、项目的统一管理、统一核算提供了信息化基础。

通过这套标准、规范的管理体系，能让公司新承建的工程项目，快速的复制企业成功的管理经验，通过这种快速标准化体系的建设和推广，为企业的高速、高效、持续发展提供支撑。利用这套标准、规范的管理体系，集团公司范围内的所有工程项目部和各个管理部门、条线，都能充分共享企业内部信息，解决在管理过程中信息的传递失真、不及时，减少信息传递成本、提高工作效率，积累企业知识财富。

经过多年的应用，苏州一建经历了信息化的阵痛，由于集团的坚持，信息化的成效正日渐显现。一个最显著的改变就是公司的员工慢慢开始对信息化产生了依赖，要查看一下各个项目的情况，查看一下自己项目的进度，整体的资金情况，第一反应就是上平台。信息化逐步成为集团的管理工具，这都是苏州一建在这条道路上一步一个脚印的坚持而得来的成效。

苏州一建的信息化建设工作已经逐步走上轨道，用集团公司董事长的话来说：“信息化是施工企业持续发展的必由之路；信息化建设，开弓没有回头箭；信息化工作，必须在持续应用上下功夫。”

河南六建建筑集团有限公司信息化案例

（一）企业简况

河南六建建筑集团有限公司（以下简称河南六建）是一家具有国家特级工程总承包资质，集市政公用、机电安装、钢结构、消防设施、地基与基础、建筑装修装饰、房地产开发为一体的大型建筑施工企业。公司前身是1954年为国家“一五”时期重点工程建设而组建的洛阳建工局，由中国人民解放军第八建筑师与上海华东建筑公司合并成立，隶属建工部直管。现有员工千余人。公司实施科技兴企战略，拥有河南省认定的企业技术中心，有30多项科技成果获得国家或省部级科研成果奖。在河南省率先贯彻并通过质量、环境、职业健康安全认证，15次获国家工程质量最高奖（8项鲁班奖和7项国家优质工程银质奖工程），洛阳市A级纳税企业，数十次荣获国家、省、市优秀施工企业、质量管理先进企业、安全管理先进企业等荣誉称号。

河南六建实施科技兴企战略，重视企业信息化建设，并取得卓著成果。一流的现代化机房、完善的信息管理系统、强大的财务软件以及公司高层的英明决策，帮助企业运营效率不断提升，企业发展节节攀高。

（二）企业组织架构

河南六建企业组织架构如图1所示。

董事会、董事长
预算管理委员会
投资管理委员会
薪酬管理委员会
总经理及经理班子
综合办公室
企业发展管理部
工程项目管理
经营管理部
质量管理部
安全管理部
技术发展部
人力资源部
财务管理部
成本合约部
资产管理部
法律事务室
保卫部
一分公司
二分公司
三分公司
四分公司
六分公司
七分公司
八分公司
九分公司
十分公司
市政分公司
郑州分公司
火电公司
信阳公司
工业设备安装分公司
第一项目部
第二项目部
第三项目部
第四项目部
第五项目部
第六项目部
第七项目部
直属项目部
基础分公司

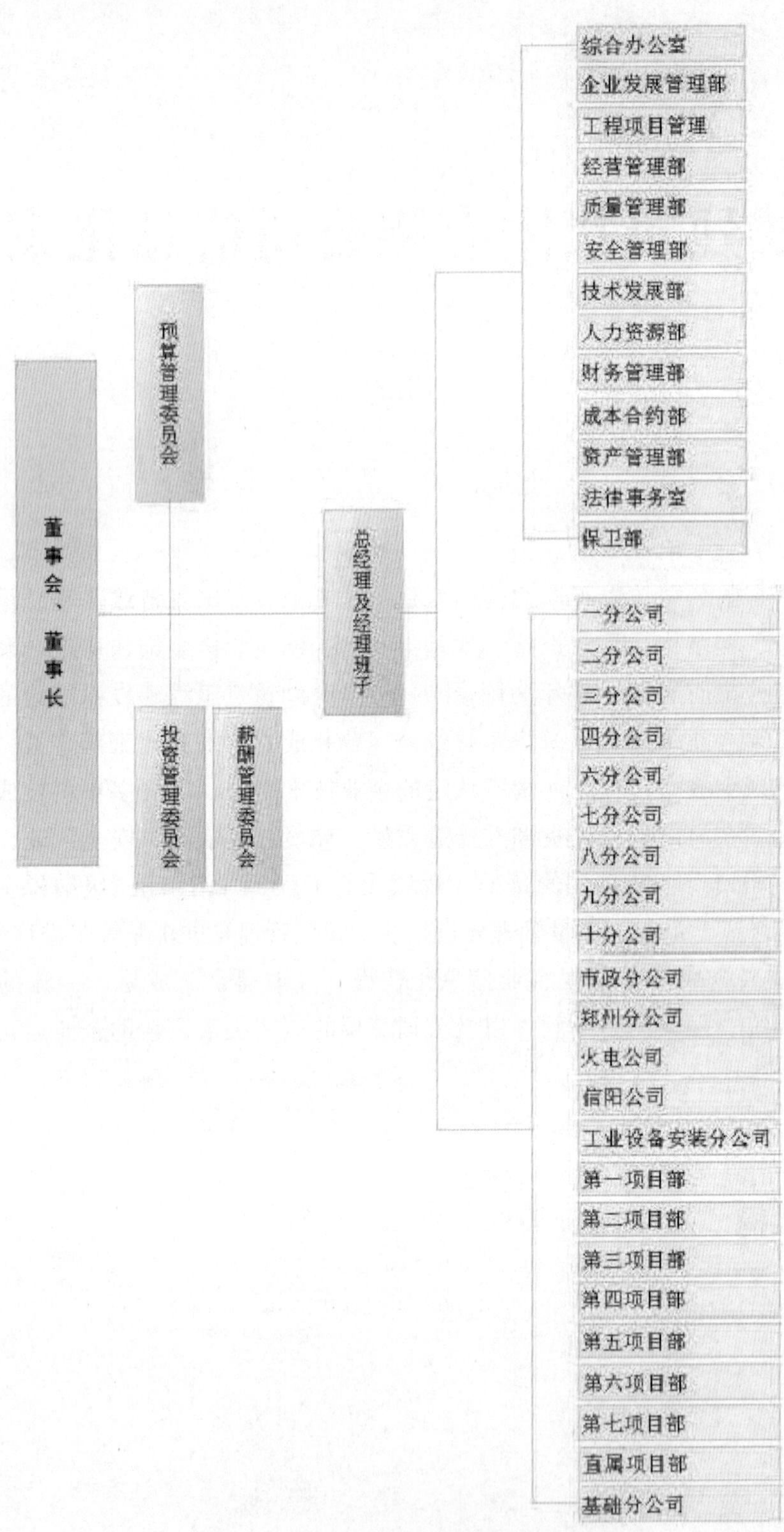

图1 企业组织架构

（三）信息化建设背景及历程

河南六建于1994年成立电算室（归技术部领导），组织开发预算软件。1998年开发应用经营管理系统，1999年建立公司对外宣传网页，2000年在电算室的基础上成立信息中心（归技术部领导，2005年调整归企管部领导），建立机房，实现公司机关上网，开发使用企业公文发布系统，实现公司机关发文、收文信息化。2002—2005年，河南六建又陆续开发使用了一些工具软件，包括预算软件、人事档案管理系统、设备管理软件、计量器具管理软件、经营系统管理软件等。2005年，为满足当时信息传递需要，开发出包括工程项目管理的河南六建信息管理综合系统，并将部分工具软件也集成到综合系统里，例如人事档案软件、公文发布系统等。2008年成立现在运行的组织机构，制定河南六建信息化发展规划，组织开发满足特级资质就位要求的信息管理系统。2009年6月完成开发并开始应用（其中公文、人事、经营等部分信息内容由原系统导入），以后根据住房和城乡建设部信息化评审要求不断修订。2009年，机房管理、网络管理及其管理人员由企管部调整到技术部。2012年年底，机房管理、网络管理及其管理人员调整到企管部。

目前，河南六建的信息化工作由董事长、总经理任组长的信息化领导小组领导并规划，信息化办公室负责系统开发和管理，职能部门按职能管理，管理一线人员采集录入数据，机房管理员负责网络、网站、系统维护管理和机房管理。成立有相应的组织机构，配备相应人员和设施，建立健全管理制度。信息化工作先后共投入数千万元资金，现拥有电脑约760台，人均拥有电脑0.5台（管理人员人均0.8台），公司总部、财务中心、主要二级单位实现网通和电信双线百兆宽带上网，具备条件的项目部可实现光纤上网和视频监控，不具备条件的通过电话线、无线等方式上网，3 000万元以上规模项目上网率100%且上网电脑不少于4台。

（四）企业信息化建设思路

1. 建立组织领导机构

建立以企业董事长、总经理为主任的信息化领导小组，成立信息化办公室。信息化是一把手工程，董事长、总经理的参与、使用和需求是信息化成功与否的前提条件。业务职能部门、二级单位、项目部的一把手亲自使用信息化进行管理是公司信息化成功的标志之一。

2. 建好网络平台

建立以公司本部为核心的网络与通信系统，为项目提供全方位的信息服务，使项目在公司总部、二级和现场之间有效执行。为项目提供Email、数据库、WWW、视频会议、文件共享及外部设备共享、特殊应用等服务，使参与项目的各方都能够迅速方便地交换和共享信息。网络系统的建立为异地办公打下良好的基础，使位于不同地域的从事项目的团队协同执行项目更为有效。

①提升局域网性能。保证信息安全，逐步建立和提升网络管理和安全系统，保障网络和信息的基本安全。部署网管系统、防火墙与病毒防护系统等，建立网络数据自动备份系统和VPN系统，逐步实施全局整体的网络安全，制定网络系统安全建设规划，建立较为完整的集防入侵、防病毒、传输加密、认证和访问控制于一体的，并具有较完备安全制度、动态的信息系统安全体系。

②服务中心和数据中心建设。逐年添置和更新服务器、微机，使其数量、性能满足不同阶段信息技术应用的需求。适时适量提高存储容量和性能，逐步建立大型数据库系统和数据仓库系统；建立和推广应用视频会议系统。

3. 建好六个系统

河南六建信息管理系统需建好六个系统，即综合项目管理系统、经营系统、知识管理系统、人力资源系统、办公自动化系统和财务管理系统。

1）综合项目管理系统

逐步确立和完善综合项目管理系统的总体框架、项目数据库、项目管理工作流程，建立和完善以风险控制为主线、以工作流和监控流为核心的综合项目管理系统，主要包括计划进度控制、成本控制、质量管理、安全管理、技术管理、物资管理和合同管理等功能。结合河南六建实际，分为公司层面项目管理和项目层面项目管理。第一阶段主要是从模块和功能上满足特级资质信息化评审要求，从应用上与公司项目承包管理、公司控制风险的项目管理模式结合。在第二阶段，按照公司领导层以项目管理决策和风险控制为主线，业务职能部门以合同管理为主线，项目层以满足合同履约和法律法规要求为主线，并与财务系统整合，控制项目成本和创造项目效益为核心目标的项目综合管理系统。

2）经营系统

系统应当将十年的项目数据整合到系统中，将业主信息、投标信息、竞争对手信息，整合、应用到新系统中，并实现特级资质信息化中经营模块的功能要求。

3）知识管理系统

河南六建信息系统应广泛征求公司职能部门、二级单位和项目部的意见，确定需求，要将知识管理模块办成为项目提供培训、指导的服务平台，为员工学习、交流沟通的平台，公司管理、技术经验总结积累的平台。

4）财务管理系统

财务管理，要既有先进性又结合公司实际，要实现成本一致，不重复录入数据，项目成本能方便结合到承包人进行分析。同时要与项目管理系统对接，实现成本一体化和工作流程化。各个功能模块应当充分利用河南六建原有基础和数据，联合开发，具有公司自已的知识产权，并能为将来升级提供方便。

4. 建立信息化管理制度和运行机制

建立信息化管理体系，组建信息化管理机构。制定信息化与信息安全的管理制度，建立信息录入制度、监督检查制度、机房管理制度、数据安全管理制度等，保证信息化运行岗位职责和工作标准、工作流程，建立项目部信息化激励约束机制。对各级单位一把手考核，信息化要作为考核的重要手段和平台，促进信息化健康、快速发展。

1）建立信息化领导小组

董事长、总经理负责，成立信息中心，配备专职人员。

2）建设管理制度

制定网络管理制度、内部网安全管理制度、计算机病毒防治管理制度、计算机机房管理制度、网管员岗位职责、工程项目信息录入实施规定等管理制度，确保信息化正常运行。

（五）企业信息化建设概况

1. 河南六建信息化基础设施

①机房建设。1998年，公司设信息中心，配备服务器，建立机房。2007年，增加财务机房。2011年将总部机房与财务机房合并。完善企业中心机房，配备专业服务器、防火墙等，其使用功能和安全防护满足资质要求。在原有基础上对机房进行了改造升级，建成了具有恒温精密空调、标准化气体灭火系统、UPS电源、红外监控等设施的标准信息化机房。

②机关总部人均电脑0.8台以上，2012年人均1台；项目部至少3台，2012年至少5台电脑；项目上网2010年年底至少3台，2012年至少5台上网；全公司人均电脑2010年0.4台，2012年年底0.8台以上。

③建立局域网，公司总部及二级单位有网通、电信各百兆宽带光纤联网。

④工程项目部于2010年年底前有远程视频监控试点，2012年年底前有条件项目全部实现远程视频监控。

⑤信息培训中心建设。建立信息培训中心，由液晶显示器（墙）和15台电脑组成，均已实现光纤上网，可以随意控制显示画面，用于信息化培训和公司高层会议使用。

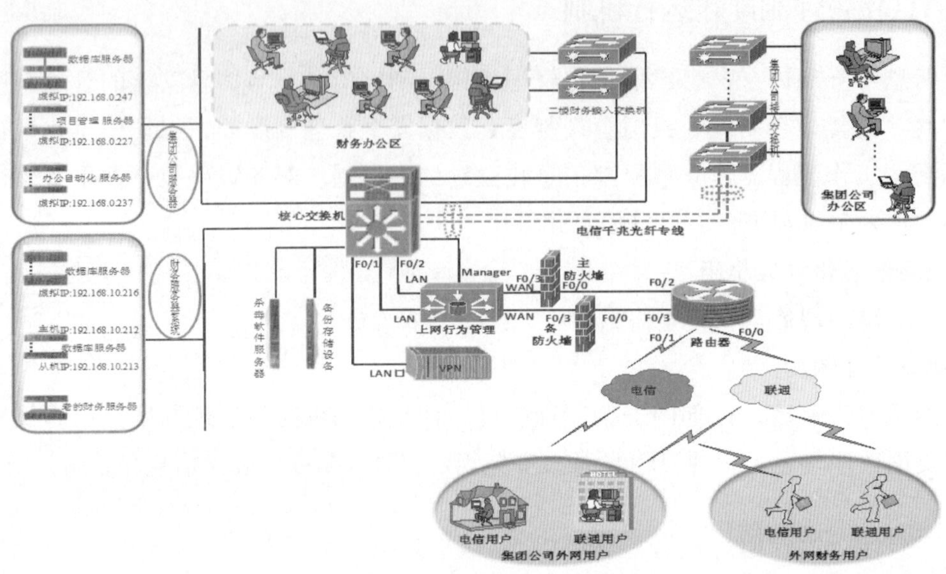

图2 河南六建网络拓扑图

图3 机房精密空调图

图4 机房自动灭火器

图5 交换机、服务器专柜、UPS

机柜1
网络机柜
机柜2
财务机柜
深信服VPN
光纤收发器机箱
华赛路由器
Juniper防火墙（主）
Juniper防火墙（备）
网康上网行为管理
华为S9300交换机
财务NC服务器备机
IBM X3650 M2
财务NC服务器主机
HP DL380 G7
KVM（切换器）
财务数据库服务器集群
HP DL580 G7
财务系统（老的财务软件系统）IBM X3650M2
IBM DS3400存储

机柜3
办公系统机柜
机柜4
办公系统机柜
KVM（切换器）
数据备份系统
办公系统数据库服务器集群
HP DL580 G5
数据库磁盘阵列
HP MSA2000
KVM（切换器）
杀毒软件服务器
HP DL380 G7
办公自动化、人力资源管理、知识管理、经营管理等服务器集群
HP DL380 G7
项目管理服务器集群
HP DL380 G7

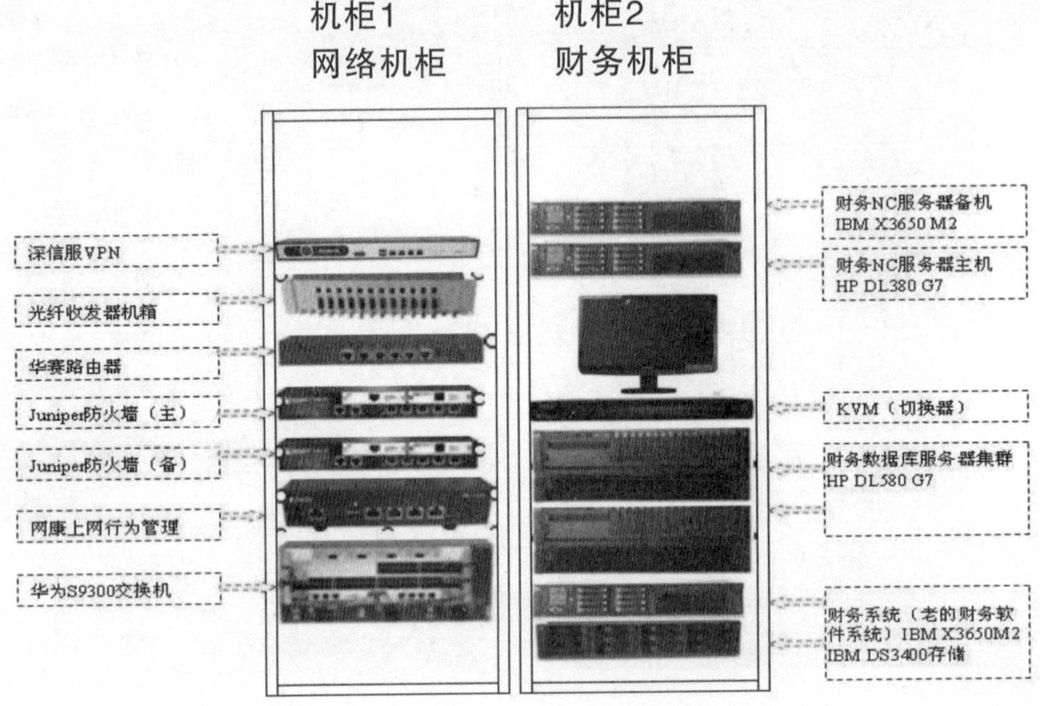

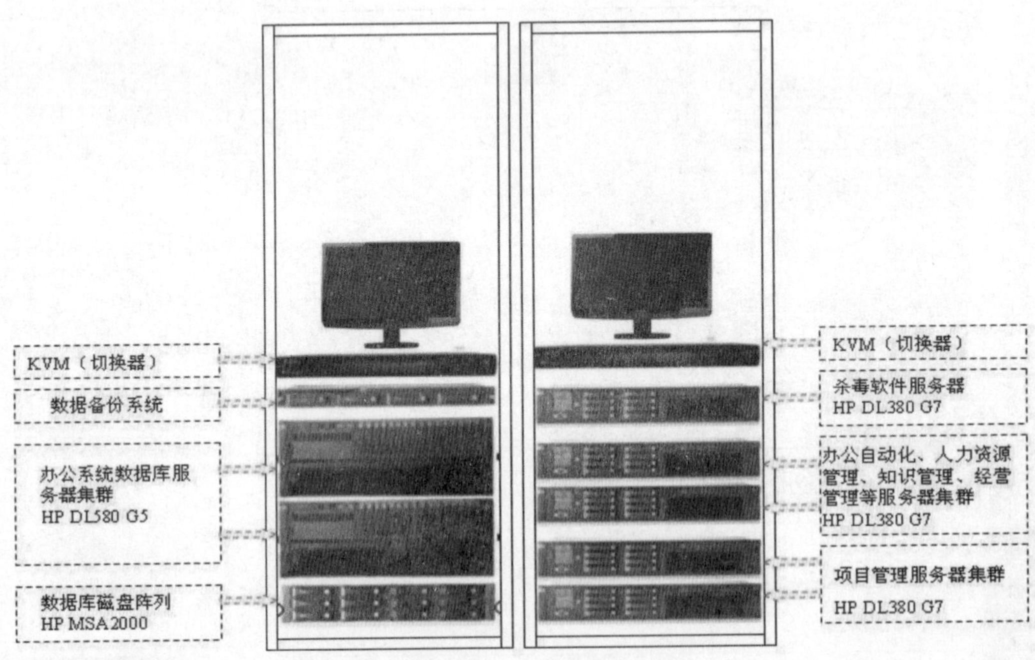

图6 服务器分配图

图7 信息化培训室

2. 信息系统建设

2009年年底前，结合河南六建当期承包管理模式的特点，建立满足企业项目管理实际情况的综合项目管理系统，并整合办公自动化系统和人力资源管理系统、经营管理系统。要开发建立以风险控制为主线，既要充分放权给项目经理又能控制风险的、有六建特色的、实用的项目管理系统，并将原有系统软件整合形成综合管理信息系统。

结合河南六建项目管理模式逐步由承包模式发展到目标管理模式，升级改进综合项目管理系统，建立公司领导层以项目管理决策和风险控制为主线、业务职能部门以合同管理为主线、项目层以满足合同履约、法律法规要求为主线的综合项目管理系统。具体目标如下：

①2009年年底前，开发公司综合项目管理系统，满足住房和城乡建设部特级资质信息化功能要求，实现进度管理、合同管理、物资管理、成本管理、安全管理、质量管理、竣工管理等功能，控制项目亏损风险的综合项目管理系统。

②2013年年底前完成公司综合项目管理系统升级，按照公司领导层以项目管理决策和风险控制为主线、业务职能部门以合同管理为主线、项目层以满足合同履约、法律法规要求为主线，并与财务系统整合，控制项目成本、创造项目效益为核心目标的项目综合管理系统。经营管理模块建立企业内部经济指标评标体系，自动分析项目标价盈亏。合同管理模块建立包括与财务支付一体化的合同管理流程，财务系统中与成本有关的数据与项目管理系统完全整合。

③3000万元以上项目综合项目管理系统2010年应用率100%，2012年所有项目应用率100%。知识管理、经营管理、人力资源管理、公文管理等模块2010年应用率100%。

3. 企业门户网站建设与维护

河南六建于1998年建立门户网站，2005年改版，并增加英文版。内容包括企业介绍、企业荣誉、精品工程、企业文化、人力资源、热点新闻、河南六建报等。版面内容随时更新，近3年，平均每年更新新闻约300篇。企业门户网站实现专人管理，定期更新。

4. 河南六建信息系统简介

河南六建信息系统是针对企业实际需求量身定做的信息管理系统。第一版完成于2009年6月，随后不断升级完善。河南六建信息系统共包括办公自动化、人力资源管理、知识管理、经营管理和项目管理五个模块。

其中办公自动化主要功能、人力资源的员工档案模块、经营管理的部分功能运行超过10年；项目管理模块为近两年运行；财务系统在2000年投入使用，2007年升级为网络版，并于2011年7月改换新系统，并已完成了数据导入工作。

图8 登录页面

图9 河南六建集团信息管理系统界面

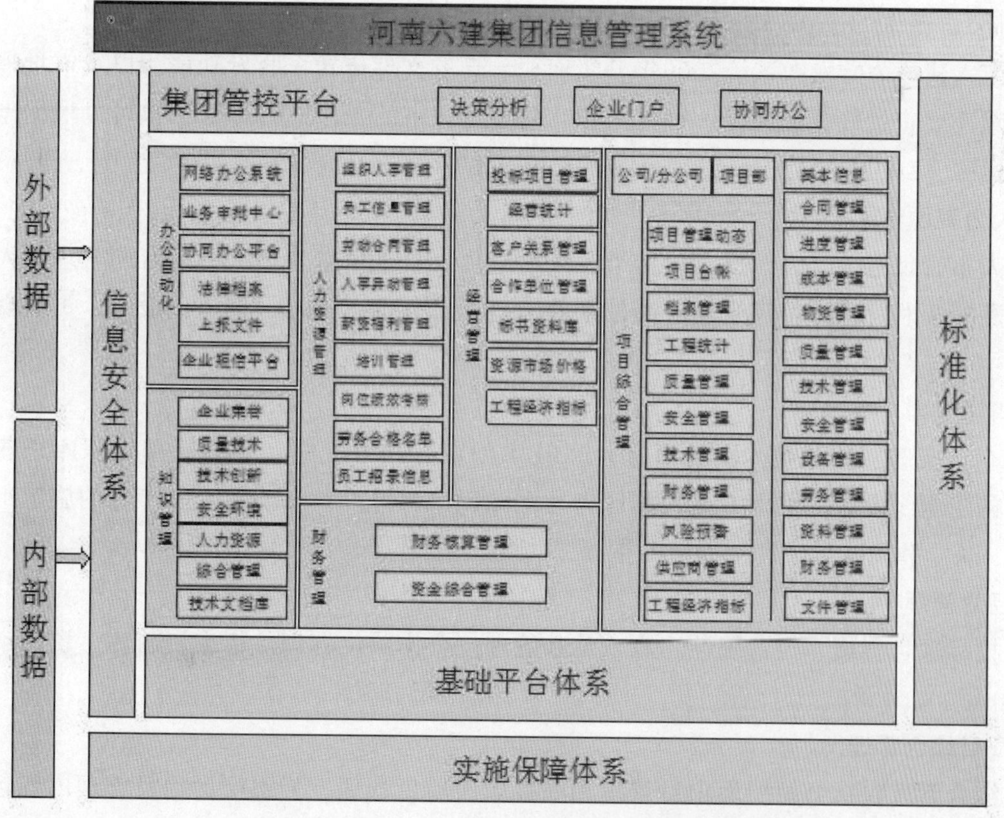

图10 河南六建集团信息管理系统体系框架

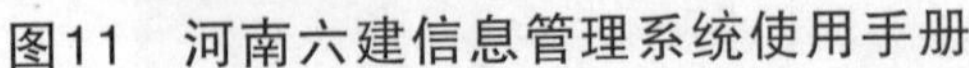

图11 河南六建信息管理系统使用手册

图12 财务系统使用手册

5. 河南六建信息系统功能介绍

1）办公自动化

由河南六建原公文发布系统2009年升级而成。具有文件流转、收发功能，以及审批消息推送机制，对需要审批接收的文件、审批工作、需参与评审的工作进行提醒，也可以根据需要用手机短信提醒。自2000年1月1日以来公司发文1400多份。

2）人力资源管理

由原人事管理系统升级而成。包括组织人事管理、员工信息管理、劳动合同管理、人事异动管理、薪资福利管理、培训管理、岗位绩效考核、劳务供方管理、诚信建设等，可实现网上考试。

3）知识管理

建立企业荣誉、质量技术、安全环境、技术创新、人力资源、综合管理知识库，建立各类工程的施工组织设计、技术方案、作业指导书知识库。可以查阅公司施工工程的施工组织设计、技术方案、作业指导书和工程经济指标。

4）经营管理

包括投标项目管理、经营统计、客户关系管理、合作单位管理、标书资料库、资源市场价格等。

5）项目综合管理

项目综合管理包括公司层面项目管理和项目层面项目管理。公司层面项目管理内容包括项目管理动态消息、远程监控、档案管理、工程统计、质量管理、安全管理、技术管理、风险预警管理、供应商管理等。

6）公司层面项目管理

公司层面项目管理包括项目管理动态、项目台账、档案管理、工程统计、质量管理、安全管理、项目财务、技术管理、风险预警、劳务管理、供应商管理以及工程经济指标12个部分。

①管理动态消息。对项目的动态信息进行管理，以便可以随时查看项目的当前情况。

②远程监控。通过Internet对项目现场进行远程监控。

图13 远程监控

③工程统计。工程统计包括月产值统计和月成本统计。

④质量管理。公司层面质量管理，包括质量管理文件审批、质量问题台账、质量问题汇总分析、顾客满意度调查和顾客投诉。

⑤安全管理。公司层面安全管理，包括安全管理文件审批、安全检查整改、安全月报、安全考核等。

⑥技术管理。公司技术管理包括技术文件审批管理和计量器具管理。

⑦风险预警管理。预警管理包括工期预警、结算状态预警、项目成本预警、材料消耗预警等。

⑧供应商管理。包括对各类材料供应商（劳务供应商在人力资源管理模块）评价、采购物资统计、建立合格供应商名单。

⑨档案管理。竣工工程填写实际竣工日期后自动将档案资料生成到档案管理。公司近两年竣工项目全部建立到本系统。

公司层面项目管理，用于集团公司对所有在建、已建项目的动态监控，包括对项目待审信息的审批，对各项目的工期、结算状态、各项成本、材料消耗等的监管和实现风险预警。

7）项目层面项目管理

项目层面的项目管理包括项目基本信息、合同管理、进度管理、成本管理、物资管理、质量管理、安全管理、技术管理、设备管理、劳务管理、竣工管理、财务管理、文件管理等。

（1）基本信息

基本信息包括项目基本情况、项目投标文件、项目预决算管理、项目组织管理、项目通信录、诚信管理六个管理模块。

（2）合同管理

合同管理包括合同预警、施工总包合同、劳务分包合同、工程分包合同、物资采购合同、设备租赁合同、委托加工合同、其他合同。项目劳务分包合同台账可以查阅该合同原件扫描上传信息，点击详细情况则进入该合同管理界面，包括合同基本信息、合同评审、变更、执行情况、结算信息等。

（3）进度管理

进度管理包括项目总进度计划（包括总计划、专业计划）、月进度计划、资源需求分析、工程量登记与统计、现场进度照片、进度分析评估等。进度计划有总计划、专业进度计划、月计划。月计划可以细化到日。

进度分析评估包括月实际进度与计划进度对比、进度分析预警、逐月完成情况统计、专业完成情况统计、进度分析报告（模板）等。

该模块可对项目的进度情况进行全信息化动态管理，包括：

①项目里程碑控制：用于控制项目阶段进度，并可上传进度计划文件。

②月进度计划目录：以月为单位对项目的进度计划进行管理。

③月进度计划编制：计划月工作量。

④月进度计划编制：根据月计划完成工作量，分析生成所需要的各种资源计划数据，上报物资管理部门使用。

⑤月实际完成工作量录入：在月计划执行完毕后，录入当月实际完成的工作量。

⑥实际完成工作量统计：可按月、季或任意指定时间范围，统计出该时间段内实际完成的工作量，系统可将统计结果直接生成预算文件，并计算出实际造价。按月统计出的完成工作量预算造价，可作为向业主计取工程进度款的依据。

⑦现场进度图片。

（4）成本管理

通过对项目成本的动态分析，实现对项目成本的动态监控和预警，项目成本管理包括项目成本策划、项目成本分析、专业成本分析、材料成本分析、成本分析报告等。项目成本由材料成本和其他成本组成，其中材料成本由项目材料员根据项目采购材料凭材料采购验收小票出库即构成材料成本，其他成本由财务人员根据实际发生分类凭财务凭证录入构成。

（5）物资管理

物资管理包括项目总物资需求计划、采购计划管理、入库管理、出库管理、退库管理、库存统计、物资消耗统计等。

（6）质量管理

项目质量管理文件、质量问题台账、质量问题汇总分析、顾客满意度调查、顾客投诉等。质量管理文件包括质量目标、检验试验计划、质量检查与整改、质量创优等。

该系统同时为顾客提供了顾客投诉的增值服务，使顾客更方便地管理项目。给顾客用户名、密码，顾客以自己名义进入系统，可以直接对项目进行投诉，投诉信息进入系统，公司及项目层面均可以看到并有解决流程。项目具备远程视频监控时，顾客可以利用系统进行远程视频监控。

（7）技术管理

包括技术管理文件和计量器具管理。技术管理文件包括项目施工组织设计、施工方案、作业指导书、安全技术方案、技术交底、技术创优等。文件可以流转（按流程审核、审批）。经审批的技术文件并可自动连接到知识库。

（8）安全管理

安全管理包括安全文明施工策划、安全教育记录、安全交底、安全资料管理、危险源管理、重大危险源管理、安全检查整改、安全考核、安全文明照片和安全月报10个子模块。

危险源管理是上传危险源、环境因素清单及其控制措施。河南六建为对重大危险源进行方便控制，设计重大危险源管理，经验收合格的重大危险源的状态将变为绿色，未经验收合格的则还保持红色警示。

安全文明照片

图片名称：
安全教育
图片说明：
施工现场安全员对作业班组人员进行安全教育，教育员工安全帽正确佩戴方法
拍摄日期：2011-06-27
摄影：曾洛根

看放大图

图片名称：
文明施工
图片说明：
现场
拍摄日期：2011-06-12
摄影：曾洛根

看放大图

图14 安全文明施工

（9）设备管理

设备管理包括设备计划、设备进场验收管理、设备巡检及维修验收、设备退场及结算管理。

（10）劳务管理

劳务管理包括劳务分包企业管理、进场验收管理、劳务结算支付管理、退场评价，对项目

的劳务分包进行全信息化动态管理。

（11）竣工管理

项目竣工管理包括交工资料和档案管理，交工资料按国家有关要求建立交工资料模板（分国家、河南省、洛阳市等可供选择）。目前由于政府部门要求必须使用其提供的资料软件，为减少项目不必要的重复劳动，现在没有要求必须将交工资料录入系统。档案管理则将交工资料归类到档案盒，建立盒级目录，竣工后转入公司工程档案。

（12）财务管理

财务管理包括工程收入、支出、借款还款登记、财务状况分析。信息系统将项目收支数据导入该系统，构成项目成本组成部分，同时为更多相关人员提供项目信息（更详细财务信息由公司财务系统提供）。

（13）文件管理

项目文件管理包括项目甲方文件、相关单位文件上传备案。

（14）资料管理

资料管理对项目的交工资料及竣工档案进行管理，可按指定交工资料目录格式生成完整交工资料电子版，作为项目施工档案永久保存。

（六）信息化建设的亮点及经验

1. 企业信息化取得成效

①文件收发及时。以往文件收发一般需要7~14天，现在同时实现收发。

②应使用文件的场所均能使用到文件的有效版本。以往发文，后成立的单位、项目无法配齐所需文件。应用信息化以来，所需文件全部在系统中，可以方便查阅，实现文件应用系统化，而且文件也不会像以前那样锁在文件管理员柜子里，查阅困难。

③人力资源管理，员工档案管理更规范，更方便查阅，员工工资核算更快捷，规范化、标准化，并为人员培训提供了更先进的网络平台，效率也得到很大提高。建立员工诚信业绩档案，对员工有长期激励约束作用。项目组织及通信一目了然，方便与项目沟通和管理。建立异动流程，审批更规范，并自动建立相应档案，更准确快捷。

④企业管理和工程技术知识获取更方便、快捷、系统；能方便获取同类工程的技术资料和公司内部工程技术资料。能比较工程经济信息，便于决策的合理与快捷。

⑤经营数据系统化，实现标书、合同网上评审，实现外地项目公司评审，提高了评审质量。项目的台账自动建立，不遗漏项目，为规范项目管理创造了条件。

⑥档案管理更系统化、清晰，查询快捷。

⑦财务功能强大，数据齐全，能各取所需，可实现网上审批资金等，规范了项目管理的考核、评价基础，实现对项目的控制。

⑧项目管理水平大幅提高。技术、质量、安全环境管理制度齐全，文件完备，资料规范，管理透明，不合格封闭完整，重点突出，大大提高和规范了项目管理。进度、成本数据翔实完整，简洁及时，为企业科学决策和风险预控提供条件。项目经理实现成本动态全面掌握，降低了风险，有效防止一些违法违规行为。材料计划科学合理且编制效率大大提高，有效降低材料损耗，节约材料成本。劳务、工程分包、物资采购等更规范，不在合格名单就无法录入信息，使监管针对性更强、效果更好。合同能方便查阅原件扫描件，有效防止一些违规行为。项目远程视频监控，有效防范物资管理中虚报进货、丢失现象，质量、安全监控更快捷、方便、经济。总之，项目管理水平有了切实提高，由抽样检查式管理逐步发展为系统化、动态监控。

⑨员工沟通方便快捷，有记录可查，提高了工作效率。在企业人数基本没有大的变化情况下产值实现翻番，管理的深度和细度有很大提高。

⑩河南六建企业实力有了明显提高。5年来，项目管理由粗放式管理初步发展为精细化管理，由以前二级单位承担经营方式发展到现在项目目标责任制和项目经济承包制并存模式，由以前见到项目就抢发展到现在1 000万元以下项目不许投标。

2. 企业信息化应用经验

1）信息系统要符合企业管理特点，要量身定做

河南六建建筑集团有限公司和很多河南的施工企业一样，实行项目承包管理模式。承包模式的项目管理，在成本管理、资源使用等方面流程主要在项目上，但公司一定要进行风险控制，在工期、结算、成本等方便掌握动态情况，有预警，能控制。公司组织机构也可能发生变化、项目管理模式可能承包和责任制并存，在预算软件方面也存在多种软件同时使用，要能方便接口。信息系统应能方便使用和自己适当调整，不必任何修改都要找软件供应商完成。

2）要有创新

被动的满足要求是不够的，必须要有创新，也就是要有亮点。经过讨论，集团确定在风险控制、顾客关系及人力资源管理等方面可以创新。例如，河南六建增加了甲方、监理视频监控施工现场以及意见反馈处理程序，在系统中实现网络学习、考试功能要求等，将质量、安全不合格文档信息转化为数据信息，便于统计分析。要方便录入数据，为项目实现最大的增值服务，为项目主动使用创造条件。集团将质量交竣工及贯标表格、安全备案及贯标表格做成格式模版，将若干施工组织设计、施工方案作为知识内容供其他项目借鉴。只要将预算数据导入，其他信息录入量则非常少。一次录入，综合使用。

3）原系统数据保存完整，新系统导入老数据

原系统中的数据，特别是2000年以来文件、人事档案等数据保存完整，新系统可实现数据的转入，这样节省了人力，也提升了效率，否则，再次录入量太大。

4）分模块编写功能要求

信息系统设计，从软件开发上，不存在解决不了技术困难。问题主要在于使用者把要求讲清楚。河南六建在这方面，一般先由信息化办公室人员根据自己理解和想法写出要求，再组织相关部门、项目人员讨论补充，最后由该业务主管部门统稿完成。以办公自动化中文件管理为

例，功能要求为：

文件管理：（发文流程）部门拟订文件、主管领导审核并提出（选择）部门会办、交办公室核稿并报（选择）有关领导会签、批准，然后制文下发。

要求能实现流程中的过程显示、追溯、电脑开机即提示督促（两日未办即手机督促），从办公室下发的文件经选择后可以自动转入档案资料、各类内部制度，其他各类人员、部门均可拟订文件、选择审核人并上传、收文及阅文记录、督促提示；文件支持Word文件、电子表格、图片等，文件删除功能（文件未审核前发文人可以删除，审核批准后不能随意删除），流程调整（领导审核时提出增加的流程），拟文及审核人、阅批人增减功能，能查询文件当前进入什么流程，能查询及模糊搜索文件。

外部文件收文流程：办公室主任提出处理意见、领导审核批示（如有主要领导——（董事长、总经理）应先报主要领导，否则可同时发送各领导）、可以根据批示（选择）增加审核阅读文件的领导（包括再次审核批示）、部门、归档。

组织机构、岗位按现在实际情况设计，但管理员可以根据需要调整，调整后在办公自动化以及其他模块中自动实现相应变动。办公室发文经审批后自动转入档案模块。各二级单位可以建立本单位办公自动化小系统，功能同上。

河南六建信息系统于2009年10月完成，2010年投入使用，从企业自身特点，计划项目覆盖率40%，以后逐年增大覆盖率。条件成熟后全面使用。但从2013年运行情况看，效果还不够理想。凡是与钱关系不紧密的模块，如OA系统、人力资源系统（除绩效考核）、经营系统、知识模块、档案模块已经正常使用，核心模块项目管理模块应用差，信息输入量少、不及时，项目经理不积极支持，阻力大。河南六建考虑将预算员收到公司统一管理，确保预算、成本信息输入。还有，与外面软件接口还有待于继续完善。

近年来，河南六建建筑集团对企业信息化建设不断完善，按照总体规划、分步实施、结合实际、重点突破、注重效益的原则，重点发展了基于互联网的企业协同项目管理的应用系统，强有力地推动了标准化建设，全面提高了公司信息化总体应用水平，提升了企业经营管理水平和核心竞争能力，使河南六建这支中国建筑业的劲旅又一次实现了跨越式的发展。

北京住总集团有限责任公司信息化案例

（一）企业简况

北京住总集团有限责任公司（以下简称北京住总集团）是北京市属国有大型企业集团，是一家以科技研发为先导，房地产开发为龙头，建安、市政施工为基础，商贸和生产性服务业相结合，跨地区、跨行业、跨所有制、跨国经营的大型企业集团，位列中国企业500强，问鼎“全球225家最大国际承包商”。

北京住总集团拥有房屋建筑工程施工总承包特级资质，建筑设计、装饰设计国家甲级资质，房地产开发、市政施工、机电安装、建筑装饰、物业管理国家一级资质；拥有对外经营权、对外贸易权、外派劳务权；企业资信通过AAA级认定，质量、环境、职业健康与安全管理体系通过国内国际双重认证。

集团所属30多家子公司和合资、合作企业，总资产180多亿元，净资产30多亿元，年开复工能力近1 000万平方米，竣工能力300多万平方米，投资开发规模300万平方米，年综合经营额150多亿元。业务遍及天津、桂林、洛阳、成都、西安、呼和浩特等数十个中心城市和俄罗斯、白俄罗斯、刚果（布）、毛里求斯等多个国家和地区。自组建以来，建成各类建筑5 000多万平方米，仅建设20万平方米以上的住宅小区就达50多个，获鲁班奖12项，国优金奖、银奖12项，市级以上优质工程奖200多项。

（二）企业组织架构

北京住总集团的组织架构如图1所示。

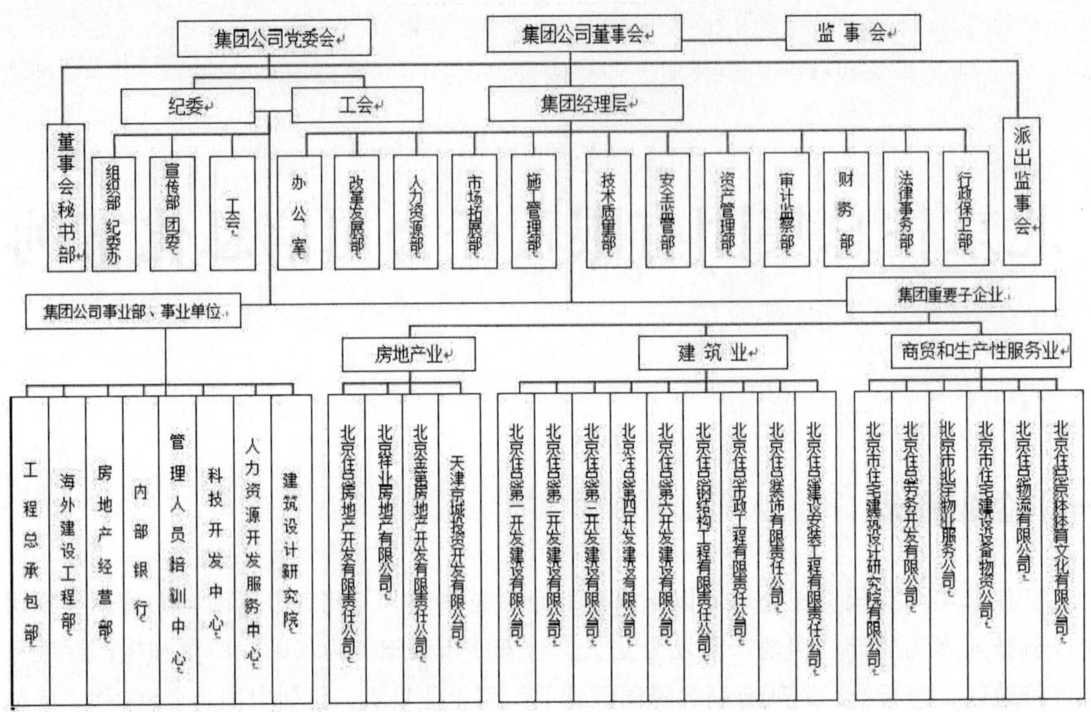

图1 企业组织架构

（三）企业运营模式、业务及管理模式

1. 企业运营模式

北京住总集团2005年以来，确立了“以房地产开发为龙头，建安和市政施工为基础，快速培训文体、商贸和现代服务业”的运营模式。

2. 企业管理模式

1）贯彻法人企业管项目

法人企业管项目，即规章制度管项目、业务系统管项目、信息平台管项目和企业文化管项目，核心目的就是要加强项目的集约化管理，合理调配企业和项目部两个层次的责权，实现“低成本竞争，高品质管理”。

2）落实“三集中一提高”

在“法人企业管项目”的核心思想指导下，坚决落实“三集中一提高”的具体管理措施，即强化资金集中管理、大宗物资集中采购和劳务集中分包，不断提升集团整体经营水平。

3）推进“一体化”经营

发挥设计、开发、施工、物流、物资生产、物业管理等全产业链优势，形成五个一体化经营竞争优势，即围绕施工总承包向工程总承包拓展，打造设计施工一体化竞争优势；围绕住宅开发产业链，打造投资开发建设一体化竞争优势；围绕市场结构优化目标，打造国际国内、京内京外一体化竞争优势；围绕延展产业链附加值，打造物流商贸和物资生产服务一体化竞争优势；围绕融资渠道多元化，打造资本运营和生产经营一体化竞争优势，努力实现集团产业融合、产融结合的发展新格局，提高企业核心竞争能力。

（四）信息化建设背景及历程

1. 信息化建设背景

近几年，伴随国内建筑施工行业的不断发展，企业的外部环境日趋复杂，市场竞争日益激烈，建筑行业已经成为“低端竞争性行业、微利风险性行业”，如何改变粗放型的增长方式，提高企业竞争力以及经济效益和社会效益，实现持续发展，对北京住总集团提出了严峻挑战。

面对新的挑战，北京住总集团在强化管理、狠抓责任落实等方面下了很大功夫，分析企业的项目管理现状，“责任不明确、组织不落实、监管不到位、财务不规范、信息不对称”等问题客观存在。另外，随着集团的跨越式发展，集团管控也急需通过信息技术手段来加强。

因此，北京住总集团结合自身一体化经营和集团管控的战略需求，把信息化建设提高到集团战略层面进行思考和推广，旨在通过信息化促进集团公司传统的管理模式的变革，改变企业管理手段，大幅提升企业管理流程化、规范化、标准化、精细化的程度，推进管理由粗放型向集约型的转变，做到防范风险、防范腐败、防范内耗、防范弄虚作假。

2. 信息化建设历程

1）第一阶段：计算机应用探索（1986—1998年）

1986年，北京住总集团第一个自主开发的应用软件——土建施工图预算计算软件投入使用，标志着北京住总集团信息化建设工作的起步。此后，北京住总集团从多个层面进行了计算机应用探索，共开发和应用了10多款计算机软件。这一时期北京住总集团信息化的最大特点是重视自主研发，受限于当时的计算机技术和自身研发力量的水平，建设的信息系统大部分为单机应用，基本上是计算机代替手工作业。

2）第二阶段：信息系统广泛应用（1999—2005年）

从1999年开始，计算机应用开始大规模融入集团各项业务。集团在此期间又先后开发和引进了10多套应用系统，其中最重要的是在国内建筑施工行业无项目管理信息系统可借鉴的情况下，在集团下属的住六公司蓝旗营项目部着手“项目成本管理信息系统”的试点应用，虽然没有成功，但从中汲取了大量经验教训，为后来集团推行项目管理信息系统积累了宝贵经验。2004年，在总结经验的基础上，在常营项目部、民岳家园项目部再次试点应用施工项目成本管理系统，取得了很好的效果。

这一阶段信息化建设主要的特点是应用大规模增长，工作效率显著提高。但是，由于企业没有形成长效的信息化机制，很多应用都是从局部观点解决问题，无法真正实现信息共享、资源配置优化和协同工作，这也导致了很多系统重复建设，异构平台增多，开始形成大量信息孤岛。

3）第三阶段：信息化推动管理变革（2006年至今）

2006年至今，是北京住总集团信息化深化应用和信息系统优化整合、提升管理水平的阶段。在此期间，集团建立了基本信息系统的框架，完成了网络平台的基础建设和网络安全的建设，分步实施了一批提升管理和优化系统的项目。具有以下特征：信息系统建设统一规划，全面覆盖集团的核心业务环节，实现各主要系统数据和应用的集成整合；实现了财务成本和项目成本核算口径的统一；深化了信息化制度建设，大幅提升了信息化系统水平。信息化工作的提升也强有力地推动了企业的管理变革。

（五）当前企业信息化建设思路

北京住总集团信息化建设思路如下：

①明确定位，管理融合，做出特色。要以集团一体化经营和集团管控战略为主线，增强集团总部的决策、协调、统筹指挥能力，梳理流程，设计系统，体现总控、监控、执行的全程管理要求，推动企业管理流程化、规范化、标准化、精细化。

②立足长远，整体规划，分步实施。立足管理应用，考虑长远发展，整体规划集团信息化基础架构；结合业务需求与管理标准，分系统推进研发应用，加强系统间衔接的架构设计，整体策划实施步骤，持续改进，有序实施。

③抓住重点、推进试点、覆盖全面。在集团信息化过程当中，充分考虑管理流程的复杂性，企业经营管理的差异性，抓住核心业务重点，选择在企业领导力、执行力都非常强，管理规范化水平、经营管理能力最好的单位试点推进，在试点中积累经验、培养人才、完善系统，逐步全面推广应用。

④信息共享，管理衔接，系统集成。企业信息化建设应当是全面的，包括OA、人力资源系统、档案系统、财务系统、招投标系统、工程项目综合信息系统等，要充分考虑这些系统的接口和集成工作，实现资源共享，信息共用。构建为决策服务的企业信息仓库和“领导驾驶舱”，使集团的综合信息系统实现质的飞跃。

⑤科学组织，全员参与，齐抓共管。信息化建设是一个系统工程，层次架构要满足集团自身的运作架构及管理需要；要求各级领导和实施人员共同努力，全员参与，深入调研，学习兄弟单位的经验和教训，吃透业务，做好前期培训，在业务梳理上下功夫，制订好主计划，打好基础；做好周计划，建立例会制度，制订可行的技术方案，把这项工作扎扎实实推进下去。

（六）信息系统建设概况

北京住总集团公司将信息化目标分解成8个方面来支持集团管理创新：

①构建集团统一的信息服务平台，提供一个高效互动、协同办公的工作环境；

②市场资源集中整合，实现了对招投标全过程的信息化管理，提高了集团对市场经营效益和风险的管控能力；

③构建集团化财务运行体系，实现财务集中管理，企业资金的精细化管控；

④建立以成本管控为核心，实现以科学管理为手段的项目管理体系，全面推行“以责任成本管控为中心，全员、全过程拉动项目管理”的新模式；

⑤建立集团人力资源管理体系，将绩效考核和管理变革有机结合；

⑥建立集团档案管理体系，使档案系统不单单停留在实现加强和规范集团档案的管理，更重要的是实现了信息的再利用，也就是实现数字资产的增值；

⑦实施集中采购，体现集团一体化优势；

⑧建立集团视讯一体化系统，推动集团公司工作方式和工作作风转变。

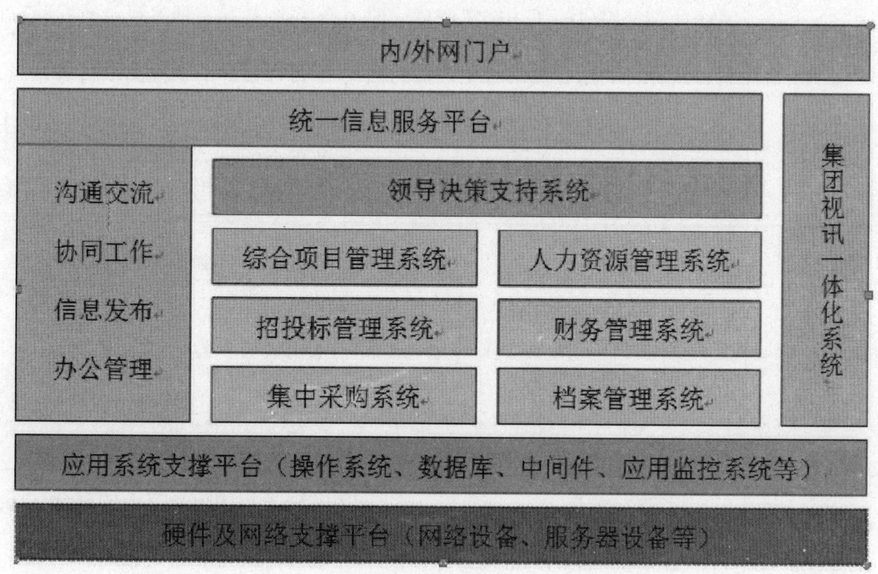

图2 信息系统架构

表1 系统应用情况

序号	系统名称	主要功能	应用范围（效果）
1	集团统一信息服务平台	内容管理、团队协作、任务管理、公文管理、流程管理、财务报销、电子邮件、即时通信、日历、通信簿、工作日志、网摘、评注、共享等的应用	目前该平台已成为整个集团的信息发布、办公应用、沟通交流、知识管理、团队协作、信息资源集成的服务中心

续表

2	财务管理系统	财务管理、资金管理、固定资产管理、合并报表等业务	通过实施集中管理为目的财务信息化建设，改变了原各二级单位单独建账，某些项目部手工做账的方式，转变为全集团“一本账”。 集团账户统一管理，规范下属单位开户流程，杜绝下属单位未知账户存在
3	综合项目管理系统	协同平台：权限管理、基础数据、审批流程、信息沟通、业务接口。 综合信息：包括“一库两平台”，即知识库、合格供方平台和价格平台。 决策支持：包括运营监控、商业分析、绩效分析。 施工项目管理：包括项目管理规划、风险管理、合同管理、生产管理、物资管理、机械设备管理、劳务分包管理、专业分包管理、技术质量管理、安全管理、行政保卫管理、经营管理（成本管理）、竣工管理和项目考核与审计	目前集团项目管理信息化已在工程总承包部、住一公司、住二公司、住三公司、住四公司、住六公司、市政公司等七家施工企业的项目部实施全面应用。 实现了项目生命周期前后打通、业务线前后打通、业务之间横向打通、上下级之间纵向打通的“四通”。实现了集团范围内项目经营工作的流程化、规范化、标准化、精细化。同时也实现了对项目的工期、质量、安全进行指标控制
4	档案管理系统	有档案管理子系统及档案信息门户子系统两部分组成的集团档案信息管理系统。具有收集、整理、鉴定、保管、统计、利用、编研等全方位的档案管理功能	自集团公司实施档案管理信息化以来，共扫描集团公司自1986年以来纸质档案1 503卷、2 628件、142 825页，扫描照片444张，共录入目录13 456条。到目前为止，集团公司档案系统共存有档案目录数据44 713条，挂接档案原文共计21 194件；收录了集团公司近年自行设计的工程图纸目录4 642条，并全部挂接了电子图纸原文；收录项目竣工资料档案目录2 900多条。完成了与集团公司信息服务平台的集成，实现了档案网上移交、检索查询和重要档案原文在线借阅浏览
5	人力资源管理系统	实现了人事管理、人才招聘、人事调配、劳动合同、酬金绩效、统计报表等业务的信息化管理	通过人力资源信息化建设，优化了人事业务流程，整合了集团人力资源信息，集团万余名职工人事信息全部上线； 集团公司人力资源系统上线后，统一管理了全员教育培训、安全培训、职业资格培训、职业技能鉴定、技师与高级技师鉴定、技能后备人才库等业务
6	招投标管理系统	实现了工程信息登记、工程投标报名、工程资审登记、工程封标登记、工程合同登记等主要功能，以及相关统计报表	实现了集团市场资源的整合，还提高了集团对市场经营效益和风险的控制，集团所属各级管理人员完全可以对整个事务处理过程中的各个环节进行实时管理和监控，将冲突工程协调时间提前至项目跟踪初期，从而大大减少项目运作的市场成本
7	集中采购系统	实现了对物资招采全过程、全方位的管理，加强了对物资招标采购活动的管控	招标过程更加公开、透明。信息平台在规范各单位招标流程的同时，通过对招采数据的分析，统计出各类物资年度需求量、供应商履约能力、物资价格水平及变化趋势等信息，为企业在工程承揽、物资采购等方面提供决策依据
8	集团网站	具备管理和创建多个站点、多语言、内外网信息动态推送、内外部即时交流服务的动态门户站点	目前站点共有31个一、二级栏目，平均每周更新信息达10条以上

续表

9	集团视讯一体化系统	集视频图像（会议图像、监控图像）、声音、电话、文字、图表、电子白板、程序共享等强大功能于一身，提供了视频会议、电话会议、远程培训、协同科研、远程审图、现场监控、应急指挥等应用	目前已分别在天津、青海玉树、河南洛阳、山东龙口、广西桂林以及白俄罗斯建立了视频会议分会场，将来要覆盖到全部外地项目

（七）信息化建设总结

北京住总集团通过开展信息化建设和信息化网络应用，推进集中管控，取得了明显的效果，劳动生产率有了明显的提高，管理理念、管理方法和干部员工的思想意识得到了显著提升，有序开展的信息化建设使企业各项业务逐步实现流程化、规范化、标准化、精细化，信息化建设推动企业管理能力有效提升。在信息化建设过程中，住总集团主要采取了以下措施，确保信息化建设顺利推进，达到预期规划效果。

1. 企业信息化建设必须坚持领导引领与全员参与

信息化建设成功的关键首先是领导引领。信息化不仅仅是技术项目，它涉及企业的各个层面，特别是和企业的战略发展和重大决策紧密相连。信息化是传统管理模式变革的过程，涉及组织管理机构调整，如果没有一定的资金支持和相应的人才保障，就是空谈，只有对信息化价值、意义和重要性有深刻认识、树立了信息化观念，才会千方百计、竭尽全力。所以，领导认识到位、领导决策支持到位、领导资源支持到位和领导引领应用到位，是企业信息化建设取得成功的重要前提。

企业信息化涉及企业各管理层面和职能系统，覆盖各项业务管理工作，需要企业职能系统的全面介入，实现企业的全员参与，在全员参与中推动企业工作方法、工作模式、工作习惯的重大变革，实现企业各项管理的整体提升。

2. 企业信息化建设必须坚持组织落实与制度保障

在企业信息化建设过程中，必须将组织与制度建设作为企业信息化建设的一个重要内容。要建立各级企业信息化领导组织，建立强有力的工作执行机构，建立精通管理的专家组织，建立专业化的信息中心机构，落实各级管理岗位责任，明确专业系统衔接与冲突的处理机制和研讨机制。以组织落实为保障，实现管理的有效对接。

信息化建设不可能一蹴而就，信息化管理同样是企业管理的一项重要内容。所以，信息化推进同样需要制度保障，应建立各种信息化应用的运行制度、企业信息安全制度、信息化监督考核制度、信息化应用的岗位责任制度，以制度建设保障企业信息化建设稳步推进。

3. 企业信息化建设必须坚持整体策划与分步实施

企业信息化是一个长期而又艰巨的过程，全面规划、分步实施是企业信息化建设的必然途径。

（1）信息化环境的建设是信息化建设有序健康发展的保障。建立健全企业信息化建设的规划、标准、制度，构建企业信息化建设的环境，是信息系统有效实施的基础保障。

（2）信息化网络平台建设应坚持以适用为原则，循序渐进、逐步拓展。信息化网络平台的搭建是企业信息化应用的基础，在规划设计时必须充分考虑到企业的应用实际和企业自身的基础，同时兼顾企业的承受能力和维护能力，有效规避设备贬值的风险，使信息网络平台为企业创造最大价值。

(3）业务信息系统的建设应依据企业整体规划，管理积累，由简入繁，持续改进。

4. 企业信息化建设必须坚持数据建设与信息共享

数据是企业的重要资产，高质量、及时的数据是软件系统体现高水平成果的源泉，数据建设的核心地位必须确定，否则不论技术系统还是管理系统，都不能发挥作用。企业信息化建设的根本是管理好企业的数据流，系统建设应努力实现企业经营活动中每一个环节的数据，能够有效地、不间断地、畅通地、迅速地在企业经营活动中发挥其作用。

信息系统建设应着力避免“信息孤岛”，努力实现系统间信息数据的有效传输，努力实现多管理系统中数据一处录入，全系统有序共享。信息共享还应体现在企业知识的积累，能够汇集优秀管理成果，实现优秀管理经验的学习、提炼、推广。

5. 企业信息化建设必须坚持管理融合与自主推广

企业信息化建设的宗旨就是为管理服务，信息化要实现三个层次目标，即管理支撑、决策支持、管理优化，归根结底是要将先进管理理念、方法、手段融合到企业管理的各个环节。所以企业信息化建设不是简单软件应用，必须结合企业管理实际，体现企业管理标准、管理流程、企业文化，实现企业管理思想和企业管理战略。

企业信息化建设管理融合是基础，自主推广是途径，企业有效组织人力资源，深入掌握系统的管理内涵，立足企业发展内在需求，在软件服务商的支撑下，坚持以我为主、自主推广，实现对企业管理信息化内涵的深度理解、对企业管理人员的深度培训、对企业信息系统的深度应用，不断积累经验，优化管理，促进企业管理的持续改进。

长春建工集团有限公司信息化案例

（一）企业简况

长春建工集团有限公司（以下简称长春建工）是以建筑施工、建材工业生产为主业，产业链条延伸到集房地产开发、装饰装潢、勘察设计、工程造价咨询、物业管理、国际贸易等多元经营为一体的大型企业集团。2003—2008年连续六年被中国企业联合会、中国企业家协会评为中国企业500强，2004年晋升为国家房屋建筑工程总承包特级资质企业，2007年被国家商务部授予对外援助成套项目实施企业资格。

长春建工承建过人民大会堂、长春第一汽车制造厂等一大批国家和省、市重点工程项目。近年来，公司又承建了吉林省中粮大厦、吉发广场等一大批名优工程和标志性建筑。公司参加过蒙古、俄罗斯、日本、科威特等十几个国家和地区的工程项目建设，是中国建筑行业第一批走向世界的企业之一。目前经营施工区域远涉北京、上海、广东、福建、内蒙古等10余个省市，为长春市的城市建设和经济发展做出了突出贡献。

公司有1项工程获得了国家最高奖——鲁班奖，56项工程被评为省级优质工程，52项工程获沈、哈、长优质工程金（银）牌奖，125项工程被评为市级优质工程。公司通过了ISO9000质量管理体系认证，获得全国诚信建设优秀施工企业、中国建筑业行业企业信誉AAA级单位、第四批全国“守合同、重信用”单位、吉林省建筑施工优秀企业、吉林省建设行业安全生产先进单位等荣誉。

（二）企业组织架构

长春建工集团组织架构如图1所示。

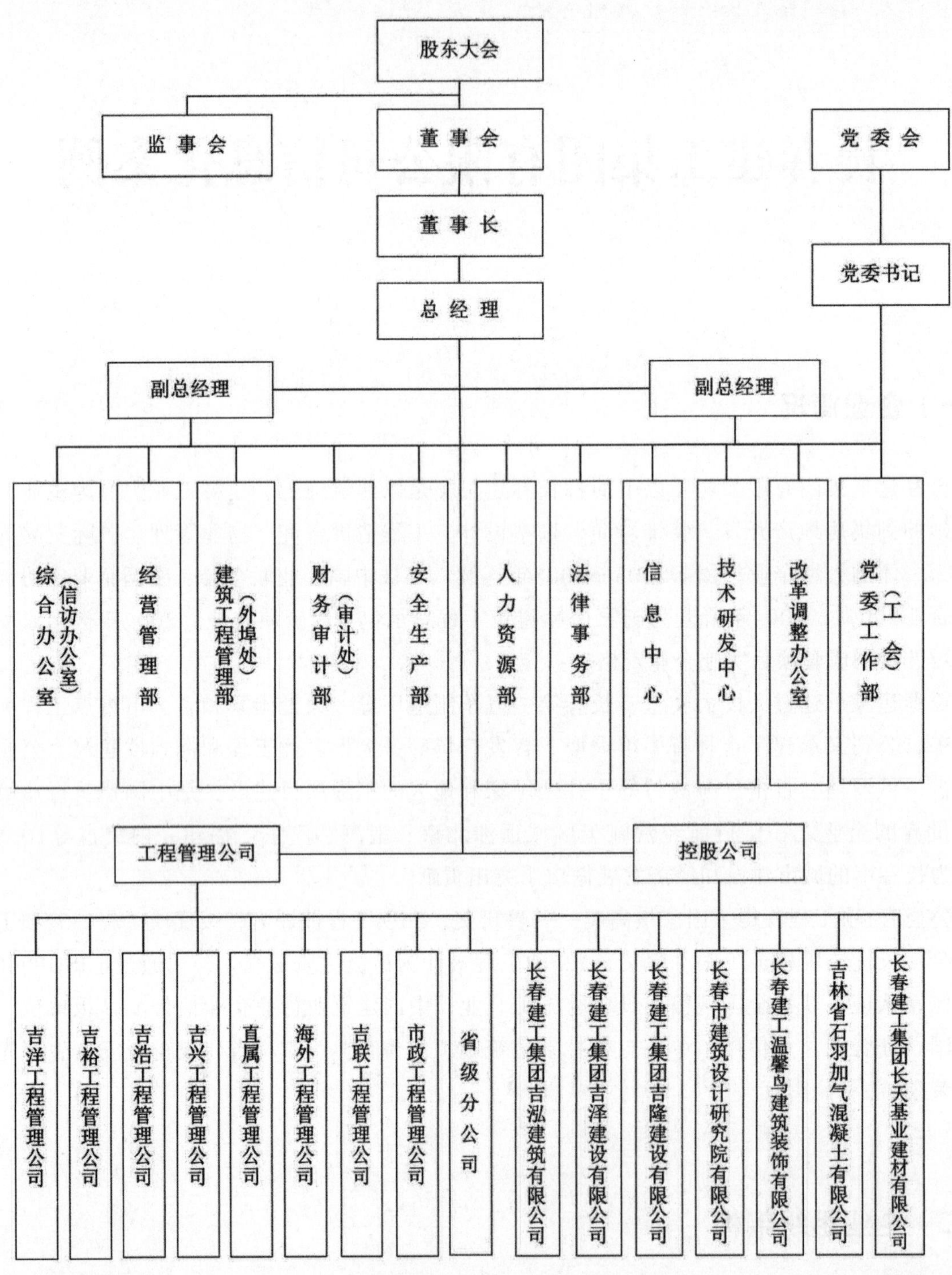

图1 长春建工集团组织架构图

（三）企业信息化建设背景及历程

1. 快速增长带来的管理挑战

近几年，长春建工建筑施工主业发展迅速，合同额和产值快速增长。同时，集团也积极拓宽经营领域，扎实发展房地产开发业，加快建材工业开拓，培育新的增长支撑点，力争5年内实现"把集团发展成为主业突出、结构合理、经营机制新、产业规模大、竞争能力强、具有自主知识产权和知名品牌的东北最大的建筑企业集团，进入百亿元企业行列"的发展战略目标。

然而，规模的快速扩展和新经营领域的开拓也给长春建工的管理带来了新的挑战，具体体现在：

1）整体管理方面

①管理体系流程和实际业务执行出现了脱节情况，这其中有监控的问题，也有流程效率与实际业务需求不匹配的问题。

② 数据汇总统计缓慢，需经过各级逐层汇总，决策层拿到报表往往要延迟半个月时间。

③数据汇总上报需要经过多个层次，容易失真。

④部门间信息共享不畅，经常出现数据不一致现象。

⑤流程执行效率不高，影响业务开展。

2）财务控制方面

①没有构建与组织机构和考核要求相适应的会计核算体系。

②难以保障集团统一的会计制度、报告制度在成员单位的贯彻执行。

③集团对下属分（子）公司财务信息难以及时掌握。

④内部单位间对账困难。

⑤财务业务间信息传递不及时、易出错，影响财务核算和决策的准确性与及时性。

⑥对项目成本无法做到事前控制。

⑦对集团整体资金状况和资金使用过程监控力度不足。

3）人力资源管理方面

①集团难以及时准确掌握下属公司人事及变动情况。

②人事部门人员忙于日常事务性工作，难以抽出精力进行更进一步的人力资源规划。

③现有的少数单机版人事管理系统也没有与财务系统实现对接，薪资信息等仍需手工传递。

④绩效制定评价考核都是手工进行，处理效率不高。

4）工程项目管理方面

①项目数量越来越多，传统手工处理方式效率低且易失真。

②预算、物资等部门的报表和财务的经常对不上，领导决策缺乏依据。

③项目制度执行不规范，例如，成本数据缺乏统一的编码规则和核算规范，导致数据的可

比性和再利用性难以保障。

④ 现有项目中有应用部分成本管理软件，但是都是基于项目级的应用无法实现集团的集中管控和数据集中。

5）办公与档案管理方面

①系统应该还不广泛，许多工作还采用传统手工方式，例如文件档案管理。

②公文管理还在用手工流程，不够严谨规范。

2. 离散的信息化现状难以支撑集中管理的要求

规模的快速增长带来的问题越来越严重地困扰着各层级的领导和员工，阻碍着企业的进一步发展和战略目标的实现。

各级公司和项目也曾尝试过引入各类管理系统来改善这种状况，例如，用友单企业版的U8财务系统、一些单项目级的工程管理系统等，但往往实施的结果只是改善了某个部门或者某个项目的效率，集团整体效率未得到改善，导致最终实现的价值也有限。

为了彻底改善这种情况，长春建工决定由集团总部为主导，建立涵盖全集团各层面各部门的集团一体化管理系统，为集团带来整体效率的提升。

3. 集团信息化建设历程

根据企业的实际情况，综合考虑信息化建设的各项因素，长春集团信息化建设分为以下4个阶段：

1）基础准备阶段（2007年年中至2008年年中）

安装网络、机房等硬件设施，导入先进信息化管理理念，提高各级领导对信息化的认识，做好信息化建设整体规划。

2）信息系统选型阶段（2008年年中至2008年年底）

深入调研分析企业目前管理现状，寻找最迫切的管理问题，形成具体的信息系统功能和技术要求。然后通过招标评比，确认用友为信息化合作伙伴。

3）信息系统实施阶段（2009年年中至2010年年中）

长春建工与用友双方项目团队进行密切合作，全面梳理相关管理制度，健全企业标准化管理体系，形成与信息化相结合的管理流程。首先以1个管理公司、2个分公司、2个项目为试点进行测试运行，获得预期效果后在二级单位进行全面的推广上线应用。

4）持续改进阶段（2010年年中至今）

系统上线只是开始而非结束，通过不断的应用，更多更细的管理需求也不断显现，通过不断改进与提升，整个系统运行也在日趋顺畅。同时，相应的IT治理工作计划也被提上日程，提升与改进将进入日常化、常态化、规范化。

（四）当前企业信息化建设思路

1. 集团信息化总目标

以规范化体系为基础、以工程项目管理为核心、以一体化信息系统为手段打造覆盖长春建工集团本部及各下属公司的集团化管控体系，控制风险，提高效率，支撑长春建工集团发展战略目标的稳步实现。

具体目标可以分解为：

① 梳理核心管理体系，形成统一管理语言。包括：财务核算体系、成本管理体系、人力资源体系、客商管理体系、采购控制体系、项目报告体系等。

②完善集团数字神经的中枢——信息中心机房的建设，高标准规划，为信息化管理系统提供坚实基础。

③建立纵向覆盖“集团——管理公司——分公司——项目部”，横向连接各部门的一体化协同工作平台，加快管理层级间以及不同部门间的协同效率，变单纯局部效率的提升为集团整体效率的提升。

④建立敏捷的工程项目监控平台，实现对现场进展与问题快速反馈和关键风险自动预警。

⑤构建集中的会计核算平台，贯彻和执行统一的会计核算制度，规范基础数据，并实现财务系统和业务系统集成应用。

⑥建立集中的人力资源平台，集团动态、实时、集中掌握下属单位人力资源情况，以便及时做出规划指导，规避人力资源风险。

2. 集团信息化设计特点

本系统技术特点是：基于统一业务管理的建筑行业的主数据管理平台。

主数据是描述核心业务实体（如客户、供应商、地点、产品等）的一个或多个属性，是在进行企业业务架构分析中发现的核心业务对象。

主数据是企业价值链核心业务流程的各个IT系统的基础数据。主数据管理是指一整套的用于生成和维护企业主数据的规范、技术和方案，以保证主数据的完整性、一致性和准确性。集成、共享、数据质量、数据治理是主数据管理的四大要素。主数据管理要做的就是从企业的多个业务系统中整合最核心的、最需要共享的数据（主数据），集中进行数据的清洗和丰富，并且以服务的方式把统一的、完整的、准确的、具有权威性的主数据分发给全企业范围内需要使用这些数据的操作型应用和分析型应用，包括各个业务系统、业务流程和决策支持系统等。

主数据管理的关键价值体现在以下几点：

①保证数据的唯一性和准确性；

②有效降低数据管理成本；

③更加准确的决策支持；

④系统架构灵活性和创新性。

本集成系统主数据管理的几个特性是：

①定义主数据类型及特征，允许实施运行阶段动态扩展属性。

②为每种主数据定义编码规则，可自动按照规则产生唯一标识。企业每一条主数据记录都有一个唯一编码。

③定义企业复杂信息环境中的应用系统，这些应用系统有使用主数据的需求。 主数据管理系统也是企业中一个独立的系统，也需要注册。

④ 注册系统中的所有服务，标明服务的发布方及订阅方。

⑤记录主数据变更、服务请求及响应情况。

⑥支持客商数据的合并。

⑦可以灵活定义主数据与不同系统间数据交换的规则。

⑧可建立客户主数据与各系统客户数据的编码对应关系。各系统保持各自的编码规则不变。

⑨支持客户主数据查询、增加、修改、删除、保存、审核功能；支持审批流；新增保存时，自动获取编码；如果是外部系统发起，需要完成编码对照。

3. 集团信息化实施的具体措施

1）明确的组织与职责

长春建工集团有限公司成立以董事长为组长的领导小组，负责公司信息化集成系统规划方案的审定、投入资源的确定、全公司信息化工作的推进等；为保障全公司信息化工作顺利开展，公司成立了信息中心，纳入公司总部机构编制，设立了信息主管、系统管理及网络管理3个岗位，随着系统的建设将增设4至5个岗位的编制。同时，各二级单位设立一个以上专职的信息化管理岗位。为加快信息化工作，公司设立管理信息化集成系统项目部，下设协调与IT技术、财务、人力资源、协同办公和综合项目管理等5个工作组，分别配合软件公司完成管理咨询、管理流程设计、管理目标设计、管理数据库建立及数据模型分析，做好技术储备，保证资源投入和系统硬件配套。不断完善公司信息化建设的管理制度。

进一步明确了集团内部每个角色的具体工作职责和能力要求，见表1。

表1　集团内部各角色具体工作职责和能力要求

角色	职责和任务	基本标准
项目高层委员会	定期或在项目经理请求下会见项目领导和项目经理； 向公司高层领导汇报项目的进展状况； 在需要时与公司高层领导沟通项目有关情况； 对项目实施所涉及的政策问题做出决定； 解决项目实施过程中所涉及的重大问题； 按项目实施需求负责有关资源分配和工作授权。	相关部门的主管经理； 熟悉企业的产品； 熟悉企业的管理流程。

续表

项目总监	参加用友组织的ERP理论和实施方法、项目管理的高级培训； 定期参加项目进度汇报例会； 定期或不定期与用友项目经理进行沟通，了解项目进展； 定期或不定期组织全公司中高层的人员听取客户项目经理的项目进度报告，了解项目进展和项目遇到的困难； 督促人力资源部门建立项目实施效果与个人业绩考核挂钩的标准； 积极的推动企业的变革管理，协调企业内部的矛盾； 大力支持项目组成员的工作，定期与项目成员要沟通、了解大家的想法； 积极理解系统运作可能带来的收益，以及可能给管理和业务运作带来的变更； 协调系统实施过程中带来的业务运作的矛盾，推动系统的实施进程； 审定项目各“设计实施方案”和“项目实施目标及考核指标”； 检查考核项目组织实施工作。审批和保证项目投资落实，确保项目实施按计划进行； 负责实施项目形成的管理制度、规程的审批； 决定对与项目相关部门及责任人的奖惩； 负责项目验收和监督系统切换运行。	企业的“一把手”必须亲自挂帅； 支持ERP项目的实施，了解ERP可以给企业带来的利润； 熟悉企业管理； 熟悉计算机应用。
项目经理	负责布置客户项目组所有成员的日常实施工作； 负责项目组所有资源（人员、设备）的调配； 负责客户方项目进度、质量的控制； 定期对项目组成员进行绩效评估； 负责配合实施方项目经理开展项目实施的具体工作； 负责企业内部部门间的沟通和协调； 确认用友方提交的各项成果和阶段项目实施的计划； 对项目实施的最终结果负主要的责任； 负责领导客户项目组的所有成员，开展项目相关的工作； 对于项目实施过程中的问题，与用友方面的项目经理进行沟通协调； 协助用友项目经理开展企业实施的相关工作； 定期组织项目进度汇报的例会； 负责向项目负责人提交项目各“业务解决方案”和“项目实施目标及考核指标”； 负责实施项目形成的管理制度、规程的制定； 决定项目组成员的奖惩； 负责项目验收和监督系统切换运行； 组织项目阶段实施鉴定； 负责每月召开一次实施专题会议，协调解决实施问题。	对客户自身的业务流程相当熟悉； 对各业务单位的业务熟悉； 对MRP理念有相当程度的认识； 对计算机技术和相关的系统有相当的了解。
关键用户	协助项目经理，完成客户方的实施工作； 负责指导和参与企业基本资料的准备工作； 参加ERP理论、软件操作的培训，并且必须掌握软件的具体操作； 参与企业业务流程的调研、方案评定、系统测试等关键环节的工作； 负责数据的整理和导入过程； 负责最终用户的培训； 负责业务流程和岗位手册的编写； 负责企业内部支持体系的建立。	关键用户需要是职能部门的领导和业务骨干； 需要对本部门的职能非常熟悉； 可以进行手册的编制和最终用户培训。

续表

系统管理员	负责企业内部网络、操作系统、数据库系统等方面的维护； 负责处理系统运行方面的技术问题； 负责软件中关于系统管理方面的工作，例如：权限的设定、修改、系统的安装、调试等工作； 负责系统数据的备份和恢复工作； 负责保障企业内部网络安全的工作； 参与关键用户的培训，负责部分软件操作的培训。	必须非常熟悉与产品有关的技术问题； 能够独自处理技术问题； 熟悉数据库、网络的相关知识。

2）切实保障建设资金

长春建工为整个项目规划预算为人民币1100万元，列入每年的科技投入经费。其中软件预算费用为700万元（其中含培训费用及正版软件许可费用）、硬件预算费用为400万元（其中含安全产品）。

2011年系统开发部署完成，之后进入实际运维阶段，按年度预算报信息化领导小组批准后执行。

3）严格落实责任考核

以住房和城乡建设部特级资质信息化评价体系为基础，结合集团实际制定信息化考核标准及制度，确定从开始实施到验收结束为考核周期，下属各单位为考核对象，集团信息化领导小组为考核领导小组，集团人力资源部及技术中心为执行单位。信息化考核结果将列入各领导考核指标。

4）充分利用外部资源

集团聘请吉林大学信息学院作为顾问单位，国家建筑行业信息化领域的多位专家作为集成系统的专家顾问，和集团公司信息化专业人员共同组成信息化建设专家组，对集团信息化规划方案、实施方案进行评审，对实施过程进行指导及监督。

5）选择成熟实施方案

本信息系统实施将切实按照用友公司根据多年的实施经验总结出的《用友实施方法论》实施。通过对曾经遭遇过的各种项目风险的综合考虑分析，该方法论详细规定了项目实施过程中每个阶段需要完成的工作和需要提交的文档，配合项目监督支持机制，指导每个项目一步一个脚印地走向成功验收。

6）全程掌控实施过程

有效的项目控制是项目成功的基本保证。在长春建工集团综合管理信息系统项目的实施过程中，项目的控制贯穿于项目的全过程：项目实施前的控制、实施过程中的控制、实施完成后的控制；同时遵循一定的项目控制原则。经验资料表明：有效控制的项目可以为长春建工集团降低成本，提升管理水平，实现项目的整体规划目标。

按照项目计划开展各项工作，双方项目经理有责任掌握和控制整个项目的进度，并保证计划执行的效果。如果遇到障碍和其他超越自身权利范围的事宜，应及时向各自的项目总负责人报告，由高层出面协调和强力推进。

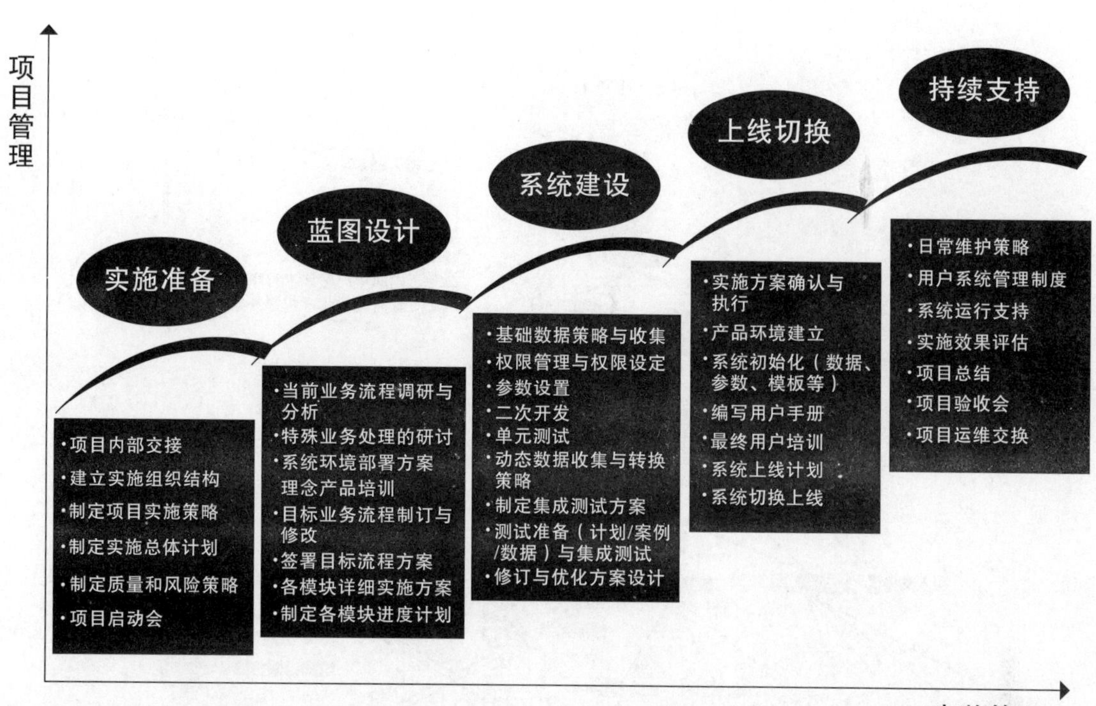

图2 信息化系统实施方法图例

（五）信息系统建设概况

一套企业信息化管理系统的稳定运行并持续发挥效率，需要从三个方面进行保证：

1. 建立基础硬件与网络支撑设施

稳定、安全、通畅的硬件与网络设施是信息系统运行的基石。为此，长春建工建立了专门的信息中心机房，依据企业现状和发展要求进行了完善的硬件及网络设施规划，建立长春建工集团信息中心网络，网络拓扑如图3所示。

通过各种措施为信息化提供安全稳定的运行环境，如：

①一体化信息系统服务器为双机设备，实现7×24小时不间断运行；

②提供多网络供应商线路出口，适应不同网络访问需求；

③配备专职技术维护人员；

④建立完善的IT管理制度。

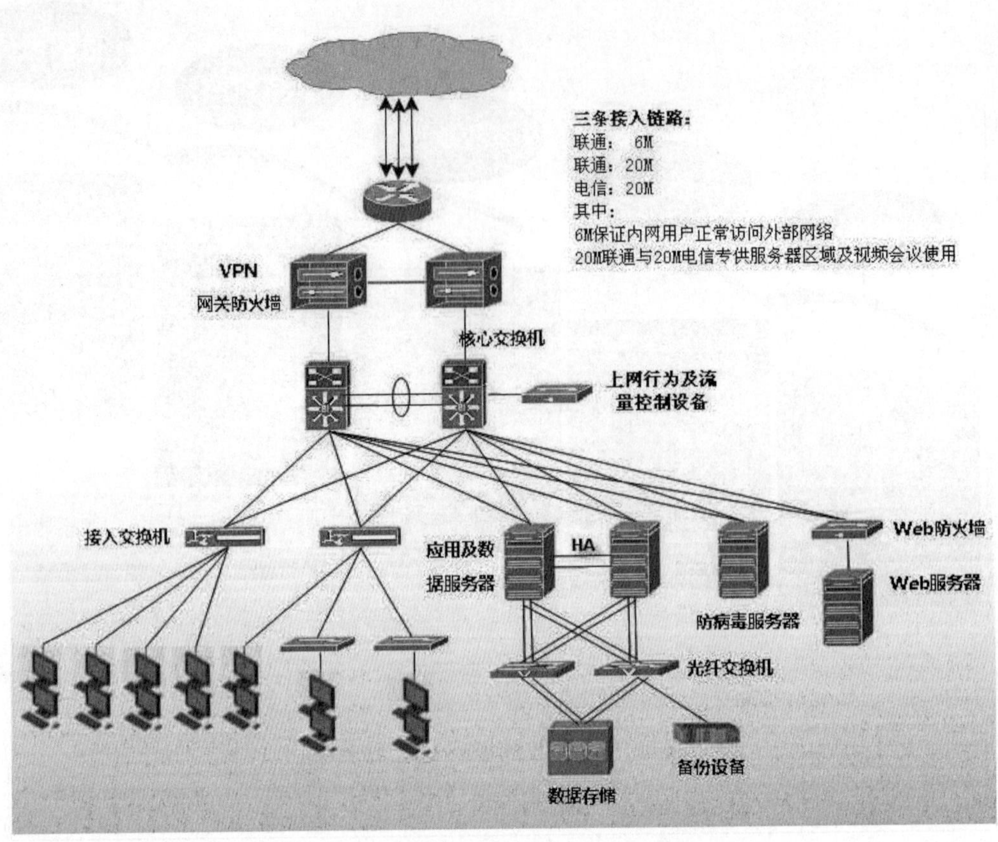

图3 长春建工集团信息中心网络拓扑图

2. 制定统一标准化管理配套体系

标准化是实现信息化的基础条件，以确保信息流的方向和表现形式是确定的，包括信息化管理制度、业务流程标准化、资源管理标准化、项目信息标准化。长春建工在信息化实施的过程中对原有的标准化体系根据信息化的要求重新进行了梳理和深化，然后将这些标准通过信息化系统固化下来，实现了全局的管理统一，为集团化管控打下良好的基础。

在整个标准化建设过程中：

①信息化管理制度是对现行管理制度进行优化完善，以适应企业信息化建设的需求。

②业务流程标准化是对企业现行的业务流程进行梳理优化，以适应信息化软件开发的需求。

③资源管理标准化对企业管理的各项人、财、物资源进行分类编码，对各类报表进行规范，以适应软件数据库编程的需求，包括建立人员编码规则、物资编码体系、设备编码体系、客户编码体系等。

④项目信息标准化根据项目管理的各项内容，对相关资源进行分类编码和报表规范，包括建立项目编码体系、物资编码体系、成本科目编码体系等。

3. 采用成熟稳定的信息管理系统

1）信息系统技术架构的选择

考虑到集团集中管控的需要，长春建工集团信息管理系统的技术架构决定采用“基于B/S结构的大集中部署”，本方案具有如下优点：

①由于整个信息化系统是一套应用系统，可以做到管理流程顺畅。

②物资编码、成本编码、组织编码、财务业务编码可集中管理，容易做到规则统一，逐级进行控制。

③集团总部通过定义系统的权限，可以实时查看、审核各分支机构的数据。

④容易做到信息共享，数据一致性能够得到保证。

⑤数据集中存储、管理，易于实现决策支持。

⑥能很好地实现对系统的统一管理和控制，保证数据的准确性和完整性。

⑦基于B/S框架软件体系已经成为现代大集中软件系统的必备条件。

⑧工程安装实施工作量小。

2）信息系统功能规划

本着长期整体规划、按需分步建设的原则，分析长春建工现状和战略目标，将长春建工集团的整体信息系统功能体系规划为5个层级，建设的主要是核心的1个平台4个子系统，如图4所示。

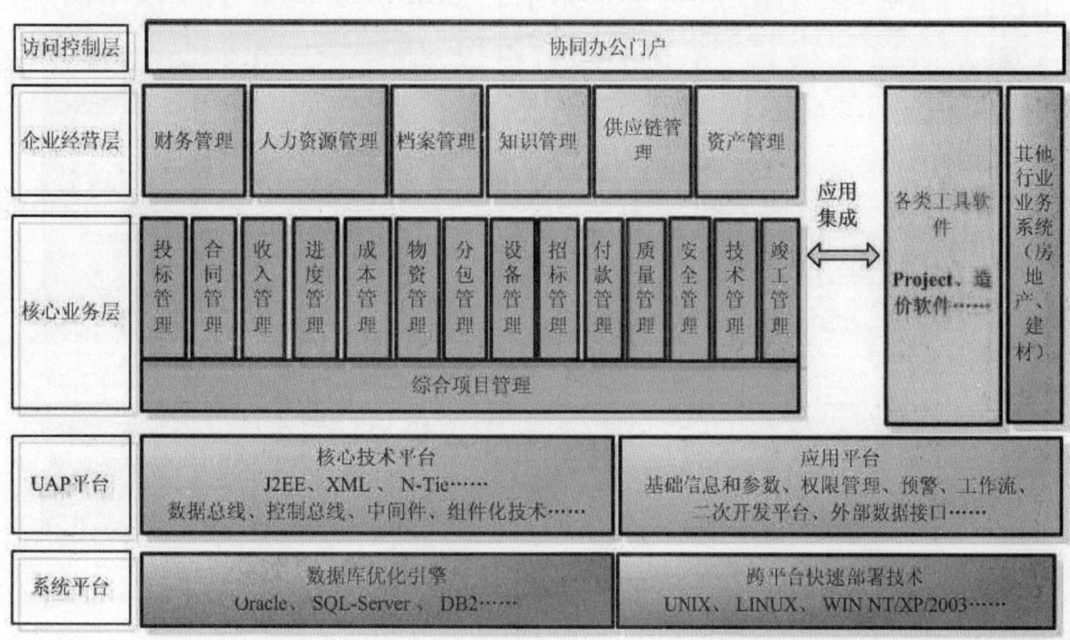

图4　长春建工集团信息化系统功能规划图

一个平台：作为系统基础应用平台，平台是一个遵循J2EE技术规范，以企业业务信息管理和企业资源管理为基础，以业务过程控制管理为核心，支持Web服务和XML，支持工作流管理和业务流程重组，支持多数据库系统的跨操作系统的企业应用运行平台；是基于模式化和提供可视化建模工具的开发平台；是开放的、基于SOA、支持多种集成方式的系统集成平台；是统一的支持JMX的系统管理平台。该平台可根据具体需求定制，满足企业持续改进的管理需求。软件开发商、系统实施服务商还可以借助该平台进行增值开发和服务。平台作为新一代ERP系统的核心，具有如下特性：

①满足企业级大规模管理应用的复杂性和全面性要求。

②支持与相关企业间（核心企业与上下游企业、不同的上下游企业间）及同一企业内部不同的部门和组织间，通过网络化实现协同商务、协同计划和协同采购的要求。

③满足管理模式、组织模式、业务流程、生产模式和功能需求不断完善和发展的要求。

④满足不同层次管理中的规范性和灵活性的要求。

⑤满足对系统易用性（适应我国的文化传统、管理风格、使用习惯、人员素质等）的要求。

⑥满足快速构建或重构企业各类业务模型并快速实施的要求。

⑦满足与其他应用系统（如CAD、CAPP、PDM、DCS、OA等）的集成要求。

⑧满足软硬件技术的兼容和跨平台迁移（适应多种操作系统、多种数据库系统）的要求。

⑨满足系统不同的安全等级和不同的环境部署方式的应用要求。

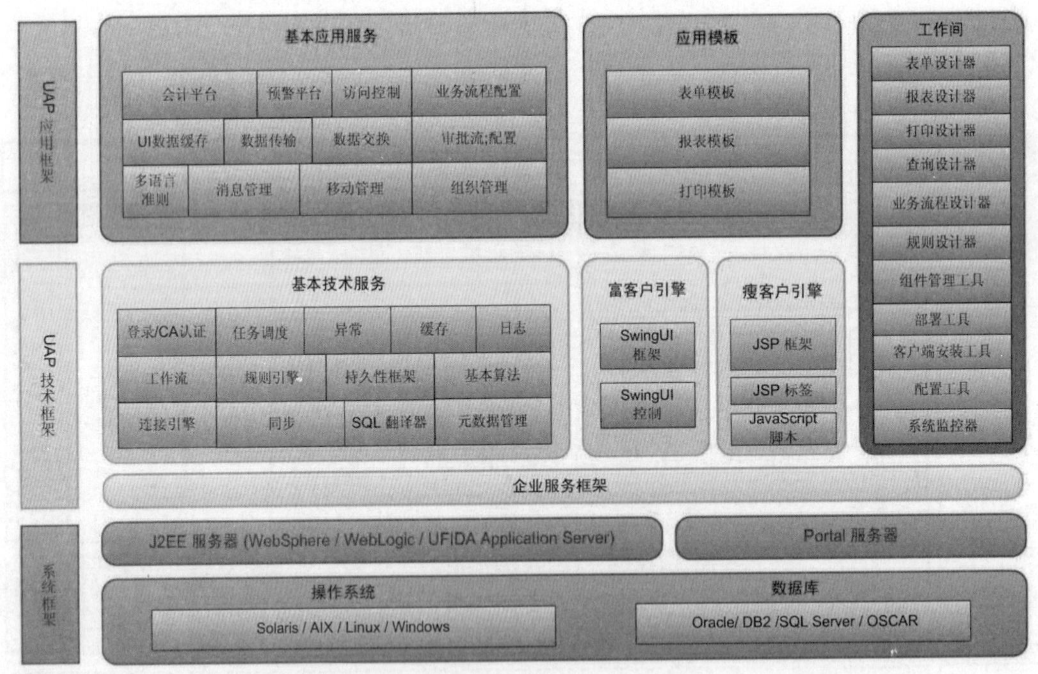

图5 UAP平台功能结构

财务管理系统：以长春建工这类集团企业多法人主体、多层次并存的组织特点，建立多组织、集团化管控的财务管理系统，除提供凭证处理、账簿查询打印、期末结账、总账过账等财务管理基本功能外，还应实现：

①对全集团下属单位会计核算体系的统一；

②集团对下属单位账务的实时查询和统计；

③多种账表跨年度查询；

④集团企业成员之间在线内部协同；

⑤业务单据自动生成财务凭证；

⑥实时掌控全集团的现金流量情况；

⑦实时掌控全集团的资产增减变动情况。

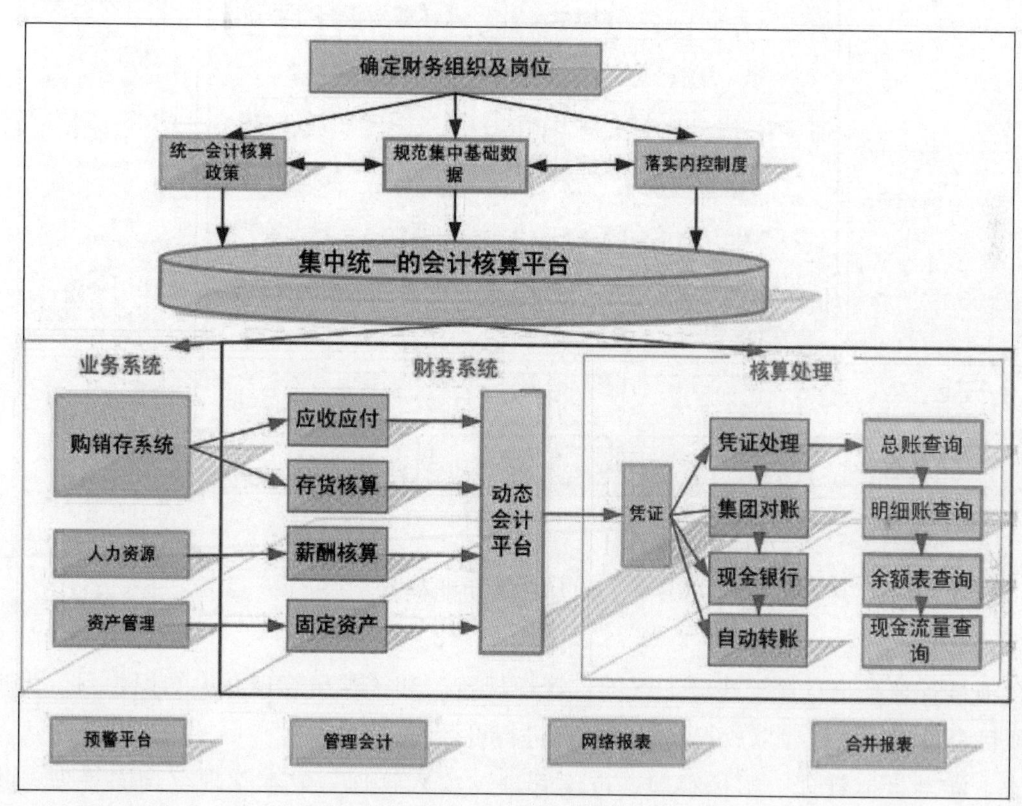

图6 集团财务管理总体框架图

人力资源管理系统：基于先进IT技术提供人力资源管理的全员参与平台，使公司的人力资源管理工作从高层管理者的战略设定、方向指导，到人力资源管理部门的规划完善，再到中层经理的参与实施，最终到基层的员工自主管理，形成一个统一立体的管理体系。

应用功能：人力资源应用功能包括三个层次，第一层次为人力资源基础信息部分，包括组织机构管理和员工信息管理功能；第二层次为人力资源业务及管理层次，包括绩效管理、薪酬管理、保险福利、报表工具等功能以及扩展应用模块；第三层次为人力资源战略管理层次，包括人力资源规划和职业发展规划功能。

自助应用：本部分的产品包括经理自助和部分员工自助，对于如员工信息查询、业务申请、业务审批等由自助管理来完成。

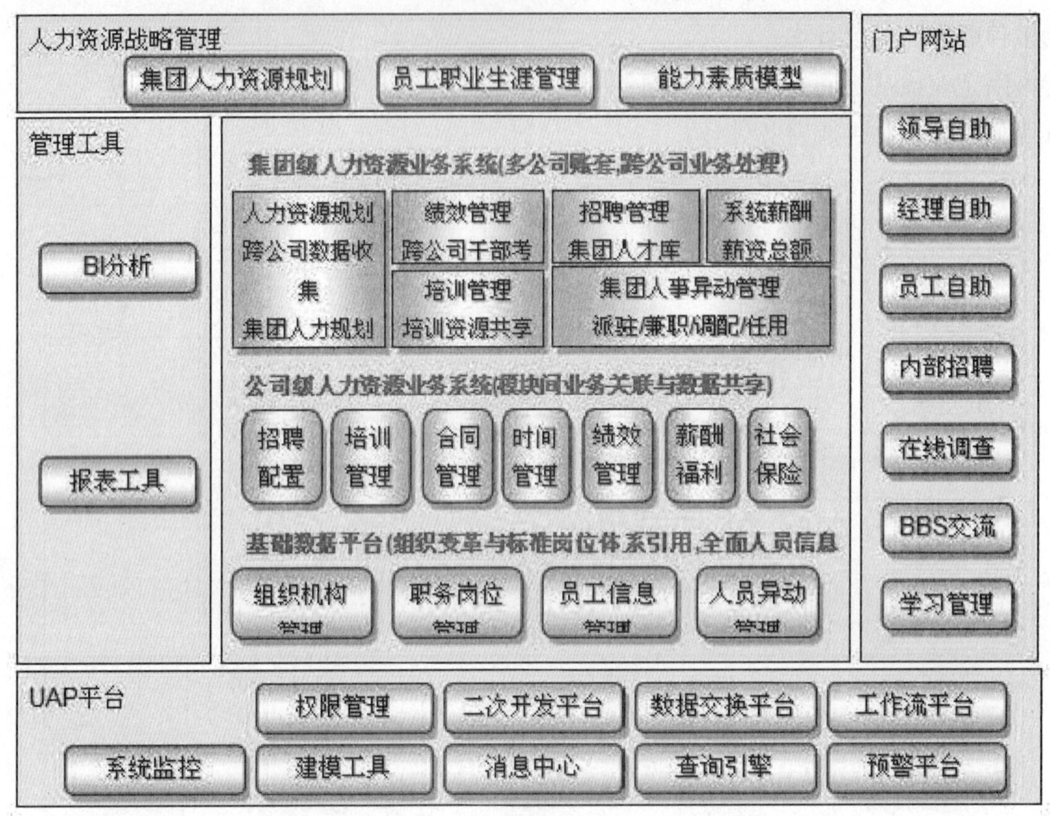

图7　人力资源功能架构

综合项目管理系统：以《建设工程项目管理规范》和《项目管理九大知识体系》为理论基础、以项目全过程为主线、以成本控制为目标进行设计。

功能上涵盖投标管理、招标管理、进度管理、收入管理、成本管理、合同管理、物资管理、设备管理、分包管理、付款管理、技术管理、质量管理、安全管理、劳务管理、风险管理、竣工管理等项目全周期各业务环节的管理。

通过综合项目管理的应用，彻底改观了以前成本管理没有形成统一做法、成本归集核算之后成本信息准确度不高等现象，实现了目前的成本按照核算对象进行分解管理，实现了健康的PDCA循环环路，可以进行成本多维度对比分析，按期间成本自动归集，准确度大大提升。

系统兼顾集团、企业、项目各层级的项目管理需求，支持各层级间的管理互动，是真正的集团级项目管理系统。

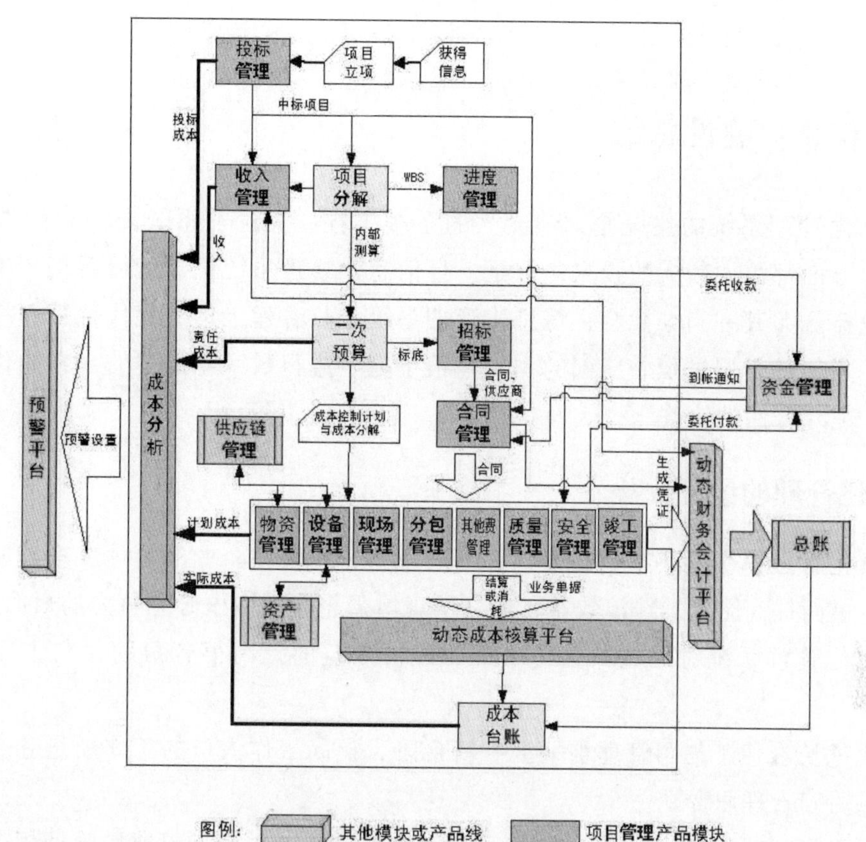

图8 项目管理应用模型

办公与档案管理系统：建立覆盖集团的协同办公管理系统，集团和下属公司在同一个系统中进行工作协同，公文流转。

实现集数据库管理、图像处理、网络存储、流程管理于一体的档案管理，完成了对各种业务档案资料、办公文档、图片资料、音像制品等档案资料的分类建档和借阅的管理。

协作管理中心	审批管理中心	知识管理中心	文化建设中心	企业决策中心	公文管理中心
协同工作	表单查询	收发文管理	新闻	知识中心	日程	关联系统
关联人员	表单统计	公文交换	公告	单位文档	计划	关联项目
超期管理	表单制作	公文档案	调查	项目文档	领导日程	会议管理
在线消息	关键事务	公文督办	讨论	综合查询	电子邮件	常用链接
业务栏目	归档管理	公文统计	个人设置	人事档案	全文检索	员工通讯录

……

扩展应用中心			
标准插件应用		个性化整合扩展	
GKE集成	综合办公	ERP集成	档案集成
安全传输	AD集成	电子签章	视频集成
身份验证	短信集成	网络传真	…

图9 协同办公功能

（六）信息化建设总结

信息化管理系统的建设是一项庞大的系统工程，无论在系统硬件和软件方面，还是集团人力物力方面都需要较大的投入，但是一旦信息化管理系统正式运行后将产生巨大的经济效益和社会效益。尤其在当今社会，信息化管理系统是长春建工集团现代化管理的必要手段，它在长春建工集团的发展过程中所起的作用是很难完全进行数字化描述的，它的作用渗透到各个方面，是一项综合性的效益。

1. 信息化管理的经济效益

信息化管理系统以成本控制为核心开展工作，将会使企业的管理成本和制造成本都得到有效控制，进而提高企业的经济效益，最终实现增强企业整体核心竞争力的目的。

信息化管理系统对促进长春建工集团经济效益的提高很有帮助，它主要表现在如下几方面：

①促进长春建工集团管理水平上一新台阶，提高工作人员的工作质量和工作效益，理顺管理程序，明确管理职责。

②加强了项目的施工管理。综合项目管理系统严格执行工程项目管理规范，针对项目管理的每一过程遵循计划、实施、检查、处理的管理思路，形成计划—实施—检查—处理的闭路循环。

③强化了项目生产过程中和日常管理中的成本控制。

2. 信息化管理的社会效益

信息技术和信息产业对于社会各方面都产生了巨大的影响，同样也为社会的经济发展产生了巨大的推动作用。长春建工集团的信息化建设不仅为整个集团公司带来了巨大的经济效益，也为企业带来了巨大的社会效益。具体地说，主要体现在以下几个方面：

时间效益：由于计算机的运行速度快、精度高，工作程序规范、标准，又有数据库系统的强有力支持，使得信息的查询方便灵活，从而大大地提高了管理工作效率，节省了工作时间。

竞争效益：目前企业之间的竞争日趋激烈，优胜劣汰的严峻形势对于各企业的管理人员提出了更高要求，而企业的竞争就是管理水平和管理效益上的竞争，是技术水平和对于信息处理的运用水平上的竞争。通过信息化管理系统的建设，规范了企业的组织机构和内部业务流程，有效地控制了项目成本和管理成本，真正实现了统计分析进行指导计划和企业对项目的远程管控，增加了管理的透明度，提高了工程项目质量和进度的控制力度，提高了企业的决策能力和管理水平，增加了企业的竞争能力。

综合的社会效益：随着国家经济体制改革步伐的加快和中国加入WTO，企业的发展逐步由粗放型向集约型转轨，企业如何生存和更好发展成为企业的主要目标。在信息社会的今天，传统的管理模式已经无法适应当今世界的发展步伐，信息已经成为第六大能源，应用计算机科学掌握信息已经成为国内外越来越多的企业提高劳动生产率、增加效益、把握市场主动权的法宝。信息化建设为企业提供了一个彻底改变传统管理模式的保证，通过企业信息化管理的建设，使各种信息得以共享和交换，改变了工作人员的思想观念、工作方式和行为习惯，使人们从繁琐和繁重的工作中解脱出来，多进行创新性劳动，从而提高工作效率，实现科学决策，进而实现企业整体效益的提高。

奇信集团装饰装潢行业信息化案例

（一）企业简况

深圳市奇信建设集团股份有限公司（以下简称奇信建设）成立于1995年，注册资本人民币1.8亿元，是一家拥有建筑装修装饰工程专业承包一级、建筑装饰专项工程设计甲级、建筑幕墙工程专业承包一级、建筑幕墙工程设计专项甲级等资质的股份制企业。

奇信建设承建的装饰工程涉及市政、酒店、学校、园林景观等，工程项目遍及全国各地，其中包括国家最高人民检察院、全国人大机关办公楼、广州市新白云国际机场铂尔曼酒店等重点工程项目，奇信的专业能力为业界所瞩目。

作为中国建筑装饰协会常务理事、深圳市装饰行业协会常务理事，奇信在行业中地位较突出，连续9年位居中国建筑装饰行业百强前列，连续8年被广东省工商行政管理局授予“守合同重信用”单位，连续3年被评为深圳企业百强，是企业信用评价AAA级信用单位、2006—2010年全国建筑工程装饰奖明星企业。此外，奇信承建的工程项目还多次荣获中国建筑工程鲁班奖、全国建筑工程装饰奖、国家优质工程奖等国家和各省市奖项。

18年来，奇信注重文化的建设，“奇在创新、信于守诺”不但是企业文化建设的核心，更是在市场拓展与施工业务中坚守的信念。同时，奇信不断加强在质量管理体系、内控体系、项目策控管理、信息化技术应用以及人才开发、培养和激励等方面的建设，已形成特有的竞争优势。

（二）企业组织架构

企业组织架构如图1所示。

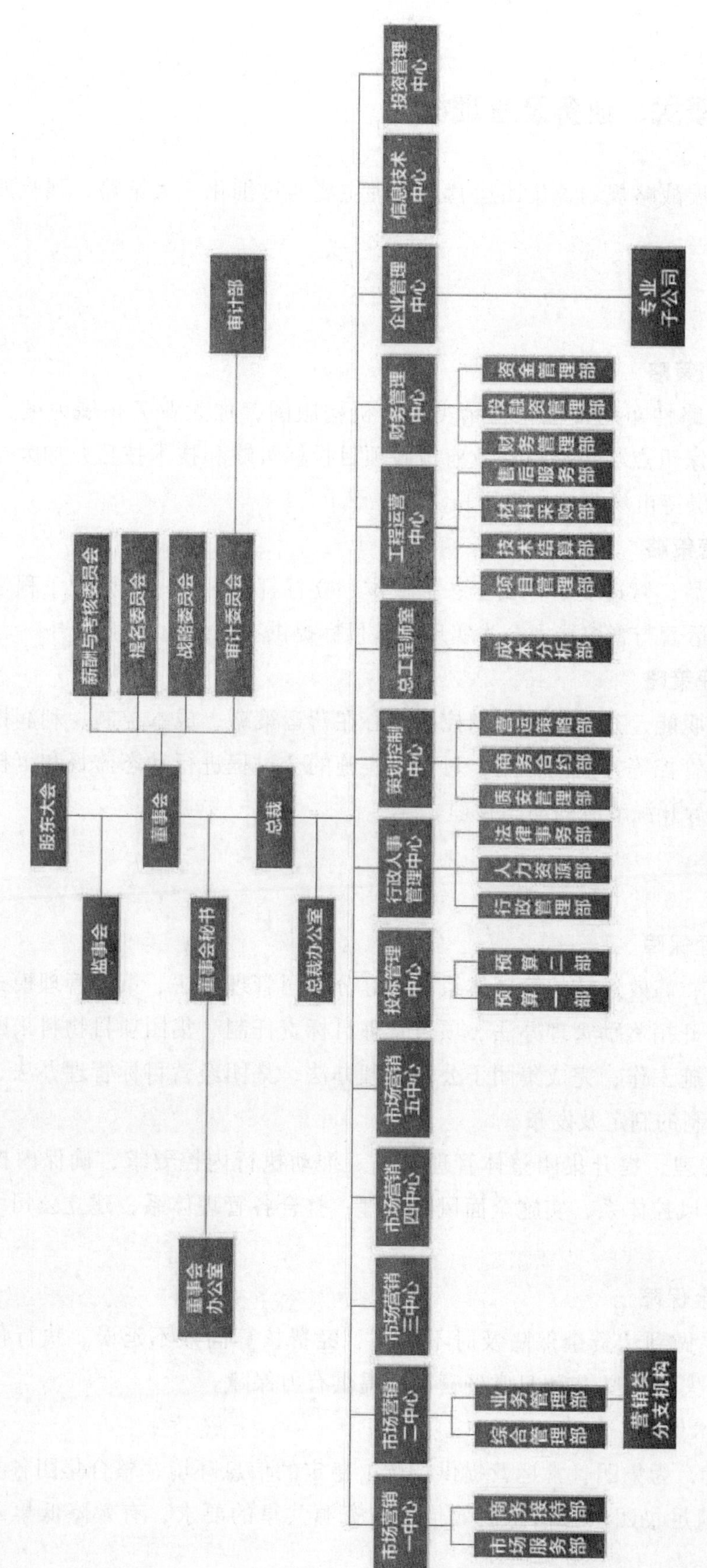

股东大会
监事会
董事会
董事会秘书
董事会办公室
总裁
总裁办公室
薪酬与考核委员会
提名委员会
战略委员会
审计委员会
审计部
市场营销一中心
市场服务部
商务接待部
市场营销二中心
综合管理部
业务管理部
营销类分支机构
市场营销三中心
市场营销四中心
市场营销五中心
投标管理中心
预算一部
预算二部
行政人事管理中心
行政管理部
人力资源部
法律事务部
策划控制中心
质安管理部
商务合约部
营运策略部
总工程师室
成本分析部
工程运营中心
项目管理部
技术结算部
材料采购部
售后服务部
财务管理中心
财务管理部
投融资管理部
资金管理部
企业管理中心
专业子公司
信息技术中心
投资管理中心

图1 企业组织架构

（三）企业运营模式、业务及管理模式

根据集团整体发展战略规划，集团运营及管理主要通过细化三大策略，强化四个保障，确保集团稳步健康发展。

1. 细化三大策略

1）细化市场营销策略

继续进行集团战略性布局，优化营销类分支机构版图，加大业务拓展力度，调整业务结构，要研讨、分析国家重点建设项目和政府市政项目投标策略和技术技巧，加大投标量和工作力度，提高中标率，保持市场业绩稳步增长。

2）细化工程运营策略

“抓质量、创精品；管进度、保安全；控成本、立标杆”，进一步强化工程运营的工作目标为，提升工程项目运营与管控能力，为实现经营目标提供有力保障。

3）细化策控管理策略

进一步强化策控职能，充分发挥策划控制中心在营运策略、成本控制、利润挖掘、营运督导、风险规避、质安管控等方面的作用，对项目实施的全过程进行动态监督和审核，以最大限度提高项目效益，实行开源节流的动态管理。

2. 强化四个保障

1）加强运营管理保障

①构建流转顺畅、高效运转的管理体系。做好分公司管理办法、策控管理模式、工程运营奖励管理办法、业务开拓奖励管理办法、项目管理目标责任制、集团项目物料采购管理模式等制度及机制的落地实施工作；完成集团子公司管理办法、集团经营目标管理办法、集团项目部管控模式等制度及机制的制定及发布。

②实施规范化管理，提升集团整体管理水平。推动执行内控要求，确保内控体系落地；导入风险意识，构建风控体系，实施全面风险管理；整合各管理体系，建立公司统一的文件发布、查阅和管理平台。

2）加强财务资金保障

财务管理工作要做到“资金保障及时不断供、经费核算高效不延误、执行预算严格不超支、提供信息可靠不失真”,为集团日常经营活动提供有力保障。

3）加强信息技术保障

深化信息化建设，为集团日常运营提供持续、稳定的信息环境，整合集团各类信息业务，通过各类信息平台满足集团内部信息高效传递与资源共享的要求，有效降低集团内部沟通成本，提升工作效率。

4）加强人力资源保障

优化人才结构体系，注重人力资源质量，实现人力资源的优化配置。

（四）信息化建设背景及历程

1. 企业信息化建设背景

1）国家或行业发展规划

中国建筑装饰协会制定发布的《关于建筑装饰行业信息化建设的若干意见》明确指出："充分利用计算机技术和网络技术，提高企业管理和设计、施工的信息化水平，将是实现建筑装饰行业跨越式发展的重要途径。"为落实国家政策，增强企业竞争力，奇信集团将运用IT技术、信息网络及各类软硬件设备，构建信息管理平台。

"十二五"期间，我国建筑装饰行业发展的指导思想是：以产业化发展为基本途径，以提高创新能力和资源利用效率为基本手段，通过转变发展方式，全面提升发展质量，在国家宏观经济指导下，实现行业的可持续发展。

2）产业政策

据《中国建筑装饰行业"十二五"发展规划纲要（讨论稿）》，在企业技术装备方面，要进一步加强企业的信息化建设，提高企业、项目管理的智能化水平，力争实现设计、生产加工、现场作业、仓储保障等全过程的智能化控制。要以信息化、智能化系统建设为基础，进一步提高管理效率和资源利用效率。

3）市场前景

据《中国建筑装饰行业"十二五"发展规划纲要（讨论稿）》，中国建筑装饰行业2015年工程总产值力争达到3.8万亿元，比2010年增长1.7万亿元，年均复合增长率为12.3%左右。其中公共建筑装饰装修（包括住宅开发建设中的整体楼盘成品房装修）争取达到2.6万亿元，比2010年增长1.5万亿元，年均复合增长率为18.9%左右；其中建筑幕墙要达到4 000亿元，比2010年增长2 500亿元，年均复合增长率为21.3%左右。住宅装饰装修（单个家庭独立装修工程）争取达到1.2万亿元，比2010年增长2 500亿元，年均复合增长率为4.9%左右。建筑装饰行业前景广阔，为企业信息化建设提供了良好的环境。

2. 奇信集团信息化建设的历程

奇信集团信息化工作已完成一期信息化集成实施规划，近几年来一直处于高速发展时期，信息化建设过程中也暴露出一些需要解决的问题。

奇信集团是典型的项目型企业，集团的利润来自于项目利润，工程项目运营管理作为集团的核心业务之一，项目经营管理的成败直接决定了集团整个战略及目标的实现。集团项目管理的水平与能力已经成为构成集团核心竞争力的关键要素。

集团经过前段时间的信息化基础建设，在硬件支撑平台和网络支撑平台方面，投入了大量的人力、物力及财力，建立了先进、稳定的基础支持平台，同时，也对集团当前的基础管理流程进行了梳理和部分优化，通过协同平台的上线固化下来并铺开使用，到目前为止，使用效果还是可行的。

要改变集团当前工程运营管理的困局，集团亟待建立一套以成本控制为核心的工程运营管理系统，并借此建立基础的材料编码体系、材料价格体系、成本核算体系和企业定额库等。通过应用工程运营管理系统，打通经营、设计、材料、施工、结算等工程管理全生命周期的通道，规范项目管理的各个环节，实现合同成本（投标预算）、计划成本（施工预算）、实际成本（竣工结算）三算对比分析，让成本控制理念贯穿于整个工程生命周期，最终实现降低采购施工成本，提升项目赢利空间可能。

（五）当前企业信息化建设思路

根据企业的实际情况，认真审视奇信集团的内外部环境，综合考虑信息化建设的各项因素，奇信集团信息化建设主要为如下思路：

第一阶段到2012年年底，加强网络平台的搭建，加强各级领导信息化培训，提高各级领导对信息化的认识，做好信息化建设整体规划，初步建立信息化体系，夯实信息化基础工程，实施和完善协同办公管理平台。

第二阶段到2014年年底，主要是部署工程项目运营管理信息系统，实现企业和重要项目基本信息的共享查询，统一业务流程、信息采集和报表输出。完成企业管理信息系统建设，建立企业管理信息平台与项目管理信息系统的链接，建立健全企业标准化管理体系，形成完整的企业信息化管理流程体系，同时加强信息化制度建设。

第三阶段到2015年，根据系统部署的效果，全面实施财务管理系统和人力资源管理系统，完成并完善管理信息化集成系统建设。

第四阶段2016年及以后，建立基于信息化的集团战略目标管理体系、决策支持体系与移动办公门户，全面落地集团的经营管理措施，重点加强IT治理和信息安全建设，持续改进，不断提升。

（六）信息系统建设概况

1. 功能结构

信息化的总体建设分为四步走。第一步为打基础，主要包括网络安全平台、硬件设备支撑平台及协同管理平台的建立，其中协同平台中会把基础人事管理和基础项目管理纳入统一建设；第二步为抓内核，主要包括图档设计管理系统、供应链管理系统、项目管理系统、客户关系管理系统，财务管理系统，在设计管理、采购管理、项目管理几大系统建设的同时还会包含建筑信息模型（BIM）的建立，用以做立体式的联动管理；第三步为双控制，主要包括人力资源管理系统及资金管理系统；第四步为易决策，主要有商业智能管理系统。信息系统将建设配套支撑平台、基础管理平台、经营运作管理平台、决策平台和企业信息门户为一体的信息管理平台，并在此基础上建设网络安全平台、基础平台、协同办公管理平台（OA）、人力资源管理系统（HR）、财务资金管理系统（FM）、工程运营项目管理系统（EOPM）、客户关系管理系统（CRM）、商业智能/决策分析系统（BI）和企业信息门户（EIP）等信息管理体系，如图2。

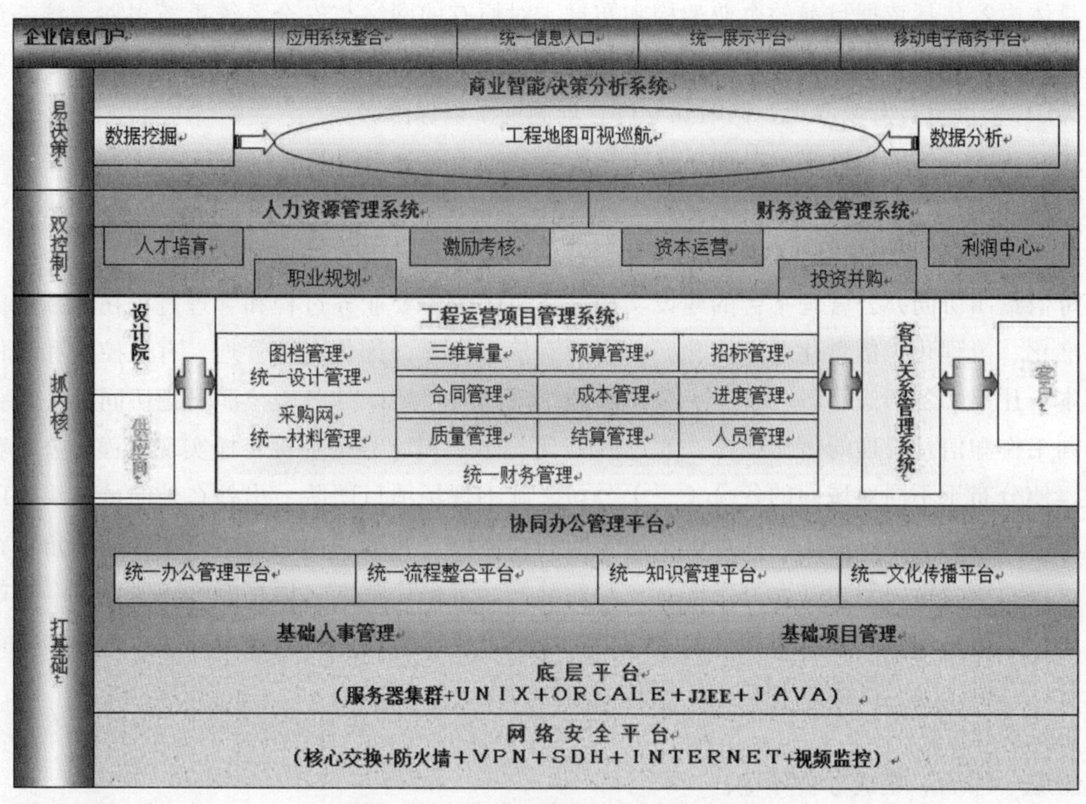

图2 公司信息化建设项目功能结构图

2. 总体目标

打造出一个融合协同办公、设计施工一体化、产业链资源整合、客户关系优化和智能可视决策等先进技术和先进管理思想，并具有装饰行业特色的一流信息系统平台，藉此支撑和辅助集团的战略发展目标落地及执行，让集团成为整个行业标杆。通过该信息系统的建设，集团将实现从面向职能管理过渡到面向流程管理的管理革新，实现业务流程及项目管理流程最优配置，缩短信息沟通的渠道与时间，强化集团的执行能力，以此提高对客户和市场的反应速度，提高集团的核心竞争力。另外，通过信息化的建设，奇信集团将建立完整的成本核算手段和控制体系，财务管理将从成本核算型过渡到成本费用管理控制型，形成管理型财务体系，使资金随着项目物流过程进行控制，以此降低集团整体工程运营的风险，提升集团工程项目的利润；

再者，通过信息系统的建设，必将进一步提升企业品牌的知名度及影响力，为企业创造更多的销售机会，不断为企业增加经济效益，以此提高公司产品（幕墙、门窗、木制品等）在市场的占有率，支持企业未来的市场销售目标和销售计划，帮助公司业务实现持续和稳定增长。

3. 信息化平台的架构分析

1）配套支撑平台

所有信息系统统一规划，基于相同的底层构架和数据库应用，并配备安全、高速的网络支撑平台。

具体内容包括依据目前的企业架构和布局，对原有的网络与安全系统重新规划，统一全局的网络与安全体系，提升网络管理人员的集中化管理方式，并增加投入，对核心的中心机房按照相关IDC标准进行升级改造，同时建立IT管理制度予以保障。

建立了统一的中心机房，实现了集团总部与分（子）公司视频会议系统、3G联动系统等IT基础架构。

2）协同办公管理平台（OA）

奇信集团协同办公管理平台的建设实质是将集团的主要业务过程和管理过程在体系范围内的标准化、流程化、信息化和网络化，整合所有信息资源，优化内部管理，有效控制和降低经营成本。让集团各部门、各分（子）公司、施工现场项目团队的各岗位职员把协同办公平台作为协同工作和信息管理的最佳载体，通过PC、笔记本、PDA甚至手机轻松实现远程办公、移动办公，使分布于不同地域间的各分（子）公司、施工现场项目团队、出差在外的员工快速的建立与总部或各相关单位的工作联系，形成集团的整体信息共享和沟通网络，让合适的角色在合适的位置获取合适的知识并充分发挥其主观能动性，真正让数据、信息能够转变成为一种能指导员工行为的意念和能力。协同办公管理平台包括工作流管理、项目管理、知识管理、组织管理、办公管理、门户管理等功能。

主要实现目标：

① 统一平台，集成办公环境；

②管理提升，降低经营成本；

③沟通顺畅，信息传递畅通；

④高效协同，破除部门壁垒；

⑤进度掌控，提高整体工作效率；

⑥整合文档，实现知识管理；

⑦资源共享，提高资源利用率；

⑧凝聚创新，提高集团响应能力。

3）人力资源管理系统(HR)

集团人力资源管理系统的建设实质是通过经营人才支撑集团发展战略和目标，形成集团化、科学化、现代化的人力资源管理体系，帮助集团开发利用好现有的人力资源，留住优秀员工，培养后备人才，控制人力成本，提供决策支持，并通过人力资源管理系统的建设达到规范人事管理流程、完善人力资源制度、提升集团人力资源管理水平、改变管理人员的观念和方式等管理需求。人力资源管理系统包括组织发展管理、招聘管理、培训管理、绩效管理、职业发展管理、薪酬管理、综合管理等功能。

主要实现目标：

①组织明确，标准统一；

② 配置合理，管控有序；

③ 内外结合，择优选才；

④ 全面评估，人尽其才；

⑤规划培训，适才而育；

⑥目标激励，德诚留才；

⑦事务解放，提升效率。

4）经营运作管理平台

（1）工程运营项目管理系统

集团工程设计项目管理系统的建设实质是以项目管理为核心，以成本管理为主线，以人员管理为支撑，通过管控项目成本及项目人员达到项目利润最大化。

通过建立集团自己的定额库和材料标准规范，利用三维算量技术，实现直接从设计图纸计算出整个工程项目的成本预算，并持续跟踪设计变更以动态展现项目成本；通过建立供应商准入和材料价格准入二维制约机制，实现集团统一、公开、公平、公正的采购宗旨，持续降低采购成本效益；通过对项目建设过程中计划、进度、质量、安全等进行实时动态监控，实现整体工程可视化管理，切实保证工程项目成本的可控及降低工程异常处理费用；通过对项目管理人员实现“责任+激励”机制，规范项目管理人员管理模式，动态分析和持续累积项目管理人员所创造价值并有效激励，最大限度的发挥项目管理人员管理潜能，并持续不断地为公司创造价值。

主要实现目标：

①设计施工协转，开创行业新河；

② 公开统一采购，节降采购成本；

③过程可视监控，减降异常费用；

④ 人员激励管理，创造最大价值；

⑤资金成本控制，降低项目风险；

⑥预算决算分析，增优项目经验；

⑦制度标准落地，规范项目管理。

主要功能模块包括：设计管理、图档管理、采购管理、材料管理、三维算量、预算管理、招标管理、合同管理、成本管理、进度管理、治安管理、现场管理、人员管理、财务管理。

各个应用模块可以有效地应用在集团和项目的不同业务与职能领域，可以灵活并充分地整合集团和项目的业务流程与业务数据，适应集团不断扩充和复杂发展的业务流程和信息要求，从而帮助集团重整并优化管理流程，全面管理施工资源，提高运作效率，降低成本，促进集团持续性的进行业务多元化以及基层业务规模的扩充。

工程运营管理系统包括工程项目管理、合同管理、成本管理、资金管理、采购管理、经营管理、档案与知识管理等内容。

工程运营管理系统采用模块化的系统结构，将建设一个完整的系统支撑模块化的安装部署。系统的各个应用模块和技术模块可以根据集团不断发展的实际需要在系统平台上进行灵活、方便、快捷的插入式的部署。系统可提供对各个模块支持作用的系统设置、系统管理、系统安全和通信工具，可提供支持各个模块运行的基础技术组件，还可提供对各个模块进行个性化客户化定制的软件开发工具，能自带一套经过优化开发的数据库和应用服务器，使软件可以完整运行，同时可提供对各种商业数据库、应用服务器和操作系统软件的部署安装程序，使软件具有高度的移植和适应能力。

（2）客户关系管理系统

客户关系管理系统的建设实质是使客户资源最大化。通过客户关系管理系统的建设来对企业与客户进行全面管理与控制，提升客户的利润贡献率，实现客户资源最大化。奇信集团实施客户关系管理系统的总体目标就是发展有价值客户和通过集团现有客户持续合作，通过对客户信息的资源整合，实现集团资源共享及快速响应，提高客户满意度和忠诚度，通过对业务流程的重新设计，有效地管理业务部门并统筹利用资源单点攻克，最大限度地增加客户的认同感和向心力。客户关系管理系统包括资源管理、业务开拓管理、合作管理、客户关系优化管理等功能。

主要实现目标：

①细化客户信息，整合业务资源；

②售前过程控制，开拓价值客户；

③售后服务支持，持续客户合作；

④统一交互平台，优化业务流程。

（3）决策分析系统

决策分析系统的建设实质就是将企业现有的数据转化为知识，帮助企业做出科学、合理的业务经营决策的过程。通过它来实现实时获取企业的整体信息，对客户、成本利润分析、工程地图、业绩指标等分散的、沉淀的信息数据进行挖掘、整合，并进行集中监管，提供全方位、多角度信息的有效分析手段。

主要实现目标：

①立足应用，数据整合；

②直面业务，主题分析；

③知识能力，数据转化；

④形象视图，直观决策。

5）企业门户与移动商务

企业信息门户的建设过程就是对企业知识文档、客户资源、人力资源、业务流程、组织资产及财务信息相关的应用系统整合的过程，它将把企业已建设的所有应用系统实现无缝集成，建立企业内部应用系统和外部网站的桥梁，实现产品发布、在线订购、客户反馈、人才招聘、新闻发布、网站调查等外网功能和内部应用系统数据及功能的联动和互补，并充分利用移动互联网，实现业务系统的移动应用，确保信息的需求者在任何时间、任何地点，只要借助移动互联，即可获取所需的相关信息。

6）标准化建设与流程再造

标准化是实现信息化的基础条件，以确保信息流的方向和表现形式是确定的。包括信息化管理制度、业务流程标准化、资源管理标准化、项目信息标准化。奇信集团在信息化建设实施的过程中对原有的标准化体系根据信息化的要求重新进行梳理和深化，然后将这些标准通过信息化系统固化下来，实现全局的管理统一，为集团化管控打下良好的基础。

信息技术的应用对企业最大的管理提升体现在为企业业务流程再造提供了技术保障，通过对企业原有业务流程的优化与固化，融入现代企业管理所倡导，通过这些管理思想的实践应用，在一定程度上改善企业的经营绩效并规范企业的经营管理行为。

7）建立基于SOA的企业集成应用技术平台

根据企业的管理特点和应用需求，采用面向服务（SOA）的平台化应用集成模式，建设基于SOA服务架构为基础的技术平台，所有企业系统均通过企业服务总线（ESB）上的标准服务协同来实现子系统间的集成。

（七）信息化建设总结

1. 信息系统建设特色

1）二维、三维算量的自动转换

为达到以战略实现为目的，以集约管控为主线，以项目管理为重点，以协同平台为支撑，以信息标准和基础信息编码统一为基础，实现跨区域、多层次、集成各条业务线的一体化业务协同的信息化建设目的，奇信集团信息化规划分成了四大平台，分别是配套支撑平台、工程项目运营管理平台、经营运作管理平台和决策平台。

工程运营项目管理系统里的“三维算量”模块属于公司独有的特色功能，即可以将设计师的图纸进行深化，使之从传统的枯燥繁琐的二维图纸转变成三维模型进行呈现，提前给客户以直观的效果感受，并精确的计算出整个工程的预算成本。同时，把设计研发中心与模块化定制加工中心有机地结合起来，所有信息均以数字化为载体进行表达，当客户需求发生变化时，可不断调整设计尺寸给出新的设计方案直到客户满意为止，待客户确认方案后，所有方案信息会以数字化形式即时传递给模块化定制加工中心进行加工生产，既高效快捷，又精确简洁。其运作模式如图3所示。

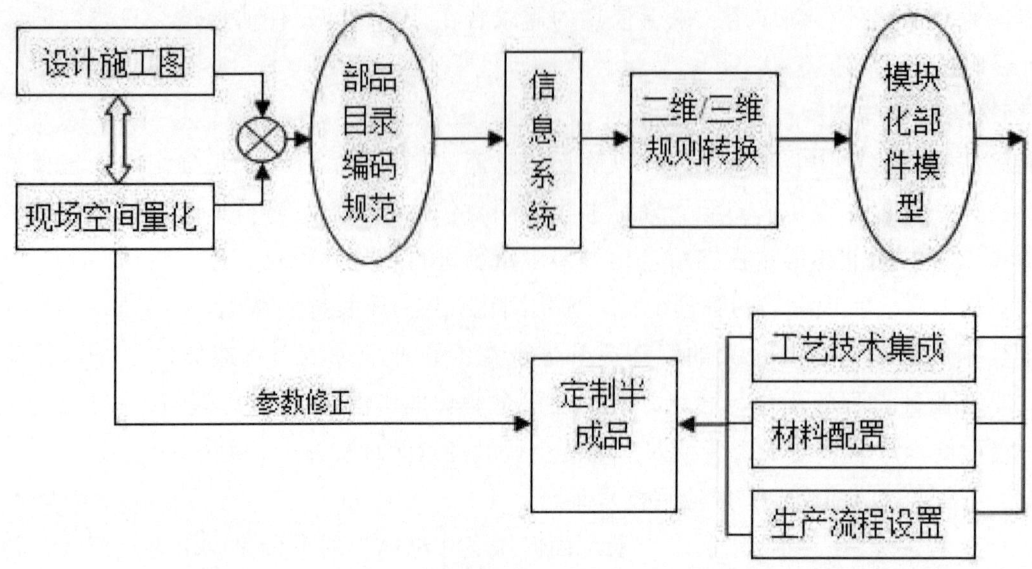

图3 “三维算量”模块运作模式

设计伊始，施工人员根据已定义好的数据维度，通过对施工现场的精准测量，并将组合数据以参数形式输入设计系统，由系统自动生成电子设计稿纸，设计人员根据相应稿纸展开二维施工图设计，并根据需要输出设计图纸。

针对二维施工设计图，通过已经建立的遵循统一编码规范的部品目录（清单库），把二维图纸按照事先设定的协调规则转换成三维效果模型。

在三维效果模型中，就可把各种类型的部品部件的外形、技术数据、尺寸数据，部品部件间的连接方法，特定建筑部位的施工装配方法等立体化展现，给客户以直观的效果感受。设计人员通过交互式系统根据客户需求进行可视化修改和完善三维模型，并且通过协调规则根据需要实时进行三维模型和二维图纸之间的转化，并持续累积到部件模型库中以供重复使用。

同时，三维效果模型中的所有信息均通过数字化信息系统传递到模块化定制加工中心。模型库中的部品模型可以通过信息系统载体与生产基地信息系统对接后将基本建筑材料与制品在工厂里加工成半成品（即部件化），半成品生产完后将严格按照部品目录（清单库）设置的编码进行条码标识。

当部件运至施工现场后，施工人员根据三维模型通过RFID终端对部件进行一一检验和安装定位，并完成实地组装工作。

通过该平台，既满足公司施工对部品部件批量化生产的需求，又满足客户对个性化定制的需要，同时通过数字化等现代科技手段的运用，提高工程的整体质量和标准化水平。一方面能够保证部件安装到位后，确保其达到规定的技术要求和质量要求；另一方面，能够大大提高生产效率，缩短施工周期。

2）实现物资采购的共享平台

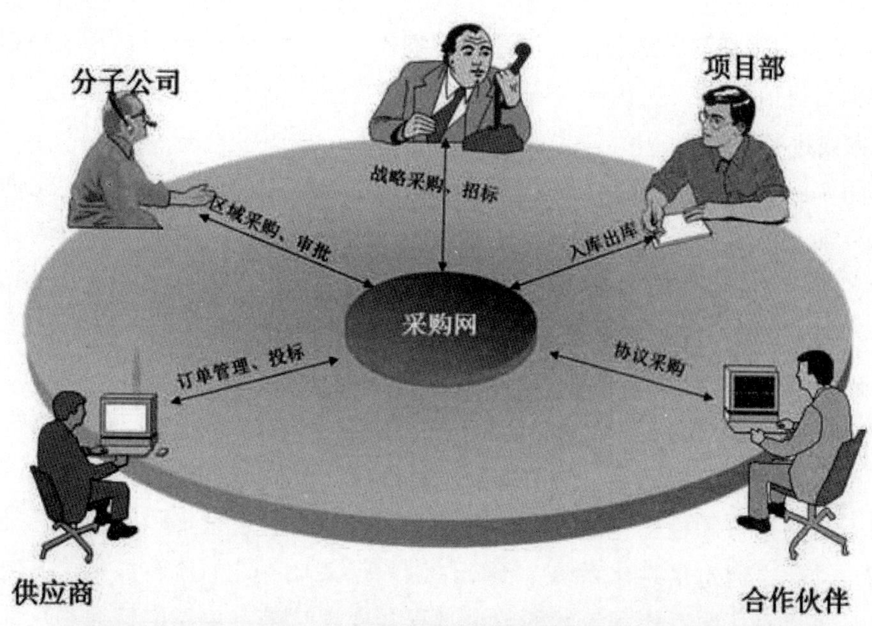

图4　物资采购共享平台

建立完整的材料编码体系、标准材料价格库、非标材料的价格换算体系及标准化工作，集团两个准入，两个控制，分（子）公司或项目部自主采购。

3）三级成本管理，适应不同管理层面应用要求

（1）集团层面

集团结合自身特点，根据企业战略发展规划及经营目标，依据企业业务经营模式、经营范围、国家相关政策下达经营指标和成本目标，并对工程运营的关键和重要业务活动进行全面监管。对于已完成的工程项目，通过工程运营管理系统的智能分析模型，得到工程项目运营产生的各项数据，为企业的决策分析提供可靠的依据。

（2）分（子）公司层面

公司各责任中心按照集团下达的各项指标，通过工程运营管理系统的业务模块，横向按业务职责将指标分解到各业务管理部门，纵向将指标细化，层层分解落实到下一级责任中心。同时制定相关流程，规范和标准化指标的执行。公司各责任中心还需要对指标的执行情况进行考核和评价。

（3）项目层面

企业的各项指标通过项目级进行落地，项目级各人员在登录工程运营管理系统后，能清楚地掌握到上级下达的各种指标。在工程施工活动，通过工程运营管理系统管理各项业务活动，并及时将进度、质量、安全等情况上报给上级。

2. 效益评价

1）提升集团整体管理与营运效率，提高经营绩效

结合奇信集团目前的经营现状，参照部分国内外实施信息化后产生效益的总体统计结构，以相对保守的方式进行预估分析。

信息系统的实施是一个结合业界先进的管理思想和自身实践，并采用一些先进技术手段进行企业管理模式和业务流程变革的过程。通过实施，使集团各部门和下属单位的分工和责权更明确，关键业务信息能准确、及时、高效的识别和获取，并在各相关决策单元之间获得迅速传递和处理，从而带来工作效率的大幅度提高，也带来更有效的控制方法和手段。

2）集团经营管理模式更趋合理化、科学化、规范化

奇信集团信息化建设的实施，将推动集团的各项管理工作走上规范化的道路。这主要体现在两方面：首先是数据的规范化，集团的信息化建设完成后所有的数据必然是需要遵循一定的规则才能在系统中运行和检验，而数据的规范化则肯定需要通过集团管理的标准化来实现。其次是流程的自动化，通过信息化系统，预先讨论和定义出事件的流转过程，并通过流程自动流转，相关人员可以直接跟踪流程流转的整个过程和处理结果，信息的传递和反馈都是系统自动运行，这样就减少人为的主观判断，可利用相关数据进行事件决策。总而言之，通过信息化建设，可以把集团特色的管理思想和管理模式通过固化在信息系统中的业务流程进行落地，通过规范的信息数据的获取和传递来贯彻各项制度和管理标准，达到科学、合理、规范的管理目的。

3）为集团培养出具有现代化、创新性的知识型管理团队

集团信息化的建设实施过程就是管理思想革新和业务流程优化的过程，而大量的培训工作则是保证这项工作能顺利完成的重点之一，通过集团信息化的建设，需要对集团的决策层、管理层、执行层等各个层次的大部分人员进行涉及管理思想、管理手段、技术理念、技术技能、业务体系、业务流程等各个方面进行培训。

4）提高集团知名度，为集团发展创造有利条件

极大地提升集团的整体形象，以国际先进的管理模式和管理手段来吸引合作伙伴的加盟以及在集团资本扩张的过程中得到更大的认同。

5）提升集团核心竞争能力、增强企业动态竞争优势

集团通过信息化建设，使集团的所有有利资源得到整合，达到统一财控、统一销售、统一计划、统一采购的集中资源监管、调配能力，让所有的员工都可以从相应的渠道获取与其相关的信息资源，通过不断地对信息的分析、沟通、反馈并转化为相应的知识能力，推动其不断地向上发展，为其持续对集团贡献出自己所有潜力提供能动力，而能动力则可很自然的转化成其对集团的向心力和凝聚力，为达成集团的愿景提供竞争能力。

3. 企业信息化过程的体会

企业信息化是个复杂的发展过程，对它的认识，总是由表及里，由浅入深。信息化不仅是企业装备信息技术的过程，更是企业开发利用信息资源的过程。企业信息化是要使传统企业向现代企业转化，不断提高企业的现代化程度，其实质是企业素质与业绩的优化和提升。

用信息技术引领管理观念的改变，是提高管理水平的重要手段和途径，必须引起高度重视，信息化必将大大提高效率，降低成本，对沟通方式、决策方式都能起到改良和促进作用。

南京苏逸实业（集团）有限公司信息化案例

（一）企业简况

南京苏逸实业(集团)有限公司（以下简称苏逸实业），是一家供用电工程承发包，供用电技术服务，电力设备维修，电力工程、建筑工程设计及技术推广、咨询的企业。可从事电力工程施工及电气设备安装、调试、修理以及相关土建工程等经营项目。公司先后获得了国家工商总局授予的“全国守合同重信用企业”称号和省级“3A级重合同守信用企业”、“3A级优秀施工企业”、“客户满意服务明星企业”、“全国守合同重信用企业”、“全国电力工程百强企业”、“江苏质量诚信5A级品牌企业”、“国家电网抗震救灾工作先进集体”等众多殊荣。

公司创始于1992年，其前身为南京供用电总公司，经过了股份合作制、有限责任公司发展到集团公司。随着电力体制改革不断深化，公司建立了适合市场的运作机制，健全法人治理结构，形成了“五部三职能一综合”的集团管理模式。苏逸实业(集团)公司下属具有法人资质的独立公司23家，初步形成了工程、制造、服务、商贸物流、信息科技、房地产等多元化发展的格局。集团化经营使苏逸实业步入新的平台，为公司的发展注入了新的动能。

（二）企业组织架构

苏逸实业的组织架构如图1所示。

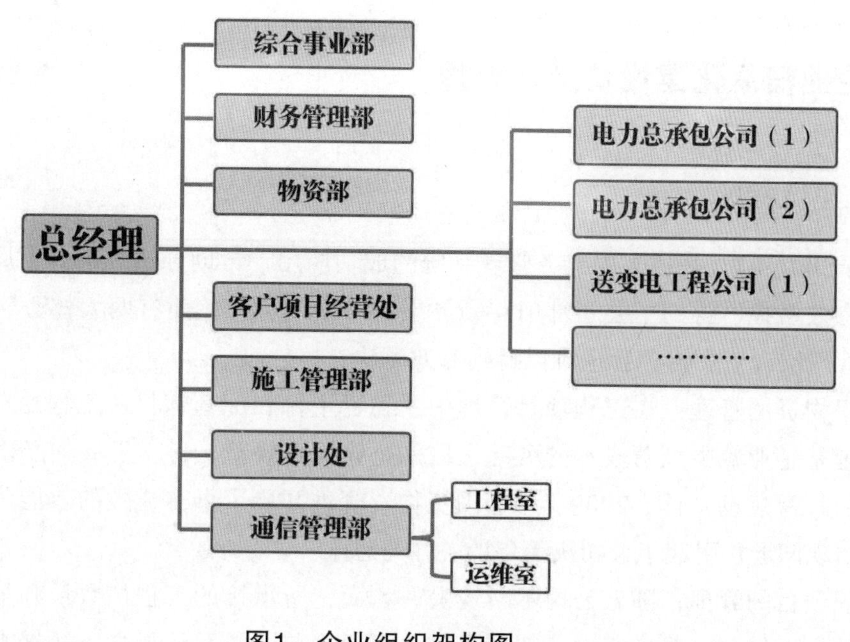

图1 企业组织架构图

（三）行业背景与企业发展

电力工业是国民经济发展中最重要的基础能源产业，是国民经济的第一基础产业，是关系国计民生的基础产业，是世界各国经济发展战略中的优先发展重点。作为一种先进的生产力和基础产业，电力行业对促进国民经济的发展和社会进步起到了重要作用，与社会经济和社会发展有着十分密切的关系，它不仅是关系国家经济安全的战略大问题，而且与人们的日常生活、社会稳定密切相关。随着中国经济的发展，对电的需求量不断扩大，电力销售市场的扩大又刺激了整个电力生产的发展。

“十二五”期间，我国电力基本建设将继续保持较大投资规模，投资结构有望进一步优化，城市和农村配电网投资的力度将逐步加大。加大电网建设投资，一方面可以提升企业实力，为今后大发展奠定基础。同时也是扩大内需、增加就业，实现经济增长预期目标的重要举措。

作为南京地区电力施工的重点企业，在良好的政策前提下，抓住机遇，紧紧围绕企业的发展思路，扩大生产经营，努力抓团队的建设，向社会提供优质的服务，也是苏逸人的责任。企业的管理能否跟得上业务发展的步伐，是苏逸公司面临的严峻考验。在发展的步伐中，如何规范业务流程，如何加强施工的现场管理，如何确保工程质量安全可靠，如何实现高效，无瓶颈的物资动作，都是必须要考虑的问题，企业的信息化管理显得尤其重要。公司通过开发工程管理信息系统、推行现场规范化施工、建立客户信息档案等现代化管理手段，不断提高经营管理水平。

（四）企业信息化建设背景及历程

1. 信息化建设背景

苏逸于2007年1月完成集团财务管理系统的成功应用，帮助苏逸总部对下属单位账目和资金情况实现有效掌控，得到了公司部门和领导层的一致认可。然而有两大核心管理问题，一直困扰着苏逸管理层，单靠财务管理难以得到有效解决：

①工程物资的管理：在工程项目管理中，物资主材和配套辅材占工程总费用70%，因此加强物资管理是企业减少经营成本的关键，更是企业提高效益、科学发展的必由之路。公司注重物资管理的日常建设，且于2009年年初围绕物资管理开展了卓有成效的效能监察工作，但物资管理一度出现问题，引起了公司决策层的关注与思索。

②工程项目的管理：随着公司不断地发展壮大，所承接的工程从数量和金额上都在增加，依靠原有的人工管理，难度很大，特别是各个部门之前，子系统孤立，数据无法达到共享，个别环节脱节，迫切需要统一的信息平台来实现企业的管理。

为此，从2009年7月开始，苏逸启动了以供应链和项目管理两大系统为核心的信息平台建设。考虑到NC优秀的产品性能、财务业务一体化的重要性以及软件公司良好的售后服务，苏逸领导层最终确定直接在原有的财务平台上与软件公司进行进一步的信息化合作，构建苏逸一体化管理信息平台。

2. 信息化建设过程

在软件公司的帮助下，苏逸实业设计了ERP实施总体原则，即总体规划、分步实施。信息化建设项目从2009年7月启动，分多期实施。

一期为综合项目管理，供应链管理，条形码及一卡通管理。

二期为数据分析、质量管理、安全管理、客户自助查询、条形码及一卡通深入应用。

三期为人力资源、预算管理。

四期为决策支持，管理驾驶舱。

（五）信息化建设思路

苏逸的信息化规划总体思路为：数据共享，有效传递，高效协作。

管理信息化不是简单的工具的应用，而是企业管理的一次变革。因而在信息化建设中，苏逸十分强调对企业原有流程的优化梳理。废除原有的不合理流程，实现流程的简洁、简化，缩短人为的数据流转周期，实现工程项目的高效运作。

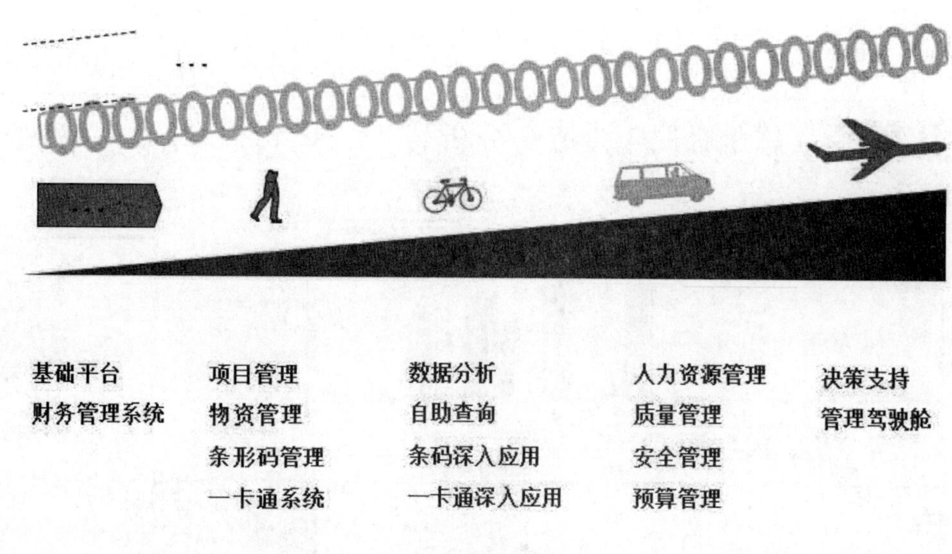

图2 信息化建设过程

（六）信息系统建设概况

目前苏逸的一体化管理信息系统已经建成应用的子系统包括：决策分析，集团财务管理、人力资源管理、综合项目管理、供应链管理、合同及物资材料的条码管理、客商一卡通管理。以上内容已经在各下属单位和项目实现全面推广应用。

1. 决策分析

决策分析子系统采用商业智能技术实现，利用ETL工具将业务子系统中的数据抽取、转换并加载到数据仓库，然后通过丰富图表和多种分析手段，对经营数据进行深入分析，使管理者能够实时掌握公司业务成果，辅助决策，适应市场环境的变化发展。

决策分析子系统分为合同分析、项目分析、项目收支分析、财务分析四大主题，引入地图式查询、数据穿透等方式，使得管理层能够直观掌握情况，层层追溯问题。

2. 综合项目管理

综合项目管理涵盖了从项目立项、客户洽谈、项目实施直到项目竣工的全过程管理，并根据35kv、10kv、接入线、配网、迁移等不同的项目类型，形成了不同的应用流程，真正实现了多类型、全生命周期的项目管理，包括项目立项、总承包合同管理、工程准备（工程编号配发、项目经理委派、设计委派……）、预算管理、进度管理、协同管理（工作联系单位）、分包管理、物资管理（与供应链整合）、质量安全管理、竣工管理等模块。

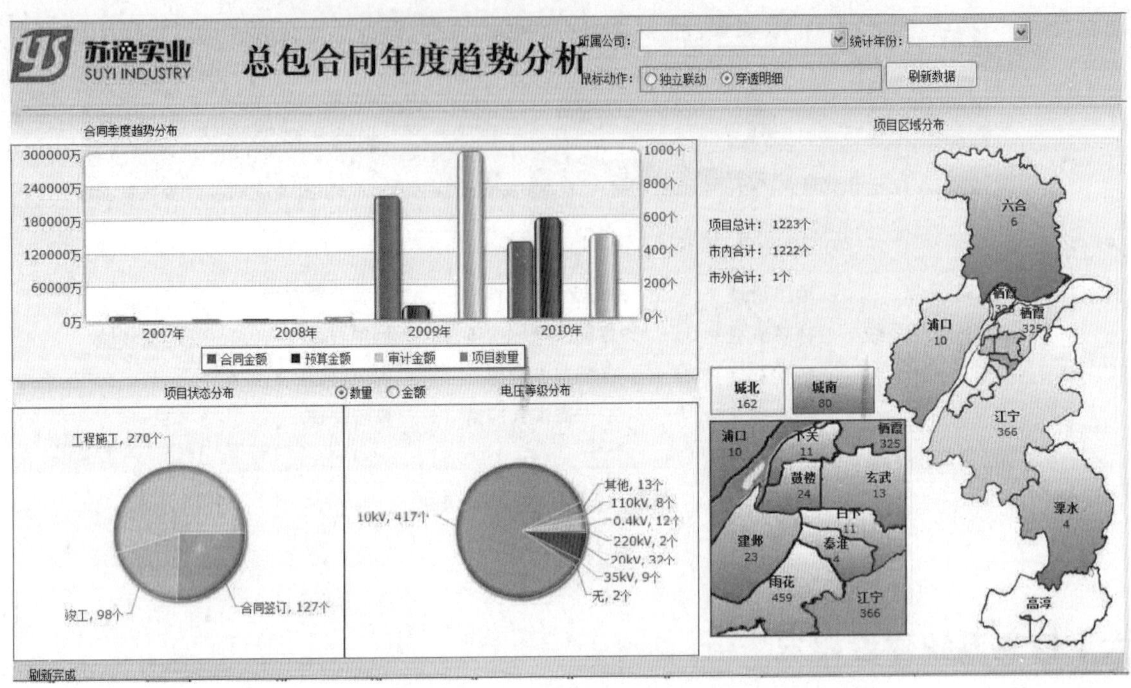

图3 总包合同年度趋势分析

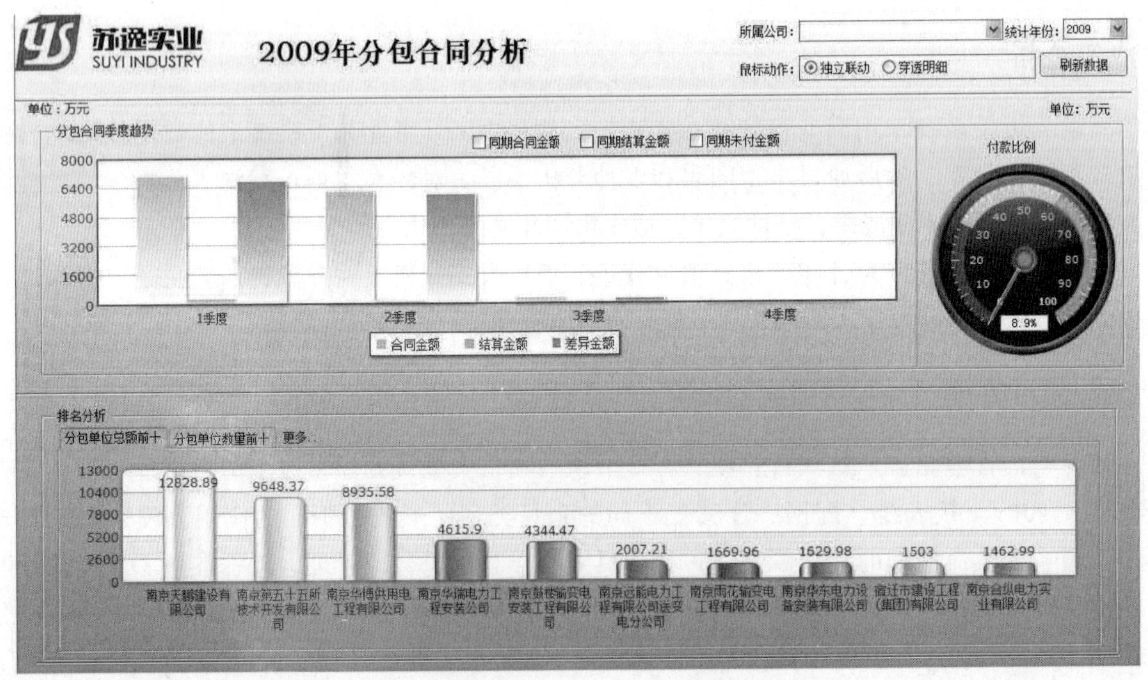

图4 2009年分包合同分析

图5 公包管理流程图

	项目编码	项目名称	工程编号	WBS结构名称	预算编制	设计任务是否发送	施工员	施工任务是否发送
225	YS09S0440	南京金域蓝湾置业有限公司-09宁逸	09宁逸用0053雨	电缆	张成林	是	徐刚	是
226	YS09S0440	南京金域蓝湾置业有限公司-09宁逸	09宁逸用0053雨	开闭所	王莉	是	徐刚	是
227	YS09S0440	南京金域蓝湾置业有限公司-09宁逸	09宁逸用0053雨	内部电缆	王莉	是	徐刚	是
228	YS09S0440	南京金域蓝湾置业有限公司-09宁逸	09宁逸用0053雨	内部土建	王莉	是	徐刚	是
229	YS09S0440	南京金域蓝湾置业有限公司-09宁逸	09宁逸用0053雨	配电房1	王莉	是	徐刚	是
230	YS09S0440	南京金域蓝湾置业有限公司-09宁逸	09宁逸用0053雨	配电房2	王莉	是	徐刚	是
231	YS09S0440	南京金域蓝湾置业有限公司-09宁逸	09宁逸用0053雨	配电房3	王莉	是	徐刚	是
232	YS09S0440	南京金域蓝湾置业有限公司-09宁逸	09宁逸用0053雨	配电房4	王莉	是	徐刚	是
233	YS09S0440	南京金域蓝湾置业有限公司-09宁逸	09宁逸用0053雨	配电房5	王莉	是	徐刚	是
234	YS09S0441	南京大学-09宁逸用0039栖	09宁逸用0039栖	开闭所				
235	YS09S0441	南京大学-09宁逸用0039栖	09宁逸用0039栖	南京大学-09宁逸用0039栖		是		是
236	YS09S0441	南京大学-09宁逸用0039栖	09宁逸用0039栖	土建				
237	YS09S0441	南京大学-09宁逸用0039栖	09宁逸用0039栖	外部土建				
238	YS09S0441	南京大学-09宁逸用0039栖	09宁逸用0039栖	箱式变				
239	YS09S0441	南京大学-09宁逸用0039栖	09宁逸用0039栖	开闭所1	张成林	是	徐浩	是
240	YS09S0441	南京大学-09宁逸用0039栖	09宁逸用0039栖	开闭所2	张成林	是	徐浩	是
241	YS09S0441	南京大学-09宁逸用0039栖	09宁逸用0039栖	内部电缆	张成林	是	徐浩	是
242	YS09S0441	南京大学-09宁逸用0039栖	09宁逸用0039栖	外部电缆	张成林	是	徐浩	是
243	YS09S0442	南京市下关区市政工程建设管理处-	09宁逸用0045北	南京市下关区市政工程建设管理处		是		是
244	YS09S0442	南京市下关区市政工程建设管理处-	09宁逸用0045北	电缆	汤兴辉	是	黄有俊	是
245	YS09S0443	中铁四局沪宁城际铁路工程站前I标	09宁逸用0044北	中铁四局沪宁城际铁路工程站前I		是		是
246	YS09S0443	中铁四局沪宁城际铁路工程站前I标	09宁逸用0044北	电缆	王莉	是	[illegible]	是

图6 设计及施工委派明细表

3. 供应链管理

供应链管理实现物资计划、采购、库存、结算的全过程管理。公司能准确掌握仓库库存情况、及时安排补货，快速响应处理项目物资需求，同时通过与预算联动，准确核对物资材料需用情况，精确控制材料成本。

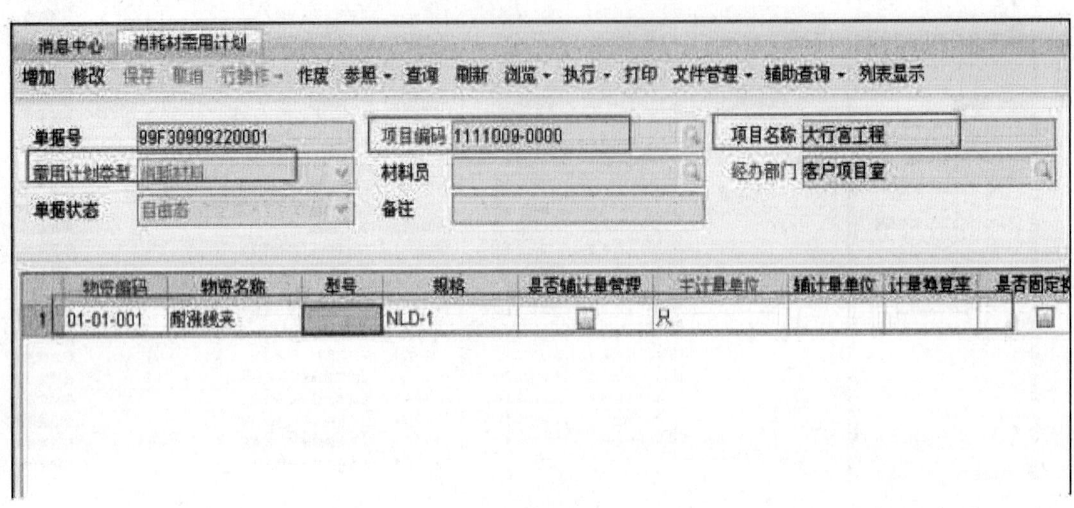

图7　消耗材需用计划

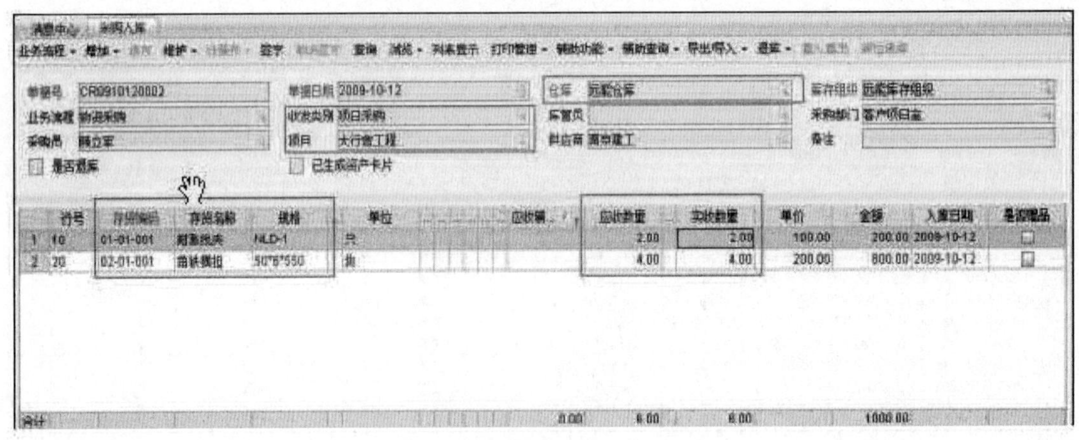

图8　采购入库

4. 财务业务一体化

通过统一的信息化平台，将项目管理、供应链与财务管理一体化衔接，实现业务与财务部门流程前后打通、数据准确传递、信息有效共享，对整个公司来说达到财务业务一体化联动控制的目的。

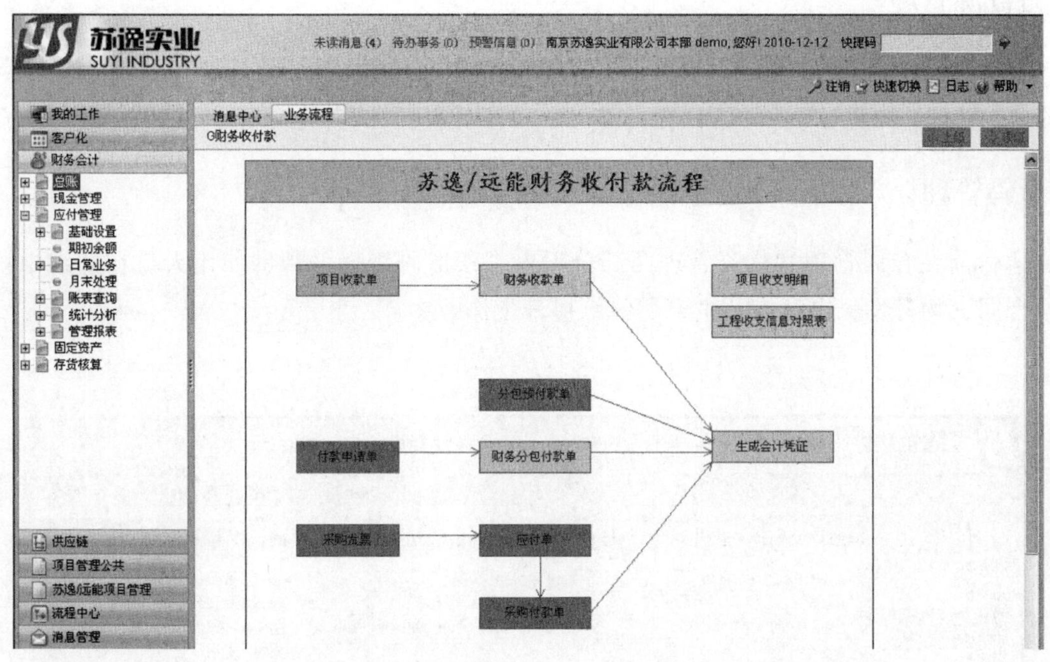

图9 财务收付款流程

苏逸实业 SUYI INDUSTRY 未读消息(4) 待办事务(0) 预警信息(0) 南京苏逸实业有限公司本部 demo,您好! 2010-12-12 快捷码

消息中心 | 业务流程 | 工程收支信息一览表

查询 刷新 交叉设置 栏目设置 小计合计 · 过滤 分组 排序 打印 ·

	项目编码	工程编号	项目名称	项目经理	工程概况	预算金额	总承包合同金额	已收款金额	收款比例%	未收金额	分包合同金额	分包结算金额	付
1	YS09Y0187	09宁远接5113雨	南京仁恒置业有...	李祖坚	新上2*500箱变								
2	YS09Y0090	09宁远接5013雨	南京电线电缆厂...	刘欣	支接，电缆引入...								
3	YS09Y0192	09宁远用5122雨	南京河海科技有...	李祖坚	支接，新上1*63...								
4	YS09Y0198	09宁远接5133雨	中铁三局京沪高...	李祖坚	电缆引入，新上...								
5	YS09Y0921	09宁远高压2028	宁杭客运铁路沿...	汪巍	迁移35-220千...								
6	YS09Y0076	09宁远接5036栖	南京荣宝科技实...	邹春江	T接电缆引入，...								
7	YS09Y0081	09宁远接5044栖	南京新城创置房...	邹春江	杆线迁移								
8	YS09Y0054	09宁远接5004雨	江苏红太阳原料...	高若群	接入系统工程								
9	YS09Y0605	09宁远用2232雨	建邺区建设局-0...	金晓辉	杆线下地								
10	YS09YT011	TNDX09-06	220kv东胜线36...	孔庆伟	220kv东胜线36...								
11	YS09YT018	TNDX09-14	220kv东板线8...	孔庆伟	220kv东板线8...								
12	YS09Y0136	09宁远接5066南	江苏省省级机关...	李祖坚	新上315临时箱变								
13	YS09YT022	TNJJ09-02	110k徐庄变电...	葛嵩	通信设备安装及...								
14	YS09Y0137	09宁远接5070栖	南京市栖霞区人...	李祖坚	新上一台630kV...								

图10 工程收支信息一览表

5. 集团财务管理

集团财务包括总账、现金、应付、固定资产、存货核算等模块。实现对总部和下属单位财务体系的统一，及时了解下属单位账目及资金情况，准确处理集团内部交易，快速汇总合并财务报表，帮助建立及时准确的集团财务管理体系。

6. 人力资源管理

人力资源管理涵盖组织机构、人员信息、招聘管理、合同管理、薪资管理、培训管理、绩效考核等的动态管理。构建对于人才的“选、留、育、用”全过程的良性管理，支撑企业持续成长。

7. 条形码管理

苏逸目前在合同管理和物资管理两部分引入了条形码管理，帮助使用人员在系统中快速准确定位合同、物资发料申请以及主要材料，提升工作效率。

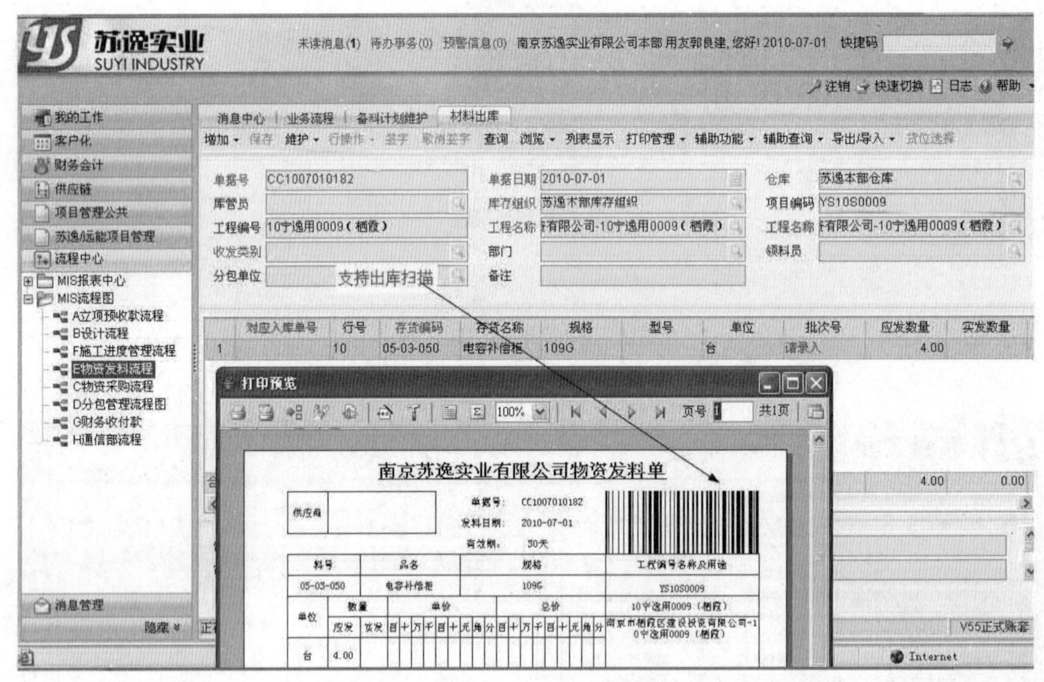

图11　条形码管理

8. 一卡通管理

一卡通（IC卡）系统通常被用于对员工的工资、消费、考核等的管理。而苏逸结合自身行业特点，更进一步的将其用于供应商和客户的身份识别，将一卡通系统发卡与NC客商管理信息进行衔接，实现客商信息的快速定位。

而后续苏逸还将进一步按区按点安置自助终端机，与一卡通服务中心进行联通，并与NC系统项目合同管理及物资系统进行全面的集成，搭建客商自助查询管理系统。

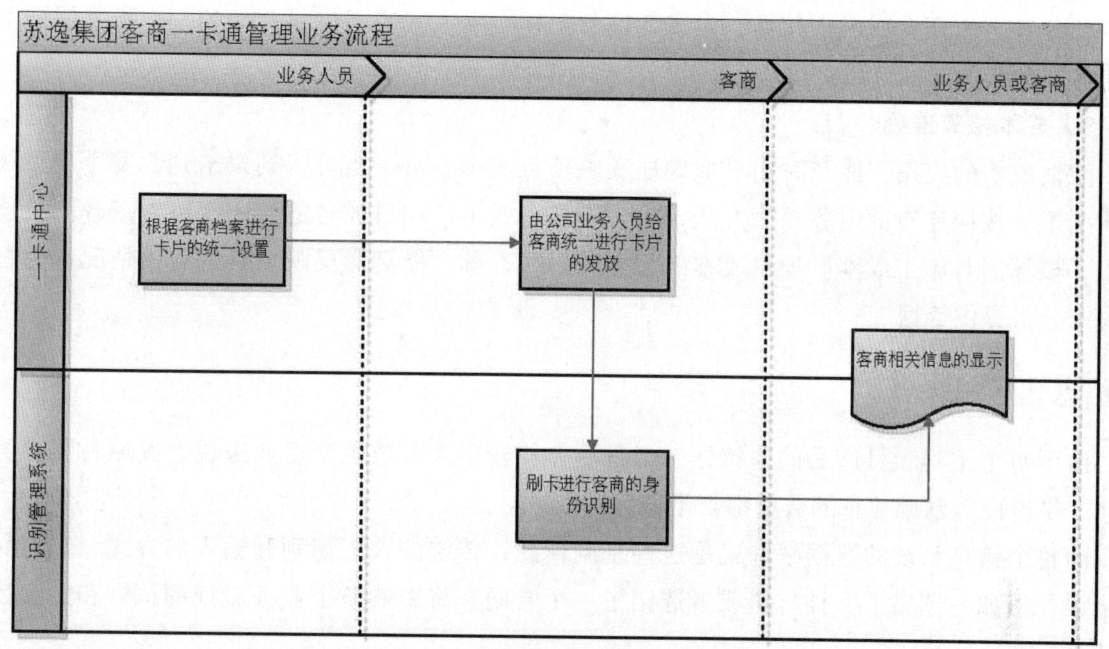

图12 一卡通管理业务流程

（七）信息化建设总结

1. 信息化应用价值

1）管理侧重点转化

在管理信息系统上线之前，原有的项目管理系统侧重于日常事务的流转，NC在审批流等相关事务管理的基础上，强调数字管理、控制管理。项目管理中的相关数据在系统中均能查询，并在流程中作了相关的控制，例如：会签的控制、配发工程编号的控制、收款的控制、仓库的控制、采购流程的控制等。

2）简化作业流程、缩短流转周期

通过工作任务联系单、预算上传、共享查询等功能的应用，相关纸质单据不再手工在部门间流转，全部在网上走流程，在权限控制的基础上，项目数据共享。节省办公成本，简化流程，提高管理的规范化。

3）电子化管理、规范化管理

所有的总承包合同、分包合同、物资采购合同及相关单据均在系统中录入并流转，查询、统计、汇总更加方便，流程相对固化。管理向业务流程靠拢，系统使管理更加趋于规范和高效。

4）财务业务一体化

项目管理、物资管理与财务的无缝链接，相关业务单据或流程通过会计平台，由财务人员审核后直接生成会计凭证。库存材料实现电子化核算，会计期间月内的成本单据，通过NC系统，几分钟之内便完成成本核算、生成凭证的工作，大大减轻了材料会计的工作量。保证了业务账与财务账的统一，账实相符。

5）成本核算准确

暂估成本的应用，能及时相对准确地反映项目成本。对于当月货到票未到，发生项目领料的情况下，按照原有的财务核算方法，当月不核算成本。项目成本的应用，可以按合同价预估成本，核算当月施工成本。项目成本的数据较以往准确，能真实反映项目的收支情况，为管理和决策分析提供依据。

2. 信息化应用亮点

由于每个工程项目产品的独特性，工程企业相较于大多数生产企业来说，其原材料品类、合同、供应商等基础信息的数量都是十分庞大的。

而整个信息系统的数据根基就是这些基础信息，传统的人工识别和输入的方式，很容易出现错误，例如，选错了一种材料或者选错了一个合同，将影响整个业务流程的执行和后续数据统计分析的准确。

因而在信息化建设中，苏逸十分注重软硬件技术的结合，引入条码、一卡通等技术，实现对物资、合同、客商等重要基础信息的快速准确识别，提升效率的同时也为整个管理体系提供了准确的信息基础。

广西壮族自治区公路桥梁工程总公司信息化案例

（一）企业简况

广西壮族自治区公路桥梁工程总公司（以下简称广西路桥）是经国家核准的公路工程施工总承包特级企业。主要从事各类公路、桥梁、市政道路、交通工程等工程的施工以及基础设施的投资。广西路桥以公路建设为主业，下设工程公司、投资公司、房地产公司、设备维修租赁等7个分（子）公司及一家四星级涉外大酒店。员工人数4000余人，2010年施工总产值67亿。拥有当今世界先进水平的各种大中型路桥机械设备以及检测仪器3000多台（套），拥有省一级的中心试验室，质量监控手段完备，年生产能力达100亿元以上。在国内同行中是一家装备精良，技术实力雄厚的专业施工企业。

广西路桥在大跨径拱桥施工中开发出钢绞线斜拉扣挂桥梁安装系统，解决了大跨径拱桥无支架安装的技术难题。成功完成了当时被誉为“世界第一拱”的广西邕宁邕江大桥及广西三岸邕江大桥、武汉江汉五桥、杭州复兴大桥等一批在国内外影响较大的拱桥。近5年来，广西路桥完成工程合同项目近500个，合同履行率100%，竣工工程优良品率达95%以上。共获38项国家及省部级优质工程奖，被各级单位授予 “工程质量管理先进单位”、“全国优秀施工企业”、“全国用户满意施工企业”、“全国建筑业首批诚信企业”、“五一劳动奖状”等荣誉称号。

（二）企业组织架构

广西路桥的组织架构如图1所示。

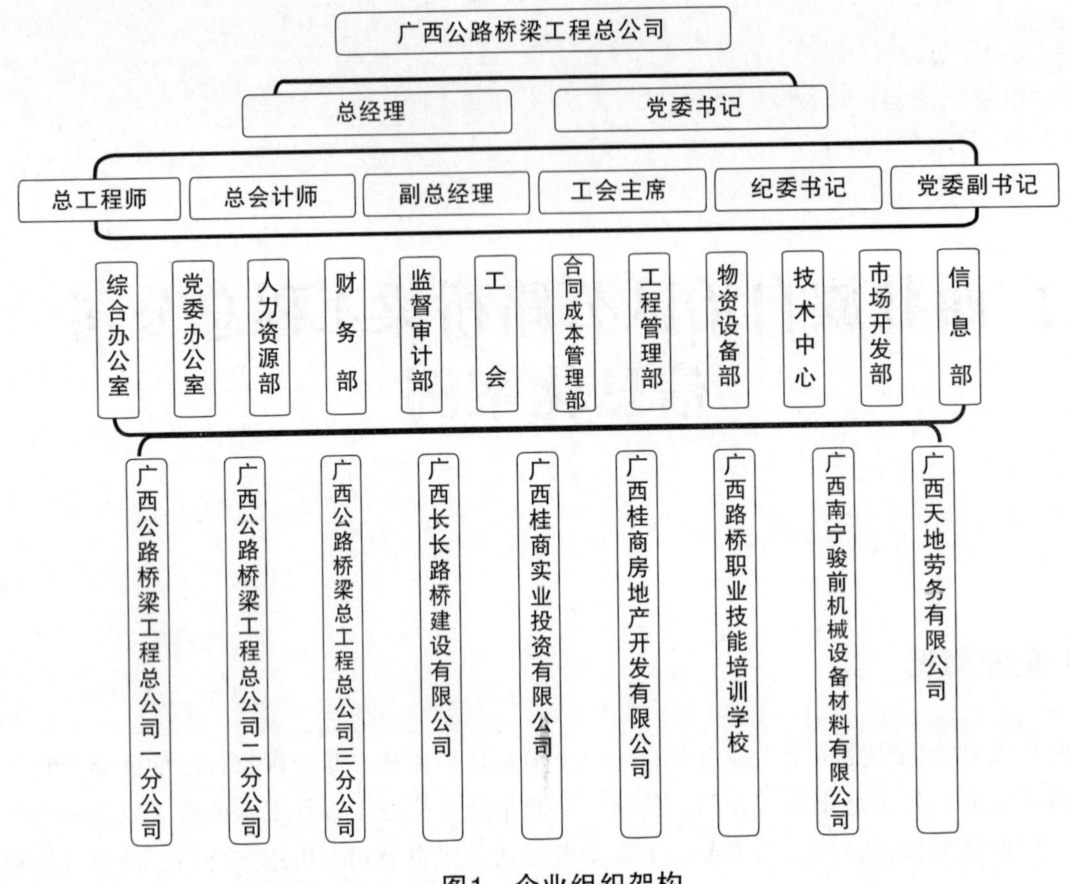

图1　企业组织架构

（三）企业运营管理模式

广西路桥推行的是法人管项目的模式。从项目的发现、项目跟进到投标签约，到项目的计划部署、施工策划、人员组织，再到项目的施工进程，以及后续的交工、竣工，及竣工后服务，都是广西路桥自营为主，过程中会有劳务分包，及少量的专业分包。广西路桥目前的主要盈利模式就是“项目盈利”，即通过企业的资质优势承接更多的优质项目，依靠企业的专业优势、项目管理能力、成本竞争优势和规模优势提高项目的交付能力，为客户提供优质、高效的服务来赢利。

广西路桥采用典型的总部、分公司、项目部三级管控制度。少量项目由总部直管。近年来，广西路桥越来越多地发展了海外项目，这是作为公司战略发展的试点，这些项目，基本上是总部直管。在管理上，广西路桥采用的是“操作管控型”。即：为了保证企业战略的实施和项目目标的达成，总部的各种职能管理非常深入。为了搞好项目管理总公司总部编制大量的管理制度和管理流程并贯彻到分（子）公司和项目部。这些方式以使广西路桥不再需要进行大规模的业务流程再造，而只需要对现有管理制度和工作流程进行优化稳定成优秀的项目管理模式，即可利用信息系统进行“优秀管理模式复制”。

（四）信息化建设背景及历程

广西路桥自2005年开始，就陆续使用信息系统进行办公。但随着业务的不断深入，原有的信息系统已经不能适应管理需要，从而需要一套新的信息系统，改造现有的管理模式并固化为优秀的管理模式，借助计算机网络技术在企业中实现动态、实时、简捷、优化的管理流程，进而实现 “管理复制”。广西路桥希望通过信息系统准确及时地对项目管理进行核算，为管理部门提供决策参考，避免经营亏损，提高经济效益。同时，可以通过信息系统统筹企业运营资源，实现管理效益最大化。利用信息系统实现企业会计核算的信息化、网络化、集中化、财务业务一体化，加强集团整体运营的计划性，实现对任意经济事件的事前计划、事中控制、事后分析，杜绝不合理事件发生，有效降低运营成本。

2008年5月，广西路桥成立了信息化筹备小组。公司的主要领导为信息化提出了管控思想要求，筹备小组多次召开会议学习相关管理思想，讨论信息化的具体目标，梳理部门业务流程，把信息化调研步骤前移，把信息化目标逐步明确。

2008年5月，信息化筹备小组参观了“广西柳工机械股份有限公司集团”信息系统，北京道桥集团财务与合同管理系统、广东长大公路工程有限公司综合管理系统等多个信息系统，取得了很多大型企业信息系统实施的经验。同时，广西路桥开始与国内ERP整体方案和施工项目管理解决方案厂商进行交流。

经过前期对企业管理变革和信息化目标的充分论证，结合招标工作规范，信息化筹备小组编写出了一份高质量的《广西路桥企业综合管理系统招标文件》。2009年3月9日—14日进行第一轮投标方案和产品现场澄清。2009年3月28日、29日进行了第二轮投标文件现场澄清，通过两轮论证与筛选，最终选择建筑行业整体解决方案作为广西路桥最终的信息化落地方案。

2009年4月份开始，广西路桥着手综合项目管理系统的开发，同时，开始HR、财务、资金、预算系统的试点上线到全面运营。2010年9月份，综合项目管理系统试点上线，直至2011年3月份全面推广上线。2011年12月份信息化项目一期整体验收。

广西路桥信息化建设里程碑结点如图2所示。

（五）企业信息化建设思路

广西路桥信息化建设的基本思路为：明确需求、管理变革、信息系统开发和信息系统应用。

这4个方面构成项目的整体，“四位一体”。四者之间的关系是：通过分析找出企业核心价值链上的管理问题清单；通过管理变革建立先进管理模式；通过信息系统开发建立对应于先进管理模式的ERP系统；通过信息系统应用实施并验证先进管理模式。

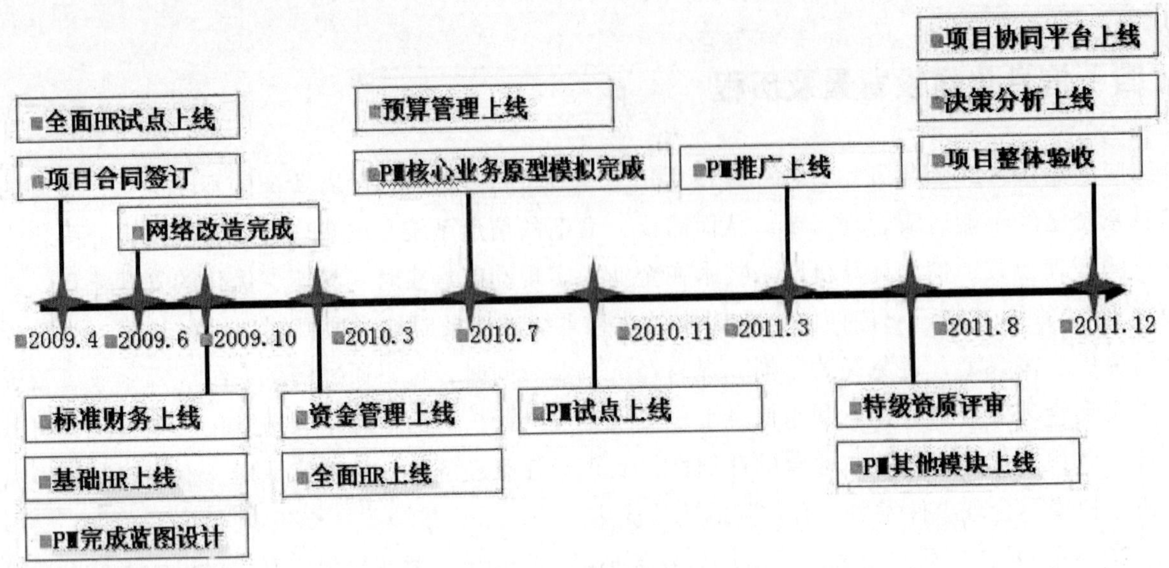

图2　信息化建设里程碑结点

经过对项目管理价值链的活动进行分析、梳理和归纳，得到了广西路桥企业管理的问题清单。主要分为项目管理、分公司和子公司管理、员工管理、部门管理以及企业决策等5个层面，共19个问题。

在分析出广西路桥存在的管理问题之后，总结原有管理模式，广西路桥得出结论：不需要进行完全的管理流程再造，也不需要建立一个全新的管理模式，而应在现有管理模式的基础上优化和落实管理，提高效率、降低成本、支持决策，提高管理水平。

广西路桥信息化建设的总体思路为：总体规划，分步实施。

构建以施工项目管理为核心的总公司、分（子）公司、项目部三层管理体系,遵循事前计划、事中控制和事后分析改进的原则，实现集约化和业务一体化的项目管理系统。

通过财务作为ERP系统的抓手，以OA、HR为辅助，围绕成本这条主线，逐步落实广西路桥的管理思想。并达到最终的规范化、标准化目标。

（六）信息系统建设概况

信息系统建设概况见表1。

表1 信息化建设系统概况

系统名称	应用范围	主要功能	备注
财务系统	总账、多账簿、报表、出纳管理、应收管理、应付管理、存货核算、合并报表	凭证、报表	核心系统
资金系统	账户管理、资金计划、资金结算、集团划拨、票据管理、投资管理、融资管理、资金监控、银企互联、利息管理、资金预测	收付款单，内部银行，银企互联及结算	核心系统
管理会计	预算管理、成本管理	预算编制、汇总	
HR系统	企业组织管理、员工管理、薪酬管理、绩效管理、时间管理、培训发展、社保年金、招聘选拔等管理	基础人事、薪酬管理、绩效评价	
综合项目管理系统	合同管理、产值进度管理、成本管理、物资管理、周转材管理、设备管理、劳务队管理、供应商管理、投标管理、招标管理、质量管理、安全管理、竣工管理、风险管理	合同、物资、进度、成本、设备、周材 供应商、招标、投标、竣工、质量、安全	核心系统
OA系统	收发文及公告、新闻、通知等	收文、发文 新闻、公告	

（七）信息化建设总结

广西路桥信息化建设的亮点，有以下几点：

1. 提供了可复制的优秀管理模式

广西路桥信息系统中完全订制开发的项目管理模块及其相配套的业务规则和管理制度，是从企业现有管理流程引入更科学的管理思想，经过各级业务部门讨论确定的优秀管理模式。过去，没有一套工具，广西路桥要把这些优秀的管理模式推广到各分（子）公司、项目部的日常管理中非常困难，经常出现的情况是执行不到位或理解错误导致各单位项目管理方式混乱，管理水平参差不齐，甚至出现很多的管理漏洞引起重大经营风险。通过企业信息系统的建设，统一了各单位的项目管理模式，过去管理水平比较弱的单位经过实施信息系统后，项目管理直接套用信息系统要求的优秀管理模式，管理方式得到规范和提高，保障项目赢利。同时，广西路桥的整体管理水平也快速提高，保证每个项目都可以成为公司的基本利润点，为企业做强做大提供了坚实的基础保障。

2. 为有效的管理和控制提供了强有力的工具

广西路桥信息系统项目管理是一个典型的流程推动事务的集成管理系统。信息系统中各模块都是按核心价值链上的业务流程来设计的，模块中的业务单据都由上游模块单据通过“单据转换平台”用推式或拉式产生。业务要想到最终的财务结算支付就必须按业务流程要求一步一步完成业务，同时各模块之间还存在着紧密的钩稽关系。同时，信息系统中的数据确保准确、完整和及时，有了这样的基础管理数据，信息系统就可以为管理和控制项目经营生产提供强有力的工具。过去，广西路桥管理和控制项目的生产经营都是通过日常手工报表、定期检查和专项检查来完成的。手工报表是事后数据，项目人员很容易造假，而且报表不及时、不准确、不完整，甚至出现相互矛盾的情况；此外，定期检查和专项检查费时费力，成本高，效果也不好。现在，各单位日常使用信息系统就可以及时准确地掌握项目的生产经营情况，财务与业务间的经营数据也保持一致，可以准确及时地指导和调整项目的生产经营。

3. 统筹全公司生产经营资源提高生产效率

通过实施信息系统，广西路桥可以从整体统筹各项目的资金应用，盘活资金的使用，使公司可以更有效的集中分散的剩余资金来完成大投资项目。广西路桥通过信息系统可以从总体上分析企业的人才状态，有针对性地开展招聘、培训和调配。特别是在项目管理系统中，更能体现统筹生产资源产生的价值；在项目管理系统中，每个项目的每个工作分解结构都可以由信息系统产生出物资、周转材和设备需耗用的资源计划，按周转材和设备需用计划公司可以更有效调配各分（子）公司的生产设备和周转材料，避免了分散出各分（子）公司的生产设备和周转材料的闲置。同时，把各单位的需用计划汇总，总公司还可以决定哪些大宗材料可能统一采购和何时采购，这对降低采购成本有效利用企业资金起到非常重要的作用。

4. 提高市场开拓的能力

过去广西路桥在参加项目招标时，对于不同施工条件和技术方案所耗用的实际成本是先根据部颁定额计算，然后再根据决策人个人经验和竞争环境决定的。这样的报价方式缺乏科学依据和数理统计作为基础，会出现投出一些质量比较差的标，严重影响企业的经营效益。实施信息系统后，在项目管理系统中可以自动把日常生产经营的成本进行归集，企业定额人员通过信息系统就可以对这些数据进行清理然后回归更新现有的企业定额，形成企业最真实的施工成本，为市场部门进行项目投标和项目承接提供重要的基础数据，提高了企业市场开拓的能力。

5. 为提高企业的决策水平提供了强有力的支持

与企业管理相比，广西路桥的决策关注一些大问题，例如，哪些行业、哪些业务、哪些区域、哪些业主会带来较为丰厚的项目利润？各分（子）公司的收益和成本分别是多少？单个项目的利润是怎样构成的？工人、材料、机械等各耗用多少？在哪些项目采用自营或协作利润更高等。随着广西路桥实施了信息系统，有准备、完整、及时的数据作为依据，这些问题都可以通过数据分析出来，为领导决策提供了可靠的数据支持。

通过信息系统，建立了广西路桥企业定额标准化形成机制，规定了企业标准工程量清单、标准分包清单、标准工程分解规则，统一了企业资源清单，从而使项目的横向对比成为可能，规范了企业的统一管理，提高了企业的整体管理水平。

同时，信息系统实现了业务财务一体化，以财务作为最终考核依据，改传统的实付制为权责发生，使财务和业务结算金额与成本完全一致，做到了互相对比。通过使用倒逼机制，保证了业务系统的自觉运行。并使业务数据可追溯，真正做到了以财务为抓手，以业务为主体的管控。

在信息系统的应用过程中，通过制订规则与信息系统结合，从业务上，量化每个岗位，什么时间要完成多少量的工作，从而将业务与考核结合起来，完成了组织考核、个人考核，避免了两层皮的现象。将信息系统管理延伸到一线上去，并将考核深入到过程管理之中，避免了数据的造假与混乱。

通过信息系统，使广西路桥做到了真正意义上的完全精细化管理。七大费用的收集、分摊与对比，已经管理得非常到位，极大地增强了企业的管理水平。

云南工程建设总承包公司信息化案例

（一）企业简况

云南工程建设总承包公司（前身为云南省第八建筑工程公司）始建于1953年，是云南省唯一一家国家房屋建筑工程施工总承包特级资质企业，简称“云南建设”。公司注册资本金3.84亿元。现有在职职工1 437人，其中专业技术人员372人，高级职称38人，中级职称180人，注册建造师180人，注册造价工程师13人，注册安全工程师11人。

云南建设具有市政公用工程施工总承包一级资质、水利水电工程施工总承包二级资质、电力工程施工总承包三级资质、建筑工程行业乙级设计资质、地基与基础工程专业承包一级资质、混凝土预制构件专业二级资质等资质。在云南建筑行业中首批通过GB/T19001—2000、GB/T24001—2004、GB/T28001—2001质量、环境、职业健康安全管理体系认证。

云南建设曾荣获“全国创全优工程先进企业”、“全国先进施工企业”、“全国优秀施工企业”称号，获得中国建筑工程“鲁班奖”4项，国家优质工程银质奖6项，被列为“中国最大500家建筑企业及500家最佳经济效益企业”之一。公司下辖29个生产经营单位，具有土建施工、地基基础施工、水利水电施工等能力。

2010年，云南建设成立了信息化领导小组，主要负责信息化战略方面的决策和信息化建设过程中的组织协调工作。领导小组的组长由公司最高决策者担任，副组长由主管信息化建设的公司分管领导担任，负责信息化的日常管理工作，小组成员由各个业务部门的领导或业务骨干担任。

（二）企业组织架构

企业组织架构如图1所示。

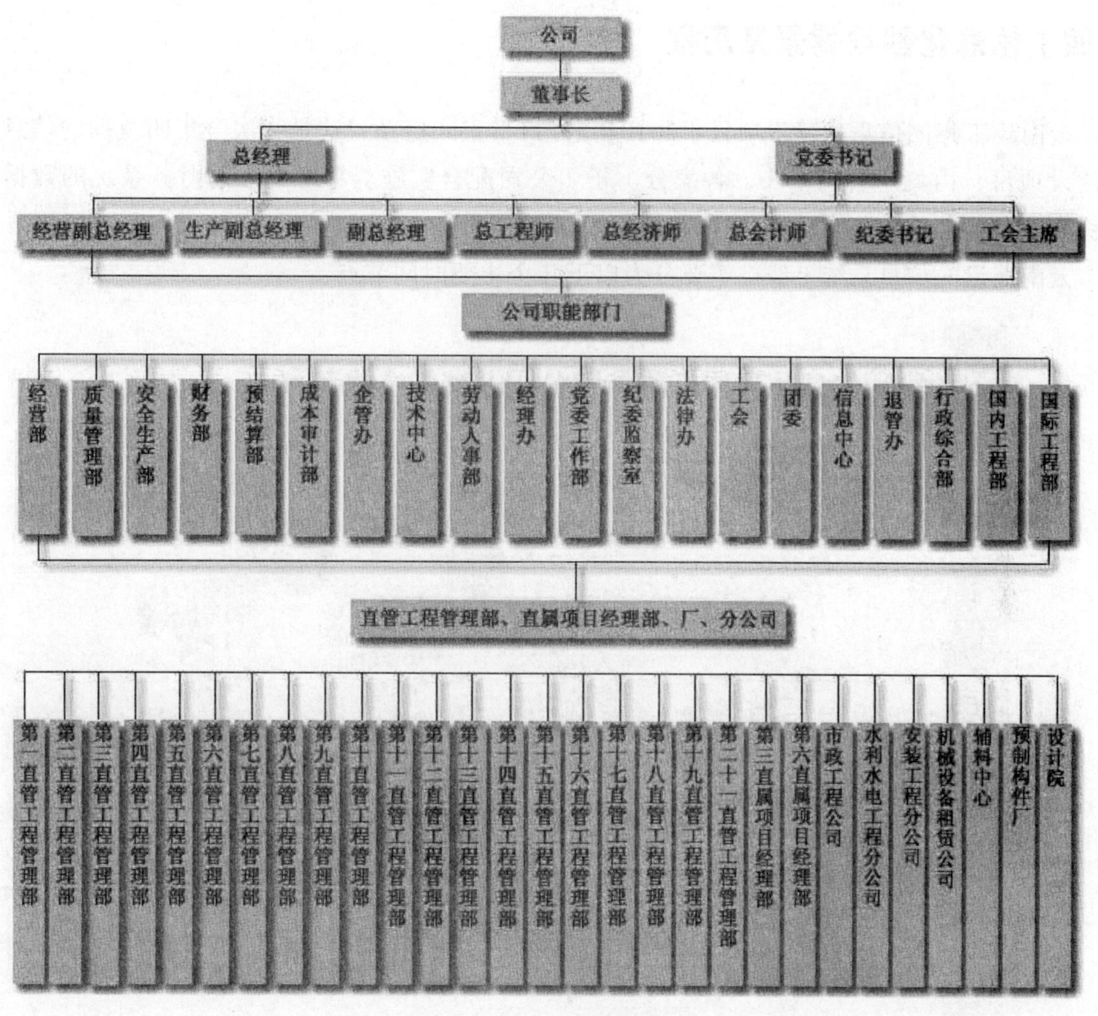

图1 企业组织架构

（三）企业管理模式

随着集团和公司改革改制的不断深化，云南建设明确了以项目管理为核心、成本管理为主线的管理思路，公司真正成了利润中心，直管工程管理部真正成了成本中心。财务由公司统一管理，每个项目建立了独立的核算账套。云南建设实行了两级管理、统一核算的管控模式。

（四）信息化建设背景及历程

云南建工集团信息化建设项目于2010年5月11日正式启动，这是一次全集团范围的信息化整体建设项目，由集团公司牵头，各家分（子）公司配合实施。考虑到之前财务系统的数据需要迁移，于2009年确定信息化建设项目的合作厂商。

云南建设的信息系统上线，主要分为以下几个主要时间节点：

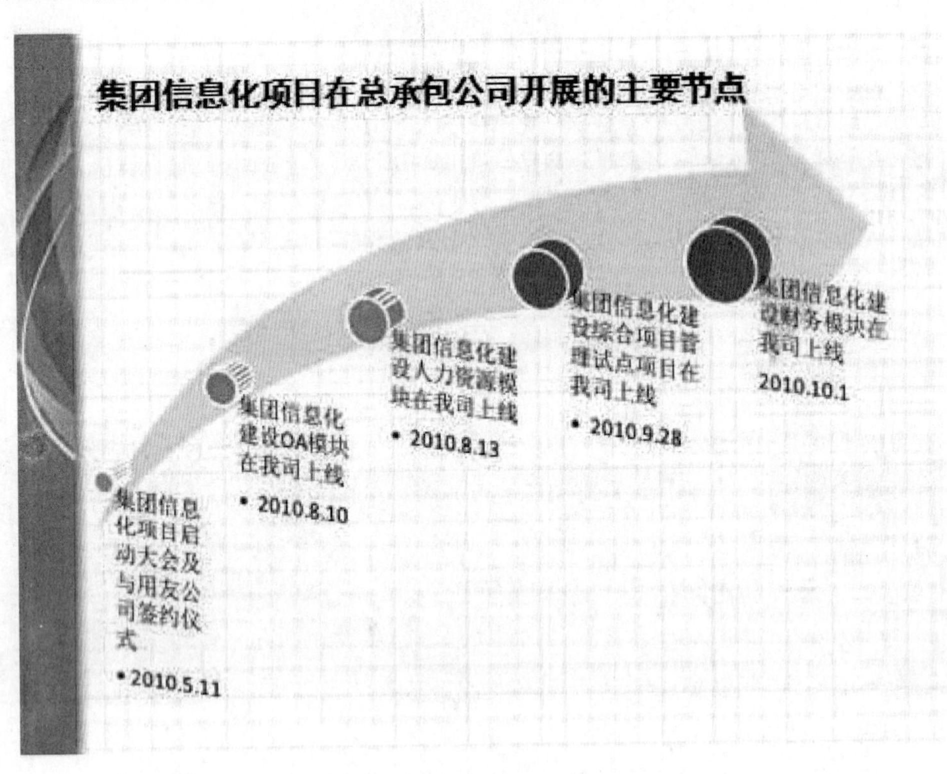

图2　信息系统时间节点

云南建设信息系统推广应用分5个阶段进行，分别是：

①OA、HR全公司推广应用，根据云南建设信息化整体规划、分步实施思想，先启用容易上手的、容易出成效的业务模块，通过有一个好的开始，带动整个公司信息化建设。

②全公司推广应用财务系统，经过3个月的数据同步后，正式启用最新的财务系统。

③选定3个试点项目进行综合项目上线，因综合项目管理是整个信息化建设的难点，根据前期调研形成的实施方案只有通过试点项目实际应用以后才能更好地发现问题和总结规律，所以必须进行试点项目验证。

④综合项目管理全面推广应用。

⑤业务财务一体化全面推广应用，通过近两年单独的综合项目管理应用和财务应用，在整个公司对业务财务一体化要求强烈的情况下，通过业务财务一体化，真正解决业务财务不同步

问题，从业务口到财务口实现全闭环管理。

（五）企业信息化建设思路

1. 企业信息化建设的指导思想

整体规划、分步实施、先易后难，通过分步阶段应用效果逐步带动云南建设整体信息化建设。

2. 信息化建设的前期准备情况

提前梳理完善公司业务管理制度，规范、固化公司管理业务流程。

3. 信息化建设实施的流程方法情况

以PMP项目管理实施方法论为指引，经过入场阶段、产品匹配阶段、信息系统建设阶段、推广应用阶段、竣工验收共5个阶段，完成云南建设的信息系统建设实施工作。

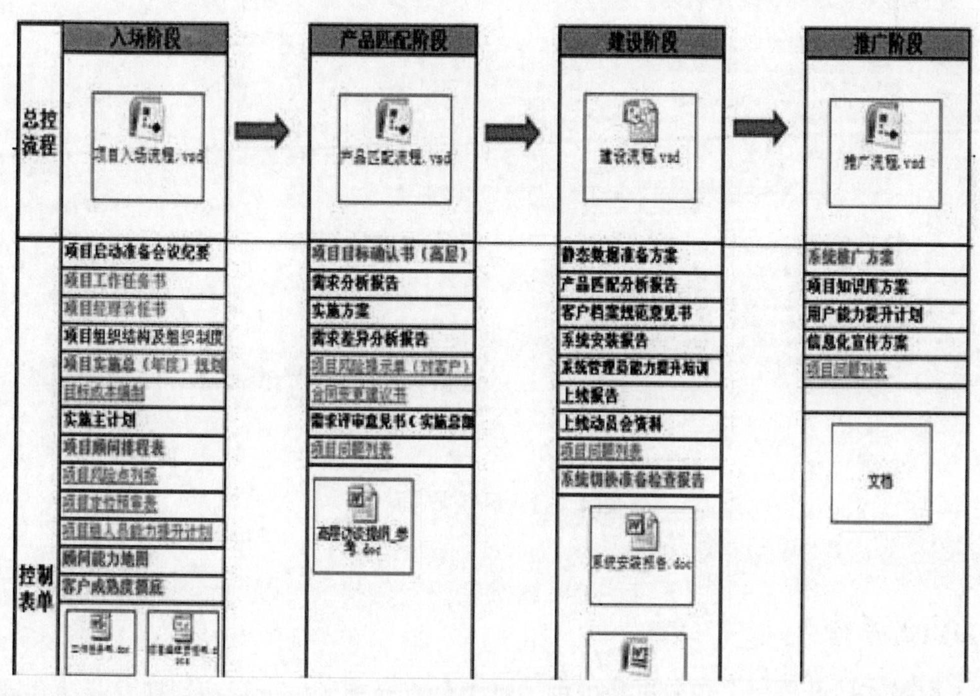

图3　阶段成果图

（六）信息系统建设概况

1. OA办公系统

OA系统设置了单位后台管理、协同工作、公文管理、知识管理、表单应用、电子邮件、公共信息、日程/计划/会议、常用工具及个人事务10个功能模块，以满足公司不同的日常办公事务要求。

云南建设通过OA系统接收、下发各类文件、函件，完成各类协同工作，发布公告、新闻、法规等。OA办公自动化系统的运行成效显著，云南建工集团的工作方式发生了根本改变，文件、办公等事项通过网络传输更便捷，效率更高，并便于查询各工作环节的推进情况，加快了信息交流速度，提高了工作效率。OA系统提供的信息交流平台，增进了公司各层面之间的沟通和了解，使企业有了一个更和谐、稳定的发展环境。

图4 OA系统界面

2. HR人力资源系统

HR人力资源系统共设置了组织机构管理、员工信息管理、员工变动管理、劳动合同管理、薪酬管理、保险福利管理、招聘管理、培训管理、绩效管理、综合报表管理10个功能模块，满足了公司对人力资源的有效管理。

云南建设建立了公司各单位的角色并赋予相应权限，建立了38个用户并与相应角色关联，设立了专职系统管理员。完善了系统中单位、部门及层级组织结构，并根据层级关系分配了相应的权限。建立了全公司1 400余名在职职工的包括个人信息、工作信息、学历、专业技术职务、履历（任职）记录、国家职业资格取得情况内容的人员基本档案。从2010年8月起，在系统中进行了薪酬发放，“五险一金”核算，薪酬发放与福利核算能进行关联，互相取值；建立了员工劳动合同、员工培训、员工招聘、绩效考核等相关信息；建立了公司1 500余名离退休人员的人员档案。

图5 人力资源系统界面

3. 财务系统

云南建设目前使用的财务系统是在数据集中管理、权限集中管理基础上构建的，是适合企业生产需要的财务核算分析体系的软件。内容包括总账、固定资产、UFO报表、财务会计报表与财务分析等，能从不同的角度，帮助企业实现从核算到报表分析的全过程管理。该财务系统能构建与组织机构和考核要求相适应的会计核算体系，能根据公司组织机构的设置，建立起相应层次的会计核算体系，实时透视成员单位的财务状况和经营成果。

云南建设对每个在建项目均建有独立的账套进行核算；日常工作业务中，已经能根据业务和单据同步出具会计凭证；对总账、明细账、项目账等进行查阅和分析；对固定资产台账管理和折旧计提实施全面管理；能按照账套设置架构在项目部、直管工程管理部、公司总部3个不同层次各自出具会计报表，满足内部管理要求和外部信息提供需求。

财务、人力资源、项目管理、固定资产，各个模块之间的有机整合实现了业务数据至财务数据的有效传递，具备云南建设实现业务财务一体化的功能要求。

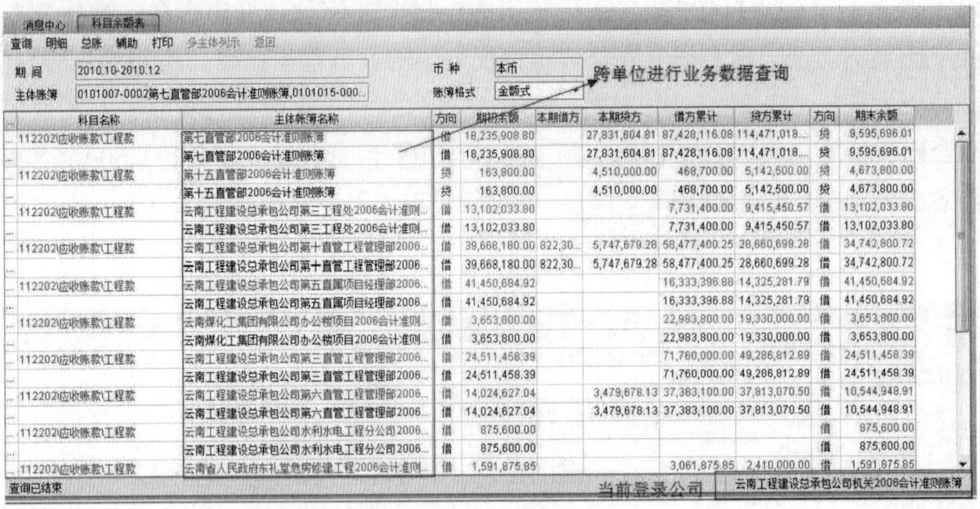

消息中心　科目余额表

查询　明细　总账　辅助　打印　多主体列示　返回

期间　2010.10-2010.12　　币种　本币

主体账簿　0101007-0002第七直管部2006会计准则账簿,0101015-000...　　账簿格式　金额式

跨单位进行业务数据查询

科目名称	主体帐簿名称	方向	期初余额	本期借方	本期贷方	借方累计	贷方累计	方向	期末余额
112202\应收账款\工程款	第七直管部2006会计准则账簿	借	18,235,908.80		27,831,604.81	87,428,116.08	114,471,018....	贷	9,595,696.01
	第七直管部2006会计准则账簿	借	18,235,908.80		27,831,604.81	87,428,116.08	114,471,018....	贷	9,595,696.01
112202\应收账款\工程款	第十五直管部2006会计准则账簿	贷	163,800.00		4,510,000.00	468,700.00	5,142,500.00	贷	4,673,800.00
	第十五直管部2006会计准则账簿	贷	163,800.00		4,510,000.00	468,700.00	5,142,500.00	贷	4,673,800.00
112202\应收账款\工程款	云南工程建设总承包公司第三工程处2006会计准则...	借	13,102,033.80			7,731,400.00	9,415,450.57	借	13,102,033.80
	云南工程建设总承包公司第三工程处2006会计准则...	借	13,102,033.80			7,731,400.00	9,415,450.57	借	13,102,033.80
112202\应收账款\工程款	云南工程建设总承包公司第十直管工程管理部2006...	借	39,668,180.00	822,30...	5,747,679.28	58,477,400.25	28,660,699.28	借	34,742,800.72
	云南工程建设总承包公司第十直管工程管理部2006...	借	39,668,180.00	822,30...	5,747,679.28	58,477,400.25	28,660,699.28	借	34,742,800.72
112202\应收账款\工程款	云南工程建设总承包公司第五直属项目经理部2006...	借	41,450,684.92			16,333,396.88	14,325,281.79	借	41,450,684.92
	云南工程建设总承包公司第五直属项目经理部2006...	借	41,450,684.92			16,333,396.88	14,325,281.79	借	41,450,684.92
112202\应收账款\工程款	云南煤化工集团有限公司办公楼项目2006会计准则...	借	3,653,800.00			22,983,800.00	19,330,000.00	借	3,653,800.00
	云南煤化工集团有限公司办公楼项目2006会计准则...	借	3,653,800.00			22,983,800.00	19,330,000.00	借	3,653,800.00
112202\应收账款\工程款	云南工程建设总承包公司第三直管工程管理部2006...	借	24,511,458.39			71,760,000.00	49,286,812.89	借	24,511,458.39
	云南工程建设总承包公司第三直管工程管理部2006...	借	24,511,458.39			71,760,000.00	49,286,812.89	借	24,511,458.39
112202\应收账款\工程款	云南工程建设总承包公司第六直管工程管理部2006...	借	14,024,627.04		3,479,678.13	37,383,100.00	37,813,070.50	借	10,544,948.91
	云南工程建设总承包公司第六直管工程管理部2006...	借	14,024,627.04		3,479,678.13	37,383,100.00	37,813,070.50	借	10,544,948.91
112202\应收账款\工程款	云南工程建设总承包公司水利水电工程分公司2006...	借	875,600.00					借	875,600.00
	云南工程建设总承包公司水利水电工程分公司2006...	借	875,600.00					借	875,600.00
112202\应收账款\工程款	云南省人民政府东礼堂危房修建工程2006会计准则...	借	1,591,875.85			3,061,875.85	2,410,000.00	借	1,591,875.85

查询已结束　　当前登录公司　云南工程建设总承包公司机关2006会计准则账簿

图6　财务系统界面

4. 综合项目管理

综合项目管理是信息化建设的核心，也是信息化建设的难点与重点，云南建设实施综合项目管理是要建立以“项目成本管理为核心，质量、安全、进度等管理并重”的综合项目管理体系。

综合项目管理系统包括基本档案、经营管理、进度管理、合同管理、收入管理、分包管理、付款管理、物资管理、供应链管理、设备管理、目标成本、成本管理、质量管理、安全管理、竣工管理、风险管理、知识管理17个模块，满足项目管理过程的各个控制环节。

云南建设的综合项目管理协同平台已经建立，并具备了综合项目管理系统的业务管理功能、系统的数据和应用集成功能，综合项目管理系统实现了集成化的项目管理职能，各功能的集成能够做到避免出现“信息孤岛”，体现了综合项目管理思想。目前已经能够围绕项目的3个主要控制核心有效实施管控，即：围绕成本管理以合同、成本、收入、分包、付款、物资、设备等管理功能模块能进行人、机、料等费用归集，核算实际成本，进行两算对比分析，成本核算与财务核算的核算口径对接清晰，反映成本费用的各种数据及时完整并能共享，人工、材料、设备等台账能够自动生成，收入与支付能够匹配，满足云南建设对项目成本管理的监控和过程评价。围绕项目生产管理以质量、进度、技术、竣工等功能模块能及时准确掌握项目生产情况，掌握项目开竣工情况，能够进行进度显示、分解、对比和记录，编制专项技术方案指导生产，能及时查询质量知识库，填报相关记录，确保对外履约。通过安全管理功能模块，能够动态掌握和跟踪项目施工安全的过程管理，编制有针对性的安全文明施工专项方案指导安全生产，及时查询安全知识库，实时填报各类安全检查、考核记录，汇总各类安全报表，通过及时排查安全隐患，整改和复查，追溯责任主体，切实落实安全生产责任制。

目前云南建设下属的20个直管工程管理部、2个直属项目经理部、2个专业工程分公司均已使用综合项目管理系统。2009年起除边远地区的项目外，合同金额3 000万元以上的90多个在建项目已在系统内运行。

云南建设通过对综合项目管理信息化的建设，整体提高了项目管理的工作效率和执行效率，实现了项目管理从经营到竣工的全生命周期的管理，项目管理水平得到了显著的提高。

消息中心 | 收发存汇总月报表－按存货分类 | 收发存汇总月报表－按存货明细

查询　汇总位置切换设置　定位　打印▾　Excel输出▾　栏目　过滤　刷新

公司 总承包公司第十一直管工程管理部　库存组织名称　库存组织编码　仓库名称 版筑翠园现场材料库

仓库编码 bzcy01-xcclk　业务日期：从 2011-01-25　到 2011-02-24

	分类名称	本月入库		本月出库		本月结存	
		数量	金额	数量	金额	数量	金额
1	材料	6482.8590	6388883.95	6482.8590	6388883.95	10.0000	3150.00
2	钢材	993.5590	5054079.95	993.5580	5054079.95	0.0000	0.00
3	钢筋	993.5590	5054079.95	993.6690	5054079.95	0.0000	0.00
4	型钢	0.0000	0.00	0.0000	0.00	0.0000	0.00
5	商品砼	3724.0000	1149228.00	3724.0000	1149228.00	0.0000	0.00
6	商品砼_	3724.0000	1149228.00	3724.0000	1149228.00	0.0000	0.00
7	泵送商品砼	0.0000	0.00	0.0000	0.00	0.0000	0.00
8	商品砂浆	0.0000	0.00	0.0000	0.00	0.0000	0.00
9	商品砂浆_	0.0000	0.00	0.0000	0.00	0.0000	0.00
10	水泥	22.0000	6930.00	22.0000	6930.00	10.0000	3150.00
11	矿渣硅酸盐水泥...	22.0000	6930.00	22.0000	6930.00	10.0000	3150.00
12	地材	74.8000	13796.00	74.8000	13796.00	0.0000	0.00
13	砂	39.0000	2340.00	39.0000	2340.00	0.0000	0.00
14	石	0.0000	0.00	0.0000	0.00	0.0000	0.00
15	砖	35.8000	11456.00	35.8000	11456.00	0.0000	0.00
16	瓦	0.0000	0.00	0.0000	0.00	0.0000	0.00
17	木材	1668.5000	164850.00	1668.5000	164850.00	0.0000	0.00
18	板材	0.0000	0.00	0.0000	0.00	0.0000	0.00
19	枋材	68.5000	87850.00	68.5000	87850.00	0.0000	0.00
20	层板	1600.0000	77000.00	1600.0000	77000.00	0.0000	0.00

图7 综合项目管理界面

5. 档案系统

档案系统主要有预归档管理、立卷管理、档案管理、高级管理等模块，具备了定义文件模板、文件登记、文件检索、字段代码维护、扫描路径设置、批量上传扫描文件、查借阅登记管理、文件统计、文件保管、立卷归档、档案管理、档案利用、档案统计、销毁管理、档案编研、档案保管、库房管理、系统维护、权限管理、数据管理、高级工具、元数据管理、日志管理等功能，系统功能满足了云南建设对档案管理的需要。

该系统可以实现对文件及资料的登记、分发、传借阅、查询、统计和销毁清退，以及各种承办传阅单据的打印等功能，文件的原件也可以在此模块中输入或引入系统，参加后续的立卷工作。目前，云南建设已建立了近两年来的行政类档案783份、工程类档案案卷目录1 550余份、卷内目录18 600余条。

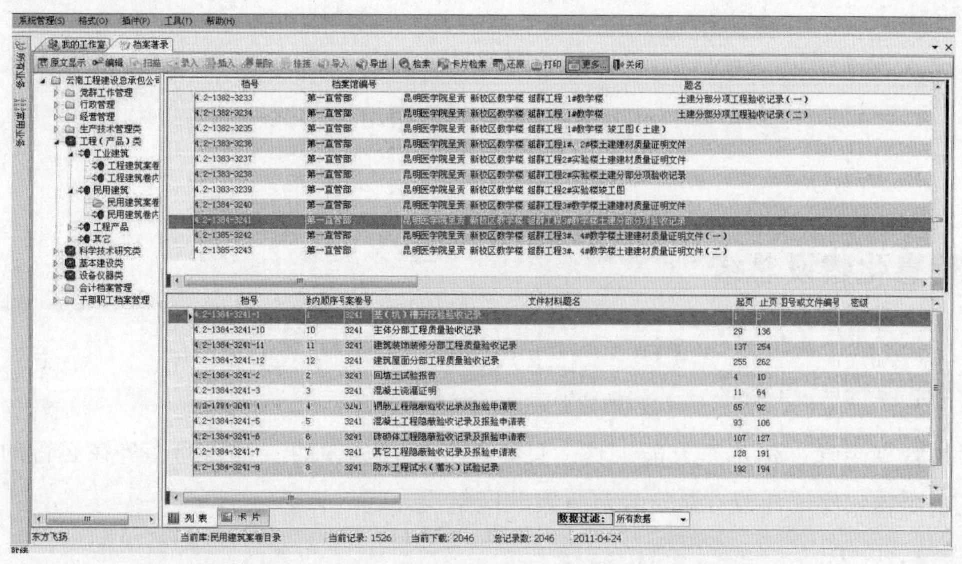

图8 档案系统界面

6. 门户网站

门户网站具有网站后台管理和网页界面展示两个模块。通过网站后台，动态发布包括公司新闻、行业动态、公司产品、人才招聘、采购招标、最新消息、公司证照资质、公司业绩、公司荣誉、精品工程的信息。网站主页除展示以上动态信息外，还具有动画的“企业精神”展示，具有新闻标题图片的展示，具有常用网站的友情链接。

企业门户网站，充分展示了云南建设秉持“云南建设——用心构筑世界”的企业精神，倡导“效益至尊、团队精神、利益共享”的核心价值理念，竭诚为社会各方提供优质的服务，为社会贡献更多的建筑精品的企业文化理念，更直接地对外传达了云南建设的信息，为企业宣传提供了重要的平台。

图9 企业门户网站

（七）信息化建设总结

1. 解决问题过程中的感受

软件是管理工具，但不是万能工具，只要业务是有规律的、重要的、势在必行的，都可以通过建筑企业和软件厂商双方制定规范方案共同解决。

2. 企业利用信息化解决的问题

①建立了集团性的标准化体系。为使项目管理真正达到规范化、流程化管理水平，信息化的标准化体系建立是其中的关键，云南建设进一步清理完善了基础表单，健全了报表体系，建立了统一的物资、客商、设备等编码体系，完成了成本科目与财务核算科目的对接，为信息化建设的进一步推进打下了很好的基础。

针对集团目前信息资源管理的现状，结合自身业务特点，云南建设建立了基于整个集团的信息系统管理规范。建立了编码标准化体系，其中包括13 443条材料编码档案，464条设备编码档案，69 587条客商编码档案；建立了集团统一的成本科目体系、工料机分类档案、材料收发类别种类等。

②云南建设通过综合项目管理系统中分包管理的分包计划功能，做到了过程中对专业分包工程量的控制，分包结算单价由合同签订单价严格控制，实现了公司对于专业分包进行量价分离管理的管控思想。

③云南建设在所有项目部推行分包工程任务书系统打印功能，并设置有审批流，从而实现了工程任务书在开具、审核过程中防止清单增减和变更。一旦有重大变更，都通过信息系统通报有关负责人及领导知晓。逐步从原先由基础业务单据向系统录入的模式，转变为向系统里面录入数据后，根据需要生成和导出单据与报表的模式，真正实现“一个输入、多个输出”，这是信息化建设过程中的一个重大工作思路的转变。

④综合项目管理系统中各模块的结算功能打通，分包结算、材料结算、甲方供材结算、甲方扣罚款等都能够进行业务联动。分包结算扣领用材料款、预付款、扣甲方罚款等功能的实现，解决了原先各口业务人员重复计账、重复结算，最终造成成本不实、账目不清的问题。

⑤集团统一和制定了物资采购12大管控流程，其中包括：甲方直供材料流程、合同价供货流程（单价合同），外部采购、合同价供货流程（单价合同），内部采购、一次性采购合同（量价合同），外部采购、一次性采购合同（量价合同），内部采购等，从而规范了材料现场管理，材料员按照不同的业务类型来选择流程，一切按照流程和制度来执行。特别是在主材消耗使用过程中，实现了量价分离，即合同控制单价，计划控制数量。材料员通过系统的收发存月报表能够进行统计分析和打印导出，大大减轻了月底材料统计的工作量，同时提供了统计汇总的数据精确度。

⑥综合项目管理系统的进度管理模块为项目部的技术负责人及项目经理及时、准确地提供了计划进度与实际进度的对比分析情况，支持甘特图和网络图的切换。通过技术负责人在执行进度计划中设置关注节点和风险预警，让技术负责人及项目经理提前知晓重大节点的开完工时间，提前进行部署。在实际进度发生重大偏差时，技术负责人必须对执行计划进行修订、纠偏，以及对实际进度滞后进行延误分析，项目经理和技术负责人通过查看系统的项目执行汇总报表，能够及时掌握项目的进展情况。

⑦云南建设上线项目通过综合项目管理系统实现了在集团统一的成本科目体系下的成本管理三算对比，即目标成本、预算产值与实际成本的对比；实现了主材明细的两算对比，即预算

资源与实际成本资源的对比。信息系统对比分析的数据源都来源于业务人员录入的原始单据，统计分析数据真实可靠，并能够按照公司各业务管控部门要求，汇总打印出管理报表，规范了数据的逻辑性，减轻了成本核算员工作量，并能通过信息系统做到事前计划、过程控制、事后分析，体现了信息系统的应用价值。

⑧综合项目管理系统权限管理采用分级管理，即集团、子公司、基层单位三级管理，每级设立系统管理员，负责管理各自层级的系统权限，上级单位能够监管下级单位权限，平级单位之间互访权限严格控制。同时，启用项目管理权限，严格划分项目权限，使即便是在同一级单位的业务人员，也只能访问查看到自己所属项目的信息，确保了项目信息的安全。

3. 信息化应用的效果和综合效益

1）提高了数据采集的及时性和准确性

随着信息化建设的推进，按信息系统操作的要求，项目管理的各类初始数据在各种业务实施时就要及时进行采集和录入，数据源的真实性和及时性有了可靠的保证，通过对数据的分析和归集，为项目级和企业级的决策与风险控制提供了依据。

2）进一步提高了各项管理工作的规范性

借助信息化建设，通过对主要基础管理表单的统一设定，不同核算体系的分类对接，归集方法和标准的确定，各核心业务流程的梳理和再造，流程管理和标准化管理得到了固化，避免了过去业务管理的随意性，各项管理工作的规范性和合规性有了很大的提高，有利于云南建设考核评价体系的进一步完善。

3）云南建设的标准化管理体系得到进一步推进，成本管理和财务管理的能力有了显著提高，项目的过程控制得到加强

在信息化建设过程中，统一了物资材料编码、机械设备编码、客商编码、成本科目、费用拆分项、收发等类别，企业标准管理体系得到进一步完善。通过基础单据的录入，成本能够自动归集、分摊、摊销，使公司在对项目的成本管控过程中，能及时对项目分阶段、分节点进行成本核算和成本过程分析，成本管理有了评价基准，对同类项目的评价有了可对比性，经济和效益有了显著提升。

综合项目管理模块所提供的项目收入、付款、成本结算数据可自动传到财务模块的会计平台，公司和集团都能够及时准确地提取各种报表数据。对合并及汇总报表的处理，信息系统可以直接进行汇总、合并，快捷构建报表汇总体系。统一的客商编码规则、客商名称规则为保持客商的唯一性奠定基础，便于财务对账及支付业务的进行。

4）传统项目管理向精细化管理迈进的基础得到了进一步夯实

云南建设的信息化建设，明显推进了各种基础管理，企业从流程梳理、再造，标准化体系的完善，业务与财务核算的对接等诸多方面做出了实质性的推进。综合项目管理、OA、HR、财务模块实现了数据共享；各类相匹配的管理流程和各类制度不断得以完善，绩效考核体系有了检查对比的基本量化标准，项目精细化管理水平不断得到了提高。

5）数据资源初步实现共享，数据保存的可靠性和安全性有了保障，查询检索更加便捷，工作效率明显提高

项目管理所涉及的人、材、机、专业分包、收入、支付等各类信息及数据在信息系统中都有实时和直观的反映，数据之间通过信息系统自动的生成及合并，数据实现了关联和可对比分析，提高了数据资源的利用率，综合项目管理、OA、HR、财务模块实现了数据共享。

使用集团公司建立的SDH网络专线，避免信息系统的数据在传输过程中被窃取和篡改；在信息系统服务器上安装防病毒软件，保证操作系统和软件系统的正常运行；对于在服务器数据库存储的数据，使用专业备份软件进行实时的增量备份和定时的完全备份，在发生系统故障和数据丢失时能够及时有效地进行数据恢复。

6）建立了公司及集团"大审计"工作的有力支撑平台

借助信息化管理平台，公司及集团对各职能部门和项目部的工作效能、管理规范性、成本控制能力、质量安全管控水平、项目各类经济指标评价等综合"大审计"工作有了全面的支撑，有力地监督和督促了各项管理工作的改进和提升。

7）企业形象和综合竞争力明显提高

在竞争日益激烈的市场经济环境下，企业的生存与发展依靠的是企业管理的创新，信息化建设的全面开展标志着云南建设的管理真正意义上由"粗放分散型"向"精细集约型"根本性转型，在社会上的形象和综合竞争力也有了进一步的提高。

8）推进了企业人才队伍建设及各级管理人员业务素质的提高

在一个知识化、信息化的时代，企业的发展离不开人才队伍的建设，推行信息化建设，实质上是促进了管理人员业务素质的提高，各级管理人员特别是项目管理人员通过适应信息化管理要求，对日常管理工作做到了日清月结，数据的采集也能保证及时性和真实性，通过对信息系统操作的逐渐熟悉，人员的综合素质有了较大的提高。

9）随着信息化建设的不断推进与深入，项目管理水平有了明显的提升，企业的盈利能力有了提高

随着信息化建设的不断推进与深入，在云南建设内实现了信息的有效流通，节约了时间，降低了企业运营成本，保证能够快捷、准确地完成工作，提高了工作效率；明确了工作岗位与工作职责，通过信息系统管理功能，规范和约束了管理行为，实现了有效的管理；实现了资源和知识共享，提高了员工的学习和创新能力。

云南建设的信息化建设工作虽然取得了较好的效果，但信息化建设工作是一个长期和不断创新的工作，随着信息化的发展，在下一步的工作中，将不断巩固目前取得的成果，按照信息化建设的目标，继续完善信息系统的建设，对信息系统进行深层次的挖掘和开发，使之更好地为项目的管控和公司的发展服务。

企业信息化就是一把手工程，要想让信息化最终成功，必须由公司最高领导带头狠抓落实；信息化组织者应该深度挖掘高层领导管理思想，借助信息化让公司管理制度落到实处。

信息化建设是全员参与的事情，管理部门必须在信息化建设的过程中全程参与和监控，对公司管理制度落实、业务数据录入质量必须进行监控，录入人员和监管人员必须对录入数据质量负责。

江苏弘盛建设工程集团有限公司信息化案例

（一）企业简况

江苏弘盛建设工程集团有限公司始建于1998年11月，2007年2月获得房屋建筑工程施工总承包特级资质，并拥有公路工程施工总承包、市政公用工程施工总承包、建筑装修装饰工程、地基与基础、土石方、园林古建筑工程专业承包6个一级资质和机电安装、水利水电、消防设施、送变电、起重设备安装工程专业承包5个二级资质。公司在北京、上海、天津等20多个大中城市设有分公司，2011年企业总产值超百亿。

公司于2003年率先通过ISO9001：2000质量管理体系认证，2005年成功进行了2000版的质量体系转换以及ISO14001环境管理和GB/T28001职业健康安全管理体系认证，使企业综合管理水平上了一个新台阶。多年来，公司依靠科技进步、强化管理，坚持“以人为本、诚实守信、科技兴企、精益求精”的企业宗旨，屡创佳绩，所承建的工程获部、省、市优质工程100多项，获得省市级文明工地80多项，其中北京国家体育馆装饰改造工程被评为“国家优质装饰工程奖”、高邮市公安指挥中心工程被评为国家AAA级安全文明标准化诚信工地。

公司系“江苏省30强先进企业”，并先后获得“全国优秀施工企业”、“中国承包商企业60强”、“省先进建筑业企业”、“省最佳企业”、“省质量管理先进企业”等荣誉称号。

（二）企业组织架构

企业组织架构如图1所示。

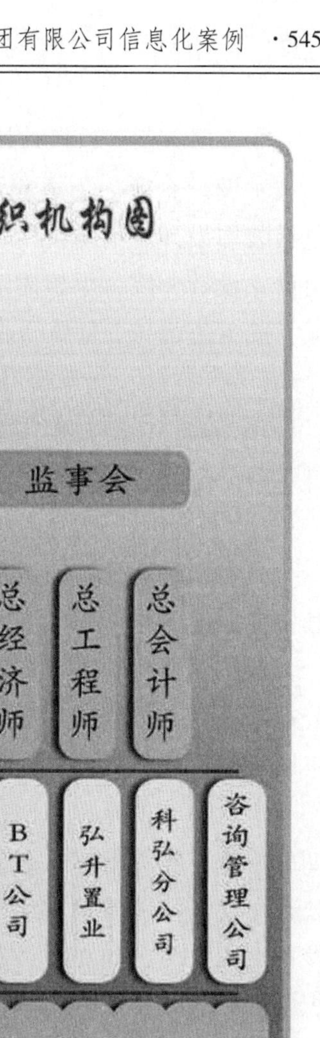

图1 企业组织架构

①公司职能部门。包括办公室、财务部、信息中心、人力资源部、审计部、档案室、企业管理部、设备管理部、法律事务部研发中心等职能部门。分别承担企业行政、财务、经营、生产、质量、安全、科教等管理职能。

②分公司。包括南京、北京、天津、上海、扬州、重庆、四川、云南、青岛、山西、苏州、无锡、常州、盐城、苏中、贵阳、广东、徐州、湖北19个分公司，各分公司一般均设有办公室、经营科、工程科、质量科、材料科、财务科等业务管理部门，业务部门对应集团公司各部门职能，做好本单位的生产经营管理。各分公司下设数量不等的项目部，负责本单位各工程项目的施工管理。

③直属单位。包括兴邮劳务公司、BT公司、弘益农贷公司和弘升置业公司。

④设计企业。为适应设计施工一体化总承包施工的趋势，公司分别设立多种设计组织，包括装饰设计、消防设计、地质勘测和地基处理设计，另外通过与外部设计企业合作，在本公司设立设计分院，承担建筑设计工作。目前设计业务不大，作为一个发展规划，未来会大力加强，成为公司一个重要的业务版块。

（三）企业运营模式、业务及管理模式

公司以房屋建筑施工与专业工程施工为主营业务，近两年每年完成企业总产值约30亿元，其中专业施工业务占比约30%。

在主营业务管理模式上，公司实行集团、分公司和项目部的三级管理，集团与分公司、分公司与项目部之间既是上下级行政隶属关系，又是内部经济承包关系。从行政隶属关系来看，集团在重大项目的项目信息、招投标、合同签订、质量、安全、技术、资金、成本、决算等工作上进行系统的指挥和监控。在一般项目上，分公司一般采取向集团汇报和备案，公司通过定期的检查、审计等方式对分公司项目管理情况进行管控。从内部承包关系来看，每年集团向分公司下达各项主要技术经济指标，并签订承包协议，年末按照承包协议各指标完成情况进行考核并兑现。分公司在项目经营管理上具有比较完整的独立管理权限，可以自主承揽工程，并组织实施，过程中履行向集团汇报和备案，并接受集团领导和各职能部门的业务检查。同时，在项目实施中，劳务、主要材料、周转材料和大型施工机械设备等生产资源的需求实行内部调拨和供应，由项目部和分公司签订内部协议，并进行内部结算。分公司在一般材料和常用小型机械设备方面可以自主采购或利用自由资源进行分公司内部调配。

在项目管理上，公司严格按照ISO各体系标准的要求来规范管理程序，实行包括质量、环境和职业健康安全管理三种体系的“三合一”一体化管理体系。分公司实行较为严格的内部评审机制，包括项目信息、招标文件、投标文件、合同签订、重大技术方案、施工组织设计、成本核算、竣工决算等各个管理环节，根据一体化管理体系的规定，分别由经授权的分公司或职能部门主持进行，基本授权原则是根据具体项目的体量和重要的程度而定，大型的群体工程或有较大的技术难度或重要的创优目标工程由集团进行关键性的评审，一般项目由分公司自由组织评审。分公司在工程分包、劳务分包、主要材料采购等环节实行严格的内部招投标机制，即通过对相关供应进行评价，建立定期更新的合格供方名录，根据项目申请计划，在名录中组织内部招投标，经过评审，确定相应的工程分包、劳务分包和主要材料的供应商，并在实施过程中进行严格的过程监控，记录供方的实施业绩，竣工后做出综合评价，作为保持或取消其合格供方资格的依据。

（四）企业信息化建设背景及历程

企业信息化建设始于20世纪90年代的会计电算化，并逐步引进应用了建筑业设计和招投标预算等工具软件，在企业生产施工管理中发挥了很好的作用。2008年10月，根据住房和城乡建设部下发的特级资质信息化考评标准，企业开始着手建立综合性信息化系统。经过3个多月的行业调查和信息化学习与积累，于2008年12月开展了企业信息化招标，2009年年初与相关软件厂商达成合作协议，企业全面信息化建设正式启动。

经过近两年的努力，以特级资质信息化考评标准为主要依据的综合信息化管理系统初具规模，一个涵盖了办公协同平台、综合项目管理系统、人力资源管理、集团化财务管理为一体的信息化系统已建成，各项管理业务正在应用，并在2011年取得进一步深化，在提升企业管理水准、加快企业经营效率上发挥了很大的作用。

1. 网络环境建设

2005年公司建成了弘盛大厦——办公大楼，建立了集团总部局域网，通过4兆光纤建立与外部网络的连接，2009年又扩展到20兆。

2. 硬件系统建设

公司的中心机房建于2006年，并于2009年进行了改造，面积约为40平方米，设置有3只机柜，分别布置了运行三层交换机2台以及6台服务器，其中VPN500用于安全登录，网络行为管理设备用于日常上网管理。中心机房的服务器现支撑的有工程项目管理I6P系统、集成了OA办公平台，人力资源、集团财务管理、招投标管理、合同管理、进度管理、成本管理、质量安全等工程项目管理系统，另外自行部署了弘盛门户网站，并实现与工商银行、建设银行进行网银直连，用于集团资金结算管理等，同时配备了UPS电源、精密空调和气体自动灭火系统。

3. 门户网站建设

包括企业简介、公司新闻、精品工程、科技创新、公司荣誉、最新通知、招聘信息等栏目。网站由专人负责，内容丰富全面，更新及时，通过文字、图片等形式，直观展示集团的发展成就和品牌实力，有利于加强与客户、与社会、与员工的沟通和交流。网站首页链接了企业管理信息系统和邮件系统登录界面，方便了员工的日常工作。

图2 江苏弘盛门户网站

4. 信息化制度建设

首先，公司组建了信息中心，引进3名计算机专业人才，分别负责机房及网络管理、硬件终端维护、软件系统开发与建设等各项工作，建立了严格的岗位考核制度；同时，在各基层单位和集团部门确立专兼职网络管理员和信息员，分别实施本单位和本部门的信息化建设任务，形成了完善的信息化实施推广组织。

其次，为规范企业信息化应用，建立了信息化实施制度，严格规定了项目管理业务流程，明确各岗位工作人员的信息化职能，配合全系列的信息化操作说明，通过全面的信息化培训，保证了不同应用层面的信息化实施效果。

最后，为在短时间内深入开展信息化工作，建立了严格的信息化实施考核奖惩办法，明确要求所有基层单位从领导到普通员工应全面投入信息化应用，完成日常业务工作，对不能按时准确完成的，将给予严厉处罚，对实施效果较好的单位也将给予奖励，起到了较好的效果。

（五）信息系统建设情况

1. 核心业务应用介绍

2009年企业信息化建设的主要成果是建立了企业信息化应用平台，其基本架构思路如图3所示。

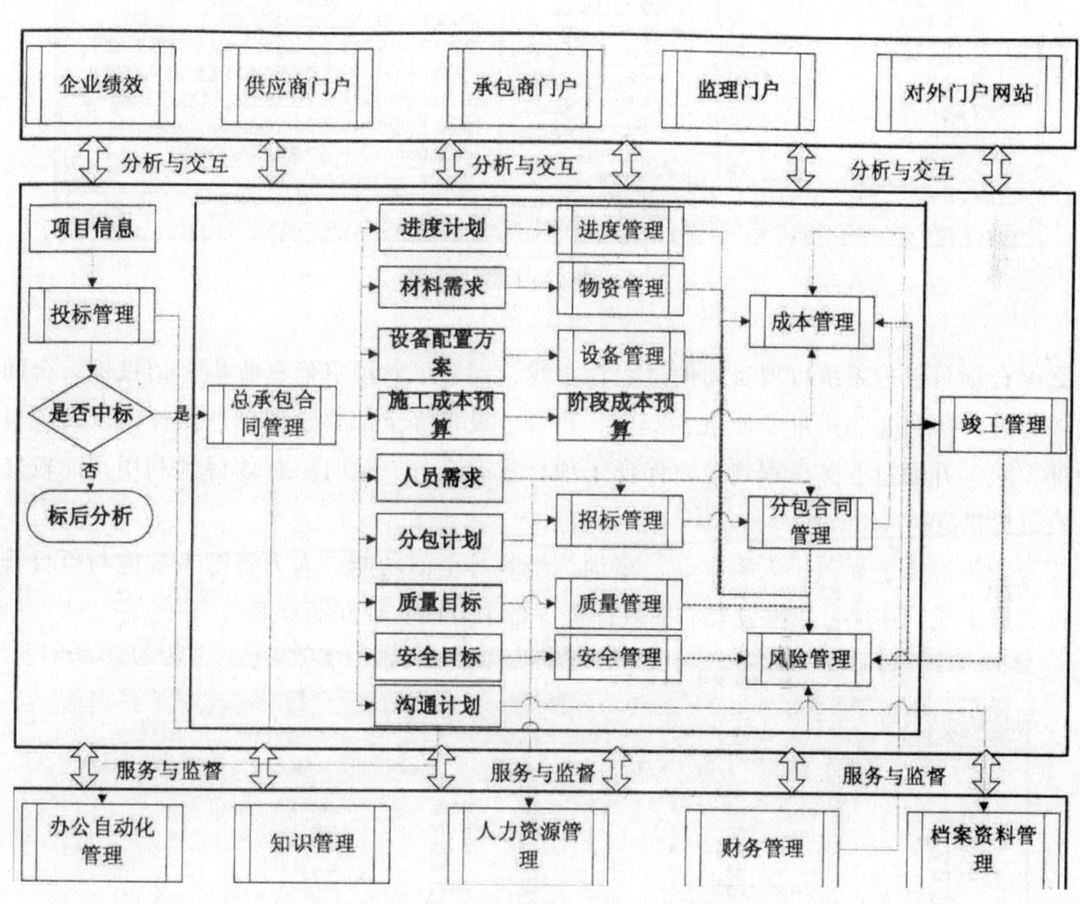

图3 企业信息化应用平台架构

江苏弘盛集团信息化平台全面整合了办公自动化、综合项目管理、档案管理、人力资源管理、财务管理等多个子系统，并实现多系统协同和充分的数据集成。

①办公自动化系统能实现企业文档管理，企业各类公文通过审批流程的实施，能在平台进行及时发布；通过平台消息机制，实现不同组织、员工之间的及时沟通和信息传递，极大提高了管理效率；通过企业文档库与知识管理系统，实现企业知识体系的有效管理，对形成规范的企业管理秩序和企业知识积累与共享起到了很好的作用。

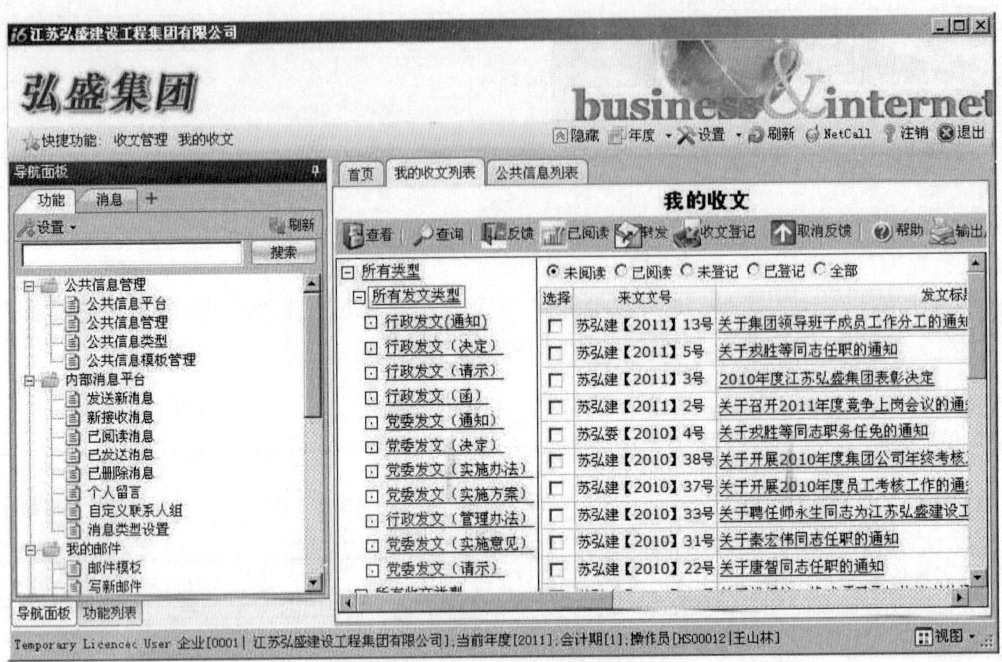

图4 办公自动化系统

②综合项目管理系统以项目周期过程为主线，涵盖了对项目信息收集、招投标、合同签订与监控管理、项目实施进度、质量、安全、物资、设备等全部要素的动态监控，以及项目成本等全部模块，并通过业务流程规范，保证了项目数据充分、及时、有效得到利用，能较好地为项目决策提供支持。

③人力资源系统涵盖了人事异动、培训、绩效等全面功能，人力资源系统能与项目管理系统进行数据集成，在项目权限设置、绩效评价等各个方面实现互通互联。

http://10.10.10.12/ - 员工档案列表 - Windows Internet Explorer

员工列表—在职员工

新建 维护 查看 变更类型 匹配岗位 查询 组织关系 员工看板 再次入职

在职 | 停薪留职 | 退休 | 离职 | 全部 | 内退

查询

弘盛集团
董事会
董事长
副董事长
董事
总经理室
总经理
副总经理
总工程师室
总会计师室
总经济师室
综合办公室
财务部
信息中心
人力资源部
审计部
科技教育部
工程质安部
锡常分公司
山西分公司
青岛分公司
西南分公司
盐城分公司
云南分公司
东莞分公司
响水项目公司

□显示兼任 □显示代理

员工编码	员工姓名	员工性别	员工类型	在职状态	所属组织	入职日期	户籍类型	职等	考勤卡号
HS00001	胡恒春	男	A	在职	董事会	2008-03-01		A1	
HS00002	俞健	男	A	在职	总经理室	2008-03-01		A2	
HS00003	戎胜	男	A	在职	总经理室	2008-03-01		A2	
HS00004	卞洪益	男	A	在职	总经理室	2008-03-01		A2	
HS00005	徐杨	男	A	在职	总经理室	2008-03-01			
HS00006	王连庆	男	A	在职	总经理室	2008-03-01		A2	
HS00007	晏龙斌	男	A	在职	总经理室	1976-09-01		A2	
HS00008	师永生	男	A	在职	总工程师室	1992-09-01			
HS00009	耿加贵	男	A	在职	总会计师室	1990-07-03			
HS00010	徐文林	男	A	在职	综合办公室	1976-03-01		B1	
HS00011	赵金军	男	A	在职	综合办公室	1990-03-01		B2	
HS00012	王山林	男	A	在职	信息中心	1988-12-21		B1	
HS00013	凌加军	男	A	在职	山西分公司经理室	2004-07-01		B2	
HS00014	陈庆梅	女	A	在职	人力资源部	1994-06-01		B1	
HS00015	徐梅	女	A	在职	档案室	1985-01-03		D1	

总记录数 1176 第1页/共79页 本页显示记录条数：15 转到:第____页

图5 人力资源系统

④为实施集团化财务管理，公司做了财务软件的更替，一方面全面引入集团财务管理理念，实现全面预算管理，使财务效率得到提高；另一方面，将财务系统与综合项目管理系统进行集成，实现项目业务数据到财务凭证到财务报表的集中处理，不仅加快了财务效率，并能为领导分析、企业决策提供保证。

在整个企业信息化平台上，以上系统得到有效整合。整合的前提是对企业业务流程进行全面梳理和规范，并对基础数据进行了统一设置，以保证业务流转符合企业管理实际，数据能得到集成利用。

2. 综合项目管理应用

1）项目信息收集

项目信息收集是任何项目开始的第一步，公司要求所有项目信息必须登入系统，避免分公司项目的冲突，并通过信息评审流程以确定是否进行投标以及确定投标工作的各种资源。

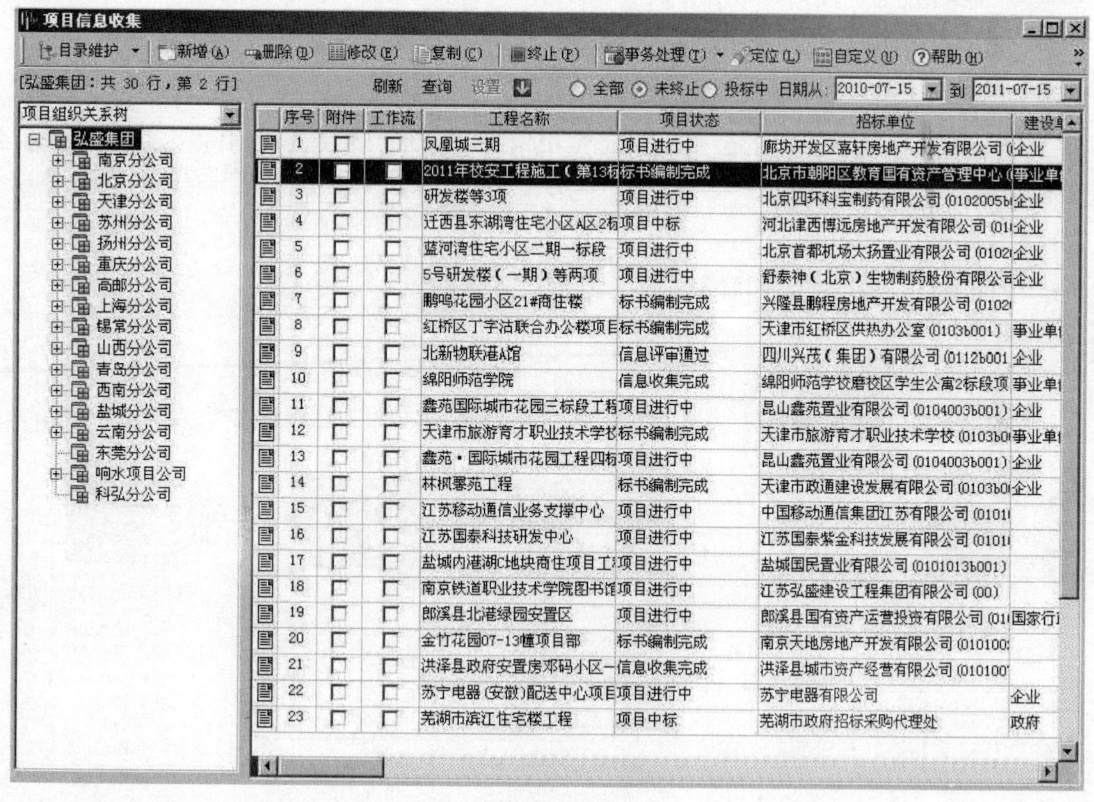

图6 项目信息收集

2）招投标管理

对确定参与投标的项目信息，应用专业预算软件编制电子标书，上传系统进行投标评审，并参加投标。

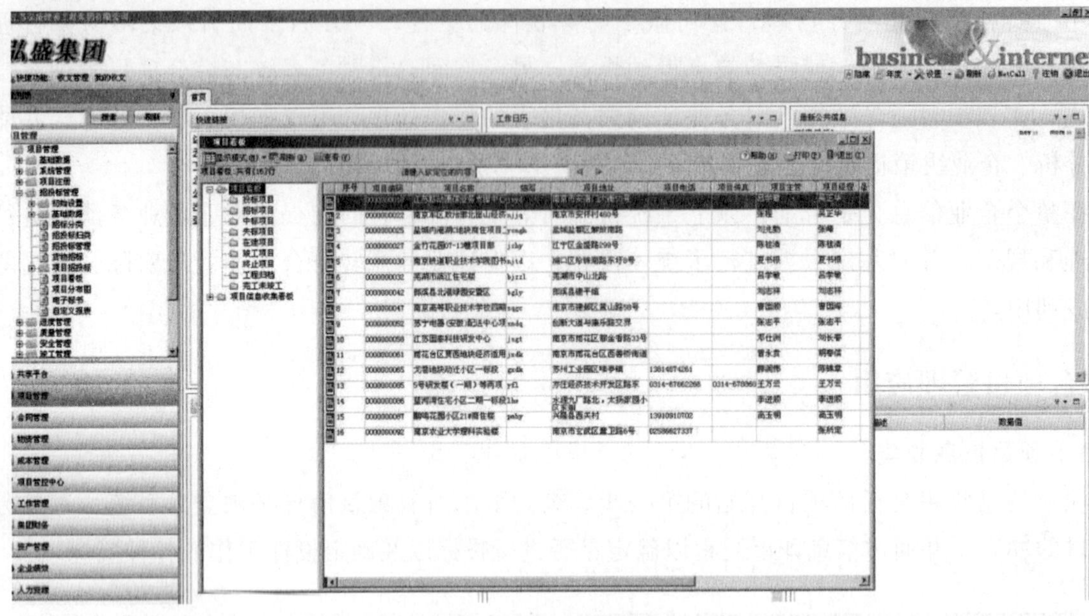

图7　招投标管理

对于投标过程，公司原本的会签工作完全由信息化替代，信息异地上报，投标过程、会签过程责任清晰，状态明确。

3）主合同管理

对于中标项目，进行主合同管理业务，其流程如图8所示。

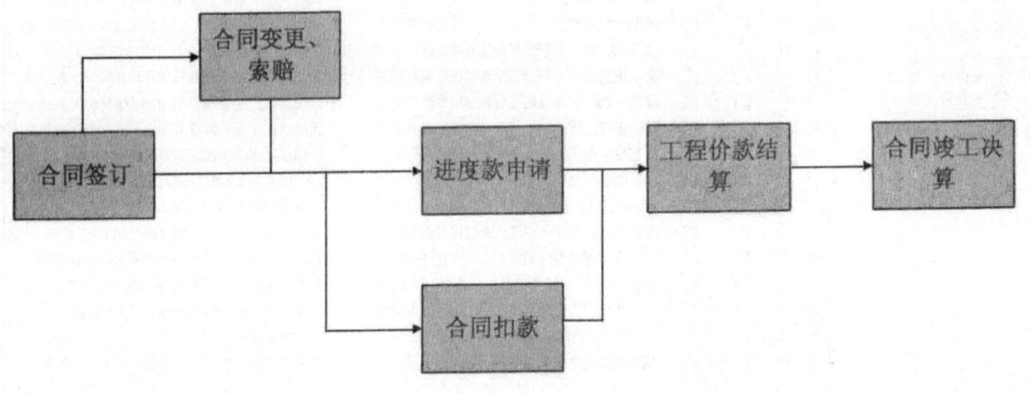

图8　主合同管理

4）成本管理

成本管理是江苏弘盛的管理重点，2005年公司开始着手企业内部定额库的建立，为管理信息化的实现打下了一定基础，企业根据企业自主定额对承建项目的成本进行成本预算管理，项目经理部据此编制项目总成本计划。在项目经理部签订项目承包合同后又制订项目实施成本计划，继而进行成本控制与成本核算。

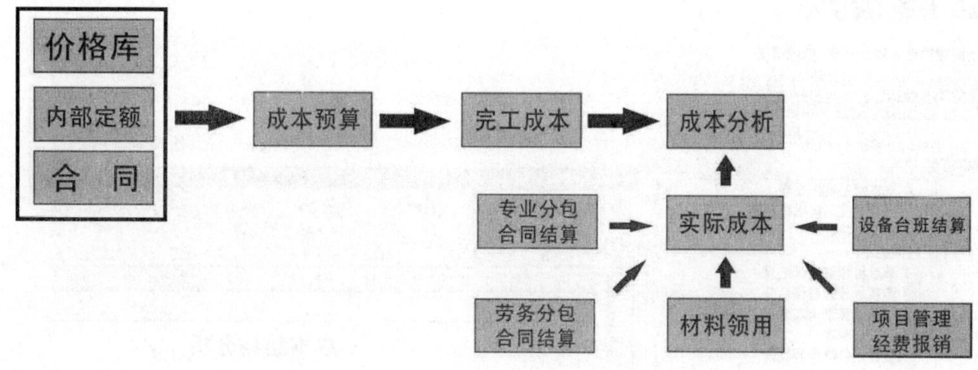

图9 成本管理

成本预算按照不同项目制定项目预算文件，对分项工程的材料、设备、人工费用进行计划。

实际成本业务可以随时调用成本预算数据、成本计划数据、并可以取得成本分析模块的数据作为审批的依据，对于超出原预算的成本，系统提供费用超支提示、强制无法审核（必须修改预算）等控制方法。

成本分析的设计采用赢得值法作为设计的主要依据。作为成本预算和成本控制的最终结果，采用赢得值法（三值法）对项目的费用进行管理。即以货币量来测量工程的进度和实施状态。并对项目的可能完工时间和费用进行预测，分析当前的费用开支情况和项目进度执行情况。

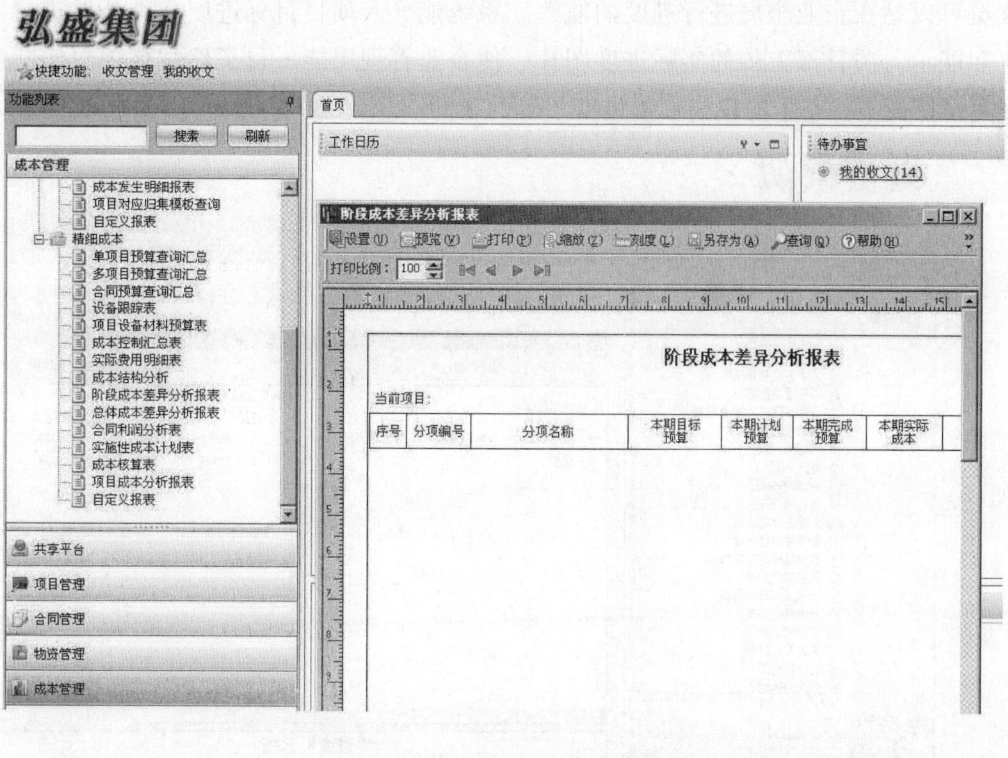

图10 阶段成本差异分析

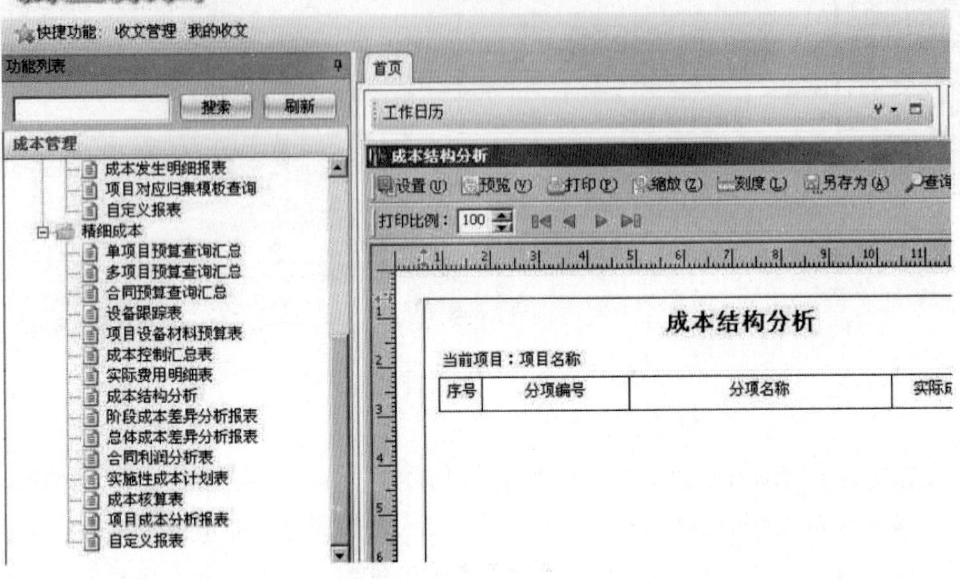

图11 成本结构分析

5）进度控制

公司通过进度管理软件对所有在施项目进行施工进度计划编制，进行关键路径分析，总公司管理人员可以站在企业全局进行进度的监管。系统能导入项目目标进度文件，并进行实际进度的对比和展示，项目部上传的实际进度图片，使企业管理层能一目了然掌握项目实际施工进展情况。实现低成本状态下的现场形象进度了解的目的。

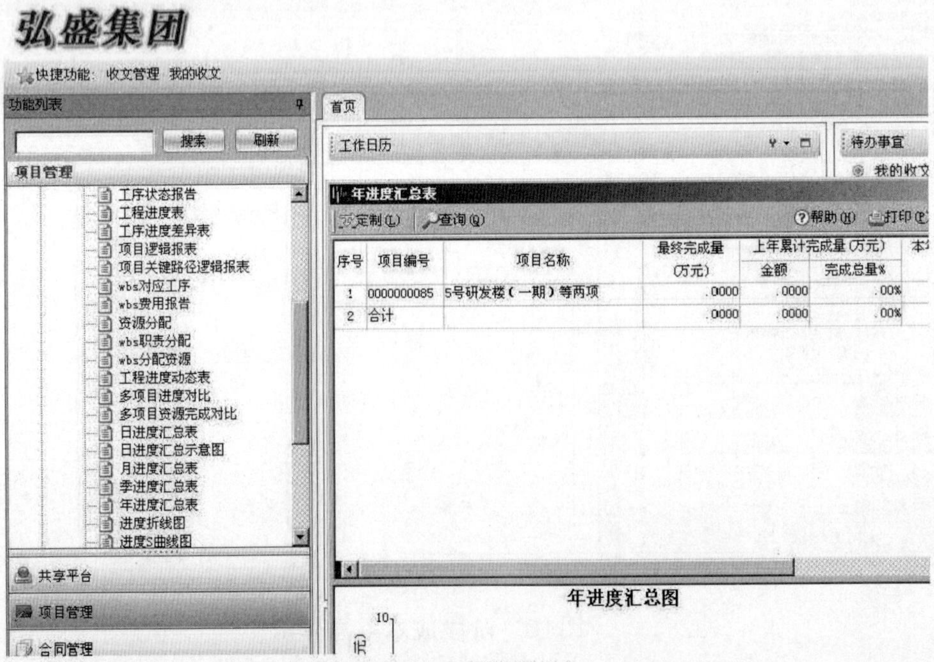

图12 进度控制

6）物资管理

基于统一的物资编码，从物资要料到实施采购，实现全过程流程管理，并在项目现场进行进货、出货登记，同步进行财务核算。

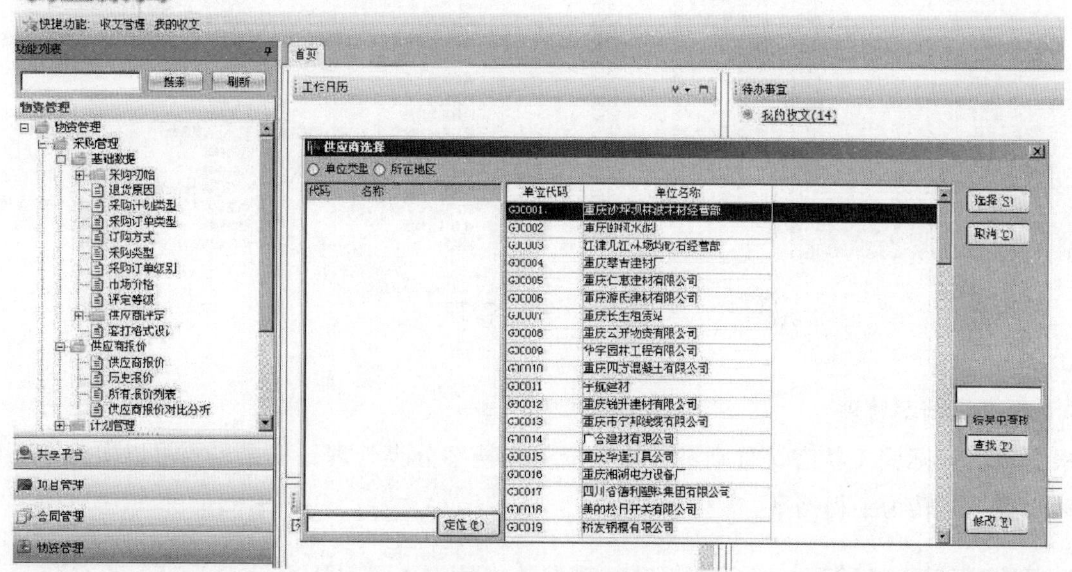

图13　物资管理

7）设备管理

公司以设备的所有者（集团）、管理者（分公司）、使用者（项目部）三个角度，对自有施工设备进行管理，包括固定资产、设备经营和设备使用。

对于项目部而言，通过对内部租赁设备和外单位设备租赁两种不同的设备进行不同管理深度的应用，其中内部租赁设备包括设备台账、设备需求与响应和设备使用管理，外单位设备租赁包括设备租赁合同管理和设备入场登记等功能。

8）质量与安全管理

在建立质量与安全知识库的基础上，通过明确项目质量、安全目标，加强过程检查，及时发现现场质量与安全隐患，落实整改。

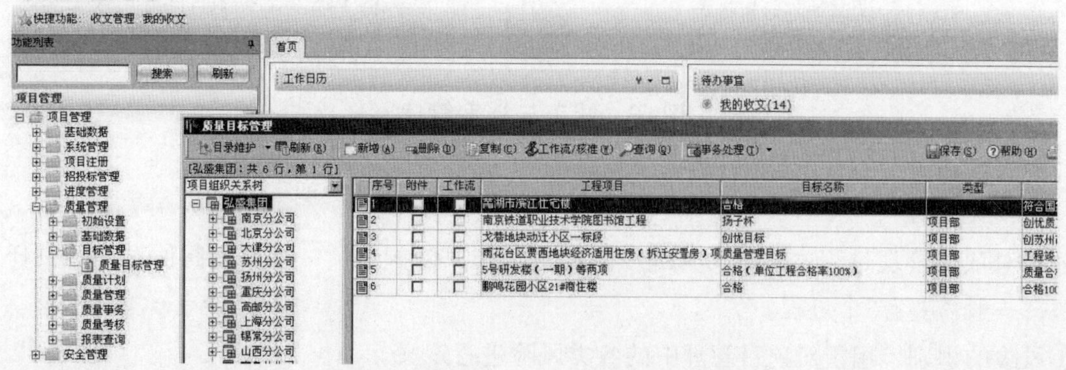

图14　质量管理

图15 安全管理

9）竣工与档案管理

根据项目实际完工状态，分别进行竣工资料和档案分类管理，根据需要可以实现竣工资料的自动归集，并转为工程档案。

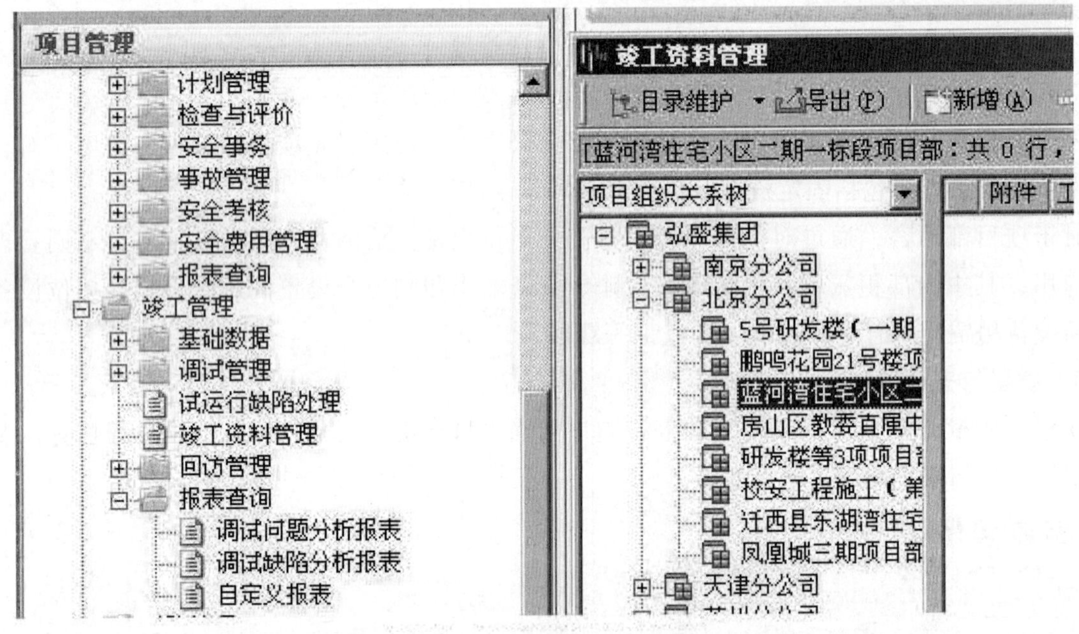

图16 竣工与档案管理

10）风险管理

公司对项目管理过程中的各类管理风险设置管理风险阀值，一旦超过阀值对相关责任人进行提醒，一般需要有3个过程。

①风险的识别，用于对项目管理中的各类风险进行定义。

②风险责任落实，不是所有人都需要或有权力关注项目风险，风险管理责任人是对发生风

险的相关关注人员的定义。

③ 在信息化系统中进行的各类管理业务在对比设置的风险识别基准线后，对发生的风险进行预警，相关责任人收到预警信息，并且通过追踪获取风险源信息进行管理。

图17 风险管理

（六）信息化建设的亮点总结

2008年以来，江苏弘盛的信息化总投入达700万元，其中硬件设备采购投入300多万元、软件开发研发投入300多万元。持续高额投入有效保证了信息化建设的进展和成效。目前江苏弘盛综合管理信息系统已经基本实现了公司、项目的全覆盖。截至2013年6月底，上线3 000万元以上项目194个，人力资源系统注册员工1 300人左右，系统登录用户220人。信息化建设的有效实施，推动企业管理朝着规范化、现代化的方向迈出坚实步伐，也对企业规模扩张、提高质态、增强竞争力创造了条件。

1. 现代企业管理理念得到进一步提升

将现代信息技术引入企业管理，其本身就是一项具有探索性、创新性的工作。江苏弘盛信息化建设过程中领导挂帅，全员参与，上下齐心，勇于实践，经受了一次全员管理理念的碰撞融合，为公司转型发展、跨越发展、创新发展增添了强大的思想动力。近年，结合特级资质就位和信息化建设，江苏弘盛的技术创新、管理创新取得丰硕成果，主编的一部国家或行业标准编已出版，国家级工法、发明专利等成果位居同行前列，体现了现代企业管理理念所带来的创新软实力。

2. 使企业施工主业规模得到迅速扩张

“十一五”期间，江苏弘盛完成建筑业总产值实现翻番，2012年突破147亿元。江苏弘盛在中国承包商60强和江苏省建筑业综合实力30强排序中位次逐年前移，保持了较明显的品牌优势。规模总量的迅速扩张得益于企业信息化建设的实质成果，企业管理的规范化、流程化让市场开拓和项目施工的可复制性增强，管理强度和管理成本降低，使得主业规模增量呈大幅上升趋势成为可能。

3. 使高效有序的企业决策机制进一步确立

随着企业综合管理信息系统的逐步完善，江苏弘盛的决策机制也更加高效有序、更加科学严谨。一方面企业信息系统为决策层提供了全面、丰富、及时的基础数据，以及经过科学分析、加工的管理信息，为企业决策提供了数据信息支撑；另一方面在企业管理信息系统中诸多决策行为是根据既定流程进行的，集体决策、公开透明、相互监督等决策原则得到有效贯彻，从而有效保证了企业的总体决策效能。

4. 企业运行质态和风险防控能力有效提高

随着企业信息化建设的逐步深入，公司、分公司层面和项目部层面对合同、成本、物资、资金、质量、安全，以及劳务用工等经营管理要素的动态管控能力明显增强，公司上下防范风险、化解危机的应变机制明显优化，企业整体运行质态良性有序。近年来，江苏弘盛涉及的诉讼、非诉讼案件大幅下降，合同履约率、顾客满意率稳定上升，企业社会声誉又有新的提高。2009年公司被中国建筑业协会评为AAA级诚信企业。

5. 信息资源共创共享平台逐步建立

企业综合管理信息系统应用过程中收集、处理了大量经营管理数据信息，档案管理和知识库也提供了大量丰富、多元的管理信息和客户信息。公司不同管理层级根据权限分享庞大的信息资源，有利于推动企业管理持续改进和不断创新，有利于提高管理团队的业务水平和管理能力，有利于促进市场开拓和生产经营朝着更加科学高效的方向迈进。近年江苏弘盛各项管理名列全省同行前列，客户关系稳定，经济效益明显，成为高邮建筑业的第一品牌、江苏建筑业乃至全国建筑业的知名品牌。

贵州桥梁建设集团有限责任公司信息化案例

（一）企业简况

贵州桥梁建设集团有限责任公司（以下简称贵州桥梁）成立于1959年，是具有国家公路工程施工总承包特级资质的大型国有企业，现有下属二级单位11个，从业人员1万余人，各类专业人员1200余人，注册资金9亿元。主要从事公路、桥梁、隧道、交通工程、高等级公路路面等工程的建设，兼营大型土建、混凝土、室内外装修、爆破、建筑幕墙等工程，在勘察设计、市政工程、房地产开发、民用建筑、建筑装修装饰、交通安全设施和通信、监控等方面也具有相当实力。

半个世纪以来，贵州桥梁提炼出“以诚信为本、承诺社会责任，以质量为源 、提供满意服务”的价值观，树立了“创行业一流、树贵桥品牌”的企业目标，实现了从传统型管理向现代企业管理的转变，在企业规模、内部管理、技术创新、信息化建设、企业文化建设等方面均得到了快速发展。在各类工程的施工、工艺设计及钢结构制作安装等领域具有较强的实力，特别是对于千米以上的特大型桥梁、深水基础、拱桥及转体施工方面处于国内领先水平。

贵州路桥已连续22年保持了“守合同、重信用”的称号，是贵州省信贷诚信企业；先后获得 “全国先进建筑施工企业”、“全国五一劳动奖”、“全国交通企业文化建设优秀单位”等称号。

（二）企业组织架构

贵州桥梁的企业组织架构如图1所示。

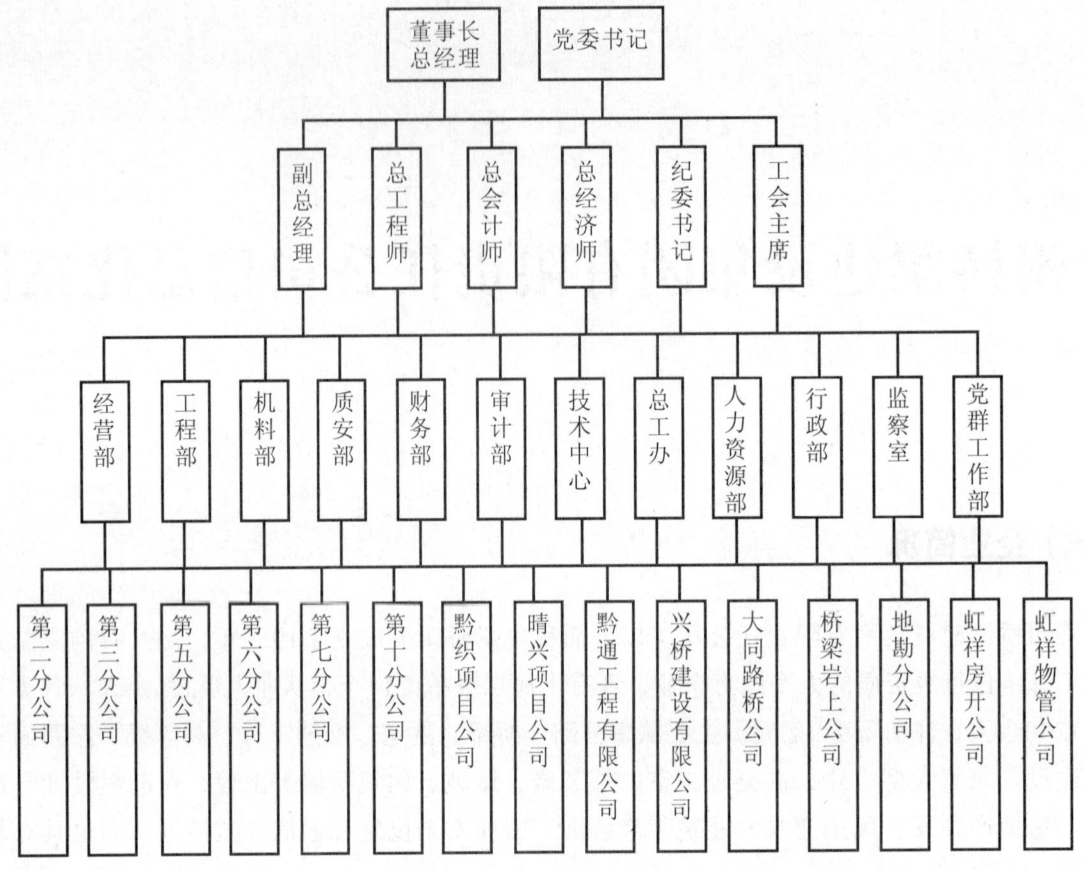

图1　企业组织架构

（三）企业运营及管理模式

贵州桥梁实行的是法人管项目的模式，项目以自营为主，过程中会有劳务分包及少量的专业分包。

贵州桥梁的企业管控模式是典型的运营管控型，在项目管理上采用集团、分（子）公司、项目部的三级项目管理体系。集团从项目的商机、投标、组织策划、施工、竣工与售后服务的整个价值链进行宏观管理、目标管理和全过程监控，职能部门具体负责工程项目的综合指导与监督管理工作。

集团公司和子公司作为法人层次，是利润中心，也是项目管理的决策中心。通过生产要素的控制，强调从项目跟踪、投标、签约、合同履约到售后服务等全过程控制，不断提高集约化程度。贵州桥梁推行项目法施工，实行项目经理责任制和项目成本核算制。引导项目经理建立正确的经营理念与业绩观，建立和健全总分包中的责任体系，使各专业分包商、劳务分包商真正纳入项目管理的整体责任体系；实行项目计划与目标管理工作，建立动态项目成本核算制度，发挥经济杠杆作用，促进项目管理目标的顺利实现。

贵州桥梁采用 “过程精品、标价分离、项目文化”三位一体的管理方式：按照ISO-9001质量管理体系运行要求，把创建“精品工程”与加强质量管理落实到过程控制之中。从资源配置、进度安排、质量安全与成本控制、现场管理和项目文化等各个方面进行全方位动态预测、控制和快速调整，实现全员参与的管理格局。

（四）信息化建设背景及历程

建筑施工行业竞争的不断加剧、企业规模持续发展对企业管理带来的挑战、信息技术带来的管理变革、行业信息化应用的日渐峥嵘、住房和城乡建设部特级施工企业信息化考评要求的出台等，是当前建筑施工行业市场大环境的显著特点。在这种背景下，贵州桥梁的管理层敏锐地意识到，要想在激烈的竞争中脱颖而出，就必须依靠信息化的手段来帮助企业加强项目管控、提升项目管理水平，全面提高企业的核心竞争力与抗风险能力，为企业的生存与发展保驾护航。

从2007年开始，贵州桥梁即开启了信息化的实践与探索，并在建设过程中不断对企业信息化总体规划与信息系统建设进行总结与完善，迄今为止都保持了每年的持续投入和建设工作。具体实施情况如下：

2007年，主要以基础设施建设为主，对原有网络进行升级改造，建设中心机房，购置相应的服务器、存储、备份、数据安全等硬件设备和配套软件，同时根据集团公司的管理特点和需求迫切性，首先建设了集团财务集中核算系统、自动化办公系统及工程项目综合管理系统。

2008年，根据集团公司信息系统运用实际情况完善了工程项目综合管理系统部分模块功能，并根据成本管控的进一步细化开始建设物资设备管理系统。

2009年，随着贵州桥梁业务的快速扩张，原有工程项目管理系统已不能满足管理要求。考虑到财务、设备物资、工程施工业务的整体性，对原有信息系统进行了升级，重点解决核心业务如成本、合同、收入、分包等的管理，同时开始建设综合档案管理系统。

2010年，根据综合项目管理系统运行情况，在数据关联、操作便捷性等方面进行完善；启动集团公司门户系统、智能分析系统建设。

2011年，按照贵州桥梁的战略规划，构建企业统一的数据标准，形成统一的信息平台，逐步实现各业务系统间的数据整合、决策分析、业务财务一体化等应用，搭建企业统一的信息系统，建设综合项目管理系统、财务管理系统、人力资源管理系统、供应链系统等。

目前，贵州路桥的各项业务系统建设进展顺利，项目综合管理、财务、HR等系统陆续上线，基本实现各应用系统数据集成，以及财务业务一体化应用。

（五）企业信息化建设思路

贵州桥梁希望通过信息化手段来帮助企业解决经营管理过程中存在的一系列问题与困难，达成提升管理水平、提高效益、增强核心竞争力等目标，而这些目标主要可以从企业管理、项目管理、信息系统应用三个层面来体现，具体如下：

1. 企业管理层面

①帮助企业加强集团管控与各项监督的能力。贵州桥梁存在跨地域、跨国经营等情况，集团总部不能有效的监管下属公司的运营情况、财务状况，不能保证成本核算的规范性、真实性和及时性，从而有效地防范各类经营风险、财务风险等。

②帮助企业建立上下统一的标准化、规范化、流程化的管理系统。目前贵州桥梁没有建立统一的管理流程，没有相应的标准、规范。希望通过信息化建设，建立起规范、有效、准确的项目管理体系和制度，提供针对产值、成本、财务的不同领域、不同业务类型的分析数据，从而满足集团对人、财、物的管理与监管需求，并能准确决策。

③强化集团、分公司、项目部的三层管理体系。目前分公司层级管理薄弱，不仅加大了集团的管理负担与难度，而且分公司的资源也不能得到合理的应用与发挥。

④建立企业统一的集中采购业务平台，支持集中采购、直运销售和委托代销等多种应用，有效降低企业与项目的成本，提高利润。

⑤打通项目各项业务数据到财务数据之间的联系，实现业务财务一体化应用。

⑥提高企业的决策质量与效率。通过信息化手段，及时准确地获取各项业务数据，为企业的经营决策提供高效的支持服务。

⑦建立完善的绩效考核体系，实现对企业绩效与人员绩效的目标设定、绩效数据获取、考核与评估等各项业务。

2. 项目管理层面

①实现项目的全过程管理，实现项目的“四控三管一协调”。

②实现项目业务的标准化、规范化和流程化，提升项目的精细化管理水平。

③实现进度与产值、资源、成本的数据集成与业务集成，通过进度计划可以推导出资源利用计划和产值计划，实现进度、产值、资源、成本的数据与业务集成。

④体现全程成本管控的思想，实现投标成本、责任成本、计划成本、实际成本的“多算”对比与分析，提升成本管理的精细度。

⑤实现从物资需求、物资采购、物资库存、到物资领用的采供存用的一体化管理与全过程管控，有效降低项目成本。

3. 信息系统应用层面

信息系统建设目标是要实现一个管控一体化的信息化平台，要消灭信息孤岛，用平台化思路构建企业的信息化应用，支持集团复杂多变的组织架构，支持流程重构，支持在集团层面规范基础数据（例如人员信息、物资编码、供应商编码、客户编码等），支持在集团层面制定业务管控策略（例如集中采购策略），支持快速构造新的业务应用等。

（六）信息系统建设概况

从2011年开始，贵州桥梁主要进行了综合项目管理系统、财务系统、人力资源系统、供应链系统的建设，主要内容见表1。

表1 信息系统建设概况

业务系统	主要功能模块
综合项目管理系统	建筑施工基础系统
	建筑施工合同管理
	建筑施工进度管理
	建筑施工物资管理
	建筑施工设备管理
	建筑施工周材管理
	建筑施工成本管理
	建筑施工投标管理
	建筑施工供应商管理
	建筑施工劳务管理
	建筑施工招标管理
	建筑施工质量管理
	建筑施工安全管理
	建筑施工竣工管理
	建筑施工风险管理

续表

财务系统	总账
	报表
	出纳管理
	固定资产
	应收款管理
	应付款管理
	合并报表
	换预算管理
	资金结算
	投资管理
	融资管理
	或有事项
	票据管理
	银企互联
	管理门户
	费用报销（日常费用报销）
人力资源系统	组织管理
	员工管理
	时间管理
	薪酬管理
	社保年金
	绩效管理
	招聘选拔
	培训发展
供应链系统	供应管理
	销售管理
	库存管理
	存货核算管理

（七）信息化建设总结

贵州桥梁通过信息化建设与应用，构建了统一、合理、高效的管理体系，可以极大地方便企业各级管理者高效地完成各项业务与管理工作，使企业的业务流程更加规范、责任更加明确、成效更为显著。其应用价值与亮点，主要可以从企业管理层面与项目管理层面来展现。

1. 企业管理层面信息化建设总结

①构建了企业统一的信息化平台，实现各项业务系统的信息共享与集成应用，决策层、管理层、项目层都可以通过平台实时了解各项业务进展情况，极大地提升了贵州桥梁的管理效率。

②实现了贯穿贵州桥梁的统一标准与规范，从源头上控制各层管理的随意性。同时，更有利于明晰企业的责权利及职能划分，帮助企业强化与规范内控管理。

③实现了企业与项目管理经验的提炼与分享，通过信息系统的企业定额、标准工程量清单等基础资料的积淀与自动更新，使贵州桥梁各项管理的横、纵向对比成为可能，使企业项目管控的成功经验得以复制。

④构建了贵州桥梁的集中采购平台，建立了企业的内部材料价格库，方便企业统计材料的历史采购价格情况，企业可及时了解原材料的价格波动，指导项目进行材料采购，并对采购价格进行实时控制，有效地降低了采购成本。

⑤实现了业务财务的一体化应用，打通了各项业务数据到财务数据之间的联系，解决了困扰建筑企业多年的业务与财务之间的组织壁垒和业务鸿沟，为建筑行业信息化解决方案树立了新的标杆。

2. 项目管理层面信息化建设总结

①帮助规范贵州路桥的项目管理过程，通过信息系统可以实现对项目成本、进度、质量、安全等有效控制，实现了对合同、资金、变更、竣工等的高效管理，使项目实施控制过程更加完善。

②创新性的项目成本精细化管理模式，以KBS（=工程量清单+WBS/CBS+资源分解）作为项目成本策划、预算、控制、核算、分析及考核的核心纽带，树立了行业项目管理精细化的典范。

③实现进度与产值、资源、成本的数据集成与业务集成，通过进度计划可以推导出资源利用计划和产值计划，实现进度、产值、资源、成本的数据与业务集成。

④自定义的项目限额领料功能，支持CBS/WBS/用途限额/组织限额等多种限额模式，最大限度地减少材料浪费的现象，成功解决成本失控的主要因素。

⑤实现了周材资产属性与库存属性双重管理，帮助贵州路桥迅速掌握周材资产的整体分布

情况，实现周材的合理调度与使用、解决了困扰周材管理者的业务难题。

3. 贵州路桥信息化建设经验总结

①信息化建设必须要有规划、有步骤地进行，要遵循“总体规划、分步实施、突出重点、先易后难”的原则，循序渐进、持续改善、突出重点，以实现企业的管理目标为核心，避免贪大求全、追求完美的心理和短跑行为，使企业的信息化建设能够稳步发展 。

②信息化实施的方法要以“引导+试点+渐进”的方式为主，在信息化推进过程中，先寻找一个突破口，并加以提炼和优化，成熟以后再迅速地加以推广和应用。

③企业的配合是信息化实施成败的关键因素之一，要加强软件供应商与企业的沟通与协调，取得企业各级部门的重视、支持与配合，特别是企业领导的支持和重视。

④信息化实施小组的组建也至关重要，不仅软件供应商的实施团队需要较强的业务与组织能力，企业也应该从各个业务职能部门抽调骨干人才，组成信息化的先头兵——部门信息员，作为在部门信息平台上完成实际业务工作的带头人。一人带动整个部门、领导，相互指导和培训，逐步形成企业的信息化热潮，有效地促进信息化的进程。

⑤信息化制度建设也是信息化建设成败的重要因素之一，信息化制度应该包括组织、规划、实施、应用、奖惩等一系列制度，许多企业就是因为制度缺乏或执行不力，最终导致企业信息化的失败。

⑥合理的信息化预算与投入保障也是信息化成功的关键因素。有些企业在信息化投资方面经验不足或重视不够，常常导致信息化费用的超预算或预算过高而引起决策层的极大不满。因此，合理的信息化预算是解决这一问题的有效途径。信息化预算一般要根据信息化的总体规划与进度要求，做好3~5年的预算规划，帮助企业在信息化方面，有一个准确的预算投入。

上海公路桥梁（集团）有限公司信息化案例

（一）企业简况

上海公路桥梁（集团）有限公司（以下简称上海路桥集团）是上海城建集团旗下的大型施工企业，由原上海市第一市政工程有限公司、上海建设机场道路工程有限公司、上海公路桥梁工程有限公司等单位整合重组而成，2011年8月正式组建成立。

公司现有2026名职工，各类工程技术人员和经济管理人员649人。其中具有高、中级职称资格的282人，各类专业技术职称人员占职工总数的38.85%。

上海路桥集团为国家一级施工企业，拥有市政公用工程施工、公路工程施工、机电安装工程施工总承包一级、房屋建筑工程施工总承包一级、水利水电工程总承包二级；机场场道工程、公路路面工程、公路路基工程专业承包一级以及城市轨道交通工程专业承包资质、地基与基础工程专业承包二级、桥梁工程专业承包二级和境外工程等施工资质。

上海路桥集团所承接的项目立足上海辐射全国，在境外也有道路桥梁工程。截至2012年，集团累计建设项目近500个，2013年全国在建工程53个。

（二）企业组织架构

上海路桥集团的信息化领导小组由公司高层挂帅，信息化小组的执行部门为公司的一级部门标准与信息部。公司采用多级管理分层管控的模式，对项目开展全过程进行管控，企业的组织架构如图1所示。

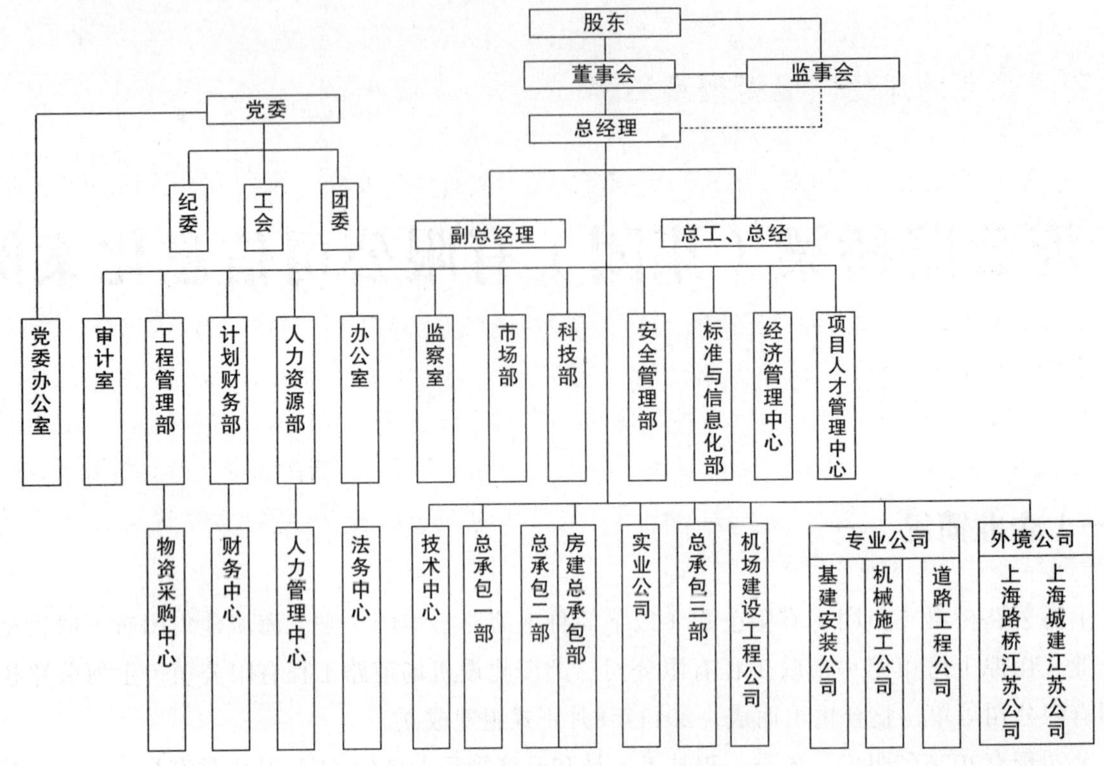

图1 上海路桥集团组织架构图

（三）企业运营模式、业务及管理模式

上海路桥集团在2010年重组后，面临着企业管理流程再梳理和管理制度再优化，同时还面临企业文化方面上的融合与挑战。为此，公司设立了专门的职能部门来承担上海路桥集团管理流程的梳理工作，并对原有的管理制度进行了优化和补充。在具体工作事务中，借鉴了行业内优秀企业的先进管理办法，坚持实事求是，效率最大化，理论联系实际，最终编制了一套有上海路桥集团特色的《上海路桥集团的管理流程》和《上海路桥集团的管理制度》，用来支撑集团战略有效落地。

建筑业属于竞争性行业，市场化程度高，在激烈竞争的市场环境下，建筑施工企业的利润和生存空间被严重挤压。为了生存发展，建设资源节约型企业，提高企业经济效益，推进企业转型跨越发展，近几年来，上海路桥集团积极总结成功的管理经验，整合管理资源，探索实施企业流程管理，逐步建立了一套集团、分公司、项目三级管理流程，覆盖了各个级别、各个岗位、各类人员，对加强企业管理科学化、标准化、制度化、规范化，促进企业全面健康可持续发展起到了重要作用。借助《上海路桥集团的管理流程》和《上海路桥集团的管理制度》，增强了企业软实力，使企业逐步由粗放管理向集约化、精细化管理转变，提升了企业核心竞争力，为企业转型跨越发展奠定了坚实基础。

（四）企业信息化建设背景及历程

作为一家国有施工企业，面对市场经济，上海路桥集团存在一系列的困扰和问题。不解决这些困扰和问题，企业不仅不能够快速发展，而且可能遭到市场的淘汰。最核心的问题是如何实施企业的管理变革，如何实现企业管理的战略转型，增强企业的核心竞争力。

上海路桥集团重组后面临三大管理难题：一是路桥集团下属三大公司的重组合并涉及管理组织架构的多级调整。机构人员如何按统一标准有效融合。二是企业多法人的经营模式，各类经济管理信息及业务流程急待统一梳理固化，且不能大面积影响日常的经营活动。三是建立一套完善的行政、财务、业务综合信息化管理体系并具备平滑过渡后的优化及管理升级。

上海路桥集团信息化建设的目标既是以这三大难题为切入点，又是为解决这三大难题为最终解决目标展开实现的。

上海路桥集团自2010年年底就启动了信息化立项工作 ，并着手搜集整理各业务部门的需求，特别是针对集团下属的三家公司各自的业务特点、管理模式 、权责体系进行全方位的模拟，同时开始到兄弟公司考察参观，了解它们在软件系统建设中的成功经验和教训。

公司领导为了确保信息化目标实现，总经济师亲自挂帅，标准与信息部作为信息化小组的执行部门承担了公司赋予的职责。通过多次沟通讨论，梳理出四大系统，细分为38个子模块、32张常用报表、150条标准业务流程 。

（五）企业信息化建设思路

上海路桥集团的信息系统建设采用整体规划、分步实施的原则；整个信息系统的实施采用先易后难、逐步推进的方式，周期跨度约为18个月时间，分为组建项目团队、需求沟通及蓝图设计、试点单位上线、试点单位应用验收、推广应用及验收。对信息应用过程中，非常关注软件公司对需求的理解程度，要求软件供应商输出蓝图设计方案，保证前期多投入一些精力，确保需求目标的实现，同时也减少后续系统上线返工所带来的巨大人工投入成本。

路桥集团以“十二五”规划为目标，将《上海路桥集团有限公司信息化建设整体规划分步实施方案》框架从2011年年底开始分步实施。

项目建设周期主要分为三个阶段：

1）第一阶段：IT规划、信息系统初步建设阶段

2011年11月，同时开展两项工作，即IT规划、数据标准化的管理咨询工作和OA系统的实施。数据标准化的管理咨询工作为后期路桥集团实现核心需求“财务业务一体化”奠定基础。

2012年3月1日，路桥集团本部 OA系统率先成功上线。5月1日新路桥集团OA系统集团实现全面上线，从而满足整个集团在OA系统内进行网上工作流驱动，并完成内部管理部门、单位门户系统的初步搭建工作；

2）第二阶段：业务系统、财务系统及人力资源系统建设阶段

（1）业务系统

2011年12月，开始启动项目管理试点工作，根据前期管理咨询梳理的内容，选择3个项目进行项目管理信息化试点。2012年年底，完成试点项目业务系统各子模块上线工作。

（2）财务系统

2011年11月，集团财务系统、预算系统、资金系统等多个ERP子系统上线。

2012年3月，预算系统全面上线，并成功与OA模块费控全面系统对接，对集团加强对管理费用的事前规划、事中控制和事后分析的管控思路实现了支撑。

2012年6月，全集团总账系统全面切换上线。实现整个集团一本账，实时穿透查询、分析得诉求。同时合并报表按集团模版自动生成，大幅提高财务报告制作的效率和准确性。

2012年10月，新路桥集团成立内部结算中心，与此同时资金结算系统上线。新路桥集团依托信息化系统，实现对资金的集中管控和统一的结算平台。

（3）人力资源系统

2011年11月，开始对路桥整体组织架构进行搭建。

2012年3月，开展组织管理、员工管理等几个ERP子系统的实施工作。

2012年6月，组织管理、员工管理模块正式上线，实现了集团对员工的集中管控，并基于人事事务流程平台实现了对员工企业全生命周期的管理；同时，在完成了人力资源整体基础架构搭建后，正式启动薪酬管理模块实施工作。

2012年11月，薪酬模块正式上线，并进入集团到子公司的全面推广阶段；将逐步实现对路桥集团薪酬管理集团管控制度的支撑，即集团统一薪酬制度、标准，基层单位执行薪酬核算业务。

3）第三阶段：全面推广、深化应用阶段

2013年4月，开始启动项目管理系统的应用推广工作，初步计划在2013年6月底前后，完成90%左右在建项目的项目管理信息化的实施工作。完成新路桥集团下属企业或分支机构财务管理系统的全面整合，实现财务、业务一体化。

2013年2—5月，集团相继上线资金监控、投资管理、融资管理和利息管理。借助信息化系统，进一步对资金加强了管控力度，规范下属单位内部融资、集团对下属单位投资以及相关费用和利息的管理。

2013年5月，集团相继启动社保年金、培训管理、绩效管理模块实施项目；争取实现人力资源管理六大模块的全信息化覆盖。

2013年7月，上线银企平台等子模块。

2013年7月，着手系统完善，强化项目人员管理、薪酬预算管理等业务流程，进一步实现业务、财务、人事一体化。

（六）信息系统建设概况

1. 硬件系统及网络系统架构

上海路桥集团硬件服务器系统由两台服务器组成，组成EAS系统HACMP集群。每台服务器都配置8C、32GB内存。其中一台作为中心数据库主服务器，另一台作为EAS服务器。两台服务器均配置HACMP集群软件，组成双机热备集群。在正常生产状况下，只有一台服务器承担后台数据库的工作，另外一台承担EAS业务。当其中一台数据库服务器发生故障时，另一台服务器会接管全部数据库服务业务。

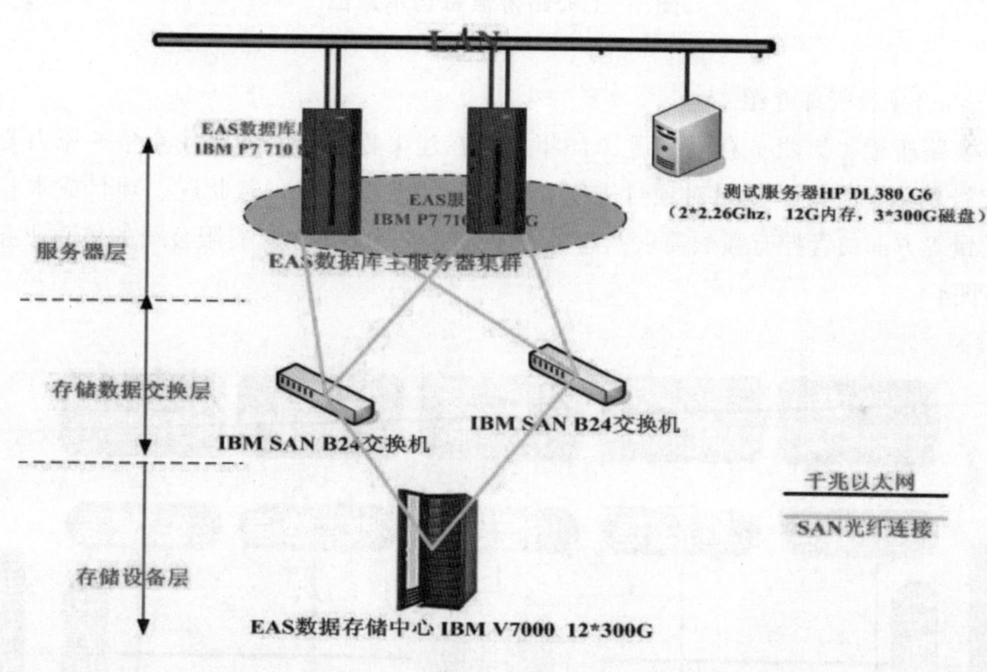

图2 上海路桥（集团）有限公司EAS系统整体部署网络拓扑图

2. 基于平台配置的软件系统

1）软件系统架构

上海路桥集团在软件系统选型过程中，充分考虑到系统架构的先进性、移动应用、开放的SOA以及云计算服务。

2）系统对企业业务的覆盖情况

上海路桥集团的软件系统覆盖了财务、人事、协同OA、业务，是一体化应用，包含了特级资质对软件模块的要求，参考下图3。

图3　上海路桥信息化示意图

（1）综合项目管理介绍

上海公路桥梁（集团）有限公司2013年全国在建工程53个，而市场竞争的压力要求公司对项目实行精细化管理，公司对项目进度、合同签约状况、收付款状况、项目成本状况以及安全、质量等方面的管控有强烈需求，这是上海公路桥梁（集团）有限公司的核心业务关注点（详见下图4）：

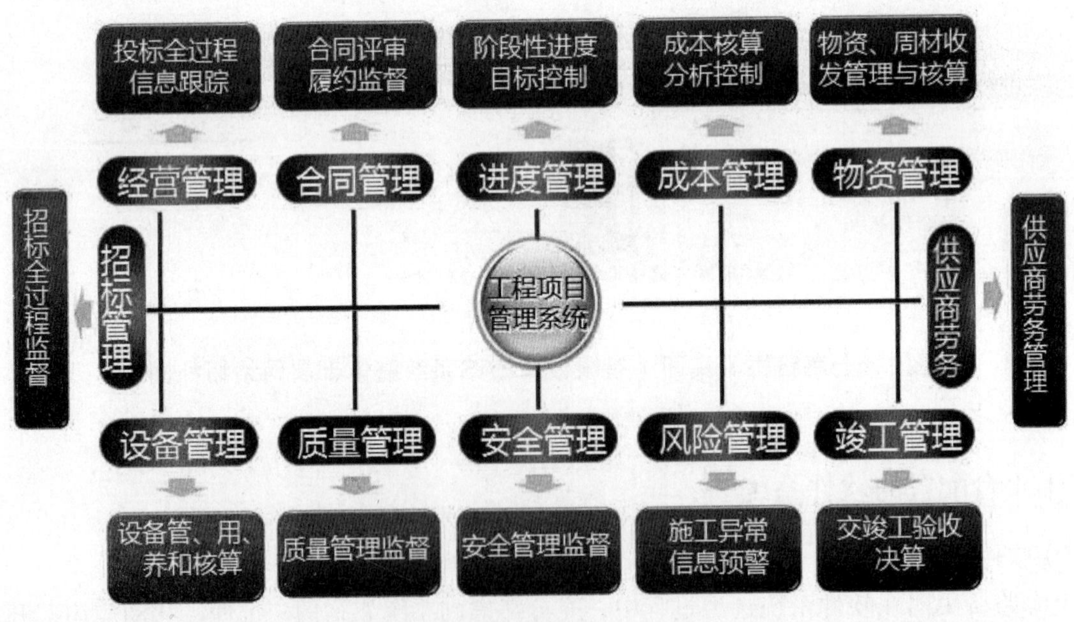

图4　综合项目管理架构图

系统模块功能简介：

基础系统：提供综合项目管理所需要的基础信息，提供企业信息标准化基础数据。例如企业定额、企业标准工程量清单、资源标准清单、企业标准成本科目、工程分解结构等。

合同管理：包括业主合同、劳务合同、采购合同在内的 12 种类型合同的评审与签订，合同交底，合同变更、结算、支付等各种功能。

进度管理：包括总体进度计划、期间（年度、月度等）进度计划、由进度计划生成的资源需用计划、里程碑计划、施工任务书、工程量填报、施工日志等功能，以及与进度对应的产值功能，当然也包括各种进度及产值报表。

物资管理：包括仓库管理，以及物资的需用计划，采购、租赁、调拨计划，物资的入库，出库，盘点，摊销等各功能及各报表。

周材管理：除了具备与物资相同的功能外，还处理周材资产相关内容，比如周材资产折旧。

设备管理：包括设备档案，设备需用计划，采购、租赁、调拨计划，采购订单，设备验收、进场、退场，使用，维修保养，成本归集与分摊，以及分别基于设备、分公司、项目部的单机单车核算与设备动态分布等各种报表。

成本管理：包括目标成本、责任成本、计划成本（总体、期间）、实际成本的编制与汇总，以及三算对比及各种报表。并且打通与物资、设备、周材、合同的取数关系，使成本管理不再是难点。

该系统提供成本管理四算对比报表，四算分别是：合同金额、预算（目标）成本、计划成本、实际成本，可以按期间进行查询，实现动态管理（见图5）。

金蝶EAS-上海路桥集团

系统(S) 文件(F) 查看(V) 工具(T) 服务(A) 帮助(H) 键入功能快捷码 金蝶EAS

联查

功能菜单 消息中心 成本对比分析表（包含财务进账成本）

项目部 【路桥】崇明东滩启动区 工程项目 崇明东滩启动区市政道路 期间: 2013年2月 至 2013年6月 ☑ 包含初始化

成本分解结构维度 成本科目维度

	成本分解结构编...	成本分解结构名...	合同金额	验工计价	实际成本		验工计价与实际...	预算成本与实际...	发生总成本与财...
					发生总成本	财务进账成本			
1	⊟ 1	工程直接费用	6 5.08	27 67	53 .41	31 5.06	-2 74	-5 41	21 2.35
2	⊟ 1.01	Z1北段道路工程	2 5.67	51	35 .25	27 3.76	-3 74	-3 25	7 0.49
3	1.01.01	道路工程	1 2.59	10	30 .76	27 1.76	-2 66	-3 76	2 3.00
4	1.01.02	排水工程	5.16	90	.49	8.00	41	49	5.49
5	1.01.03	桥梁工程	7.92	51	5 .00	4.00	- 49	- 00	4 2.00
6	⊟ 1.02	S1道路工程	1 0.64	64	7 .18	1 1.13	- 54	- 18	6 1.05
7	1.02.01	道路工程	0.57	29	5 .50	0.00	- 21	- 50	4 7.50
8	1.02.02	排水工程	7.89	30	.60		70	60	2.60
9	1.02.03	桥梁工程	2.18	05	2 .08	1.13	03	- 08	1 0.95
10	⊟ 1.03	S2道路工程	2.90	39	2 .06	1.66	67	- 06	1 8.40
11	1.03.01	道路工程	7.58	65	2 .50	7.00	85	- 50	1 1.50
12	1.03.02	排水工程	3.14	58	.20	6.30	38	20	6.10
13	1.03.03	桥梁工程	2.18	16	.36	8.36	80	36	7.00
14	⊟ 1.04	Z1南段道路工程	2 0.88	12 19	7 .84	2 2.36	35	- 84	4 0.48
15	⊟ 1.05	交通便道	6.86	93			93		
16	1.06	直接费签证							
17	⊟ 1.07	工程项目综合措...	8.13	00	.08	6.15	92	00	1.93
18	1.07.01	安全防护、文明...	0.00	00	.08	6.15	92	08	1.93
19	1.07.02	夜间施工	8.13	00			00		
20	1.07.03	二次搬运	0.00	00			00		
合计			7 .0.00	32 .66	53. .41	32 9.61	-2. .75	-5. .41	21 7.80

组织:上海公路桥梁（集团）有限公司-上海公路桥梁（集团）有限公司 用户名:usenxm 姓名:闫东升

图5 成本对比分析表

投标管理：包括线索获取、市场准入、资格预审、招标文件评审、三标一体评审、开标结果登记及投标项目汇总在内的各种报表。

供应商管理：包括供应商信息分类管理、供应商等级管理及供应商评价管理，使用评价模板自定义的方式，实现对各种类型不同供应商的灵活评价机制。

招标管理：包括招标立项、招标清单、招标报价、报价对比、中标设备等在内的各种功能，以支持集中采购招标要求，并与合同管理集成。

质量管理：包括质量目标、质量计划、创优计划、质量检测记录、整改记录等功能，以及知识库管理。

安全管理：包括安全目标、安全计划、创杯计划、安全检测记录、整改记录、危险源管理等功能以及知识库管理。

环境管理：包括危险源辨识、检测记录、验收记录、整改记录、危险源管理等功能以及知识库管理。

技术管理：包括施工技术策划、技术交底、新技术管理等与技术文档相关功能以及技术知识库。

竣工管理：包括交工验收、竣工验收以及与竣工相关的各资料管理。

风险管理：包括对合同、成本、进度、设备保养、质量安全整改提醒等在内的各种风险预警信息的配置与管理。可根据现场需要，动态进行定制管理。

经营分析：分公司及集团层面，通过 BI 分析方法与手段，对企业的成本、产值、合同、物资、设备等数据进行全方位的分析与预测，极大地提高企业管理效率与管理水平。

（2）人力资源系统介绍

主要有：

①企业组织架构管理：系统提供构建和维护多层级树形关系的企业组织架构功能，可根据需要灵活调整组织架构，自动生成组织架构图，通过组织架构图链接查询各级组织单元、职位、任职人员的详细数据，帮助企业实现组织架构管理和组织规划落实。

②建立职位能力素质模型：系统支持从素质词典中选择相应素质指标分配到职位，建立职位的能力素质模型，并将其应用到职位说明书的能力素质要求中，为职位招聘、任职者能力素质评估提供依据。

③员工全任职周期管理：系统提供员工人事信息维护功能，自定义新业务类别的职员档案资料表和字段，适应不同类型企业对员工资料的记录要求。另外，系统还提供对招聘、配置、培训、考核、激励等所有人力资源业务信息的记录，实现对员工在企业全任职周期信息的管理。

④精细化考勤管理：支持企业工厂日历、考勤排班、假期额度控制及管理、加班管理、调班管理、出差管理、补签卡、考勤异常调整、考勤计算、考勤汇总等业务。可与考勤硬件设备连接，支持异地原始考勤数据实时集中运算等业务需求。

⑤支持多核算方式的薪资管理：系统提供薪酬设计和薪资核算功能，支持将企业薪酬标准落实到系统中，参照薪酬标准可进行职员定薪调薪。公式平台可引用职员信息、工资项目、常量、函数等元素，按不同的计算规则设置薪资计算公式，实现薪资自动计算。系统支持定额工

资、计时计件工资、绩效工资等多种薪酬核算方式，实现不同公司不同类别员工复杂多变的薪酬计算方法。

⑥全面灵活的报表统计：系统提供人事、考勤、薪酬、招聘、培训、绩效等业务的标准报表以及自定义报表、OLAP报表（支持水晶报表展现）等工具，HR部门可以随时监控人力资源状况，并为管理层提供人力资源决策完整参考。

⑦员工自助服务平台：系统提供CEO平台、经理人平台、员工工作台，让企业管理层、直线经理、普通员工都能参与人力资源管理，处理与本职工作相关的人力资源业务，与人力资源专业人员一起，构建全员参与的人力资源协同管理模式，促进企业组织能力的提升。

（3）协同办公系统介绍

协同管理软件作为组织的运营管理和工作管理平台，对于提升组织的经营绩效、加快自主创新、增强组织核心竞争力发挥着重要作用，帮助组织从机会驱动、业务驱动，转向管理驱动、创新驱动。高效的战略执行力体系，要以文化为核心，建立协同业务模式，并着重构建六个方面的能力，包含领导力、创新力、凝聚力、执行力、可视力、整合力，统称为“协同六力模型”。

图6 协同六力模型示意图

①信息门户——文化传播、业务协同

协同平台信息门户，是企业信息化的第一入口，并能形成企业信息化应用的高度整合，满足信息获取和协同商务的管理需求，提升企业竞争力。

②流程管理——制度落地、规范运营

解决业务及管理中的衔接问题，培养企业习惯，形成管理优化链，提升组织应变能力，构建客户导向的高效运营体系，帮助创造客户价值。

③知识管理——智慧共享、价值创新

通过人与技术的充分结合，并在分享的文化下，将组织内外部的知识进行系统的沉淀、共享、学习、应用和创新，打造智慧组织，快速提升组织软实力。

④移动应用——移动云端、决策千里

整合了3G移动应用，满足基于iPhone、iPad等智能终端的协同移动应用，减少了员工对办公室的高度依赖，实现了零距离零空间的信息交流和办公。

⑤沟通社区——敏捷组织、以人为本

以人为本，通过微博、论坛、视频系统等多种工具建立开放社区，形成多元文化氛围，增强员工对企业的认同感、责任感和幸福感，同时提升能力，以促员工与企业共同发展进步。

⑥业务协作——精细管理、协作共赢

以项目为载体进行精细管理，在进程中合理配置资源，完善团队之间的对接协作能力，形成高度有效的执行力，全方位合作，实现多方共赢。

（4）财务管理系统介绍

①财务凭证

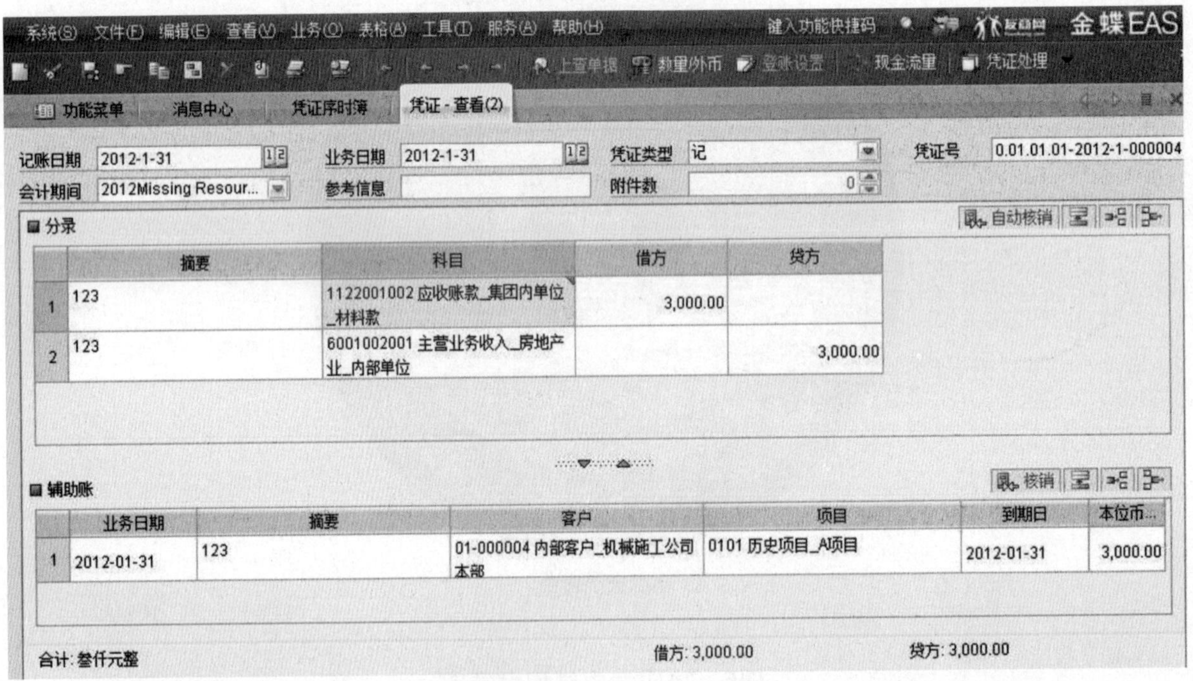

图7 财务凭证页面

②报表管理（一）

上 海 市 2011 年 上 市 公 司 月 度 会 计 报 表

资 产 负 债 表

2012年1月

路桥公司本部

资　产	行次	期末余额	年初余额	负债和所有者权益（或股东权益）	行次
流动资产：				流动负债：	
货币资金	1			短期借款	58
结算备付金	2			向中央银行借款	59
拆出资金	3			吸收存款及同业存放	60
交易性金融资产	4			拆入资金	61
应收票据	5			交易性金融负债	62
应收账款	6			应付票据	63
减：应收账款坏账准备	7			应付账款	64
应收账款净额	8	0.00	0.00	预收款项	65
预付款项	9			卖出回购金融资产款	66
应收保费	10			应付手续费及佣金	67
应收分保账款	11			应付职工薪酬	68
应收分保合同准备金	12			应交税费	69
应收利息	13			应付利息	70
应收股利	14			应付股利	71
其他应收款	15			其他应付款	72

图8　报表管理页面（一）

③报表管理（二）

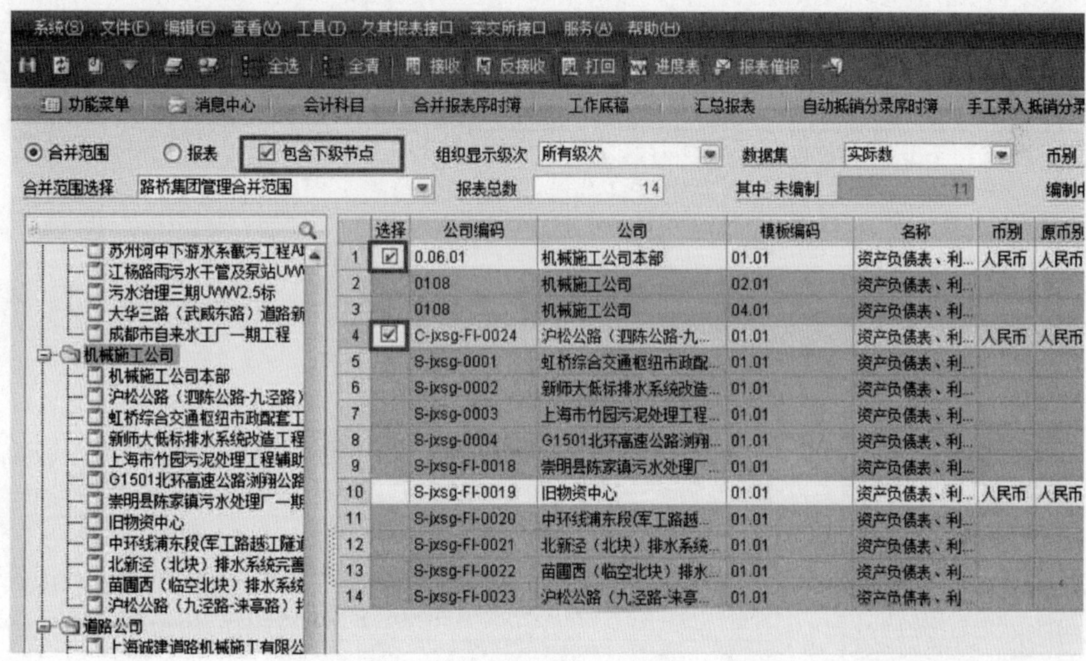

选择		公司编码	公司	模板编码	名称	币别	原币别
1	☑	0.06.01	机械施工公司本部	01.01	资产负债表、利…	人民币	人民币
2		0108	机械施工公司	02.01	资产负债表、利…		
3		0108	机械施工公司	04.01	资产负债表、利…		
4	☑	C-jxsg-FI-0024	沪松公路（泗陈公路-九…	01.01	资产负债表、利…	人民币	人民币
5		S-jxsg-0001	虹桥综合交通枢纽市政配…	01.01	资产负债表、利…		
6		S-jxsg-0002	新师大低标排水系统改造…	01.01	资产负债表、利…		
7		S-jxsg-0003	上海市竹园污泥处理工程…	01.01	资产负债表、利…		
8		S-jxsg-0004	G1501北环高速公路浏翔…	01.01	资产负债表、利…		
9		S-jxsg-FI-0018	崇明县陈家镇污水处理厂…	01.01	资产负债表、利…		
10		S-jxsg-FI-0019	旧物资中心	01.01	资产负债表、利…	人民币	人民币
11		S-jxsg-FI-0020	中环线浦东段(军工路越…	01.01	资产负债表、利…		
12		S-jxsg-FI-0021	北新泾（北块）排水系统…	01.01	资产负债表、利…		
13		S-jxsg-FI-0022	苗圃西（临空北块）排水…	01.01	资产负债表、利…		
14		S-jxsg-FI-0023	沪松公路（九泾路-涞亭…	01.01	资产负债表、利		

图9　报表管理页面（二）

④合并报表

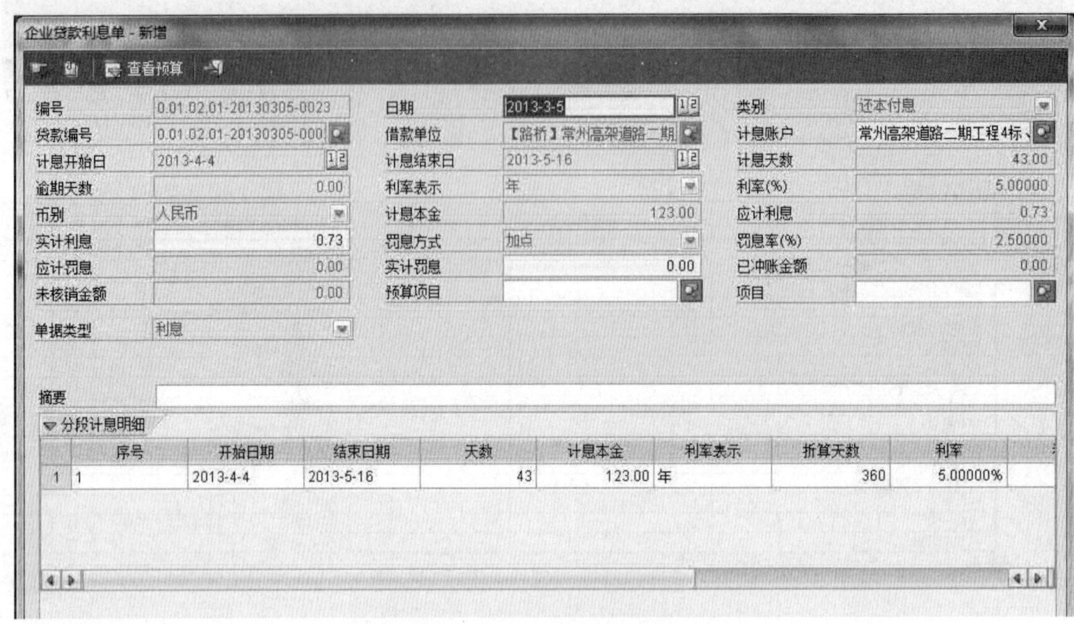

图10 合并报表页面

⑤投资管理

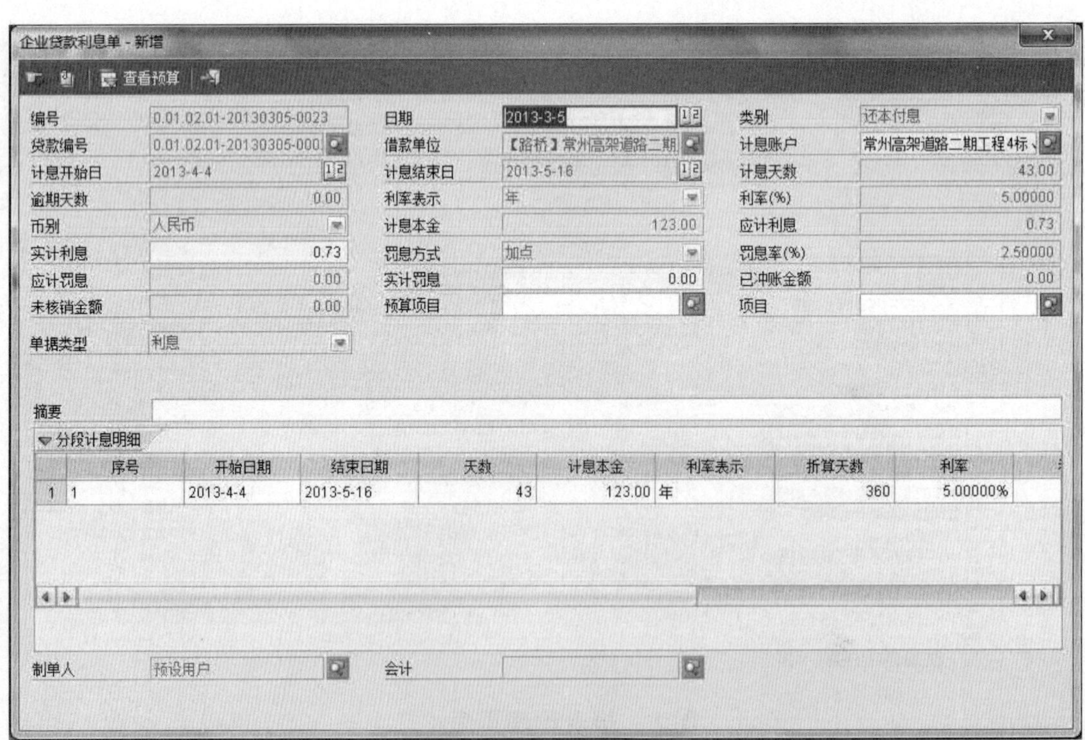

图11 投资管理页面

⑥融资管理

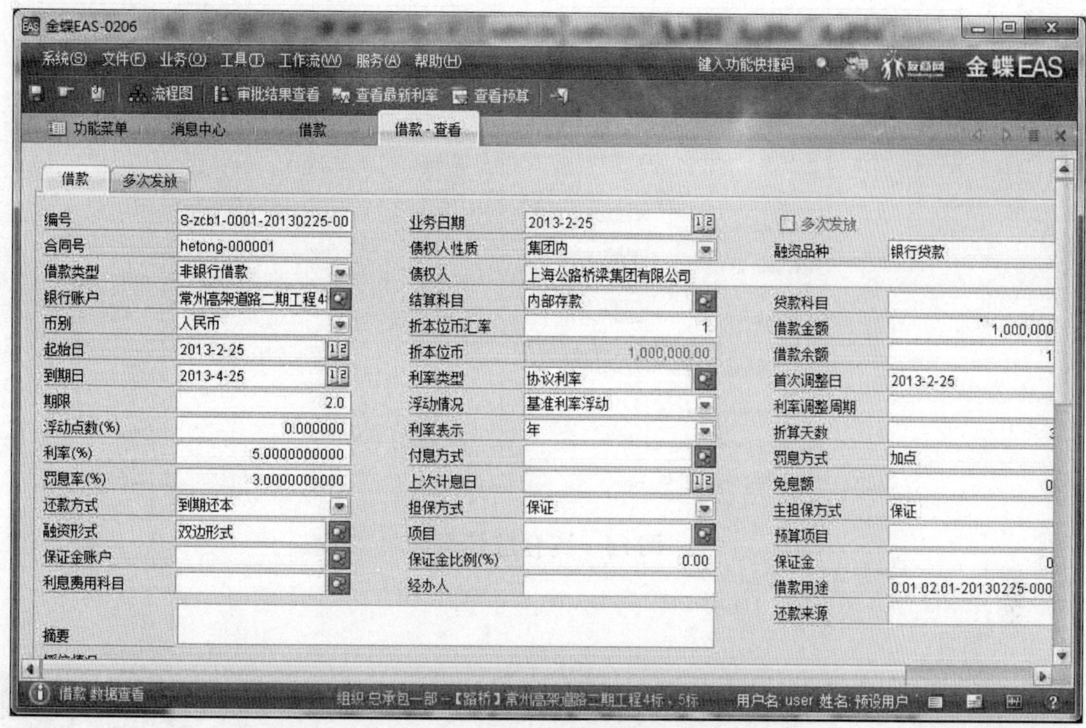

图12 融资管理页面

⑦资金结算

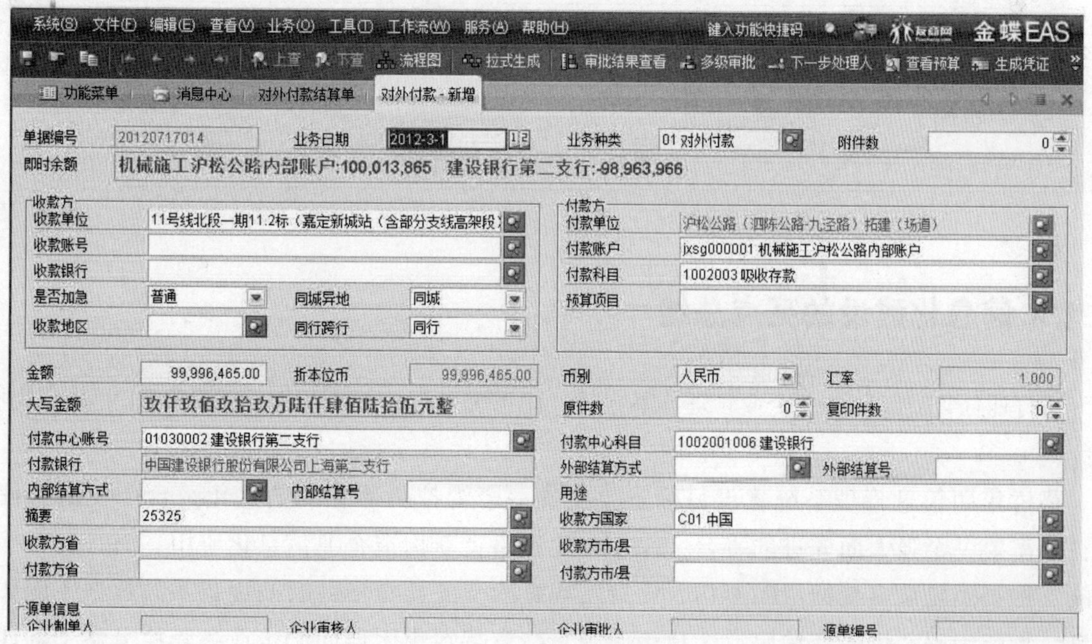

图13 资金结算页面

⑧资金监控

日期范围：2013-6-1　至：2013-6-25　上海公路桥梁（集团）有限公司　单位：万元

	公司名称	银行	银行账户	总计	查询期间平均额	2013-06-25 余额	2013-06-24 余额	2013-06-23 余额
1	日上海公路桥梁（集团）有限公司	小计		58,078.72	2,323.15	1,882.04	1,382.04	2,491.69
2	日上海公路桥梁（集团）有限公司（本部）	小计		58,078.72	2,323.15	1,882.04	1,382.04	2,491.69
3	日上海公路桥梁集团有限公司本部（虚体）	小计		58,078.72	2,323.15	1,882.04	1,382.04	2,491.69
4		上海浦东发展银行第一营业部	浦东发展银行第一营业部1393	311.63	12.47	12.46	12.46	12.46
5			小计	311.63	12.47	12.46	12.46	12.46
6		上海浦东发展银行静安支行	浦发静安（七天通知存款户）	0.00	0.00	0.00	0.00	0.00
7			浦东发展银行静安支行0337	350.89	14.04	14.05	14.05	14.05
8			小计	350.89	14.04	14.05	14.05	14.05
9		中信银行上海普陀支行	中信银行（七天定期户）	0.00	0.00	0.00	0.00	0.00
10			中信银行普陀支行	401.02	16.04	14.60	14.60	14.60
11			小计	401.02	16.04	14.60	14.60	14.60
12		中国光大银行股份有限公司上海周浦支...	光大周浦支行5615（定期）	0.00	0.00	0.00	0.00	0.00
13			光大周浦支行	608.51	24.34	506.46	6.46	6.46
14			小计	608.51	24.34	506.46	6.46	6.46
15		中国农业银行股份有限公司上海延中支...	农行上海延中支行	0.00	0.00	0.00	0.00	0.00
16			小计	0.00	0.00	0.00	0.00	0.00
17		中国工商银行股份有限公司上海市分行...	工行4242	0.00	0.00	0.00	0.00	0.00
18			小计	0.00	0.00	0.00	0.00	0.00
19		中国建设银行股份有限公司上海卢湾支...	建行卢湾支行	290.83	11.63	11.63	11.63	11.63
20			小计	290.83	11.63	11.63	11.63	11.63

图14　资金监控页面

⑨全面预算

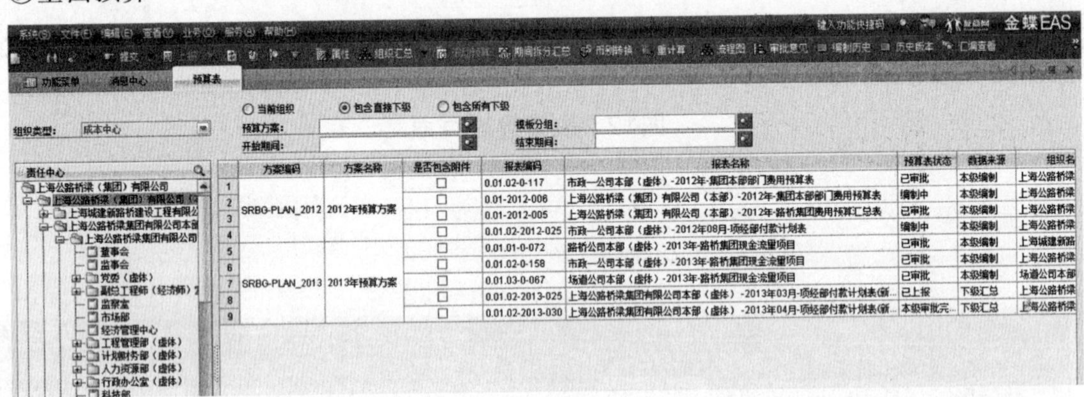

	方案编码	方案名称	是否包含附件	报表编码	报表名称	预算表状态	数据来源	组织名
1	SRBG-PLAN_2012	2012年预算方案	□	0.01.02-0-117	市政一公司本部（虚体）-2012年-集团本部部门费用预算表	已审批	本级编制	上海公路桥梁
2			□	0.01-2012-006	上海公路桥梁（集团）有限公司（本部）-2012年-集团本部部门费用预算表	编制中	本级编制	上海公路桥梁
3			□	0.01-2012-005	上海公路桥梁（集团）有限公司（本部）-2012年-路桥集团费用预算汇总表	已审批	本级编制	上海公路桥梁
4			□	0.01.02-2012-025	市政一公司本部（虚体）-2012年08月-项经部付款计划表	编制中	本级编制	上海公路桥梁
5	SRBG-PLAN_2013	2013年预算方案	□	0.01.01-0-072	路桥公司本部（虚体）-2013年-路桥集团现金流量项目	已审批	本级编制	上海城建新路
6			□	0.01.02-0-158	市政一公司本部（虚体）-2013年-路桥集团现金流量项目	已审批	本级编制	上海公路桥梁
7			□	0.01.03-0-067	场道公司本部（虚体）-2013年-路桥集团现金流量项目	已审批	本级编制	场道公司本部
8			□	0.01.02-2013-025	上海公路桥梁集团有限公司本部（虚体）-2013年03月-项经部付款计划表(新...	已上报	下级汇总	上海公路桥梁
9			□	0.01.02-2013-030	上海公路桥梁集团有限公司本部（虚体）-2013年04月-项经部付款计划表(新...	本级审批完...	下级汇总	上海公路桥梁

图15　全面预算页面

（七）信息化建设的亮点总结

“打通任督二脉”——企业管理体系与信息化系统融合，杜绝“信息孤岛”，建立一体化信息平台。

路桥集团信息管理系统建设目标是要实现一个管控一体化的信息化平台。要消灭信息孤岛，就需要一个强大而先进的平台，用平台化思路重新构造企业信息化应用，而且这个平台必须能支持集团复杂多变的组织架构，支持流程重构，支持在集团层面规范基础数据（例如人员信息、物资编码、供应商编码、客户编码等），支持在集团层面制定业务管控策略（例如集中采购策略），支持快速构造新的业务应用等。

1. 信息平台云服务应用

应用云技术搭建路桥自己的服务平台，作为全集团管理系统应用的唯一载体。同时服务端利用集群技术，最大限度地利用硬件资源，优化系统性能。统一的服务平台将原本分散的财务账套集中到本部，全国各地的分公司、项目部共享本部的财务中心，简化了合并财务报表，往来核销等业务，并为实现集团内部拆借、资金集中管控提供了可能。同时，统一的服务平台也大大简化了财务业务一体化应用的难度。

2. 路桥项目管理移动应用

近年来，经济全球化步伐的加快，信息化技术已渗透到建筑施工企业。然而建筑施工企业，施工项目分布点多、分布面广、流动性大、管理层级复杂。集团总部很难及时掌握项目的进展情况，缺乏对项目全过程的跟踪、监控；无法实时获得成本执行数据，难以对成本进行有效管理，项目监控和管理非常困难。

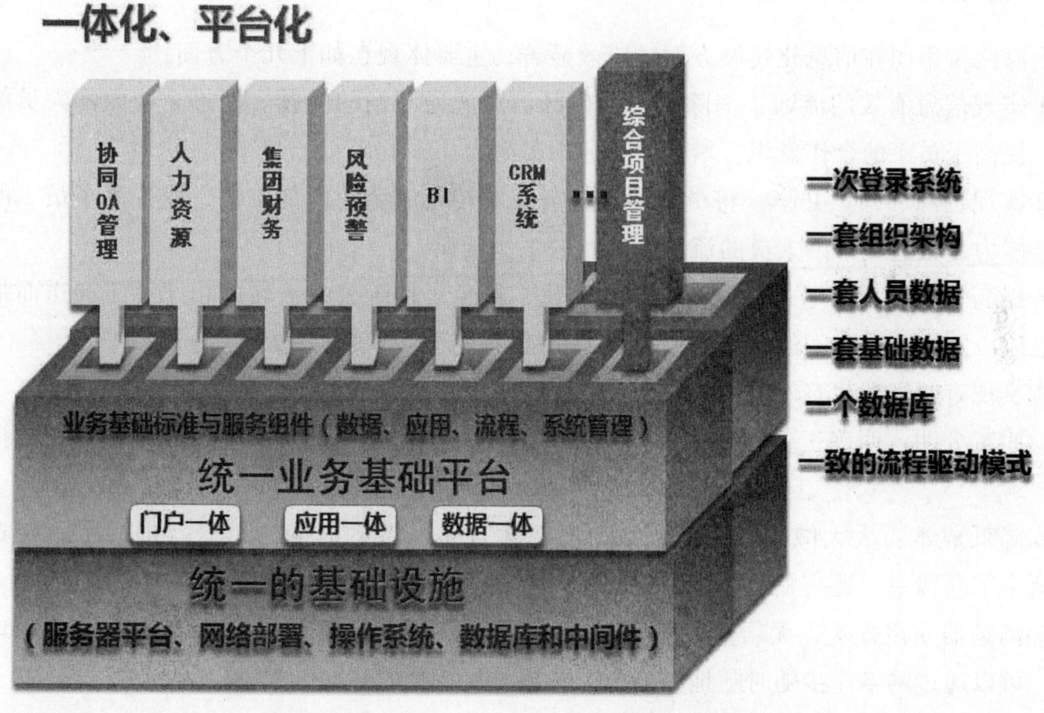

图16 集团管控一体化信息化平台架构图

随着宽带互联网的普及、移动互联与移动应用的发展，项目实施第三阶段中期路桥集团与云平台通过共同技术应用逐步将建筑项目监控与移动技术结合起来，突破组织和地域的局限，实现建筑项目的实时监控。无须登陆ERP系统，即可随时查看公司项目运转情况，掌控项目全局。

创新应用亮点：

①按项目在建、停工、竣工等项目状态展现公司项目情况，清晰了解项目概况。

②提供项目详细信息查询，实时把握项目进度。

③支持项目即时搜索，快速查看项目情况。

④通过“灯泡”、“红圈”的形式显示异常项目，直观明了。

3. 一体化管控模式

路桥集团为提高项目管理效率降低项目管控成本采用业务财务一体化管控模式：项目管理系统负责将合同付款、工程进度、成本、物资使用、设备台账等信息传递给财务系统，财务系统根据合同付款和工程进度信息生成付款单，并可以联查审核合同付款和进度的匹配情况，并统一纳入应付款管理。同时根据成本、物资使用、设备台账等信息生成财务凭证或固定资产卡片并作调整，通过财务凭证或卡片可跟踪财务数据和项目管理系统中的成本、物资、设备等数据之间的差异。财务系统也可以通过资金管理和预算管理从项目管理系统获取相关历史数据，并对项目管理系统中的成本和资金支付进行控制和监控。

4. 企业信息化的成效

上海路桥集团在信息化建设方面，成效显著，主要体现在如下几个方面：

①实现信息有效的流通：消除了企业内部信息流通不畅的问题。促进企业内部人员的有效沟通，提高了员工的合作意识，增强了企业的凝聚力。

②实现资源和知识共享：将员工的经验与技术转化成企业内部资源，既提高了员工的学习和创新能力，也避免了因人员的流动而导致的工作延误。

③提高工作效率：通过公文流转的自动化，避免了传统公文流转时由于手工递送而带来的工作延误以及人员、时间的浪费，保证了工作能够快捷、准确地被处理。

④实现有效管理：有效监管工作人员的工作情况，实现实时工作任务的监督与催办。

⑤职责分明：明确工作岗位与工作职责，增强人员的责任感，减少工作中的推托、扯皮等现象。

⑥降低成本：大大减少办公开支，降低管理成本。节约时间、纸张、电话费、传真费用等，减少了差错率，提高整体的工作效率。

⑦浏览器使用方式，无须安装专用程序，实现远程办公和移动办公，使办公不再受地域的影响，可以通过网络连接随时随地办公。

⑧信息集中管理、支持企业内部用户信息共享。

⑨支持流程表单自定义、工作流程自定义，迎合不同企业的内部流程。

⑩采取对敏感数据的加密手段，通过SSL的方式保障了数据传送过程的安全。

5. 企业利用信息化解决的问题

1）财务业务一体化应用

①成本的及时录入。由于财务人员需要拿到实际的凭证才可以入账，所以财务数据是相对

滞后的。而财务业务一体化的实施，业务成本一旦发生即可以录入，使得成本分析更准确、更及时。

②成本的准确性。由于业务与财务是两套体系，各自分别统计成本，常常无法对拢。而有了EAS管理系统，业务成本是财务成本记账的前提，两者的差异主要是时间差，理解导致的差异被降到最低，大大提高了成本录入的准确性。

2）预算业务一体化应用

①将预算编制与预算控制整合到同一套管理系统中，提高了预算控制的可行性、准确性。在手工管理阶段，预算编制是在纸制或电子表格上实现的，而对预算的控制主要是通过纸制审批人为判断。在实现了预算业务一体化之后，控制过程由系统自动实现，不再需要人为翻看预算内容；实际发生数额自动汇总，也大大减少了管理人员的时间成本。

②预算执行分析，可以实时发现问题，执行纠偏。

3）资金业务一体化应用

①资金支付更透明。资金支付的前因后果，在业务系统里都有体现，统计数据自动生成，管理人员可以根据应付金额、累计付款比例、累计收款比例等多个参数判断此笔资金支付的合理性，使得资金支付更透明、更可控。

②扩充了资金系统的分析维度。业务系统里提供了组织维度、合同维度、外部单位维度等多个分析汇总维度，与资金系统通过合同号实现连接，实现多维度的应收应付分析。

6. 信息化带来的效益

1）提高工作效率

资金管理系统的宗旨立足于数字化管理，以业务为中心、财务为核心，对凭证、资金结算、资金分析、报表分析等进行一体化管理。集团财务的集中财务管理解决方案，重点在于打破传统分散式财务管理模式，顺应施工企业集中财务管理趋势，在管理模式上支持在整个集团内实现集中监控、集中管理的转变，在应用模式上支持以项目中心的责任主体管理和核算，帮助集团提高运作效率，实现施工企业管理水平和效率双提升。

依托信息系统，能满足施工企业跨地域、多机构、多组织、多层次、项目中心管理等需求的特性，实现各下属单位财务集中核算，搭建集团内统一的财务核算和资金结算平台。

2）降低管理成本

通过上线业务单据的审批流程，项目工作人员不再需要频繁地往返工地与公司本部，也不必再担心办事找不到人；通过财务业务一体化、预算业务一体化、资金业务一体化的实施，管理系统帮助管理人员完成了一部分控制职能，减少了管理人员的时间成本、沟通成本。

3）提升企业集约化管理水平

4）提高企业的风险管控能力

路桥建立的风险管理有两类：一种是系统能够自动监测的风险提示，例如：根据合同支付预警条件，支付金额超过合同总金额的80%发出预警等，对这类系统采用统一预警平台进行管理；另一类是系统不能自动监测的风险，例如：台风、主要项目成员离职等，采用风险标识、控制措施、措施落实和风险评估的风险管理方法。

风险标识就是将项目执行中可能遇到的风险进行记录，并对风险发生的可能性、危害性进行评估，制定风险控制措施，并记录落实情况和责任人等。

系统平台的预警平台，自行定义风险预警条件、预警方式、预警频率和信息接收对象，在业务执行过程中依据系统控制条件主动发送预警的消息，通过邮箱、消息、手机、PDA等方式将预警消息发送到相应角色的人，企业管理者能够主动掌握内部控制消息，做到事前预防、事中控制、事后审计分析，防范经营、财务、项目的风险，降低经营成本，创造企业效益。包括但不仅限于以下功能：项目进度风险预警、项目合同变更风险预警、合同支付提前预警、费用超预算提前预警、成本执行风险预警以及工作延期预警。

7. 信息化建设的体会

信息化管理办法得到了落实和贯彻。在路桥公司领导的关心下，在几个关键的业务节点上，路桥公司果断地将工作方式由手工方式转化为信息化方式，业务人员在压力下迅速掌握了信息化工作方式，同时对信息化的重要性也加深了认识，由“要我用”，转化为“我要用”。

信息化是个渐进的过程，在实现的过程中还可能有反复，这就要求执行人员要有坚强的心理准备，坚持不懈地为最后的目标努力。

培训再培训，队伍对信息化的了解比较肤浅，要真正应用好，培训工作至关重要。通过培训带动自觉自愿的学习。

尽可能缩短双轨运行时间，关键要素在实施过程中要提前考虑一些上线的风险和应对机制，鼓励丢掉纸质，尽快应用系统，对关键用户启用重用政策。

在信息化应用过程中，一定要有一个总的负责人，可以协调各业务部门通力合作；同时，每个业务条线上，也要有一个业务负责人，可以把业务问题说得清，决定关键决策。

江苏南通六建建设集团有限公司
南通六建信息化案例

（一）企业简况

江苏南通六建建设集团有限公司南通六建（南通六建）创建于1956年10月，1994年晋升一级资质，1998年取得外经贸部境外工程承包签约权；2000年实现产权制度改革，政企分离，2001年成立南通六建党委，2002年组建省级建设集团；2005年晋升总承包特级资质，2011年顺利通过住建部信息化考评验收，特级资质就位。

南通六建下辖15个区域南通六建、7个专业承包南通六建及10家参控股南通六建；年平均施工人数3.5万余人，总资产28亿元，具有独立承建境内外各类高大难工程的综合施工能力，先后在北京、上海、天津、重庆、江苏等20多个省、自治区及境外10多个国家和地区设立分支机构，依靠科学的经营理念、丰富的管理经验、先进的施工工艺、现代的管理手段，打造南通六建铁军品牌，树立起一座座闪光的丰碑，为国家、军队和地方的经济建设作出了突出贡献。

南通六建全面贯彻执行质量环境职业健康安全管理体系标准，奉行“诚信守法，铸造时代精品；文明施工，争当环保先锋；以人为本，追求持续发展”的管理方针，取得了丰硕成果，承建的工程实现交验合格率100%，优良品率60%以上。近年来，获实用新型专利14项、发明专利2项，国家和地方行业标准3项；获国家鲁班奖、詹天佑大奖10项、全国用户满意工程1项、国家级工法3项、全国QC成果8项、全国新技术应用示范工程1项；获省级以上优质工程192项、省级工法9项、省级QC成果57项、省级新技术应用示范工程45项；国家AAA级安全文明标准化诚信工地3项、省级安全文明工地152项、市级安全文明工地260项，得到业主和各级主管部门的高度赞扬。

2012年位列“ENR全球承包商225强”第120名、“中国建筑业企业竞争力百强企业”第36名，获全国守合同重信用企业、全国优秀施工企业、全国建筑业科技进步与技术创新先进企业、全国模范职工之家、全国工人先锋号等称号。连续多年获江苏省建筑业最佳企业、江苏省建筑业百强企业综合实力50强、江苏省建筑业百强企业建筑外经10强、江苏省民营企业纳税大户、江苏省建筑业企业安全生产先进单位等荣誉称号。

（二）企业信息化建设背景及历程

2002年设立南通六建门户网站，网站设置企业概况、党建工作、组织机构、领导班子、首长关怀、建筑篇章、参控股南通六建、区域专业南通六建、在线留言等模块，通过网页图文并茂地宣传企业，实时发布信息、新闻、动态，宣传企业形象，展示企业实力，公众可随时了解企业发展情况。建立了企业电子邮局，以ntlj.com.cn为后缀，统一形式，统一管理，既避免垃圾信息及病毒的骚扰又保证有效信息的及时跟进。设置论坛系统，方便决策层了解情况和相关方之间的交流沟通，提高了管理工作效率和信息反馈速度。

2006年，开发办公自动化软件系统。系统设置个人事务、行政事务、在线交流、公共信息、系统管理、移动办公工具等模块，建立网上协作办公平台，加强了南通六建机关与驻外机构之间的信息交流，办公信息运转方便快捷、紧凑有效；南通六建员工可以从OA平台上及时获知企业信息，包括规章制度、重要事件、工程项目管理新工艺、新技术和新方法等。

2007年，南通六建以“理顺财务流程和管理机制，及时获取资源信息并做出响应”为目标，编制了项目实施计划，同年11月上线运行，先运行了ERP-NC系统中的总账、报表、固定资产三大模块，覆盖所有区域/专业南通六建；又逐步增加了存货、资金管理等模块，全面覆盖实体项目部。通过财务信息系统的运行实现了财务集中管理、数据实时控制，提高了工作效率，保证了财务数据的及时性、准确性，实现了实时监控、数据共享和业务协同办公，大大降低了管理成本。

随着企业迅猛发展，业绩成倍增长，业务管理系统越上越多，形成了新的信息孤岛，整个信息系统做不到牵一发动全身，信息化进程遭遇瓶颈。南通六建高层意识到必须建立一个全面企业级项目管理、协同办公及财务等各种业务管理支撑的信息系统。

2008年2月，南通六建成立了由南通六建总经理徐正洪任组长的南通六建信息化建设领导组，用1个多月时间编制完成了企业信息化总体规划。2008年6月开始对信息化系统建设进行调研、制定方案。2008年年底完成中心机房建设和总部网络升级改造。2009年企业管理信息系统的办公自动化（OA）、人力资源（HR）、项目管理等子系统、财务管理网络系统相继上线运行，通过在苏州南通六建、南京南通六建试点后，在全南通六建分片区培训，并依次全面推广。2010年11月开通数据备份系统，实现上网行为管理；同年底，信息系统实现项目全覆盖；2011年5月，远程视讯系统建成开通。2011年11月1日通过住建部信息化专家组的验收。

验收通过后，董事长兼总经理徐正洪立即指出南通六建信息化建设不仅是为了特级资质就位，更主要的目的是为了有效地提高南通六建的管理水平，要求将南通六建信息化系统进一步深化应用，要按照南通六建管理流程，符合南通六建实际又紧跟潮流，建成一个属于自己的、有南通六建特色的，便于操作、全面集成、资源共享的现代化管理平台。2012年整整一年的时间，南通六建以建设有“生命力”的企业信息化平台为目标对信息化系统进行深化应用，通过调查座谈、交流沟通、疏理简化，实现了预期目标。2012年年底到2013年年初完成了南通六建全员培训，2013年新开工程全部上线。

（三）企业信息化建设思路

1. 实施方法

系统开发与实施遵循“整体规划、分步实施”原则，先试点应用，后推广，应用过程中发现问题及时解决，建立问题反馈跟踪处理机制，做到持续改进，不断提高应用水平。

1）转变观念，统一思想，狠抓落实，构筑信息化体系

为推进南通六建现代化管理创新，南通六建总经理亲自挂帅，副总经理任首席信息官，各职能部门负责人组成南通六建信息化建设领导组，2008年7月组织召开南通六建信息化建设启动和动员大会，明确目标，各部门成立由部门经理为组长的信息化领导的小组，落实责任制，签订责任状，并将信息化纳入年度部门管理目标考核内容，直接与责任人的绩效挂钩，对于推进不力和工作滞后的部门负责人实行一票否决。

2）重视信息化管理培训

首先对关键用户和部门信息化推进组成员进行重点培训，然后通过他们分片分模块实施培训，培训做到无死角、全覆盖。系统应用过程中，对不同对象有针对性地进行专项培训，保证系统流程顺畅。

3）分批上线应用

信息系统分三批上线应用：第一批是试点项目的应用；第二批是新开项目的应用；第三批是所有项目的应用，实现项目全覆盖。

4）建立系统问题反馈跟踪处理机制，不断提高应用水平

南通六建综合管理信息系统是根据南通六建管理体系流程、管理特色和工作需求开发出来的，具有南通六建特色。系统应用初期，出现问题频率较高，信息中心安排专人负责收集问题，并有针对性的研发和处理，未影响上线项目的推广应用。通过不断努力，目前系统日常业务处理及时、运转正常。

2. 实施过程

1）基础数据规范过程

对集团南通六建组织结构、员工职位、合同供应商分类、材料编码、设备分类、成本科目等基础数据经过多次讨论研究，建立了规范的基础数据库。

2）流程梳理优化过程

对机关部室、区域/专业南通六建、项目部的业务流程进行梳理，对系统功能进行优化。

3）计划控制编制过程

制定总体进度控制计划，按月、周分步跟踪完成情况，及时调整编制后续实施计划。

4）持续推进应用过程

区域/专业南通六建和项目部成立由工程技术、经营生产、质量安全、财务成本、计算机应用等方面的业务骨干组成推广应用小组，与集团南通六建信息中心以及软件南通六建项目组协同开展推进应用工作。

（四）企业信息化建设概况

1. 信息化基础设施建设

为加快推进南通六建信息化建设，加强信息化的领导工作，提高南通六建信息化水平，增强企业竞争力，南通六建从组织、制度、资金、硬件、人才等方面保障信息化的建设，2008年2月成立“南通六建信息化领导组”。组长由董事长兼总经理徐正洪亲自担任，副总经理吴晓风任首席信息官，负责信息化建设日常工作。建立健全信息化专属机构信息中心，全面负责集团南通六建信息化建设工作，制订信息化总体规划方案、信息化组织管理制度等来规范集团信息化管理、合理制定规划和注重有效应用。确保资金投入保障信息化建设的有序开展，投入资金主要用于硬件改造建设、网络拓宽提速、软件投入、数据安全、员工信息化培训等。2012年7月，南通六建在新办公大楼按照国家A级机房标准建成了30个机柜的IDC数据机房，拥有了足够大的拓展空间，同时也保证了系统的稳定性和安全性。

2. 信息化系统建设

南通六建信息化应用主要在3个层面，分别是集团南通六建总部7部1室1中心职能管理、区域/专业南通六建3部1室承上启下综合管理，以及项目部层面的项目核心数据业务操作。

项目级应用主要有项目管理主流程（业务线）和项目管理辅助流程（资源线）两方面的应用，蕴含了先进的项目管理理念，重点实现项目部层面的全过程项目管理。主要包括项目招投标管理、合同管理、物资管理、进度管理、成本管理、质量管理、安全管理、设备管理、风险管理、竣工管理、财务管理、档案管理等。

企业级应用是基于集约化项目管理思路，实现集团南通六建总部和区域/专业南通六建对项目实时“看和管”的要求。借助项目管控应用，决策层通过报表系统、决策支持平台及过程风险预警机制达到从上往下“看”的企业诉求管理，管理层通过信息化手段统一项目管理决策，用过程监控工具实现对项目有效的“管”。主要应用了OA系统、人力资源系统、财务系统、项目管理系统等。

1）协同办公系统

集团南通六建2006年搭建网络办公平台，实现了集团信息资源共享和网络化办公。平台可实现部门、员工之间的快速沟通、交流、工作流转、信息发布等，提高了办公效率，降低了管理成本。2008年开始建立综合管理信息系统，顺利实现了换版升级，正式启用协同办公系统，实现网络办公自动化，覆盖到集团南通六建所有部门和项目部。2010年对南通六建网站改版，对企业邮箱系统进行改造，增加了视频和论坛，网站信息实时更新。

2）人力资源管理系统

2008年开始建设人力资源管理系统，主要是对南通六建组织机构和职工设置的管理；对人员招聘、入职、异动到离职的全周期管理；对企业人事日常事务的管理，包括薪酬管理、招聘管理、培训管理、员工绩效考核管理，等等。

3）综合项目管理系统

2008年建成贯通集团南通六建、区域/专业南通六建、项目部集办公自动化系统、人力资源管理系统、综合项目管理系统为一体的综合信息管理体系；建成覆盖招投标管理、进度管理、成本管理、合同管理、物资管理、设备管理、质量管理、安全管理、竣工管理、档案管理、风险管理等方面项目管理应用平台；2009年投入使用，实现了对所有项目的统一管理和控制，实现了工程项目成本进度的实时控制、办公自动化、管理组织清晰、文档共享、信息沟通流畅。

4）财务管理系统

2009年开始建设财务管理系统集成，系统实现财务预算、财务控制和财务分析的完全动态化。系统包括账务处理、辅助管理、工资报表、财务预算、财务分析、成本核算、报表汇总、固定资产管理等。集中财务管理，降低管理成本，提高资金使用率，提高了经济效益。通过网络报表的实施，解决了合并报表编制过程中易出现的问题，减少了内部往来核对工作量，缩短了集团报表会审时间，提高了报表编制的效率和质量。

（五）信息化建设总结

经过五年的信息化应用，集团全员信息化意识得到加强，系统已经深入到每个在建项目、深入到各部门、深入到南通六建所有员工，成为南通六建管理的有效工具；信息化建设被列为南通六建事关企业长远发展的战略性工作，并正向一个更高层次、更广范围的云计算领域发展。

1. 信息化意识显著提高

各业务部门已从了解信息化的基本内容，转变为积极运用信息技术及时解决日常管理中的难题，不断用信息化武器来武装自己，业务主管部门已成为信息化建设推广工作中的主力军，其意识转变，影响深远，意义重大。

2. IT基础设施全面更新

信息化建设推动南通六建设施（例如网络、服务器、电脑）升级和全面更新。项目部、区域/专业南通六建原有的老式电脑被淘汰更新，双电双网光纤宽带互联网接入，保证了持续和快速；员工的工作、生活、交流都离不开信息化。彼此间处理业务效率提高了，部门间联系快捷紧密了，员工间沟通方便了。

3. 流程优化、效率提升

信息化建设同流程改进是密不可分的。管理系统反映了企业管理流程，流程的变革和改进，也推动了管理系统的优化。2012年以来，通过与软件南通六建的共同努力，对南通六建流程重新进行了梳理和改造，目前办公OA、人事HR、项目管理、财务管理等流程运行良好。

4. 数据规范

项目建设过程中，通过各部门的协同工作，规范数据已走上正轨。岗位体系得到梳理、主要人员的档案信息已进行了维护、重复的客户信息进行了剔除、材料进行了分类和编码。相关数据的变化在系统中得到及时更新，保证了数据的统计分析。

5. 促进项目管控

项目管理系统的建设，增强了项目过程的可控性。从项目前期招投标到项目竣工验收，所有业务流程在信息系统中都可操作呈可控状态，原本缺乏监控的流程，都通过系统运转起来了，项目的风险通过相关统计报表分析及时发现，有利于集团3个管理层面快速决策。

6. 实施亮点

①完善办公管理系统，覆盖集团各部门和子南通六建、参控股南通六建，实现办公网络化管理，建成内部即时通信netcall系统。

②针对不同类型、不同岗位、不同级别人员的管理模式，实现薪酬、人事档案、人员异动、绩效考核的全面管理。

③调整项目管理应用模式。系统对实体项目、联营项目的管理方式明确划分。实体项目采取精细化管理，从项目招投标、合同签订过程，到施工进度控制、合同履约、成本管控，以及施工质量安全管理、设备管理等，制定标准的业务流程，系统平台对各模块的数据进行关联与集成。联营项目采用粗放式管理，项目管理各业务模块数据以填报方式为主，重点对项目施工过程的主要节点进行风险控制。

④基于风险控制的收支两条线资金管理，加强集团对资金的管控，降低企业经营风险。

⑤完善业务财务一体化。

⑥领导查询报表优化，提供清晰直观的数据展示界面，辅助领导决策。

南通六建的信息化建设还处在初级阶段，实施过程中遇到的主要问题是专业人才的缺乏；但我们将着眼未来，不断创新，决心在云计算领域展翅高飞，引领时代发展，为实现中国梦而不懈努力。

北京市公路桥梁建设集团有限公司信息化案例

（一）企业简况

北京市公路桥梁建设集团有限公司（以下简称北京路桥集团）的前身是北京市公路工程公司，成立于1986年。经过近30年的发展，北京路桥集团已成为一家具有公路工程施工总承包特级、公路行业设计甲级、市政公用工程施工总承包一级、城市轨道交通工程专业承包等10余项资质，以基础设施项目设计、建设、运营、管理、咨询与监理、施工总承包、公路工程技术咨询服务为主的国有大型建筑集团，在全国基础设施建设市场享有盛名。

集团注册资金6亿元，拥有雄厚的资金实力、人力资源和技术力量。集团拥有京石、京哈、机场、八达岭、京沈、京开、京承等高速公路及北京四环路、五环路、六环路等路网改造、首都机场场道改造和北京地铁十号线一期工程、北京地铁八通线工程、北京地铁十号线二期工程、城市轨道昌平线、铁路电力隧道工程等众多骄人的业绩，并积极开拓外埠市场，先后参建了10多个省市的几十项重点工程项目，所建工程多次获得“詹天佑土木工程大奖”等重要奖项。截至2012年年底，集团总资产85.7 亿元，2012年营业收入69.64亿元。

集团具有省部级企业技术中心资格，近年来不断加大科技投入力度，企业科技活动经费支出年均5 000万元以上，核心技术水平在同行业中处于领先地位。

（二）企业组织架构

北京路桥集团公司是依据现代企业制度建立的施工企业，董事会为集团的经营决策机构，对股东负责。机关总部设10部1室3中心共计14个部门，下辖5个全资子公司，6个参股公司，4个分公司。

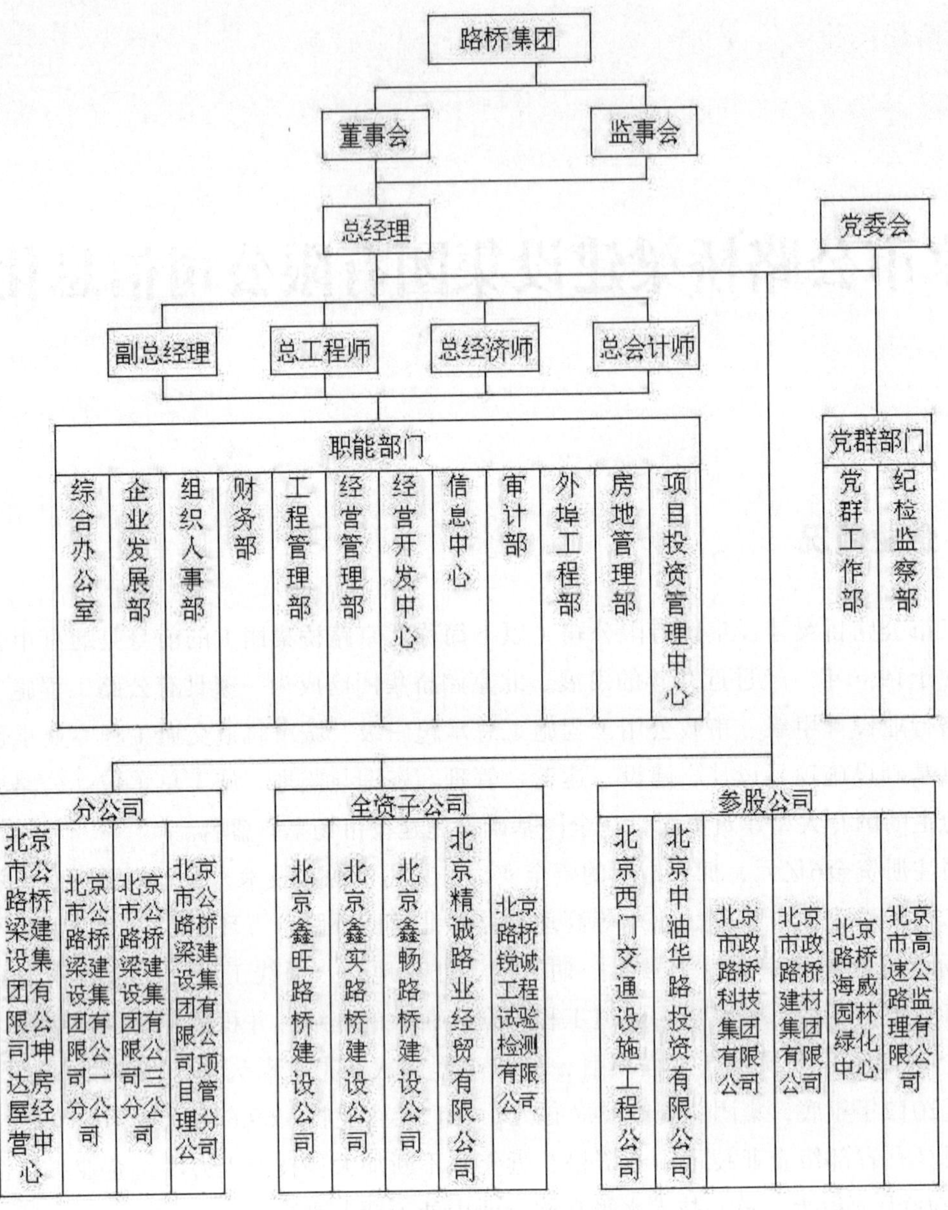

图1　北京路桥集团组织机构图

（三）企业运营模式及管理模式

在巩固传统业务和市场的基础上，北京路桥集团积极开拓国内和国际市场，大力发展城市轨道交通工程；大胆进行体制与机制改革创新，全面提升管理水平；完善现有经营管理模式，以资本经营促进资源整合与优化配置，突破高端业务领域。预计5年内，把北京路桥集团建设成为国内一流的集施工、设计、投资为一体的基础设施建设集团。

1. 经营格局及模式

北京路桥集团自2003年正式从原北京市公路局剥离以来，一直在探索适合于自己企业的特色道路，坚持不断改革、不断调整战略，积极开拓市场，借着国家拉动内需的大好东风，立足于北京、立足于原业务范围，逐步形成了重点区域发展、多专业施工、多形式承包的战略布局。

1）立足北京，发展重点区域业务结构

北京路桥集团是北京公路施工的地方特级企业，在北京公路市场享有盛名，一直以做优做强的态势不断发展，在北京路政局、公联公司、首发集团三大建设投资主体有着稳定的市场份额，在北京公路建设市场信用等级达到AA级。通过几年在外埠市场的打拼，先后在吉林、四川、河南、青海参与了当地的高等级公路的建设，取得了良好的评价，为在当地进一步发展奠定了基础，其中在河南、青海公路、广西市场信用等级达到了A级,浙江信用等级评定为双A。

2）稳步扩大公路市场份额，不断拓展新的业务范围

近5年来，北京路桥集团成功申报了轨道专业资质、桥梁一级资质，为从事轨道建设打下了基础，2008年、2009年在轨道建设市场参与了地铁十号线、西郊线的建设工程任务。2010年11月，路桥集团成功申报了机电安装工程施工总承包二级和房屋建筑施工总承包三级资质。2011年12月13日，路桥集团正式向建设主管部门递交了公路工程施工总承包特级和公路工程行业甲级设计资质申报材料，并于2012年取得了该资质。2012年年底，路桥集团取得对外承包工程资格，为开拓海外工程市场奠定了良好的基础。

2. 企业发展战略

北京路桥集团恪守“为社会提供精品工程是我们不变的主题，为客户提供优质服务是我们永恒的追求”的理念，以优异的设计、先进的管理、优质的施工与服务，依托科技的优势，用自己的汗水和智慧为社会奉献了一大批精品工程，赢得了社会的赞誉。

（四）信息化建设背景及历程

1. 初步探索阶段

北京路桥集团从2003年开始尝试利用信息化手段加强管理。先后上线了OA办公系统、项目管理系统、财务管理系统、人事管理系统、对外门户网站。由于当时技术条件、人员观念等方面的制约，OA办公系统、项目管理系统没有达到很好的应用效果。但通过探索尝试，为今后的信息化工作起到了良好的促进作用。

2. 反思摸索阶段

随着计算机技术、互联网技术的快速发展，在住房和城乡建设部特级资质信息化考评的东风下，全国特级施工企业都在如火如荼地开展信息化建设工作。北京路桥集团在反思以往信息化工作失败教训的基础上，借鉴其他单位的成功经验，摸索出了一条有北京路桥集团特色的信息化建设之路。在进行全面需求调研的基础上，反复梳理各项管理流程，在以适用性、实用性、先进性为前提的情况下，按照集团现状建立了新的OA办公系统、项目管理系统、人力资源系统。在这个阶段，北京路桥集团逐步理清了管理思路，完善了软件系统。

在经历了特级资质信息化考评的洗礼后，最初设定的两个信息化工作目标已经基本实现：即通过特级资质信息化考评，以及在考评前提下的信息系统深入应用。信息化应用所需要的基础设施建设、信息化工作团队、人员意识以及相关制度等均已建立。在这些基础上，推进集团信息化的深入应用，促进扁平化管理、打造信息化企业，建设有生命力的信息系统的工作已经时机成熟。

3. 深入应用阶段

北京路桥集团各信息系统正式上线运行后，集团下大力量在全集团范围内进行系统应用推广，并及时收集各层级反馈上来的系统改进建议，对信息系统进行了更多个性化的修改，使信息系统更加贴近集团各项业务。项目管理方面，各级项目管理人员根据集团项目风险控制管理制度，对所负责模块提出了具体深入的需求。在已经实现的日常项目管理功能的基础上，针对成本控制、风险预警等内容进行了更加深入的开发，使项目管理系统做到了业务全面管理、风险实时控制。OA办公自动化方面，按照集团实际需要，对重要事项汇报功能、任务分解管理等功能进行了个性化定制开发，更好地满足了集团日常工作需要。财务管理方面，在成熟地应用财务管理系统的基础上，集团又上线了资金管理系统，对全集团资金进行信息化管理，有效地整合了资金资源，节省了财务成本。

（五）信息化建设思路

1. 信息化建设总体思路

北京路桥集团在制订信息化规划时即制订了信息化战略方针：整体规划、全面部署、资源共享、深化应用、务求实效、立足创新、安全可靠。以管理需求为导向，充分发挥信息技术的基础性作用，探索成本低、实效好的信息化发展模式。

集团信息化的整体框架，从企业管理一体化的角度考虑，最终需要实现的是纵向与横向的全面集成与整合，包括管理资源的整合与信息资源的整合。做到基础数据规范化、业务流程规范化、管理信息可视化与透明化、管理流程可控、管理作业高效等，以更好地支持企业管理。

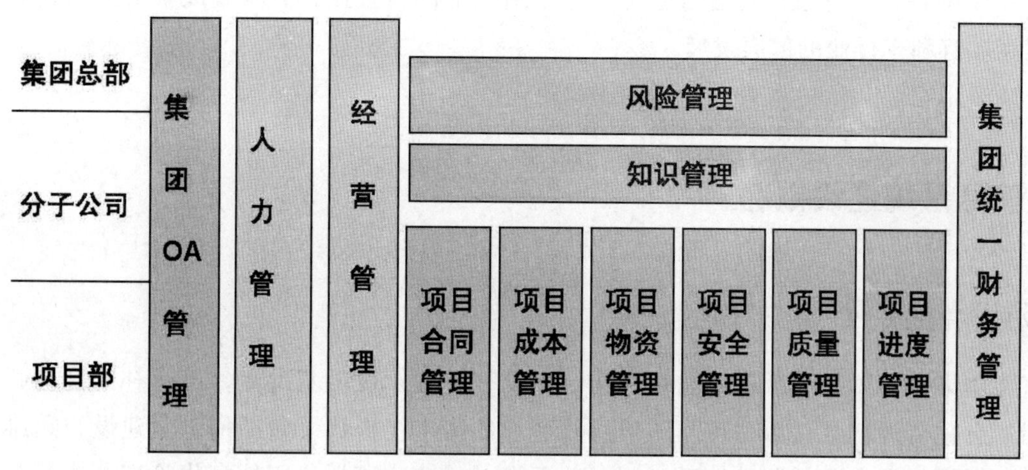

图2 集团核心业务架构图

2. 当前信息化工作重点

信息化是辅助企业实现管理创新、制度创新和技术创新的方式。北京路桥集团希望通过5年的信息化实施总结，广泛借助外力，并结合自身在基础设施建设领域多年精耕细作的积累积淀，逐步梳理总结一套适用于国内基础设施建设行业，具有科学性、先进性、适用性的管理方法论。依靠自身力量，从管理方式、方法入手，自主研发一套可供程序开发人员应用的快速开发平台，能够在此平台基础上进行各种个性化需求定制开发及进行各类业务管理软件的快速开发。并依托此平台开发出一套紧密贴近国内基础设施施工行业管理现状的信息系统，提供从科学、适用的管理理念到先进、实用的技术展现的完整解决方案。为国内基础设施施工企业提供示范，提升行业信息化程度，提高行业管理水平。

①本着“精细控制、智能管理、快速决策”的核心理念，紧密围绕基础设施施工领域的管理问题进行探索和研究。形成适用于国内施工现状并具有国际先进性的基础设施施工领域管理模型。

②开发一个一站式的JAVA WEB应用软件快速开发平台。该平台具有高度的扩展性和可维护性，能够根据需求快速地开发软件系统，满足个性化需求，以及不断发展和完善信息系统的长期目标。

③基于上述平台，开发完成一套综合信息管理系统。能够加强对工程项目的全生命周期、全价值链的管理，能够实现“事先全面规划、过程精细管控、事后分析改进”的集约化资源管控，达到促进精细化管理的目标。同时，保证该系统具有较强的可移植性，能够无偿地为行业中其他企业提供管理帮助。

④在综合信息管理系统的基础上，深入研究与搭建智能决策平台。构建完善的数据采集机制，通过对全部业务点数据的挖掘、抽取、分析，形成实用的商业智能分析和信息共享平台，建立“决策中心、资源调配中心、知识共享中心”。

⑤整合行业资源，促进行业发展。众多的基础设施施工企业支撑着这个行业的发展。通过

高效信息手段将各企业有效信息进行整合，分享给其他同类企业，有利于成本的节约，有利于效率的提高，有利于行业的健康发展。

（六）信息系统建设概况

1. 制度建设与标准化

北京路桥集团为了加速推进信息化工作，在现行管理制度的基础上，进行补充完善，制订了一系列信息化管理制度，以适应集团信息化建设的需求。形成了包括信息化建设、运维、安全与风险、标准管理在内的制度体系，制订并下发了《北京路桥集团信息化管理办法》、《北京路桥集团信息化奖惩办法》、《北京路桥集团网站管理办法》、《机房管理制度》、《信息化业务流程汇编1.0》、《信息化业务流程汇编2.0》、《信息化宣传手册》、《信息化系统操作手册OA V1.0》、《信息化系统应用手册OA V1.0》、《信息化项目管理系统操作手册》、《系统操作教学视频》、《路桥集团网络管理员学习视频》、《内部顾问培训视频》等20多项管理办法或管理制度。

为了保证集团信息化建设的整体性，在信息化工作过程中，集团即对各分、子公司业务管理流程进行梳理优化。2012年，集团有计划、有步骤地对系统现有功能、在跑业务流程、系统表单、报表进行了详细的梳理。在广泛调研的基础上，将各管理层级的每个业务点的意见建议进行整理，实现了全集团管理流程的统一性。

人员、物资、设备管理标准化对企业信息化管理有着重要的作用，集团对各项基础数据进行分类编码，对各类报表进行规范，以满足集团统一管理的需要，包括重建人员编码规则、物资编码体系、设备编码体系等。

2. 组织机构建设

随着信息数据在企业生产经营中的重要性越来越强，信息化工作日益受到各级领导的高度重视。为加快推进北京路桥集团信息化建设工作，加强对信息化工作的领导，提高企业信息化水平，增强企业竞争能力，集团成立了信息化工作领导小组和信息化工作小组。领导小组组长由集团董事长、总经理担任，成员为各分、子公司总经理。集团为了更有效地推进信息化工作，单独成立了信息中心，负责集团整体信息化工作。在各分、子公司，由一名副总经理负责信息化牵头工作，并设立相应信息化工作牵头部门协助推进信息系统应用。

在已有信息化组织建设的基础上，2012年北京路桥集团加强了信息化内部顾问队伍的建设，并通过一系列举措促进了内部顾问知识能力和协作能力的提高。通过带领内部顾问积极参加各类社会培训及企业交流，增强了内部顾问的专业素质。打破内部顾问的公司划分，通过各公司内部顾问协同处理问题，取长补短，使路桥集团范围内的内部顾问凝结成了一个整体，协作处理信息化建设中遇到的问题。

3. 信息系统建设情况

经过几年时间的信息化建设，北京路桥集团信息系统从无到有，从点到面。目前各个业务管理工作均已被不同的管理信息系统所覆盖，全面实现了业务信息化管理。

表1　信息系统建设情况

序号	名称	主要功能	应用范围	备注
1	OA办公系统	办公管理	全员	
2	项目管理系统（合作开发）	施工过程管控	全员	
3	软件快速开发平台	迅速开发各类软件	开发人员	自主研发中
4	项目管理系统（自主研发）	施工过程管控	全员	自主研发中
5	NC资金系统	资金监管	财务人员	
6	U8财务系统	财务管理	财务人员	
7	人力资源管理系统	人事管理	全员	
8	房地管理系统	房产土地管理	房地管理员工	自主研发
9	纪检考试系统	在线考试	全员	自主研发
10	在线学习系统	在线学习	全员	

1）OA办公系统

北京路桥集团于2005年开始尝试应用OA系统提高办公效率，在搭建了网络办公平台后，实现了集团信息资源共享和网络化办公。平台可实现部门、员工之间的快速沟通、交流，以及工作流转、信息发布、收文、发文、企业邮件管理等功能，提高了办公效率，降低了管理成本。为了加强信息系统间传递，增强数据关联分析能力，实现系统集成功能，集团于2009年重新定制开发了集团OA办公系统，全面实现网络化办公。目前，OA办公系统已实现了自总部至项目部的全覆盖。

2）项目管理系统

截至目前，北京路桥集团项目管理系统的各业务模块均已处于稳定运行状态。系统累计定制开发190余项功能，当前信息系统内功能点302个。从2012年开始，路桥集团加大了系统应用推广力度，所有项目都必须通过信息系统进行管理，并将所属3家子公司也纳入到信息管理系统中。2011—2012年累计进行10余次大规模培训，30余次分模块小范围培训，累计培训500余人次。为了更贴近路桥集团管理实际，集团信息中心专门针对业务特点制作了44张自定义表单，36张业务自定义报表。目前，集团项目施工过程的全部业务均已在信息系统中进行控制。为了更好地利用信息系统内的数据，集团正着手开发制作相关的数据分析功能，希望利用商业智能手段加强项目管理分析水平。项目管理系统经过改造，在适用性、易用性、稳定性方面均有较大的提升。同时，业务性需求增加比较明显，各级使用人员开始由被动操作向主动应用转变。

当前的信息系统实现了集团对项目部的统一管理和控制，实现了工程项目成本进度的实时控制，实现了施工过程的管理。尤其是成本管理方面，达到了实时监控成本的目的。通过查询条件，可以随时看到各项目的盈亏情况，对于亏损项目能够通过点击追踪，查看到具体亏损在哪个清单项，并可以继续深入进行横向纵向分析。

3）软件快速开发平台

鉴于路桥集团各类业务软件需求的增多，自去年开始，路桥集团着手进行软件快速开发平台的研发工作。希望通过该平台可以快速、便捷地开发出所需的业务软件。

（1）平台特点

灵活性：平台为业务软件提供统一的软件架构，可以在此框架下方便、灵活地构建、添加和扩充不同业务方向的管理软件和业务模块。

集成性：良好的系统集成能力，实现统一权限管理、统一身份认证、统一用户管理。保证系统间的信息流转通畅、规范。定制常用软件接口，例如金蝶、用友类财务软件、广联达类业务系统、通达类OA系统等，做到与第三方系统的无缝对接。

扩展性：全面支持J2EE标准、XML标准规范和各类应用服务器技术，提供出色的扩展性、开放性。

（2）开发进展

目前平台基础框架及主要模块已开发完成，包括：

权限模块：基于RBAC的权限控制，支持组织结构中各种复杂业务权限的要求，能够建立严密和灵活的业务权限体系。

表单设计模块：可以方便地构建出具有数据库访问能力的动态页面。

工作流模块：通过强大的工作流引擎，提供完整的工作流体系支持工具集，可以对业务流程进行可视化的设计。

代码生成模块：平台提供代码生成功能，可以自动生成应用软件的程序代码，开发效率能够提升60%左右。

4）项目管理系统

北京路桥集团正在自主研发的项目管理系统是基于上述快速平台进行的，立足于业务简捷化、功能简单化。该系统通过对工程项目的全生命周期、全价值链的管理，能够实现“事前全面规划、过程精细管控、事后分析改进”的集约化资源管控目标，起到促进精细化管理的作用。在该系统一期开发计划中，规划了合同管理、物资管理和成本管理三大项目经营管理业务功能模块。

目前，针对系统业务逻辑及功能需求的调研工作已完成，并积累形成了多个仍在不断改进的需求分析文档。在代码开发方面，三大业务模块的页面原型已经全部设计完成。在后续工作中，随着对实际业务的不断深入研讨，会对信息系统的框架、快速开发模块、各业务功能模块持续进行开发及完善，增强使用体验，提高业务人员工作效率，更好地服务于项目日常管理工作。

5）资金系统与财务系统

2010年路桥集团上线了资金系统，通过建立集团资金结算中心，利用信息化手段进行资金集中管理。可以实时查看集团所有账户，并能查看每个账户的存款信息。通过资金系统，实现了银行账户统一集中管理。以收支两条线模式，实现了资金的自动归集。全面监管银行账户，实现资金的动态掌控。达到了集团内部资金调剂的目的，提高了风险控制能力。

北京路桥集团分、子公司及工程项目较多，地域分布广泛。为了加强集团财务管理，集团将下属单位的财务账套统一纳入财务系统进行管理。通过U8系统，集团对各项目部实施单独核算，可以随时查看每个项目的月度余额表。

6）人力资源管理系统

北京路桥集团于2009年开始建设人力资源管理系统。目前已实现对组织机构、岗位、员工信息进行统一管理。各级员工的人事基本信息、岗位信息、合同信息、薪资信息、社会保障信息全面、完整、真实。系统中对人事异动、培训、招聘、薪资、绩效等项管理工作中的10余个工作流程进行了固化，实现了日常工作流程标准化、规范化管理。

为实现与项目管理系统进行系统数据传递的要求，达到数据集成的效果，2010年集团完成了人力资源系统与项目管理系统及OA办公平台的系统集成工作，实现了数据的统一性，达到了统一平台、集成管理的目的。

7）房地管理系统

路桥集团拥有的土地房产分布在北京9个郊区县，区域跨度大，地块之间相隔较远，信息相对孤立，难以全面、形象、快捷地反映土地房产的各项信息，想要系统了解地块综合情况往往需要来回奔波，费时费力。为了提高工作效率，加强信息的展示、统计、分析效果，集团2011年自主开发了“房地管理信息系统”。

利用电子地图技术，将路桥集团土地房产的图片、影像、文件等相关信息集成到一个系统中，将相互孤立的数据结合成为一个有机的整体，可以直观地查询分析。通过该系统，集团能够全面、形象、快捷地浏览每块土地的综合信息，极大地提高了土地房产工作的管理效率，使土地房产工作的管理水平迈上了一个新的台阶。

8）纪检考试系统

2011年，路桥集团自主研发了“纪检监察在线考试系统”。通过在线注册、题库分类、随机抽题、自动打分、成绩统计等功能，实现了纪检监察部门利用便利的网络方式在全集团范围内进行考试的要求。该系统于2012年在首都建设报等媒体进行了报道。

9）在线学习系统

为推进路桥集团创建学习型组织，提升整体竞争力，路桥集团2011年购买了“网络学院在线学习系统”。这是路桥集团培训工作的全新尝试，通过几年的运行，取得了良好的效果。

（七）信息化建设总结

1. 通过信息系统控制重要业务

项目管理系统实现了对项目过程的全程监控。项目过程中的全部业务流程通过系统实现申请、审批，避免了以往由于手工申请带来的混乱，弥补了物资申领环节的漏洞，为集团控制项目成本、合理使用资源提供了有力的保障。合同签订过程，严格按照集团制定的审批流程，并挂带相应附件进行流转，职责到人，控制住了合同的风险。项目发生的合同结算、出库领料、其他管理费用实时进行成本归集，能够及时地看到项目的成本情况，并对相应的亏损点进行追踪查询，切实地将项目成本牢牢地看住。

与项目过程相关的招投标、质量、安全、进度、竣工等项目管理关键节点全部进入综合项目管理平台，通过严格的业务审批流程、表单填报要求、附件挂带要求，大大提高了集团现代化管理的水平。将管理信息化做到了实处，控制住了关键业务点。

通过信息系统的风险控制功能，对项目各模块进行全过程监控。实现对项目施工过程中的各种风险源进行辨识、评价、控制。路桥集团已建立了全面的项目风险控制平台，采用先进的风险评价方法对各种项目施工过程风险进行评价，并跟踪各个风险点的状态。通过风险预警功能实现对风险点进行报警控制，例如合同付款金额预警、物资领用预警、进度风险预警等。

通过实施人力资源模块中的员工档案、薪资管理、绩效管理、招聘培训管理等功能，集团在人的管理上提升了一个新的台阶。人力资源部门在使用该系统后工作量大幅减少，工作效率大幅提升。目前，各项人事相关的工作，基本都已通过信息系统进行处理，将劳资人员从繁重的工作中解放出来，享受到了信息化手段带来的便捷。

2. 资源共享与信息快速传递

北京路桥集团机关及各分、子公司、项目部全体人员均纳入信息系统进行管理，日常办公大部分通过信息系统完成。公文文件、通知通告、施工组织设计方案、法律法规、相关制度等各种资料均可通过信息系统进行浏览查阅，达到了信息资源的安全共享。

设于集团中心机房的各系统服务器不间断运转，使得集团的业务流程、文档传递不受地域与工作时间的限制，集团与下属单位之间的上传下达真正实现了无障碍联通，信息的沟通更加方便快捷。通过信息系统的应用，路桥集团已尝到了管理信息化带来的便捷。

3. 信息系统促进管理

综合管理信息系统的建设使集团的管理科学化、规范化，更加符合建立现代化企业的要求。各个业务流程通过系统内相互关联，形成了一个有机整体，信息化的整体效能得到了巨大的发挥，变繁杂的层级管理为全程一站式垂直管理，大大提高了集团的管理效率，加强了集团的管控能力。

4. 降低集团管理成本

外埠工程管理困难一直是施工企业异地管理的通病。日常业务管理、上报数据、下达通知全部在网络上完成，直接降低了集团运营管理成本，不但提高了工作效率，而且创造了可观的经济效益。通过系统内数据及时传递，利用系统的分析统计功能、预警功能，很多项目风险能够被提早发现，避免了很多经济损失。到目前为止，信息系统已直接节约项目成本80余万元。

山东聊建集团有限公司信息化案例

（一）企业简况

山东聊建集团有限公司（以下简称山东聊建集团）是集土木工程建筑、勘察科研设计、房地产开发、工贸服务于一体的大型企业集团。现为国家大型一类、总承包一级资质企业，具有房屋建筑、机电安装、建筑装修装饰、钢结构、电力、化工石油、市政公用、园林古建筑、高耸构筑物、预应力、消防、电梯安装、管道、建筑幕墙、无损检测、勘察、设计、土工等资质，并通过了ISO9001质量体系、ISO14001环境保护和OHSAS18001职业健康管理体系的认证。公司主要承担大型工业建筑项目、公共和高层民用建筑及工业设备安装、装饰装修、道路桥梁、水利水电、火电、机场等工程的施工任务。山东聊建集团获得了国外承包工程劳务合作经营权，在国外注册了企业，派出了驻外机构，可以经营承包境外工业与民用建筑及境内国际招标工程。

多年来，工程质量一次交验合格率保持100%，优良品率达到90%以上，获国家建设工程鲁班奖、国家优质工程奖、部优、省优、泰山杯工程百余项。连年被评为山东省建设系统优秀企业，质量、安全管理先进单位，（AAA）特级信用企业，省级文明单位，中国500家最大建筑企业之一，全国建筑业综合实力百强企业。

山东聊建集团大力倡导“团结奋斗、勤俭建业、开拓求实、争创一流”的企业精神，秉承“科学管理、规范施工、求真务实、信守承诺、质量一流、追求卓越”的质量方针，深化改革，强化管理，狠练内功，讲求诚信。

（二）企业组织架构

山东聊建集团企业组织架构如图1所示。

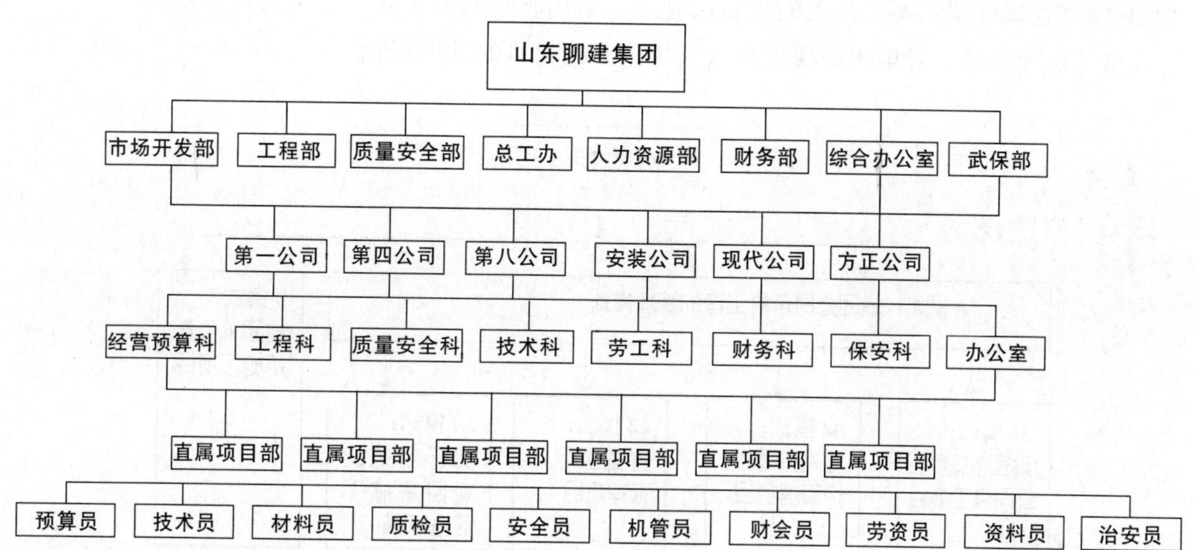

图1 企业组织架构图

（三）企业运营模式及管理模式

1. 企业运营模式

山东聊建集团自成立以来，确立了三包一缴经营模式：公司将工程按内部承包管理模式承包给项目部，项目部在保证达到约定的工期、质量、安全、成本和文明工地目标后，向公司上缴利润的运营模式。

2. 企业管理模式

山东聊建集团实行目标成本管理，建立成本过程预警机制，通过设置成本环节的关键控制点，实现集团监控宏观，基层掌控微观。项目部作为成本控制主体，多方联动，共同管理，有效规避经营风险，提高经济效益。根据山东聊建集团新的管理体制特点和企业现状，采用以下五种管理模式，各部门据此制定相应的管理流程和实施细则：

①A1型管理模式：对集团所属项目公司施工项目的管理模式。对单项工程实行目标成本管理。经审计完成目标成本，可对项目公司进行奖励；完不成目标成本，对项目公司进行处罚，担保单位承担连带责任。

②A2型管理模式：驻外机构（分公司、工程处、办事处）选择外部具有法人资格的整建制承包型公司进行合作承接项目。

③A3型管理模式：直属公司（指目前成立的“直属项目公司”）管理项目模式。对集团公司直接承揽控制效益较好的大型群体或重点工程项目，原则上均采用此类模式。

④A4型管理模式：实行规范的项目法施工，采用整建制劳务队伍分包的管理模式。

⑤B型管理模式：对集团所属独立法人单位承接项目的管理模式。

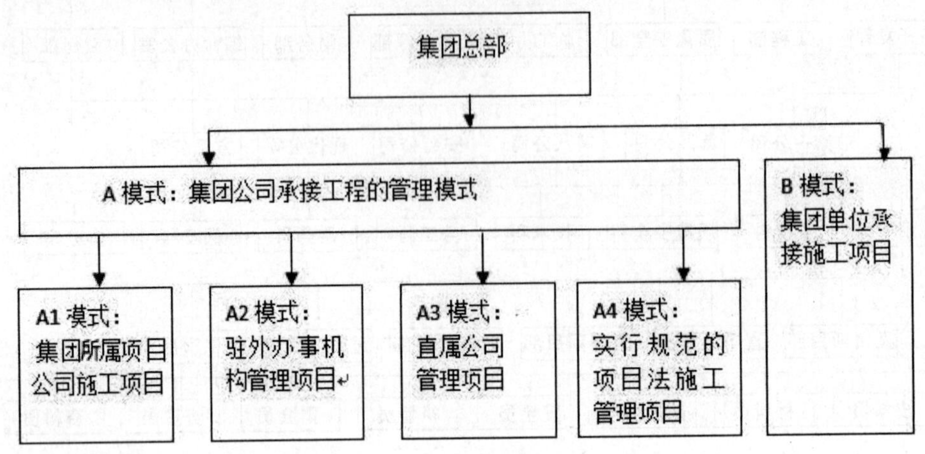

图2　管理模式

（四）信息化建设背景及历程

1. 信息化建设背景

1）外部环境

建筑施工行业是个接订单生产的行业，项目遍布各地，项目生产因此具有移动性特点。项目的移动性特点决定了管理对象经常转移，而管理方法却可以相对固定和统一。由于历史和行业的特点，建筑施工企业的管理水平普遍有较大提升空间，相对缺乏战略管理、经营管理和项目管理的科学理念和方法，缺乏驾驭市场的决策和应变能力，缺乏企业知识资产的积累。

2）内部环境

①集团决策者难以随时获取到决策所需要的项目数据信息，很多管理都是凭经验和直觉或者是凭公司领导亲临一线的观察和诊断来判断的。同时，企业内部很多报表，经过层层加工的数据最终汇总到高层就失去了其应有的作用，对报表数据的及时性追溯分析缺乏有效的手段。

②集团的目标市场细分和分析还可以再量化，决策层需要从行业、区域、业主性质等多个角度来分析业务对公司利润贡献，而利用既有的报表难以快速得到想要的这些数据。

③集团层面理应统一的基础管理标准建立不全面，例如统一的项目管理业务流程、成本核算科目、资源编码等。目前公司在施工项目300多个，分布在山东及外埠地区，难以实现对所有项目的有效监控。

④项目目标成本虽然在做，但项目执行力度不够，项目目标成本没有发挥其应有的控制基线作用。项目成本核算滞后，采用的是财务系统反馈的成本信息，显然资金支付阶段与业务发

生及成本发生多数情况下不是同步的，甚至相差时间以月或年来论。

⑤项目过程信息无系统积累，企业知识资产白白流失，而企业当下需要的企业定额、管理指标等信息难以形成，如何积累和加工信息，使之成为企业的知识资产是亟待要解决的问题。

2. 信息化建设历程

1）第一阶段：引进信息化基础平台，深化已有软件系统应用

① 升级协同办公平台，引入信息化基础平台，为项目管理上线做准备；

②人力资源管理系统功能评估，判断是否存在深入应用可能，避免资源浪费；

③ 物资、机械设备基础编码体系设计，为项目管理上线做准备。

2）第二阶段：引进项目管理系统，解决核心业务问题

① 建立一套满足项目管理需要的平台，通过项目管理软件的应用全面加强项目过程的管理和控制；

②通过对项目流程的梳理，协助企业建立一套规范化、体系化的业务处理流程，从而提升企业项目管理的综合水平；

③满足住房和城乡建设部关于施工企业特级资质的要求，为集团公司申请特级资质企业做好准备工作。

3） 第三阶段：引进其他管理辅助型软件，管理全面信息化

引入档案管理系统、视频会议系统、视频监控系统等，实现全面的企业管理信息化。

（五）企业信息化建设思路

当前企业信息化建设思路如图3所示。

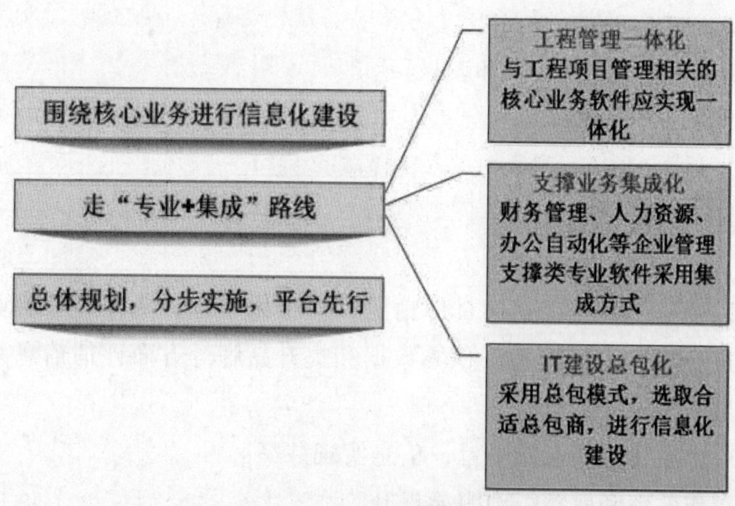

图3 企业信息化建设思路

1. 信息化建设必须围绕核心业务进行

建筑施工企业核心业务是项目的生产经营，建筑施工企业区别于别的企业的特点也是这种生产经营方式。因此，建筑施工企业信息化建设必须以项目管理为核心。

2. 专业化是企业信息化建设的可靠保障

建筑施工企业信息化的前景是光明的，成功的路径只有一条，就是坚持不懈地走专业化道路。专业化就是技术专业化、业务专业化、管理专业化。技术专业化就是说企业的IT架构和IT技术是否符合技术发展潮流和信息化发展规律；业务专业化就是企业对自身的业务现状和发展状况是否理解、掌握精准，并将它融入信息系统中；管理专业化就是说信息系统承载的管理思想是否先进，是否适合企业状况。

3. 信息化建设应走“专业+集成”路线

企业信息化建设早已进入专业分工时代，“专业+集成”是企业信息化建设的趋势。建筑施工企业信息化建设的“专业+集成”路线含义有三：

①工程管理一体化与工程项目管理相关的核心业务软件应实现一体化，一体化有利于项目管理实现“四通”，提高项目管理水平和盈利能力。

②支撑业务集成化企业管理和支撑业务也应实现专业化，财务管理、人力资源、办公自动化、档案管理等都有专业软件供应商。各应用系统之间应实现门户集成和数据集成。

③IT建设总包化“IT总包，专业分工”优点：企业能获得各领域最专业的软件；总包服务商能全盘考虑企业信息化需求，进行系统集成整合。

（六）信息系统建设概况

集团信息系统建设概况如图4和表1所示。

（七）信息化建设总结

结合山东聊建集团有限公司的具体情况，从工作规范、流程理顺、业务替代、快速算清、辅助控制、协助分析、支持决策、积累数据和提升品牌等方面评估信息系统带来的效益，主要有以下几点。

①搭建了一个项目协同工作平台，信息实现共享。

②企业的工作效率和效益得到明显提升。

③ 托管基础业务，信息化手段使日常管理精细化。

④ 提供了标准化的管理流程，规范了项目管理过程。

⑤及时、准确地反映项目经营信息，反映盈亏状况。

⑥ 资源管理实现动态跟踪，加强项目过程控制。

⑦ 能够让经营数据公开透明，从而产生道德约束。

⑧ 积累成本数据，为持续改进提供数据基础。

⑨资源平台的建立对企业后续的发展提供了强有力的支持。

⑩风险管控对集团管理起到极大的作用。

⑪项目管理系统应用助力企业品牌提升。

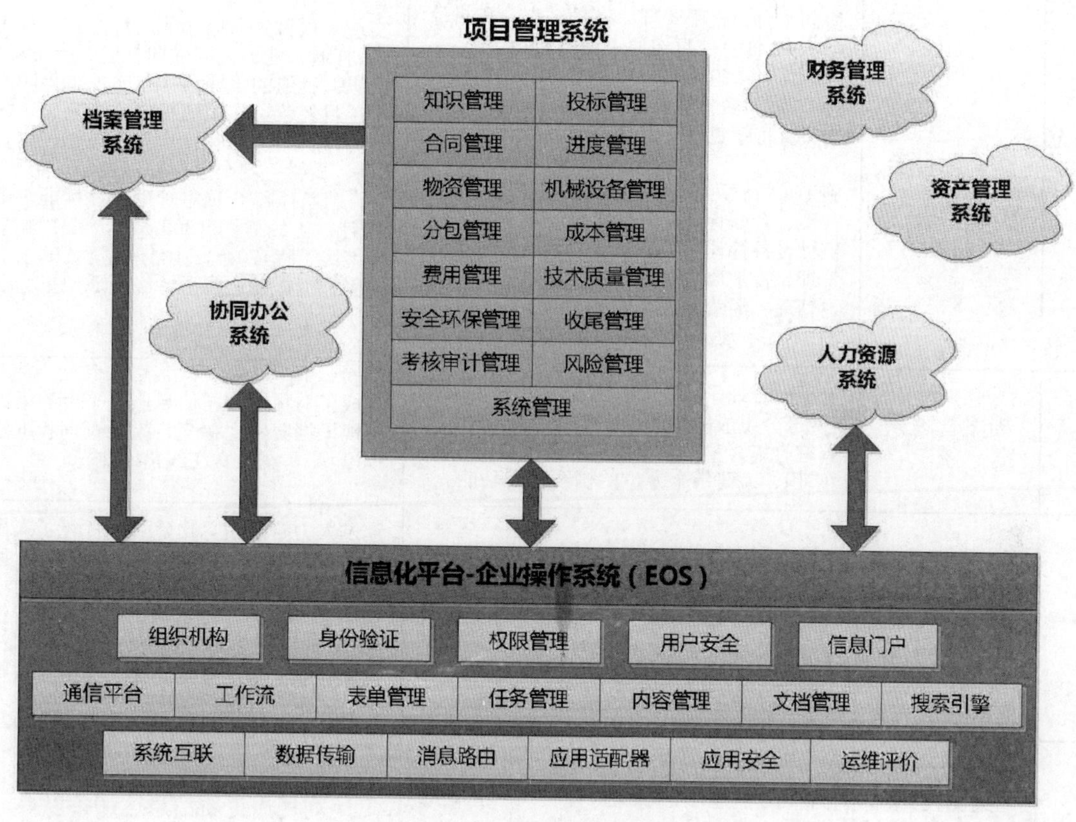

图4 系统建设示意图

表1 信息系统建设概况

序号	系统名称	主要功能	应用范围（效果）
1	集团统一信息服务平台	内容管理、团队协作、任务管理、公文管理、流程管理、财务报销、电子邮件、即时通信、日历、通信簿、工作日志、网摘、评注、共享等的应用	目前该平台已成为整个集团的信息发布、办公应用、沟通交流、知识管理、团队协作、信息资源集成的服务中心
2	财务管理系统	财务管理、资金管理、固定资产管理、合并报表等业务	配合财务部门，积极开展了财务系统升级维护工作，随着财务系统房地产管理板块、BQ板块的上线实施，铺设了数据专线、配备了网络和硬件资源，为进一步规范财务管理、深入推行财务集中管控工作创造了条件
3	综合项目管理系统	协同平台：权限管理、基础数据、审批流程、信息沟通、业务接口 综合信息：包括“一库两平台”，即知识库、合格供方平台和价格平台 决策支持：包括运营监控、商业分析、绩效分析 施工项目管理：包括项目管理规划、风险管理、合同管理、生产管理、物资管理、机械设备管理、劳务分包管理、专业分包管理、技术质量管理、安全管理、行政保卫管理、经营管理（成本管理）、竣工管理和项目考核与审计	实现了项目生命周期前后打通、业务线前后打通、业务之间横向打通、上下级之间纵向打通的“四通”。实现了集团范围内项目经营工作的流程化、规范化、标准化、精细化。同时也实现了对项目的工期、质量、安全进行指标控制。结合实际，修订了综合项目管理上线标准。粗略统计，上线工程近300多个，其中聊建资质上线工程170个，上线率达到70%以上，覆盖范围提前达到了特级资质申报标准以上
4	档案管理系统	有档案管理子系统及档案信息门户子系统两部分组成的集团档案信息管理系统。 具有收集、整理、鉴定、保管、统计、利用、编研等全方位的档案管理功能	完成了与集团公司信息服务平台的集成，实现了档案网上移交、检索查询和重要档案原文在线借阅浏览
5	人力资源管理系统	实现了人事管理、人才招聘、人事调配、劳动合同、酬金绩效、统计报表等业务的信息化管理	通过人力资源信息化建设，优化了人事业务流程，整合了集团人力资源信息，集团万余名职工人事信息全部上线 集团公司人力资源系统上线后，统一管理了全员教育培训、安全培训、职业资格培训、职业技能鉴定、技师与高级技师鉴定、技能后备人才库等业务
6	集团网站	具备管理和创建多个站点、多语言、内外网信息动态推送、内外部即时交流服务的动态门户站点	目前站点共有31个一、二级栏目，平均每周更新信息达10条以上

编后记

《中国建筑施工行业信息化发展报告（2013）》是我国第一本公开出版发行的建筑施工行业信息化发展报告。本书秉承客观公正、科学中立的原则和宗旨，追踪我国建筑施工行业信息化最新资讯，深度分析，剖析因果，谋划对策，展望未来。

全书分为发展篇、建设篇和应用篇三个部分。发展篇侧重于分析现阶段我国建筑施工行业信息化的总体发展，建设篇侧重于建筑施工行业信息化建设的基本原则和实施方法，应用篇侧重于建筑施工行业应用成果案例。本书适合各级建筑施工行业主管部门及有关工作人员、施工企业负责人、行业研究人员、施工企业管理人员和与信息化相关的软件开发人员、从事建设领域信息化的研究人员、高等院校相关的专业教师以及高年级学生阅读。

本书第一章由清华大学完成；第二章由用友软件股份有限公司、《中国建设信息》、广联达软件股份有限公司合力完成；第三章由华北电力大学完成；第四章至第七章由广联达软件股份有限公司完成。应用篇特别鸣谢四川省住房和城乡建设厅信息中心、陕西省住房和城乡建设厅信息中心、吉林省住房和城乡建设厅信息中心等行业信息中心，以及中国建筑工程总公司、中国交通建设集团有限公司、中国铁建股份有限公司、中国水利水电建设股份有限公司、河南省第二建设集团有限公司、上海公路桥梁（集团）有限公司等建筑施工企业。

在本书的编写过程中，广联达软件股份有限公司承担了大量的调查研究、资料整理等工作，藉此表示衷心的感谢！

由于时间仓促，疏漏之处在所难免，恳请广大读者批评指正。

本书编委会